Droit
de l'économie numérique

COLLECTION ENJEUX ET DROITS NUMÉRIQUES

Dirigée par Kodjo NDUKUMA ADJAYI

La présente collection traite du Numérique dans ses enjeux sociétaux et juridiques, sous l'angle des réflexions universitaires ou indépendantes. La révolution numérique déploie les limites du cyberespace transfrontière. L'Internet est l'artère du corps social moderne. Nos avatars informatiques vivent dans l'« infosphère », un cybermonde avec des effets cinétiques dans le monde réel. La socialisation du Net est planétaire, grâce à la mise en données du monde (*big data*). Les infomédiaires assurent les fonctionnalités de l'écosystème numérique. La « robolution » se profile avec les objets connectés, l'essor de l'intelligence artificielle.

Le Net libertaire est un défi pour l'impératif de la norme étatique et le monopole de la puissance publique que l'État exerce au nom de tous et de chacun. Les enjeux sont notamment : cybersécurité et souveraineté numérique, vie privée et données personnelles, preuve et signature électroniques, interrégulation, e-gouvernance, économie numérique, us polycentriques du Net et transformations sociales, hétérodoxie des normes rigides (*hard law*), floues (*fluzzy law*) et flexibles (*soft law*)…

À paraître :

Droits des télécoms et du numérique :
profil congolais, prospective comparée de France et d'Europe (Tome 2)
(Ndukuma Adjayi Kodjo)

Transformation digitale dans l'industrie bancaire et non bancaire
(Gaby Kabue Kayombo)

Kodjo NDUKUMA ADJAYI

Droit de l'économie numérique

E-commerce et dérégulation européenne, française, internationale, africaine, congolaise des télécoms

L'Harmattan

5-7, rue de l'École-Polytechnique – 75005 Paris

www.editions-harmattan.fr

ISBN : 978-2-343-15721-4
EAN : 9782343157214

À mes enfants :
Raïs, Koane, Marc-Andy et Isra,
pour ces années d'endurance à accomplir
le vœu de votre aïeule Feza partie avant de le voir s'accomplir.
AMDG

kndukuma@hotmail.fr

Le retard est un avantage !
Pourvu que les pays en retard sachent se doter du cadre intellectuel et institutionnel approprié. Ceci en profitant de l'émulation fournie par l'avance des dominants et la soif du développement.

(Alexandre Gerschenkron)[1] *

[1] Voir : Erik. S. REINERT, *Comment les pays riches sont devenus riches, pourquoi les pays pauvres restent pauvres,* traduit par Anne Guèye, revu, corrigé et annoté par Claude Rochet, éd. du Rocher, Paris, 2012, p. 32.

SOMMAIRE

AVANT-PROPOS

Le présent ouvrage est le Tome 1 consacré au Droit de l'économie numérique. Il se complète d'un Tome 2 publié sous le titre : *Droits des télécoms et du numérique : profil congolais, prospective comparée d'Europe et de France*. Il est le résultat des recherches spécialisées, menées depuis les années 2004 jusqu'en 2017 et ponctuées en 2009 par la publication d'un livre aux Presses universitaires du Congo sur le Cyberdroit. Nos recherches ont été couronnées d'une thèse de doctorat en sciences juridiques, élaborée dès 2012 à l'école doctorale de droit comparé de la Sorbonne, EDDC en sigle, et soutenue publiquement le 16 novembre 2017 à l'Université Paris 1 Panthéon Sorbonne, sous l'intitulé : *Le droit de l'économie numérique en République démocratique du Congo à la lumière des expériences européennes et françaises*, la thèse a obtenu la mention « très honorable avec félicitations du jury ».

Cependant, les vues et positions exprimées dans notre thèse, de même que dans le présent ouvrage, sont celles de son auteur et ne reflètent pas la position de l'Université, ni ne doivent être considérées comme telles. Les ouvrages, articles, citations et autres exemples mentionnés sont à titre de référence (factuelle) et d'information scientifique.

Dans ce contexte, les analyses, les conclusions et la prospective du présent ouvrage demeurent inchangées selon leur pertinence, sauf quelques ajustements nécessaires. Notamment, nous avons supprimé un chapitre sur les aspects juridiques du commerce électronique. Par ailleurs, les acquis communautaires européens ont pu s'épaissir depuis lors, autant que le droit positif congolais a pu s'enrichir. En Europe, le RGPD – édicté en 2016– est entré en application en 2018. Cette même année, la RDC s'est dotée, le 9 juillet, de deux lois sur la concurrence et le système de paiement, tandis que son Assemblée nationale a adopté le 7 mai le projet de loi sur les TIC envoyé en second examen au Sénat... Il n'en demeure pas moins qu'à l'orée de notre ère numérique, la réalité congolaise se nourrira encore des apports de *lege ferenda* de l'ouvrage. Les transformations générales du droit, les débats et enjeux politico-techniques en cours restent dans les tendances précisées ou du moins esquissées...

L'auteur
Paris, 31 août 2018.

SIGLES ET ABRÉVIATIONS

AAI	Autorité administrative indépendante
ACP-UE	Afrique Caraïbes Pacifique Union Européenne
ACSEL	Association pour le commerce et les services en ligne
ADPIC	Accord sur les aspects des droits de propriété intellectuelle (OMC)
ADSL	Asymetric Digital Subscriber Line (Ligne Numérique à Paire Asymétrique)
Aff.	Affaire
AGCS/GATS	Accord général sur le commerce et les services / General Agreement on Trade and Services
AGTC/GATT	Accord Général sur le Tarif et le Commerce / The General Agreement on Tariffs and Trade
AHATI	Association pour l'histoire des télécommunications et de l'informatique
al	alter ou alii
al.	Alinéa
AMPS	Advanced mobile phone system
ANFr	Agence nationale des fréquences (France)
ANSSI	Agence nationale de la sécurité des systèmes d'information
ARCEP	Autorité de régulation des communications électroniques et de la Poste
ARJEL	Autorité de régulation des jeux en ligne
ARN	Autorités de réglementation nationales
ARPANET	Advanced Research Projects Agency Networks
ARPTC	Autorité de régulation des postes et des télécommunications de la République Démocratique du Congo
ARPU	Average revenu per user (revenu moyen par utilisateur)
ART	Autorité de régulation des télécommunications
Art.	Article
AT&T	American Telegraph and Telecommunications Company (États-Unis)
AU/UA	African Union / Union africaine
B.O.	Bulletin officiel
BADGE	Brevet d'aptitude délivré par les grandes écoles
BEREC	The Body of European Regulators for Electronic Communications (ORECE, en français)
BIRD	Banque internationale pour la reconstruction et le développement
BM	Banque mondiale
Bull.	Bulletin
C.	Constitution
C. consom.	Code de la consommation
c. ou c/	Contre
C.c.f ou CCF	Code civil français
C.civ	Code civil
C.civ.fr	Code civil français
C.eur.DH	Cour européenne des droits de l'homme
C.F.	Code français

CA	Cour d'appel
CAK	Communication Authority of Kenya (Autorité de la communication du Kenya)
Cass.	Cassation
CCC	Code civil congolais
CCE	Commission de la communauté européenne
CCJA	Cour Commune de Justice et d'Arbitrage (OHADA)
CDR	Call details record
CE	Communauté européenne
CEA/EAC	Communauté d'Afrique de l'Est / Eastern Africa Community
CEDEAO	Communauté économique des États d'Afrique de l'Ouest
CEDH	Convention européenne des droits de l'homme
CEE	Communauté économique européenne
CEEAC	Communauté économique des États d'Afrique centrale
CEMAC	Communauté économique et monétaire de l'Afrique centrale
CEPT	Conférence européenne des administrations des postes et télécommunications
CERT	Computer Emergency Response Team
Cf.	Confères
CGM	Consumer Generated Media
CGU	Conditions générales d'utilisation
Ch.	Chambre
Chap.	Chapitre
CIF	Cost Insurance Freight (Coût de fret et assurance)
CIRDI	Centre international pour le règlement des différends relatifs aux investissements
Civ.	Civil
CJCE	Cour de justice de la Communauté européenne
CJUE	Cour de justice de l'Union européenne
CKT	Congo Korea Telecom
CLI	Caller Line Identity (Identité de la ligne appelante)
CMR	Conférence mondiale des radiocommunications
CNC	Centre national de cinéma et de l'image animée (France)
CNCL	Commission nationale de la communication et des libertés
CNIL	Commission Nationale Informatique et Liberté
CNN	Cable News Network (Chaîne câblée d'information des États-Unis)
CNRS	Centre national de recherche scientifique (France)
CNUDCI	Commission des Nations Unies pour le droit commercial international
col.	Colonne
Coll.	Collection
Collab.	avec la collaboration de
COMESA	Common Market for Eastern and Southern Africa
Comm.	Commerce
CONATEL	Conseil national des télécommunications d'Haïti
Consom.	Consommation
Conv.	Convention
COPIREP	Comité de pilotage de la réforme des entreprises du portefeuille de l'État (RDC)
Cour eur. D.H.	Cour européenne des droits de l'homme
CPCE	Code des postes et des communications électroniques
CPST/FEC	Comité professionnel du secteur des Télécommunications de la Fédération des entreprises du Congo
CPT	Code de la poste et des télécommunications
CRC	Commission de Régulation des communications de Bulgarie
CRDI	Centre canadien de recherche pour le développement international
CREC	China Railways Engineering
Crim.	Criminelle
CRTC	Conseil de la radiodiffusion et des télécommunications canadiennes

CSA	Conseil supérieur de l'Audiovisuel (France)
CSAC	Conseil supérieur de l'audiovisuel et de la communication (au Congo)
CSCE	Centre de surveillance du commerce électronique
CSJ	Cour suprême de justice
CSPLA	Conseil supérieur de la propriété littéraire et artistique
DG	Directeur général ou direction générale
DG Connect	Directorate General for Communications Networks, Content andTechnology
DG INFSO	Directorate General for information Society and Media
DGCCRF	Direction générale de la concurrence, de la consommation et de la répression des fraudes (France)
DGP	Direction générale de la Poste (France Télécom)
DGRAD	Direction générale des recettes administratives, domaniales, judiciaires et de participation (RDC
DGT	Direction générale des télécommunications (France Télécom)
DILA	Direction de l'information légale et administrative
EAC/CEA	Eastern Africa Community / Communauté d'Afrique de l'Est
e-commerce	commerce électronique
e-communications	communications électroniques
éd.	édition(s)
EDGE	Enhanced Data Rates for GSM Evolution
EDI	Échange de données ou de documents informatisé(e)s
e-market	Electronic market (marché électronique)
ENST	École nationale supérieure des télécommunications (Paris)
EPA	Établissement public administratif
EPIC	Établissement public industriel et commercial (France)
EPIC	Entreprise publique industrielle et commerciale (RDC)
ESMT	École supérieure multisectorielle des télécoms (Dakar)
ETP	Emplois à temps plein
EU / UE	European Union / Union européenne
FAI	Fournisseurs d'accès à Internet
FCC	Federal Communications Commission
FEVAD	Fédération des entreprises de vente en ligne
FRATEL	Réseau francophone de la régulation des télécommunications
FTC	Federal Trade Commission
GAFA	Google, Amazone, Facebook et Apple
GAFAM	Google, Amazone, Facebook, et Apple et Microsoft
GAFTAM	Google, Amazone, Facebook, Twitter, Apple et Microsoft
GAJA	Grands arrêts de la jurisprudence administrative (France)
GATS / AGTC	The General Agreement on Tariffs and Trade / Accord général sur le tarif et le commerce (en français)
Gaz. Pal.	Gazette du palais
GPRS	General Packet Radio Service
GSM	Global System for mobile communication
GSMA	GSM Association (Réseau mondial des opérateurs de téléphonie mobile)
HADOPI	Haute autorité pour la diffusion des œuvres et la protection des droits sur Internet
HSDP	High Speed Downlink Packet Access
IBA	Independent Broadcasting Authority (Autorité indépendante de la radiodiffusion et de la télédiffusion, Tanzanie)
ICANN	Internet Corporation for Assigned names and numbers
ICASA	Independent Communications Authority of South Africa (Autorité indépendante des communications de l'Afrique du Sud)
IDA	Association internationale de développement
IDH	Indice de développement humain
IETF	Internet Engineering Task Force

IFC	International Finance Company
IMODEV	Institut du Monde et du Développement
INS	Institut national des statistiques
IRJS	Institut de recherche juridique de la Sorbonne
ISP	Internet Service Provider (Fournisseurs d'accès à Internet)
JCP	Jurisguide – de la semaine juridique – Édition générale
JDI	Journal de droit international
JO	Journal officiel
JOCE	Journal officiel de la Communauté européenne
JORDC	Journal officiel de la République Démocratique du Congo
JORF	Journal officiel de la République française
JOUE	Journal officiel de l'Union européenne
JOZ	Journal officiel du Zaïre
KCA	Kenyan Communication Act (Loi kenyane des télécoms)
L.	Livre
LCEN	Loi pour la confiance en l'économie numérique (France)
LCT (RDC)	Loi-cadre n°013/2002 du 16 octobre 2016 sur les télécommunications en République Démocratique du Congo
LEC	Loi sur les communications électroniques
LECE (RDC)	[Projet de] Loi sur les échanges et le commerce électronique en RDC
LGDJ	Librairie générale de droit et de jurisprudence
LMD	Licence, Master, Doctorat
LME	Loi pour la modernisation de l'économie (France)
LNPA	Ligne Numérique à Paire Asymétrique (équivalent français d'ADSL, Asymmetric Digital Subscriber Line)
M.	Monsieur
MCMC	Malaysian Communications and Multimedia Commission
Mél.	Mélange
MIGA	Agence multilatérale de garantie des investissements
Min. PTNTIC	Ministère des Postes, Télécommunications, Nouvelles Technologies de l'information et de la Communication (RDC)
Min. PTT	Ministère des Postes, Téléphones et Télécommunications
Minitel	Medium interactif par numérisation d'information téléphonique
Monusco	Mission d'observation des Nations unies en RDC
MPA & OPA	Millennium African recovery Plan and Omega Plan for Africa (« Nouvelle Initiative africaine »)
NASA	National Aeronautics and Space Administration
NEPAD	Nouveau partenariat pour le développement en Afrique
NTIC	Nouvelles Technologies de l'Information et de la Communication
NTT	Nippon Telegraph and Telephone (La Japonaise du télégraphe et du téléphone)
OCDE	Organisation pour la coopération et le développement
OCPT	Office congolais des postes et des télécommunications (RDC)
OFCOM	Office of communications (Grande-Bretagne)
OFTEL	Office of telecommunications (Grande-Bretagne)
OHADA	Organisation pour l'harmonisation du droit des affaires en Afrique
OIC	Organisation internationale du Commerce
OIF	Organisation internationale de la Francophonie
OIT	Organization for the International Trade
O-L	Ordonnance-loi
OMPI	Organisation mondiale de la propriété intellectuelle
ONP	Open Network Provision (fourniture d'un réseau ouvert de télécommunications)
ONPTZ	Office national de la poste et des télécommunications du Zaïre
op.cit	Opus citatum (ouvrage cité)
Ord.	Ordonnance

Ord.-lég.	Ordonnance-législative
ORECE	Organe de régulation européen et des communications électroniques (BEREC, en anglais)
OTT	Over the top content (opérateur alternatif via internet)
OUA	Organisation de l'Unité africaine
p. ou pp.	page ou pages
P.E	Parlement européen
Parl. Eur.	Parlement européen
PAS	programme d'ajustement structurel
PH	Faisceaux hertziens
PME	Petites et moyennes entreprises
PNR	Passenger name record
préc.	précité(e)
Pro	Professionnelle
PTT	Poste, Téléphone et Télécommunications
PUAM	Presses universitaires d'Aix-Marseille
PUC	Presses universitaires du Congo (RDC)
PUF	Presses universitaires françaises
PVD	Pays en voie de développement
R.E.D.C	Revue de l'école de droit comparé
RASCOM	Regional African Satellite Communications (Organisation africaine de communication par satellite)
RCA	République Centrafricaine
RDC ou RDCongo	République Démocratique du Congo
RDTI	Revue du droit des technologies de l'information
RENATELSAT	Réseau national de télécommunications par satellite
REZATELSAT	Réseau zaïrois de télécommunications par satellite
RF	République française
RIDE	Revue internationale de Droit économique
RIEJ	Revue internationale d'études juridiques
RJ	Revue de jurisprudence
RSA	République Sud-Africaine (ou Afrique du Sud)
RSS	Really simple Syndication (« souscription vraiment simple ») ou Rich Site Summary (« résumé d'un site enrichi »)
RTD civ.	Revue trimestrielle de droit civil
RURA	Rwanda Utilities Regulatory Authority (Autorité de régulation des services d'utilité publique du Rwanda)
s. ou ss. ou suiv.	suivant(s)
SADC	South African development community (Communauté de développement d'Afrique australe)
SATRA	South African Telecommunications Regulatory Authority (Autorité sud-africaine de Régulation des Télécommunications)
SAV	Services à valeur ajoutée
SCPT	Société congolaise des postes et des télécommunications
SICL	Institut suisse de droit comparé
SMS	Short message service
SMSI	Sommet mondial sur la société de l'information
sous la coord.	sous la coordination de
sous la dir.	sous la direction de
Spim	Spam over Instant Messaging
Spit	Spam over Internet Telephony
SSI	Services de la société de l'information
t.	tome
TBC	Tanzania Broadcasting Commission

TCC	Tanzania Communications Commission
TCE	Traité instituant la Communauté européenne
TCP/IP	Transfert Communications Protocol / Internet Protocol
TCRA	Tanzania Communications Regulatory Authority (Autorité de régulation des communications de la Tanzanie)
TECE	Traité établissant une Constitution pour l'Europe
TFUE	Traité sur le fonctionnement de l'Union européenne
TGI	Tribunal de grande instance
Th.	Thèse
Th. Doct.	Thèse de doctorat
TLD	Top Level Domain
TMP	Télévision mobile personnelle
TNT	Télévision numérique terrestre
Tri.com.	Tribunal de commerce
Trib. ou Tri.	Tribunal
TSF	Téléphone sans fil
TVR	Télévision de rattrapage
U.C.C.	Uniform Commercial Code
UCC	User Created Content
UE	Union européenne
UE/EU	Union européenne / European Union
UEMOA	Union économique et monétaire ouest-africaine
UGC	User Generated Content
UIT	Union Internationale des Télécommunications
UIT-T	Union Internationale des Télécommunications – Secteur de la normalisation des télécommunications
UMA	Union du Maghreb arabe
UMTS	Universal Mobile Telecommunications System
UNIKIN	Université de Kinshasa
Univ.	Université ou universitaire
UPC	Université Protestante au Congo
USA	United States of America (États-Unis d'Amérique)
V.	Voir
v. ou vs	versus (contre)
VoD	Vidéo à la demande (video on demand)
VoIP	Voix sur Internet (Voice over Internet Protocol)
Vol.	Volume
VPM	Vice-Premier Ministre
vs	Versus (contre)
WACS	Westafrican cable system (système de câble transatlantique de la côte Ouest de l'Afrique)

CHAPITRE LIMINAIRE

En guise d'introduction

Le monde se trouve à une époque de bascule historique à l'« ère numérique ». [2] Du télégraphe, au télex et au téléphone, l'« ère de l'analogique » a été celle du langage linéaire des communications à distance sur le mode « point à point », donnant lieu à des relations simplement « désensorialisées ». [3] L'ère du numérique est la deuxième étape de simplification à l'extrême du transport de l'information (son, image, texte), convertie en une suite de 0 et de 1, dans une écriture binaire circulant à travers les réseaux numériques à intégration des services (RNIS). À cette « ère de la digitalisation », les techniques de numérisation et de connexion à l'Internet ont changé la manière d'être, de vivre et de connaître dans le contexte de la société de l'information. [4] En réalité, « [l]e numérique a provoqué tout à la fois une accélération, une simplification et une banalisation de la collecte, du transfert et du traitement des données ». [5] En plus, « "Le numérique a le don de l'ubiquité". [6] En effet, le numérique affranchit les objets culturels des contraintes de l'existence physique, en leur permettant d'être répliqués à l'identique et à l'infini, sans restriction de temps ni de lieu ». [7] Avec l'expérience grandissante des « objets

---

[2] V.-L. BENABOU et J. ROCHFELD, *À qui profite le clic ? Le partage de la valeur à l'ère numérique*, Coll. Corpus, éd. Odile Jacob, Paris, 2015, p. 30. La terminologie « ère numérique » est choisie pour dire « ère du numérique ».

[3] B. SALGUES, « Premier bilan et impasses procédurales du SMSI, vers de nouvelles pistes d'usage des TIC », chap.2, in M. MATHIEN (sous la dir.), *Le Sommet mondial sur la société de l'information et « après » ? Perspectives sur la cité globale*, Bruylant, Coll. Médias, Sociétés et Relations Internationales, Bruxelles, 2007, pp. 43-58.

[4] *Ibid.*, pp. 43 et s.

[5] C. FÉRAL-SCHUHL, *Cyberdroit, le droit à l'épreuve de l'Internet*, 6è éd., Dalloz, Paris, 2011-2012, p. 34.

[6] I. FALQUE-PIERROTIN, Présidente de la CNIL, « L'éducation au numérique, un défi majeur que nous devrons relever tous ensemble », *CCE*, n°3, Entretien, 2014, p.7.

[7] M. DALLE, « Réflexions sur l'éducation des internautes au respect du droit d'auteur », *in* E. NETTER et A. CHAIGNEAU (sous la dir.), C. CASTETS-RENARD, J. CATTAN *et al*, *Les biens numériques,* Ceprisca, Coll. Colloques, diffusion PUF, Amiens, 2014, p. 87.

connectés »[8], certains voient une nouvelle révolution en l'Internet des choses comme l'« ère du tout connecté ».[9]

Cette « révolution numérique »[10], portée par l'« intelligence inventive »[11], est à la base de plusieurs mutations sociétales, entraînant de profonds bouleversements dans plusieurs directions pour le droit. Outre les domaines de la culture, de l'économie et du social, l'État et son administration publique connaissent des influences considérables face aux opportunités et défis du numérique. Tirant profit de l'écosystème numérique et de l'Internet, le cyberespace s'est développé et offre une panoplie de services, de biens virtuels et d'autres activités numériques protéiformes. [12] Plusieurs innovations sont perceptibles dans la société de l'information [13] : diversification des pratiques commerciales (télé-achat, vente à distance, commerce en ligne), extension de la sociabilité dans le réseautage de notre vie privée (réseaux sociaux numériques), nouveaux modes de la vie professionnelle (télétravail) et des loisirs (jeux en ligne, VoD), pour ne citer que ces cas.

---

[8] TH. PIETTE-COUDOL, *Les objets connectés, sécurité juridique et technique,* Lexis/Nexis, Coll. Actualités, Paris, 2015, pp. 1-190, spéc. p. 1. Selon l'auteur citant le cabinet IDC, près de 19,2 millions d'équipements informatiques sont portables sur le marché et pourraient atteindre le nombre de 112 millions en 2018. Dossier : « Les objets connectés, nouvelle passion française », in *Le Monde,* 25 novembre 2014. La fiche de l'éditeur fait état de « [l]a révolution connectée ». Elle la présente comme « la grande révolution de ce début de XXIème siècle », puisqu'elle « implique des bouleversements plus importants encore que l'arrivée des Smartphones et des tablettes. "Mesurer", "calculer", "reporter", "contrôler" et finalement "comprendre" et "corriger" deviennent des réflexes personnels au même titre que des branches d'activités d'entreprises... ».

[9] B. SALGUES, *op.cit.*, pp. 43-58.

[10] E. SCHERER, *La Révolution numérique, glossaire*, Dalloz, Paris, 2009, pp. VII-XXII. *Cf.* aussi F. CARON, « Internet, c'est la troisième révolution industrielle », *L'Express,* 27 avril 2000. En effet, « grâce à l'électronique, l'informatique et Internet, la révolution numérique intervient après la première, la révolution industrielle, marquée par la machine à vapeur et le chemin de fer. La société en avait été bouleversée par l'effet induit de l'augmentation des capacités de production et de circulation des biens, des personnes et des services. La deuxième révolution est symbolisée par l'électricité et le pétrole, qui a renforcé les élans de la première révolution en y ajoutant le confort domestique grâce à l'électroménager et, partant, l'essor d'une société de la consommation ».

[11] R. RIEFFEL, *Révolution numérique, révolution culturelle ?*, Paris, Gallimard, p. 12. *Cf.* aussi M. SERRES, *Petites Poucettes*, éd. Le Pommier, Paris, 2012.

[12] A. BAMDÉ, *L'architecture normative du réseau Internet. Esquisse d'une théorie,* L'Harmattan, Coll. Le droit aujourd'hui, Paris, 2015, pp. 13 et s. Le terme « cyberespace » a été inventé et défini par William Gibson, dans son livre *Neuromancer* (1984), comme cet *« espace planétaire sans frontière où les ordinateurs sont reliés entre eux par des réseaux ».* Le droit ne peut ignorer l'espace numérique, qui s'ajoute aux autres espaces (terre, mer, air, espace extra-atmosphérique). Mais, l'Internet est un écosystème (comme en biologie), du fait de son architecture fonctionnelle, formée de trois couches : couche logique (*software* : applications), couche sémantique (le support d'interaction) et « couche physique » (*hardware* : réseaux et infrastructures de télécoms).

[13] *Ibid.,* p. 13. L'Internet est la toile d'araignée mondiale (*WWW* : *Word Wide Web*). Son expansion mondiale influence profondément la vie sociale. L'Internet et la numérisation sont la base de la société de l'information.

SECTION I. LES ASPECTS SOCIÉTAUX DES TRANSFORMATIONS DU DROIT FACE À L'ÉCONOMIE NUMÉRIQUE

§ 1. Les enjeux juridiques de l'économie numérique mondiale

En termes d'enjeux, la vitesse des innovations technologiques pose à elle-seule un défi au droit. Les types de supports numériques sont en perpétuelle évolution, avec notamment : des ordinateurs de plus en plus puissants et miniaturisés, des téléphones portables davantage intelligents, des applications et logiciels toujours plus performants, des sites Internet à la fois informatifs, publicitaires et collaboratifs, des messageries instantanées, convergentes et en réseaux. Il en est de même pour la télévision que l'on eut cru invention ancienne, mais qui est aujourd'hui relookée aux goûts du *Web Tv* ou encore de la télévision mobile personnelle (TMP). Ainsi, « la transformation numérique » [14] concerne les techniques, l'économie et la société dans son ensemble, amenant désormais le droit à évoluer avec les usages du numérique qui sont associés aux propriétés des connexions à haut débit. Mais, « [e]n pointant les acquis en la matière [...], une révolution technologique telle que celle du numérique est par essence instable et ambivalente, simultanément porteuse de promesses et lourdes de menaces ».[15]

De même que chaque médaille a son revers, les réseaux numériques véhiculent aussi de nombreux facteurs de risques. En effet, « les technologies numériques exercent, à ce titre, des effets ambivalents : elles catalysent l'exercice des droits, mais elles synthétisent aussi des risques inédits face auxquelles nos capacités juridiques et nos capacités d'intervention apparaissent aujourd'hui inadaptées ».[16] Les enjeux du droit concernent les avantages et inconvénients sociétaux de la révolution numérique. Les défis liés à celle-ci sont devenus majeurs dans le champ du droit, en raison des capacités automatisées, intrusives et anonymes, des technologies numériques. La popularisation de leurs usages a rendu quasi-omniprésentes l'informatique embarquée et l'hyper-connectivité dans notre environnement quotidien.[17]

Effectivement, plusieurs nouveaux aspects juridiques apparaissent par rapport aux activités numériques et à leurs utilisations souvent pernicieuses à

---

[14] WATIN-AUGOUARD, « Préface », in F. LORVO, *Numérique : de la révolution au naufrage ?,* éd. Fauves, Paris, 2016, p. 7. « Cette transformation numérique est le fruit d'une succession d'avancées technologiques mises au point de façon souvent empirique par des pionniers, bâtisseurs d'un nouveau monde, qui n'imaginaient sans doute pas la forme que prendrait leur "cathédrale sans plan". »

[15] R. RIEFFEL, *op.cit,* p.12, pp. 19-20.

[16] J.-M. SAUVÉ, « Séance d'ouverture », in Conseil d'État, *La France dans la transformation numérique : quelle protection des droits fondamentaux ?,* colloque organisé par le Conseil d'État le 6 février 2015, La documentation française, Coll. Droit et débat, DILA/Conseil d'État, Paris, 2016, p. 10.

[17] J. LIMNÉLL, « Le cyber change-t-il l'art de la guerre », in X. RAUFER (sous la coord.), *La première cyber guerre mondiale ?,* MA éditions, Paris, 2015, pp. 29-46, spéc. p. 31.

travers les réseaux formant le système d'information planétaire et sans frontière. Très vite, des craintes ont vu le jour avec la prolifération des nuisances informatiques : cybercriminalité, cyberarmes, cyberterrorisme, menaces conjuguées dans la sphère des libertés individuelles et publiques, altération de l'identité personnelle, marchandisation des données personnelles, pratiques abusives, agressives et déloyales en ligne, etc.

À titre d'exemple, déjà en 1978, une loi pionnière en France, dite « loi informatique et libertés », fondait le principe que, si « l'informatique doit être au service de chacun », elle « ne doit pas porter atteinte ni à l'identité humaine, ni aux droits de l'Homme, ni à la vie privée, ni aux libertés individuelles ou publiques ».[18]La liste des valeurs légitimes à placer sous l'abri du droit est longue, au regard des enjeux transversaux du numérique. Ce sont de tels facteurs qui ont amené entre autres le droit dans les pays industrialisés à traiter des risques, enjeux et *dangers* induits par les technologies électroniques pour l'économie, les consommateurs, les libertés, la sécurité publique et le bien commun.[19]

Comme les applications numériques de pointe induisent un transfert de pouvoir au profit de ses utilisateurs et des groupements connectés, elles deviennent un enjeu pour les États et donc pour le Droit.[20] Cependant, le contrôle hiérarchique du cyberespace par les États demeure encore une gageure, au point de considérer de nouveaux enjeux de la « souveraineté numérique » [21] et de l'« ordre public numérique ». [22] En réalité, « Les

---

[18] Article 1er, loi n°78-17 du 6 janvier 1978 relative à l'informatique, aux fichiers et aux libertés, JO RF, 7 janv.1978, p. 227.

[19] J. ROCHFELD (sous la dir.), *L'acquis communautaire, le contrat électronique,* Economica, coll. Études juridiques, n°34, Paris, 2010, pp. 5-6 et pp. 8 et s. *Cf.* spéc. : « Les dangers de la technique électronique » ainsi que l'« objectif de législation ». L'auteure a particulièrement orienté sa réflexion sur le « déficit de confiance du consommateur » à cause des craintes liées à « toutes sortes de nouvelles malversations, propres à l'Internet ». Par ailleurs, les États européens ont assez tôt tiré profit des avantages des technologies de communication, notamment à partir de 1989 dans le domaine du télé-achat pour faciliter la vente et la circulation des biens et services dans les États et sur le continent européen. C'est au moyen de la construction du marché intérieur que la « confiance » du consommateur s'est également construite.

[20] P. BELLANGER, *La souveraineté numérique,* Stock, Paris, 2014, pp. 9,12-14. L'auteur développe l'idée selon laquelle l'« Internet ne vient pas s'ajouter au monde que nous connaissons. Il le remplace. […] La souveraineté est, pour une nation démocratique, l'expression sans entrave sur son territoire de la volonté collective des citoyens. […] Sauf pour les réseaux numériques ! […] L'État est incapable de garantir ici à ses citoyens la protection de la vie privée, le secret de la correspondance ou encore la loyauté de la concurrence économique. […] Les États sont des lieux, l'Internet est un lien. Les souverainetés se définissent dans des espaces physiques délimités, l'Internet est une dimension qui relie tous les territoires sans être un lui-même ».

[21] A. BLANDIN-OBERNESSER (sous la dir.), *Droits et souveraineté numérique en Europe,* 1re éd., Bruylant, Bruxelles, 2016, pp. 1-216. À l'affiche, « sans définir la souveraineté numérique *a priori,* l'ouvrage en analyse les différents visages en mettant en évidence les valeurs défendues par l'Europe, les enjeux économiques et territoriaux de l'Internet et enfin les enjeux de sécurité-défense ».

pionniers de l'Internet, qui n'avaient certainement pas envisagé son expansion mondiale, avaient conçu et présenté la communication numérique comme un espace échappant à tout contrôle des pouvoirs publics, autonome, décentralisé, transfrontalier et participatif ».[23] Tant que le numérique efface les clivages locateurs, il plonge les continents dans des échanges électroniques transfrontières, avec une célérité sans précédent. Par conséquent, la problématique de l'État et du droit face au cyberespace se place au cœur des réflexions sur les mécanismes appropriés de régulation, de prévention et de sécurisation, en refondant la législation et la réglementation dans notre société de l'information.[24] Le réajustement des dispositifs juridiques et le réalignement des politiques concernent toutes les composantes de notre « village planétaire »[25] autour des valeurs structurantes pour notre civilisation.[26]

Face aux enjeux juridiques de l'économie numérique, l'Europe et la France présentent des modèles d'incubation des politiques publiques.[27] À ce propos, elles disposent d'instruments communautaires des plus aboutis.[28] Dans leurs systèmes juridiques nationaux et internationaux, les États comme la France organisent la manière dont les opportunités et les défis du numérique peuvent être gérés au profit de l'intérêt général. Par exemple, l'initiative « *eEurope* » est une politique lancée le 8 décembre 2009 et traduisant la vision des pays membres autour de trois objectifs majeurs face à l'Internet : 1° en assurer l'accès rapide, sûr et abordable ; 2°« investir dans

---

[22] C. PICCIO et PH. MOURON (sous la dir.), *L'ordre public numérique, libertés, propriété, identités,* PUAM, coll. « inter-normes », Aix-en-Provence, 2015, 2015, p. 21. Les enjeux propriétaires et des libertés intéressent les questions d'ordre public, soulevées par la technologie numérique. Sous l'ordre public numérique, les auteurs regroupent les questions de savoir si le droit à la vie privée peut survivre à cette technologie ou encore comment concilier leur usage avec la liberté et la sécurité, tant que l'identification et la surveillance par les agences publiques et privées de sécurité sont devenues des usages numériques à part entière.

[23] M. DE SAINT PULGENT, « Les besoins d'interrégulation engendrés par Internet. Propos introductifs », in M.-A. FRISON ROCHE (sous la dir.), *Internet, Espace d'interrégulation,* Dalloz, Paris, 2016, p. 3.

[24] A. BAMDÉ, *op.cit,* p. 13 et s.

[25] M. MCLUHAN, *The Medium is the Message,* 1967. PH. MOREAU DEFARGES, *La mondialisation, un monde globalisé,* 9è éd., Coll. « Que sais-je ? », n°1687, Droit-Politique, PUF, Paris, (1997) 2012, p. 3 et s.

[26] S. TURGIS. « Les valeurs de l'Europe appliquées à Internet », in BLANDIN-OBERNESSER (sous la dir.), *op.cit,* pp. 17-30. Les valeurs défendues par le Conseil de l'Europe depuis sa création en 1949 – droits de l'homme, démocratie et prééminence du droit – ont donc pour vocation à s'appliquer au nouvel environnement marqué par la prééminence prise par Internet ». Comité des ministres, *Gouvernance de l'Internet – Stratégie du Conseil de l'Europe 2012-2015,* 15 mars 2012, CM(2011)175 final 2.*Cf.* pour un premier bilan : Stratégie du Conseil de l'Europe sur la gouvernance de l'Internet 2012-2015, Rapport à mi-parcours du Secrétaire général du Conseil de l'Europe, SG/Inf(2014)7, 12 février 2014.

[27] M. MULLER, *Les politiques publiques,* PUF, coll. « Que sais-je ? », n° 2354, Paris, 2015, p. 45.

[28] N. THIRION (sous la dir.), C. CHAMPAUD, D. DANET, P. LE FLOCH, P. LE GALL, F. MARTIN, B. MONTELS, T. PENARD et P. STEPHANTA, *Libéralisations, privatisations, régulations, aspects juridiques et économiques des régulations sectorielles,* Larcier, Bruxelles, 2007, pp. 11 et s.

les ressources humaines et les connaissances ; [3°] stimuler l'utilisation de l'Internet dans les secteurs économiques et gouvernementaux ainsi que dans certains secteurs spécifiques ».[29]

Dans l'ordre des défis permanents de la gouvernance publique, l'OCDE porte également « une attention particulière aux institutions publiques et instruments permettant aux gouvernants de répondre aux demandes et besoins des citoyens, mettant en lumière les domaines nécessitant des changements supplémentaires, ou davantage de réflexion sur la manière de mener les efforts de réforme ».[30] Les politiques législatives déterminent des objectifs stratégiques en vue des réformes nécessaires.

Concrètement, le droit appréhende la valeur des phénomènes sociétaux, en employant son instrumentalisme et son normativisme, selon son utilitarisme.[31] En théorie générale, le droit « se double de l'ambition d'améliorer les situations existantes. C'est là qu'interviennent les valeurs. Au plan des valeurs (le normativisme), apparaît le jugement quant à la désirabilité des faits établis par la démarche empirique. [...] Est ainsi posé tout le problème de l'effectivité de l'action du droit sur la société. [...] On en arrive ainsi au plan de l'action (l'instrumentalisme) ; le droit est mobilisé au service de la valeur ».[32]

À cet égard, l'expérience européenne a construit une « architecture des réponses » juridiques[33] adaptées face aux enjeux du cyberespace, qui devient un défi crucial pour les États, sur l'axe normatif et institutionnel. Dans ses attributs régaliens, l'État doit d'abord assurer l'encadrement juridique des personnes et des faits sur son territoire. Ensuite, il doit y contrôler les activités à travers les mécanismes de coercition que sont la justice et les prérogatives de puissance publique. Enfin, l'exercice de la souveraineté de l'État doit s'exprimer par sa capacité à imposer son ordre juridique sans

---

[29] A. TROYE-WALKER, « Le cadre juridique du commerce électronique en Europe », première session : « le cadre juridique international du commerce électronique », in J. RAYNARD (sous la dir.), *Les premières journées internationales du droit du commerce électronique, Actes du colloque de Nice des 23,24 et 25 octobre 2000,* Litec, n°20, Coll. actualité de droit de l'entreprise, Cahors (France), 2002, pp.1-20.

[30] OCDE, « Défis actuels et futurs de la gouvernance publique », in *Le Panorama des administrations publiques 2009*, éd. OCDE, pp. 4-5.

[31] L. DUGUIT, *Le pragmatisme juridique, conférences prononcées à Madrid, Lisbonne & Coïmbre en 1923*, éd. La Mémoire du Droit, Coll. inédit, trad. Simon Gilbert, Paris, 2008, pp. 131-133. BENTHAM EN ESPAÑA, en face de (sic), *L'utilitarisme,* de I. Sanchez de Rivera, Madrid, Reus, 1922, pp. XIV et XV. Léon Duguit signale l'origine utilitaire de sa doctrine, en référence à Bentham. « En ce sens, l'utilitarisme est un mode de positivisme ethnico-juridique, plus de calcul du rendement... c'est un pragmatisme juridique », dit-il.

[32] O. MORÉTEAU et J. VADERLINDEN, *La structure des systèmes juridiques*, Bruylant, Académie internationale de Droit comparé, XVIe Congrès de l'Académie internationale de droit comparé, Brisbane 2002, Bruxelles, 2003, pp. 17-85.

[33] CH. AMIDOU KANE, *L'aventure ambigüe,* Paris, Julliard, 1971 [1961], p. 80. « La civilisation est une architecture de réponses. Sa perfection se mesure au confort que l'homme y éprouve, à l'appoint de la liberté qu'elle lui procure. »

qu'aucun autre ne s'impose à lui.[34] En appréhendant les aspects pertinents de l'ère numérique, le droit intervient au regard de son autonomie pour (faire) appliquer ses principes, règles et qualifications à la révolution économique et industrielle postmoderne. Comme « le préfixe "post" associé à la "modernité" emporte l'idée d'un dépassement du présent et d'une projection dans le futur »,[35] les réformes du droit et de l'État tiennent compte de l'aspect évolutif des technologies. Le droit établit son régime et ses institutions au point de figer ce qui est encore en devenir mais qui s'avère suffisamment perceptible.

Précisément, l'« économie numérique » [36] est liée à l'utilisation des techniques électroniques dans les différents domaines de l'économie postmoderne.[37] Elle est synonyme d'« économie de l'information »[38] et se présente comme une véritable « économie de systèmes » numériques mondialisés. [39] Les télécoms sont la base des communications électroniques,[40] à travers lesquelles des prestataires techniques, dits « big infomédiaires », assurent l'intermédiation technique indispensable à la réalisation des activités économiques en ligne.[41]

En effet, les « technologies numériques ont incontestablement été un moteur de la croissance depuis le début des années 1990. [...] À l'instar des révolutions industrielles précédentes, la troisième révolution industrielle a également produit un ensemble d'objets et d'industries spécifiques aboutissant, non seulement à l'émergence d'un secteur économique nouveau mais aussi à une transformation des systèmes productifs et du comportement

---

[34] L. FAVOREU, P. GAÏA, R. GHEVONTIAN, J.-L. MESTRE, O. PFESMANN, A. ROUX et G. SCOFFONI, *Droit constitutionnel*, 18è éd., Dalloz, Coll. Précis, Paris, 2015, p. 57 et s. – Voir aussi L. FAVOREU, P. GAÏA et al., *Droit constitutionnel*, 7e éd., Dalloz, Coll. Droit public-science politique, Paris, 2004, pp. 909 et s.

[35] J.-J. PLUCHART, « Vers un capitalisme post-moderne », in Magazine Panthéon Sorbonne, *L'Art et le temps,* n°20, Université Paris 1, janv.-mars 2017, pp. 29-31.

[36] M. DE SAINT PULGENT, *op.cit.*, p. 3. « Définie strictement, l'économie numérique se compose de quelques secteurs spécialisés tels que les télécommunications, l'édition des logiciels ou les sociétés des services et d'ingénieries informatiques (SS2I) ; mais elle se déploie aujourd'hui bien au-delà et tend à transformer la qualité des secteurs d'activité : industries culturelles, presse, commerce et distribution, transport des personnes, services financiers... »

[37] J.-J. PLUCHART, « Vers un capitalisme post-moderne », *op.cit*, pp. 29-31.

[38] N. COUTINET, « Les technologies numériques et leur impact sur l'économie », in Cahiers Français, *La société numérique,* n°372, La documentation française, Paris, janvier-février 2013, pp. 20 et s.

[39] *Ibidem*, p. 23.

[40] BANQUE MONDIALE, *Les dividendes du numérique*, *Rapport sur le développement dans le monde 2016*, Washington, avril 2016, pp. 1 et s. J. CATTAN, *Le droit de l'accès aux communications électroniques,* Coll. Droit de l'information et de la communication, Univ. d'Aix-Marseille, PUAM, Aix-en-Provence, pp. 18 et s.

[41] V.-L. BENABOU et J. ROCHFLED, *op.cit,* pp. 39 et s.

des agents ».[42] L'Internet et les réseaux de télécoms sont devenus le véhicule du commerce électronique et le support de la « valeur du clic ».[43]

Ils constituent le socle technique de l'économie numérique, car celle-ci est consubstantielle à « un monde dans lequel la relation entre deux points suppose de multiples passeurs : l'opérateur de télécoms mettant à disposition l'infrastructure, les fournisseurs d'accès, de cache et d'hébergement... tous sont nécessaires au stockage et au transport de l'information ».[44]

Face à l'économie numérique, le contrôle du droit s'impose afin d'assurer la garantie des règles étatiques, d'encadrer les activités en ligne, de protéger les individus et usagers contre les désagréments, risques et dangers de type nouveau et particulier, liés à l'Internet. L'État doit répondre à son devoir normatif et régulateur, tout en considérant des progrès technologiques et de nouvelles tendances de l'économie 3.0, qui sont portées par les télécoms et particulièrement les fonctionnalités du Web 2.0.[45] En fait, « [a]u fur et à mesure que le nombre d'utilisateurs de l'Internet augmente, l'utilisation de l'Internet a un impact réel dans notre quotidien et sur nos modes de vie. [...] Avec Internet, l'essor des réseaux d'information est en train de créer le nouveau système nerveux de notre planète. Le monde change et la société évolue et doit s'adapter au cyber univers ».[46]

Si l'émergence d'un « Droit 2.0 »[47] se constate aujourd'hui, le préfixe « cyber-» était déjà accolé au droit pour exprimer un « glissement des

---

[42] N. COUTINET, *op.cit*, p. 23.

[43] V.-L. BENABOU et J. ROCHFLED, *op.cit*, p. 39.

[44] *Ibidem*.

[45] J-J. PLUCHART, « Vers un capitalisme post-moderne », *op.cit*, p. 29-31. L'auteur, récipiendaire du prix Turgot 2017, décrit l'existence de « l'économie 3.0 », celle se livrant au troc grâce à l'Internet et aux économies de péage. La plateforme numérique « Uber » n'a pas de voiture mais seulement un logiciel et gagne plus d'argent que les voituriers. Des activités collaboratives dites 3.0 en réseaux sont perçues comme des pratiques trahissant une volonté de basculement vers un avenir non-capitaliste du monde et une certaine nostalgie précapitaliste. L'économie numérique est non plus uniquement 2.0 mais aussi 3.0. Les sites de covoiturage, de colocation, de *coworking* (travail collaboratif), de *crowdfunding* (mutualisation des subventions) témoignent d'une « économie de partage » qui a cassé les schèmes de la possession individualiste. Ainsi, les logiciels libres, les *do-it-yourself on demand* (fabrication individuelle sur manuel à la demande), le *living labs* (laboratoire de production *in vivo*) et les *wiki* (encyclopédie à écriture mutualisée) démontrent la « production d'esprit mutualisée » grâce à l'Internet. Dans les mêmes tendances, les partages des données sensibles, des résultats de découvertes ou des œuvres créatives se déroulent sans être monétarisés. Cette économie 3.0 traduit les nouvelles règles du Net, avec des modèles conçus par des nouvelles générations X et Y, dites des « natives numériques » selon Prensky.

[46] M. QUÉMÉNER, *Cybersociété entre espoirs et risques*, L'Harmattan, Coll. Justice et démocratie, Paris, 2013, p. 9.

[47] B. DONDERO, *Droit 2.0, Apprendre et pratiquer le Droit au XXIe siècle,* LGDJ, Lextenso-édition, Paris, pp. 512. L'auteur souligne que « le développement du numérique et de l'Internet joue bien sûr un rôle important, mais la manière dont fonctionne aujourd'hui l'enseignement supérieur et la complexification du droit, sans oublier les nouvelles exigences des clients des professionnels du droit, sont autant de phénomènes qui transforment profondément la manière dont nous apprenons le droit, la manière dont nous le pratiquons, et plus largement la manière dont nous le vivons. »

paradigmes » connus jusqu'ici : il « émerge progressivement un paradigme concurrent, celui du droit en réseau, sans que disparaissent pour autant des résidus importants »[48] du droit commun. Les technologies de l'information et de la communication (TIC) présentent de nouveaux enjeux pour le droit devant régir l'économie inhérente à la « Cybersociété ». [49] Mais, si la révolution numérique a impulsé une nouvelle économie, elle n'implique pas forcément la révolution du droit dans ses fondements. [50] Des réformes successives du cadre législatif et/ou simplement le « pragmatisme juridique »[51] marquent les points de passage, souvent intermédiaires, d'un ajustement des institutions juridiques au regard des mutations que le droit s'impose à lui-même par rapport aux [as]sauts du numérique. L'ère numérique marque un tournant décisif, non seulement pour l'affirmation des droits et libertés des citoyens-internautes, mais aussi pour la matérialité du Droit. L'économie numérique est en effet une des sources concrètes d'évolution de la norme juridique. [52] Plus globalement, l'économie numérique en tant qu'enjeu de droit, source du droit et creuset des droits, devrait donc finalement rester soumise au Droit, tant il est vrai que la technologie à sa base demeure encore (et toujours ![53]) un instrument au service de l'homme.

---

[48] F. OST et M. VAN DE KERCHOVE, *De la pyramide au réseau ? Pour une théorie dialectique du droit,* Presses des facultés universitaires, Saint-Louis, 2002, pp. 5-597.

[49] M. QUÉMÉNER, *Cybersociété entre espoirs et risques, op.cit*, pp. 9 et s.

[50] V. FAUCHOUX et P. DEPREZ, *Le Droit de l'Internet : lois, contrats et usages*, Lexis/Nexis, Litec, Paris, 2009, pp. 3-10. Selon ces auteurs, l'automobile a été une révolution, mais il ne s'est pas fait suivre de la création du droit de l'automobile. Internet de même ne le devrait pas logiquement.

[51] L. DUGUIT, *Le pragmatisme juridique, op.cit*, pp. 131-133. Le sens à donner au pragmatisme juridique est aussi celui du pragmatisme à l'américaine par le vecteur des « *law and economics* », traduit comme « loi et économie ». Il s'agit de l'idée du droit rapproché des réalités de l'économie. Au sens de Léon Duguit, l'« homme a deux modes de connaissances : la connaissance des faits matériels sur lesquels repose l'action de ses sens et la connaissance des concepts. Depuis que l'homme a commencé à réfléchir, il s'est demandé si ces deux ordres de connaissances correspondent à la réalité. [...] le pragmatisme est une situation intermédiaire entre l'intellectualisme et le phénoménisme positiviste [...] : "la vérité d'une affirmation se juge à la valeur de ses conséquences". Cette doctrine pragmatiste [...] a aussi été adoptée par des juristes modernes, [...] Saleilles, Gény et Michoud ».

[52] G. CORNU, *Vocabulaire juridique*, 11e éd., PUF/Quadrige, Paris, 2016 (1987), p. 980. *Verbo* « Source du Droit » : le terme équivaut aux « forces d'où surgit le Droit (objectif) ; ce qui l'engendre. Ensembles des données morales, économiques, sociales, politiques, etc. qui suscitent l'évolution du Droit, considérations de base, causes historiques, "forces créatrices" (G. Ripert), sources brutes dites réelles que captent et filtrent les sciences auxiliaires de la législation pour alimenter la politique législative ».

[53] A. BENSOUSSAN et J. BENSOUSSAN, *Droits des robots*, Larcier, Minilex, coll. Lexing Technologies avancées, Bruxelles, 2015, pp. 10-11. La problématique des auteurs est de cerner les enjeux de l'activité robotique, notamment l'essor de la robotique des services. Ils se posent la question de savoir si elle doit s'autoréguler ou s'il faut créer un cadre juridique approprié.

Il est évident que le droit transcende le fonctionnement de l'« économie du Net » ou « Net économie », puisqu'il en fait l'objet d'un *corpus juris* approprié.

Ainsi, le cadre juridique se remodèle, à l'épreuve de la révolution technologique de notre temps. Des qualifications nouvelles, des régimes adaptés ou des ajustements réglementaires répondent aux défis que l'économie numérique impose à l'ordre normatif et à la vie des États-nations. C'est un mouvement réformateur pour le droit objectif et refondateur tant pour les politiques publiques que pour les droits subjectifs. Nous avons choisi d'appeler ces mutations du droit la « transition juridique ». La technologie électronique et les marchés présentent une réelle dynamique des changements qui suscitent incontestablement des « transformations générales du droit ».[54] Les activités économiques de la révolution numérique influent sur le droit dans ses branches, dans son contenu ou dans sa logique. Le droit de l'économie numérique doit désormais couvrir des aspects précis des services de la société de l'information. Une réorganisation des sources est alors nécessaire afin d'encadrer les usages protéiformes des potentialités des télécoms.

Les sources formelles doivent être associées pour répondre aux multiples défis juridiques liés à l'économie de l'Internet.

Contrairement au mythe du vide juridique dans le cyberespace, l'État doit orchestrer la pluri-normativité de ses règles prescriptives, malgré les polycentres des règles efficientes, techniques et déontologiques, produites par des internautes ou des groupements non-étatiques.[55] Le droit de l'Internet « est [lui-même] le droit "de tout". [...] Face à [sa] dispersion et diversité [des sources], le constat devrait être qu'il ne saurait y avoir de "droit de l'Internet". Pourtant, l'adaptation des règles de droit commun et surtout la prolifération de règles spécifiques montrent que le droit de l'Internet est une réalité. Ce droit n'en est plus au stade de l'émergence depuis [plus de] dix ans tant pour le législateur que pour les juges ».[56] L'Internet est le support et le véhicule de l'économie numérique.

---

[54] L. DUGUIT, *Les transformations générales du droit privé depuis le Code Napoléon*, éd. la Mémoire du Droit (Librairie Félix Alcan), 2e éd. revue, 2e tirage, Paris, 2008 (1920), pp. 1-205.

[55] L. BELLI, *De la gouvernance à la régulation de l'Internet*, éd. Berger Levrault, coll. « Au fil des études, les thèmes », Paris, 2016, p. 9. La gouvernance technique de l'Internet peut être transposée dans l'élaboration de modèles réglementaires pouvant être adoptés par les législateurs et les régulateurs nationaux ou pouvant inspirer ces derniers, en vertu de leur efficacité.

[56] C. CASTETS-RENARD, *Droit de l'Internet*, Montchrestien/Lextenso éd., Coll. cours LMD, 2010, Paris, pp. 141 et s. « S'il est rattaché au droit de la communication pour ses modalités de mise en œuvre, il véhicule un contenu susceptible de concerner toutes les branches du droit : droit des données personnelles, droit des contrats, de consommation, de la concurrence, de la responsabilité, droit de la propriété intellectuelle, droit pénal, droit international privé... Quant au procédé, l'Internet s'insère dans le droit de la communication et des médias. »

Par conséquent, les adaptations des règles juridiques tiennent compte des spécificités des communications électroniques sans changer radicalement l'ensemble de l'ordre juridique. Néanmoins, certaines réformes peuvent aboutir à un bouleversement plus profond des institutions juridiques classiques, sous la pression des phénomènes sociétaux d'une économie adossée au cyberespace transfrontière.

C'est ainsi que notre ouvrage tient compte de la double dynamique créative et évolutive du (des) droit(s) face à l'économie numérique en considérant les technologies électroniques comme le « moteur de la règlementation ».[57]

§ 2. Les nécessités et les schèmes des transformations du droit international et des droits comparés de l'économie numérique

La transition juridique est une nécessité de repositionnement du cadre légal suivant les évolutions du secteur électronique et des activités en ligne. Les transformations du droit traitent des enjeux de réglementation et de régulation afin d'organiser le régime approprié à la nouvelle économie de l'Internet. Plusieurs sources interviennent dans l'économie numérique dont le « curseur » des enjeux franchit différentes branches de la *suma divisio* du droit.[58]

Vu la nécessité de fournir des réponses globales à l'étendue des défis du numérique, il est certain que « [l]es sources du droit de l'Internet sont donc multiples et se trouvent dans toutes les branches du droit, en droit national, communautaire et parfois international ».[59] La complémentarité des régimes de l'économie numérique confirme que « les disciplines juridiques n'ont jamais de frontières tracées au cordeau ».[60] Les défis du numérique sont de ceux « qui transcendent les divisions traditionnelles » du droit.[61] Tout en mettant à contribution « la nature des règles » fondant les catégorisations classiques du droit, l'Internet et ses activités économiques sont sources d'enjeux interpellant davantage « la fonction de la règle juridique ».[62]

Par rapport aux particularités de l'économie numérique, la législation connait des mises à jour fréquentes : comme source principale du droit en

---

[57] *Cf.* aussi J. CATTAN, *op.cit.*, p. 20. L'auteur qualifie l'« innovation de moteur de la réglementation » en termes de principes et de définitions du droit de l'accès aux communications électroniques.

[58] J. CARBONNIER, *Droit civil, introduction,* 8e éd., PUF, 1969, p. 47. Il est reconnu que « [t]out droit se divise en deux parties : droit public et droit privé. Le droit public a pour objet l'organisation de l'État et des personnes morales qui en dépendent, ainsi que leurs rapports avec les particuliers […] Le droit privé a pour objet les rapports des particuliers (personnes privées) entre eux ».

[59] C. CASTETS-RENARD, *op.cit*, pp. 141.

[60] J. CALAIS-AULOY et H. TEMPLE, *Droit de la consommation*, Dalloz, 9e éd., Coll. Précis Droit privé, Paris, pp. 16 et 18.

[61] *Ibidem*, p. 15.

[62] *Ibid.*

adoptant quelquefois des logiques de « changements de paradigmes ».[63] De ce point de vue, Léon Duguit est « de ceux qui pensent [et nous aussi] que le droit est beaucoup moins l'œuvre du législateur que le produit constant et spontané des faits. Les lois positives, les codes peuvent subsister intacts dans leurs textes rigides : peu importe ; par la force des choses, sous la pression des faits, des besoins, se forment constamment des institutions juridiques nouvelles ». [64] Telle aussi fut l'essence du droit romain, selon Michel Villey. [65] Les réformes de certaines institutions juridiques [66] s'avèrent nécessaires pour accompagner, orienter et encadrer le marché électronique ainsi que l'activité économique en ligne, car l'un et l'autre sont inclus dans une « véritable révolution dans le domaine des technologies ».[67]

En Europe et en France, des objets particuliers de droit ont été définis au regard des enjeux des technologies de l'information et de la communication. En ce sens, leurs expériences législatives constituent des cadres de référence pour des droits étrangers, précisément pour le droit comparé congolais. Effectivement, les droits européens et français ont progressivement [ré]organisé l'autorité de leurs ordres politiques au sein du marché intérieur, au sein de la communauté et ensuite de l'Union européenne. Leurs réformes de ces 30 dernières années restent toujours axées sur les phases

---

[63] J.-M. SAUVÉ, *op.cit*, p.15. L'auteur rappelle que « [l]e changement de paradigme ne saurait être présenté, d'une manière offensive ».

[64] L. DUGUIT, *Les transformations générales du droit privé depuis le Code Napoléon*, ...*op.cit.*, p. 3.

[65] M. VILLEY, *Ledroit romain*, PUF, coll. Quadrige, (1945) 2012, pp. 50, 51 et 53 : « La jurisprudence est d'abord *description* du monde existant. [...] L'œuvre des juristes romains est essentiellement réaliste [...] repos[ant] en dernière instance et surtout sur la connaissance des choses. [...] Nous remarquons, même dans ces traités didactiques, combien le droit romain reste souple, ouvert à toutes les innovations. [...] Mais dans l'ensemble, ils [glossateurs, postglossateurs et *conciliateurs* (XIIe au XVe siècle] nous ont fidèlement transmis l'art romain de la jurisprudence, gardant au droit son caractère d'art souple et ouvert, et ne manquant pas d'adapter ses solutions aux circonstances économiques et sociales nouvelles de l'Europe. »

[66] *Ibid.*, notes 64 et 65. Au sens de Léon Duguit et de Michel Villey, nous préférons employer les termes « institution juridique » comme synonyme de « paradigme » pour signifier ce que le droit a établi afin de régir des espèces à sa portée selon la nature de ses règles ou selon la fonction de celles-ci. Par exemple, le « contrat » est l'institution du droit civil qui est source d'obligations librement consenties par des parties. En droit commercial, l'acte de commerce est l'institution fondant le critère objectif de la commercialité d'une personne qui en fait profession ou non. En droit pénal, « crime », « délit » et « contravention » sont des institutions qui déterminent les régimes des sanctions et la compétence judiciaire, en marquant la réaction de la société contre des faits préalablement incriminés et donnant lieu à des poursuites dans les formes de la loi. Internet opère un changement de paradigmes juridiques classiques. Dans les trois cas ci-retenus, Internet a laissé apparaître des paradigmes particuliers en termes d'institutions juridiques nouvelles, à savoir : le contrat électronique, le commerce en ligne et la cybersécurité contre les cybercrimes.

[67] F. OST et M. VAN DE KERCHOVE, *op.cit.*, pp. 5-597.

(r)évolutionnaires des télécoms de base jusqu'à l'ascension de l'Internet et à l'essor des activités numériques.[68]

Si l'économie numérique est globalisée, des décalages subsistent cependant dans les temps et les niveaux législatifs entre marchés européens et africains. C'est l'« enchaînement des parties du globe »[69] qui a étendu au-delà de son marché intérieur la « géographie juridique »[70] de l'Europe, telle que pensée par elle et pour elle. La multinationalisation des infomédiaires a induit, pour l'Afrique, les enjeux de transition juridique du même ordre qu'en Europe, transbordés par la neutralité des réseaux numériques.[71]

Selon Mireille Delmas-Marty, « la clôture des systèmes de droit est devenue illusoire à l'heure où la mondialisation multiplie les interdépendances, mais sans adhérer pour autant à l'utopie de l'unité juridique du monde au nom d'une sorte de pluralisme de fusion. Rien ne garantit le résultat mais les pratiques montrent déjà la possibilité de relier par de multiples interactions, judiciaires et normatives, spontanées et imposées, directes et indirectes, des systèmes, ou plus largement des ensembles juridiques (nationaux ou internationaux), que l'histoire avait séparés et qui rejettent une fusion synonyme d'hégémonie ». [72] Aussi, les politiques législatives de l'Europe et de ses États membres ont-elles construit un système de marché électronique intérieur, tout en influençant d'autres marchés et d'autres ordres juridiques dans la société mondiale de l'information.[73]

En somme, depuis l'invention du télégraphe au XVIIIe siècle jusqu'à l'Internet des XX-XXIe siècles, l'Europe et la France ont toujours refondé la structure de leurs systèmes juridiques.[74] Leurs institutions politiques ont

---

[68] F. BENHAMOU, « L'irrésistible ascension de l'Internet », in Cahier français, *La société numérique,* n°372, *op.cit.*, pp. 2-7.

[69] PH. MOREAU DEFARGES, *La mondialisation, op.cit,* p. 5.

[70] N. MALLET-POUJOL, « Le droit de l'Internet à l'épreuve de la mondialisation », Cahier français, *La société numérique*, n°372, La documentation française, Paris, 2013, pp. 12-17, spéc, p. 12.

[71] V. SCHAEFER, H. CROSNER et *al*, *La neutralité de l'Internet un enjeu de communication,* CNRS éditions, Coll. Les essentiels d'Hermès, Paris, 2011, p. 11. La neutralité porte sur des fondements du réseau tant au plan technique qu'au niveau des imaginaires sociaux. Selon Tim Wu, professeur à la *Columbia Law School*, dans ses travaux en 2003, la neutralité « touche à la manière dont les paquets de données circulent dans les réseaux et au maintien du principe selon lequel ces paquets d'informations, quels qu'en soient la source et le destinataire, sont traités de façon égale ».

[72] M. DELMAS-MARTY, « Le pluralisme ordonné et les interactions entre ensembles juridiques », conférence présentée le 26 janvier 2006, Université Bordeaux IV, sur l'invitation de M.-C. Ponthoreau, en référence à M. DELMAS-MARTY, *Les forces imaginantes du droit (II), Le pluralisme ordonné*, Seuil, 2006, [http://www.ieim.uqam.ca/IMG/pdf/article_Dalloz.pdf] (consulté le 22 novembre 2012).

[73] Directive 2000/31/CE du Parlement européen et du Conseil du 8 juin 2000, relative à certains aspects juridiques des services de la société de l'information, et notamment du commerce électronique, dans le marché intérieur (« *directive sur le commerce électronique* »), JOCE n°178, 17 juillet 2000, pp. 0001-0016.

[74] O. MORÉTEAU et J. VADERLINDEN, *La structure des systèmes juridiques, op.cit,* p. 19.

légiféré graduellement les aspects inhérents aux progrès technologiques. « Dans cette dernière situation, le droit devra se développer dans un sens permettant d'assurer l'existence de certaines valeurs dans la communauté sociopolitique ».[75] La communautarisation a permis une harmonisation des règles de marché entre États européens, tandis que l'Afrique n'a pas assuré la coordination de ses systèmes nationaux. Notamment, la RDC s'est ouverte à l'économie numérique, sans préparation suffisante de son cadre juridique. Les degrés de réalisation des réformes diffèrent entre les ordres juridiques français et congolais.

Par conséquent, les phénomènes économiques de l'Internet aboutissent à des confrontations des droits et des valeurs sous-jacentes entre États dans la société numérique planétaire. En se basant sur la méthode comparatiste du droit, notre ouvrage ne se limite pas à un catalogue des problématiques juridiques de l'économie numérique entre les ordres européens et congolais. Elle évite le risque d'un simple mimétisme qui prendrait la forme d'un « copier-coller » des dispositions légales françaises, dans le contexte de la RDC. Nous procédons à des analyses exploratoires et à des recherches opérationnelles en droit international, en droit européen, en droit français, dans d'autres droits africains et en droit congolais pour analyser et apprécier leurs régimes tels qu'adoptés face aux défis de l'économie numérique. De la sorte, notre ouvrage entend modéliser des solutions de droit comparé, dans le but de proposer des améliorations et des innovations appropriées au droit positif congolais.

Il est indéniable que les techniques de communications ont un impact sur l'économie, dans la société et (donc) sur le droit. La réorganisation du cadre juridique congolais devient nécessaire à l'ère numérique, afin de disposer d'un droit de l'économie numérique à la lumière des expériences comparées qui sont plus en avance. À cet effet, l'Europe et la France présentent des systèmes de protection juridique des plus élevés.

Les développements du présent ouvrage justifient les choix comparatistes autour des transformations du droit, en ce que « [l]e phénomène est général [...] dans tous les pays parvenus à un même degré de civilisation. Mais il apparaît en France avec une intensité particulière. Notre pays [la France] jouit du privilège redoutable d'être toujours à l'avant-garde dans l'évolution générale des institutions et des idées ; il ouvre la voie par laquelle les autres passent ensuite. Aussi est-ce en France à l'ère numérique qu'il convient d'étudier la transformation profonde qui s'accomplit dans le droit public »[76] et dans le droit privé.[77] Le rapprochement des systèmes économiques et juridiques est un aspect indispensable de mise en œuvre du *Livre vert sur*

[75] *Ibidem*, pp. 17-19.

[76] L. DUGUIT, *Les transformations du droit public*, (Librairie Arman Colin) éd. la Mémoire du Droit, Paris, (1913) 1999, pp. X-XI.

[77] L. DUGUIT, *Les transformations générales du droit privé depuis le Code Napoléon*, ...*op.cit.*, pp. 1-205.

l'avenir des relations entre l'Union européenne et les pays d'Afrique particulièrement, tel que publié en novembre 1996.[78]

Suite aux défis et options du nouveau millénaire, l'accord de partenariat ACP-UE, signé en 2000 à Cotonou (Bénin), encourage le dialogue partenarial entre États africains et européens.[79] L'accord, révisé à Luxembourg en 2005, veut assurer la cohérence des objectifs de développement et d'intégration progressive des États « ACP-UE » dans l'économie mondiale.[80] Plus clairement, le parlement européen et le conseil considèrent que « [c]ompte tenu de la dimension mondiale du service électronique, il convient toutefois d'assurer la cohérence des règles communautaires avec les règles internationales […] sans préjudice des résultats de discussions en cours dans les organisations internationales (entre autres, OMC, OCDE, CNUDCI) ».[81] Les institutions internationales sont appelées à jouer un rôle incontournable dans l'action publique de l'économie mondiale, conduisant à mettre en évidence le Fonds monétaire international (FMI), la Banque mondiale (BM), l'Union internationale des télécommunications (UIT), ainsi que diverses structures de négociations ou des cadres multilatéraux de concertation, en particulier l'OMC et les groupes de régulateurs.[82]

D'importantes disparités juridiques persistent entre les marchés européens, africains et congolais des télécoms, malgré les efforts de lois-types avec la CNUDCI[83] ou encore des processus analogues de dérégulation, réalisés dans ce domaine au sein de l'OMC depuis 1994-1997.[84]

---

[78] Commission européenne, *Livre vert sur les relations entre l'Union européenne et les pays d'Afrique, des caraïbes et du Pacifique (ACP) à l'aube du 21e siècle – Défis et options pour un nouveau partenariat*, 21 nombre 2016, COM(96)0570 – C4-0639/96, [Courrier (Bruxelles), 1997-03/04, n°162, p. 7-31].

[79] Commission européenne, *Accord de partenariat ACP-CE*, signé à Cotonou le 23 juin 2000, révisé à Luxembourg le 25 juin 2005, Coll. développement, Office des publications officielles des CE, Luxembourg, 2006, pp.1-218 – Addendum, Acte final, pp. 1-50.

[80] G. BAKANDEJA WA MPUNGU, *Le Droit du commerce international. Les peurs justifiées de l'Afrique face à la mondialisation des marchés,* De Boeck université, Coll. Droit/Économie, Bruxelles, 2001, pp. 88-90. En appui d'une telle inspiration, l'Accord de partenariat Afrique ACP-UE a été le fruit d'intenses discussions entreprises depuis 1996, pour un partenariat est axé sur le développement économique, social et humain ainsi que l'intégration et la coopération régionale. Il fonde la détermination des États-parties de réduire et, à terme, d'enrayer la pauvreté.

[81] Considérant n°58, directive 2000/31/CE, préc.

[82] J.-PH. COLSON et P. IDOUX, *Droit public économique*, 8e éd., LGDJ, Coll. « manuel », Paris, 2016, p. 573.

[83] É. A. CAPRIOLI, *Droit international de l'économie numérique, les problèmes juridiques liés à l'internationalisation de l'économie numérique*, 2è éd., LexisNexis, Litec, coll. Pratique pro, 2007, pp. 81-85, 87-90, 91 et s. La CNUDCI a adopté sa loi-type sur le commerce électronique le 12 juin 1996 et celle sur les signatures électroniques le 5 juillet 2001. L'assemblée générale de la CNUDCI a adopté le 23 novembre 2005 la convention des Nations unies sur l'utilisation des communications électroniques dans les contrats internationaux

[84] C. GUERRIER, « Droit international et des pays étrangers : Droit et accords de l'OMC dans le domaine des télécommunications : la problématique africaine », *Droit de l'informatique et des télécoms,* revue trimestrielle, 16e année, Paris, 1999/1, pp. 92-97.

À la naissance de l'Internet, les télécoms relevaient du régime des services publics de droit administratif, [85] avant qu'elles n'intègrent les régimes libéraux de l'économie des marchés. Les mesures de libéralisation s'inscrivent dans « la mode de la modernisation administrative » ou encore dans les fondements de la « réforme administrative de l'État », [86] en vue de réguler l'ouverture des marchés des télécoms autrefois monopolistiques. [87] La « déréglementation » ou « dérégulation » désigne la réforme des règles et des institutions traditionnelles du droit public, ayant transformé les monopoles réglementaires en un système de marché libéralisé, placé sous l'autorité d'un régulateur étatique. [88]

En 1970-1980, les États-Unis ont été le précurseur de la dérégulation des télécoms avant qu'en Europe, le droit communautaire adopte la même politique pour son marché intérieur. [89] En Afrique et en RDC, les accords de l'OMC de 1994 et 1997 ont servi de « passerelle multilatérale » [90] pour appliquer le même schéma de reconfiguration de l'intervention publique dans les marchés électroniques libéralisés. [91]

De la sorte, la vague internationale des démonopolisations a entraîné le développement des marchés numériques. En même temps, la mondialisation et la globalisation ont porté à l'échelon planétaire le principal objectif européen de diffusion des technologies à travers le jeu du marché. [92] En réalité, l'internationalisation des réseaux électroniques a donné une nouvelle ampleur au phénomène déjà ancien d'accélération des échanges économiques entre États, d'autant mieux que les télécoms renforcent l'abaissement des frontières et contribuent à l'accélération des

---

[85] G. JÈZE, *Les principes généraux du droit administratif, La notion de service public, les individus au service public, le statut des agents publics*, Dalloz, 3e éd., Paris, 2004, pp. 24 et s. P. AVRIL et J. GICQUEL, *Lexique de droit constitutionnel,* PUF, 4e éd., PUF, Coll. « Que sais-je ? », Paris, 2014 (2003), p. 114. J. CHEVALLIER, *Le service public,* 10e éd., PUF, coll. « Que sais-je ? », n°2359, Paris, 2015 (1987), p. 5. Les auteurs confirment que le service public est une activité d'intérêt général assurée par les pouvoirs publics, pouvant faire l'objet d'une délégation à une personne privée. Cette notion apparaît en France comme la clé de voûte de la construction étatique. C'est elle qui permet de clôturer l'espace étatique sur lui-même, en traçant une ligne ferme de démarcation entre public et privé, mais aussi d'intégrer les différents éléments de la théorie de l'État ».

[86] J.-PH. COLSON et P. IDOUX, *op.cit*, pp.198 et s.

[87] *Ibidem*, pp. 472-475 et s.

[88] *Ibid.*

[89] M-A. FRISON-ROCHE, *Les 100 mots de la régulation,* 1re éd., PUF, coll. « Que sais-je ? », 2011, pp. 67-69 et p.114-115. *Verbo* : « Europe » et « Régulation ».

[90] J. DO-NASCIMENTO, « La déréglementation du marché africain des télécommunications », in J.-J. GABAS (sous la dir.), *Société numérique et développement de l'Afrique, usage et politiques publiques,* éd. Karthala, Paris, 2004, p. 123.

[91] C. GUERRIER, *op.cit*, pp. 95-96.

[92] J. CATTAN, *op.cit,* p. 19. Pour l'Europe, la diffusion des techniques de communications est l'objectif des réformes politiques et juridiques pour insérer les télécoms dans l'économie de marché.

échanges.[93] Par ailleurs, l'économie numérique relève d'« un phénomène radicalement nouveau, celui des échanges économiques sans aucune contrainte de temps et de lieux, portant sur des biens sans corporalité puisqu'il s'agit d'informations ».[94]

Actuellement, la révolution numérique est une réalité pour tous les États africains,[95] depuis leur ouverture dans la décennie 1990 à l'économie de marché et aux progrès technologiques tant pour des causes économiques que juridiques. Ces causes ont été : les poussées de la mondialisation des marchés étrangers et la régulation internationale de l'économie. Le reste du monde a adopté en 1994 le modèle occidental de l'économie néolibérale, tel que diffusé sous l'égide de l'OMC.[96] Pour le domaine des télécoms, les États du monde ont conclu un accord spécifique, consacré à ses services de base, à l'exception des services à valeur ajoutée.[97] C'est ainsi que le 4e protocole fut annexé le 15 février 1997 à l'accord général sur le commerce des services

---

[93] M.-A FRISON-ROCHE, *Les 100 mots de la régulation, op.cit,* pp. 75-76. *Verbo* : « mondialisation ».

[94] *Ibidem,* pp. 93-94. *Verbo* : « globalisation » :

[95] ALINDAOU (Consulting international), *La révolution numérique en Afrique : le saut qualitatif pour fournir les biens et services*, Étude présentée au Forum Forbes Afrique, Brazzaville, juillet 2015, pp. 45. Ces études publiées par Forbes Afrique en 2015 attestent des taux d'utilisation des TIC en hausse sur le continent. En 2013, la téléphonie cellulaire enregistrait 617.279.080 personnes, dont de nombreux utilisateurs d'une connexion Internet via des modes d'accès mobiles : *USB data Internet, box ou bornes wifi.* Des réseaux nationaux à fibre optique sont installés. Mais, c'est surtout la téléphonie mobile 3G et 4G qui assure les connexions pour une moyenne de 70% de la population africaine à l'Internet. L'Afrique compte 167 millions d'utilisateurs d'Internet (sur les 3 milliards dans le monde). 160 opérateurs mobiles composent son « paysage télécom », soit une moyenne de 3 opérateurs par pays. La contribution des TIC au PIB est estimée à 18 milliards de dollars américains. Cependant, le taux d'accès à l'Internet haut débit reste encore faible en Afrique : seulement 2 pays africains dépassent le seuil des 50% (Maroc et Seychelles). Ils sont suivis de l'Afrique du Sud, de l'Île Maurice, du Kenya et Nigéria, qui enregistrent des taux compris entre 38 et 50%. Treize pays ont des taux compris entre 10 et 20% et le reste (dix-huit pays) comptent moins de 10% de leur population ayant accès à Internet. Les études de Forbes Afrique citent également d'autres indicateurs du secteur africain des télécoms. La téléphonie mobile est un marché qui produit 7% des recettes fiscales totales de l'Afrique subsaharienne, soit près de 71 milliards de dollars entre 2000 et 2012, selon le rapport spécialisé de « *Bearing point* ». Pour GSMA, « la croissance de ce secteur […] a eu un impact direct de 32 milliards USD, incluant le paiement de 12 milliards USD de taxes et a généré environ 4,4% du PIB de la région (en incluant les effets de la technologie mobile sur la productivité du travail) créant plus de 3,5 millions d'emplois temps plein (ETP) ».

[96] C. GUERRIER, *op.cit,* pp. 92 et s. Il est à noter que « les principales puissances, les États-Unis d'Amérique, Japon, Union Européenne, avaient des intérêts divergents, qu'il fut nécessaire de surmonter pour parvenir à un compromis. Le 15 février 1997, soixante-neuf gouvernements, correspondant à plus de 90% des recettes induites par les télécommunications en 1996, se sont engagés à appliquer l'accord spécifique de l'OMC sur les télécoms ».

[97] *Ibidem.* Sous le couvert de cet accord spécifique de l'OMC, les services dits « télécoms de base » sont : la téléphonie vocale, la transmission de données, le téle x, le télégraphe, la télécopie, les services de circuits loués privés, les systèmes et services par satellites, la téléphonie cellulaire, les services mobiles pour données, la radio-recherche, les systèmes de communications personnelles.

(AGCS/OMC de 1994). C'est plus tard, par « mimétisme contraint »[98], que finalement la RDC s'engage en 2002 dans la tendance générale de dérégulation des marchés des télécoms. Auparavant, l'ex-Zaïre (d'avant mai 1997[99]) faisait partie de ces grands États africains, comme le Nigéria et le Maroc, qui n'avaient pas ratifié le 4e protocole de l'OMC ou étaient restés en marge du processus.[100]

Aussi, sur le marché électronique en RDC, les « nouveaux entrants »[101] ont-ils précédé – par leur présence depuis 1989 – l'existence du cadre légal de libéralisation, décrété en 2002. Ils opéraient donc avant le fonctionnement des institutions étatiques appropriées. Une telle avance des techniques et du marché sur les règles du jeu motive et complexifie davantage les réformes à mener afin d'adapter la réglementation et la régulation nationale au regard de la nouvelle économie numérique.

Face à l'Internet, le but des politiques législatives est d'organiser une société de l'information à la fois démocratique (ouverte à tous) et non-anomique (soumise au droit). « Sans idéalisme excessif », c'est là que le droit trouve « sinon sa seule fonction, du moins sa principale » dans la « vie en société ».[102] En exprimant la souveraineté par le droit, tout en limitant les « abus de puissance » et « en protégeant les faibles, la loi tend à organiser une société pacifique ». [103] Même si les forces économiques et la réglementation s'influencent mutuellement, l'encadrement juridique est la meilleure garantie pour réguler le sens « réversif » des évolutions sociétales de l'économie numérique.[104]

Pour autant, notre ouvrage analyse les expériences d'ajustements des règles étatiques par rapport à l'économie numérique. Nous effectuons une mise en rapport des similitudes, divergences et particularités des droits dans leurs mutations, au regard des progrès technologiques.

Nous nous basons sur l'objet identique des télécoms jusqu'aux activités numériques et économiques en ligne : l'approche de droit comparé a pour « objectif d'améliorer le dialogue portant sur le droit dans la mesure où celui-ci devrait réaliser la validation du droit [à adopter ici ou ailleurs] à

---

[98] J. Do-Nascimento, *op.cit*, p. 140.

[99] Avant la date du 17 mai 1997, la République Démocratique du Congo s'appelait le Zaïre qui fut sa dénomination au moment des accords de l'OMC de 1994 et 1997.

[100] C. Guerrier, *op.cit,* p. 93. Les États ayant ratifié le 4e protocole de l'OMC en 1997 sont les suivants : deux pays du Maghreb : le Maroc, la Tunisie ; parmi les nations d'Afrique noire : en Afrique de l'Ouest, la Côte d'Ivoire, le Sénégal et le Ghana, et en Afrique australe, l'Afrique du Sud.

[101] M.-A. Frison-Roche, *Les 100 mots de la Régulation*, PUF, coll. « Que sais-je ? », Paris, 2011, p. 100. Verbo « nouvel entrant ». Ce terme désigne un opérateur extérieur au secteur ou au marché mais qui vient d'y entrer.

[102] J. Calais-Auloy et H. Temple, *op.cit.*, p. 19-20.

[103] *Ibidem*, pp. 19-20.

[104] P. Tort, *L'effet Darwin*, éd. du Seuil, Paris, 2008, cité par J. Calais-Auloy et H. Temple, *op.cit.*, p. 19. Après un ordre empirique de sélection naturelle, il apparaît progressivement la civilisation, qui organise au contraire la protection des faibles. C'est l'effet réversif de l'évolution.

travers un processus établissant que chacun des éléments, les faits, les valeurs et l'action, est établi de manière convaincante ».[105] Le dynamisme du marché électronique et l'innovation technologique peuvent placer le droit « dans un état d'instabilité quant à ses convictions » : des défis nouveaux amènent à « remettre en question » certaines institutions juridiques.[106] Les systèmes juridiques se rapprochent « sans se laisser influencer par un quelconque tabou. En ce sens, la démarche proposée peut s'apparenter au post-modernisme ».[107]

Analyser les évolutions des sources du droit dans le temps est un volet suffisant de droit comparé ; rapprocher plusieurs droits étrangers est un autre apport majeur de la méthode comparatiste. Les législations nationales présentent des facteurs de différenciation entre elles, mais aussi des objectifs de changements similaires. Les convergences et les divergences à dégager d'un ordre juridique à un autre permettent une synthèse des propositions pratiques et théoriques en fonction des besoins d'efficacité juridique en RDC. Sans se confondre au droit international ni l'ignorer, le droit comparé est propice pour apprécier l'état des législations nationales face à l'économie numérique, surtout au regard de son caractère transfrontière.[108] La globalisation des échanges numériques laisse fondamentalement « entendre l'altérité ».[109] Par conséquent, « [l]'intervention comparative répond à une recherche du comparatiste à l'affût d'un sens à donner à son itinéraire professionnel non seulement par rapport à la culture juridique locale, mais eu égard au champ des études comparatives dans lequel il choisit de s'inscrire, où il se situe relativement à ses prédécesseurs, aux recherches que ceux-ci ont menées et aux enseignements qu'ils ont préconisés ».[110]

Dès lors, les facteurs de législation européenne et française servent de base de comparaison sur la façon dont le droit congolais appréhende l'économie numérique. Le « temps législatif » – dû à la démarche processuelle des institutions politiques – contraste avec le « temps des réseaux » numériques, dont la vitesse d'évolution apporte une accélération aux transformations sociales de notre ère.[111] Aussi, un temps propre au droit participe-t-il de sa « force instituante » afin de réaliser la construction sociale, à travers la fiction opératoire de la « temporalisation ».[112]

En effet, les règles et institutions juridiques répondent d'une temporalité sociale : « le législateur qui veut opérer de grands changements doit s'allier, pour ainsi dire, avec le temps, ce véritable auxiliaire de tous les changements

---

[105] O. MORÉTEAU et J. VADERLINDEN, *op.cit*, p. 19.
[106] *Ibidem.*
[107] *Ibid.*
[108] A. CAPRIOLI, *op.cit*, pp. 1 et 5.
[109] P. LEGRAND, *Le droit comparé,* PUF, coll. « Que sais-je ? », Paris, 1999, pp. 50 et s.
[110] *Ibid.*, p. 50
[111] M. ROQUES-BONNET, *Le droit peut-il ignorer la révolution numérique ?*éd. Michalon, Paris, 2010, p. 15 et s.
[112] F. OST, *Le temps du droit,* éd. Odile, Jacob, Paris, 1999, pp. 4 et s.

utiles... [113] ». Le temps imprègne l'évolution des techniques, le développement des marchés et également la production du droit. Et pourtant, « [c]e n'est pas la même chose de changer une technique et une loi ; la loi, en effet, pour se faire obéir n'a d'autre force que l'habitude, laquelle ne se manifeste qu'après beaucoup de temps, de telle sorte que passer facilement des lois existantes à d'autres lois nouvelles, c'est affaiblir la puissance de la loi ». [114] Par conséquent, l'historicité des phénomènes technologiques majeurs empreint notre étude juridique afin de situer la comparaison des expériences du droit de l'économie numérique entre la France (Europe) et la RDC (Afrique).

Le droit comparé euro-français doit inspirer par son normativisme et son instrumentalisme, et enrichir à l'étranger l'adaptation des normes étatiques. En appui de 17 contributions nationales différentes, le rapport général de l'Académie internationale de droit comparé a élaboré la théorie générale de la structuration des systèmes juridiques. [115] Dans une triple dimension explicative, la théorie du droit a retenu en dernier lieu l'appréhension juridique des faits, en plus du normativisme et de l'instrumentalisme du droit. C'est ainsi qu'à l'égard de certains faits nouveaux de l'économie numérique, le droit peut rester indifférent en adoptant une « attitude de neutralité ».[116] De même, en fonction de la pertinence de certains autres, le droit peut leur réserver, selon son entendement, une « assertion normative » s'ils sont bons ou une sanction s'il les répute « mauvais ».[117] Notre ouvrage adopte une « approche phénoménologique »[118] qui répond à ces trois formes possibles d'appréciation des faits technologiques et économiques à appréhender dans le champ du droit.

Toujours est-il que « la transformation numérique est une transformation technique et elle appelle désormais une transformation juridique qui doit être conduite, conformément au principe de subsidiarité, à l'échelle nationale et européenne ». [119] Les institutions et les États de l'Union européenne réajustent périodiquement leur cadre réglementaire pour atteindre des objectifs pratiques, au regard des transformations numériques du marché et de l'économie. L'utilitarisme juridique – irrigue toujours le travail législatif

---

[113] M. BENTHAM, *De l'influence des temps et des lieux en matière de législation,* Œuvres, éd. E. Dumont, Bruxelles, Coster, 1829, t. I, p. 194.

[114] ARISTOTE, *Politique,* Livre II, trad. par J. Aubonnet et M.-L. Desclos, éd. Les belles lettres, Paris, 1998, p. 63.

[115] O. MORÉTEAU et J. VADERLINDEN, *op.cit*, pp. 17-85. En résumé, « Les institutions comme les mentalités évoluent. Les structures dans lesquelles leur expression se moule sont, dans nombre de systèmes, presqu'éternelles. En tout cas, en ce qui concerne les structures externes. En effet, divers phénomènes contemporains [...] conduisent au développement accéléré de structures internes fondamentales dont les formulations fort semblables en apparence se révèlent, à l'examen, propres à chaque système ».

[116] *Ibid.*, p. 19.

[117] *Ibid.*

[118] *Ibidem,* p. 62.

[119] J.-M. SAUVÉ, *op.cit*, p. 9.

et – « n'a du reste rien de fortuit. [...] L'homme, qui construit rationnellement son environnement politique et les règles auxquelles il s'assujettit, ne peut le faire qu'en vue de ce qu'il sait être avantageux ».[120]

Au niveau européen, les acquis communautaires sont marqués pas les objectifs législatifs mettant en lumière les apports des transpositions françaises. Les éléments comparatifs découlent des aspects des changements d'institutions juridiques par rapport aux enjeux de l'économie numérique. Les objectifs législatifs européens et français sont à comparer avec ceux des pays africains comme la RDC à travers les ajustements de leurs cadres juridiques. Le secteur des télécoms connaît en RDC la même transition numérique qu'en France et partage les mêmes objectifs politiques. Toutefois, le droit congolais se singularise quant au niveau de réalisation du processus des réformes, quant aux résultats des politiques publiques sur le marché et quant à la qualité des solutions de droit.

En suivant toujours la méthode de droit comparé, notre ouvrage s'appuie sur le temps législatif comme marqueur des transformations de l'économie et du droit sous le sceau des technologies de l'information.[121] Nous structurons donc notre analyse autour de deux grandes mutations du marché électronique. D'abord, le processus de dérégulation qui s'est opéré en Europe a permis « la modélisation des marchés des télécommunications ».[122] L'Afrique et la RDC ont adopté les mêmes politiques législatives résultant de la dérégulation mondiale des services publics des télécoms. En démantelant les monopoles publics, les transformations du droit sont parvenues à l'instauration du jeu de la concurrence, sans laquelle le développement des techniques et des marchés n'aurait pas été possible, ni l'économie numérique. C'est par la suite que les défis juridiques de l'Internet apparaissent comme l'étape supérieure ayant permis d'étendre le champ du droit des télécoms aux communications électroniques et aux services de la société de l'information.

À la lumière de ce qui précède, le questionnement ci-dessous engage la logique de notre réflexion dans une finalité non pas « descriptive »[123], mais

---

[120] ÉPICURE, « Maximes », in V. GOLDSHMIDT, *La doctrine d'Épicure et le droit,* éd. Vrin, 1977, p. 19-21.

[121] A. MBAUNEWA NKIERI, *Droit congolais des télécommunications, état des lieux, analyse critique et comparative,* Juricongo, Kinshasa, 2012, p. 13. L'approche de cet auteur praticien du droit se limite au droit national congolais. Son « questionnement juridique central […] se résume en un point : Le droit positif congolais des télécommunications a-t-il été édicté en tenant compte des sources matérielles objectives et rencontre-t-il les défis générés par les nouvelles technologies de l'information et de la communication ? ».

[122] N. SHUTOVA, *op.cit*, p. 21.

[123] A. BAMDÉ, *op.cit*, p. 13 et s. L'approche descriptive est celle qui reste « de pure connaissance, de compréhension du réel et, plus encore, de recherche d'une vérité universelle. ».

plutôt raisonnablement « prescriptive »[124], à travers une approche « comparative ».[125]

Sur les continents européen et africain, il faut savoir quelles sont les sources matérielles du droit de l'économie numérique. Quel est l'état des réponses de réglementation, face aux défis juridiques apparaissant de manière analogue en France et en RDC en fonction des grands traits d'évolution des marchés et des techniques numériques ? Comment schématiser les expériences de réforme législative et modéliser les transformations du droit afin de répondre idéalement aux besoins présents et futurs d'encadrement des secteurs des TIC[126]? Quelle est la situation de l'État et de l'effectivité de la puissance publique, face à la problématique que « l'on appelle parfois le "non-droit" du cyberespace [perçu comme un] manque d'effectivité des lois et jugements étatiques [face] au développement corrélatif d'un "alter-droit" plus ou moins spontané, susceptible d'éviter le recours aux lois et tribunaux nationaux mais non de s'y substituer sans leur autorisation »[127]? Comment assurer pour le marché numérique territorial, la durabilité des dispositions nationales, tout en intégrant les règles supra- ou transnationales dans l'ordre étatique ? Dans l'écosystème numérique transfrontière, comment assurer la singularité locale des paradigmes du droit interne tout en s'ouvrant aux standards internationaux au regard de la globalité des activités numériques en ligne ?

Les deux grandes parties de notre étude répondent à toutes ces problématiques : l'Europe dispose d'un cadre des références juridiques appropriées, grâce à la riche expérience de sa « communauté » des États.[128]

---

124 *Ibidem.* Notre ouvrage observe raisonnablement, après comparaison, une manière prescriptive pour contribuer à l'évolution du droit en RDC. En revanche, dans sa manière d'étudier l'architecture de l'Internet, le docteur en droit, Aurélien Bamdé, a choisi de ne pas en aborder l'objet sur le volet prescriptif et s'est limité à l'approche descriptive. Cette dernière est déjà difficile, dans les analyses sur l'« architecture normative du réseau Internet : esquisse d'une théorie ». En effet, l'approche prescriptive répond à une « action de prescrire repos[ant] sur des jugements de valeurs. [Cela] implique, par définition, une appréciation délibérément subjective de ce sur quoi ils portent. Cela conduit, dès lors, à la construction d'une idéologie laquelle se caractérise par son contenu, fait de propositions prescriptives, dont la fonction est d'indiquer ce qui doit être ».

125 PH. LEGRAND, *op.cit.*, p. 50.

126 N. COUTINET, « Les technologies numériques et leur impact sur l'économie », Cahier français, *La société numérique,* n°372, La documentation française, Paris, 2013, pp. 20-26, spéc. p. 21. Le secteur des TIC, tel qu'il a été défini en 2008 par l'OCDE, comprend des secteurs producteurs des TIC (fabrication d'équipements informatiques), les secteurs distributeurs des TIC (commerce de matériels informatiques) ainsi que le secteur des services de TIC (télécoms, services informatiques et audiovisuels).

127 V. PIRONON, « Les nouveaux défis du droit international privé : site actif, site passif, activité dirigée », in J. ROCHFELD (sous la dir.), *Les nouveaux défis du commerce électronique,* LGDJ, Lextenso éd., 2010, p. 94.

128 [www.europa.eu] (consulté le 17 mars 2017). Au 1er janvier 2016, l'Union européenne compte 28 États avec des cultures juridiques variées, une population importante (plus de 510,1 millions d'habitants) et des stades de développement aux minima dépassant bien ceux de l'Afrique.

SECTION II. L'AVÈNEMENT D'UN DROIT DE L'ÉCONOMIE NUMÉRIQUE EN RÉFÉRENCE AUX DROITS EUROPÉENS ET FRANÇAIS

§ 1. Le cadre juridique européen et français de l'économie numérique

La première partie de notre travail explore l'encadrement européen et français des aspects juridiques de la société de l'information. Le Vieux continent dispose d'une forte assise de règles et d'une structure harmonieuse de son marché intérieur. [129] Ainsi, en tant qu'ordre politique et espace économique, l'Europe inspire les ordres juridiques étrangers et influence leurs économies. En insérant les marchés nationaux dans un vaste ensemble, la mondialisation nécessite également un rapprochement des expériences normatives entre États. [130] Sous la coordination de l'Union européenne, le droit français est un cadre tout aussi pratique qu'original de transposition des acquis communautaires. [131]

Les politiques législatives, leurs logiques et leurs objectifs sont des sources d'inspiration au-delà des frontières, car le modèle juridique de la France inspire aussi les États de la Francophonie, dont la RDC compte le plus grand nombre de locuteurs dans le monde. [132]

Aussi, notre ouvrage analyse-t-il les références des droits européens et français, dont les acquis servent à éclairer les transformations du droit congolais sur le double volet des communications et du commerce électroniques.

D'un côté, les activités économiques en ligne sont le contenu des transactions réalisées à travers les réseaux de télécoms, car la voie électronique a pour finalité de donner accès aux ressources numériques. Pour Éric Caprioli, « il est piquant d'observer que le commerce électronique s'articule autour de deux grands axes [...] : les communications électroniques abrogent les distances et le temps entre les personnes, dans le

---

[129] J. BERGÉ et S. ROBIN-OLIVIER, *Droit européen, Union européenne, Conseil de l'Europe*, 2è éd. mise à jour, PUF, Coll. Thémis droit, Paris, 2008, p. 366. – *Cf.* aussi pour l'ordre juridique de l'union européenne et l'effet direct du droit de l'Union : A. BERRAMDANE et J. ROSSETTO, *Droit de l'Union européenne, Institutions et ordre juridique*, Coll. Cours, LMD, éd. 2013, LGDJ, pp. 333-367. En effet, « le droit européen a sa propre "loi". Entendu au sens le plus large, le terme désigne un ensemble de normes juridiques définies respectivement dans l'enceinte du Conseil de l'Europe et de l'Union européenne ».

[130] A. TROYE-WALKER, « Le cadre juridique du commerce électronique en Europe »... *op.cit*, pp.1-20.

[131] J. ROCHFELD (*sous la dir.), L'acquis communautaire... op.cit*, pp. 4-24. J. CATTAN, *op.cit.*, pp. 17-27.

[132] [www.francophonie.org/carto/html] (Consulté le 6 mars 2017). Depuis 1970 avec la création de l'agence de coopération culturelle et technique (ACCT), la Francophonie aujourd'hui est un dispositif institutionnel voué à promouvoir la langue française et les relations de coopération, sous le sigle « OIF ». Elle n'a pas pour objectif spécifique l'harmonisation des droits entre ses 84 États et gouvernements (58 membres et 26 observateurs) répartis dans les 5 continents pour 274 millions de locuteurs de la langue française, dont plus de 10 millions en RDC.

cadre de leurs échanges et leurs transactions sur les biens et les services [...] sans situation géographique fixe. Mais les États, conscients du phénomène, tendent à agir sur ces paramètres en localisant la responsabilité des personnes [...] il faut agir en amont, poser un cadre normatif ».[133]En ce sens, le commerce en ligne est le paradigme d'étude, pour analyser les ajustements des règles *ratione temporis* et *ratione materiae*, dans un contexte d'amoncèlement des sources européennes. Mais, celles-ci ne définissent pas le commerce électronique. L'acquis communautaire en fournit seulement des critères généraux par renvoi aux services de la société de l'information.[134]

En revanche, le droit français donne une définition terminologique, qui souligne l'utilisation des techniques de communication à distance comme le critère indispensable de fourniture des biens et services du commerce électronique. La RDC ne dispose à ce jour ni d'une définition législative du commerce électronique, ni d'un *corpus juris* pour son régime spécifique, alors que l'économie numérique est une réalité dans le pays. Le droit comparé devrait servir d'inspiration de *lege ferenda.* D'où le besoin de se référer aux institutions juridiques appropriées dans l'expérience du (des) droit(s) positif(s) concernant l'économie numérique au sein de l'Union européenne et en France.

À propos, la directive 2000/31/CE fixe les règles européennes du commerce en ligne par renvoi à d'autres directives complémentaires.[135] L'objet de la législation s'appréhende à la suite d'une recomposition des sources à travers le temps, depuis le téléachat en 1989[136], le contrat à distance en 1997,[137] les services de la société de l'information en 1998[138] et le commerce électronique en 2000[139]. En France, la « territorialisation »[140]

---

[133] É. A. CAPRIOLI, *op.cit*, p. 5.

[134] L. BOCHURBERG, *Internet et commerce électronique, site web, Contrats, Responsabilité, contentieux,* 2è éd., encyclopédie Delmas, Dalloz, Paris, 2001, pp. 29-41. Sur le chapitre des facilités relatives de création des sites *web*, l'auteur schématise : mutualisation des coûts de marketing, limitation des responsabilités par des clauses légales, partenariat avec des moteurs de recherche pour l'accessibilité, mentions identitaires obligatoires et facultatives. Celles-ci offrent divers avantages aux économies, notamment : dynamisme du marché, adaptabilité des offres, proximité et permanence des produits, large ouverture à l'espace international, relativité des coûts d'accès, d'exposition et d'opportunité.

[135] Directive 2000/31/CE, préc.

[136] Directive 89/552/CEE du Conseil du 3 octobre 1989 visant la coordination de certaines dispositions législatives, réglementaires et administratives des États membres relatives à l'exercice d'activités de radiodiffusion télévisuelle, JOCE, L 298, 17 octobre 1989, p. 23. Directive 97/36/CEE du Parlement européen et du Conseil du 30 juin 1997 modifiant la directive 89/552/CEE, JOCE, L 202, 30 juillet 1997, p. 60.

[137] Directive 97/7/CE du Parlement européen et du Conseil du 20 mai 1997 concernant la protection des consommateurs en matière des contrats à distance, JOCE, L 144, 4 juin 1997, p. 21.

[138] Directive 98/48/CE du Parlement européen et du conseil du 20 juillet 1998 portant modification de la directive 98/34/CE du 22 juin 1998 prévoyant une procédure d'information dans le domaine des normes et réglementations techniques (JOCE, L 204, 21 juillet 1998, p. 37), JOCE, L 217, 5 août 1998, p. 18 et s.

[139] Directive 2000/31/CE, préc.

des règles européennes présente des singularités, en approfondissant au niveau national les objectifs législatifs européens qui sont d'harmonisation minimale. En 2004, les lois de transposition française apportent plus de clarté sur le commerce électronique, car l'article 14 de LCEN en donne une définition terminologique.[141] L'objectif de confiance des consommateurs irrigue la législation française. Elle allège par ailleurs la responsabilité des opérateurs des télécoms, afin d'encourager leurs rôles indispensables d'infomédiaires dans le commerce en ligne. Aussi, la loi de modernisation de l'économie (LME) de 2008[142] ou encore la « Loi Hamon » de 2014[143] renforcent les aspects consuméristes dans les rapports entre sujets du commerce en ligne.

D'un autre coté, le commerce électronique n'est cependant pas toute l'économie numérique, car les communications électroniques font partie de la même chaîne de valeur.

Dans l'ensemble, les institutions et les États européens ont opéré des ajustements *ratione temporis* du droit sur les deux volets consubstantiels du marché numérique. D'une part, le commerce en ligne concentre les règles d'offre, de fourniture et de consommation des biens et services en utilisant les techniques de communications (électroniques) à distance. D'autre part, la dérégulation des télécoms de base a organisé les « autoroutes de l'information » devant servir de « sang de la compétitivité » et d'« artères du

---

140 Conseil d'État, *Le numérique et les droits fondamentaux,* La documentation française, Étude du Conseil, Paris, 2014. La pertinence de l'étude consiste à maintenir au cœur des transformations juridiques et numériques l'État de droit et la souveraineté nationale. Pour mener à bien cette adaptation de notre droit, une réflexion doit être menée sur son champ d'application territorial, dans un environnement marqué par la concurrence, sinon la rivalité, entre systèmes juridiques.

141 Loi n°2004-575 du 21 juin 2004 pour la confiance dans l'économie numérique [dite « LCEN »], JORF, n°143, 22 juin 2004. Loi n°2004-669 du 9 juillet 2004 relative aux communications électroniques et aux services de communication audiovisuelle [dite « LCE »], JORF, 10 juillet 2004.

142 Loi n°2008-776 du 4 août 2008 de modernisation de l'économie [dite « LME »], JORF, n°181, 5 août 2008, p. 12471 et s.

143 Loi n° 2014-344 du 17 mars 2014 relative à la consommation [« loi Hamon »], JORF, n°0065, 18 mars 2014, p. 5400.

marché unique ».[144] Le droit de l'accès aux communications électroniques regroupe les aspects d'organisation du marché numérique.[145]

Pendant longtemps, les monopoles réglementaires avaient régi les télécoms, en tant que service public. En 1984, l'« Europe des télécommunications »[146] engage ses États membres dans la libéralisation successive des marchés des équipements, des services et des infrastructures des réseaux numériques.[147] Les réformes européennes faisaient suite au même processus de dérégulation entreprise par les États-Unis entre 1970-1980 en vue de l'application des règles anti-trust à l'encontre du monopole naturel de la firme AT&T.[148] Ce processus a consisté à appliquer des règles de concurrence dans les services publics. L'instauration de la régulation sectorielle est l'aspect marquant de l'ouverture à la concurrence, voulue en principe sans discrimination d'accès sur le marché pour les opérateurs économiques.

L'Europe et la France sont les creusets des transitions du droit des télécoms et des communications électroniques « vers une économie

---

[144] P. THIBAULT et C. MABI, « Le politique face au numérique : une fascination à hauts risques », *La nouvelle revue de science sociale*, Dossier : 2015 : Le tournant numérique …et après ? pp. 161-173 [https://socio.revues.org/1344?lang=fr] (consulté le 12 juin 2017). En 1993, le vice-président des États-Unis, Al Gore, lance l'initiative « *Informations superhighways* » (les autoroutes de l'information). Il s'en suivit l'ouverture de l'Internet au grand public et au commerce de détail, grâce à la popularisation du Web. 10 ans auparavant, les universités et les fournisseurs militaires se servaient déjà de l'Internet. En 1994, la Commission européenne fit écho de l'argumentation américaine en utilisant les termes ci-haut repris, au travers du rapport dit Bangemann du nom de son auteur, commissaire européen.

[145] J. CATTAN, *op.cit*, pp. 40-41. Ce droit concerne à la fois l'accès par les opérateurs au marché des communications électroniques et l'accès par les utilisateurs aux services de ce marché.

[146] M.-A. FRISON-ROCHE, *op.cit*, p. 67. Verbo « Europe ». R. GILARDIN, *La « libéralisation » des télécommunications en France (1981-1996),* Mémoire 4e année, Séminaire : Histoire de la France XXe siècle sous la dir. Gilles Richard, Science Pô, Rennes, 2009-2010, spéc, p. 64. Si la première auteure citée rappelle que « L'Europe est un projet politique », le deuxième précise l'aspect de l'« Europe des télécommunications ». Face aux mouvements des réformes du marché libéral, les chefs d'États européens s'étaient réunis en France le 20 juin 1984, au Sommet de Fontainebleau sur le thème de l'« Europe des télécommunications ». Cette rencontre de chefs d'État a été suivie des mesures politiques et juridiques à la base des réformes libérales des télécoms. Depuis le milieu des années 1980, des règles successives ont introduit la concurrence dans le secteur des télécoms. Cette concurrence se renforce jusqu'à ce jour avec les communications électroniques.

[147] D. POPOVIC, *Le droit communautaire de la concurrence et les communications électroniques*, LGDJ, Paris 2009, p. 11.

[148] E. HOLSENDOLPH, « U.S. settles phone suit, drop I.B.M. case ; A.T. &T. to split up », *New York Times,* 8-9 janvier 1982. Le ministre américain de la justice a intenté un procès contre la firme AT&T qui exerçait un monopole naturel sur les télécoms nationales. L'affaire a commencé en 1974 et a connu son verdict le 8 janvier 1982, enjoignant la firme à déconcentrer ses activités à ses Baby Bells. Elle obtenait également le droit de développer ses activités sur le marché international.

européenne dynamique ».[149]Dans les intersections des sphères du droit et du numérique, les acquis communautaires et nationaux doivent être analysés conjointement.

En particulier, la France n'avait pas attendu la communautarisation pour adopter ses deux premières « lois dérégulatrices » [150] des télécoms. Elle procéda spécialement en 1982 du détachement des secteurs des télécoms et de la communication audiovisuelle, tout en affirmant en 1986 la liberté de communication.[151]Au niveau européen, le *livre vert* de 1987 définissait alors des objectifs ordo-libéraux pour le développement du marché commun des services et équipements électroniques.[152]La Commission européenne a aligné progressivement ses systèmes nationaux dans les objectifs de concurrence, grâce à l'instrument du droit.

C'est ainsi que ses directives ont démantelé de manière graduelle entre 1986, 1988 et 1990 les monopoles territoriaux sur les équipements et les services de télécoms.[153] Le Conseil européen a adopté entre 1990 et 1997 des règles d'harmonisation de fourniture des réseaux ouverts, dans la série des directives dites « ONP ».[154] L'Europe a finalement supprimé les « droits réservés » des exploitants publics de disposer de l'exclusivité sur les infrastructures de télécoms. En France, ce sont les lois de transposition de

[149] Commission européenne, *Vers une économie européenne dynamique, Livre vert sur le développement du marché commun des services et équipements des télécommunications*, COM (87)290 final, 30 juin 1987.

[150] A. GIRAUD, « Les prémisses de la déréglementation », *Les cahiers de l'AHTI*, n°9, janvier 2008, p. 7.

[151] Loi n°86-1067 du 30 septembre 1986 relative à la liberté de communication [audiovisuelle], JORF, 1er octobre 1986, pp. 11755 et s. Loi n°82-652 du 29 juillet 1982 sur la communication audiovisuelle, JORF, 30 juillet 1982, pp. 2431 et s. *Cf.* aussi Loi n°81-994 du 9 novembre 1981 portant dérogation du monopole d'État sur la radiodiffusion, JORF, 10 novembre 1981, pp. 3070.

[152] COM (87)290 final, 30 juin 1987, préc.

[153] Notamment : directive 86/361/CEE du Conseil du 24 juillet 1986 concernant la première étape de la reconnaissance mutuelle des agréments d'équipements terminaux de télécommunications (abrogée par la directive 91/263/CE) ; directive 88/301/CEE de la Commission du 16 mai 1988 relative à la concurrence dans les marchés des terminaux de télécommunications ; directive 90/388/CEE de la Commission du 28 juin 1990 relative à la concurrence dans les marchés des services de télécommunications (abrogée par la directive 2002/77/CE).

[154] « ONP » de l'anglais « *opened network provision* » est traduit par « fourniture de réseau ouvert ». À titre d'illustration, on peut citer la directive 90/388/CEE du 28 juin 1990 relative à la concurrence dans les marchés des services de télécommunications, JOCEL 192 du 24 juillet 1990, pp.10 à 16. Cette directive allait de pair avec la directive 90/387/CEE du 28 juin 1990 relative à l'établissement du marché intérieur des services de télécommunications par la mise en œuvre de la fourniture d'un réseau ouvert de télécommunications, JOCE L192 du 24 juillet 1990, pp. 1 à 9. La directive 90/388/CE a été abrogée et remplacée par la directive 2002/77/CE du 16 septembre 2002 relative à la concurrence dans les marchés des réseaux et des services de communications électroniques, JOCEL249 du 17 septembre 2002, pp. 21 à 26.

1990[155] et celles de 1996[156] qui ont ouvert à la concurrence l'ensemble des segments du marché français des télécoms de base. La transformation du droit français est particulière en ce qu'elle a associé la réforme de son administration publique aux changements réglementaires. Les jalons de la privatisation de « France Télécom » ont été posés par des réformes successives de son statut : régie (administration publique), EPIC comme exploitant public (1996) et société anonyme (2003). [157]

Depuis 2002, la réglementation européenne a reconsidéré les implications de la convergence des télécoms, des médias et des technologies de l'information, tel que l'intitulé du *Livre vert* le rappelle en décembre 1997.[158] Même si les mutations numériques ont conduit à l'acception officielle de « communications électroniques », l'Europe a regroupé ses nouvelles règles dans un ensemble dit « paquet télécom ».[159] L'architecture générale de la nouvelle réglementation se recentre autour d'une directive définissant le cadre commun, avec des directives sectorielles portant sur des enjeux précis. [160] L'objectif de la législation a été de renforcer les règles de concurrence dans le secteur des communications électroniques en les conciliant avec la notion de service universel. Celle-ci marque l'influence de la norme européenne par la « conception française du service public », car « elle a été forgée comme contrepoids à la logique de la concurrence ».[161] Les exigences qu'elle comporte font office de « clause de sauvegarde » en cas d'insuffisance du marché à réaliser l'intérêt général.[162]

---

[155] Loi n°90-1170 du 29 décembre 1990 sur la réglementation des télécommunications, JORF, n°303, 30 décembre 1990, p. 16439. Loi n°90-58 du 2 juillet 1990 relative à l'organisation du service public des postes et des télécommunications, JORF, n°174, 08 juillet 1990, p. 8070 et s.

[156] Loi n°96-659 du 26 juillet 1996 réglementation des télécommunications, JORF, n°174, 27 juillet 1996, pp. 11384 et s. Loi n°96-660 du 26 juillet 1996 relative à l'entreprise nationale France Télécom, JORF, n°174, 27 juillet 1996, pp. 11398 et s.

[157] Loi n°2003-1365 du 31 décembre 2003 relative aux obligations de service public des télécommunications et à France Télécom, JORF, n°1, 1er janvier 2004, pp. 9 et s.

[158] Commission européenne, *Livre vert sur la convergence des secteurs des télécommunications, des médias et des technologies de l'information, et les implications pour la réglementation,* COM (97) 623 final, 3 décembre 1997.

[159] D. BOULAUD, *Le nouveau cadre européen des communications électronique pour quels équilibres ?*, Assemblée nationale, Rapport d'information, n°3048, 11e législature, 2001, Paris, pp. 7 et s.Sans entrer dans les développements, les directives spécifiques sont relatives aux enjeux suivants des communications électroniques : données à caractère personnel, autorisation des réseaux, service universel, dégroupage boucle local, politique de spectre radioélectrique et concurrence. Tous ceux-ci sont encadrés par la directive relative au cadre réglementaire commun.

[160] Directive 2002/19/CE du 7 mars 2002 (directive « accès »), JOCE, L 108, 24 avril 2002, pp. 7-20. Directive 2002/20/CE du 7 mars 2002 (directive « autorisation »), JOCE, L 108, 24 avril 2002, pp. 21-32. Directive 2002/21/CE du 7 mars 2002 (directive « cadre »), JOCE, L 108, 24 avril 2002, pp. 33-50. Directive 2002/22/CE du 7 mars 2002 (directive « service universel »), JOCE, L 108, 24 avril 2002, pp. 51-77. Directive 2002/58/CE du 12 juillet 2002 (directive « vie privée et communications électronique »), JOCE, L 201, 31 juillet 2002, pp. 37-47.

[161] J. CHEVALLIER, *Le service public, op.cit*, pp. 98-100, spéc. p. 99.

[162] D. BOULAUD, o*p.cit,* pp. 7-60.

En France, plusieurs lois de 2004 ont transposé les règles européennes du « paquet télécom » de 2002,[163] tout autant que la directive 2000/31/CE sur le commerce électronique.[164] Désormais, les communications numériques sont insérées dans le commerce en ligne au titre de prestations techniques offrant des plateformes d'accès à l'Internet en vue de réaliser des activités numériques. Le réexamen du « paquet télécom » en 2009 considère comme acquise la pleine concurrence du marché des communications électroniques afin d'y rapprocher les mécanismes de « régulation transversale ».[165] Les directives et règlements de 2009 renforcent les objectifs spécifiques d'accès universel et de coordination européenne des autorités nationales de régulation.[166] Dans cet élan, la France a transposé ces amendements du paquet télécoms en 2009 et 2011 pour préciser : les obligations des opérateurs sur la portabilité des numéros, l'accès des utilisateurs handicapés aux services électroniques, les mécanismes de notification par l'ARCEP de ses analyses de marchés aux institutions européennes.[167]

---

[163] Loi n°2004-575 du 21 juin 2004 pour la confiance en l'économie numérique [LCEN], JORF, 22 juin 2004, p. 11168. Loi n°2004-669 du 9 juillet 2004 relatives aux communications électroniques et aux services de communication audiovisuelle [LCE], JORF, 10 juillet 2004. Les textes cités sont ceux des versions initiales, car des versions consolidées sont aussi publiées au JORF, suite aux modifications législatives.

[164] En plus de la LCEN et de la LCE déjà citées *supra* note n°167 : loi n°2004-801 du 6 août 2004 relative à la protection des personnes physiques à l'égard des traitements de données à caractère personnel et modifiant la loi n°78-17 du 6 janvier 1978 relative à l'informatique, aux fichiers et aux libertés, JORF, n°182, 7 août 2004, pp. 14063 et s.

[165] J.-Ph. Colson et P. Idoux, *op.cit*, pp. 443 et 476. Pour distinguer la régulation sectorielle de la régulation transversale, les auteurs citent notamment G. Marcou. Celui-ci soutient que « la régulation ne se confond pas avec la protection de la concurrence » qui « peut être assimilée à une fonction plus administrative ». Ils soulignent que « la régulation est beaucoup plus complexe en raison de la diversité des objectifs qu'elle poursuit ». *Cf.* G. Marcou, « La notion juridique de la régulation », AJDA 2006, p. 347. Également G. Marcou, *Droit de la régulation, service public et intégration régionale,* L'Harmattan, coll. Logiques juridiques, 2005, 2 tomes.

[166] Directive 2009/140/CE du Parlement et du Conseil du 25 novembre 2009 amendant trois directives existantes du paquet télécom, à savoir : « directive accès » 2002/19/CE, directive « autorisation » 2002/20/CE et directive « cadre » 2002/21/CE (JOCE, L 337, 18 décembre 2009, pp. 37-39). Directive 2009/136/CE du Parlement et du Conseil du 25 novembre 2009 amendant deux directives existantes : directive « service universel » 2002/22/CE et directive « Vie privée et communications électroniques » 2002/58/CE (JOCE, L 337, 18 décembre 2009, pp. 11-36). Règlement (CE) n°1211/2009 instituant l'Organe des régulateurs européens des communications électroniques (ORECE) ainsi que l'Office (BEREC), (JOCE, L 337, 18 décembre 2009, pp. 1-10. Règlement 544/2009/CE du 18 juin 2009 modifiant le règlement 717/2007/CE concernant l'itinérance sur les réseaux publics de téléphonie mobile à l'intérieur de la communauté et la directive 2002/21/CE relative à un cadre réglementaire commun pour les réseaux et services de communications électroniques, JOCE, L 167, 29 juin 2009, p. 12-23. Directive 2009/24/CE du 23 avril 2009 concernant la protection juridique des programmes d'ordinateur, JOCE, L 111, 5 mai 2009, p. 16-22.

[167] Ordonnance n°2011-1012 du 24 août 2011 relative aux communications électroniques, JORF, n°197, 26 août 2011, p. 14473 et s. Loi n°2009-1572 du 17 décembre 2009 relative à la lutte contre la fracture numérique, JORF, n°0293, 18 décembre 2009, p. 21825 et s.

Plus récemment, les réflexions sont en cours depuis 2015 sur le paquet télécom en vue de l'établissement d'un véritable « code des télécoms » et de l'organisation d'une « société du gigabit » à l'échelle européenne. En France, la loi pour la République numérique du 7 octobre 2016 engage la transition générale du pays vers une économie de la donnée et une économie de la connaissance, avec la nécessité d'organiser un service public de la donnée.[168] Mais, les objectifs de la loi débordent du champ de l'économie numérique, car sa finalité est d'organiser la « société numérique » française.[169]

Pour le reste du monde, les expériences européennes et françaises ci-dessus sont des prémisses afin de comparer les transformations institutionnelles qui ont été engagées à l'échelon planétaire sous l'égide de l'OMC. Les États signataires des accords OMC de 1994 et 1997 ont construit le nouvel ordre économique mondial, selon « le schéma qui fonde l'intervention *ex post* des autorités de concurrence et *ex ante* des autorités de régulation sectorielle ».[170] La dérégulation a pour principe que les forces économiques exercent la libre concurrence sur le marché électronique, placé néanmoins sous l'arbitrage d'une autorité étatique indépendante. « Comme dans d'autres domaines de la vie économique et sociale cependant, les situations d'inégalités de position et d'allocation de ressources rares, fréquentes dans le monde numérique, justifient pleinement l'intervention des pouvoirs publics ».[171] C'est ainsi que les règles internationales du commerce des services sont devenues la source du « droit de la régulation sectorielle », situé entre le droit de la concurrence et le droit des services publics.[172]

La politique de dérégulation transforme en État-régulateur l'État-entrepreneur qui exerçait autrefois le monopole de service public, mais qui intervient maintenant avec des organes de régulation d'un État-postmoderne. [173] Seulement, si le marché se délestait totalement de l'encadrement juridique et/ou de l'intervention de l'État, la pleine liberté de la concurrence et la diversification des acteurs économiques n'auraient pas

---

[168] Loi n° 2016-1321 du 7 octobre 2016 pour une République numérique [« loi Axelle Lemaire »], JORF, 8 octobre 2016.

[169] [http://www.vie-publique.fr/actualite/panorama/texte-discussion/projet-loi-pour-republique-numerique.html]

[170] L. BENZONI et P. DUTRU, « De l'accès aux infrastructures à l'accès aux moyens numériques : Nouvelles frontières pour la régulation des communications électroniques », in M.-A. FRISON ROCHE (sous la dir.), *op.cit.*, p. 17.

[171] *Ibidem.*

[172] WAEL EL ZEIN, *Les aspects juridiques de la libéralisation des télécommunications (étude comparée)*, LDGJ / éd. Alpha, Paris, 212, p. 16. Après avoir noté que la construction de l'Europe et la mondialisation sont « les instruments d'un retour vers le marché » (ou l'ordre de marché), l'auteur conclut : « Le tournant du XXe siècle est donc marqué par cette pénétration du principe de concurrence dans la sphère publique ».

[173] J. CHEVALLIER, *L'État post-moderne,* 4e éd., LGDJ, Lextenso-éditions, Coll. « droit et société », n°35, série politique, Paris, 2003, p. 62 et s.

toujours été favorables à la stabilité à long terme du marché.[174] Même si la « mixité des influences publiques et privées est indéniable mais [au-delà] il faut aussi prendre en considération le rôle des institutions supra et infra-étatiques, [...] en termes de régulation de l'économie ».[175]

En droit, c'est l'OMC/AGCS qui est à la base d'un « système commercial multilatéral intégré ».[176] Auparavant le GATT régissait uniquement les marchandises, mais l'OMC a opéré la réforme du droit international en étendant ses règles néolibérales au commerce des services. Désormais, l'« un des enjeux principaux de l'économie des télécommunications concerne l'efficience des mécanismes de marché, et, lorsque cette efficience est prise en défaut, l'identification des modalités d'interventions réglementaires optimales ».[177] C'est le nouvel ordre mondial de l'OMC qui a permis la mise en rapport des droits européens et congolais, à travers des négociations plus approfondies entre États afin d'uniformiser notamment les principes de base pour leurs régimes des télécoms.[178]

D'une manière générale, une observation s'est confirmée : « [d]u fait de la mondialisation, lorsqu'un État entame le processus de libéralisation, les autres États ne peuvent pas l'ignorer ».[179] Suite à la multinationalisation des opérateurs et à l'internationalisation des réseaux, le schéma des réformes a été diffusé en dehors des marchés européens et américains, pour s'imposer en Afrique, particulièrement en RDC.

Toutefois, la dérégulation n'a été qu'une étape intermédiaire et fondatrice pour d'autres dividendes du numérique[180], car« [l]a convergence et la digitalisation révolutionnent l'offre, les contenus et les modes de consommations médiatiques entraînant les médias historiques [...] dans une phase de mutation profonde qui devrait conduire à la définition du nouveau

---

[174] M. DE SAINT PULGENT, *op.cit.*, p. 3. « Appliquée à un marché, la régulation vise à créer et même à imposer un équilibre entre des forces ou des règles, dont le jeu spontané ne permettrait pas un fonctionnement satisfaisant ».

[175] J.-PH. COLSON et P. IDOUX, *op.cit*, p. 549.

[176] AGCS, Accord général sur le commerce et les services (OMC), institué par l'acte final de Marrakech du 15 avril 1994. [www.wto.org] (consulté le 14 juin 2015).

[177] N. SHUTOVA, *Monopole naturel, marchés bifaces, différenciation tarifaire . trois essais sur la régulation de télécommunications*, th. Doct., sous la dir. Laurent Benzoni, Université Panthéon-Assas, Paris, 24 septembre 2013, p. 21.

[178] *Cf.* 4e Protocole de l'AGCS/OMC du 17 février 1997. Ce protocole est issu du groupe des négociations sur les services (GNS) ayant abouti à l'« accord spécifique sur les télécoms de base » (BATS).

[179] D. POPOVIC, *op.cit*, p. 28.

[180] BANQUE MONDIALE, *Les dividendes du numérique, Rapport sur le développement dans le monde 2016,* Groupe de la Banque mondiale, Washington DC, 2016, pp. 1-41. Le Président du Groupe de la BM, Jim Yong Kim, relève que parmi les États, « ceux qui complètent leurs investissements dans la technologie par des réformes économiques plus vastes récoltent les *dividendes du numérique* qui se déclinent sous la forme d'une accélération de la croissance, d'un plus grand nombre d'emplois et de services de meilleure qualité ». Les dividendes du numérique concernent les technologies numériques, mais aussi l'économie numérique et plus largement encore l'impact de ces technologies sur divers aspects sociaux et administratifs.

modèle de communication ».[181] L'Internet a apporté avec lui d'autres types de défis juridiques sur des aspects comme les données personnelles, la preuve et la signature électroniques, la gouvernance du Net, la cybercriminalité, le commerce électronique, la propriété intellectuelle ou encore les normes techniques, etc. Avec des modalités différentes d'action, des « géants du net » disposent et exercent des pouvoirs substantiels sur le plan technique et économique vis-à-vis des États et des internautes.[182]

L'économie de l'Internet est empreinte de l'idéologie des forces économiques en présence et des acteurs techniques qui en sont à la base. Ceux-ci « promeuvent l'autorégulation non contraignante et le contrat comme outil juridique roi ».[183] Les défis débordent la régulation sectorielle.

En premier lieu, la déclaration d'indépendance du cyberespace du 15 février 1996 fédère les « libertariens » autour de la liberté totale allant au-delà des libertés économiques, d'expression ou d'entreprise.[184] Ils prônent la régulation par le « code informatique » (anonymat, pseudonymes et cryptographie), en rejetant toute entrave légale ou étatique de la libre circulation de l'information. Ces « héritiers des fondateurs de l'Internet » ont pour credo la confiance aux technologies pour réguler le monde, selon l'expression popularisée « *code is Law* ».[185] En second lieu, les grandes entreprises de l'Internet croient dans le marché total avec un minimum de régulation étatique ou pas du tout d'ailleurs. Elles sont désignées comme GAFA pour dire *Google*, *Amazon*, *Facebook* et *Apple*, auxquels *Microsoft et Twitter* s'ajoutent pour devenir GAFAM ou GAFTAM, sans oublier les plateformes de services comme *Uber* ou *Airbnb*.[186]

Pour le droit, il n'en demeure pas moins que « même dans le monde numérique, l'État est là et doit toujours être là ».[187]L'enjeu du droit n'est toutefois plus la régulation des télécoms uniquement, mais il concerne aussi la gouvernance économique et technique de l'Internet.[188] En conséquence, notre comparaison des expériences juridiques transcontinentales prend deux directions parallèles pour l'orientation de la suite, à savoir : les enjeux

---

181 M. HAMOT, « Nouveaux écrans, nouvelle régulation ? Prendre le tempo et le temps de la mutation », in P.-F. DOCQUIR et M. HAMOT, *Nouveaux écrans, nouvelles régulations*, Larcier, Coll. « droit des technologies », Bruxelles, 2013, p. 8.

182 M. BÉHAR-TOUCHAIS, *L'effectivité du droit face à la puissance des géants de l'Internet*, Actes des journées du 20, 21 et 22 octobre 2015, IRJS éditions, t. 74, vol. 2, Paris, 2016, pp. 5 et s.

183 O. ITEANU, *Quand le digital défie l'État de droit*, Eyrolles, 2016, Paris, p. 27.

184 J. P. BARLOW, « *A declaration of the independence of Cyberspace* », 8 février 1996, [https://www.eff.org/fr/cyberspace-independance] (consulté le 12 février 2017).

185 O. ITEANU, *op.cit*, p. 24-27. Lawrence Lessig, juriste américain, a popularisé en 2000 l'expression « *Code is law* », considérant la technique et la technologie d'Internet comme les gardiens de la liberté totale sur le réseau des réseaux.

186 *Ibidem.*

187 R. BISMUTH, « L'intervention régulatrice de l'État sur les flux transfrontaliers *via* Internet : un système de contrainte », in M.-A. FRISON ROCHE (sous la dir.), *op.cit.*, pp. 99-108.

188 L. BELLI, *op.cit*, p. 17. *Cf.* « Chapitre introductif : l'émergence de la gouvernance "multi-parties prenantes" ».

juridiques concernant le socle des télécoms et ceux concernant l'ère (de l'économie) numérique.

Il s'annonce que le droit de l'économie numérique a pour base les droits des télécoms, de l'Internet et de l'accès aux communications électroniques. Le cadre juridique européen et français est la base de références pour examiner la transition juridique en Afrique et en RDC par rapport à la révolution numérique.

Pour une dialectique des bases de la dérégulation des télécoms, la RDC avait effectivement appliqué le modèle de l'OMC à travers ses deux lois de réforme des télécoms du 16 octobre 2002 : la loi-cadre n°013/2002 sur les télécoms (ci-après « LCT ») [189] et la loi n°014/2002 sur l'autorité de régulation des télécoms (ci-après « loi n°014/2002 sur l'ARPTC »). [190] Quinze ans après, la concession des services publics [191] est encore la conception dominante dans le pays, d'autant que la législation de 2002 a conservé la configuration du marché semi-ouvert et semi-monopolistique. Le législateur autorise la concurrence sur les services des télécoms, tandis qu'il confère des droits exclusifs à l'exploitant public pour les infrastructures du « réseau de base ».[192]

À plusieurs égards, la réalité libérale du marché congolais contraste avec l'idéologie colbertiste que sa législation entretient encore.[193] L'inadéquation de la loi et des faits est source de défis d'une part pour le marché et de l'autre pour la régulation étatique. D'un côté, la libéralisation du marché s'avère totalement acquise *de facto*, alors que l'exclusivité est seulement *de jure* sur un segment inactif : celui des infrastructures de transmission de signaux, propriété de l'exploitant public. Les premiers opérateurs privés exploitaient déjà le marché congolais des services des télécoms depuis 1989, avant leur libéralisation officielle par les lois de 2002.[194]

Le point de départ euro-français aiguille le train de développements spécifiques de cet ouvrage.

---

[189] Loi n°014/2002 portant organisation et fonctionnement de l'autorité de régulation de la poste et des télécommunications, ARPTC en sigle, JO RDC, idem, pp.47 et s.

[190] Loi-cadre n°013/2002 du 16 octobre 2002 sur les télécommunications en RDC [LCT], JO RDC, n° spécial, 44e année, 25 janv. 2003, pp. 17-46.

[191] G. JÈZE, *op.cit*, p. 64.

[192] « Exposé des motifs », loi-cadre 013/2002 du 16 octobre 2002 sur les télécommunications, préc., pp. 19 et s.

[193] I. CROCQ, *op.cit*, p. 8. HAYEK, *Droit, législation et liberté,* PUF, coll. « Quadrige », Paris, 1995, p. 158-161. Le colbertisme reste le fondement mercantile de l'État-entrepreneur, avec l'idée de contrôle et d'exploitation des secteurs publics par l'État lui-même. Hayek est de ceux qui pensent que « le droit […] se prête de bonne grâce aux jeux de la politique et de l'idéologie », et ce « aux antipodes de la neutralité scientifique que certains rêvent de lui conférer ».

[194] Pour des développements sur le droit congolais des télécoms, cf. l'ouvrage spécifique de l'auteur sur le sujet.

§ 2. L'expérience de l'« Europe des télécoms » : la construction du droit de l'économie numérique et du commerce électronique

En Europe, plusieurs « générations » de directives [195] témoignent de l'appréhension des « évolutions technologiques profondes », [196] dans le domaine du droit. Celles-ci s'apparentent à la révolution numérique[197] selon les idées de la « troisième révolution industrielle »et de la« société postindustrielle »[198] qui ont pu être remises quelque peu en question.[199]

Toutefois, les critiques ne nient pas la réalité de la société de l'information : l'activité humaine est devenue numérique et immersive, sans rupture de faisceaux, plongée dans l'information continuelle. Nous sommes dans le cybermonde, une « société de l'écran » à la fois connective et externalisée, dans lequel le travail hypertextuel se fonde sur des documents multimédias, circulant dans un espace numérique avec des médias convergents. Grâce à l'essor des techniques numériques, de nouvelles formes

---

[195] En l'occurrence, la directive 2000/31/CE du 8 juin 2000, dédiée au commerce électronique, est liée à une vingtaine d'autres directives européennes applicables aux matières qui (se) recoupent (dans) le commerce électronique. Car cette directive intervient « sans préjudice du niveau de protection existant » (Considérant n°11, Dir. 2000/31/CE, préc.). Elle « complète le droit communautaire applicable aux services de la société de l'information » (Art. 1er, par. 3, Dir. 2000/31/CE, préc.). L'ensemble des directives applicables constitue le « mille-feuille législatif européen », repris à l'intitulé du chapitre 1 du présent titre. L'intérêt d'analyse réside dans la finalité particulière de chacune d'elles, pour une recherche de cohérence sur l'objet du commerce électronique européen.

[196] B. SALGUES, *op.cit*, pp. 43-58.F. OST et M. VAN DE KERCHOVE, *De la pyramide au réseau ? Pour une théorie dialectique du droit*, Publications des Facultés universitaires Saint-Louis, Bruxelles, 2002.

[197] E. SCHERER, *La révolution numérique, glossaire*, Dalloz, Paris, 2009, pp. III à XXII, spéc. XVII. « Mais ces plateformes technologiques des nouveaux moyens de communications. Elles modifient nos vies professionnelles en encourageant le travail à distance, transforment radicalement les compétences, et y suppriment bien des obstacles à une vraie collaboration. Ce qui n'était pas mesurable le devient ».

[198] J. RIFKIN, *La troisième révolution industrielle, comment le pouvoir latéral va transformer l'énergie, l'économie et le monde*, éd. Les liens qui libèrent (LLL), 2012. L'idée de l'auteur qui intéresse notre étude est celle de la « jonction des communications numériques dans les trajectoires énergétiques ». Dans son postulat perspectiviste, ce sont les lois de l'énergie qui gouvernent l'activité économique. Les succès économiques des civilisations sont en cause, avec la crise actuelle marquant l'essoufflement des trajectoires énergétiques du passé (épuisement de l'énergie fossile et des terres rares). Ainsi, « cette situation grave nous force à réévaluer fondamentalement les postulats qui ont guidé notre conception de la productivité ». La révolution numérique concerne les cycles de production, de distribution et de consommation de l'économie.

[199] H. TORDJMAN, A. SINAÏ, N. MAMÈRE, H. KEMPF, F. JARRIGE, J.-F. HÉROUARD, A. GRAS, J. DECARSIN et D. BOURG, « "La Troisième Révolution" de Rifkin n'aura pas lieu », *Libération*, Tribune, 21 octobre 2014. Les auteurs soulignent que « [l]a Troisième Révolution n'est pas sans rappeler la formule très à la mode dans les années 70, de "société postindustrielle" ». Néanmoins, ils critiquent la jonction perspectiviste de Jérémy Rifkin entre les communications numériques de l'internet et des trajectoires énergétiques dans la productivité économique. Cet aspect ne fait pas partie de nos choix de recherche. [http://www.liberation.fr/terre/2014/10/21/la-troisième-revolution-de-rifkin-n-aura-pas-lieu-1126521]. (consulté le 25 décembre 2016).

de pensées émergent, d'économie et de commerce aussi.[200] Le phénomène est à l'échelon planétaire.

En effet, l'avènement de la société de l'information apporte une particularité juridique, fondée sur l'utilisation des techniques de communication à distance et du réseau électronique en vue d'assurer la fourniture des biens et des services. En Europe, l'« "initiative pour le commerce électronique" adoptée le 16 avril 1997 orientait les objectifs de la Commission dans trois directions essentielles de l'économie numérique : [1°] accès aux infrastructures et disponibilité des technologies, [2°] développement d'un cadre commercial et entrepreneurial encourageant le commerce électronique et [3°] cadre juridique et réglementaire favorable tout en poursuivant une politique de dialogue global notamment dans le cadre des organisations internationales actives dans ce domaine telles que l'OMC, l'OMPI, l'OCDE ou la CNUDCI ».[201]

L'économie numérique et le commerce électronique constituent donc deux enjeux juridiques majeurs pour adapter les acquis législatifs antérieurs en Europe, face à la société de l'information. Les télécoms servent de support de déroulement du commerce électronique, en lui offrant un cadre marqué par la dématérialisation, le caractère transfrontière, l'ubiquité de l'information, l'interactivité et la célérité des transactions. Ces caractéristiques inhérentes au cyberespace répondent mieux au temps accéléré des réseaux, face au temps (souvent décalé) des réponses de la part des instances législatives et gouvernementales en vue de régir les activités numériques.

En Afrique, la RDC fait face à la révolution numérique, sans disposer du même niveau d'expérience cognitive des technologies de base, ni avoir mis à jour son cadre juridique à l'ère numérique. Les droits européens et français peuvent être employés comme des références, dans le but de construire des paradigmes pour le commerce électronique international. Ils servent aussi pour retracer les aspects politico-juridiques de la libéralisation de l'accès aux communications électroniques, ayant permis l'arrimage d'autres États à l'économie numérique mondiale. Les institutions et les pays européens ont adopté des règles spécifiques d'ordre législatif, réglementaire et jurisprudentiel, à la hauteur des enjeux suscités par les phénomènes (économiques) de l'Internet. Le droit de l'Union européenne répond aux

---

[200] O. KEMPF, *Introduction à la Cyberstratégie*, 2è éd., coll. « Cyberstratégie ». Economica, Paris, 2015, pp.118 et spéc. p. 11. Dans le domaine du numérique, un phénomène général reste observable, à savoir : l'émergence de l'anglicisme et une américanisation du cyberespace. Cela semble la conséquence logique de la mondialisation de l'économie sous la férule des États-Unis d'Amérique, car l'emprise des firmes américaines se ressent plus particulièrement dans le marché numérique. En général, les grandes multinationales ont leur siège dans la baie de San Francisco, *Sillicon Valley* ; elles restent perçues comme le pôle industriel des NTIC et donc comme les moteurs de l'innovation technologique. Mais, l'ère post-Snowden (juin 2013) marque l'actuelle rupture stratégique à la base de la « balkanisation du cyberespace ».

[201] A. TROYE-WALKER, *op.cit.*, pp. 1-20.

besoins de construction du marché intérieur, sans exclure le dialogue avec le droit international.

Pour autant, l'objet du droit de l'économie numérique englobe *a priori* les transactions réalisées à distance et par voie électronique. Les qualifications juridiques se complexifient davantage dans le commerce en ligne. Les réseaux ouverts au public sont à la base de plusieurs pratiques commerciales nouvelles. Ces dernières suscitent également des enjeux de définition des fonctions nouvelles du droit, en situant ses règles entre le droit de la presse, le droit de la publicité, le droit de la communication et des médias, le droit des données, le droit des contrats, le droit de la consommation et plus spécifiquement le droit du commerce électronique. Tel est l'exemple des destinataires d'activités numériques qui en deviennent eux-mêmes des prestataires en ligne. Il advient la difficulté de définir une catégorisation des acteurs « transhumants » entre particuliers et commerçants, afin de leur associer les conséquences juridiques de la définition classique des consommateurs et/ou des professionnels (commerçants).

Face aux défis juridiques de l'ère numérique, un « millefeuille législatif européen »s'est constitué au fur et à mesure. Le but est de suivre l'évolution technologique et de couvrir les aspects juridiques des services de la société de l'information, notamment : le statut fluctuant des infomédiaires et des particuliers sur les places de marché virtuelles, la nature variable des services de communication informative ou publicitaire, la spécificité des biens numériques, les agents électroniques, vus comme des automates ou des porteurs de volition dans les échanges en ligne, les contrats électroniques, etc.

Par ailleurs, si le commerce traditionnel connaît une liste d'actes de commerce par nature [202] et un binôme figé d'acteurs [203], la nouvelle commercialité électronique ne connaît pas une telle « clôture de raison juridique ». [204] Le commerce électronique est aux prises avec le droit européen du premier fait que ce dernier s'efforce d'en circonscrire l'objet, sans le définir. Pour en dégager les critères généraux pertinents, il s'impose une nécessité de théorisation à travers les multiples directives européennes,

---

[202] Il s'agit de ceux limitativement énumérés dans les Codes de commerce en France ou en RDC. En droit français, c'est l'ensemble des activités énumérées par les articles L. 110-1 et L. 110-2 du Code de commerce qui permettent aux richesses de passer des producteurs aux consommateurs.

[203] Selon les dispositions citées à la note précédente, le commerce classique concerne deux acteurs, à savoir : d'une part, le professionnel ou le commerçant et le consommateur d'autre part. G. CORNU, *op.cit*, p. 198. Verbo « commerçant ».

[204] A. CISSÉ, *M1 a) Objet du droit du Droit du cyberespace,* Notes de Cours de Master 2 Pro, Univ. Gaston Berger, Saint-Louis/Sénégal, 2011, p. 14, [http://foad.refer.org/IMG/pdf/cours_objet_droit_du_cyberespace.pdf] (consulté le 22 novembre 2012). M. DELMAS-MARTY, *op.cit.*, [http://www.ieim.uqam.ca/IMG/pdf/article_Dalloz.pdf] (consulté le 22 novembre 2012).

entre celles dédiées et celles applicables au commerce électronique.[205] La transposition française de l'acquis européen du commerce électronique est intervenue dans un contexte d'éclatement des sources à travers le temps.

En outre, si les télécoms sont la voie d'accès et de réalisation du commerce en ligne, elles constituent un secteur d'activités à part entière. Avant d'être un marché libéral, le régime des services publics a été la base des télécoms. La restitution complète des références juridiques européennes est effectuée dans le cadre de la communautarisation ainsi que des systèmes nationaux. Elle fonde notre raisonnement de droit comparé en vue de modéliser l'applicabilité des institutions juridiques correspondantes pour l'Afrique et la RDC.

Pour ce faire, il conviendra de se référer plus particulièrement aux directives concernées au niveau européen, et à la législation des télécoms ainsi qu'à la LCEN[206] au niveau du droit français. Ce choix s'explique par la volonté de se concentrer sur des textes législatifs spécifiques, afin de construire un modèle opératoire des droits (objectifs) de l'économie numérique, à travers l'objet comparable des communications et des commerces électroniques entre continents et/ou entre marchés transnationaux.

En vertu des principes de dérégulation de l'OMC, les États africains se sont engagés dans la phase de [re]structuration de leurs marchés des infrastructures et des services de télécoms, en même temps qu'ils se trouvent actuellement au cœur des enjeux de la révolution numérique. Le droit de l'accès aux communications électroniques concerne moult enjeux et mesures de libéralisation du secteur des télécoms. Ces enjeux intéressent au plus haut point la participation de tous les États du monde à la société numérique.

Pour la modernisation des États, le besoin de dépassement du monopole public a entraîné la séparation des fonctions de régulation, de réglementation et d'exploitation du marché électronique.[207]Le souci d'exhaustivité irrigue l'analyse des expériences législatives, relatives à la dérégulation des télécoms en Europe et en France, pour les rapprocher des expériences analogues en Afrique et en RDC. Le schéma identique est de refonder le cadre juridique de l'intervention publique dans le marché ouvert, tout en structurant la confiance des consommateurs dans l'économie

---

[205] E. POILOT, « L'exécution du contrat électronique », in J. ROCHFELD (sous la dir.), *L'acquis communautaire…*, *op.cit.*, p. 203. En l'occurrence, « une première approche du droit européen montre qu'il existe deux types de textes intéressant le contrat électronique [partie intégrante du e-commerce] : ceux dédiés au contrat électronique et ceux simplement applicables aux contrats électroniques ».

[206] Loi n°2004-575 du 21 juin 2004 pour la confiance dans l'économie numérique, JO RF, 22 juin 2004.

[207] W. EL ZEIN, *Les aspects juridiques de la libéralisation des télécommunications (étude comparée),* éd. Alpha, LGDJ, Paris, 2012, pp. 89, s. et 101 et s.

numérique.[208]Le droit dispose les textes réglementaires et la technologie au service de la confiance des marchés et des utilisateurs, pour la construction d'un véritable ordre public numérique.

À l'échelle planétaire, il a déjà été dit que les réseaux de télécoms se sont internationalisés, les marchés territoriaux se sont mondialisés et l'économie s'est globalisée, la multinationalisation des acteurs s'est opérée. La transition numérique a permis la transformation des infrastructures de télécoms de base en celles de l'information.[209] Ces transformations technologiques et l'essor de l'économie de marché alimentent des transformations du droit positif.

Le droit de l'économie numérique concerne les droits des télécoms, de l'Internet, de l'accès aux communications, du commerce électronique, auxquels s'associe le droit des activités numériques.[210]

Sur le plan international, les standards de l'OMC sont la norme de mise en adéquation des cadres législatifs africains et européens. L'OMC a été la passerelle officielle des schèmes européens, à travers la confrontation des marchés de télécoms de base d'abord et l'essor du numérique ensuite. L'Europe reste la référence pour comprendre et assurer la transition du droit face à l'Internet en Afrique et dans le cas de la RDC.

En tout état de la question, le niveau du droit européen est encore le plus avancé ce qui concerne l'économie numérique. Le présent ouvrage analyse l'essentiel des aspects juridiques se rapportant au marché des télécoms et des activités économiques en ligne. Les sources communautaires (européennes), françaises et internationales ont alimenté l'appréhension des défis et la maturation des solutions nécessaires pour un droit de l'économie numérique en RDC à travers le temps. Dans notre prochain ouvrage, la dérégulation mondiale des télécoms reste le pilier de la refondation du droit congolais de l'économie numérique. Malgré l'accession du pays à la société de l'information, la législation nationale ne prévoit pas encore de règles spécifiques pour le commerce électronique, ni de mécanismes de régulation répondant aux enjeux de l'Internet et de l'économie numérique.

Face au retard législatif congolais, des solutions pragmatiques sont nécessaires au vu de l'actuel fonctionnement du marché numérique mondial. Le parlement congolais examine depuis le 19 avril 2017 les projets de lois devant assurer le renouveau du cadre légal des télécoms étendues aux

---

[208] En nommant son œuvre « loi pour la confiance dans l'économie numérique » (LCEN), le législateur français avait choisi un intitulé porteur de sens pour la loi de transposition de la directive européenne 2000/31/CE sur le commerce électronique.

[209] J. CATTAN, *op.cit*, p. 24.

[210] L. GRYNBAUM, C. LE GOFFIC et L-H MORLET, *Droits des activités numériques*, Dalloz, coll. précis, 2014, pp. 5 et s. Pour les auteurs, le droit matériel des activités numériques comprend : le contrat en ligne, les différents prestataires, leur responsabilité. Leurs travaux appréhendent les règles de marché auxquelles sont soumis les e-commerçants (concurrence et consommation), la protection de leur nom de domaine ou de leurs bases de données. Ils abordent les questions de droit applicable et de compétence judiciaire en cas de litige dans les échanges transfrontières.

TIC. [211] Les défis législatifs en RDC se résument dans ses carences législatives et l'inachèvement des réformes sectorielles, concernant les télécoms et l'économie numérique…

En définitive, les expériences européennes et françaises sont des modèles de transition des droits du commerce électronique et de l'économie numérique. **(Titre I)** La globalisation de l'économie engage des rapprochements des systèmes juridiques depuis l'Europe et la France jusqu'en Afrique et en RDC au gré des enjeux sociétaux de la révolution numérique. **(Titre II)**

Un travail de veille technologique et juridique doit être néanmoins poursuivi, sur la base de la méthodologie comparée et pratique de la présente étude. Plusieurs nouvelles perspectives se profilent à l'échelon planétaire, au regard d'autres mutations numériques en cours par rapport à l'économie et à la diversification des usages de l'Internet : « *ubérisation du droit* »[212], objets connectés[213], villes intelligentes, « droit des robots »[214], « *darknet* » ou « *dark web* », guerre électronique… [215] De surcroît, le présent ouvrage n'approfondit pas spécifiquement les corolaires du numérique se rapportant à l'e-gouvernement, ni ses impacts sur le droit de propriété intellectuelle et des marques, la fiscalité ou la monnaie électronique.[216]L'ère numérique interroge les libertés publiques, tout autant qu'elle les catalyse dans une situation

---

[211] La mise sous presse du présent ouvrage intervient alors que l'Assemblée nationale congolaise a adopté le 7 mai 2018 le projet de loi sur les télécoms et les TIC Le texte est transmis, pour second examen, au Sénat. Il s'y trouve encore en discussion avant de faire l'objet d'une commission paritaire entre les deux chambres législatives pour termes divergents. Le droit congolais (article 137, Constitution) prévoit que l'Assemblée nationale tranche en définitive, ne cas de persistance de la divergence.

[212] I. PARACHKEVOVA et M. TELLER, « L'ubérisation du droit », in M. DALLOZ (sous dir.), *Variations juridiques et sociologiques regards experts sur des grandes mutations du droit*, L'Harmattan, Paris, 2016, pp.105-120

[213] J. RIFKIN, *La nouvelle société du coût marginal zéro : l'Internet des objets, l'émergence des communaux collaboratifs et l'éclipse du capitalisme*, éd. Les liens qui libèrent (LLL), 2014.

[214] R. GELIN et O. GUILHEM, *Le robot est-il l'avenir de l'homme ?,* La documentation française, coll. « doc' en poche place au débat », Paris, 2016, pp. 3-156. « Les progrès de l'informatique et de l'électronique sont en passe de donner corps à un vieux rêve de l'homme : créer un être à son image, polyvalent, capable d'interagir, d'apprendre et de prendre des décisions. Tout indique en effet que le robot s'apprête à occuper une place de choix dans nos vies […] Notre modèle juridique doit-il leur faire davantage de place ? ». *Cf.* aussi : A. BENSOUSSAN et J. BENSOUSSAN, *Droit des robots,* Larcier, Minilex, Bruxelles, 2015, p. 121. Dans la conclusion de leur étude, les auteurs laissent la perspective suivante : « La singularité du robot dans l'espace juridique a vocation à s'accentuer ; symétriquement, tandis que la pertinence de la qualification des biens meubles décroît, la nécessité de doter le robot intelligent d'un statut juridique inédit se fait plus pressante ».

[215] X. RAUFER (sous la dir.), *op.cit*, pp. 1-205. X. LEONETTI, *op.cit*, pp. 87-99.

[216] P. STORRER, *Droit de la monnaie électronique,* RB édition, Paris, 2014, pp. 13-241. En RDC, les TIC ont permis l'inclusion financière à l'aide du paiement électronique mobile (*m-paiement*) ou encore de la bancarisation via la technologie mobile (*m-banking*). Avec des produits phares comme le « M-Pesa » du Kenya, la monnaie virtuelle mobile est écoulée dans tous les réseaux africains du groupe Orange et Vodafone, y compris en RDC.

décuplée des risques et opportunités pour les consommateurs, les marchés et les pouvoirs publics... Il s'avère que « [l]a révolution numérique n'aura d'intérêt que si elle conduit à repenser nos modes de fonctionnement. À défaut la technique prendra le pas sur l'Homme, pouvant conduire à une appropriation de nouvelles technologies au profit d'une société totalitaire et liberticide dénoncée notamment par George Orwell dans *1984* ou encore par Aldous Huxley dans *le meilleur des mondes* ».[217]

---

[217] W. GILLES, « Démocratie et données publiques : à l'ère des gouvernements ouverts. Pour un nouveau contrat de société ?», in I. BOUHADANA et W. GILLES (sous la dir.), *Droit et gouvernance des données publiques et privées à l'ère numérique*, les éd. IMODEV, Paris, 2015, p. 16. (G. ORWELL, *1984*, Gallimard, Paris, 1950. A. HUXLEY, Le meilleur des mondes, Plon, Paris, 2013)

TITRE I

Les transitions européennes et françaises des droits du commerce électronique et de l'économie numérique

L'« *économie du numérique* »[218] a une acception moins réductrice que le commerce électronique. Elle prend en compte d'autres aspects de la société de l'information, tels que les services numériques ou informatiques, les infrastructures de l'information et les technologies intelligentes sous-jacentes (logiciels, applications, protocoles informatiques).[219] Notre ouvrage adopte la double approche retenue aussi par d'autres juristes pour appréhender les enjeux juridiques liés à l'innovation technologique.[220] En effet, « deux possibilités s'offrent pour éclairer l'impact de cette innovation, soit par les contenus, soit par les réseaux ».[221] Il y a donc à distinguer entre les services d'accès aux communications électroniques permettant d'échanger les informations et les services auxquels donnent accès lesdites communications. Le domaine de l'économie numérique s'étend au contenant des activités numériques, en englobant le commerce électronique orienté sur le contenu des activités numériques. Il rend plus complet le périmètre des

[218] AFTEL, *Internet, les enjeux pour la France,* p.93, cité par J. HUET, in « Aspects juridiques du commerce électronique : approche internationale », *Les petites affiches,* 26 septembre 1997, n°116, pp. 6-18. É. CAPRIOLI, « Aperçu sur le droit du commerce électronique (international) », in *Souveraineté étatique et marchés internationaux à la fin du 20ème Siècle,* Travaux du CREDIMI, Dijon, 2000, spéc. p. 250. L'économie numérique peut s'entendre« du fait pour une entreprise d'utiliser l'informatique associé aux réseaux de télécommunications pour interagir avec son environnement ».

[219] N. COUTINET, « Les technologies numériques et leur impact sur l'économie », in Cahiers Français, *La société numérique,* La documentation française, n°372, janv.-fév. 2013, p. 21. « Le secteur des TIC, tel qu'il a été défini en 2008 par l'OCDE, comprend les secteurs producteurs de TIC (fabrication d'ordinateurs et de matériels informatiques, et de matériels informatiques, de télévisions, de radios, de téléphones…), les secteurs distributeurs de TIC (Commerce de gros de matériel informatique…) ainsi que les secteurs des services de TIC (télécommunications, services informatiques, services audiovisuels…) »

[220] L. BENZOZI et P. DUTRU, « De l'accès aux infrastructures à l'accès aux moyens numériques : nouvelle frontière pour la régulation des communications électroniques », in M-A FRISON ROCHE (*sous dir.)*[2016], *op.cit,* pp. 17-18.

[221] *Ibidem.*

enjeux de transition du droit face au numérique. Notre étudions séparément l'ensemble de ces aspects, dans une logique complémentaire.[222]

Notre analyse construit, d'une part, les références (paradigmes) du commerce électronique en procédant d'une analyse *ratione temporis* des transitions juridiques depuis le téléachat jusqu'à l'ère du numérique en Europe. Ce travail d'analyse concerne aussi l'évolution législative depuis les services de télécoms de base jusqu'à la convergence des réseaux numériques à intégration des services en Europe et en France. L'approche comparative permet d'observer les convergences et les démarcations d'objet entre la transposition française et les directives européennes portant sur les services de la société de l'information. Les points d'originalité de la définition du commerce en ligne français mettent en lumière des aspects communs, distincts et/ou d'extension par rapport au droit commercial classique.

Un régime juridique spécifique s'attache aux activités économiques en ligne, considérées comme un objet particulier du droit, sans omettre les adaptations des règles quant aux sujets des activités concernées.[223] Le corps homogène de règles juridiques spéciales présente une certaine autonomie des solutions du droit du commerce électronique, mais il conserve une fonction complémentaire au regard de la *suma divisio* du droit.[224] L'originalité des transformations du droit français de l'économie numérique (et du commerce électronique) marque des points d'impact sur l'ordre européen, au regard des adaptations internes permises par les directives d'harmonisation minimale quant aux institutions juridiques concernant les activités numériques.

Désormais l'« économie du numérique », la « net économie »[225] ou encore l'« économie de l'information »[226] présente des enjeux précis essentiellement dans le domaine des infrastructures de l'information. En légiférant au fur et à mesure sur les enjeux des télécoms et de sa nouvelle

[222] Le titre I de notre ouvrage concerne uniquement le commerce électronique, tandis que le titre II concerne les télécoms et les communications électroniques.

[223] Ces dernières s'entendent comme les sujets de droit offrant ou réalisant lesdites activités et encore ceux qui en bénéficient ou les consomment. La révolution numérique a bien été à la base des pratiques commerciales suffisamment singulières et distinguées.

[224] J. CALAIS-AULOY et H. TEMPLE, *op.cit,* p. 16-17. La pluridisciplinarité du droit du commerce électrique est la même que celle du droit de la consommation. Les classifications traditionnelles des branches du droit se fondent par la nature de leurs règles formant le droit civil, le droit pénal, le droit administratif, le droit judiciaire, etc. Mais, « les juristes superposent aujourd'hui une autre classification, fondée sur la fonction de la règle juridique. Le droit commercial a constitué le premier exemple de ces disciplines nouvelles ; le droit du travail, le droit de la concurrence, le droit de la distribution, le droit de l'environnement, le droit de la consommation relèvent de la même classification fonctionnelle. Cette classification est en quelque sorte perpendiculaire à la première : chaque discipline de la seconde catégorie recoupe les diverses disciplines de la première catégorie. C'est en ce sens que l'on peut parler de pluridisciplinarité ».

[225] S. CHARTY (sous la dir.), *La régulation d'Internet, regards croisés de droit de la concurrence et de droit de la propriété intellectuelle, (Actes de colloque),* coll. droit privé & sciences criminelles, éd. mare & martin, Nantes, 2015, p. 22.

[226] M-A FRISON ROCHE, *op.cit*, p. VII. L'auteur estime qu'« il s'agit dans une société de l'économie de l'information d'une "valeur pure" qui s'est détachée de son objet ».

économie, l'Europe a atteint les objectifs politiques d'organisation de son marché intérieur. Au sein des États membres de l'Union européenne, des réformes progressives des services publics ont permis de transposer les acquis communautaires dans l'ordre juridique interne depuis 1984 jusqu'aux dernières réformes du paquet télécoms (2016-2017). En Europe, les bases officielles des politiques des télécoms remontent à 1984 et ont été traduites dans des textes juridiques. C'est en 1987 que le *Livre vert sur le développement du marché commun* trace les premières mutations du droit européen des services et équipements de télécoms qui étaient sous le régime de monopole réglementaire.[227] L'objectif de base des réformes a été d'assurer la « *diffusion des techniques de communications les plus avancées par le recours au jeu du marché* ».[228]

Dans cet objectif, la volonté politique européenne a été encadrée par l'instrument du droit communautaire, grâce aux politiques de démonopolisation du secteur des télécoms, amorcées aux États-Unis et au Japon, puis en Grande-Bretagne, en Europe et en France entre les décennies 1980 et 1990. Au départ du processus, la série des directives de 1988 à 1997 (dites « ONP »[229]) a libéralisé le marché des télécoms en le plaçant sous le contrôle d'un régulateur sectoriel. Les mesures de libéralisation ont concerné graduellement les marchés des équipements, des services et des infrastructures des télécoms. Ces mesures ont donné lieu au développement et à la transformation numérique du marché, désormais marqué par la « convergence des télécommunications, de l'informatique et de l'audiovisuel ».[230]

La première étape de libéralisation atteinte, la série des directives de 2002 et 2009 (dites « paquet télécom »[231]) a ensuite approfondi la concurrence,

[227] Commission des Communautés européennes, *Livre vert sur le développement du marché commun des services et équipements de télécommunications*, Bruxelles, 30 juin 1987.

[228] J. CATTAN, *op.cit*, p. 19.

[229] La série des directives ONP (*Open network provision*, fourniture de réseau ouvert) comprenait plusieurs textes, avant leur abrogation en 2002 : (1) directive 88/301/CEE de la Commission, du 16 mai 1988, relative à la concurrence dans les marchés de terminaux de télécommunications ; (2) directive 90/387/CEE du Conseil, du 28 juin 1990 relative à l'établissement du marché intérieur des services de télécommunications par la mise en œuvre de la fourniture d'un réseau ouvert de télécommunications ; (3) directive 90/388/CEE du 28 juin 1990 relative à la concurrence dans les marchés des services de télécommunication, JOCE,L 192, 24 juillet 1990, pp.10-16 ; (4) directive 90/387/CEE du 28 juin 1990 relative à l'établissement du marché intérieur des services de télécommunications par la mise en œuvre de la fourniture d'un réseau ouvert de télécommunications, JOCE, L192, 24 juillet 1990, pp.1-9 ;. (5) directive 96/19/CE du Parlement européen et du Conseil du 13 mars 1996, modifiant la directive 90/388 relative à la réalisation de la pleine concurrence sur le marché des télécommunications, JO CE, L74/13, 22 mars 1996 et (6) directive 97/33/CE du 30 juin 1997 relative à l'interconnexion dans le secteur des télécommunications en vue d'assurer un service universel et l'interopérabilité par l'application des principes de fourniture d'un réseau ouvert (ONP), JOCE, L199, 29 juillet 1997, pp. 32-52.

[230] I. CROCQ, *op.cit*, p.1.

[231] En 2002, le « paquet télécom » comprend les directives et décisions des instances européennes suivantes, sous réserve des changements intervenus depuis 2009 : (1) directive

tout en simplifiant le régime d'accès aux infrastructures et aux services de communications électroniques. La nouvelle « économie de la régulation »caractérise le secteur libéralisé et se situe entre l'économie industrielle et l'économie publique.[232]Le cas de la France intéresse par ses particularités.

En fonction des évolutions économiques et techniques du marché, le droit français avait adopté en 1982 et en 1986 des lois réformatrices en dehors de l'harmonisation du droit communautaire. Les règles européennes ont ensuite permis de transposer les mesures de libéralisation dans les lois françaises en 1990 et 1996. La France a opté pour la privatisation comme moyen d'approfondissement de la « dérégulation »[233], tandis que la régulation étatique, instaurée en plus de la réglementation, assure le bon fonctionnement du marché et l'équilibre du jeu concurrentiel.

Sur le marché, les technologies de base ont évolué en supports « interactifs à haut débit, [constituant] des réseaux numériques capables de transmettre n'importe quel type d'information (que ce soit la voix, une image animée ou non, des textes ou des données informatiques) ».[234] En 2004, la France a adopté la loi pour la confiance en l'économie numérique et

---

2002/19/CE du Parlement européen et du Conseil du 7 mars 2002 relative à l'accès aux réseaux de communications électroniques et aux ressources associées, ainsi qu'à leur interconnexion (directive « accès »), JOCE, L108/7, 24 avril 2002 ; (2) directive 2002/21/CE du Parlement européen et du Conseil du 7 mars 2002 relative à un cadre réglementaire commun pour les réseaux et les services de communications électroniques (directive « cadre »), JOCE, L108/33, 24 avril 2002, p.33-51 ; (3) directive 2002/22/CE du Parlement européen et du Conseil du 7 mars 2002 concernant le service universel et les droits des utilisateurs au regard des réseaux et services de communications électroniques (directive « service universel »), JOCE, L108/51, 24 avril 2002 ; (4) directive 2002/20/CE du Parlement européen et du Conseil du 7 mars 2002 relative à l'autorisation de réseaux et de services de communications électroniques (directive « autorisations »), JO CE, L108, 24 avril 2002, pp. 21-32 ; (5) directive 2002/19/CE du Parlement européen et du Conseil du 7 mars 2002 relative à l'accès aux réseaux de communications électroniques et aux ressources associées, ainsi qu'à leur interconnexion (directive « accès »), JOCE, L108, 24 avril 2002, pp. 7-20 ; (6) directive 2002/28/CE du Parlement européen et du Conseil du 12 juillet 2002 concernant le traitement des données à caractère personnel et la protection de la vie privée dans le secteur des communications électroniques (directive dite « vie privée et communication électronique »), JOCE, L 201, 31 juillet 2002, pp. 37-47 ; (7) directive 2002/77/CE de la Commission européenne du 16 septembre 2002 relative à la concurrence dans les marchés des réseaux et des services de communications électroniques, JOCE, L 249, 17 septembre 2002, pp. 21 à 26 et (8) décision n°676/2002/CE Conseil du 7 mars 2002 relative à un cadre réglementaire pour la politique en matière de spectre radioélectrique dans la communauté européenne, JOCE, L108, 24 avril 2002, pp. 1-6.

[232] J.J. LAFFONT et TIROLE, *op.cit*, p. 4.

[233] D. LINOTTE et A. GRABOY-GROBESCO, *Droit public économique,* Dalloz, coll. mémentos, Paris, 2001. La dérégulation a pour synonyme « déréglementation ». Les auteurs précisent ceci : « Dans le domaine de l'économie, la déréglementation se destine à favoriser la libre entreprise et l'exercice d'une libre concurrence tout en maintenant certaines règles du jeu élémentaires par les moyens d'une régulation qui s'opère par les agents économiques privés eux-mêmes, soit par l'entrée en jeu de formes d'administration plus adaptées et plus souples (autorité administratives indépendantes ».

[234] I. CROCQ, *La régulation des télécommunications,op.cit*, p. 1.

la loi sur les communications électroniques. D'autres lois en 2008 et en 2014 ont renforcé des aspects précis de la société de l'information. Actuellement, le législateur a entrepris en 2016 une vaste réforme de la « République numérique[235] » au-delà du cadre de transposition de l'acquis européen.

D'ores et déjà, nous précisons les critères essentiels du commerce électronique dans le millefeuille législatif européen et au regard de la transposition française **(Chapitre 1)**. L'étude se complète des transitions du droit des télécoms et des communications électroniques en Europe et en France **(Chapitre 2)**.

Les niveaux très en avance des expériences européennes et françaises sont une base de référence pour l'autorité (en construction) des lois congolaises du commerce électronique. *A posteriori,* l'ensemble de ces paradigmes sert au dialogue juridique au sein des instances internationales de régulation des marchés ou dans les confrontations juridiques que le cyberespace transfrontière provoque avec d'autres pays hors du continent européen. L'acquis européen est un creuset d'inspiration pour profiler avec originalité l'objet du commerce électronique en droit international ou dans d'autres systèmes juridiques étrangers à l'UE. L'acquis européen est à la base des institutions juridiques offrant l'avantage d'ouvrir un champ de dialogue entre systèmes juridiques autour du commerce électronique transnational.

Cependant, la difficulté est de circonscrire les éléments communs et/ou basiques pour qualifier et régir les multiples activités économiques qui prospèrent en ligne. En précisant les critères généraux de la directive européenne 2000/31/CE, les lois de transposition française offrent une meilleure perception des aspects juridiques pouvant servir de modèle plus affiné pour l'adaptation du droit congolais. Mais, la comparaison des droits européens et français avec les droits positifs en Afrique et en RDC doit attendre.[236]Au préalable, les sources et les critères juridiques du commerce électronique doivent être décrits avec précision dans le millefeuille législatif européen, afin de disposer des éléments comparateurs stables avec le système juridique français d'abord et plus loin avec le droit congolais.

---

[235] Loi n°2016-1321 du 7 octobre 2016 pour une République numérique, JORF n°0235 du 8 octobre 2016.

[236] Voir *infra,* Titres I et II.

CHAPITRE 1

Les critères essentiels du commerce électronique dans le « millefeuille législatif » européen face au droit français

Le « millefeuille législatif européen » est un phénomène cumulatif des règles de droit, en rapport aux textes complémentaires applicables au commerce électronique.[237] La pluralité des sources s'amoncèle à travers le temps selon les besoins de construction du marché européen, afin de couvrir des aspects juridiques convergents sous le prisme des services de la société de l'Information (SSI). Le cadre réglementaire européen du commerce électronique est donc un modèle de compilation des normes juridiques, d'étape en étape, en fonction des évolutions technologiques ayant abouti à la révolution numérique. « Celle-ci a changé la vie des milliards d'individus dans le monde en s'inspirant des règles anciennes biens connues du théâtre classique : l'unité de temps, de lieu et d'action ».[238] Sans compter les défis de l'ère numérique, le millefeuille législatif est en soi un facteur de complexification du droit.

En effet, la dynamique effrénée de l'innovation technologique entraîne constamment des pratiques économiques nouvelles. Ces dernières placent le droit face aux enjeux de réformes en vue du renouveau législatif ou des ajustements réglementaires conséquents. Comme l'amoncèlement des textes juridiques devient inévitable, l'ouvrage du législateur est fréquemment remis sur le métier. Il se crée un contexte de transition cumulative des normes, car « le phénomène de la mondialisation, dont les communications électroniques

---

[237] *Cf.* considérant n°11 et article 1, paragraphe 3, directive 2000/31/CE évoquant le « caractère complémentaire et non dérogatoire » de la « directive commerce électronique », en permettant son articulation avec d'autres directives européennes. *Cf.* aussi M. ANTOINE, A. CRUCQUENAIRE, PH. DE LOCHT, M. DEMOULIN, D. GOBERT, C. LAZARO, O.LEROUX et É MONTÉRO, *Le commerce électronique européen sur les rails ? Analyse et propositions de mise en œuvre de la directive sur le commerce électronique*, Cahiers du Centre de Recherches Informatique et Droit, n°19, Bruylant, Bruxelles, 2001, p. 15.

[238] I. BOUHADANA et W. GILLES (sous la dir.), *Cybercriminalité, Cybermenaces et Cyberfraudes*, IMODEV, Paris, 2012, p. 4.

contribuent à l'accélération, n'est pas étranger à la diffusion d'une pluralité des sources normatives de nature protéiforme ».[239]Les problématiques de la pluri-normativité alimentent notre recherche de cohérence entre des normes éparses applicables à une même catégorie d'espèces juridiques. Elles constituent également le centre d'intérêt de notre ouvrage au regard de la temporalité saccadée caractérisant l'adoption des textes complémentaires sur le commerce en ligne européen.[240]

En l'absence de définition formelle du commerce électronique, les critères généraux du millefeuille législatif européen démontrent que la nouvelle forme de commercialité est inhérente à la révolution numérique, mais qu'elle dispose aussi des bases anciennes du téléachat, du contrat à distance et du commerce classique. La démarche d'« effeuillage » du cadre juridique européen est nécessaire : en parcourant le millefeuille législatif, l'objectif est de cerner l'objet du commerce électronique européen. Les institutions juridiques qui s'y rapportent sont des références de comparaison, de transposition ou d'inspiration tant en France qu'en RDC. Quels sont les éléments essentiels de la notion européenne du commerce électronique ? Quels sont les types de « dispositif technologique » à considérer, sachant que ce commerce est dit « électronique » ? Y-a-t-il relativisation ou impériosité des critères de définition ?

À l'analyse, il apparaît d'un côté des « critères qualificatifs » sans lesquels le commerce électronique n'existe pas en droit. D'un autre côté, il est avancé des « critères supplétifs » qui s'avèrent facultatifs quant aux conditions d'existence juridique du commerce en ligne. La directive 2000/31/CE rapproche le commerce en ligne avec les services de la société de l'information.[241] Or, ces derniers « sont *normalement prestés contre rémunération à la demande individuelle des destinataires* des services ».[242]Le considérant n°18 de la même directive précise que « [l]es services de la société de l'information *ne se limitent pas exclusivement aux services donnant lieu à des conclusions de contrats en ligne*, mais, dans la

[239] É . A. CAPRIOLI, *op.cit.*, p. 5.

[240][http://www.conformementvotre.fr/un-millefeuille-legislatif-reglementaire/] (consulté le 13 octobre 2013). Une étude se rapportant au secteur bancaire reste illustratif de l'assertion générale sur « un millefeuille législatif et réglementaire ». En effet, « face à la multiplicité de réglementations, […] il n'est pas toujours évident de s'y retrouver pour identifier l'autorité compétente. […] D'autant que les réglementations font l'objet de modifications qui engagent des processus de mise en conformité parfois difficiles. »

[241] Considérant n°18, directive 2000/31/CE, préc. : « Les services de la société de l'information englobent un large éventail d'activités économiques qui ont lieu en ligne. […] Les services de la société de l'information ne se limitent pas exclusivement aux services donnant lieu à des conclusions de contrats en ligne, mais, dans la mesure où ils représentent une activité économique, ils s'étendent à des services qui ne sont pas rémunérés par ceux qui les reçoivent, tels que les services qui ne sont pas rémunérés par ceux qui les reçoivent, tels que les services qui fournissent des outils permettant la recherche, l'accès et la récupération des données. »

[242] *Cf.* directive 98/48, préc. et directive 2000/31/CE, préc.

mesure où ils représentent une activité économique, *ils s'étendent à des services qui ne sont pas rémunérés par ceux qui les reçoivent* ».

En évoquant tous les critères ci-dessus, le législateur européen les avait d'ores et déjà nuancés en employant l'adverbe *« normalement »* qui leur dénie leur caractère impératif. La nuance de l'acquis européen fonde la considération que ces critères sont facultatifs au commerce en ligne. Notre analyse se concentre uniquement sur les critères indispensables du commerce électronique dans *l'acquis communautaire*[243].

Le fait, pour le législateur européen, de n'avoir pas figé le concept « commerce électronique » dans une définition terminologique est un élément de difficulté, mais qui comporte aussi des avantages considérables pour les systèmes juridiques nationaux et étrangers. En ce sens, l'acquis européen offre à ces derniers des critères définitionnels, génériques pour leur transposition dans leurs lois du commerce électronique au sein l'Union, comme il en est pour la France. **(Section 1)**

Dans son devoir de mise en œuvre des dispositions législatives européennes, l'autorité du droit national connaît des degrés de transposition, selon que l'harmonisation voulue est « minimale » ou « totale ». [244] Le domaine harmonisé est finalement une modification de l'existant pour une mise en cohérence avec une réforme nouvelle. En effet, le droit français fournit une définition législative et terminologique du commerce électronique, présentant des impacts nouveaux sur l'objet recomposé du commerce en ligne européen. **(Section 2)**

---

[243] J. ROCHFELD (sous la dir.), *L'acquis communautaire... op.cit*, p. 1. Pour rappel, l'« acquis communautaire » est une appellation connotée d'histoire, telle que mise en exergue par le groupe de recherches en droit européen des obligations : CNRS-Paris 1, Panthéon- Sorbonne. Cette appellation, plutôt que « acquis communautaire de l'Union européenne », contient et exprime la logique de la sédimentation des règles européennes antérieures au Traité de Lisbonne. Elle fait référence au passé communautaire des règles encore en vigueur. Elle renvoie à la construction du droit du commerce électronique au sein de l'UE et de ses États membres. Cette formulation est encore employée par les instances européennes comme synonyme du droit positif européen, en héritage des directives communautaires relevant toujours du droit positif et qui en constituent la richesse.

[244] G. CORNU, *op.cit*, p. 445. Pour les sémantiques fondamentales, V. aussi *Verbo* « Harmonisation » : l'harmonisation est une technique qui permet aux États de disposer ou non d'une autorité législative résiduelle, pour prendre des mesures justifiées par des raisons impérieuses d'intérêt général. En tant que technique de « droit communautaire », l'harmonisation comporte deux degrés. D'un côté, une harmonisation partielle ou minimale qui laisse aux États, la possibilité de maintenir des dispositions plus protectrices d'un intérêt donné, par exemple, l'intérêt des consommateurs ou de l'environnement. D'un autre coté, une harmonisation totale est la plus avancée puisqu'elle impose une substitution totale des règles posées par la directive aux règles nationales.

SECTION I. LES CRITÈRES GÉNÉRAUX QUALIFICATIFS DU COMMERCE ÉLECTRONIQUE DANS L'ACQUIS EUROPÉEN

Dans l'acquis européen[245], la directive 2000/31/CE[246] fonde l'enjeu principal sur la notion du « commerce électronique », pour en avoir repris *in extenso* le terme en son intitulé, sans pour autant lui réserver de définition textuelle. « Cette lacune ne peut être imputée à la divergence des systèmes juridiques des États, car les systèmes de *Common law* [et romano-germaniques] exigent au moins à titre préliminaire, une définition terminologique. »[247] Bien que l'article 2, a) de cette directive se consacre à l'énoncé des définitions législatives pertinentes, il se limite à opérer un renvoi explicite à la définition des « services de la société de l'information » (SSI). La définition de ces derniers est par ailleurs fournie par la directive 98/34/CE[248] telle que modifiée par la directive 98/48/CE du 20 juillet 1998.[249]

Ainsi, les services de la société de l'information (SSI) sont la référence essentielle du commerce électronique européen. Le considérant n°18 de la directive 2000/31/CE ajoute que lesdits services « englobent un large éventail d'activités économiques qui ont lieu en ligne ».[250] Il convient donc de préciser, d'une part, le sens de ce renvoi aux SSI, laissant entendre que le commerce électronique européen est un véritable produit de la révolution numérique, à travers les âges des techniques de communication à distance. **(§ 1)** D'autre part, les critères génériques liés aux SSI peuvent valablement servir à proposer, dans notre étude, une définition juridique de l'objet du commerce électronique européen. **(§ 2)**

§ 1. Le renvoi aux « services de la société de l'information »dans la directive européenne 2000/31/CE sur le commerce électronique

Le commerce électronique européen s'appréhende à travers les services de la société de l'information (SSI). Les maîtres-mots de leur définition révèlent trois principaux critères applicables, à savoir : la « distance », la

---

245 Le terme « acquis européen » exprime la transformation du droit européen au vu de l'évolution de ses sources matérielles. Il répond à l'invitation à substituer au terme « acquis communautaire » les formulations renvoyant à « l'Union européenne ». Certains travaux épousent encore la formule contractée « acquis communautaire » pour désigner l'acquis de droit communautaire positif.

246 Directive 2000/31/CE, JOCE, L 178, 17 juillet 2000, p. 7.

247 O. CACHARD, *La régulation internationale du marché électronique*, LGDJ, Paris, 2002, p. 6.

248 Directive 98/34/CE du Parlement européen et du Conseil du 22 juin 1998 prévoyant une procédure d'information dans le domaine des normes et réglementations techniques, JO n° L 204, 21.7.1998, p. 37.

249 Directive 98/48/CE du Parlement européen et du Conseil du 20 juillet 1998 portant modification de la directive 98/34/CE prévoyant une procédure d'information dans le domaine des normes et réglementations techniques, JOCE, L 217, 05 août 1998, pp. 18 et s.

250 Directive 2000/31/CE, préc., p. 6.

« voie électronique » et la « demande individuelle ». Il convient de vérifier si ces critères relatifs aux SSI constituent des conditions d'existence juridique du commerce électronique. **(A)** Par ailleurs, le terme générique « service de la société de l'information » semble limiter l'objet du commerce en ligne aux « services » uniquement. Étant donné le sens technique du terme « service » par opposition aux « biens », le vocabulaire juridique ne cède pas forcément aux néologismes liés à la technologie, en confondant l'objet et le sens de ces deux institutions juridiques. La sémantique juridique doit être précisée afin de déterminer l'application des régimes spécifiques du commerce électronique et de définir le champ de celui-ci par rapport au droit commun. **(B)**

A. Le champ essentiel du commerce électronique européen sous le prisme des services de la société de l'information

Dans la directive 2000/31/CE, les « services de la société de l'information » sont définis en rapport à l'article 1er, paragraphe 2, de la directive 98/34/CE[251] du 22 juin 1998, telle que modifiée par la directive 98/48/CE[252] du 20 juillet 1998. De manière identique, l'ensemble de ces directives entendent de ce terme (SSI) :*« tout service presté normalement contre rémunération, à distance par voie électronique et à la demande individuelle d'un destinataire de services »*. Cependant, la difficulté est de saisir le champ du commerce électronique par le fait de son rapprochement définitionnel avec les services de la société de l'information.

Les mêmes directives ajoutent des précisions conséquentes quant aux mécanismes-maîtres qui sont propres aux SSI et qui sont applicables au commerce électronique. Il s'agit des termes suivants :

- *« à distance »* pour qualifier « un service fourni sans que les parties soient simultanément présentes » ;
- *« par voie électronique »* pour qualifier « un service envoyé à l'origine et reçu à destination au moyen d'équipements électroniques de traitement (y compris la compression numérique) et de stockage de données et qui est entièrement transmis, acheminé et reçu par fil radio, par moyens optiques ou par d'autres moyens électromagnétiques » ;
- *« à la demande individuelle d'un destinataire de services »* pour qualifier « un service fourni par transmission de données sur demande individuelle ».

Ces deux directives 98/34/CE et 98/48/CE excluent d'emblée de leur champ d'application : les services de radiodiffusion sonore ainsi que les services de radiodiffusion télévisuelle, visés autrefois à l'article 1er, a) de la

251 JOCE, L 204, 21 juillet 1998, p. 37.
252 JOCE, L 217, 05 août 1998, pp. 18 et s.

directive 89/552/CEE.[253] Ces services n'entrent donc pas dans le cadre des services de la société de l'information. Il en est de même avec leurs annexes respectives[254] : leur liste indicative précise les services non visés par la définition que les articles 1er-2, alinéas 2 (en tout point identiques) des directives 98/34/CE et 98/48/CE donnent des SSI au regard de leurs mécanismes-maîtres. Le droit a appréhendé dans son champ, les innovations technologiques pertinentes pouvant servir de critères qualificatifs pour l'objet du commerce électronique.

Ainsi, au regard des trois points des annexes (tout à fait identiques) des directives précitées, les activités ci-après sont en principe à ne pas considérer comme SSI et donc comme *a priori* exclues du commerce électronique européen :

- les *services non fournis « à distance »*, c'est-à-dire ceux prestés en présence physique du prestataire et du destinataire, même s'ils impliquent l'utilisation de dispositifs électroniques[255] ;
- les *services non fournis par « voie électronique »*, c'est-à-dire ceux dont le contenu est matériel même s'ils impliquent l'utilisation de dispositifs électroniques[256], ceux « *offline* » se rapportant à la distribution de CD-ROM ou de logiciels sur disquettes et ceux *qui ne sont pas fournis au moyen de systèmes électroniques de stockage et de traitement de données*[257] ;
- les *services non fournis « à la demande individuelle d'un destinataire de services »*, c'est-à-dire ceux fournis par l'envoi de données sans

---

[253] Directive 89/552/CEE du Conseil du 3 octobre 1989 visant à la coordination de certaines dispositions législatives, réglementaires et administratives des États membres relatives à l'exercice de l'activité de radiodiffusion, JOCE, L 298, 17 octobre 1989, p. 23. Cette directive a été modifiée par la directive 97/36/CE (JOCE, L 202, 30 juillet 1997, p. 1.

[254] Il s'agit des Annexes V, en tout point, identiques des directives 98/34/CE et 98/48/CE, préc. (JOCE, L204, 21 juillet 1998, p.59 et JOCE, L 217, 5 août 1998, p. 25.

[255] Annexe V, directive 98/34/CE telle que modifiée par la directive 98/48/CE, préc. L'annexe cite à titre d'exemples : « a) examen ou traitement dans un cabinet de médecin au moyen d'équipements électromagnétiques, mais en présence physique du patient ; b) consultation d'un catalogue électronique dans un magasin en présence physique du client ; c) réservation d'un billet d'avion via un réseau d'ordinateurs dans une agence de voyage en présence physique du client ; d) mise à disposition des jeux électroniques dans une galerie en présence des utilisateurs ».

[256] *Ibidem.* L'annexe cite à titre d'exemples : « a) distribution automatique de billets (billet de banque, billet de trains) ; b) accès aux réseaux routiers, parkings, etc. payants même si à l'entrée et/ou à la sortie des dispositifs électroniques interviennent pour contrôler l'accès et/ou assurer le paiement correct ». (Annexe V, directive 98/34/CE, préc.)

[257] *Ibidem.* L'annexe cite à titre d'exemples : « a) services de téléphonie vocale ; b) services de télécopieurs : télex ; c) services prestés par téléphonie vocale ou télécopieur ; d) consultation d'un médecin par téléphone/télécopieur ; e) consultation d'un avocat par téléphone/télécopieur ; f) marketing direct par téléphone/télécopieur ». (Annexe V, directive 98/34/CE, préc.)

appel individuel et destinés à la réception simultanée d'un nombre illimité de destinataires (transmission « point à multipoint »)[258].

Toutefois, avec l'évolution des techniques numériques, le premier tiret ci-dessus ne se justifie plus obligatoirement, puisque l'utilisation de la « voie électronique » l'emporte sur la distance pour qualifier le commerce électronique, indifféremment de la présence physique et simultanée des parties durant l'activité en ligne ou la transaction électronique concernée. Les considérants n°17 et n°18 de la directive 2000/31/CE sur le commerce électronique énoncent également des principes d'exclusion et d'inclusion des activités dans l'ordre des SSI. Ainsi, il s'avère que tout SSI ne relève pas du commerce électronique, car seulement certaines activités économiques en ligne en épousent les aspects généraux.

D'abord, au sens du considérant n°17 de la directive sur le commerce électronique, sa « définition couvre tout service fourni, normalement contre rémunération, à distance au moyen d'équipements électroniques de traitement (y compris la compression numérique) et de stockage des données, à la demande individuelle d'un destinataire de service ». Le considérant n°18 précise que ces « services » englobent un large éventail d'activités économiques qui ont lieu en ligne et qui peuvent consister en particulier à vendre des biens par la voie électronique. Ils ne se limitent pas exclusivement aux services donnant lieu à la conclusion des contrats en ligne ; mais dans la mesure où ils représentent une activité économique, ils s'étendent à des services non-rémunérés par ceux qui les reçoivent.

À titre d'exemple, ce considérant cite comme faisant partie du commerce électronique les services de fournitures de l'information en ligne, les communications commerciales ou encore les outils permettant la recherche, l'accès et la récupération des données en ligne. Les SSI comportent également les services techniques consistant à transmettre des informations par le biais d'un réseau de communication, à fournir un accès à un réseau de communication ou à héberger des informations fournies par un destinataire des services. En effet, les précisions ci-dessus de la directive 2000/31/CE font en même temps évoluer le champ du commerce à distance par rapport au commerce électronique. Dans les directives 98/48/CE et 98/34/CE sur les SSI, la distance impliquait *a fortiori* l'éloignement des parties. Dans la directive 2000/31/CE, c'est l'utilisation du dispositif électronique de traitement et de stockage qui détermine la qualification du commerce électronique.

Ensuite, de manière négative et en apportant davantage de précisions, le considérant n°17 de la directive 2000/31/CE rappelle les activités exclues du

---

[258] *Ibidem.* L'annexe cite à titre d'exemples : « a) services de radiodiffusion télévisuelle (y compris la quasi vidéo à la demande) visés à l'article 1er, point a), de la directive 89/552/CEE [...]; b) services de radiodiffusion sonore ; c) télétexte (télévisuel) ». (Annexe V, directive 98/34/CE, préc.)

champ des SSI déjà définis par la directive 98/48/CE modifiant la directive 98/34/CE. Les activités ne procédant pas du traitement et du stockage des données sont ainsi exclues du commerce électronique. Le considérant n°18 de la même directive souligne que les activités qui par leur nature ne peuvent être réalisées à distance et par la voie électronique, tel que le contrôle légal des comptes d'une société ou la consultation médicale (nécessitant un examen physique du patient) ne sont pas des SSI. Le commerce électronique ne couvre ni les activités telles que la livraison des biens en tant que telle, ni la fourniture des services hors ligne.

Enfin selon la directive 2000/31/CE, d'autres activités fussent-elles des SSI ou possiblement électroniques, sont par ailleurs exclues du champ de définition du commerce électronique. Il en est ainsi de la relation contractuelle entre employé et employeur, autant que de l'utilisation du courrier électronique ou d'autres moyens de communications individuelles par des personnes physiques agissant à des fins qui n'entrent pas dans le cadre de leurs activités commerciales ou professionnelles, y compris pour la conclusion des contrats entre ces personnes. La directive sur le commerce électronique ne fournit toutefois pas la définition des moyens individuels de communications.[259]

Si la notion de commerce électronique n'est guère définie dans l'acquis communautaire,[260] la législation européenne permet au moins de retenir les critères essentiels de son existence juridique. La qualification juridique du commerce en ligne est indispensablement liée à l'utilisation d'un réseau de communications électroniques et donc au fait d'emprunter la « distance » et la « voie électronique » pour toute transaction économique entre un prestataire et un destinataire. C'est ce critère de réalisation des activités économiques qui fonde les faits et actes juridiques devant être retenus ou non comme relevant du commerce électronique.

Cependant, le seul rapprochement des négoces classiques avec les SSI ne donne pas un contour précis et clair de la notion juridique. L'analyse juridique doit permettre la catégorisation logique des activités économiques en ligne pour fixer un objet du droit du commerce électronique, sans le faire entièrement dépendre des aspects technologiques en perpétuelle évolution. En l'occurrence, les considérants n°17 et 18 de la directive 2000/31/CE citent les activités en ligne de manière empirique, tandis que beaucoup d'autres sont spécifiquement exclues malgré l'usage plausible des techniques

---

[259] Directive 2002/58/CE du Parlement européen et du Conseil du 12 juillet 2002 concernant le traitement des données à caractère personnel et la protection de la vie privée dans le secteur des communications électroniques (directive vie privée et communications électroniques, JOCE, L 201, 31 juillet 2002. Les communications individuelles sont définies avec l'aide de la doctrine, tandis que l'article 2 de la directive 2002/58/CE a fourni la définition du courrier électronique, compris comme « tout message sous forme de texte, de voix, de son ou d'image envoyé par un réseau public de communication qui peut être stocké dans le réseau ou dans l'équipement terminal du destinataire jusqu'à ce que ce dernier le récupère »

[260] Considérants n°17 et n°18, Directive 2000/31/CE, préc.

de communication à distance pour les réaliser. Le législateur européen établit un lien entre le commerce électronique et les services de la société de l'information, sans délimiter précisément les activités faisant l'objet du commerce électronique.

La réflexion doit conduire à définir sur le plan juridique le champ spécifique du commerce inhérent aux télécoms et aux nouvelles pratiques de la révolution numérique. Précisément, même si les services de la société de l'information traduisent de nouvelles pratiques commerciales de la révolution numérique, le terme « service » restreint apparemment l'objet traditionnel connu du commerce qui porte à la fois sur des négoces relatifs aux biens et aux services.[261]

B. La terminologie « service » de la société de l'information à l'épreuve du vocabulaire juridique

Le commerce des biens en ligne est une problématique indissociable de la définition des services de la société de l'information, vu la portée que ces derniers limitent à « tout service presté normalement contre rémunération, à distance par voie électronique et à la demande individuelle d'un destinataire de services ».[262] Une fois la nouvelle commercialité électronique précisée, son champ peut présenter deux catégories d'activités : l'une est typiquement née de l'évolution des techniques électroniques, tandis que l'autre est classique mais transformée par l'usage commercial de la voie électronique.

1. La problématique des biens du commerce électronique dans le champ des services de la société de l'information

Les directives 98/48/CE et 2000/31/CE accolent le terme « service » à « société de l'information », mais leurs définitions terminologiques ont trait au fondement originel de la notion de « prestations de services ». L'article 57 du TFUE (ex-article 50 TCE) les considèrent comme les prestations fournies normalement contre rémunération, dans la mesure où elles ne sont pas régies par des dispositions relatives à la libre circulation des marchandises, des capitaux et des personnes. Sur ce point, le TFUE précise que les dispositions relatives à la libre circulation des services couvrent toutes les activités à caractère industriel, commercial, artisanal et des professions libérales.[263]

Cependant, l'expression « services de la société de l'information » est en réalité un générique qui comprend également des activités économiques de

---

[261] C. FÉRAL-SCHUHL, *Cyberdroit, le Droit à l'épreuve de l'internet*, 4e éd., Dalloz, coll. Praxis-Dalloz, pp. 157 et s. T. VERBIEST, *Le nouveau droit du commerce électronique : la loi pour la confiance dans l'économie numérique et la protection du cyberconsommateur*, LGDJ/Larcier, coll. droit des technologies, pp. 112-119. C. CASTETS-RENARD, *op.cit.*, pp.141 et s.

[262] Article 1er, par. 2, a), directive 98/48/CE, préc.

[263][www.europedia.org] (consulté le 17 décembre 2013), *Verbo* : « prestation des services ».

son considérant n°18 pouvant « *consister, en particulier, à vendre des biens en ligne* ».[264] Selon l'énumération, la directive 2000/31/CE démontre bien que le commerce en ligne ne se limite pas uniquement au sens technique du terme en droit, car les ventes sont inhérentes aux biens. La portée générale des SSI dépasse donc l'acception juridique connue du terme « service ».

Il s'avère que le vocabulaire juridique a du mal à donner une définition au concept[265] « service »[266], mais tout service, quel qu'il soit, diffère du sens juridique des « biens » faisant l'objet des opérations de vente. « En ce sens, la notion de vente de services que certains auteurs tentent de faire admettre ne paraît pas appropriée et relève de l'abus de langage ».[267] La terminologie « société de l'information » affublée et précédée du concept « service » ne révolutionne pas forcément le sens des institutions juridiques classiques du droit civil ou commercial.

À ce propos, la critique avait déjà été formulée au cours des premières journées scientifiques internationales sur le commerce électronique.[268] Elle avait objecté le fait que le droit franchirait, au mépris de l'état actuel de la technologie, le cap futuriste de la « *transmutation* » pour faire disparaître des biens d'un point du réseau et les faire réapparaître (au bout du fil) sur le terminal du destinataire. Et ce, comme si le commerce électronique devait transmuter littéralement les personnes et les objets dans un cybermonde détaché des réalités physiques. À ce sujet, il avait été observé que « par services », la directive 2000/31/CE fait état d'une « notion économique qui épouse mal les structures juridiques existantes ». [269] En principe dans la

---

[264] Considérant n°18, directive 2000/31/CE.

[265] R. GUILLIEN et J. VINCENT (*sous la dir.*), *Lexique des termes juridiques,* 17e éd., Dalloz, Paris, 2010, pp. 660-663. Le lexique des termes juridiques ne vise nullement le mot « service » tout court, ni n'en définit nulle part le sens. Le lexique abonde en définitions, en l'espèce sans intérêt, sur : le service volontaire civil, le service d'intérêt économique général, le service de documentation et d'études, le service fait, le service minimum, le service national, le service pénitentiaire, le service public, le service universel, le service volontaire, les services déconcentrés de l'État, les services extérieurs, les services sociaux ou encore les services votés. Cependant, jamais le lexique ne s'arrête sur le mot « service » tout court.

[266] G. CORNU, *Vocabulaire juridique*, 9e éd., PUF, Paris, 2011, pp. 959 et s. *Verbo* : « service ». D'une manière générale, il y a lieu d'exprimer toute la difficulté d'en saisir précisément l'acception juridique. Le vocabulaire juridique lui a réservé trois colonnes de définitions les unes s'écartant des autres au point où, en fin de lecture, l'on ne peut retenir du terme que « *le résultat de l'action* [de servir], *de cette activité ou de l'exercice de cette fonction. Ex. le service rendu, les prestations de services (subordonnés ou non), le service fait* ».

[267] R. SAVATIER, « La vente à distance », *Dalloz*, Chronique 45, Paris, 1971, p. 225.

[268] J. RAYNARD*(sous la dir.)*, *Les premières journées internationales du droit du commerce électronique, Actes du colloque de Nice des 23,24 et 25 octobre 2000 organisé par le Département Sciences Juridiques de l'EDHEC et Ecole du Droit de l'Entreprise de la Faculté de Droit de l'Université de Montpellier sous la responsabilité scientifique de E. A. CAPRIOLI*, Litec, Paris, 2002.

[269] D.-M. PHILIPPE, « Le contrat de prestations de services : tentatives de définition, perspectives de réglementation », in J. LAFFINEUR (éd.), *Les prestations de services et le consommateur*, Bruxelles, E. Story Scientia, 1990, p. 10, cité par W. D. KABRÉ, *La conclusion*

définition des SSI, le sens juridique de « *service fourni*[270] » place hors du domaine des services (au sens technique du droit), les actes juridiques portant sur des biens et entraînant un transfert de droits réels ou une cession de droits intellectuels.[271]

Toutefois, malgré le renvoi effectué aux SSI par la directive 2000/31/CE, il n'est pas permis d'inférer que le commerce en ligne ne peut porter que sur des services. Le commerce électronique n'est pas limité aux seules prestations consistant à faire ou à ne pas faire, lesquelles font naître des liens personnels ou des créances. Il porte également sur les ventes des biens (en ligne) ; celles-ci consistent à des opérations portant sur des droits réels, à la différence des droits personnels, en entraînant un effet translatif de propriété.[272]

Par ailleurs, la directive 2000/31/CE pourrait laisser une impression trop restrictive sur les biens entrant dans le champ du commerce électronique. En effet, elle considère que « les activités telles que la livraison des biens en tant que telle ou la fourniture de services hors ligne ne sont pas couvertes » par le commerce électronique.[273] Elle ajoute que « les activités qui, par leur nature, ne peuvent pas être réalisées à distance ou par voie électronique [...] ne sont pas des services de la société de l'information ».[274] Cette formulation peut logiquement laisser deux impressions qui en conclusion ne se vérifient pas :

– la première considération de cette formulation peut suggérer à tort que tous les biens vendus dans le commerce électronique doivent être des biens en ligne, c'est-à-dire des biens dématérialisés ou des « "biens

des contrats électroniques, Th. Doct. en Droit, Univ. de Namur, Belgique, 2012, p. 37. (Il existe également une autre version de publication : W. D. KABRÉ, *La conclusion des contrats électroniques, Étude des droits africains et européens,* Préface d'Eric Montéro, éd. L'Harmattan, Coll. Études africaines, Paris 2013, pp. 1-586. – version non exploitée dans la présente étude.)

[270] *Cf.in extenso* dans la directive 2000/31/CE, considérant n°17, préc.

[271] J. GHESTIN et Y. MARKOVITS, « L'adaptation à la responsabilité des prestataires de services de la directive de la Communauté économique européenne du 25 juillet 1985 sur la responsabilité des produits défectueux », *R.E.D.C.*, 1989, p. 148, cité par W. D. KABRÉ, *op.cit.,* p.38.

[272] F. COLLARD DUTILLEUEL et P. DELEBECQUE, *Contrats civils et commerciaux,* 9e éd., Dalloz, Paris, 2011, n° 627, p.538 : « *Les services résultent généralement des contrats d'entreprise, des baux, des assurances, ...* ». PH. MALAURIE, L. AYNES, P. STOFFEL-MUNCK, *Droit civil. Les obligations,* éd. Défrénois, Lextenso éditions, Paris, 2011, p. 1-2. Y. STRICLER, *Les biens*, éd. Thémis droit, PUF, 1e éd. Paris, 2006, pp.47-50 : « *le lien de droit* [...] *peut exiger* [...] *tant des obligations passives (une prestation) que négative (le respect du droit de son créancier ».* J.-L. BERGEL, M. BRUSCHI et S. CIMAMONTI, *Traité de droit civil. Les biens*, 2e éd., Coll. Jacques Ghestin, LGDJ, Lextenso édition, Paris, 2010, p. 1 : « Il y a nécessairement des droits qui relient les choses à leurs titulaires et qui semblent plus importants que les choses sur lesquels ils portent ».

[273] Considérant n°18, Directive 2000/31/CE, préc.

[274] *Ibidem.*

numériques" utilisés pour désigner les biens circulant sur les réseaux numériques, ouverts ou fermés »[275] ;

- la seconde considération peut suggérer à tort l'impression que seuls doivent relever du commerce électronique les biens, dont la livraison ou la tradition matérielle se déroulent par voie électronique, ainsi que les services dont la prestation intervient uniquement dans le cyberespace même.

Les techniques à distance et de communications électroniques ont évidemment transformé les pratiques commerciales, en générant ainsi des nouvelles catégories des biens et services numériques. Si ces deux catégories du droit n'ont pas été transformées par la révolution numérique, le progrès technologique a tout au moins créé de nouvelles activités relevant conjointement ou séparément du commerce traditionnel et du commerce électronique. Cela recadre bien la portée d'existence des « biens numériques », telle que consacrée implicitement par la directive 2000/31/CE et, explicitement, par la Résolution du 5 février 2009 du Parlement européen. Celle-ci a « constaté que le marché numérique qui se développe dans le domaine des biens et des services immatériels est déjà plus important que les échanges et les approvisionnements traditionnels [...] et qu'il a, en outre, suscité une nouvelle gamme de concepts commerciaux et de valeurs économiques, comme le sont *les biens "immobiliers" numériques(noms de domaines)* et l'accès à l'information (moteurs de recherche) ».[276] Plus précisément, « [l]a notion de bien numérique est encore plus réductrice puisqu'elle vise, au pied de la lettre, les seuls *biens immatériels*, ou incorporels, ou *virtuels*, *constitués d'une suite de chiffres*, comme les adresses "IP" (composées de quatre nombres compris entre 0 et 255 séparés d'un point ».[277]

Les biens immatériels sont connus depuis longtemps du droit des biens, y compris en droit européen. L'immatérialité des biens et services ne constitue donc pas une nouvelle exclusivité au commerce électronique.[278] Par exemple, la directive 2011/83/UE relative aux droits des consommateurs évoque, parmi les biens (immatériels), l'électricité dans la mesure de son

---

[275] A. LUCAS, *Droit d'auteur et numérique,* Droit@Litec, 1998, n°5, cité par C. ALLEAUME, « Chapitre IV : Les biens numériques (une notion au service du Droit)», in D. LE METAYER (éd), *Les technologies de l'information au service des droits : opportunités, défis, limites,* Cahiers du Centre de Recherches, Informatique et Droit, n°32, éd. Bruylant, Bruxelles, 2010, p. 69.

[276] Alinéa 8, résolution du Parlement européen du 5 février 2009 sur les échanges commerciaux internationaux et l'internet (2008/2204(INI)), JOUE n° C67, 18 mars 2010.

[277] C. ALLEAUME, *op.cit*, p. 65.

[278] M. VILLEY, *op.cit*, p. 79. « Les philosophes de l'école d'Aristote enseignaient qu'il existe deux catégories de choses : celles que les sens perçoivent corporellement et celles que l'esprit par l'abstraction », rappelle l'auteur dans son étude historique du droit romain concernant les choses corporelles et incorporelles.

conditionnement effectif.[279] De manière générale, « les biens virtuels sont présents dans trois types de sites : les sites des jeux virtuels, les sites mettant en ligne un monde virtuel, et les sites acceptant de la monnaie virtuelle ».[280] Outre les services et les biens numériques, le commerce électronique connaît également des ventes de biens matériels, de choses corporelles[281], comme les habits, les parfums, dont la commande est passée en ligne, sur la base d'un contrat conclu par la voie électronique.

Les ventes d'immeubles auraient pu aussi faire l'objet de contrats du commerce électronique, si l'article 9, paragraphe 2, a) de la directive 2000/31/CE sur le commerce électronique ne les avait pas formellement exclues. Cette exclusion requalifie l'acquis communautaire sur le plus ancien des contrats à distance, en l'occurrence, le télé-achat. Ce dernier était régi et défini par la directive 89/552/CE modifiée à l'époque par la directive 97/36/CE qui portait expressément sur les activités mobilières et immobilières. Le commerce électronique ne porte pas sur des ventes d'immeubles.[282]

Une particularité des biens numériques concerne la notion de *« biens communs informationnels »* dits *« communs informationnels »*. Cette notion fut discutée lors du projet de « loi Axelle Lemaire » sur la République numérique.[283] La loi promulguée le 7 octobre 2016 a abondé dans le sens des *« mesures visant à protéger les libertés fondamentales »*, en considérant l'essentiel de l'innovation et de la croissance.[284] Le *« domaine commun*

---

[279] Directive 2011/83/UE du Parlement européen et du Conseil du 25 octobre 2011 relative aux droits des consommateurs, modifiant la directive 93/13/CEE du Conseil et la directive 1999/44/CE du Parlement européen et du Conseil et abrogeant la directive 85/577/CEE du Conseil et la directive 97/7/CE du Parlement européen et du Conseil, JOUE, L 304, 22 novembre 2005, pp. 25, spéc. 72 et 73.

[280] M. WEISS, « Les biens virtuels dans les mondes numériques », in P. MOURON et C. RICCIO (sous la dir.), *L'ordre public numérique : libertés, propriétés, identités,* coll. Inter-normes, PUAM, Aix-en-Provence, 2015, p. 63.

[281] À la différence de choses perceptibles par l'intelligence (choses incorporelles), le parfum fait partie des choses corporelles, celles perceptibles par le sens (l'odorat, en l'occurrence).

[282] J. ROCHFELD, « La définition du contrat électronique », in J. ROCHFELD (sous la dir.), *L'acquis communautaire...op.cit.*, p. 18. Pour la définition du « contrat conclu à distance » : T. VERBIEST, *op.cit.*, p. 119.

[283] Loi n°2016-1321 du 7 octobre 2016 pour une République numérique, JORF n°0235 du 8 octobre 2016. Le Projet de loi sur la République numérique, défendue par la Ministre française de l'économie numérique, Axelle Lemaire, a fait l'objet de plusieurs rapports. Il s'agit des documents préparatoires suivants : Rapport d'information n°3348 de Mme Catherine Coutelle, déposée par la délégation de l'Assemblée nationale aux droits des femmes et à l'égalité des chances entre les hommes et les femmes. Rapport n°3366 de Mme Marietta Karamanli, déposé par la commission des affaires européennes. Rapport n°534 de M. Christophe-André Frassa (Tomes I et II). Rapport de M. Luc Belot (n°3902 à l'Assemblée nationale) M. Christophe-André Frassa (n°743 au Sénat). D'autres rapports (Lescure, CSPLA, CNN) et recommandations (OMPI) sont aussi du nombre. *Dossiers législatifs – Loi n°20167 du 7 octobre 2016, pour la république numérique.*

[284] Dossier : [https://www.legifrance.gouv.fr/affichLoiPubliee.do?idDocument=JORFDOLE000031589829&type=general&legislature=14] (consulté le 26 décembre 2017).

informationnel », en abrégé *« communs »,* a été pensé à l'idée qu'il existerait des biens communs appartenant à l'humanité et que la création de la recherche publique est un des éléments-clés du devenir des hommes. « Les communs informationnels sont définis comme n'appartenant à personne, leur protection étant dès lors justifiée au nom de l'intérêt général (par exemple, le ciel et l'espace). *Les digital commons* sont des ressources technologiques et scientifiques créées, gérées, distribuées et gouvernées par la communauté (par exemple, *la licence « creative commons ») ».*[285]Les questions en rapport avec la valeur juridique de l'information et du fichier comme son *« enveloppe logique »* se rapportent à la valeur du clic à l'ère numérique, tout en amenant aux questions de propriété intellectuelle.[286] Ces questions concernent spécifiquement la « *circulation des données et du savoir* »et spécialement l'« *économie de la donnée* ».[287]

En somme, le commerce électronique comprend les biens (numériques) et les services (informationnels) faisant l'objet de transactions en ligne. S'agissant des « biens communs informationnels », ils seraient donc assimilables aux « *res communis* » (« chose commune ») ne pouvant être de propriété privative. Leur usage appartient à tous et nul ne peut s'en approprier individuellement (à la différence des *« biens vacants »* ou *« choses abandonnés »* dits *« res nullius »* ou *« res derelictae »* pouvant faire l'objet de réappropriation). Les *« communs »* sont utiles au service de tous et de l'intérêt général, d'autant que le cyberespace donne lieu à un espace collaboratif, dans lequel d'autres services numériques peuvent prendre appui sur les biens communs informationnels. Ceux-ci ne peuvent donc pas entrer dans l'objet d'un contrat translatif de propriété, eu égard à leur valeur hors-commerce et au principe *« nemo quod dat non habet ».*[288]

En définitive, les transactions du commerce électronique ne portent pas seulement sur des services, ni uniquement sur des biens et services numériques par nature, disposant des propriétés physiques leur permettant d'emprunter entièrement le réseau électronique d'un bout à l'autre. Dans un sens plus juridique qu'économique, la directive 2000/31/CE recentre les acquis communautaires précédents autour de l'objet du commerce électronique, en retenant que « les activités qui par leur nature, ne peuvent pas être réalisées à distance ou par voie électronique [...] ne sont pas des

---

[285] A. BENSOUSSAN, « Les communs informationnels, valeur du numérique » 23 décembre 2015 [https://www.alain-bensoussan.com/communs-informationnels-numérique/2015/12/23/] (consulté le 26 décembre 2016) A. TAILLET, A. VOORWINDEN et H. YAMAKAWA, « Le numérique a besoin de valeurs » - Entretien avec Maître Bensoussan, spécialiste du droit de l'informatique et des télécommunications », *Toute l'Europe.EU,* 12 novembre 2015 [http://www.touteleurope.eu/actualité/le-numerique-a-besoin-de-valeurs-entretien-avec-maitre-bensoussan-specialiste-du-droit-de-l-inf.html] (consulté le 26 décembre 2016).

[286] V.-L. BENABOU et J. ROCHFELD, *op.cit.*, p. 56 et s.

[287] Titre 1, chapitre 1, loi n°2016-1321 du 7 octobre 2016 pour la République numérique, préc.

[288] G. CORNU, *op.cit*, pp. 912-913. *Verbo* : *« res communis »* et *« res derelictae ».* Notre traduction : *nemo quod dat non habet*, nul ne peut donner ce qu'il n'a pas.

services de la société de l'information ».[289] Cette disposition n'est rien de plus qu'une exigence quant à la particularité d'offrir ou de fournir des biens et des services « au moyen d'équipements électroniques de stockage et de traitement des données », [290] comme critère déterminant du commerce électronique. Plusieurs activités économiques sont nouvellement nées de la révolution numérique, tout autant que d'autres d'entre elles sont des activités classiques utilisant la voie électronique.

2. Les activités typiques du commerce électronique et les activités dérivées

Une catégorisation des activités du commerce électronique est utile pour mieux appréhender le champ de la nouvelle commercialité électronique. Il se dégage deux genres d'activités économiques en ligne : celles qui sont typiques de la révolution numérique et celles qui peuvent à la fois être rencontrées dans le commerce classique et dans le commerce électronique.

Premièrement, les activités du commerce électronique sont celles qui ne peuvent exister que par le fait des technologies de l'information et de la communication. Ce sont des activités nouvellement nées de la vie en réseau. Pour certaines, elles n'existeraient pas en dehors ou en l'absence des télécoms. Ainsi en est-il, par exemple, des moteurs de recherche d'informations, des outils informatiques de recherche en ligne, d'accès et de récupération des données en ligne, la fourniture des biens numériques, des plateformes électroniques de partage d'informations ou de ventes, les services d'hébergement [291] , de *caching* [292] , de transmission. [293] Celles-ci n'auraient jamais pu exister sans un dispositif électronique mis en ligne. Ce premier champ est formé d'activités économiques ayant fait leur entrée dans le commerce juridique avec l'avènement des réseaux informatiques ouverts et principalement avec l'apparition de l'Internet. Par essence, ils sont à considérer comme des « services *typiques* de la société de l'information ».

---

289 Considérant n°18, directive 2000/31/CE, préc.

290 Considérant n°17, directive 2000/31/CE, préc.

291 Article 14, paragraphe 1, directive 2000/31/CE, préc. « Hébergement » : SSI consistant à stocker (sur une plateforme informatique accessible par réseau de communication) des informations fournies par un destinataire de service, sans que le prestataire ne soit [en principe] responsable des informations stockées à la demande d'un destinataire de service.

292 Article 13, paragraphe 1, directive 2000/31/CE, préc. « *Caching* » ou « cache » (forme de stockage) : SSI consistant à transmettre, sur un réseau de communication, des informations fournies par un destinataire de services, sans que le prestataire ne soit en principe responsable, au titre de stockage automatique, intermédiaire et temporaire dans le seul but de rendre plus efficace leur transmission ultérieure de l'information à la demande d'autres destinataires du service.

293 Article 12, paragraphe 1, directive 2000/31/CE, préc. « Transmission » (simple transport ou « *Mere conduit* ») : SSI consistant à transmettre, sur un réseau de communication, des informations fournies par le destinataire du service ou à fournir un accès au réseau de communication, sans que le prestataire ne soit responsable en principe des informations transmises.

Deuxièmement, le commerce en ligne peut aussi regrouper la catégorie d'activités qualifiables de « services *dérivés* de la société de l'information ». Il s'agit des négoces classiques mais exercés dans le réseau, comme par exemple et « en particulier vendre des biens en ligne ». [294] À titre d'illustration, la vente d'un livre, fût-il un livre électronique (*e-book*), peut se conclure sur Internet ou en présence physique en librairie. Au sens de la directive 2000/31/CE, on comprend alors pourquoi les « activités telles que la livraison de biens en tant que telle ou la fourniture de services hors ligne » ne relèvent naturellement pas du commerce en ligne, sauf lorsqu'elles sont exercées par la voie électronique.[295]

En définitive, la commercialité électronique des actes dépend essentiellement du recours à la technologie pour les accomplir. Ils restent sur le terrain du droit commercial classique à défaut d'une *« utilisation des techniques de communication à distance par la voie électronique »* pour leur fourniture et/ou accomplissement. La « distance » et la « voie électronique » assurent l'existence du commerce électronique. Les critères technologiques sont donc la base de différenciation caractéristique entre les services dits de la société de l'information et les autres activités du commerce classique. Leur analyse est indispensable étant donné leur valeur fondatrice pour le commerce électronique européen.

§ 2. La détermination des critères technologiques fondamentaux du commerce électronique européen

En appréhendant par le droit les implications technologiques, le législateur européen témoigne d'une dynamique pour mettre au point un nouvel objet pour le droit du commerce en ligne. Il associe à cet objet un régime répondant aux enjeux économiques de la révolution numérique. C'est l'évolution technologique qui a permis au grand public l'utilisation et l'optimisation des mécanismes électroniques facilitant les transactions économiques à l'aide des supports, terminaux et plateformes électroniques.

Mais, ces nouvelles pratiques ont également suscité des enjeux juridiques particuliers, nécessitant l'encadrement des activités économiques en ligne ainsi que de nouvelles problématiques. L'acquis européen permet d'étudier la construction juridique de l'objet du commerce électronique, en prenant en compte à travers le temps des critères technologiques pertinents, à savoir : la distance géographique en premier lieu, la distance technologique ensuite, et enfin la voie électronique. **(A)** Il n'en demeure pas moins que certaines spécifications techniques des équipements électroniques sont déterminantes pour qualifier les activités faisant l'objet du commerce électronique. À la différence des critères définitionnels impératifs, il apparaît des critères

---

[294] Considérant n° 18, directive 2000/31/CE.
[295] *Ibidem.*

supplétifs, dont la synthèse est toutefois utile pour reconstituer l'objet du commerce électronique européen. **(B)**

A. Les mécanismes-maîtres du commerce électronique

La détermination de l'objet du commerce électronique est une problématique importante en droit européen. En effet, l'« acquis communautaire »[296] du droit de l'Union européenne n'en fournit pas de définition textuelle, aux termes de la directive 2000/31/CE du 8 juin 2000, dite « directive sur le commerce électronique ».[297] Il y a lieu de saisir et d'analyser, tout au moins les critères généraux de définition applicables dans les systèmes normatifs internes des États de l'Union européenne. Au regard du millefeuille législatif européen, plusieurs autres directives s'ajoutent à celle précitée et constituent un ensemble de textes juridiques applicables en l'espèce. Cette couche successive de règles juridiques encadre les « mécanismes-maîtres »[298] du commerce électronique européen à travers la définition des services de la société de l'information.

C'est à travers ce millefeuille législatif qu'il faut déceler les critères généraux permettant de définir l'objet et par conséquent le champ *ratione materiae* du commerce en ligne en Europe. La « distance » et la « voie électronique » sont les mécanismes-maîtres du commerce électronique. L'acquis européen permet d'analyser ces deux critères technologiques que le droit retient pour définir l'objet du commerce électronique. La distance considérée implique la localisation du prestataire et du destinataire dans un espace-temps, mais celle-ci présente des distorsions face notamment à

---

[296] J. ROCHFELD (sous la dir.), *L'acquis communautaire, ... op.cit.*, pp. 1-2. Pour ce qui est de l'acquis communautaire, l'entrée en vigueur du Traité de Lisbonne le 1er décembre 2009 a entraîné la disparition des références à la « Communauté » européenne, ainsi qu'à tous les dérivés du terme. Ce changement invitait à substituer les formulations et terminologies renvoyant à l'« Union européenne ». L'usage du vocabulaire « acquis communautaire » recèle et révèle la réalité de la rémanence des sources actuelles du droit européen, antérieures au Traité de Lisbonne. Les sources européennes du commerce électronique sont situées à cheval entre la Communauté (CE) et l'Union (UE). Le terme actualisé correspondant est l'« acquis européen ».

[297] Directive 2000/31/CE du Parlement et du Conseil, 8 juin 2000, relative à certains aspects juridiques des services de la société de l'information, et notamment du commerce électronique, dans le marché intérieur (*« directive sur le commerce électronique »),* JO CE n°178, 17 juillet 2000, pp. 0001-0016.

[298] H. CAUSSE, « Le contrat électronique, technique du commerce électronique », in J.-C. HALLOUIN et H. CAUSSE, *Le Contrat électronique au cœur du commerce électronique – Le droit de la distribution, droit commun ou droit spécial ?* LGDJ, Coll. Faculté de Droit et de sciences sociales, Poitiers, France, 2005, p.11-34, spéc. p.17 : « Les mécanismes maîtres sont au nombre de deux : proposer ou assurer (à distance et par voie électronique) la fourniture des biens ». En nous inspirant de cet auteur sans totalement calquer le sens, nous identifions la terminologie « mécanismes-maîtres » aux éléments « à distance et par la voie électronique », dont l'usage constitue en fait et en droit les critères impératifs et fondamentaux du commerce électronique.

l'immatérialité du réseau. L'utilisation de la voie électronique pour offrir ou réaliser l'activité économique.

1. Le critère technologique de définition dit « à distance » et ses distorsions dans l'acquis européen du commerce électronique

Dans l'acquis communautaire, le critère dit « à distance » correspond à la définition de « technique de communication à distance ». Le sens de la distance est uniforme, qu'il s'agisse du commerce en ligne ou de la conclusion des « contrats à distance ». La distance est reprise dans la directive 2000/31/CE, mais elle relève initialement de la directive 97/7/CE (directive « contrat à distance »[299] ou plus récemment encore de la directive 2002/65/CE sur la « commercialisation à distance » (dite directive « services financiers »).[300] Ce critère s'entend de « *tout moyen qui, sans qu'il y ait présence physique et simultanée* » du fournisseur et du consommateur, peut être utilisé pour la conclusion d'un contrat à distance ou pour la commercialisation à distance d'un service (financier) entre ces parties.[301]

Toutefois, les directives 97/7/CE, 98/34/CE et 98/48/CE voire 2002/65/CE avaient assimilé la distance aux techniques en présence à l'époque. La définition juridique de la distance était ainsi basée sur le défaut de présence physique et simultanée, mais celle-ci laisse apparaître des distorsions. Les générations des directives pré-rappelées ont considéré la distance comme impliquant une rupture de l'unité de temps et de lieu entre interlocuteurs dans un négoce. Ces directives fondaient les « *transactions entre absents* »[302] c'est-à-dire que l'ensemble du processus précontractuel et contractuel se déroulait avec un éloignement physique des parties. La définition de la distance excluait les « *services prestés en présence physique du prestataire et du destinataire, même s'ils impliquent l'utilisation de*

---

[299] La directive 97/7/CE a été modifiée par la directive 2002/65/CE, dans le sens de l'admission de la commercialisation (vente) à distance des services financiers ; et l'annexe 2 de la directive 97/7/CE qui visait en particulier ces services a été abrogée. Notamment : « Article 18 [Directive 2000/31/CE] : La directive 97/7/CE est modifiée comme suit : 1) À l'article 3, paragraphe 1, le premier tiret est remplacé par le texte suivant : "- portant sur un service financier auquel s'applique la directive 2002/65/CE du Parlement européen et du Conseil du 23 septembre 2002 concernant la commercialisation à distance de services financiers auprès des consommateurs, et modifiant les directives 90/619/CEE du Conseil, 97/7/CE et 98/27/CE ».

[300] Directive 2002/65/CE du Parlement européen et du Conseil du 23 septembre 2002 concernant la commercialisation à distance de services financiers auprès des consommateurs, et modifiant les directives 90/619/CEE du Conseil, 97/7/CE et 98/27/CE, JOCE, L 271, 09 octobre 2002, pp. 16 -24.

[301] Complément de la finalité contenue à l'article 2, paragraphe 4, directive 97/7/CE, préc. et à l'article 2, e), directive 2002/65/CE, préc., portant cette définition.

[302] Comme repris en détail au Chapitre 2, du présent titre de la présente section, c'est plus tard dans la transposition française que la notion de « contrat entre non présents » a été introduite du fait que seul le moment de conclusion du contrat était déterminant à exécuter à distance, quand bien même les autres étapes préliminaires étaient réalisées en dehors des moyens de communication à distance.

dispositifs électroniques ».[303] La distance équivalait à l'absence totale des parties au contrat commercial ainsi qu'à toutes ses phases de formation. Aussi, cette vieille notion de distance considérait deux possibilités :

- soit seule l'unité de lieu est rompue, c'est le cas d'un accord de volonté par téléphone ;
- soit en plus de lieux différents, l'unité de temps est également rompue, dans le sens où l'offre est formulée à un instant T et l'acceptation est donnée à un instant T+1.[304]

En droit européen, une des premières distorsions définitionnelles du critère « à distance » résultait de son calquage avec la *« distance géographique ».*[305] Cette distorsion de sens procédait de l'« Annexe I » de la directive 97/7/CE sur les contrats conclus à distance. Seul le critère métrique de la distance fondait la liste énumérative des moyens de communication à distance y reprise. Elle mêlait les moyens électroniques avec les techniques de communication à distance connues à l'époque, y compris la correspondance physique sur supports papiers empruntant la voie postale. En effet, l'annexe I de la directive contrats à distance citait le « courrier électronique » (sans le définir) à côté de l'« imprimé adressé », de la « publicité presse avec bon de commande » et de la « lettre standardisée ». En 1997, l'énumération des techniques de communication était non seulement hétéroclite, mais aussi orientée vers un but prospectif par rapport aux innovations et aux évolutions à ne pas exclure dans les perspectives de cette époque-là.[306]

Pour le commerce électronique européen, la deuxième distorsion définitionnelle du critère « à distance » résultait de son assimilation à une finalité contractuelle, en laissant penser que ledit critère était toujours porté vers la conclusion d'un contrat de type particulier. Au sens de l'article 2, paragraphe 4, de la directive 97/7/CE applicable au commerce électronique, il s'agit de tout moyen qui, entre parties physiquement absentes, « *peut être utilisé pour la conclusion du contrat entre [ces] parties* ». Quoi de plus normal que de penser à une *« distance contractuelle » a priori*, puisque la directive 97/7/CE définissant ce critère se rapporte aux « contrats conclus à distance » ? Cependant, l'article 2, c) de la directive 2002/65/CE ajoute une

---

303 Annexe V, directive 98/48/CE, préc.

304 A. RAYNOUARD, « La formation du contrat électronique », in H. CAPITANT (travaux de l'Association), *Droit privé. Le contrat électronique,* éd. Panthéon Assas, Journées nationales, T.V, Toulouse, 2000, P.19.

305 C'est nous qui soulignons.

306 Voici la liste de l'annexe V de la directive 97/7CE, comme telle : « -Imprimé non adressé - Imprimé adressé - Lettre standardisée - Publicité presse avec bon de commande - Catalogue,- Téléphone avec intervention humaine, - Téléphone sans intervention humaine (automate d'appel, audio texte), - Radio, - Visiophone (téléphone avec image), - Vidéo texte (micro-ordinateur, écran de télévision) avec clavier ou écran tactile, - Courrier électronique, - Télécopieur, - Télévision (téléachat, télévente)».C'est en effet, cinq ans plus tard que la directive 2002/58/CE est venue définir le courrier électronique, en européen.

nuance pertinente, en disposant « *pour la commercialisation à distance d'un service entre ces parties* ».[307] En effet, cette précision replace la « distance » au-delà de son cadre initial qui la limitait au niveau d'un simple mode de contractualisation. Elle lui donne son véritable sens large pouvant qualifier même des négoces non-contractuels.

La troisième relativisation du critère de la « distance » découle du questionnement de la doctrine. [308] La distance est caractéristique du commerce électronique européen, mais elle avait été limitée entre personnes absentes et vue uniquement sous l'angle métrique, temporel et géographique. « *C'est-à-dire que* [s]*a spécificité* [...] *suppose avant tout un éloignement physique et éventuellement, temporel* » [309] entre parties. L'acquis communautaire avait longtemps rattaché la notion de distance à une absence simultanée entre les parties au moment contractuel. En vertu de la directive 97/7/CE, la particularité intrinsèque du critère « à distance » résidait dans la rupture de l'unicité de lieu et de temps. Le critère était défini par rapport à un « *service fourni* »sans la présence des parties[310] ou à un « *contrat (conclu) à distance* »[311] ou encore à la « *commercialisation d'un service à distance* »[312].

Cependant, le législateur n'avait pas défini la distance par rapport au type de technologie utilisée. « *Avec les réseaux télématiques, informatiques, l'espace géographique réel est double, voire parfois remplacé, par un monde virtuel aux distances abolies* ».[313] Dans le commerce en ligne, le critère « à distance » peut se référer à un lieu géographique parfois naturel, tandis que cette distance peut aussi être virtuelle. Lorsqu'il est fait usage des communications électroniques dans les transactions économiques, la distance est donc toujours présumée, même entre deux interlocuteurs non-absents. « De la sorte, même si le défaut de présence physique simultanée des parties ne constitue pas un élément exprès du contrat à distance, il apparaît néanmoins comme moyen de communication à distance ».[314] La distance dans les directives concernées (97/7/CE, 2000/31/CE, 2002/65/CE) n'est pas définie, mais ce sont plutôt les techniques de communication à distance qui l'ont été. Comme critère du commerce en ligne, la distance ne

---

[307] Directive 2002/65/CE, sur la commercialisation à distance des services financiers, préc.

[308] A. RAYNOUARD, *op.cit*, pp. 19-20. S. POILLOT PERUZZETTO, « La loi applicable au contrat électronique », in H. CAPITANT (Travaux de l'Association), *op.cit.*, p. 35. O. BRUNAUX, *Le contrat à distance au XXIe siècle*, LGDJ., t. 524, Coll. Bibliothèque de droit privé, Paris, 2010 p. 32. J. ROCHFELD, « La définition du contrat électronique », *op.cit.*, pp. 3-34. M. GUILLAUME, *Où vont les autoroutes de l'information ?*Cité par H. CAPITANT (Travaux de l'Association), *op.cit.*, p. 35.

[309] A. RAYNOUARD, *op.cit*, p. 19.

[310] Article 1er, 2), premier tiret, Directive 98/48/CE, préc. : « Aux fins de la présente directive, on entend par : les termes « à distance » : *tout service fourni* sans que les parties soient simultanément présentes ».

[311] Article 2, directive 97/7/CE, préc.

[312] Article 2, e), directive 2002/65/CE, préc.

[313] M. GUILLAUME, *op.cit*, p. 35.

[314] G. BRUNAUX, *op.cit*, p. 32.

peut donc pas conserver obligatoirement le sens métrique d'absence physique et simultanée des parties. L'état actuel du droit et de la technologie de l'information dépasse la dimension empirique de la distance, considérée autrefois en fonction de l'espace-temps physique entourant le processus précontractuel et contractuel.

En considérant le sens métrique ou géographique de la distance, les politiques européennes tendent à encourager le commerce transfrontalier au sein du marché de l'Union. Mais la distance rend complexe les opérations et les règles, suite aux appréhensions qu'elle suscite de la part du consommateur en devenant une « source d'incertitudes, d'insécurité juridique et de remise en cause des protections nationales ».[315] Des enjeux de droit sont liés à la perception de l'éloignement physique d'accès à un bien ou un service. La peur des consommateurs de se procurer des services à distance au-delà de leurs zones géographiques avait donné lieu au *« constat d'un commerce transfrontière jugé décevant ».*[316] Il en fut ainsi dans les enquêtes d'Eurobaromètre, avec des chiffres se rapportant non seulement à la position des entreprises sur le commerce transfrontalier et la protection des consommateurs[317], mais aussi aux achats transfrontaliers réalisés au cours de la période allant de février/mars 2005 à février/mars 2006[318].

Entre 2005 et 2006, si la vente à distance a été un phénomène en pleine expansion, seuls 6% des consommateurs avaient procédé à des achats sur Internet auprès d'entreprises établies à l'étranger. Dans la même période, seulement 1% de consommateurs en Grèce, en Hongrie et en Slovaquie achetaient des biens dans d'autres États membres via Internet, contre 28% au Luxembourg et 19% au Danemark.[319] Une des raisons de compréhension de ces chiffres réside dans le manque de confiance au commerce à distance transfrontalier avec des entreprises situées à l'étranger, allant dans certains États européens à des taux de 73% de manque de confiance.[320] « Autre illustration de ce phénomène : 44% des personnes possédant internet à la maison ont effectué [au cours de la période 2005-2006] un achat électronique national, tandis que seulement 12% ont réalisé un achat électronique transfrontalier ».[321]

---

[315] J.-M. SAUVÉ, *op.cit*, p. 13.

[316] J. ROCHFELD, « les nouveaux défis du droit des contrats : l'efficacité de la lutte contre les pratiques commerciales déloyales de l'Internet », in J. ROCHELD, *op.cit.*, p. 7.

[317] *Eurobaromètre*, n° 186, enquête menée en octobre 2006 ; Commission européenne, *Livre vert,* COM (2006) 744, p. 7.

[318] *Eurobaromètre* sur la protection des consommateurs dans le marché intérieur, enquête menée de février à mars 2006 et publiée en septembre 2006 [http://ec.europa.eu/consumers/topics/eurobarometer_09-2006_en.pdf] (consulté le 1er janvier 2017).

[319] *Ibidem.*

[320] *Ibid.*

[321] Commission européenne, *Livre vert sur la révision de l'acquis communautaire en matière de protection des consommateurs*, COM (2006) 744 final, Bruxelles, 8 février 2007, p. 7. « Globalement, 56% des consommateurs estiment qu'en cas d'achat de biens et services

Pour d'autres cas en 2006, la Commission européenne avait recensé des cas où des professionnels refusaient de vendre à des clients d'autres États membres. 33% des consommateurs sondés ont dit avoir essuyé un refus de vente au motif qu'ils ne résidaient pas dans le même pays que le professionnel. Concernant la protection des consommateurs, la fragmentation de la législation communautaire était à la base de plusieurs freins au développement du commerce à distance transfrontalier, de la part des professionnels détaillants. L'expansion continentale du commerce en ligne avait notamment comme obstacle les frais supplémentaires pour la mise en conformité légale ainsi que les modifications des contrats, des supports informatifs ou promotionnels.[322] En 2007, alors que le secteur du commerce électronique explose, les échanges transfrontières n'y représentent que 7% (contre les 6% de 2006), les achats des biens et des services dans d'autres États membres étaient le fait de 25% des consommateurs les effectuant au cours d'un voyage de loisirs.[323]

Au vu de ces enjeux de confiance observés depuis 2005, les institutions européennes ont travaillé dans l'objectif de répondre aux craintes du consommateur, qui refrénaient le développement du commerce à distance. Ainsi, la directive 2005/29/CE[324] est intervenue dans *« la recherche d'une unification des conditions contractuelles et de la construction de la confiance du consommateur dans le marché européen »*. Pour faire face à l'« éclatement réglementaire » entre États membres, la directive 2005/29/CE « tendait désormais à une harmonisation maximale confinant à l'unification des législations ».[325]

En 2007, en réponse aux mêmes enjeux de confiance, le *Livre vert* sur la révision de l'acquis communautaire, note que « la disparité des règles résultant d'une harmonisation minimale peut avoir une incidence négative

---

auprès d'entreprises situées dans d'autres États membres, il existe un risque plus élevé de non-respect de la législation relative à la protection des consommateurs. 71% pensent que les problèmes (plaintes, renvois, réductions de prix, garanties, etc.) sont plus difficiles à résoudre si l'achat a été effectué auprès d'entreprises situés dans d'autres États membres. 6% considèrent qu'il est plus problématique de retourner une marchandise achetée dans les limites du délai de réflexion si le produit provient d'un fournisseur établi dans un autre État membre. »

322 *Eurobaromètre*, n° 186, enquête menée en octobre 2006 ; Commission européenne, *Livre vert,* COM (2006) 744, p. 7.

323 *Eurobaromètre*, octobre 2008, p. 3.

324 Directive 2005/29/CE du PE et du Conseil du 11 mai 2005 relative aux pratiques commerciales déloyales des entreprises vis-à-vis des consommateurs dans le marché intérieur, JOUE, L 149, 11 juin 2005.

325 J. ROCHFELD, « Les nouveaux défis du droit des contrats : l'efficacité de la lutte contre les pratiques commerciales déloyales de l'Internet », in J. ROCHELD, *op.cit.*, p. 6. P. RÉMY-CORLAY, « La directive 2005/29/CE sur les pratiques déloyales, directive d'harmonisation maximale », *RTD civ.* 2005, p. 746. A. GARDE et M. HARAVON, « Pratiques commerciales déloyales », *LPA,* n°153, 2 août 2006, p. 11 ; J. BIOLAY, « La nouvelle directive européenne relative aux pratiques déloyales : défense prioritaire du consommateur et pragmatisme », *Gazette du Palais*, 9 novembre 2005, p. 3.

sur le marché intérieur ».[326] Elle a donc pris en compte les nécessités d'asseoir la « confiance des consommateurs » dans les mécanismes de marché, en agissant sur les garanties de protection élevées et d'identité totale des règles appliquées.[327] De nos jours, la *« stratégie européenne pour un marché unique numérique »*, telle que présentée en mai 2015, oriente l'un de ses piliers d'action sur « l'amélioration de l'accès aux biens et services numériques dans toute l'Europe pour les consommateurs et les entreprises ».[328] Effective depuis la fin de l'année 2016,[329] la stratégie entend « établir des règles visant à faciliter le commerce électronique transfrontière ».[330] Cet objectif dépasse le seul critère dit « à distance » ; il implique également les activités réalisées « par voie électronique ». « De nos jours, la transformation numérique emprunte des réseaux ramifiés de la globalisation, elle est transfrontalière dans ses effets et ses acteurs se singularisent par leur forte extranéité ».[331]

2. Le critère technologique de définition dit « par voie électronique » dans l'acquis européen du commerce électronique

La « voie électronique » efface les distances et les localisations.[332] Sa prise en compte par le droit sert à définir l'objet du commerce électronique. En réalité, l'utilisation de la voie électronique implique toujours la « *distance de fait* », au regard de l'architecture des réseaux électroniques et indépendamment de la localisation physique des parties. À ce sujet, la directive 2000/31/CE reprend l'essentiel de la directive 98/48/CE sur services de la société de l'information, quant à la notion de la voie électronique. Cette dernière permet la réalisation d'un « service envoyé à l'origine et reçu à destination au moyen d'équipements électroniques de traitement (y compris la compression numérique) et de stockage de données

---

[326] Commission européenne, *Livre vert sur la révision de l'acquis communautaire en matière de protection des consommateurs*, COM (2006) 744 final, Bruxelles, 8 février 2007, pp. 7-8.

[327] J. ROCHFELD (sous la dir.), *L'acquis communautaire, le contrat électronique,* Economica, coll. Études juridiques, n°34, Paris, 2010, pp. 8 et s.

[328] ANDRUS ANSIP [vice-président de la Commission européenne, chargé du marché unique numérique] et GÜNTHER OETTINGER [commissaire européen à l'économie et à la Société numériques], *Présentation de la stratégie européenne pour un marché unique*, (#DigitaSingleMarket), Bruxelles, 6 mai 2015.

[329] E. SUTTON, « La Commission européenne dévoile sa stratégie numérique en 3 axes », 7 mai 2015, in [www.idboox.com.] (Consulté le 14 décembre 2017). Il s'agit notamment des « règles harmonisées de l'UE concernant les contrats et la protection des consommateurs lorsqu'on achète en ligne, qu'il s'agisse des biens physiques comme des chaussures ou du mobilier, ou de contenus numériques tels que des livres électroniques ou des applications. Les consommateurs devraient bénéficier d'un éventail plus large de droits et d'offres, tandis que les entreprises pourront vendre plus facilement dans d'autres pays de l'Europe ».

[330] [www.idboox.com/economie-du-livre/la-commission-europeenne-devoile-sa-strategie-numerique-en-3-axes] (lu le 4 déc. 2017).

[331] J.-M. SAUVÉ, *op.cit*, p. 13.

[332] G. BRUNAUX, *op.cit*, p. 32.

et qui est entièrement transmis, acheminé et reçu par fil, radio, par moyens optiques ou par d'autres moyens électromagnétiques ».[333] Les deux directives ont attaché leur définition au « service » qui emprunte la voie électronique comme moyen de réalisation.

Si la directive 97/7/CE est aussi applicable dans le champ du commerce électronique, elle avait uniquement fait allusion au critère de la distance pour instituer un type de contrat dit « contrat à distance ». Mais aujourd'hui, la directive 2000/31/CE impose sa combinaison avec la « voie électronique » pour toute activité devant relever du commerce en ligne dont la nature juridique est plus spécifique. La « voie électronique » est indispensable, en tant qu'« équipements électroniques de traitement et de stockage de données, [...] entièrement transmises, acheminées et reçues par fils, par radio, par moyens optiques ou par d'autres moyens électromagnétiques ».[334] Elle est essentiellement un moyen de télécommunications à travers lequel la distance sera toujours supposée même en présence physique des parties (non absentes). Elle correspond aussi bien à un vecteur de communication à distance qu'à un média d'accès à l'information.[335] Dans le commerce en ligne, les équipements électroniques sont connectés à « des réseaux numériques capables de transmettre n'importe quelle information (que ce soit la voix, une image animée ou non, des textes ou des données informatiques) ».[336]

En effet, le terminal informatique est un équipement électronique, servant d'organe d'entrée et de sortie d'informations en réseau.[337] Il est utilisé comme moyen de manifester le consentement en ligne. Même lorsque les parties sont physiquement et simultanément présentes, un processus automatique s'enclenche à l'aide des « protocoles de communication qui définissent de façon formelle et interopérable la manière dont les informations sont échangées entre les équipements du réseau.[...] Les services réseau se basent sur les protocoles pour fournir, par exemple : des transferts de textes (SMS...) ou de données (Internet...) ».[338]Dans un même

---

[333] Article 1er, directive 98/34/CE, paragraphe 2, a) 2), 2e tiret, préc. et considérant n°17, directive 2000/31/CE, préc.

[334] Article 1er, paragraphe 2, directive 98/48/CE, préc.

[335] *Cf.* aussi T. VERBIEST, *op.cit.*, pp. 127-128. En répondant à la question comment (satisfaire à l'obligation de) fournir des informations préalables, l'auteur dit qu'il faut faire recours à« tout moyen adapté à la technique de communication à distance utilisée : l'information doit être accessible par le même medium que celui utilisé pour présenter le produit ou le service ».

[336] I. CROCQ, *op.cit.*, 2005, p.1.

[337] *Cf.* aussi A. BENSOUSSAN, J.-F. FORGERON et A.B.-AVOCATS, *Les arrêts-tendances de l'informatique*, éd. Lavoisier, Paris, 2003, p. 319.

[338] J. GUALINO, *Dictionnaire pratique, informatique, Internet et nouvelles technologies de l'information et de la communication,* Gualino éditeur, Paris, 2006, *Verbo* « réseau informatique ». Outre le protocole IP, pour le transfert des données, il existe deux autres protocoles de niveau supérieur UDP et TCP : l'un permet l'envoi de données d'une manière non fiable (aucune garantie de la réception du paquet par le destinataire), l'autre au contraire assure une transmission fiable de données (avec une garantie de réception du paquet par le destinataire contre accusé de réception).

espace géographique, les parties au commerce électronique peuvent ne pas sentir la distance métrique des équipements qui sont ainsi connectés à distance, car l'information circule à la vitesse de la lumière. Sur le plan technique, « le laps de temps de transmission de cette information est quasi nul ; il existe cependant et doit être distingué du laps de temps qui s'écoule parce que le vendeur doit prendre connaissance du message ».[339]

En toute hypothèse et même en présence physique des deux parties, l'information parcourt l'architecture physique du réseau de télécoms. En tant qu'équipement de traitement liminaire, le terminal informatique opère la saisie de l'information qu'il transforme en signal électromagnétique ou en signal numérique, selon la technologie en présence. Le signal emprunte un routage invisible, mais passant par des nœuds de connexions ou d'interconnexions, physiques, distants entre eux. Les parties ont beau être géographiquement présentes, mais elles peuvent demeurer absentes, si elles ne sont pas connectées au réseau électronique en un même moment ou à des moments décalés. Par contre, la présence ou l'absence physique importe peu pour le commerce électronique, tant que les parties sont connectées à un réseau de télécoms par lequel elles effectuent leurs transactions. C'est le pointage du serveur ou du commutateur, selon le réseau internet ou téléphonique qui détermine la qualification du commerce électronique. Le droit particularise l'activité économique en ligne au regard de l'utilisation de la voie électronique par les parties, sans prépondérance pour leur localisation physique.

Par ailleurs, la directive 2000/31/CE considère les propriétés technologiques d'un dispositif automatique de passation de commande comme accusé-réception.[340] Un tel dispositif « fonctionne en relation avec un autre par l'intermédiaire d'un réseau informatique ou de télécommunication ».[341] La voie électronique est donc nécessairement un « réseau de communication »[342] à travers lequel se réalisent les activités économiques de vente des biens ou de fourniture de services par connexion à distance entre personnes.

Ainsi, le commerce électronique s'avère un commerce en ligne. L'exigence technique de l'acquis européen le restreint à une activité

---

[339] A. Raynouard, *op.cit,* p.19.

[340] Considérant n°18, directive 2000/31/CE, préc.

[341] J. Gualino, *op.cit*, p. 282. *Verbo* « en ligne ». Le Préfixe « e-» placé devant commerce pour dire « e-commerce » signifie le commerce en ligne, en connexion permanente. Le commerce électronique ne prend pas en compte les activités hors ligne (dites *offline*).

[342] *Ibidem*, p. 419. Par définition, le réseau est l'ensemble de moyens matériels et logiciels mis en œuvre pour assurer les communications entre ordinateurs, stations de travail et terminaux informatiques (réseau informatique) ou l'ensemble des lignes câblées et d'équipements de télécommunications assurant la transmission d'informations entre des points de distribution et ceux de connexion au réseau (réseau de télécommunication) ou encore l'ensemble formé d'un réseau de télécommunication et d'équipements d'accès, affecté à la transmission d'information (réseau de transport).

économique essentiellement connectée en réseau, dite *on-line.* [343] Par conséquent, le commerce en ligne est un type plus particulier d'activités économiques réalisées à distance.[344] Il concerne « également des services qui consistent à transmettre des informations par le biais d'un réseau de communication, à fournir un accès à un réseau de communication ou à héberger des informations fournies par un destinataire de services ».[345]

Dès lors, il est compréhensible que le droit européen ait exclu du commerce électronique certains services ne répondant pas aux critères d'activités économiques en ligne. La directive 2000/31/CE cite deux exemples d'exclusion, à savoir :

- les services *offlines* comme la distribution des CD-ROM ou de logiciels sur disquette ;
- les services au contenu matériel même s'ils impliquent l'utilisation des dispositifs électroniques, notamment : la distribution automatique des billets (billets de banque, billets de trains), accès aux réseaux routiers, parkings, etc. payants même si à l'entrée et/ou à la sortie des dispositifs électroniques interviennent pour contrôler l'accès et/ou assurer le paiement correct.[346]

À la lumière de ce qui précède, l'Internet est la meilleure illustration d'un système de communication intégré offrant plusieurs moyens électroniques de communication à distance. « C'est un espace de communications et d'échanges qui efface les frontières grâce à des protocoles simples et universels renouvelant complètement les technologies des télécommunications ». [347] L'internet est « une chaîne technique et économique » reliant un producteur de contenus ou de services et un

---

[343] *Ibid.*

[344] J. ROCHFELD, *L'acquis communautaire...op.cit.*, pp. 3-34, spéc. pp. 24 et 27. L'auteur parlait des *« contrats à distance conclus par voie électronique »*, dans les perspectives d'évolutions européennes concernant la proposition de directive sur les droits des consommateurs du 8 octobre 2008. Il était souligné ce qui suit au considérant n°12 de ladite proposition : « la nouvelle définition du contrat à distance doit couvrir tous les cas dans lesquels des contrats de vente et de service sont conclus par le recours exclusif à une ou plusieurs techniques de communication à distance (vente par correspondance Internet, téléphone ou fax) ».

[345] Considérant n°18, Directive 2000/31/CE, préc. Il en est ainsi des services informationnels en ligne, des communications commerciales en ligne, des outils de recherche, d'accès et de récupération des données en ligne.

[346] Annexe, directive 2000/31/CE, préc. Cette directive ne s'applique pas à « l'émission de la monnaie électronique par des institutions pour lesquelles les États ont appliqué une des dérogations prévues à l'article 8, paragraphe 1, de la directive 2000/46/CE. » Les billets de banque relèvent de la souveraineté des États et ne sont pas du domaine du commerce.

[347] É. SCHERER, *La révolution numérique, glossaire*, *op.cit*, pp. 106-107. Verbo « internet » : « L'Internet est une vaste infrastructure d'équipements informatiques et de logiciels à l'échelle planétaire ».

usager.[348] La voie électronique est inhérente à l'Internet, mais elle peut être également considérée comme un type particulier de technique de télécommunication. Elle implique donc toujours la distance à l'instar de l'Internet. Mais l'inverse n'est pas toujours vrai, parce que la télécopie (fax classique) par exemple rencontre le critère de la distance, mais elle ne fait pas partie de la voie électronique. C'est ainsi que l'acquis européen détermine les spécifications techniques qui répondent aux exigences juridiques se rapportant aux moyens électroniques des télécoms admis pour le commerce électronique.

B. Les spécifications des critères technologiques pour une synthèse de l'objet du commerce électronique européen

L'acquis européen précise la nature des équipements, nécessairement reliés à distance et à un réseau électronique, comme condition d'existence juridique du commerce en ligne. Lorsque ces spécifications techniques sont rencontrées, les régimes se singularisent davantage en fonction des utilisations des communications individuelles ou de masse dans le commerce électronique. Ces dernières particularités sont à l'image plus globale des changements que la révolution numérique suscite dans les domaines des « ego medias » et des « mass medias »[349], avec le cas de la VoD, vidéo à la demande. L'analyse globale permet de présenter une synthèse de définition pour l'objet du commerce électronique européen.

1. La nature juridique des équipements de communication à distance et électroniques admis dans le commerce électronique européen

Au départ, les médias électroniques étaient utilisés dans les négoces entre entreprises. Les premières plateformes du commerce électronique étaient des réseaux fermés, gérés par une autorité centrale. Ils étaient accessibles uniquement aux personnes autorisées.[350] Dans le commerce, les premiers réseaux informatiques étaient destinés aux usages entre entreprises, c'est-à-dire limités d'accès à des commerçants désignés et préalablement identifiés. Les personnes autorisées devaient y accéder en s'identifiant dans le système, au moyen des noms d'usagers et des mots de passe.[351] Le « droit du commerce international électronique » avait reconnu dès 1996 la valeur juridique des « messages de données » informatisées.[352]

---

[348] H. LECROSNIER et V. SCHAFER, « Internet, une chaîne technique et économique », *La neutralité de l'internet, un enjeu de communication*, CNRS éd., Les essentiels d'Hermès, Paris, 2011, pp. 75-77.

[349] *Ibidem*, pp. 78-81. Verbo « *ego media vs mass media* ».

[350] D. GOBERT et E. MONTÉRO, « La signature dans les contrats et les paiements électroniques : l'approche fonctionnelle », DA/OR, avril 2000, n°53, pp. 17 et s.

[351] D. G. MASSE, « La preuve des inscriptions informatisées », *Congrès Annuel du Barreau du Québec*, n°232, mai 1997, p. 429 [http://www.masse.org] (consulté le 26 novembre 2013).

[352] É. A. CAPRIOLI, *Droit international de l'économie numérique*, *op.cit*, pp. 81 et s.

La loi-type de la CNUDCI sur le commerce électronique entend par ces types de messages « l'information créée, envoyée, reçue ou conservée par des moyens électroniques ou optiques ou des mayens analogues, notamment mais non exclusivement l'EDI, la messagerie électronique, le télégraphe, le télex et la télécopie ».[353]Le cas de l'EDI désigne l'« Échange de Données Informatisées » en tant que terme générique pour l'échange d'informations automatique entre deux entités à l'aide de messages standardisés, transmis de machine à machine.[354]

Ensuite, un secteur important des services en ligne concernait ce que l'on appela la « télématique grand public », autrement dit le « Minitel ». Ce dernier bénéficiait d'une énorme base installée jusqu'à son retrait total.[355] Les services Télétel et télématiques grand public sont aujourd'hui détrônés par les réseaux ouverts, tel que l'Internet. En effet, l'Internet accueille des « galeries marchandes virtuelles » sur lesquelles s'effectue le commerce électronique. [356] L'Internet a apporté au commerce traditionnel le particularisme de son environnement de prédilection, sachant néanmoins que des auteurs ont relativisé l'impact de la révolution numérique sur le droit.[357]

En tant que « réseau des réseaux », l'Internet offre des possibilités multimédias de production, de circulation, de diffusion et d'échange des sons, textes et images. En effet, l'« Internet repose sur la mise en place des liens physiques entre les réseaux pour assurer l'acheminement des messages

---

[353] Article 2, a), loi type de la CNUDCI sur le commerce électronique, adoptée le 12 juin 1996.

[354] L'EDI a permis aux entreprises d'émettre leurs commandes, leurs avis d'expédition, leurs factures. Ce dispositif électronique émet des messages électroniques normalisés qui sont transmis vers les ordinateurs entre partenaires commerciaux (fournisseurs, clients, banques). Leurs ordinateurs sont capables d'interpréter et d'intégrer automatiquement les données correspondantes dans les systèmes d'information respectifs sans papier ni intervention humaine.

[355] J. HARIVEL, « Le Minitel, une exception française », *Revue de l'Institut du Monde et du Développement*, n°4, Les éditions IMODEV, Hiver, 2013, Paris, pp. 93 à 106. « Le 30 juin 2012 à minuit, Orange a mis fin au fonctionnement du Minitel après plus de trente ans de service. Né d'une expérimentation en Bretagne, le Minitel a été rapidement adopté par les Français qui ont, dès 1985, pu accéder au premier réseau de téléservices. La fin du Minitel a été plusieurs fois annoncée en vain. Si, pour certains, le Minitel a été accusé de freiner le développement d'Internet, il a pour d'autres, familiarisé les Français à l'utilisation de services interactifs et préparé la diffusion de l'Internet dès que les conditions matérielles ont été propices à cette diffusion. »

[356] O. CACHARD, *op.cit.*, p. 5. A. HOLLANDE et X. LINANT DE BELLEFONDS, *Pratique du droit de l'informatique et de l'internet*, 6è éd., Delmas, Paris, 2008, n°1302- 1319, p. 201. P. TRUDEL, « Le cyberespace, réseaux constituants et réseau des réseaux », *Les autoroutes de l'information : enjeux et défis,* Actes du colloque du Centre Jacques Cartier organisé du 5 au 8 décembre 1995, Université de Montréal, Centre de Recherche en Droit Public, 1996, p.137. Pierre Trudel évoque six principes directeurs de construction des réseaux informatiques qui sont autant des défis lancés à la réglementation étatique, à savoir : métamorphose, hétérogénéité, multiplicité et emboîtement des échelles, extériorité, topologie et mobilité des centres.

[357] V. FAUCHOUX et P. DEPREZ, *op.cit.*, pp. 3-10. L'automobile a été une révolution de la locomotion, mais elle ne s'est pas fait suivre de la création du droit de l'automobile.

et des informations mais aussi des relations contractuelles pour gérer l'échange de trafic entre les réseaux. Si ces liens ou ces relations entre les réseaux n'existent pas, les messages acheminés doivent trouver des routes alternatives ».[358]

Enfin, la « neutralité technologique »[359] a été à la base de la convergence des médias informatiques. Cette convergence exprime la fusion des industries des télécoms, de l'informatique et des contenus sous l'effet de la numérisation. Celle-ci a permis de matérialiser l'idée, récurrente depuis 1980, de la fusion des terminaux, des marchés ou des acteurs. Mais avec la généralisation de l'Internet, la convergence numérique marque le tournant ci-après des réseaux à intégration des services : « celui d'une plateforme haut débit raccordant des terminaux hétérogènes à des services diversifiés au moyen d'une passerelle ». [360] Ainsi, « la convergence et la digitalisation révolutionnent l'offre, les couleurs, les modes de consommation, entraînant les médias historiques [...] dans une phase de mutation profonde qui devrait conduire à la définition d'un nouveau modèle de communication. Il n'y a plus aujourd'hui un appareil dédié à un même usage ».[361]

Toutefois, le commerce par la voie électronique a pu faire l'objet de distinctions d'après la nature du réseau utilisé. Le terme « commerce électronique » ou « *e-commerce* » est couramment utilisé lorsqu'il s'agit d'activités économiques menées par le biais des réseaux EDI et de l'Internet. Dans le commerce en ligne, le terme *« commerce mobile »* ou « *m-commerce* » tient de la singularité des terminaux mobiles et des communications par SMS, MMS grâce à l'Internet mobile, à l'exclusion de la communication orale. Selon l'OCDE, le *m-commerce* « désigne les transactions commerciales et activités de communication conduites par le biais de services et réseaux de communication hertziens au moyen de messages de texte (ou SMS – Short Message Service), de messages multimédia (MMS – Multimédia Messaging Service), ou de l'internet sur de petits terminaux mobiles de poche, en général utilisé pour les communications téléphoniques ».[362]

---

[358] I. CROCQ, *op.cit.*, p. 31.

[359] N. CURIEN et W. MAXWELL, *La neutralité d'internet,* La découverte, repères, 2011, p. 3. La neutralité se rapporte à « l'accès égal des internautes à tous les contenus, services et applications de la toile » et s'étend au mode d'accès qui ne peut être limité à un type de technologie, de médias ou de support.

[360] V. SCHAFER et H. LE CROSNIER, *La neutralité de l'Internet, un enjeu de communication,* CNRS éditions, Les Essentiels d'Hermès, Paris, 2011, p. 86. A. RALLET, « Une économie de la communication ? », Hermès, n°44, 2006, p. 169.

[361] F. JOST, « Où va la TV, De l'influence de la TV numérique sur les programmes et la programmation », in G. DELAVAUD (sous la dir.), *Permanence de la TV,* Paris, édition Apogée, 2011, pp. 23-24, cité par P.-F. DOCQUIR et M. HANOT, *op.cit*, p. 9.

[362] OCDE, *Rapport de réunion ministérielle sur le futur de l'économie de l'internet, Orientations de l'OCDE pour les politiques pour la prise en compte des questions de protection et d'autonomisation des consommateurs dans le commerce mobile*, Séoul, 17-18 juin 2008, [http://www.oecd.org/dataoecd/51/60/40883688.pdf] (consulté le 25 novembre 2013).

Le développement du *m-commerce* fait partie des questions contemporaines du droit du commerce électronique. Ces questions concourent à adapter le commerce mobile par rapport aux règles qui étaient initialement conçues sur la base des sources matérielles dominées à l'origine par le Minitel et l'Internet sur ordinateur. Comme ces règles juridiques demeurent d'application, les *designs* des téléphones intelligents et de l'internet mobiles s'y conforment quant à leurs fonctionnalités techniques. La difficulté pratique du *m-commerce* est d'assurer, sur téléphones, tablettes ou par SMS, certaines obligations informationnelles pré- et post-contractuelles prescrites par le législateur européen, autant que cela s'effectue sur écran d'ordinateur (de type *PC desktop*).[363] La réalisation de l'obligation informationnelle peut paraître complexe pour des contrats en ligne conclus sur des terminaux portatifs, précisément en ce qui concerne l'archivage des clauses et des conditions générales des contrats sur support durable. Le législateur européen l'exige dans le commerce électronique.[364] Néanmoins, les capacités et fonctionnalités des terminaux et médias mobiles y répondent sans difficulté, à l'aide des versions de logiciels compatibles, qui sont dans le marché courant.

En effet, le commerce en ligne se développe actuellement à travers les réseaux de téléphonie cellulaire GSM 3G/4G et des téléphones intelligents. Le *m-commerce* désigne le commerce électronique par terminaux mobiles. En pratique, plusieurs réseaux mobiles ainsi que de nombreux téléphones portables-multifonction (Smartphone ou, en français, téléphone intelligent) peuvent servir à accéder valablement au commerce électronique. Ces appareils sont de véritables ordinateurs et les types de réseaux, fixes ou mobiles, auxquels ils se connectent sont indifférents. Sur ce point, les fabricants ont amélioré le *design* des téléphones. Ils ont optimisé leurs capacités fonctionnelles et mémorielles, leur permettant de stocker des données ou de télécharger les conditions générales des offres en ligne. L'industrie de l'Internet mobile s'est adaptée par rapport aux normes législatives requises pour la réalisation du commerce en ligne à travers les réseaux et terminaux mobiles. Ainsi, des cartes-mémoires auxiliaires permettent de rendre les téléphones portables aptes à assurer les fonctionnalités nécessaires aux obligations informatives et mnésiques légalement requises pour le commerce électronique européen.

À cet effet, l'article 10 paragraphe 3 de la directive 2000/31/CE a imposé, au profit des destinataires des services de la société de l'information, la fourniture de certaines données contractuelles « *d'une manière qui permette de les conserver et de les reproduire* », mais sans autre précision. C'est aussi dans un sens utilitaire pour les consommateurs des services financiers à distance, que l'on retrouve une notion plus précise dans la directive

[363] Section 5, directive 2000/31/CE, préc.
[364] Article 10, paragraphe 3, directive 2000/31/CE.

2002/65/CE : celle du « support durable ».[365] Les réseaux de télécoms et l'Internet adoptent des protocoles adaptés pour des personnalisations automatiques (d'une « version mobile ») devant permettre la réalisation des services de la société de l'information. Cela explique valablement que les téléphones portables permettent, aujourd'hui et de mieux en mieux, de nombreuses opérations relevant tout aussi du commerce en ligne, notamment : « téléchargement de sonneries, jeux, concours, services financiers… Les messages courts, les SMS et les MMS, sont alors le plus souvent utilisés, notamment pour réaliser les paiements ».[366]

Par ailleurs, l'acquis européen précise les aspects juridiques du dispositif « électronique »[367], retenus au titre de condition d'existence du commerce électronique. La nature concernée de l'« équipement »[368] électronique s'identifie à tout matériel informatique, disposé à l'extrémité d'une ligne de communication et pouvant traiter, recevoir ou émettre des informations.[369] Il s'agit d'un dispositif intelligent capable d'effectuer le traitement des données, compris comme un ensemble d'opérations complexes. Il permet de capter, de transmettre et de rendre intelligible le signal électronique et informatique, en automatisant les systèmes d'information ainsi que l'accès aux données pour les utilisateurs. À juste titre, les données sont la représentation sous forme conventionnelle d'un élément de connaissance susceptible d'être représenté à l'aide de conventions et protocoles informatiques dans le but d'être conservées, traitées et communiquées.[370]

En outre, la « *compression numérique* »[371], telle qu'évoquée par la directive 2000/31/CE, fait appel à un traitement technique relevant de la « *téléinformatique* »[372] dans le déroulement du commerce électronique. La compression des données ou codage des codes sources consiste à transformer une suite de bits A en une suite plus courte de bits B, pouvant restituer les mêmes informations d'un point X à un point Y du réseau. Si les résultats finaux produits par les processus de traitement automatisé sont destinés à des humains, le traitement assure le dialogue des machines en vue

---

365 Article 2, f) directive 200/31/CE, préc. Il faut entendre par « support durable » : « tout instrument permettant au consommateur de stocker des informations qui lui sont adressées personnellement d'une manière permettant de s'y reporter aisément à l'avenir pendant un laps de temps adapté aux fins auxquelles les informations sont destinées et qui permet la reproduction à l'identique des informations stockées ».

366 A. RABAGNY-LAGOA, *Droit du commerce électronique*, Ellipses, Paris, 2011, p. 68.

367 *Dictionnaire Larousse*, [www.larousse.fr] (consulté le 26 novembre 2013). *Verbo* « *Electronique* », sens n°1,

368 *Ibidem. Verbo* « équipement » sens n°6.

369 C. LAMOULINE et Y. POULLET, *Des autoroutes de l'information à la « démocratie électronique » : de l'impact des technologies de l'information et de la communication sur nos libertés,* Rapport présenté au Conseil de l'Europe, Bruylant, Bruxelles, 1997, p.46.

370 A. BENSOUSSAN, J-F. FORGERON et A.B - AVOCATS, *op.cit.*, pp. 310 et 320.

371 *Verbo* « compression numérique » [http://fr.wikipedia.org] (consulté le 25 novembre 2013).

372 L'usage du terme « compression numérique » rentre dans la téléinformatique : exploitation automatisée de systèmes informatiques utilisant des réseaux de télécommunications

de la présentation des données dans les formes lisibles essentielles pour en apprécier la valeur.

C'est bien-là la valeur même d'une information, comme message communicable dans une forme compréhensible de l'interlocuteur. Les liens *html* ou les fichiers numériques constituent l'enveloppe logique de l'information, tout en permettant la liaison entre les éléments invisibles connus du langage de la machine et les éléments perceptibles des sens humains.

En droit, la question avait déjà été posée de savoir si la « propriété de l'information est une éternelle chimère ».[373] La difficulté se pose au juriste du fait que « sur les réseaux numériques, tout ce qui circule est information » et que cette dernière est un « objet difficile à saisir s'il en est ».[374] Pierre Catala l'a décrite comme « tout message communicable avec autrui par un moyen quelconque ou encore comme un élément de connaissance susceptible d'être présentée à l'aide de conventions pour être conservée, traitée communiquée ».[375] De ce fait, « une information n'existe que si elle est exprimée dans une forme qui la rende communicable ». [376] D'où l'importance et la nécessité de leur conservation sur un support durable. Celui-ci peut-être un terminal (appareil permettant l'accès à distance à un système informatique) ou un serveur informatique.[377] « Indépendamment de son support matériel [...], elle est un produit et possède, quand le commerce n'est pas interdit une valeur marchande ». [378] Parmi toutes les machines inventées par l'homme, l'ordinateur est celle qui convient au concept d'« équipement électronique » répondant aux exigences de la directive 2000/31/CE, comme composante qualificative du commerce électronique.

Il est le seul à permettre les fonctionnalités requises et décrites ci-dessus, sachant qu'il en existe plusieurs variétés : ordinateur portable, ordinateur de bureau, ordinateur intermédiaire, ordinateur géant. Avec les évolutions technologiques, notamment la miniaturisation des microprocesseurs, les fonctionnalités d'un ordinateur se retrouvent dans plusieurs types d'appareils. Elles peuvent être réunies non seulement dans les ordinateurs de type *desk top* de bureau, mais aussi et surtout dans les téléphones portables

---

[373] Selon la formule de N. MALLET-POUJOL, « L'appropriation de l'information, éternelle chimère », Recueil Dalloz, 1997, p. 330, cité par V.-L. BENABOU et J. ROCHFELD, *op.cit*, pp. 52 et s.

[374] V.-L. BENABOU et J. ROCHFELD, *op.cit*, pp. 52 et s.

[375] P. CATALA, *Des transformations du droit par l'informatique. Émergence du droit de l'informatique, éd. de parques,* 1983, p. 264 et s, cité par V.-L. BENABOU et J. ROCHFELD, *op.cit*, pp. 52 et s.

[376] *Ibiem.* Selon ces auteurs, la formulation de l'information est une condition nécessaire de sa réalité comme objet de droit.

[377] A. BENSSOUSSAN et al., *op.cit,* p.319. « *Serveur : organisme exploitant un système informatique permettant à un demandeur la consultation et l'utilisation directes d'une ou plusieurs banques de données* ».

[378] P. CATALA, *op.cit*, p. 264 et s.

intelligents de type *Smartphone*, voire dans certains écrans de télévision (*tv connectée*).[379] L'informatique embarquée est aussi : objets connectés et IA.

Les moyens de communications présentent une variété quant à leur appropriation individuelle et quant à leur portée par rapport à un public ciblé ou indifférencié. L'acquis européen du commerce en ligne détermine des régimes particuliers au regard des singularités respectives des moyens de communications privées et de ceux dits « grand public ».

2. La spécificité juridique des « moyens de communications individuelles » dans le commerce électronique européen

Avec un grand intérêt juridique, la directive susdite différencie les régimes de certaines activités, suivant la typologie juridique des moyens de communication utilisés pour les réaliser. Elle distingue celles utilisant les *« moyens de communications individuelles »* ou *« moyens de communications privées »,* par opposition aux « moyens de communications grand public », sur des réseaux ouverts. Même si ladite directive n'en fournit pas de définition terminologique, leur spécificité découle du progrès technologique et entraîne des conséquences juridiques majeures par rapport à l'objet du commerce électronique.

Le considérant n°18 de la directive 2000/31/CE tire les conséquences particulières de *« l'utilisation du courrier électronique ou d'autres moyens de communications individuels,* y compris leur utilisation dans les contrats par des personnes physiques ». Les articles 10-4, et 11-3 de la directive 2000/31/CE attachent des régimes spécifiques aux activités réalisées par courrier électronique ou autres communications individuelles équivalentes. La finalité d'usage des types de communications est prise en compte, dans le cas où leurs utilisateurs agissent « *à des fins qui entrent dans le cadre de leurs activités commerciales ou professionnelles* ».

Des conséquences juridiques sont attachées à cette différenciation. Ces incidences sont relatives à la différenciation européenne entre moyens de communications individuelles et grand public. L'intérêt de la distinction est de particulariser les institutions « contrats électroniques » et « contrats à distance » par rapport aux contrats classiques, en leur réservant des charges informatives et des obligations précontractuelles différentes du droit commun. Les échanges de courriels entre particuliers (non-commerçants) ne relèvent pas du commerce électronique, ni les contrats passés par ce procédé ou des moyens individuels équivalents. Les moyens de communications individuelles sont définis par la doctrine, par opposition aux moyens publics de communication. Les communications individuelles ou communications

---

[379] M. CULOT, « télévision connectée : un débat enrichi par l'approche des usages », in P.-F. DOCQUIR et M. HANOT, *op.cit.*, pp. 137-152. Il s'agit de cette télévision interactive connectée au réseau Internet et qui fonctionne par flux délinéarisé, permettant de disposer d'un contrôle sur le contenu et le temps de diffusion, contrairement à la TV traditionnelle.

privées sont utilisables dans le commerce électronique, mais elles se distinguent par leurs contenus et par leurs fonctions.

Un critère fondamental est celui que l'émetteur souhaite donner à son expression autant qu'à la voie de diffusion : « *l'utilisation de certains médias de masse va nécessairement présumer la portée publique du message transmis* ». La communication privée est celle dont le contenu n'est pas normalement destiné à être rendue publique. Leur fonction leur confère la pleine liberté d'anonymat, de cryptage et d'expression dans le cadre privé, sous réserve de la légalité.[380]

Ainsi, le courrier électronique est dans la catégorie des moyens équivalant aux communications individuelles, qui sont spécifiées par la directive 2000/31/CE et définies par la doctrine. L'annexe I de la directive 97/7/CE a cité le courrier électronique dans le lot des techniques de contractualisation à distance, mais c'est la directive 2002/58/CE qui l'a défini cinq ans plus tard comme « tout message sous forme de texte, de voix, de son ou d'image envoyé par un réseau public de communication qui peut être stocké dans le réseau ou dans l'équipement terminal du destinataire jusqu'à ce que ce dernier le récupère ». [381] L'avis du « Groupe article 29 »[382]assimile au titre de courrier électronique : le courrier SMTP (*Simple Mail Transport Protocol*), le courriel classique, les services de messages courts (*SMS*), les services de messages multimédias (*MMS*), les messages laissés sur répondeurs, les systèmes de messagerie vocale, y compris sur les services mobiles, les communications « *net send* » adressées directement à une adresse *IP*.

Par ailleurs, les conséquences de droit encore plus spéciales découlent de l'utilisation des moyens de communications individuelles dans le commerce électronique européen. Ces conséquences concernent les régimes juridiques applicables à différents cas de figures se rapportant à la conclusion des contrats à distance. Quoique de telles incidences intéressent les contrats électroniques, abordés plus loin[383] comme types particuliers de conclusion de contrat à distance, il convient d'en dire un mot à titre liminaire.[384]

Dans le commerce en ligne européen, les courriels peuvent être utilisés seulement pour la conclusion des « contrats à distance » autres que les

---

[380] C. Lamouline et Y. Poullet, *op.cit.*, pp. 46-47.

[381] Directive 2002/58/CE du Parlement européen et du Conseil du 12 juillet 2002 concernant le traitement des données à caractère personnel et la protection de la vie privée dans le secteur des communications électroniques (« directive vie privée et communications électroniques »), JOCE, L 201, 31.07.2002.

[382] Le Groupe 29 a été créé au niveau européen, par l'article 29 de la directive 95/46/CE, en tant qu'organe consultatif européen indépendant. L'avis concerné date du 27 février 2004 (*Cf.* T. Verbiest, *op.cit.*, p.50).

[383] *Cf.* section 2, paragraphe 2 du présent ouvrage.

[384] Le cadre de développement présent de notre ouvrage se limite à l'aspect de définition des critères technologiques de la distance et/ou de la voie électronique pour le commerce en ligne.

« contrats électroniques », sauf exception.[385] Ils peuvent également servir pour des messages publicitaires, en tenant compte des « prohibitions »[386] de la directive 2000/31/CE. En tout état de cause, le commerce en ligne couvre l'activité économique réalisée par courriel ou de moyens équivalents de communication, uniquement si « les personnes qui en font usage agissent à des fins qui entrent dans le cadre de leurs activités commerciales ».[387]

D'une manière générique, les moyens de communications individuelles désignent donc ceux qui ne peuvent atteindre qu'une personne à la fois, à chaque utilisation. Il s'agit des communications qui ne peuvent se référer qu'à des personnes joignables par soi-même ou qu'on peut atteindre à partir de son combiné, d'une adresse ou d'un groupe d'adresses de son répertoire. Il en est ainsi, par exemple, de toute expression effectuée par le biais d'une missive (vecteur papier exclu de la définition du commerce électronique) ou des messageries électroniques (vecteur de télécommunications) de type téléphonie vocale ou courrier électronique. Ces vecteurs sont protégés[388] à titre de communication privée comme moyen individuel de communication, sans préjudice de répression pénale sanctionnant des coups de téléphones intempestifs ou l'envoi de lettres anonymes.[389]

En outre, l'usage des moyens de communications individuelles dans le commerce juridique en ligne peut relever d'une valeur fondatrice, pour emporter ou non le qualificatif de commerce électronique. D'une part, au sens de la directive 98/48/CE [390], l'utilisation de ces moyens de communications individuelles exclut du champ du commerce électronique les services qui ne sont pas fournis au moyen de systèmes électroniques de stockage et de traitement des données, à savoir : les services de téléphonie vocale, les services de télécopieur/fax, les services prestés par téléphonie vocale ou télécopieur, la consultation d'un médecin par téléphone et télécopieur, le *marketing* direct par téléphone/télécopieur.

À titre d'illustration : « Le fax (télécopie) est un moyen de communication, qui du point de départ au point d'arrivée, ne transforme pas le support papier en document électronique. La télécopie permet, tout au moins, la dématérialisation d'un écrit sur support papier d'un point et sa réimpression sur papier de l'autre. Il s'agit d'une copie imprimée sur papier, en empruntant un réseau de télécommunication ».[391]

---

385 À titre exceptionnel, les contrats par courriers électroniques entre professionnels sont des contrats du commerce électronique (Considérant n°18, directive 2000/31 /CE).

386 Il est question des règles d'*opt-in* et d'*opt-out* imposant le consentement préalable tout au moins le droit d'opposition à tout destinataire d'un courrier électronique (publicitaire) non sollicité à sa demande.

387 Considérant n°18, directive 2000/31/CE, préc.

388 Le considérant n°15, de la directive 2000/31/CE, préc., rappelle que « le secret des communications est garanti par l'article 5 de la directive n°97/66/CE ».

389 C. LAMOULINE et Y. POULLET, *op.cit.*, p.46.

390 Annexe V, Directive 98/48/CE, préc.

391 A. RAYNOUARD, *op.cit*, pp. 22, 60-61.

D'autre part, il est de principe que des moyens de communications individuelles, comme le téléphone ou la télécopie (fax), le courriel entre particuliers sont, hors-critère pour faire partie du commerce électronique. Cependant, aujourd'hui *relookés* par le *high-tech*, certains d'entre eux sont acceptés dans le champ du commerce électronique. Il en est ainsi des « téléphones intelligents » (Smartphones) ou des « systèmes de fax sur Internet », justifiant des fonctionnalités *applicatives* d'un ordinateur pour valablement servir au commerce en ligne. L'évolution technologique amène à l'inclusion de nombreux médias informatiques (supports, mécanismes, équipements ou moyens de communication), considérés jadis dans leur fonctionnement limité, comme ne pouvant pas relever du commerce électronique. Les effets conjugués des inventeurs, des producteurs, des usagers et des normes construisent la « *mutation des médias* ».[392]

En somme, l'évolution des aspects fonctionnels de certains moyens de communications individuelles ne rend pas caduc le distinguo législatif entre moyens de communications individuelles et ceux dits grand public. Bien au contraire, l'évolution des médias le confirme. En l'espèce, la télécopie dite « fax », qui est à la base une communication individuelle, peut maintenant être reçue par ordinateur. Aussi, le fax par Internet via l'ordinateur devient-il alors un équipement électronique de traitement et de stockage de données, répondant à l'exigence de la directive 2000/31/CE sur le commerce électronique. Le fax *high-tech* ne déroge pas à la propriété obligatoire pour que l'activité qui l'utilise fasse partie du commerce électronique, mais il s'identifie bien aux spécifications juridiques fondant les critères nécessaires de la « voie électronique ». Le *fax high-tech* entre bien dans le critérium technique requis pour réaliser le commerce électronique européen, eu égard au dépassement du fonctionnement traditionnel du fax.[393]

3. La spécificité juridique des moyens de communication grand public dans la définition du commerce électronique européen

Les moyens de communications individuelles se distinguent des techniques de l'information dans la presse (sur papier ou en ligne), dans la radiotélévision ou directement dans un espace public grâce aux télécoms. Ceux-ci sont par nature destinés à être transmis à un public. Ils sont des moyens de communications électroniques grand public, auquel l'Internet peut s'identifier, car ce dernier assume la fonction de communication publique comparable aux médias de la presse ou audiovisuels. Mais, la comparaison s'arrête là quant à cette fonction, puisque le média électronique grand public du *Web 2.0* est le plus à même de disposer d'un caractère

[392] M. HAMOT, « Prendre le temps et le temps de la mutation », Introduction et Chapitre 1, in P-F. DOCQUIR et M. HAMOT, *op.cit.*, pp. 9-22.
[393] W. D. KABRÉ, *op.cit.*, p. 63.

interactif.[394] Les propriétés du *Web 2.0* font de ce média le seul capable de répondre à une demande de l'utilisateur et de créer une synergie d'échanges entre lui et le site informationnel ou transactionnel de son choix. L'enjeu de ces types de médias est très important, particulièrement en droit du commerce électronique, même s'il est possible de voir plus réellement et plus prospectivement la réalité d'un « *Droit 2.0.* » dans la révolution du droit lui-même.[395]

Aujourd'hui, le commerce en ligne est empreint des propriétés des réseaux de télécoms, comme une des applications économiques du Web 2.0. « C'est un web contributif de socialisation hyper active où, grâce à l'essor de la bande passante et du très haut débit, le public est en mesure, dans un processus itératif, de collaborer activement, de partager, d'éditer, de publier ».[396] L'Internet diffère des *médias de masse* classiques du fait que ces derniers se caractérisent par un continuum linéaire dans le mode de communication de masse. Les « mass medias » relevaient de la directive 89/552/CEE et désormais de la directive 2010/13/UE. Les « médias linéaires » sont exclus du domaine des communications admises dans la pratique du commerce électronique, suivant le considérant n°18 de la directive 2000/31/CE.[397]

En outre, le Web 2.0a fait apparaître plusieurs nouvelles fonctionnalités des plateformes électroniques, notamment : la messagerie publique[398], la recherche, délivrance ou l'échange de l'information en ligne [399], les transactions multiformes à distance[400] et le télétraitement des données[401]. Ces fonctions différencient les moyens électroniques grand public, avec les communications individuelles et aussi avec des mass-médias traditionnels.[402]

---

[394] La télévision est de plus en plus interactive. Elle ne permet pas cependant pas encore aux téléspectateurs de générer et de diffuser leurs propres contenus par la même voie, comme cela est le cas avec les techniques de l'Internet Web 2.0 : *You Tube*, *Daily Motion*, etc.

[395] B. DONDERO, *Droit 2.0, Apprendre et pratiquer le Droit au XXIe siècle,* LGDJ, Lextenso-édition, pp. 1-512. L'auteur réfléchit : « Le développement du numérique et de l'Internet joue bien sûr un rôle important, mais la manière dont fonctionne aujourd'hui l'enseignement supérieur et la complexification du droit, sans oublier les nouvelles exigences des clients des professionnels du droit, sont autant de phénomènes qui transforment profondément la manière dont nous apprenons le droit, la manière dont nous le pratiquons, et plus largement la manière dont nous le vivons ».

[396] É. SCHERER, *op.cit*, p. 181.

[397] *Cf.* Section II, § 1, point A/ du présent chapitre. Ce cas précis est davantage explicité dans l'examen du critère de définition du commerce électronique, dit *« à la demande individuelle ».*

[398] Il s'agit des forums ou espaces publics d'expression et d'échanges d'idées, les newsgroups, les conférences, que ne peuvent offrir les mass-médias ni les communications individuelles.

[399] L'Internet, par exemple, est une grande bibliothèque de savoir, qui ne relève pas d'un monopole éditorial, ni d'horaires, ni de grilles de programmes. Tel est le cas des contributions collaboratives de *Wikipedia,* encyclopédie collaborative en ligne.

[400] Le commerce électronique s'y pratique, sans difficulté par accès du public au site d'information à tout moment.

[401] C. LAMOULINE et Y. POULLET, *op.cit.*, p.59.

[402] *Ibidem*, p. 46-50 et 63-65.

Les moyens de communication 2.0 concernés sont ceux qui demeurent ouverts au public, c'est-à-dire à *« un ensemble d'individus indifférenciés »*[403], auquel ils s'adressent 24h/24. Tel est le cas des sites web, des forums de discussion sur Internet, des blogs, de l'EDI [404] (car quoiqu'étant un réseau fermé de type Intranet, il demeure ouvert au public y autorisé d'accès), etc.

En somme, les moyens de communications grand public sont ceux qui atteignent tout le monde par la vertu de leur automatisme. Ils ne sont pas limités à un annuaire personnel du destinataire au moment où il actionne les touches de son combiné téléphonique ou son clavier alphanumérique. Il n'en demeure pas moins que « les fonctions de télétraitement peuvent combiner les aspects de communications publique et privée, mais la frontière entre la nature publique de l'offre et sa transformation en offre privée est souvent difficile à tracer. Si l'offre informationnelle est publique dans le cas de la vidéo à la demande, par exemple, le service final naît d'une interaction entre le "demandeur" et le "fournisseur", qui tend à le personnaliser et à faire de l'offre publique indifférenciée, une offre qui s'adresse en fait à un public déterminé, voire à une personne déterminée ».[405]

Contrairement aux moyens de communications individuelles, seuls ceux de communication grand public emportent dans leur utilisation, la plénitude du régime du commerce électronique européen. En définitive, la directive 2000/31/CE n'applique pas les dispositions de sa section 3, relative aux activités réalisées par des moyens de communications individuelles. En d'autres termes, celles-ci ne sont pas soumises aux exigences informatives préalables à la conclusion des contrats par voie électronique.

Ainsi, lorsque les particuliers emploient des courriels pour leurs échanges, leurs contrats ne sont pas des « contrats électroniques », ni tout à fait des « contrats à distance », au sens technique de l'acquis européen. Mais la qualification juridique est contraire lorsque les mêmes courriels sont employés par des professionnels pour leurs contrats.[406] Si ces contrats de types particuliers sont étudiés à la section 2 du chapitre de la directive précitée, l'intérêt de distinction exprime d'ores et déjà le caractère supplétif de certains critères d'existence du commerce en ligne en droit européen.

En définitive, le commerce électronique a pour critères essentiels la distance et la voie électronique. Leur utilisation est indispensable tant pour la réalisation des activités économiques en ligne que pour leur reconnaissance

---

403 Définition du mot « public », empruntée au droit français. *Cf.* Circulaire du 17 février 1988, prise en application de l'article 43 de la Loi n°86-1067 du 30 septembre 1986, relative à la liberté de communication concernant le régime déclaratif applicable à certains services de la communication audiovisuelle.

404 A. RAYNOUARD, *op.cit.*, p.23.Par EDI (sigle de « Échange de documents informatisés »), on entend : *« le programme qui commande à une liste fermée préenregistrée des marchandises automatiquement et au fur et à mesure que le stock diminue ».*

405 C. LAMOULINE et Y. POULLET, *op.cit.*, p.59.

406 J. ROCHFELD, « La définition du contrat électronique », in J. ROCHFELD (sous la dir.), *L'acquis communautaire, le contrat électronique, op.cit, pp. 3*-34.

juridique. Ce sont des « mécanismes-maîtres » du commerce en ligne. Le législateur européen en distingue néanmoins les effets à la fois selon leurs typologies de communications privées ou publiques et selon la qualité de particulier ou de professionnel pour celui qui en fait usage.

D'autres critères juridiques irriguent cependant la notion du commerce électronique dans l'acquis communautaire. La directive 2000/31/CE a établi la correspondance systématique[407] de sa notion avec les services de la société de l'information. À la lumière des critères juridiques impératifs, sans ignorer les critères supplétifs, la synthèse de l'objet du commerce électronique européen est possible, après l'examen du cas particulier de la VoD dans son champ de définition.

4. Le cas particulier de la vidéo à la demande (VoD) dans le commerce électronique européen

La directive 2000/31/CE a construit un ensemble juridique formé d'activités économiques diverses et sensiblement marquées du sceau des technologies électroniques. L'acquis européen présente un objet hétéroclite du commerce en ligne, dans lequel la VoD se retrouve, alors que d'autres services audiovisuels en sont exclus. Selon la pensée de Serge Proulx, « des valeurs liées à la rationalité technique sont inscrites dans les dispositifs pour communiquer, ce qui entraîne une valorisation de certains aspects de la communication au détriment d'autres (par exemple dans certains dispositifs, la transmission d'information au détriment des modalités de l'expression) ».[408]

Bien que les services audiovisuels paraissent identiques quant à leur aspect, ils diffèrent toutefois dans leurs modes d'accès aux contenus en ligne c'est-à-dire par rapport aux modalités que les technologies offrent au destinataire pour la sélection desdits contenus. En fait, « Une technologie n'est jamais neutre. Elle véhicule toujours en soi des représentations, des valeurs parce qu'elle s'inscrit dans un contexte d'usages rendus possible par divers rapports de forces économiques et symboliques ».[409]

Ainsi, la VoD relève du commerce en ligne au détriment d'autres activités audiovisuelles en ligne, car elle préserve la demande individuelle du destinataire. La technique sous-jacente de la VoD est celle qui donne au destinataire le plein pouvoir de sélection des contenus en ligne. En droit

---

[407] Le terme « systématique » est à prendre dans la logique systémique, comme un ensemble d'éléments formant un corps dans lequel l'interaction entre ces éléments influe sur les uns et les autres.

[408] S. PROULX, « Penser les usages des TIC aujourd'hui : enjeux, modèles, tendances », in L. VIEIRA et N. PINÈDE, (sous la dir.), *Enjeux et usages des TIC : aspects sociaux et culturels »*, t. 1, Bordeaux, Presses Universitaires de Bordeaux, 2005, pp. 7-20 [http://sergeproulx.uqam.ca/wp-content/uploads/2010/12,2005-proulx-penser-les-usa-43.pdf] (consulté le 26 décembre 2016).

[409] M. CULOT, « Télévision connectée : un débat enrichi par l'approche des usages », in P.-F. DOCQUIR et M. HANOT, *op.cit.*, pp.137-152, spéc. p. 147,

européen, la VoD se rapportera donc toujours à « *un service fourni par transmission de données sur demande individuelle* ».[410] Il est acquis que la directive 98/34/CE est applicable au commerce en ligne ; la liste en son Annexe V avait déjà exclu « *les services fournis par l'envoi de données sans appel individuel et destinés à la réception simultanée d'un nombre illimité de destinataires (transmission « point à multipoint* ». Par conséquent, les services ci-après sont naturellement en dehors du commerce électronique : le télétexte (télévisuel), la radiodiffusion sonore et la radiodiffusion télévisuelle (y compris la quasi-vidéo à la demande) telle que visée à l'article 1er, point a), de la directive 89/552/CEE.[411]

Le considérant n°18 de la directive 2000/31/CE rappelle le même principe selon lequel les services de télévision et de radiodiffusion de la directive n°89/552/CEE ne sont pas des services de la société de l'information « car ils ne sont pas fournis sur demande individuelle ». Evoquée jadis par le considérant n°18 de la directive 2000/31/CE et codifiée aujourd'hui par la directive 2010/13/UE (dite « directive services des médias audiovisuels)[412], la directive 89/552/CE du 5 mai 1989, initialement dite « télévision sans frontière », avait été remaniée par la directive 97/36 du 30 juin 1997. Elle a été bouleversée, du point de vue éditorial (sélection des programmes), par la directive 2007/65/CE du 11 décembre 2007 (modifiant jadis la 89/552/CEE), qui a étendu son champ d'application à tous les services de médias audiovisuels. Ces services ont notamment pour objet principal d'informer, de divertir ou d'éduquer le grand public, par des réseaux de communications électroniques, par une émission télévisée ou par un service de média à la demande. Ainsi, on est successivement passé de la « télévision sans frontière » aux « services de médias audiovisuels ».[413]

Bien que les évolutions des techniques audiovisuelles intéressent le commerce en ligne, les deux domaines ne se confondent pas. C'est seulement les services audiovisuels transmis de point à point qui constituent les services de la société de l'information, en l'occurrence : les services de vidéo à la demande ou la fourniture des communications commerciales à la demande par courrier électronique. Toutefois, de nouveaux acteurs ont émergé dans le commerce électronique des contenus vidéo. Selon Perriault, « Les transformations qui affectent l'audiovisuel à l'ère du web sont la résultante d'un mouvement complexe qui fait évoluer dans le temps quatre dimensions : les technologies, le droit, les usages de consommateurs et les

---

[410] Article 1er, paragraphe 2, spéc. 3e tiret, directive 98/34/CE, modifiée par la directive 98/48/CE préc.

[411] Article 1er, paragraphe 2, in fine, directive 98/34/CE (sur les services de la société de l'information), préc.

[412] Considérant n°1, directive 2010/13/UE du Parlement européen et du Conseil visant la coordination de certaines dispositions [...] relatives à la fourniture de services de médias audiovisuels, préc.

[413] C. GAVALDA et G. PARLEAMI, *Droit des affaires de l'Union européenne,* Litec, LexisNexis, 6e édition à jour du Traité de Lisbonne, Paris, 2010, p. 237.

acteurs économiques impliqués dans leur positionnement et dans leurs stratégies. »[414].

En effet, le téléviseur conçu autrefois comme un appareil souverain et isolé est de plus en plus connecté, en *wifi* ou par câble, à une série d'autres appareils qui décuplent ses capacités : PC, décodeur, box internet/ADSL, disque dur, enregistreur numérique (PVR). À l'ère du *Web 2.0* et de la télévision numérique, les écrans sont devenus multiples et multi-usages, y compris pour solliciter des contenus ludiques.[415]

À juste titre, Le *Livre vert* de la Commission européenne du 23 mars 2011 poussait à porter un « regard sur des indices de croissance relatifs au commerce électronique, spécialement les jeux en ligne, à travers la télévision par Internet (en anglais, IPTV pour *Internet TV Protocole*). Selon l'étude de l'Institut suisse de droit comparé (SICL), avec 320 millions d'euros de revenus bruts des jeux [en 2010], la tendance prévisionnelle pour 2012 était de 1,33 milliards d'euros, soit 451% de croissance. Ces chiffres permettent de prendre la mesure du changement et de prouver, si besoin en est, la vitalité du commerce électronique au travers des services interactifs de la télévision sur le web ».[416]

Sur le plan de la technologie, la « *délinéarisation* » de la télévision répond au critère de la demande individuelle. Le *« linéaire »* relève de la télévision traditionnelle, en soumettant le large public au temps et à la grille de programmes voulus par le fournisseur. Le *« non-linéaire »* caractérise l'audiovisuel innovant (la VoD, la TVR). Son mode de fourniture de contenus se fait au moment voulu par le destinataire, en l'occurrence, le téléspectateur. Les acteurs télévisuels principaux ont redéfini leur offre autour de leurs marques et ont amorcé des redéploiements stratégiques de sorte que la « tv » n'est plus pensée en termes de chaînes, mais plutôt en termes de contenus multimédias à la demande. Ainsi, un élan grandissant des consommateurs a permis d'organiser la maîtrise du moment et du support de visionnage des films ou d'autres contenus visuels. À cet égard, la communication audiovisuelle a atteint l'*« âge du contrôle de la vidéo par le spectateur »*.[417] En effet, « la vidéo à la demande [VoD] ou encore la télévision de rattrapage [TVR] permettent de visionner sur le poste de télévision ou l'ordinateur, de manière gratuite ou payante, des programmes audiovisuels au moment choisi par l'utilisateur », contrairement à la Tv classique.[418]

---

414 J. PERRIAULT, *Mémoires de l'ombre et du son, Une archéologie de l'audiovisuel*, Paris, Flammarion, 1981, Th. Paris, p. 49.

415 *Cf.* § 2 de la présente section de notre ouvrage, pour les détails sur les jeux en ligne.

416 Commission européenne, *Livre vert, sur les jeux d'argent et de hasard en ligne dans le marché intérieur*, du 23 mars 2011, COM (2011) 128 final, p. 19.

417 [www.cnc.fr] (consulté le 23 décembre 2013). Le centre national de cinéma et de l'image animée, en sigle CNC, est l'établissement public français dont les missions principales sont de réglementer, soutenir et promouvoir l'économie du cinéma en France et à l'étranger.

418 [http://www.csa.fr/Services-interctifs/Services-de-medias-audiovisuels-a-la-demande-SMAD] (consulté le 8 juillet 2017).

Plus simplement, Internet a rencontré le potentiel du média Tv et a changé peu à peu l'objet de la télévision.[419] Les progrès technologiques ont favorisé la prise de contrôle sur la vidéo par le spectateur, qui peut facilement commander (le direct), enregistrer, conserver, transférer des contenus avec une grande liberté. Les mutations en cours présentent de nouvelles tendances qui se poursuivent inexorablement.

Par exemple, l'essor de la vidéo « à la demande » marque de plus en plus l'initiative du spectateur. La tendance se renforce vers une télévision « sur mesure » avec une préférence pour les offres de mini-bouquets ou de chaînes à l'unité, différentes de gros bouquets Tv. La technologie offre de nouvelles possibilités de contrôle du direct et d'enregistrement ou encore de visionnage différé. En d'autres termes, les techniques numériques ou celles du Web TV offrent des options et la liberté au destinataire de choisir le moment de visionner un programme télévisé ou encore de rattraper une émission manquée. Cette flexibilité de choix illustre bien le critère de la demande individuelle des spectateurs dans la VoD.

En définitive, la VoD est un service de communication du public en ligne, relevant du commerce électronique, dans le cadre des services de médias audiovisuels à la demande (SMAD). Pour une prospective au-delà de la VoD, « le phénomène de réalignement s'opère aussi pour la TVR (télévision par rattrapage) malgré sa proximité éditoriale avec les chaînes de télévision classiques. [...] Le régime de la TVR reste encore prétorien suite à son exploitation actuelle en France sur un accord entre l'opérateur historique des télécommunications et les chaînes de télévision ».[420] De l'avis des régulateurs des médias, « la TVR était perçue comme un service délinéarisé, mais restant dans un certain continuum linéaire et finalement complémentaire de la télévision ». Pendant longtemps avant 2009, les SMAD avaient ainsi échappé, en droit interne français, à la régulation du CSA et au régime relatif à l'audiovisuel.[421] Tel n'est plus le cas (?).

Notre intérêt pour les SMAD se rapporte au critère de *« à la demande individuelle du destinataire »*, qui se vérifie et se maintient dans le champ du commerce en ligne. Si ledit critère ne fait l'objet d'aucune relativisation pour la VoD, il est facultatif pour les communications commerciales non sollicitées. Il faut aussi apprécier la portée d'autres critères de définition du commerce en ligne, à savoir : la rémunération et le débouché contractuel des

---

[419] P- F. DOCQUIR et M. HANOT, *op.cit.*, p. 9 et s.

[420] CNC, « Les nouvelles formes de consommation des images : TNT, TVIP, VOD, sites de partage, piraterie... », *Analyse qualitative*, novembre 2007, pp. 7 et 14 [www.cnc.fr,doc.pdf] (consulté le 23 décembre 2013).

[421] Depuis l'entrée en vigueur de la loi du 5 mars 2009, les éditeurs de services de médias audiovisuels à la demande (SMAD) relèvent désormais de la compétence du CSA. Tels que définis à l'article 2, alinéa 6 de la loi du 30 septembre 1986 relative à la liberté de communication, les SMAD sont soumis à la déclaration auprès du CSA, selon le nouveau principe introduit par la loi n°2013-1028 du 15 novembre 2013 relative à l'indépendance de l'audiovisuel public dans la loi de 1986. Ainsi, leur régulation est mieux assurée ainsi que la vérification de leurs obligations.

activités en ligne. Ce sont là des critères facultatifs d'existence juridique du commerce électronique européen.

5. L'objet recomposé du « du droit commerce électronique » dans le sens restitué de l'acquis communautaire de l'UE

À défaut de définition législative, le commerce électronique européen englobe tous les services de la société de l'information, tels que définis dans la directive 98/34/CE, modifiée par la directive 98/48/CE, sauf restriction. La large acception des « services » de la société de l'information a permis de dégager des critères généraux de définition du commerce électronique. La directive 2000/31/CE a précisé des exclusions et autres restrictions de certaines activités, sans remettre en question les critères essentiels qui sont de plusieurs natures autour de l'utilisation des techniques électroniques de communication à distance dans le commerce.

Les éléments ci-après ont donc été retenus pour la définition finale du commerce électronique en droit européen :

- la géométrie variable du terme « "service" de la société de l'information », regroupant à la fois la fourniture des biens et des services en ligne ;
- les critères indispensables de définition attenants à l'utilisation à distance des techniques de communications électroniques ;
- le caractère facultatif de rémunération du service ou de l'activité économique en ligne de la part du destinataire qui le reçoit ou en bénéficie ;
- le caractère facultatif de l'aboutissant contractuel du service de la société de l'information ;
- l'absence de préalable contractuel entre prestataire et bénéficiaire d'une activité économique en ligne ;
- le critère non-obligatoire de la « demande individuelle du destinataire de service », sauf singulièrement pour la VoD ;
- les exclusions et restrictions légales du champ du commerce électronique, de certaines activités, malgré leurs possibilités de réalisation à distance et par la voie électronique. En matière des jeux d'argent en ligne, l'évolution de leur état de prohibition vers leur permission par le droit européen, puis par les États, est à prendre en compte dans l'objet du droit européen du commerce électronique.

La reconstitution de l'objet du commerce en ligne nécessite la synthèse de tous les aspects analysés jusqu'ici dans l'acquis européen.[422] Ainsi, le commerce électronique peut-il être défini sous réserve des activités exclues expressément par le législateur européen. En rattachant sa définition à celle

[422] Tel est l'objectif atteint de notre modélisation des expériences juridiques du commerce en ligne, dans l'acquis européen.

des services de la société de l'information, l'acquis communautaire regroupe finalement toutes les activités réalisées par un prestataire, pour offrir des biens et/ou des services, normalement contre rémunération, à la demande individuelle ou non d'un destinataire de service mais nécessairement à distance au moyen d'équipements électroniques de traitement et de stockage des données (y compris la compression numérique). Il correspond à un ensemble d'activités économiques, assurées nécessairement à distance et par la voie électronique, dans certains cas à la demande individuelle d'un destinataire des services, pouvant donner lieu ou non à la conclusion de contrats en ligne sans être forcément rémunéré par ceux qui le reçoivent.

Pour la doctrine, « il suffit de proposer (offrir) un bien ou un service à distance et par voie électronique, sans qu'il soit exigé que l'acceptation se fasse par la voie électronique pour que les règles du commerce électronique s'appliquent. Il suffit que l'opérateur se présente sur les réseaux ouverts comme offrant un bien ou un service pour faire du commerce électronique. Le champ d'application des dispositions du commerce électronique est donc large ». [423] Elle considère que « *le commerce électronique regroupe l'ensemble des activités reposant sur des transactions commerciales à distance réalisées par un média électronique : Internet, téléphonie mobile, téléshopping...* ».[424] Le formalisme électronique du commerce en ligne est également à la base d'un mode particulier de conclusion de contrat. En tant que produit de l'évolution technique, économique et juridique, le contrat électronique mérite d'être défini en fonction des sources *ratione temporis*, afin de démontrer comment son institution juridique s'est réalisée à travers le temps en Europe.

Précisément, des conditions juridiques entourent la définition du commerce électronique européen, en mettant en exergue des conditions essentielles, supplétives et cumulatives. Il s'agit d'un type particulier de commerce à distance, réalisé par la voie électronique, sans exiger une interaction consentie en ligne, mais pouvant susciter des contrats dont l'objet peut être restreint par des lois de police. Le formalisme électronique particularise le commerce en ligne, mais procure également une singularité aux contrats qui en découlent. Sans être des services de la société de l'information, les contrats électroniques sont une modalité de conclusion du contrat grâce au service consistant à offrir un dispositif électronique pour passer commande en ligne contre accusé de réception automatique sur le même support durable. Le régime spécifique attaché à ces institutions juridiques forme alors le droit européen du commerce électronique. Le commerce en ligne reste l'une de meilleures expériences de la façon dont l'Europe a appréhendé dans le champ du droit les mutations des technologies numériques ainsi que les transformations de l'économie à l'échelle mondiale.

---

[423] C. Castets-Renard, *Droit de l'Internet, op.cit.*, p. 141.

[424] A. Rabagny-Lagoa, *Droit du commerce électronique*, Ellipses, Paris, 2011, p. 5.

L'ensemble de ces acquis européens a été transposé sous l'autorité du droit national français. L'expérience juridique de la France apporte une originalité particulière aux principes généraux d'harmonisation européenne en précisant l'objet, les typologies d'activités numériques ainsi que les régimes du commerce et du contrat électroniques.

SECTION II. LES IMPACTS NOUVEAUX DU DROIT FRANÇAIS SUR L'OBJET ET LA TEMPORALISATION DU COMMERCE ÉLECTRONIQUE EUROPÉEN

Si la directive européenne 2000/31/CE n'a fourni aucune définition textuelle du commerce électronique, la loi française de transposition en a fourni une et sans équivoque. L'article 14 de la loi n° 2004-575 du 21 juin 2004 pour la confiance dans l'économie numérique (dite « LCEN ») dispose : « Le commerce électronique est l'activité par laquelle une personne propose ou assure à distance et par la voie électronique la fourniture des biens ou des services ».[425]

De manière globale, les directives européennes sur le commerce électronique formulent des règles juridiques selon des objectifs de politiques législatives précises et structurelles. Toutefois, contrairement aux traités, règlements et décisions, elles n'ont pas, par définition, d'effet immédiat sur les États destinataires le temps de les transposer dans leurs droits internes. Le retard de transposition, la conciliation mal opérée d'une directive est possible : un droit national incompatible, lacunaire ou contraire peut devenir source de difficulté pour l'harmonisation des règles du marché unique.[426] L'enjeu de passer du droit européen au droit français est important à noter pour la suite de l'analyse sur le commerce en ligne, car les deux autorités des systèmes communautaire et national cumulent des solutions législatives relatives aux aspects juridiques des services de la société de l'information.

En comblant l'absence de définition législative du commerce en ligne au niveau européen, le droit français applique à l'économie numérique ses règles territoriales.[427] Son droit positif identifie les acteurs du commerce électronique sous une dénomination générique, à savoir : la « personne ». Le législateur français replace les règles de la personnalité juridique comme un préalable normal dans le commerce en ligne, pour l'exercer ou en bénéficier. Toutefois, en nivelant ses sujets au statut de la personne, la transposition

---

[425] Article 14, al. 2° et 3°, loi n° 2004-575 du 21 juin 2004 pour la confiance dans l'économie numérique, JORF, n° 143, 22 juin 2004, p. 11168. La LCEN dispose comme suit :« Entrent également dans le champ du commerce électronique les services tels que ceux consistant à fournir des informations en ligne, des communications commerciales et des outils de recherche, d'accès et de récupération de données, d'accès à un réseau de communication ou d'hébergement d'informations, y compris lorsqu'ils ne sont pas rémunérés par ceux qui le reçoivent. […]».

[426] M. DONY, *Droit de l'Union européenne,* 6e éd., Univ. de Bruxelles, 2015, pp. 255 et s.

[427] Article 14, LCEN, préc.

française semble occulter les mutations *ratione personae* que l'acquis européen apporte au commerce traditionnel. Les commerçants et les consommateurs agissent variablement en ligne en tant que prestataires et destinataires des services de la société de l'information. Il s'agit d'un impact nouveau du droit français sur le commerce électronique. Mais, nous avons choisi d'analyser particulièrement l'originalité de l'objet du commerce électronique français au regard de l'acquis européen.[428] Sur le plan *ratione materiae*, la transposition française laisse entrevoir une complémentarité entre les actes du commerce classique et l'objet du commerce électronique.

Il s'avère qu'« outre la délocalisation possible des prestataires de services de l'économie numérique (fournisseurs d'accès et d'hébergement de données ou de serveurs), il reste que les individus eux-mêmes deviennent nomades grâce à la portabilité des terminaux de communication. On peut désormais échanger et contacter de n'importe quel point du globe et à n'importe quel moment (24h/24, 7j/7) ». [429] La LCEN fixe un principe localisateur du commerce électronique, à travers son prestataire. En tant que loi de police, elle se situe entre l'harmonisation et la coordination des sources européennes.

En nous appuyant sur la pensée de François Ost[430], la législation française s'inscrit dans une logique de temporalisation de sources de transposition, qui alimentent les adaptations qu'elle a opérées en partant de l'objet du commerce électronique européen. En fonction du millefeuille législatif européen,[431] les textes nationaux français conservent la possibilité d'adapter les règles européennes, tant qu'ils ne s'écartent pas des objectifs législatifs au sein de l'Union.[432]**(§ 1)**

La législation française répond à des enjeux qu'il convient d'appréhender au regard des règles ayant encadré à travers le temps, les finalités d'usage

---

428 En optant pour le terme moniste de la « personne » dans le commerce électronique, la LCEN contraste avec l'acquis européen de la directive 2000/31/CE, dont les qualificatifs variés distinguent systématiquement le « prestataire » du « destinataire » et le « professionnel » du « consommateur ». En outre, le législateur français accole à sa définition terminologique des hypothèses de contrats en ligne ainsi que des paradigmes d'activités numériques, afin de fournir davantage de précisions sur le champ *ratione materiae* et la portée *ration personae* de son commerce en ligne. Au regard de la directive européenne (2000/31/CE), le droit français du commerce électronique présente des originalités appréciables à deux niveaux d'ordonnancement. Il faut en apprécier l'impact tant au niveau communautaire par rapport aux objectifs globaux de construction du marché européen qu'au niveau interne notamment quant aux ajustements du droit commun par rapport aux activités économiques en ligne. L'ex-§2 « La personne en ligne » est supprimé pour le présent ouvrage.

429 É. A. CAPRIOLI, *Droit international de l'économie numérique, op.cit*, p. 5.

430 F. OST, *Le temps du droit,* éd. Odile Jacob, Paris, 1999, pp. 4 et s. Selon l'auteur, un temps propre au droit participe de sa « *force instituante* » afin de réaliser la construction sociale, à travers la fonction opératoire de la « temporalisation ».

431 Considérant n°11, directive 2000/31/CE, préc. Cette directive est d'harmonisation minimale et donc d'ordre complémentaire à d'autres directives applicables au commerce électronique, par rapport aux règles de l'acquis communautaire de l'Union européenne.

432 J. ROCHFELD, « La définition du contrat électronique », *op.cit,* p. 10.

des techniques de communication à distance pour le commerce. Les techniques électroniques caractérisent la nouvelle typologie du commerce électronique, dont le cadre juridique comporte des nouveautés par rapport au droit commun. **(§ 2)**

§ 1. Les sources de définition française du commerce électronique dans l'évolution des transpositions de l'acquis européen

En France, les principales sources formelles du commerce électronique sont des lois de transposition des règles européennes. Étant intervenue en 2004 à la suite de la directive européenne 2000/31/CE, la LCEN dénote d'une temporalité particulièrement espacée de quatre ans qui a valu à la France des rappels de la Commission de l'Union européenne, mais qui démontre toute la difficulté de légiférer sur les aspects multiformes de l'activité économique en ligne.[433] La transposition française maintient la norme dans la passerelle entre le droit européen dans ses objectifs de politique législative et le droit interne dans son applicabilité territoriale. Entre l'Europe et la France, il apparaît une dimension d'« espace-temps » et un temps d'« action-réaction » qui renforce l'encadrement juridique du commerce en ligne, car le législateur national dispose du recul nécessaire face aux mutations effrénées des technologies électroniques transfrontières.[434] **(A)**

Le champ d'application de la législation française mérite d'être situé entre la coordination et l'harmonisation du droit de l'Union européenne. Aussi, le droit français précise-t-il l'objet du commerce en ligne européen, sachant que la transposition ne crée pas des disparités mais comporte des spécificités par rapport à l'acquis européen. **(B)**

A. Les fondements de la transposition française des directives européennes applicables au commerce électronique

Le millefeuille législatif européen a son mérite dans la mosaïque des sources du commerce électronique en France. La temporalité des sources permet de distinguer le temps des faits de celui du droit, mais aussi d'apprécier l'évolution de la législation face aux mutations du marché et des technologies.

En France, l'insertion des règles du commerce en ligne s'est réalisée « en épingle » dans plusieurs branches du droit classique à travers différentes codifications du droit positif. Il en résulte un phénomène de temporalisation

---

[433] C. FÉRAL-SCHUHL, *Cyberdroit, op.cit,* p. 278.

[434] L'Afrique et la RDC pourraient capitaliser cette expérience européenne et française d'élaboration du droit.

des règles successives ainsi qu'un éclatement des sources[435] et des régimes[436] ayant permis d'appréhender « en éventail » les transitions entre commerce classique et commerce électronique dans l'ordre interne français. Les enjeux de la territorialité sont importants, afin d'assurer l'effectivité du droit étatique face aux activités dématérialisées et déterritorialisées du commerce électronique. La jurisprudence européenne et française a identifié des critères localisateurs du droit applicable aux activités numériques.

1. La temporalité des sources françaises du commerce électronique

Le rapprochement des droits étatiques demeure la pierre angulaire dans la construction du bloc économique et politique européen. C'est ainsi que, notamment, « la directive lie tout État membre destinataire quant au résultat à atteindre, tout en laissant aux instances nationales la compétence quant à la forme et aux moyens ».[437] Cette marge de manœuvre enrichit aussi bien le droit européen, les droits nationaux que le droit comparé, selon que les transpositions internes sont « discrétionnaires » ou« encadrées ». [438] En l'occurrence, la directive 2000/31/CE sur le commerce électronique étant d'harmonisation minimale, les régimes juridiques dans les systèmes nationaux des États sont plus affinés et comportent quelques particularités locales, sans créer une disparité de logique d'ensemble. De ce fait, il est question de dégager les aspects spécifiques que les lois de transposition françaises apportent à l'acquis communautaire de l'Union européenne en rapport au commerce en ligne.[439] Comme élément capital d'harmonisation des règles, le dialogue du droit européen s'effectue avec les droits nationaux des États membres (et avec le droit international).

---

[435] La pluralité des sources françaises du commerce électronique est exposée au fur et à mesure, en précisant leurs enjeux d'adoption ainsi que les finalités pratiques afin d'évitant de dresser des catalogues.

[436] Comme cela est analysé plus loin, il est, par exemple, demandé plus d'obligations de transparence et de loyauté (information sur l'identification du professionnel) selon qu'on se trouve en face d'un internaute « consommateur » et/ou « non professionnel » ou selon qu'on fait face à un « commerçant » et/ou un « professionnel ». Il en sera de même des règles de la preuve qui est libre en matière commerciale et qui est hiérarchisée en matière civile.

[437] Article 288, TFUE.

[438] E. POILOT, « L'exécution du contrat électronique », J. ROCHFELD (sous la dir.), « L'acquis communautaire, contrat électronique », préc., p. 233. S'agissant des termes « transposition encadrée » et « transposition discrétionnaire », l'auteure explique que « là où les textes européens ont laissé libre cours aux initiatives des législateurs nationaux, par inclusion en leur sein d'une clause de renvoi aux compétences des États membres dans une matière, cette réception peut être qualifiée de discrétionnaire, la détermination des "sanctions" étant laissée à la discrétion des États membres. À l'inverse, là où les textes européens contiennent des sanctions déterminées, la réception des sanctions peut être qualifiée d'encadrée, la marge de manœuvre des États membres se limitant à l'adoption des sanctions prévues au contexte du droit national. »

[439] *Cf.* Chapitre 1 du présent Titre de l'ouvrage, ayant procédé à la « recomposition des sources et des critères du commerce électronique dans le " millefeuille législatif" européen ».

En France[440], plusieurs lois de transposition des directives européennes s'appliquent spécialement au commerce électronique :

- la loi n°2000-230 du 13 mars 2000 sur la preuve électronique et la signature électronique qui transposait la directive 1999/93/CE du 13décembre 1999[441], désormais abrogée avec effet au 1er juillet 2016 par le règlement 910/2014 du 23 juillet 2014[442] ;
- la loi n°2004-575 du 21 juin 2004 pour la confiance dans l'économie numérique (LCEN) en transposition de la directive 2000/31/CE du 8 juin 2000 ;
- la loi n° 2004-669 du 9 juillet 2004 relative aux communications électroniques et aux services de communications audiovisuelles en transposition notamment de la directive 2002/19/CE du 7 mars 2002 du « paquet télécom »[443].

À celles-ci, s'ajoutent la loi n°2008-3 du 3 janvier 2008 pour le développement de la concurrence au service des consommateurs (dite Loi Chatel) ainsi que la loi n°2008-476 du 4 août 2008 de modernisation de l'économie, chacune transposant partiellement la directive 2005/29/CE[444] relative aux pratiques commerciales déloyales. D'autres sources à considérer couvrent certaines matières du commerce électronique (courriel, par exemple). Il en est ainsi de la loi n°78-17 du 6 janvier 1978 relative à l'informatique et aux libertés, modifiée et complétée par la loi n°2004-801 du 6 août 2004, qui transpose la directive 2002/58/CE[445], cette dernière ayant été modifiée par la directive 2009/136/CE du 25 novembre 2009 [446] aujourd'hui supplantée par le « règlement général sur la protection des données » n°(UE) 2016/679 du 27 avril 2016 (le fameux RGPD), applicable à partir du 25 mai 2018.[447] La loi n°2010-476 du 12 mai 2010 est également concernée, car en levant la prohibition des jeux d'argent en ligne, elle

---

[440] C. CASTETS-RENARD, *op.cit,* p.143. C. FÉRAL-SCHUHL, *op.cit*, p. 278.

[441] Directive 1999/93/CE du Parlement européen et du Conseil du 13 décembre 1999 (abrogée), directive sur un cadre communautaire pour les signatures électroniques, JOCE, L13, 19 janvier 2000.

[442] Règlement 910/2014 du PE et du Conseil du 23 juillet 2014 sur l'identification électronique et les services de confiance pour les transactions électroniques au sein du marché intérieur et abrogeant la directive 1999/93/CE, JO UE, L 257, 28 août 2014.

[443] Directive 2002/19/CE du Parlement européen et du Conseil du 7 mars 2002 relative à l'accès aux réseaux de communications électroniques et aux ressources associées, ainsi qu'à leur interconnexion (directive « accès »), JO CE, L 108/7, 24 avril 2002.

[444] Directive 2005/29/CE du Parlement européen et du Conseil du 11 mai 2005, relative aux pratiques commerciales déloyales qui vise à harmoniser les règles relatives aux pratiques déloyales au sein du marché intérieur, préc.

[445] Directive 2002/58/CE du Parlement et du conseil du 12 juillet 2002 concernant le traitement des données à caractère personnel et la protection de la vie privée dans le secteur des communications électroniques.

[446] JOCE, L 337, 18 décembre 2009.

[447] JOUE, L 119, 4 mai 2016.

intéresse le commerce électronique.[448] La loi n°2014-344 du 17 mars 2014 relative à la consommation importe également au commerce en ligne pour sa protection des consommateurs face aux vendeurs (dite Loi Hamon).[449] Entre l'enjeu linguistique hier face à l'américanisation de l'économie d'Internet et aujourd'hui face à son ubérisation, il y a : la loi n°94-65 du 4 août 1994 relative à l'emploi de la langue française (dite Loi Toubon) et la loi n°2015-990 du 6 août 2015 pour la croissance, l'activité et l'égalité des chances économiques (dite Loi Macron). La loi n°2016-1321 pour une République numérique du 7 octobre 2016 (dite Loi Axelle Lemaire) intéresse le commerce en ligne, en ce qu'elle régit l'économie de la donnée et fixe des règles de loyauté sur les plateformes électroniques.[450]

En outre, plusieurs ordonnances antérieures complètent spécialement le dispositif légal français en matière de commerce électronique (dans la société de consommation),[451] mais désormais supplantées par l'ordonnance n°2016-131 du 19 février 2016 portant réforme du droit des contrats, du régime général et de la preuve des obligations.[452] Celle-ci est applicable au 16 octobre 2016. Ainsi, la législation française a ajusté plusieurs institutions juridiques du commerce électronique, en fondant des trajectoires d'analyse quant à ses impacts nouveaux sur l'acquis européen.

2. L'insertion de la LCEN dans plusieurs branches du droit commun français

La LCEN définit le commerce électronique, sans néanmoins réserver de définition textuelle à certaines matières particulières, comme par exemple, la publicité en ligne.[453] Les aspects du commerce électronique français, non

---

[448] N. Contis, « Présentation critique de la loi du 12 mai 2010 ouvrant à la concurrence le secteur des jeux et paris sportifs en ligne », in G. Juliana, *op.cit,* p. 61. En effet, auparavant, *« l'organisation de ces jeux était confiée à un nombre très restreint d'opérateurs dotés de droits exclusifs ».*

[449] Loi n° 2014-344 du 17 mars 2014 relative à la consommation, dite « loi Hamon », JORF, 8 octobre 2016

[450] Loi n°2016-1321 du 7 octobre 2016 pour la République numérique, dite « loi Numérique » ou « loi Axelle Lemaire », JORF, 8 octobre 2016.

[451] Ordonnance 2005-674 du 16 juin 2005 relative à l'accomplissement de certaines formalités contractuelles par voie électronique, JORF, n°140, 17 juin 2005, p.10342. Ordonnance n°2001-741 du 23 août 2001 (ayant transposé la directive 97/7/CE sur les contrats à distance), JORF, 25 août 2001. Ordonnance n°2005-648 du 6 juin 2005 relative à la commercialisation à distance des services financiers auprès des consommateurs, transposant la directive 2002/65/CE. (V. aussi : Ordonnance n°2016-301 du 14 mars 2016 relative à la partie législative du code de la consommation ; Décret n°2016-884 du 29 juin 2016 relative à la partie réglementaire du code de la consommation.)

[452] Ordonnance n°2016-131 du 10 février 2016 portant réforme du droit des contrats, du régime général et de la preuve des obligations, JORF, 0035, 11 février 2016, texte n° 26.

[453] T. Verbiest, *op.cit,* pp. 27-28. À titre illustratif, « La loi française ne fournit aucune définition légale de la publicité. Les contours de ce concept ne se dessinent qu'indirectement, dans le cadre des articles L.121-1 et suivants du Code de la consommation et de quelques dispositions spécifiques. [...] Étrangement, le législateur français n'a pas jugé utile de

spécifiquement régis par la LCEN ou d'autres lois spéciales, restent donc régis par des règles classiques relevant du tronc commun des droits civil, commercial, des sociétés, de la consommation, de la distribution, des communications électroniques… [454] Notamment, les dispositions visant clairement le consommateur sont transposées dans le Code de la consommation. Une partie de la transposition a été faite dans le Code civil, pour la preuve numérique et le contrat électronique par exemple, et une autre dans le Code des postes et des communications électroniques pour les intermédiaires techniques du commerce électronique ou prestataires techniques de l'économie numérique.[455]

Comparativement aux dispositions classiques du Code général du commerce [456], la LCEN pose des règles spéciales de la commercialité électronique. « Quelque deux cents ans après le Code napoléonien de 1807, l'ordonnance n°2000-912 du 18 septembre 2000, suivie du décret n°2007-3-431 du 25 mars 2007 et de l'arrêté du 14 janvier 2009 – donnant le jour au nouveau Code de commerce, a redonné au droit commercial son homogénéité en réunissant dans neuf livres, les règles fondamentales qui régissent la matière ». [457] Les règles de la LCEN ont été insérées dans plusieurs *corpus juris*, elles se greffent aussi au commerce en général. Elles constituent un bon marqueur des transformations des bases et des institutions juridiques concernées par les enjeux économiques de la révolution numérique. Notamment, l'article 14 *in fine* de la CEN rattache expressément le prestataire et son établissement en France. Il détermine ainsi la portée *ratione loci* des règles juridiques nationales sur les activités économiques en ligne.[458]

---

consacrer une définition légale de la publicité à l'occasion de l'adoption de la loi n°2004-575 du 21 juin 2004 pour la confiance dans l'économie numérique (LCEN). Il a toutefois introduit une définition de la prospection qui en est directement inspirée ».

[454] C. CASTETS-RENARD, *op.cit,* p.142. L'auteur précise que « pour d'autres dispositions à l'inverse, le législateur précise qu'elles s'adressent aux relations professionnelles. Dès lors, on peut considérer que la loi s'adresse à tous (une partie de la transposition s'est faite dans le Code civil), sous réserve de dispositions particulières concernant les seuls professionnels ou consommateurs. »

[455] En France, c'est le Code des postes et des communications électroniques qui donne la définition de la « voie électronique », élément nécessaire de définition du commerce électronique.

[456] *Code de commerce*, 11è éd., Dalloz, Paris, 2016, pp. 1-3686.- Addendum, pp. 1-93.

[457] *Ibidem. Cf.* « Livre I : commerce et commerçants ; fonds de commerce – Livre II : sociétés commerciales et groupements d'intérêt économique – Livre III : ventes particulières (au déballage, aux enchères, soldes) et clauses d'exclusivité – Livre IV : concurrence et prix – Livre V : Effets de commerce et garanties – Livre VI : Difficultés des entreprises (prévention, sauvegarde, redressement et liquidation) – Livre VII : Juridictions commerciales et organisation du commerce ; Livre VIII : Professions réglementées (administrateurs et mandataires judiciaires, experts en diagnostic, commissaires aux comptes) – Livre IX : Outre-mer. »

[458] Article 14, al. 2° et 3°, LCEN dispose : « Une personne est regardée comme étant établie en France au sens du présent chapitre lorsqu'elle s'y est installée d'une manière stable et

3. Le champ ratione loci de la loi de transposition française dans les enjeux de territorialité et déterritorialité à l'ère numérique

L'article 14 de la LCEN est la source de définition du commerce électronique français. Mais, sa teneur fait référence *in fine* à la notion du « prestataire établi » sur le territoire français. En effet, « l'activité définie à l'article 14 est soumise à la loi de l'État membre sur le territoire national duquel la personne qui l'exerce est établie. L'activité est donc rattachée à la loi de l'État membre de la personne qui l'exerce ».[459]Au-delà du principe de la territorialité des lois nationales, « les critères technologiques sont trop instables pour permettre de localiser à eux seuls l'opérateur du marché électronique ».[460] Le problème sous-jacent que pose la définition française du commerce électronique est de fixer la personne sur un lieu d'établissement et d'exercice de son activité. Sinon, la loi française ne lui sera pas applicable.[461] À cet effet, elle fixe l'angle de son appréciation, en la situant non pas du côté du destinataire mais plutôt du prestataire, pour le cas.

L'article 3 de la directive 2000/31/CE[462] fonde le principe que les opérateurs dans le marché électronique européen et les intermédiaires de l'Internet sont soumis à la loi de l'État membre où ils sont établis. C'est le principe de compétence de la loi du pays d'origine. Cette directive européenne, transposée en France par la LCEN, vise à la fois deux mécanismes : la coordination et l'harmonisation, en énonçant en plus la clause du marché intérieur. Si l'harmonisation a un sens technique précis, la coordination s'explique en revanche au regard de la clause du marché intérieur ou du principe de la compétence du pays d'origine, dit aussi « principe d'origine ». [463] Leur compréhension nécessite d'aborder la question de la clause du marché intérieur européen.[464]

---

durable pour exercer effectivement son activité, quel que soit, s'agissant d'une personne morale, le lieu d'implantation de son siège social »

[459] O. CACHARD, *op.cit*, p. 109.

[460] *Ibidem.*

[461] H. CAUSSE, « Le contrat électronique, technique du commerce électronique », in J-C HALLOUIN et H. CAUSSE, *Le contrat électronique au cœur du commerce électronique, le droit de la distribution, Droit commun ou droit spécial ?*LGDJ, Coll. Faculté de droit et des sciences sociales, Université de Poitiers, 2005, p. 19-20.

[462] L'article 3 de la directive 2000/31/CE sur le commerce électronique correspond à la « clause de marché intérieur » avec deux volets d'application traduits par ses deux paragraphes. Premièrement, l'État d'établissement veille à la conformité des services fournis par un prestataire de « services de la société de l'information » par rapport à sa propre législation nationale, sa loi assurant la police du marché (paragraphe 1). Les autres États membres ne doivent pas restreindre la libre circulation des services de la société de l'information fournis par un prestataire établi (conformément à la loi en vigueur) dans un autre État membre (paragraphe 2).

[463] M. FALLON, « Variations sur le principe d'origine entre le droit communautaire et droit international privé », *Nouveaux itinéraires du droit, Mélanges en l'honneur de François Rigaux*, Bruxelles, Bruylant, 1993, p.189, cité par O. CACHARD, *op.cit*, p.101.

[464] Le domaine de la coordination ne règle pas la question des conflits des lois mais plutôt celle du conflit d'autorité entre lois du pays d'origine du prestataire et du pays de destination

Afin d'éviter une interprétation divergente de la notion d'établissement, la directive 2000/31/CE se fonde sur la jurisprudence de la Cour de justice européenne (CJCE, CJUE). La directive définit le « prestataire de service établi » sur les critères qualitatifs de l'effectivité et de la stabilité économique et non sur les critères formels (simple boîte aux lettres) ou technologiques (emplacement des moyens techniques) qui permettraient aux prestataires d'échapper à tout contrôle.

En effet, dans l'« affaire *Factort* », la CJCE avait jugé que « la notion d'établissement au sens des articles 52 et suivants du traité TCE comporte l'exercice effectif d'une activité économique au moyen d'une installation stable dans un autre État membre pour une durée indéterminée ».[465] L'emplacement des technologies utilisées (hébergement de pages *web*), le fait qu'un site soit accessible dans un autre État membre, ne peuvent seuls constituer des critères pour la détermination du lieu d'établissement. Lorsqu'un prestataire a plusieurs lieux d'établissements, le « lieu d'établissement » au sein des marchés sera celui dans lequel le prestataire a le centre de ses activités pour la prestation du service considéré.[466]

Le prestataire établi est ce « prestataire qui exerce d'une manière effective une activité économique au moyen d'une installation stable pour une durée indéterminée ». La présence et l'utilisation des moyens techniques et des technologies, requis pour fournir le service ne constituent pas en tant que tel un établissement du prestataire. Dans le cas où les activités définies sont celles des prestataires du commerce électronique établis en France, le régime d'accès et d'exercice d'activités, attaché à la définition française triomphera au sein des autres États européens de destination (loi de police). Les lois de police sont des dispositions impératives « dont le respect est jugé crucial par un pays pour la sauvegarde de ses intérêts publics, tels que son organisation politique, sociale ou économique, au point d'en exiger l'application à toute situation entrant dans son champ d'application, quelle que soit par ailleurs la loi applicable au contrat ».[467]

Toutefois, à titre dérogatoire, même si le principe est celui de la liberté d'exercice de l'activité, un prestataire au sein du marché européen ne peut pas l'imposer face aux raisons de l'ordre public, de la protection de la santé publique, de la sécurité publique ou de la protection des consommateurs des pays de destination. Aussi, les règles du pays d'origine sont-elles d'application, en ce qui concerne l'accès à l'activité : les exigences d'autorisation, de qualification ou de notification. Elles le sont aussi en ce

---

des prestations des services de la société de l'information. Encore moins, le domaine d'harmonisation ne règle pas la question des conflits des lois : il sert à fixer les limites de manœuvre dans la transposition des règlements et directives européens.

[465] CJCE, affaire *Factort,* arrêt du 25 juillet 1991, *C-221/89, Rec.,* 1991, p. 1-3905, point 20.

[466] Considérant n°19, directive 2000/31/CE, préc. M. ANTOINE, A. CRUCQUENAIRE, et AL, *op.cit,* p. 17-18

[467] Article 9, règlement (CE) n°593/2008 du Parlement européen et du Conseil du 17 juin 2008 sur la loi applicable aux obligations contractuelles (dit Rome I).

qui concerne l'exercice de l'activité, devant répondre aux exigences nationales sur le comportement du prestataire, la qualité ou le contenu du service, y compris en matière de publicité et de contrat, ou sur la responsabilité du prestataire.[468]Ces principes ne connaissent de dérogations que dans des cas restrictifs[469] ou en cas de risques sérieux et graves d'atteinte aux objectifs d'ordre public. À cet effet, une procédure précise doit être suivie d'une prise de mesures restrictives dérogeant, en urgence ou en procédure préalable, à la libre circulation des services de la société de l'information.[470]

Il en est ainsi, par exemple, de la coopération renforcée entre autorités judiciaires et, en amont, entre autorités administratives et les firmes de l'Internet. Dans le cadre de leurs missions de protection de la sécurité nationale[471], l'autorité administrative peut obtenir auprès des opérateurs et hébergeurs (prestataire technique du commerce électronique), la communication des métadonnées de leurs utilisateurs, qu'ils sont tenus de conserver et de transmettre[472], de même que s'agissant de l'autorité judiciaire[473]. Il importe de préciser les fondements localisateurs de la législation nationale face au commerce électronique transfrontière.

4. Les ajustements localisateurs de la dématérialisation du commerce électronique

S'agissant de l'application de la loi de police, des ajustements localisateurs ont pu être effectués dans deux domaines précis par l'autorité du système juridique français au regard des activités liées aux technologies électroniques ou numériques en Europe. Dans un premier temps, par l'application d'une *« territorialité directionnelle »*, en droit pénal, il trouve, en effet à appliquer la loi de police aux sites, même établis hors des frontières, qui dirigent leurs activités vers la France au regard d'une pluralité

[468] Article 2, h), directive 2000/31/CE, préc.

[469] Les cas sont déjà cités en ce qu'ils se rapportent à l'ordre public, la protection de la santé publique, de la sécurité publique et à la protection des consommateurs.

[470] Ainsi, en France, dans les conditions prévues par décret du Conseil d'État, des mesures restreignant, au cas par cas, le libre exercice de leur activité par les personnes mentionnées à l'article 16 de la LCEN peuvent être prises par l'autorité administrative lorsqu'il est porté atteinte ou qu'il existe un risque sérieux et grave d'atteinte au maintien de l'ordre et de la sécurité publics, à la protection des mineurs, à la protection de la santé publique, à la préservation des intérêts de la défense nationale ou à la protection des personnes physiques qui sont des consommateurs ou des investisseurs autres que les investisseurs appartenant à un cercle restreint définis à l'article L. 411-2 du code monétaire et financier.

[471] Article L. 246-1, Code de la sécurité intérieure, créé par la loi n°2013-1168 du 18 décembre 2013 relative à la programmation militaire pour les années 2014 à 2019 et portant diverses dispositions concernant la défense et la sécurité nationale.

[472] Décret n°2011-219 du 25 février 2011 relatif à la conservation et à la communication des données permettant d'identifier toute personne ayant contribué à la création d'un contenu mis en ligne.

[473] Article 6, II, LCEN, préc.

d'indices (langue et monnaie utilisées, terminaison du nom de domaine, publicités visibles par les internautes français, etc.).[474] Grâce à une ordonnance du juge des référés et pionnière en son genre, la jurisprudence française a confirmé ces indices d'ajustement.

Dans l'*affaire LICRA* et *UEJF* contre *Yahoo !,* en 2000, le TGI de Paris avait enjoint à la société *Yahoo !* de rendre inaccessible un site vendant des objets de propagande nazie[475] ; au point de voir la justice américaine rejeter à deux reprises les recours exercés par *Yahoo !* contre ladite injonction[476]. En 2008, un autre exemple se réfère à l'affaire *Max Mosley* contre *Google*, dans laquelle le TGI de Paris a instruit la firme *Google* de cesser son affichage d'images attentatoires à la vie privée.[477] Dans ses études en 2014, le Conseil d'État a relevé la considération que « la France était en droit en tant que nation souveraine d'adopter des lois contre la distribution de propagande nazie, en réponse à sa terrible expérience des forces nazies durant la seconde guerre mondiale ».[478]

Dans un second domaine, les règles de territorialité en matière d'obligation contractuelle peuvent être librement déterminées par les parties à un contrat. Mais, même en ce cas, toute clause élusive de territorialité ne peut avoir pour effet de priver le consommateur des protections impératives prévues par la loi de son pays de résidence.[479] Il peut aussi se prévaloir des règles spécifiques, dès lors que son cocontractant exerce ses activités dans l'État de l'Union où le consommateur a élu domicile ou que ce prestataire « *dirige ses activités vers cet État* ».[480]Pour déterminer si le professionnel dirige ses activités vers l'État de domiciliation du consommateur, la CJUE a retenu en 2010 plusieurs critères, notamment « la mention de coordonnées téléphoniques avec l'indication d'un préfixe international, l'engagement de dépenses dans un service de référencement sur Internet afin de faciliter aux consommateurs domiciliés dans d'autres États membres l'accès au site du commerçant ou celui de son intermédiaire [...] En revanche, la simple accessibilité du site Internet du commerçant ou de celui de l'intermédiaire dans l'État membre sur le territoire duquel le consommateur est domicilié est insuffisante. Il en va de même de la mention d'une adresse électronique ».[481]

---

474 Cour Cass. crim., 9 septembre 2008, Giuliano, n°07-87281.

475 TGI, Paris, Ordonnance, Juge des référés, 22 mai 2000.

476 Cour d'appel fédérale du 9e circuit, 23 août 2004 et 12 janvier 2006 et 12 janvier 2006, *LICRA and UEJF v. Yahoo !,* n° 01-17424.

477 TGI, Paris, *Max Mosley* c. *Google Inc.* et *Google France,* RG 11/07970.

478 CONSEIL D'ÉTAT, *Le numérique et les droits fondamentaux,* La documentation française, études, Paris, 2014, p. 138.

479 Article 6, § 2, Règlement (CE) n°593/2008 du Parlement européen et du Conseil du 17 juin 2008 sur la loi applicable aux obligations contractuelles (dit Rome I).

480 Article 17, 1-c), Règlement (UE) n°1215/2012 du Parlement européen et du Conseil du 17é décembre 2012 concernant la compétence judiciaire, la reconnaissance et l'exécution des décisions en matière civile et commerciale.

481 CJUE, *Affaire Peter Pammer* et *Hôtel Alpenhof GesmhH,* C-585/08 (jointe à C-144/09), 7 décembre 2010, RJ, 2010, I-12527, spéc, paragraphes 93 et 94.

En conclusion, la communautarisation n'exclut pas l'application des règles nationales des États, ni l'expression des juges pour dire le droit dans les faits concernant le commerce électronique. Il apparaît que les manières de commercer peuvent différer d'un État à un autre. La disparité des régimes est donc possible, comme cela fut le cas pour les jeux d'argent en ligne avant l'évolution et l'harmonisation de leur libéralisation au sein de l'Europe.[482] Sur ce point, l'enjeu juridique de la transition numérique s'illustre au niveau de la mise en adéquation des droits internes entre États sur les mêmes matières, qui pourraient présenter des différences de standards ou des disparités de régimes.

En 2015, le Conseil d'État a mené une étude sur « *la France dans la transformation numérique* ».[483] L'enjeu de territorialité du droit national amène à réaffirmer les garanties de protection des États au profit de leurs résidents face à une forme de *« promotion d'une extraterritorialité conquérante du droit national ou européen* », liée au commerce en ligne.[484]Sur la question, l'*affaire Google Spain* du 13 mai 2014 illustre les aspects d'ajustement du droit, à l'épreuve du commerce en ligne, puisque le traitement des données litigieuses était réalisé par la société-mère établie aux États-Unis et non par sa filiale européenne établie en Espagne.[485] Comme un « véritable changement de paradigme », « C'est vers ce nouveau progrès de l'État de droit que s'est engagée l'Union européenne »[486] en vue d'assurer la

---

[482] C. BLOUD-REY, « La régulation du secteur des jeux d'argent et de hasard sous le prisme des régulateurs belge et français » in G. JUILIA (sous la dir.), *Jeu, Argent et Droit,* Coll. Actes, IRDA, Dalloz, Paris, 2013, p. 76. M. BÉHAR-TOUCHAIS, J. ROCHFELD, A. DE GUILLENCHMIDT-GUIGNOT et (avec collab.) A. FOURNIER, *Les jeux en ligne en France et en Europe : quelles réformes trois ans après l'ouverture du marché ?,* Société de Législation comparée, vol.7, Coll. Trans Europe experts, Paris, 2013, pp. 21 et s. Aujourd'hui, la libéralisation de la prestation des services de jeux d'argent, de paris, de pronostics et de hasard en ligne est acquise en Europe, grâce à l'œuvre du juge européen constant dans sa jurisprudence envers les États membres de l'Union. (Pour le cas de l'Allemagne : CJUE Arrêt du 8 juillet 2010 C-316/07, pour le cas de la Suède : C-447/08 et 488/08 ; pour le cas néerlandais : C-203/08 et C-258/08, pour le cas de l'Italie : C-72/10 et 77/10 et celui de l'Autriche : C-64/08 et C-347/09) Mais, au-delà de l'inscription évolutive des jeux d'argent dans l'objet du commerce électronique européen, des « difficultés rencontrées proviennent encore du caractère de nature transfrontière du jeu en ligne et de l'impossibilité pour les pays démocratiques de se couper de cette réalité sociologique et technologique » (C. Bloud-Rey).En la matière, la CJUE a fixé des conditions drastiques pour justifier des restrictions à la liberté de prestation de services dans le secteur des jeux ou pour légitimer le monopole public dans ledit secteur. Sont désormais seuls à restreindre cette liberté : l'existence des motifs impérieux d'intérêt général (protection des consommateurs ou de l'ordre social), et le respect des principes de nécessité, de proportionnalité, de non-discrimination et de cohérence entre prestataires dans les États membres.

[483] CONSEIL D'ÉTAT, *La France dans la transformation numérique : quelle protection des droits fondamentaux ?*, La documentation française, Colloque du 6 février 2015, Paris, 2015, p. 15.

[484] *Ibidem.*

[485] CJUE, *Affaire Google Spain SL et Google Inc. c/ Agencia Española de protección de Datos et Mario Costeja González*, C-131/12, Arrêt (grande chambre), 13 mai 2014.

[486] CONSEIL D'ÉTAT, *op.cit,* p. 15.

primauté du droit dans les activités transfrontières et dématérialisées du cyberespace. L'enjeu (de la territorialité intellectuelle, eu égard au cyberspace) devient donc un défi majeur de la souveraineté des États.

Ainsi, le droit français du commerce électronique s'inscrit dans l'ordre des transformations adoptées par le droit européen. L'harmonisation européenne trace les lignes de rapprochement des législations nationales autour des critères de définition de l'objet du commerce électronique. Comment la législation européenne en assurer la transposition ?

B. Les lignes de rapprochement de l'objet du commerce électronique français et européen

Alors que le droit européen a préféré englober le commerce électronique dans le concept plus large de « services de la société de l'information », la doctrine a pensé que « le législateur français n'a toutefois pas été si prudent »[487]en le définissant. À l'analyse, la définition de l'article 14 de la LCEN a opté d'inscrire, en droit français, certains critères de définition du droit européen et pas d'autres. La transposition française présente l'avantage de précision, car elle s'est départie du renvoi aux services de la société de l'information. En abandonnant la référence symbolique à la société de l'information datant de la directive 98/34/CEE de 1998, le législateur français clarifie la définition juridique du commerce en ligne. Ces améliorations tirent avantage de l'expérience accumulée avec le temps, par rapport à l'acquis communautaire et se rapportant à l'utilisation des technologies de l'information dans la pratique économique. La législation française a écarté d'emblée les critères de définition qui ne sont pas essentiels pour la définition juridique du commerce électronique.[488] Le cas des jeux en ligne est à évoquer dans le sens de la transition de son régime qui fut autrefois restreint par la directive 2000/31/CE.

1. La clarification française de l'ambiguïté européenne des « services de la société de l'information »

Le législateur français fait preuve de pertinence dans sa définition du commerce électronique, en différenciant sans équivoque les biens et les services. L'article 14 de la LCEN a ajusté la lacune et l'inadéquation de l'acquis européen, en évoquant *« la fourniture des biens et des services »* à distance et par la voie électronique, dans sa définition du commerce en ligne. En identifiant ce dernier aux « services » de la société de l'information, la

---

[487] A. RABAGNY-LAGOA, *Droit du commerce électronique*, Ellipses, Paris, 2011, p.67.

[488] Le chapitre 1 du présent titre de notre ouvrage a démontré que plusieurs critères de l'acquis européen n'étaient pas déterminants. Il en est ainsi par exemple de la « demande individuelle du destinataire du service de la société de l'information », qui n'est pas applicable avec rigueur au regard de l'Internet dont la technologie fait de chaque terminal un client/serveur avec le protocole TCP/IP. De ce fait, l'origine et la destination en sont brouillées. Cf. V-L. BENABOU et J. ROCHFELD, *op.cit*, p. 25 et s.

directive 2000/31/CE semblait restreindre le champ de l'activité numérique aux seuls services. Elle n'avait pas corrigé le vocabulaire juridique de la directive 98/38/CE et 98/48/CE qui plaçait la vente des biens et la fourniture des services en ligne sous l'appellation générique inappropriée de « services de la société de l'information ». Et pourtant, les activités économiques en ligne ne se limitent pas seulement aux obligations de faire ou de ne pas faire auxquelles le terme « service » renvoie juridiquement parlant.

La volonté de clarté et d'exactitude de la LCEN ne s'illustre pas uniquement dans sa formulation plus correcte que dans l'acquis européen, mais aussi dans les exemples concrets d'activités. Ceux-ci complètent à l'alinéa 2 la définition fournie à son article 14.

Dans cette disposition de la LCEN, l'exemple des « moteurs de recherche » rencontre l'aspect des services en ligne non-rémunérés par leurs destinataires, autant que l'avait déjà consacré l'acquis européen.[489] Les internautes consomment des services qu'ils ne paient pas forcément ou qu'on les encourage à ne pas payer. Cette situation tranche avec les actes de commerce traditionnels, dont le but lucratif commande leur nécessaire rémunération selon le principe du donnant-donnant.[490]

Dans la pratique commerciale classique, il semble difficile de concevoir la consommation d'un bien ou d'un service sans en rémunérer le prestataire. À l'inverse du commerce électronique, les destinataires ne rémunèrent pas forcément les biens et les services qu'ils consomment en ligne, car ils ne sont pas toujours les véritables clients du cybercommerçant. Le plus souvent, ils forment seulement son fonds de commerce. De ce point de vue, le commerce électronique se distingue du commerce traditionnel.[491]

Généralement, les activités économiques en ligne sont financées par la constitution d'un « fonds de commerce électronique ».[492] Le « *modèle*

---

[489] V.-L. BENABOU et J. ROCHFELD, *op.cit.*, pp. 37 et 38. « Les raisons de cet état de fait sont multiples : elles tiennent tout à la fois des principes idéologiques et à des obstacles techniques [...] ; l'intention altruiste de certains internautes, mus par la seule envie de faire progresser l'innovation ou la connaissance, sans espoir de contrepartie immédiate, autre qu'une éventuelle reconnaissance symbolique. [...] la difficulté historique de mettre en place les instruments techniques sécurisés permet de réaliser en confiance des micropaiements. Devant le retard pris, les agents économiques ont souvent préféré se tourner vers un modèle de gratuité apparente pour les utilisateurs finaux ou de rémunération indirecte par des contributions financières spontanées. »

[490] Même quand il y a paiement par autrui ou stipulation pour autrui, l'acte de commerce classique est en principe rémunéré pour ce qu'il est, sauf offres promotionnelles.

[491] *Cf.* à ce sujet T. VERBIEST, *le nouveau droit du commerce électronique, op.cit.*, p. 36. La gratuité apparente, offerte au destinataire en ligne peut s'avérer un plan d'affaires pour un « *financement alternatif* ». De même, l'internaute qui accède « gratuitement » à une base de données informatiques n'est pas toujours au courant du fichage ou du profilage (*profiling*). Les masses d'internautes sur des sites gratuits permettent l'analyse statistique en masse (*datamining*), pour l'envoi des publicités ciblées. L'accès gratuit des masses au bénéfice de commerce électronique est devenu un mode majeur de financement des services Internet « gratuit » à la consommation.

[492] PH. LE TOURNEAU, *Contrats informatiques et électroniques*, 6e éd., Dalloz, Paris, 2011-2012, p. 339.

d'affaires » du commerce électronique s'avère particulier, car la gratuité pour la clientèle du réseau fait justement l'économie numérique et le succès de son « *business model* » au sens pratique de cet anglicisme. Il existe plusieurs moyens de financements alternatifs de l'offre et de la consommation des biens et des services de la société de l'information. La publicité en ligne[493], par exemple, en constitue une modalité. Par exemple, les VoD de *YouTube* sont gratuits, mais accessibles après quelques secondes de publicité. La collecte des données de navigation des internautes en est également une modalité quant à l'exploitation réalisée par l'administrateur de la plateforme électronique à partir des « traces informatiques » [494] générées par l'accès gratuit des internautes. « Le "consommateur" se retrouve ainsi au cœur de la création de nouveaux services, dont il profite en même temps qu'il les alimente ».[495]

Par conséquent, d'autres enjeux apparaissent à cause de la marchandisation des « données personnelles » ou de l'atteinte à la vie privée des consommateurs en ligne.[496] Ils entraînent un réalignement des aspects du droit public et du droit privé, pour garantir la protection des intérêts et valeurs légitimes qui pourraient être mis en péril par des objectifs uniquement économiques. [497] L'équilibre doit être assuré entre l'intérêt général et celui du marché,[498] entre le commerce électronique et les droits extrapatrimoniaux, voire fondamentaux, de la personne humaine.[499] Ce sont des « nouveaux défis du commerce électronique »[500]

---

[493] *Ibidem.*

[494] CH. JALBY, *La police technique et scientifique*, PUF, 3e éd., coll. « Que sais-je ? », Paris 2014, pp. 95-96.

[495] V-L. BENABOU et J. ROCHFELD, *op.cit.*, p.33.

[496] C. FÉRAL-SCHUHL, *Cyberdroit, le droit à l'épreuve de l'Internet, op.cit*, pp 1-185. J. EYNARD, *Les données personnelles, quelle définition pour un régime de protection efficace ? op.cit*, pp. 31-335. M-L. LAFFAIRE, *Protection des données personnelles… op.cit*, pp. 17-390. M. MARINO et R. PERRAY, « Les nouveaux défis du droit des personnes : la marchandisation des données personnelles », in J. ROCHFELD (sous la dir.), *Les nouveaux défis du commerce électronique*, préc., pp. 55 et s.

[497] CONSEIL D'ÉTAT, *La France dans la transformation numérique : quelle protection des droits fondamentaux, un colloque organisé par le conseil d'État le 6 février 2015,* La documentation française, Paris 2016, p. 4-202.

[498] *Cf.* Titre 2, Chapitre 1, du présent ouvrage quant aux enjeux et objectifs de transition des services publics des télécoms vers l'économie de marché. Dans tous les cas, la confrontation des lois du marché avec les lois de source parlementaire reste l'enjeu fondamental pour assurer la primauté du droit étatique, comme garantie face aux intérêts économiques.

[499] CONSEIL D'ÉTAT, *op.cit*, p. 11. L'étude du Conseil d'État préconise à cette fin d'inscrire dans notre droit positif le principe *d'autodétermination informationnelle*, plutôt qu'un droit de propriété sur les données à caractère personnel.

[500] J. ROCHFELD (sous la dir.), « Les nouveaux défis du commerce électronique », préc., pp. 3 et s.

2. L'efficacité des critères légaux du commerce électronique français

La définition française du commerce électronique a tenu compte des avancées technologiques, afin de remédier aux distorsions caractéristiques de la distance. La notion française effectue une conjonction immédiate du critère de la « distance » physique entre les parties avec la « voie électronique ».[501] Il n'en demeure pas moins que la voie électronique peut être employée seule même en présence du commerçant (dans sa boutique) à l'aide d'un de ses ordinateurs. Dans ce cas, elle reste toujours déterminante pour qualifier d'électronique le commerce réalisé.

Il peut advenir que la distance et les communications électroniques soient utilisées pour faciliter la conclusion d'un contrat physique sur support papier. Les courriels peuvent aussi servir à conclure des contrats entre non-commerçants. [502] Les branches classiques du droit civil et du droit commercial concernent ces hypothèses, car elles n'appellent pas l'application des régimes spécifiques du commerce électronique.[503] Mais, l'usage d'un dispositif électronique durant le processus d'achat donne lieu à un « contrat électronique ». Si le contrat à distance ne paraît pas évident dans cette hypothèse, car il est censé être réalisé entre absents, il s'analyse toutefois comme « un type particulier de contrat électronique ».[504]

Par ailleurs, à l'antipode de la directive 2000/31/CE, la LCEN n'a plus repris dans sa définition le critère européen dit *« sur demande individuelle du destinataire de service »*, tel qu'il a été rattaché à l'acquis européen des services de la société de l'information.[505] Les explications se trouvent dans « l'architecture même d'Internet, à savoir le protocole TCP/IP (client/serveur) qui autorise la décentralisation des liaisons entre les internautes, chacun étant tour à tour émetteur et récepteur d'informations : tout individu constitue un nœud de connexions et peut devenir producteur de valeur économique ; le renversement permanent des rôles efface progressivement les frontières entre les émetteurs professionnels et les récepteurs passifs ».[506]À juste titre pour le commerce électronique, il a été noté que l'échange de la valeur du clic à l'ère numérique est tout un phénomène. « Ce phénomène n'est pas propre à la création artistique et concerne tous les modes de production de "contenus numériques", nouvelle

---

[501] La LCEN a laissé le soin de la définition de la « voie électronique » au Code des postes et des communications électroniques.

[502] Considérant n°18, directive 2000/31/CE, préc. Il en est ainsi « des contrats conclus exclusivement par le biais d'un échange de courriers électroniques ou par des communications individuelles équivalentes » en dehors de toute activité professionnelle ou commerciale.

[503] Article 10, paragraphe 4, directive 2000/31/CE, préc. Cette disposition sort de tels contrats du champ des obligations inhérentes au contrat électronique, telles que prévues en ses paragraphes 1 et 2.

[504] J. ROCHFELD, « La définition du contrat électronique » ..., *op.cit.* p. 8.

[505] Cf. Considérant n°18 et article 2, a), directive 2000/31/CE, préc. – Cf. aussi article 1er, paragraphe 2, directive 98/34/CE modifiant la directive 98/48/CE et son annexe V.

[506] V.-L BENABOU et J. ROCHFELD, *op.cit,* p. 25.

notion juridique floue, située quelque part entre les biens et les services. Les individus sont des sources passives et actives de contenus informationnels ».[507]

En outre, la LCEN ne fait pas non plus allusion au critère de la « *rémunération* » des biens et services proposés ou offerts du commerce électronique, en s'évitant d'inutiles sinuosités de l'acquis européen. En droit commun, le caractère lucratif des actes de commerce par nature demeure fondateur parmi tous les critères de commercialité dont la trame peut être discutée. Néanmoins, sans renier totalement le caractère rémunéré des activités du commerce électronique, l'article 14 de la LCEN transposant la directive 2000/31/CE, ne l'évoque pas. Seulement, en restant silencieux sur l'exigence de rémunération, la définition du législateur français ajuste implicitement l'acquis européen. Celui-ci disposait que les activités économiques en ligne même si elles ne sont pas rémunérées par ceux qui les reçoivent, demeurent dans le commerce électronique.[508]

Ainsi, le commerce en ligne n'efface pas l'héritage du terme « *commercium* »[509], venant du droit romain, qui conserve son aspect inhérent aux droits patrimoniaux. Cependant, la logique de commercialité en ligne va au-delà de ce seul critère lucratif, qui n'est pas une de ses conditions *sine qua non.* À l'ère numérique, la « difficulté est liée à l'obscurantisme des frontières entre professionnel et amateur, entre activité commerciale et non commerciale, entre intention lucrative et motivations altruistes. En effet, nombre de relations qui s'établissent sur Internet le sont sous le sceau d'une apparence de gratuité ou, tout le moins, n'emportent pas d'échanges monétaires directs. […] Le droit actuel est mal à l'aise avec ces nouveaux rapports économiques complexes qui tricotent un maillage inédit de gratuité apparente et de gains commerciaux, de posture altruiste et de but lucratif ».[510]

En définitive, le droit français a clairement abandonné les critères de définition non déterminants qui étaient nuancés en droit de l'UE.[511] Ce

---

507 *Ibidem,* p. 35.

508 Considérant n°18, Directive 2000/31/CE, préc.

509 J. MESTRE, M.-E. PANCRAZI, I. ARNAUD-GROSSI, L. MERLAND et N. TAGLIARINO-VIGNAL, *Droit commercial, droit interne et aspects de droit International*, 29e éd., LGDJ, Lextenso éditions, Paris, 2012, pp. 19-20, 58-69 et s. Par *« Commercium »* les auteurs rappellent l'entendement connu de façon très large du commerce romain, comme « tous les rapports juridiques que les individus entretenaient relativement à l'utilisation de leurs biens ». Dans l'acception contemporaine, « le commerce s'entend tout aussi bien de la distribution des produits que de leur fabrication, de l'industrie au sens économique que du négoce et couvre même des activités connexes telles que celles de la banque, du transport et des assurances ».

510 V.-L BENABOU et J. ROCHFELD, *op.cit,* p. 36 et 38.

511 *Cf.* Section 1 du présent Chapitre du présent ouvrage. Le considérant n°18 de la directive 2000/31/CE/ dispose que « les services de la société de l'information *ne se limitent pas exclusivement aux services donnant lieu à la conclusion des contrats en ligne,* mais dans la mesure où ils représentent une activité économique, ils s'étendent à *des services qui ne sont pas rémunérés par ceux qui les reçoivent* ». Et la consommation de la valeur en ligne s'effectue sans engagement bilatéral, ni paiement de contrepartie forcément. [Cf. aussi : V.-L

constat confirme le caractère supplétif et non-indispensable de certains critères de l'acquis communautaire du commerce électronique européen. La LCEN reprend les deux critères technologiques fondamentaux du commerce électronique européen, à savoir : l'utilisation d'une technique de communication à distance et le recours à la voie électronique. Au même sens que la directive 2000/31/CE, le droit français confirme leur caractère essentiel comme condition juridique d'existence du commerce électronique. En faisant état de la « distance » dans la fourniture ou la proposition des biens et des services, la LCEN corrobore les acquis européens plus anciens sur le « téléachat »[512] et le « contrat à distance »[513], qui étaient déjà connus du droit français.[514]

3. L'évolution du régime prohibitif des jeux d'argent en ligne dans le champ du commerce électronique européen et français

La directive 2000/31/CE sur le commerce électronique avait exclu de son champ certains jeux d'argent en ligne, en énumérant limitativement : les jeux de hasard, les loteries et les transactions portant sur des paris, supposant des enjeux en valeur monétaire.[515] Le droit considère la dialectique du jeu et de l'argent, car « le jeu étant payant, il s'agit en outre de protéger ceux pour qui il peut représenter un danger [...] *A contrario*, les jeux gratuits ne présentent en principe que peu de risques pour ceux qui s'y adonnent. Mais encore faut-il que le jeu soit réellement gratuit. Or, une immersion dans les méandres de la réglementation des loteries publicitaires montre que la question de gratuité d'un jeu est plus complexe ».[516] En 2000, le législateur européen avait néanmoins admis les jeux promotionnels ou les concours ayant pour but d'encourager la vente des biens ou des services et de rétribuer, le cas échéant, par l'acquisition des biens ou des services en promotion.[517]

BENABOU et J. ROCHFELD, *op.cit,* pp. 19-20. Le commerce en ligne relativise l'aspect lucratif du commerce classique. Aujourd'hui avec l'Internet, « "si c'est gratuit, vous êtes le produit", martèle un traditionnel mantra de l'économie numérique ». Les auteures dénoncent l'usage fait des données personnelles par les GAFA/GAFTAM « à l'insu de l'individu qui en est à l'origine, pour dégager des profits colossaux ».]

[512] Directive 89/552/CEE du Conseil européen du 3 octobre 1989 visant la coordination de certaines dispositions législatives, réglementaires et administratives des États membres, relatives à l'existence d'activités de radiodiffusion télévisuelle, JOCE, L 298, 17 octobre 1989, p. 23.

[513] Directive 97/7/CE du Parlement européen et du Conseil du 20 mai 1997 concernant la protection des consommateurs en matière de contrats à distance, JOCE, L 144 du 4 juin 1997, p. 21.

[514] L'ordonnance n°2001-741 du 23 août 2001 avait déjà transposé en France la directive 97/7/CE sur les contrats à distance (abrogée).

[515] Considérant n°16, Directive 2000/31/CE, préc.

[516] C. DUREZ, « Les mille visages du jeu », in G. JULIA (sous dir.), *Jeu, Argent et Droit,* Coll. Actes, IRDA, Dalloz, Paris, 2013, p. 21.

[517] Considérant n°16, Directive 2000/31/CE, préc.

Finalement, en matière des jeux d'argent en ligne, une notable évolution juridique a permis l'inclusion des jeux d'argent en ligne dans le champ du commerce électronique européen. « Depuis l'avis motivé de la Communauté européenne adressé notamment à la France et de la jurisprudence de la Cour de justice de la Communauté européenne depuis les années 1990, les restrictions à la liberté de prestations des services apportées aux opérateurs de paris sportifs établis dans d'autres pays membres perdent de leur caractère acceptable. Déjà en ces années-là, la Direction générale (DG) III de la Commission européenne avait envisagé de proposer des mesures d'harmonisation des réglementations nationales sur les jeux. Les États, unanimes avaient alors repoussé cette tentative, notamment au Conseil d'Edimbourg en 1992. Le secteur des jeux en ligne était donc exclu de la directive européenne 2000/31/CE sur le commerce électronique. Et plus récemment ce *statu quo* avait été maintenu dans la directive européenne 2006/13/CE relative aux services dans le marché intérieur. » [518]

Au sein du marché intérieur européen, la disparité des régimes sur les jeux d'argent en ligne dans les États membres avait été à la base d'un phénomène purement économique, mais posant des défis juridiques d'harmonisation et de contrôles administratifs conjoints. À la manière du doyen Jean Carbonnier, « il existe dans nos sociétés des "poches" de non-droit qui correspondent souvent à des anomalies économiques. Ces anomalies dans un état d'économie de marché influent sur le droit, qui ne peut se faire l'écho de ces phénomènes. La stricte législation des casinos sédentaires, réels, renvoie à l'idée d'une économie maîtrisée et contrôlée. L'économie parallèle des casinos en ligne offrait un espace de non-droit "promis à un bel avenir" ».[519]

En effet, le contournement de la prohibition des jeux d'argent en ligne procédait astucieusement des délocalisations factuelles de leurs points d'origine. Bien évidemment, le souhait des créateurs des sites de jeux de hasard en ligne était et demeure toujours de gagner de l'argent. Par crainte d'être fortement taxés ou tout au moins poursuivis en justice, les opérateurs des casinos sur internet n'hésitaient pas à se délocaliser dans des espaces qui, à l'instar des paradis fiscaux, étaient transformés en véritables paradis ludiques. Les pages d'accueil des sites *web* étaient alors estampillées de la mention : « Le site est soumis à la législation de … », généralement, certains pays exotiques : les « paradis off shore ».[520]

---

[518] M. BÉHAR-TOUCHAIS, J. ROCHFELD, A. DE GUILLENCHMIDT-GUIGNOT et (avec collab.) A. FOURNIER, *Les jeux en ligne en France et en Europe : quelles réformes trois ans après l'ouverture du marché ?,* Société de Législation comparée, vol.7, Coll. Trans Europe experts, Paris, 2013, pp. 21-22.

[519] J. CARBONNIER, *Flexible droit : Pour une sociologie du droit sans rigueur*, 10e éd., Paris, LGDJ, 2001, hors coll., p. 496. M.-A. BROUSSARD, « Les Casinos virtuels, une zone de non droit ? », p. 2 [http://www.droit-tic.com/pdf/casinos_virtuels.pdf] (consulté le 13 novembre 2013).

[520] G. GASCOIN, *Les casinos sur l'Internet,* Mémoire/DEA, sous dir. Prof. Jérôme Huet, Univ. Paris II, 2002-2003, p.19.

Aujourd'hui, la libéralisation de la prestation des services de jeux d'argent, de paris, de pronostics et de hasard en ligne est acquise en Europe, grâce à l'œuvre du juge européen constant dans sa jurisprudence envers les États membres de l'Union.[521] Mais, au-delà de l'inscription évolutive des jeux d'argent dans l'objet du commerce électronique européen, des « difficultés rencontrées proviennent encore du caractère de nature transfrontière du jeu en ligne et de l'impossibilité pour les pays démocratiques de se couper de cette réalité sociologique et technologique ».[522]En la matière, la CJUE a fixé des conditions drastiques pour justifier des restrictions à la liberté de prestations de services dans le secteur des jeux ou pour légitimer le monopole public dans ledit secteur. Sont désormais seuls à restreindre cette liberté : l'existence des motifs impérieux d'intérêt général (protection des consommateurs ou de l'ordre social), et le respect des principes de nécessité, de proportionnalité, de non-discrimination et de cohérence entre prestataires dans les États membres.

Au niveau européen, plusieurs initiatives impliquant toutes les institutions ont contribué à faire évoluer le régime des jeux d'argent en ligne, notamment : les consultations menées par la présidence du conseil de l'Union européenne,[523] la résolution du Parlement européen sur l'intégrité des jeux en ligne en 2009 [524] et les réponses à la consultation de la Commission de l'Union lancée en 2011. [525] Cette dernière, dans sa communication du 23 octobre 2002, n'estimait *« pas opportun, à ce stade, de proposer une législation de l'UE spécifique au secteur ».*[526] Sur le même sujet de consultation relative aux défis à relever face à l'essor rapide de l'offre des jeux d'argent et de hasard en ligne, la Commission avait préconisé, notamment, une amélioration de la coopération administrative entre autorités de régulations nationales compétentes.[527]

---

[521] Pour le cas de l'Allemagne : CJUE Arrêt du 8 juillet 2010 C-316/07 ; pour le cas de la Suède : C-447/08 et 488/08 ; pour le cas néerlandais : C-203/08 et C-258/08 ; pour le cas de l'Italie : C-72/10 et 77/10 et celui de l'Autriche : C-64/08 et C-347/09, citées par M. BEHAR-TOUCHAIS, J. ROCHFELD et *al.*, *op.cit.*, pp. 21 et s.

[522] C. BLOUD-REY, « La régulation du secteur des jeux d'argent et de hasard sous le prisme des régulateurs belge et français » in, G. JUILIA (sous la dir.), *op.cit.*, p.76.

[523] *Ibidem*, p. 75. Conseil de l'UE, *Conclusions sur le cadre relatif aux jeux de hasard et aux paris dans les États membres de l'UE*, 3057è Conseil : « compétitivité » (marché intérieur, industrie, recherche et espace), Bruxelles, 10 décembre 2010, doc. n°16884/10.

[524] *Ibidem.* Rapport sur l'intégrité des jeux d'argent en ligne, Résolution du Parlement européen du 10 mars 2009, 2008/2215 (INI), JO C 87e du 1er avril 2010, p. 30.

[525] Commission de l'UE, *Livre vert sur les jeux d'argent et de hasard en ligne dans le marché intérieur,* 24 mars 2011, COM (2011) 128 final, SEC (2011) 321 final.

[526] Commission de l'UE, *Vers un cadre européen global pour les jeux de hasard en ligne*, Communication de la Commission au Parlement européen, au Conseil, au Comité économique et social et au Comité des régions, 23 octobre 2012, Doc. 596 final.

[527] *Ibidem*, p. 75. En France, le secteur des jeux d'argent est contrôlé par l'Autorité de régulation des jeux en ligne (ARJEL), tandis qu'en Belgique c'est la Commission belge des jeux de hasard qui en assure le contrôle.

À ce propos, il est intéressant de parcourir les tendances contenues dans le *Livre vert* de la Commission européenne du 24 mars 2011 sur les jeux d'argent et de hasard dans le marché intérieur.[528] Sur le marché global de ces derniers, le segment des jeux en ligne est celui qui connaissait la croissance la plus rapide, avec des recettes annuelles ayant dépassé 6,16 milliards d'euros en 2008.[529] Les difficultés que pose la coexistence de modèles réglementaires différents[530] sont illustrées par le nombre de questions préjudicielles posées dans ce domaine et par l'apparition d'importants marchés en ligne illicites ou *gris*[531] dans les États membres. En 2006, sur les 14.823 sites actifs de jeux d'argent et de hasard en ligne en Europe, plus de 85 % étaient exploités sans aucune licence.[532]

Plus récemment encore, le Parlement européen a adopté la résolution du 10 septembre 2013 *« sur les jeux d'argent et de hasard en ligne dans le marché intérieur ».*[533] Son paragraphe 1er a résolu qu'afin de garantir un niveau élevé de protection des consommateurs, notamment pour les plus vulnérables, une offre équitable et licite de services de jeux d'argent et de hasard est à définir par chaque État membre dans le respect du droit de l'Union. L'ambition européenne est de réduire les coûts sociaux et les effets néfastes des activités de ces jeux lucratifs en ligne. Aussi, le Parlement européen avait-t-il invité la Commission et les États membres à prendre des mesures pour combattre les jeux d'argent et de hasard illégaux hébergés à l'intérieur même du territoire des États membres. À cet égard, il a prié instamment la Commission européenne d'inviter les États membres à

---

528 Commission européenne, *Livre Vert sur les jeux d'argent et de hasard en ligne*, préc., pp. 4 et 5.

529 Source : [http://ec.europa.eu/internal_market/services/gambling_en.htm] (consulté le 23 décembre 2013).

530 Il s'agit de deux grands modèles de règlement, à savoir : 1° l'un est fondé sur des opérateurs fournissant des services sous licence dans un cadre strictement réglementé ; 2° l'autre fonctionne comme un monopole d'État ou non, strictement contrôlé.

531 Commission de l'UE, *Livre vert sur les jeux d'argent et de hasard en ligne dans le marché intérieur,* 24 mars 2011, préc. Le *Livret vert* utilise le « chiffre gris » pour désigner des marchés occupés par des opérateurs possédant une licence en bonne et due forme dans un ou plusieurs États membres et fournissant des services de jeux d'argent et de hasard en ligne dans d'autres États membres, sans avoir obtenu d'autorisation à cette fin au titre de la législation nationale correspondante. En revanche, les « marchés illicites ou noirs » désignent des marchés sur lesquels des opérateurs dépourvus de licence cherchent à proposer des services de jeux d'argent et de hasard en ligne. D'une manière générale, la notion de marché « gris » s'utilise fréquemment pour désigner une situation de fait ou de droit dans le contexte du droit de l'UE, par exemple, en ce qui concerne les importations parallèles de biens.

532 CERT-LEXSI, *Cybercriminalité des jeux en ligne*, livre blanc du Laboratoire d'expertise en sécurité informatique, juillet 2006, [http://www.lexsi.com/telecharger/gambling_cybercrime_2006.pdf] (consulté le 13 novembre 2013).

533 Parlement européen, *Résolution sur les jeux d'argent et de hasard en ligne dans le marché intérieur,* 10 sept. 2013, Document (2012/2322(INI)), éd. provisoire, 29 oct 2013. [http://www.europarl.europa.eu/sides/getDoc.do?pubRef=-//EP//TEXT+TA+P7-TA-2013-0348+0+DOC+XML+V0//FR] (consulté le 21 novembre 2013).

prendre des mesures de sanctions contre les jeux illégaux dans le sens de ses recommandations relatives à la protection des consommateurs et à la publicité (Paragraphe 2 de la Résolution).[534]

À titre d'illustration, la situation française, avant l'entrée en vigueur au 1er janvier 2010 de la loi portant libéralisation des jeux en ligne pour les titulaires de licence, était marquée par le principe de l'illégalité des casinos sur Internet.[535] La recherche de contournements dans les « paradis ludiques » au-delà des frontières nationales nourrissait cette pratique des jeux illégaux en ligne. Pour mémoire, le régime de prohibition inaugura l'ère du recours aux jeux clandestins dans des *« casinis »*[536], petites maisons, à la fois tripots et maisons de passe. « Le dérèglement du commerce, la ruine des familles, la débauche et le libertinage des jeunes gens[537]» étaient déjà à la base des premières réglementations prohibitives des jeux.[538] Récemment, les mêmes craintes ayant naguère motivé des décisions prohibitives, moyenâgeuses, demeuraient encore ténues : « considérant que les jeux d'argent et de hasard ne constituent pas une activité économique ordinaire, du fait de leurs incidences sanitaires et sociales potentiellement négatives, comprenant la dépendance au jeu, dont l'incidence et le coût sont difficiles à estimer, le crime organisé, le blanchiment de capitaux et le trucage de matchs ; [...] peuvent entraîner un risque d'addiction accru par rapport aux jeux d'argent et de hasard traditionnels hors ligne, notamment en raison de l'accès plus aisé et de l'absence de contrôle social, mais que des recherches et des données supplémentaires sont nécessaires à cet égard… ».[539]

Aujourd'hui, l'Europe a légalisé les jeux en ligne, qui désormais, sont offerts dans le commerce électronique. L'état révolutionnaire de la technique des casinos numériques et pokers virtuels en ligne a pu trouver un écho de règlementation en droit.

En croisant les expériences juridiques européennes, le commerce électronique français présente une double originalité aussi bien face à l'acquis européen que face au commerce traditionnel.

---

[534] M. BÉHARD-TOUCHAIS, J. ROCHFELD et *al.*, o*p.cit*, p.22.

[535] Loi n°2010-476 du 12 mai 2010 relative à l'ouverture à la concurrence et à la régulation du secteur des jeux d'argent et de hasard en ligne, JORF n°0110, 13 mai 2010, p. 8881, texte n° 1.

[536] C.-E. MATOT, *Jeux, Service public et Puissance publique,* Mémoire de DEA, Droit public de l'économie, Univ. Paris II Panthéon-Assas, 1999-2000, cité par G. GASCOIN, *op.cit.*, p. 19.

[537] Pour la France, deux textes du XVIIIe siècle rappellent la quintessence des prohibitions de jeux licencieux : 1° l'ordonnance royale du 4 décembre 1717 dénonçant les troubles à l'ordre public occasionnés par le jeu et 2° l'ordonnance du 15 décembre 1722 étendant l'interdiction des jeux dans les îles et les colonies françaises d'Amérique.

[538] G. GASCOIN, *op.cit.*, pp. 19-23.

[539] Point A, résolution du Parlement européen du 10 septembre 2013 sur les jeux de hasard et en ligne dans le marché intérieur, (2012/2322 (INI)), préc.

[539] G. GASCOIN, *op.cit.*, pp. 19-23.

§ 2. Les esquisses d'originalité de l'objet du commerce en ligne électronique français face aux typologies du droit classique

Les mutations des techniques électroniques sont à la base de la transformation de certaines institutions juridiques. En tant que tel, le commerce en ligne en est une illustration. Il est composé d'une mosaïque d'activités économiques pouvant s'apparenter aux actes de commerce traditionnel, mais aussi à des faits et actes juridiques, unilatéraux ou bilatéraux de nouveau genre, propres à la vie des affaires en ligne. **(A)**

À plusieurs égards, la logique d'actes de commerce irrigue la commercialité électronique, mais sans que les deux aspects ne se mélangent totalement. Le contrat électronique illustre bien l'originalité des activités économiques en ligne. Notre analyse du millefeuille législatif européen avait déjà permis de reconstituer l'objet du commerce électronique européen.[540] La transposition française conserve la même typologie générale au sein du marché de l'Union. Toutefois, quelques spécificités concernent les activités numériques et d'intermédiation technique caractérisant le commerce en ligne. **(B)**

A. Les esquisses d'originalité du commerce électronique face aux typologies du commerce traditionnel

Les activités numériques en ligne ont suscité l'enjeu de leur encadrement juridique, sans abolir l'existence du droit commercial classique. Un fort intérêt se ressent du nombre d'études juridiques autour du contrat électronique, au point de pouvoir occulter l'importance des analyses sur la composante non-contractuelle du commerce en ligne.[541] En réalité, l'objet du commerce électronique s'oppose-t-il ou se juxtapose-t-il au commerce traditionnel ? Leurs logiques de commercialité respectives se confrontent-elles ou se confortent-elles ? Toute l'activité économique en ligne n'aboutit pas à des contrats en ligne. Aussi, notre analyse essaie de rapprocher la commercialité électronique avec les bases du commerce traditionnel pour en esquisser l'originalité, sans remettre en cause les fondements du droit classique.

Cependant, il n'y a pas de commerce sans contrat, ni de commerce électronique sans contrat électronique. Les contrats en ligne sont des

---

[540] *Cf.* Titre 1, Chapitre 1, section 1 du présent ouvrage.

[541] J. ROCHFELD, « la définition du contrat électronique », pp. 3-34 ; M. BLANCHARD, « La phase précontractuelle – La communication commerciale électronique », pp. 35-70 ; G. BUSSEUIL, « La phase précontractuelle – La formation du contrat électronique », pp. 71-132 ; C. BAKER-CHISS, « Le droit de rétractation du contrat électronique », pp. 134-199 ; E. POILLOT, « L'exécution du contrat électronique », pp. 201-254, A. PENNEAU, « La forme et la preuve du contrat électronique », pp. 255-356 ; L. USUNIER, « La loi applicable au contrat électronique », pp. 357-408 ; L. MARINO, « La protection des données personnelles et le contrat électronique », pp. 409-438 ; L. GRYNBAUM, « Les services financiers à distance par voie électronique », pp. 439-466 ; in J. ROCHFELD (sous la dir.), *L'acquis communautaire : Le contrat électronique*, préc.

institutions juridiques *sui generis* marquant la transformation du droit des contrats. Ils se présentent sous forme d'un écrit électronique tenant lieu de preuve d'obligations contractées à travers un dispositif automatisé de commande contre accusé-réception. Aussi, leur particularité est-elle d'être non seulement une source d'obligations (*negotium*) et en principe de nature commerciales, mais aussi de tenir lieu de preuve en tant qu'*instrumentum*.[542] À l'analyse, le contrat en ligne est essentiellement un contrat de type commercial, puisque l'acquis européen exclut du commerce électronique les contrats passés à des fins autres que professionnelles à l'aide des moyens de communications individuelles.[543] Quelle typologie retenir pour l'étude de l'objet du commerce électronique ? Les activités contractuelles et non contractuelles forment les catégories du commerce en ligne, vu les régimes et effets juridiques formant l'intérêt de leur distinction.

1. Les activités du commerce électronique au regard du Code de commerce

La LCEN a défini le commerce électronique, alors que « le droit commercial classique n'avait pas su inviter le législateur à définir le commerce » lui-même.[544] Le terme « commerce », du latin *commercium, merx, mercis, marchandise,*[545] se définit encore par les actes de commerce et par la qualité des personnes faisant profession d'actes de commerce ; ce qui renvoie toujours et encore aux actes de commerce eux-mêmes. La notion de commerce se comprend à travers ces deux éléments objectifs (actes) et subjectifs (commerçants). Cependant, le droit européen et français du commerce électronique ne se structure pas autour de la logique de définition ci-dessus du commerce classique. Leurs règles ne donnent pas une liste exhaustive des activités économiques en ligne. Au contraire, elles

[542] Article 1127-2, Code civil, tel que modifié par l'article 2 de l'ordonnance n°2016-131 du 10 février 2016 portant réforme du droit des contrats, du régime général et de la preuve des obligations, JORF, n°0035, 11 février 2016, texte n°26. O. BELOUIN et S. DEGEZ, « Quelques petites particularités du contrat électronique… », 7 mars 2016, in [www.degez-kerjean.fr] (consulté le 17 mars 2017). Dans leur commentaire, les deux avocats rappellent que l'article 1127-2, C.civ. prévoit que l'internaute doit avoir la possibilité « du double-clic. L'internaute valide et/ou corrige sa commande (1er clic), puis accepte l'offre (2ème clic). La conclusion du contrat n'aura lieu qu'au second clic ». *Cf.* aussi : Articles 1316, 1316-1, 1316-2, 1316-3, 1316-4 du code civil, insérés par l'article 1, loi n°2000-230 du 13 mars 2000, JORF, 14 mars 2000. Pour commentaire : J. ROCHFELD, « La définition du contrat électronique », in J. ROCHFELD (sous la dir.), *L'acquis communautaire…,* préc., pp. 30. « À cet égard, il se concentre, tout d'abord, sur l'écrit électronique, exigé pour la validité d'un acte juridique : à l'instar des articles 1316-1 et 1316-4 du Code civil actuel, l'article 1127-2 de l'avant-projet [de droit des obligations et du droit de la prescription] prévoit l'équivalence de l'écrit électronique et de celui papier ». *Cf.* Sur cet avant-projet : *Rapport à Monsieur le garde des Sceaux*, Ministre de la Justice, 22 septembre 2005, La documentation française, 2006.

[543] Directive 2000/31/CE, préc.

[544] H. CAUSSE, *op.cit,* pp.16-17.

[545] I. JEUGE-MAYNART (sous la dir. gén.), *Le petit Larousse illustré 2017*, Paris, 2016, p. 274.

déterminent seulement les critères généraux du commerce en ligne, en les orientant dans une logique propre pour éviter de les assimiler uniquement aux actes de commerce traditionnel.[546]

Néanmoins, en insérant les innovations de la LCEN dans l'ordre national (code civil, code de la consommation), le législateur réaffirme l'attachement au commerce classique. L'acquis européen en reconnaît déjà les bases, puisqu'il fait référence aux finalités commerciales ou professionnelles dans les usages économiques des techniques électroniques.[547] Le législateur n'a pas catégorisé les activités du commerce en ligne, dans le même genre de typologie que les actes de commerce par nature.

Pour rappel, le commerce classique connaît trois grandes catégories d'actes de commerce : ceux par nature, ceux par la forme et ceux par accessoire. En premier lieu, le « sommaire »[548] des *actes de commerce par nature* de l'article L.110-1 du Code français de commerce concerne : 1° l'achat pour revente ; 2° les activités financières : banque et opérations de bourse, les opérations d'entremise (le courtage et l'assurance) ; 3° les actes faits en entreprise (du domaine légal [549] et des extensions jurisprudentielles[550]). En deuxième lieu, les *actes de commerce par la forme* de l'article L.110-1 du Code français de commerce concernent généralement la lettre de change. [551] En troisième lieu, les *sociétés commerciales* répertoriées à l'article L-210-1, alinéa 2, du même Code sont toujours commerciales même si leur activité est civile.[552]

De plus, tous les actes passés par une société commerciale sont commerciaux, en vertu d'une présomption irréfragable. Aussi, le droit

---

[546] H. CAUSSE, *op.cit,* p. 17.

[547] Directive 2000/31/CE, préc.

[548] Pour ce sommaire, *cf.* P. PÉTEL (dir.), S. BENILSI, S. CABRILLAC et AL, *Code de commerce annoté,* 28è éd., LexisNexis, Paris, 2016, pp. 3-12.

[549] À savoir : Location, y compris sous-location ; commission ; transport sauf « artisans chauffeurs taxis » (Aix-en-Provence, 6 juin 1961 : RTD, *Com.* 1961, 883. Cass. Com., 4 déc.1968 : Bull. civ. IV, n°345) ; Agence et bureau d'affaire, y compris le généalogiste (Paris, 1er mai 1937 : DH 1937, 368) et non compris la société des auteurs (Cass. civ., 8 déc. 1913 : Gaz. Pal. 1914, 1, 93) par exemple la SACEM, société civile et organisme professionnel d'auteurs (Cass.com., 5 nov. 1985 : Bull. civ., IV, n°263)

[550] Notamment : Cliniques (Cass. Civ., 12 nov. 1923 : S. 1925, 1, 53 – Paris, 13 févr.1902 ; Entreprises de construction des travaux publics (Cass. Civ., 3 fév. 192, DP 1902, 1, 294) ; activités hôtelières, Cafés ou restaurants, cercle (Paris, 21 nov. 1812 : Dalloz jurispr. gén., Ve Actes de commerce, n°130 – Paris, 5 janv. 1888 : DP 1889, 2, 140) ; Entreprise de personnel temporaire (Cass. com., 18 janv. 1966 : JCP 1966, I, 14714) ; Entreprise de pompes funèbres comme entreprise de fournitures (Paris, 3 mai 1881 : DP 1881, 2, 193) ; Expert en diagnostic immobilier à titre habituel et lucratif (Cass. com. 5 déc. 2006 : RJDA 4/2007, n°419 ; D. 2007, p.89., obs. chevrier) ; Entreprise de publicité et d'information (Cass. Com., 9 nov. 1970 : Gaz, pal. 1971, 1, 126)

[551] À savoir : billet à ordre, warrants agricoles, chèques sans oublier que le simple fait du règlement par un chèque ne saurait lui seul justifier la compétence commerciale (Colmar., 27 mars 1977 : RJAL 1977, 187).

[552] Cass. Com., 18 févr.1975 : Bull. civ. IV, n°48, pour des sociétés anonymes d'expertise comptable.

commercial assure-il l'unicité de régime de tous les actes du commerçant en vertu de l'adage « *accessorium sequitur principale* », « l'accessoire suit le principal ». Dès lors, un acte effectué de manière accessoire par un commerçant devient-il commercial, même si ce n'est pas un acte de commerce par nature.[553] Or, « Il n'existe en réalité aucune raison d'exclure le site internet de la réglementation qui est générale et ne comporte en l'état aucune exception en la matière ».[554]

Le commerce électronique est tout aussi constitué d'actes de commerce et d'actes juridiques que de simples faits juridiques, techniques et économiques.[555] Si d'une part l'originalité du commerce en ligne est acquise, les institutions juridiques du commerce classique n'en sont pas pour autant transformées, ni chamboulées d'autre part. Le commerce classique et le commerce électronique ne sont pas opposés, le second étant complémentaire avec ses espèces autonomes et ses régimes spécifiques, qui se greffent au premier. Le commerce en ligne ne découle pas d'une énumération exhaustive d'actes de commerce par nature comme en droit classique mais son objet tient d'« un bouleversement lié au couplage de la technique de numérisation et de l'Internet » enserrant toute l'activité économique en ligne.

Il est à considérer que les services de la société de l'information qui composent le commerce électronique ne résultent pas forcément de la conclusion d'un contrat, entre le prestataire et le destinataire du service concerné. Néanmoins, les contrats du commerce électronique sont de la nature des contrats commerciaux, c'est leur particularisme technologique de

---

[553] J. AZEMA et *al.*, *op.cit,* p. 114 et s. La catégorie d'actes de commerce renferme des actes déterminés qui ne sont commerciaux que s'ils sont répétitifs, par habitude ou par profession. Ces actes peuvent être passés à distance et par la voie électronique dans la mesure des possibilités techniques et de leur compatibilité à l'objet du commerce électronique. Leur répétition à titre professionnel confère la qualité de commerçant à celui qui réalise ces actes. La deuxième catégorie est celle des actes qui sont commerciaux en toutes circonstances, quelle que soit la personne qui les accomplit. La forme utilisée entraîne la commercialité de l'acte.

[554] TGI, Mulhouse (France), Jugement correctionnel, n°122/2006, du 12 janvier 2006 ayant condamné un revendeur d'objets mobiliers sur Internet à une amende délictuelle de 3800,00 euros (trois mille huit cents), pour l'infraction d'exécution d'un travail dissimulé et pour l'infraction de non tenue du registre. [...] « Le caractère intentionnel de l'infraction résulte de la volonté de l'intéressé de se soumettre à la fois aux limites imposées aux non professionnels et aux règles encadrant l'activité des professionnels. », Commentaire du site [http://www.davidtate.fr/] (consulté le 22 février 2016) : « L'activité de vente d'objets mobiliers usagers ou acquis à des personnes autres que celles qui les fabriquent ou qui en font le commerce impose au vendeur sur internet de biens mobiliers qui se comporte comme un professionnel de tenir un registre contenant une description des objets acquis ou détenus en vue de la vente ou de l'échange en permettant l'identification de ces objets ainsi que les personnes qui les ont vendus ou apportés à l'échange. »

[555] Il suffit de considérer les ventes en ligne (acte de commerce et acte juridique), la publicité en ligne (fait juridique pour son destinataire et receveur sans son accord) ou encore les moteurs de recherche (fait économique ou technique pour faciliter l'utilisation ou le visionnage d'un contenu en ligne).

conclusion qui fait d'eux des contrats électroniques, en tant qu'institution juridique spécifique.[556]

2. La typologie contractuelle et non-contractuelle du commerce électronique

Au sens de l'acquis européen, *« les services de la société de l'information* [SSI] *ne se limitent pas exclusivement aux services donnant lieu à la conclusion des contrats en ligne ».*[557] Un genre particulier des SSI est celui consistant à proposer des conclusions de contrats en ligne. Les contrats électroniques sont un type de contrats perçus au regard de la spécificité de leur mode de conclusion par la voie du réseau.

Les typologies contractuelles et non-contractuelles ressortent de la définition du commerce électronique, à l'article 14 de la LCEN évoquant la personne qui « *propose* » et « *assure* » à distance par la voie électronique, la fourniture des biens et des services. « Proposer » comporte le sens premier d'une offre (contractuelle), tandis qu'« assurer la fourniture des biens » découle naturellement d'un contrat de vente (en ligne).[558] Il en est ainsi également quant à « proposer », qui n'est pas un acte bilatéral car, les acteurs restent à ce stade en dehors de la sphère contractuelle. Et, il a déjà été conclu que la simple proposition de contrat dans le commerce électronique est un service de la société de l'information à part entière, à valeur non-contractuelle. Par ailleurs, l'article 14, alinéa 2 de la LCEN cite des services comme *« fournir des informations en ligne* [...] *et des outils de recherche »* qui sont des faits juridiques, donc non-contractuels, entre le prestataire et le destinataire du service. De manière pertinente, la LCEN démontre une séparation *a rubrica* entre ces deux typologies.

Ainsi, la *« publicité par voie électronique »* est l'emblématique paradigme d'activités non-contractuelles en ligne, faisant l'objet du chapitre II de la LCEN. En revanche, les « contrats sous forme électronique » ont été insérés par le « Chapitre III : les obligations souscrites sous forme électronique » de la LCEN, désormais insérés au titre du chapitre VII du titre III du livre III du code civil français.

Premièrement, la typologie contractuelle des activités du commerce électronique est illustrée par l'article 1369 du code civil français. Inséré par la LCEN, cet article consacre un nouveau *« formalisme propre qui atteint*

[556] Dans certains cas de figure, il est vrai, ces activités peuvent être la conséquence d'un contrat conclu hors ligne, mais exécutées sur le réseau ou à travers la voie électronique. Il peut ainsi s'agir d'un contrat d'abonnement ou d'achat de journaux en ligne conclus sur papier, dans les installations d'une agence de presse, mais dont la fourniture consiste en l'accès en ligne des livraisons ou des éditions publiées par voie électronique. Même si le service d'édition de journaux en ligne est un service de la société de l'information et relève en soi du ressort du commerce électronique, le contrat à sa base, lui, n'est pas électronique au sens de la directive 2000/31/CE.

[557] Considérant n°18, Directive 2000/31/CE, préc.

[558] KALONGO MBIKAYI, *Droit civil des obligations*, cours, UNIKIN/UPC, Kin, Juin, 2003, p. 45.

tous les contrats conclus dans l'orbite du commerce électronique ».[559] Des règles de fond et de forme particularisent le contrat passé par voie électronique.[560] En substance le formalisme électronique est manifesté par les éléments suivants :

- une phase précontractuelle préalable : obligation d'information consécutive à une offre de contracter en ligne[561] ;
- la formalité du double clic pour l'échange de consentements contre accusé-réception automatique et « sans délai injustifié »[562] ;
- l'obligation post-contractuelle d'archivage du contrat électronique.[563]

C'est ainsi qu'il peut aussi être lu à l'article 1369-1 du Code civil inséré par la LCEN : « Quiconque propose, à titre professionnel, par voie électronique, la fourniture de biens et des services, *met à la disposition les conditions contractuelles* applicables d'une manière qui permettent leur conservation et leur reproduction ». Cette obligation ne peut être réalisée que par la mise à disposition d'une plateforme technologique.

Deuxièmement, la directive 2000/31/CE avait cité des activités du commerce électronique n'aboutissant pas nécessairement[564] à des contrats électroniques.[565] L'article 14, alinéa 2, de la LCEN paraphrase l'acquis

---

[559] C. CASTETS-RENARD, « Le formalisme du contrat électronique ou la confiance décrétée », Defrenois, octobre 2006, n°20/06, p. 1529.

[560] Article 1127-1, C.civ., préc. Cet article réforme le droit des contrats à l'ère numérique. Il exige le « double clic » pour la vérification des éléments essentiels de l'offre (1er clic) et pour leur validation contre accusé-réception sur la même plateforme (2e clic).

[561] Art. 1369-4, C.civ. Pour exception au principe : art. 1369-6, C.civ. : « il est fait exception aux obligations visées aux 1° et 5° de l'article 1369-4 et aux deux premiers alinéas de l'article 1369-5 pour les contrats de fourniture de biens ou de services qui sont conclus exclusivement par échange de courriers électroniques ». Tout autant ; « il peut, en outre [y] être dérogé [...] dans les conventions conclues entre professionnels ».

[562] Art. 1369-5, C.civ.

[563] Art. 134-2, C. consom, créé par la LCEN et exécuté désormais par décret n° 2016-884 du 29 juin 2016 relatif à la partie réglementaire du code de la consommation (JORF, n°0151, 30 juin 2016, texte n°62). Il abroge le décret n°2005-137 du 16 février 2005 pris en application de l'article L.134-2 du C. consom. Pour tout contrat d'une valeur de 120 euros, le contractant professionnel par voie électronique doit conserver l'écrit (*instrumentum*) pendant un délai de 10 ans et en garantit l'accès à tout moment à son cocontractant s'il en fait la demande. L'article 8 du décret n° 2016-884 du 29 juin 2016 fait courir le délai de conservation à compter du jour de la conclusion du contrat en cas de livraison ou d'exécution immédiate, sinon à dater de la livraison du bien ou de l'exécution de la prestation.

[564] À titre de rappel, il est possible que ces services, dans certains cas, donnent lieu à des contrats d'adhésion, avec des cases à cocher pour marquer son acceptation aux conditions générales d'un site avant l'accès aux services d'accès aux données ou au moteur de recherche. Il s'agit des contrats d'adhésion auxquels certains sites web d'abonnement gratuit ou de courrier électronique soumettent leurs usagers, mais encore là cela ne constitue pas en réalité des contrats électroniques au sens complet du terme.

[565] Considérant n°18, directive 2000/31/CE, préc. À titre d'exemple, il en est ainsi des « services qui fournissent des informations en ligne ou des communications commerciales, ou ceux qui fournissent des outils permettant la recherche, l'accès et la récupération des données ».

européen en ajoutant, comme exemple de tels services : « des outils [...] d'accès à un réseau d'informations ou d'hébergement d'informations, y compris lorsqu'ils ne sont pas rémunérés par ceux qui le reçoivent ». En rallongeant ainsi l'acquis communautaire européen, ce supplément de la liste française réinscrit les opérateurs des télécoms dans la liste des prestataires techniques du commerce électronique. « *Nous vivons dans une économie de l'accès qui valorise le messager* ».[566]

Les prestataires techniques assurent l'accès en gérant les maillons de l'architecture du réseau, sans lequel les requêtes d'utilisateurs ne sauraient parvenir aux extrémités de production et de consommation des biens et des services du commerce en ligne. L'espace numérique est peuplé d'*infomédiaires*[567]. Ce sont ces intermédiaires techniques qui « tous sont nécessaires au stockage et au transport de l'information. Si beaucoup de ces acteurs ont été identifiés assez précocement par le système juridique, qui leur a d'ailleurs conféré au passage un régime de responsabilité allégée propice à leur éclosion (au sein de la directive « commerce électronique » du 8 juin 2000 et de sa transposition française, la [...] LCEN de 2004) d'autres opérateurs spécialisés [...] occupent désormais une place croissante dans l'économie numérique ».[568]

3. Le contrat électronique dans les évolutions de la transposition française de l'acquis européen

À l'ère numérique, la LCEN a amené en 2004 une transformation juridique en instituant le contrat électronique, sans cependant le définir. À propos, les éléments génériques du « contrat par voie électronique » européen restent les mêmes qu'en droit français pour le « contrat électronique ».

La transposition française de l'acquis européen du contrat électronique est tributaire des enjeux de transition du téléachat (1989), des contrats à distance (1997) jusqu'aux activités numériques ayant influé sur le droit, y compris la commercialisation des services financiers à distance (an 2002). À l'ère numérique, la « loi Hamon » de 2014 a enrichi l'acquis européen du commerce électronique.[569] Elle a innové avec le « contrat hors établissement » (2014). Elle a aussi fusionné des régimes auparavant distincts entre le démarchage à domicile, donnant lieu au « contrat hors

[566] A. STROWEL, « Introduction », *Google et les nouveaux services en ligne. Impact sur l'économie du contenu et questions de propriété intellectuelle,* Larcier, 2008.
[567] V.-L BENABOU et J. ROCHFELD, *op.cit,* pp. 39 et s.
[568] *Ibidem,* pp. 39-40 et 42. Notamment : « Ces prestataires dont le statut demeure incertain [...] d'une part, agrègent les contenus pour donner corps à la multitude dans un ensemble organisé, d'autre part, ils référencent et hiérarchisent l'information de telle sorte qu'elle soit visible sur les réseaux. »
[569] Loi n°2014-344 du 17 mars 2014 relative à la consommation (« loi Hamon »), JORF, n°0065 du 18 mars 2014, texte n°1, p.5400.

établissement »,[570] et la vente à distance donnant lieu au « contrat à distance »[571] auquel s'attache le « contrat électronique ». Sachant qu'ils ne sont pas applicables aux contrats conclus avant le 13 juin 2014, leurs régimes spécifiques portent sur les obligations d'informations précontractuelles et le droit de rétractation post-contractuelle,[572] en excluant les contrats notamment ceux portant sur les services financiers et les jeux d'argent.[573] L'ordonnance n°2016-131 du 10 février 2016[574] ne donne pas de définition du contrat électronique, si ce n'est que de façon « elliptique ».[575] Ainsi, malgré les évolutions du droit français, la définition textuelle du « contrat électronique » n'est pas fournie et son sens précis reste laconique. Sur les traces de la doctrine, une définition de synthèse doit être approchée.

Partant du droit européen, la « section 3 : contrat par voie électronique » de la directive sur le commerce électronique du 8 juin 2000 constitue la rubrique centrale de la matière. La directive retient une approche orientée vers la source des obligations, à savoir : le « contrat », en ajoutant la particularité du formalisme technologique de sa conclusion « par la voie électronique ». En France, en revanche, le « *Chapitre III : les obligations souscrites sous la forme électronique* » (articles 25 à 27 de la LCEN) s'oriente vers la valeur de l'écrit électronique et les effets obligatoires dont le contrat est la source en précisant la voie de souscription à ces obligations, à savoir : la voie électronique.

---

[570] Article L. 121-16-1, C. consom. Notamment (le contrat de vente) est conclu dans un lieu qui n'est pas l'établissement commercial du professionnel ou conclu dans l'établissement après que le consommateur ait fait l'objet d'une offre dans un lieu différent de celui où le professionnel exerce son activité habituellement, et en particulier lors d'une excursion organisée par le professionnel. »

[571] Article L. 121-16-1, C. consom. Le Contrat à distance « est un contrat entre un professionnel et un consommateur, dans le cadre d'un système organisé de vente ou de prestation de services à distance, sans la présence physique simultanée du professionnel et du consommateur, par le recours exclusif à une ou plusieurs techniques de communication à distance »

[572] A. N'DOUBA, « Loi Hamon : le nouveau régime des contrats conclus à distance et hors établissements », in *Village de la justice, La communauté des métiers du Droit,* étude d'avocat, 10 juin 2014 [http://www.village-justice.com/articles/loi-hamon-nouveau-regime-des,17093.html] (consulté le 11 janvier 2017).J. CALAIS-AULOY, *op.cit,* pp. 555- « Titre 3 : Règlementation particulière des contrats à distance à distance et hors établissement » ; « Chapitre 1 : Contrats à distance » ; « Chapitre 2 : Contrats hors établissements ».

[573] Article L. 121-16-1, 1° C. consom.

[574] JORF, n°0064, 16 mars 2016, texte n°29.

[575] Ordonnance, n°2016-131 du 19 février 2016 portant réforme du droit des contrats, du régime général et de la preuve des obligations, JORF, 11 février 2016. L'ordonnance est applicable dès le 1er octobre 2016. Pour le qualificatif « définition actuelle, elliptique » : J. ROCHFELD, « la définition du contrat électronique », *op.cit,* p.30. L'auteur envisageait l'article 1128 du projet de réforme du code civil : « Quiconque propose à titre professionnel, par voie électronique la fourniture des biens ou la prestation de service met à disposition les conditions contractuelles applicables d'une manière qui permette leur conservation et leur reproduction ».

De plus, à l'article 25 de ce même chapitre de la LCEN, le « chapitre VII : Des contrats sous forme électronique » regroupe les articles 1369-1-2 et -3 du Code civil français. Dans sa formulation, l'intitulé législatif ne prend pas seulement en compte la source contractuelle des obligations entre parties, mais aussi leur source extracontractuelle ou légale. Cette compréhension rejoint finalement celle de la directive 2000/31/CE sur le commerce électronique. Sous le titre des contrats par voie électronique, elle aborde à la fois les obligations découlant du contrat et les obligations découlant des sources extérieures au contrat, à savoir : régime légal pré- et post-contractuel en ligne.

Il y a bien là une évidente mise en avant-plan de deux types de sources classiques des obligations : découlant du contrat, loi des parties, et provenant de la loi, œuvre du législateur pour les contrats dits nommés. Contracter en ligne est donc une modalité particulière dans les formes et étapes prescrites par la loi. Il fait naître des obligations légales particulières. Les sources et les régimes du contrat électronique sont clairs, mais sa définition reste à déceler et à clarifier. En effet, la définition de l'article 14, alinéa 1er de la LCEN parle d'« activité par laquelle une personne propose ou assure à distance et par la voie électronique la fourniture des biens ou de services ».[576] L'article 1368-1 du Code civil français dispose : « quiconque propose, à titre professionnel, par voie électronique, la fourniture de biens ou la prestation de services, met à disposition les conditions contractuelles applicables d'une manière qui permette leur conservation et leur reproduction ».[577]

Si les deux dispositions ci-dessus n'avancent guère une véritable définition du contrat électronique, elles démontrent néanmoins le particularisme unanime du contrat formé par la voie électronique. Le contrat en ligne s'assimile bien au profil du contrat à distance, sans jamais perdre leur fondement commun du Code civil.[578] Mais, sa marque spécifique d'identification réside dans le mode technologique de sa conclusion (qui lui confère un régime spécial). En effet, « la passation à distance des contrats par l'intermédiaire de systèmes informatiques, donnée essentielle du commerce électronique, implique tout à la fois la dépersonnalisation du processus et la dématérialisation du contrat, au sens instrumentaire du terme ».[579] La condition *sine qua non* du contrat en ligne (et d'application de son régime spécial) s'attache au schéma technique de passation/acceptation

---

576 La teneur de l'article 14 de la LCE dépasse la spécialité de la définition du contrat électronique parce qu'elle recouvre l'ensemble du commerce électronique. La LCEN fait juste comprendre l'objet possible du contrat qui est la « *fourniture de biens ou de services* ».

577 Dans les codifications du Code civil, on ne peut que saisir les obligations légales spécifiques qui s'attachent à de telles conventions.

578 *Cf.* article 1101, C.civ. Cet article couvre le contrat électronique, en tant que tout contrat est une « convention par laquelle une ou plusieurs personnes s'obligent, envers une ou plusieurs autres, à donner, à faire ou à ne pas faire quelque chose ».

579 F. MAS, *La conclusion des contrats du commerce électronique*, LGDJ, bibliothèque de droit privé, t.437, Paris, 2005, p. 291.

des commandes en ligne, c'est-à-dire par voie électronique grâce au « double clic ».

Aujourd'hui, les sources européennes et françaises des contrats à distance et des contrats électroniques se recoupent totalement dans leurs définitions. L'article 121-16 a réhabilité en France le sens de l'acquis européen « par le recours exclusif à une ou plusieurs techniques de communication à distance jusqu'à la conclusion du contrat ».[580] Les contrats « entre absents » comblent l'ancienne distorsion des « contrats entre non-présents » qui différenciait l'acquis européen du droit français. L'éloignement des parties est exigé durant tout le processus contractuel en ligne, y compris pour la phase précontractuelle. Auparavant, la transposition de la directive 97/7/CE était faite par l'ancienne ordonnance n°2001-741 du 23 août 2001se rapportant aux contrats à distance.[581]

Sous l'ancien régime, il découlait deux critères cumulatifs qui particularisaient la transposition française : l'utilisation de la technique de communication n'était autrefois exigée qu'à la conclusion du contrat à distance. Par rapport à l'acquis européen, le revirement du législateur français efface sa divergence du « *contrat entre parties non présentes* », en adoptant le sens de la directive 97/7/CE consacrant le « *contrat entre parties absentes* ». Cette transition juridique est importante du moment qu'elle prend en compte une distance plutôt technologique (liée au cyberespace) en relation avec une distance géographique (liée à l'éloignement physique entre parties).

Ainsi, la doctrine doit être ajustée sur le contrat électronique qui reste un type particulier de contrat à distance. Selon Florence Mas, « le contrat à distance se définit comme le contrat conclu par l'utilisation d'une technique de communication à distance, *impliquant le défaut de présence physique simultanée des parties ».*[582] En 2005, Geoffray Brunaux avait évoqué la grande différence entre « *la conception communautaire du contrat à distance plus théorique* »[583] en soutenant que « *l'approche du législateur français est plus pragmatique* ».[584] Le législateur français n'avait pas régi la « *circonstance d'utilisation* »[585] précontractuelle des outils de communication « *conçus essentiellement pour combler les lacunes de*

---

[580] Article 121-16, 1°, *in fine*, C. consom.

[581] Ordonnance n°2001-741 du 23 août 2001 portant transposition de directives communautaires et adaptation au droit communautaire en matière de droit de la consommation, JORF, 25 août 2001, p. 13645. La loi n°2008-3 du 3 janvier 2008 pour le développement de la concurrence au service des consommateurs modifie notamment cette Ordonnance en introduisant des changements aux dispositions intéressant l'information précontractuelle, les délais de livraison et l'exercice du droit de rétractation.

[582] F. MAS, *op.cit*, p. 149.

[583] G. BRUNAUX, *Le contrat à distance au XXIᵉ siècle*, LGDJ, coll. thèses, Paris, 2010, pp. 148 et s.

[584] *Ibidem*, pp. 148-149.

[585] *Ibid.*

l'éloignement géographique et surpasser les obstacles matériels se dressant » entre elles.[586]

Aujourd'hui encore l'utilisation d'une technique de communication à distance est concevable malgré la présence physique des parties, mais ce qui importe est que « *l'articulation communautaire des éléments constitutifs du contrat à distance* » est réalisée.[587] La doctrine proposait déjà une définition qui s'éloigne davantage des conditions d'éloignement géographique du « contrat entre absents », pour ressortir en avant-plan la condition d'utilisation d'une technique de communication à distance. Les communications électroniques permettent de surmonter les obstacles géographiques, tout autant qu'elles peuvent ignorer la présence simultanée. Le contrat à distance est finalement celui qui se déroule entièrement depuis son offre, jusqu'à sa conclusion à l'aide des techniques de communication à distance, y compris les moyens électroniques.

Toujours est-il qu'il subsiste la distorsion *ratione personae* entre contrat électronique et contrat à distance. La définition française du « contrat à distance » distinguait en 2001 entre « toute vente d'un bien ou toute fourniture d'une prestation »,[588] mais l'article 34 de l'ordonnance n°2016 du 14 mars 2016 l'a redéfini comme « tout contrat conclu entre un professionnel et un consommateur ». [589] En intervenant comme type particulier de contrat à distance, le contrat électronique reste néanmoins lié au commerce en ligne.

Contrairement au monisme des parties B2B du premier (contrat à distance), ce dernier (e-contrat) ne concerne pas uniquement les rapports B2B, mais aussi B2C, voire C2C.[590] Son régime s'apprécie au vu de son objet et des parties à sa conclusion, comme en droit commercial des contrats. L'objet du contrat électronique peut correspondre à un acte de commerce par nature, à un acte juridique ou encore plus classiquement en obligation de donner, de faire, de ne pas faire, peu importe que les parties soient commerçantes ou de simples particuliers. L'acception du contrat électronique déborde encore quelque peu de celle des contrats à distance, tout autant que ces derniers peuvent ne pas être électroniques s'ils sont conclus par la voie postale.

En toute hypothèse, la voie électronique reste de mise pour conclure le contrat en ligne. Elle fonde également la singularité de certaines activités économiques, qui sont uniques au commerce électronique. L'intermédiation

---

[586] *Ibid.*
[587] *Ibid.*
[588] L'ordonnance n°2001-741 (préc.), autrefois insérée à l'article L. 121-16, C. consom., avait défini le contrat à distance comme « toute vente d'un bien ou toute fourniture d'une prestation de service conclue, sans la présence physique simultanée des parties, entre un consommateur et un professionnel qui, pour la conclusion de ce contrat, utilisent exclusivement une ou plusieurs techniques de communication à distance ».
[589] Article 121-16, 1°, C. consom.
[590] *Cf.* Pour détails ratione *personae* des contrats électroniques : section 2, du présent chapitre d'ouvrage.

technique et les communications commerciales font partie des typologies spéciales des activités numériques.

B. Les typologies spéciales des activités numériques d'« intermédiation technique » et de « communications commerciales » dans la transposition française de l'acquis européen

Le commerce électronique est rapproché en droit européen des « services de la société de l'information ». Il a l'information comme valeur centrale « pour dépendre de la nature de l'objet envisagé : les informations, les données personnelles, les fichiers ». [591] Comme l'avait déjà perçu le Professeur Pierre Catala,[592] les techniques numériques opèrent la mise en données des réalités et le commerce en ligne est inhérent à l'économie informationnelle, dont le contenu est une combinaison binaire des 0 et 1, organisée dans une logique cybernétique pour l'intelligence de la machine. L'information arrive aux organes sensoriels de la personne humaine, via un média, en tant qu'« élément de connaissance susceptible d'être conservé, traité ou communiqué ».[593] Elle est « tout message communicable à autrui par un moyen quelconque ».[594] Elle est « indépendamment de son support matériel [...], [...] un produit et possède, quand le commerce n'en est pas interdit, une valeur marchande ».[595] Ainsi, « la formulation est une condition nécessaire de sa réalité comme objet de droit ».[596]

« Le développement des échanges électroniques est inévitablement couplé à l'échange de données. [...] Aujourd'hui, tous les traitements ont alors tendance à être présentés comme nécessaires. »[597] En tant que telle, l'information a besoin d'être traitée, stockée, conservée et rendue disponible. Dans le réseau, elle peut avoir la forme d'un signal électronique, transporté, accessible ou disponible d'un point à un autre sans en modifier le contenu. À sa récupération, elle peut être de nature informative ou commerciale. « Dans ce contexte, ce ne sont plus seulement les radiodiffuseurs classiques ou les éditeurs de presse qui maîtrisent la diffusion de l'information, mais des géants économiques à la tête d'incommensurables réseaux de données. »[598]

En Europe et en France, le cadre juridique du commerce électronique s'est construit progressivement, en posant des fondements qui demeurent

---

[591] V.-L. BENABOU et J. ROCHFELD, *op.cit,* pp. 41 et 52.

[592] P. CATALA, *op.cit*, p. 264 et s. Selon le professeur Catala, « une information n'existe que si elle est exprimée dans une forme qui la rende communicable ». (*Cf.* V.-L. BENABOU et J. ROCHFELD, *op.cit,* pp. 41 et 52.)

[593] *Ibidem.*

[594] *Ibid.*

[595] *Ibid.*

[596] *Ibid.*

[597] L. MARINO, « La protection des données personnelles et le contrat électronique », *op.cit*, pp. 410, 424

[598] V.-L. BENABOU et J. ROCHFELD, *op.cit,* pp. 41 et 52.

encore solides face aux évolutions d'enjeux de l'économie numérique.[599] En transposant la directive 2000/31/CE, la LCEN a établi un statut et un régime spécifiques pour deux typologies juridiques d'activités, à savoir : l'intermédiation technique par opposition aux éditeurs et les communications commerciales par opposition aux messages informatifs.

1. La typologie particulière des prestataires techniques du commerce électronique entre fourniture de moyens techniques et fourniture de contenus dans ses enjeux, statuts et régimes en droit européen et français

L'infrastructure des télécoms et le travail technique sont la base indispensable du commerce électronique. Les « fournisseurs de moyens techniques »[600] assurent une cyber-intermédiation dans la circulation, l'accès et la disposition de l'information qui est le moyen, l'objet ou la finalité des transactions économiques en ligne. Les prestataires techniques sont en principe non-responsables du contenu numérique, puisqu'ils restent neutres et étrangers aux tractations des parties dans le commerce juridique. Leur catégorie est constituée par opposition aux « fournisseurs de contenus ».[601]

Cependant, dans les faits, les géants du Net prestataires techniques, comme Google, avec près de 90% des parts de marché des moteurs de recherche généralistes en France (*vs* 67% aux États-Unis)[602], commencent eux-mêmes à proposer des types de services offerts par ceux pour qui ils sont censés opérer, en influençant voire en discriminant certains modes d'intermédiation technique.[603] Les services techniques qu'ils proposent à leurs utilisateurs sur le versant « contenant » du commerce électronique, affectent le versant « contenu » dont ils ne sont ni prestataires, ni créateurs, ni consommateurs. Leur puissance et leur emprise sur le marché sont très

---

599 Sur ce point, l'aspect d'analyse est objectif, car il porte sur l'objet de l'activité informationnelle à l'intérieur des maillons du réseau et à sa forme extérieure de récupération par les médias. D'autres aspects d'encadrement du marché électronique portent sur les personnes en tant qu'acteurs. Abordés à la section 2 du présent chapitre, ils ont été effacés.

600 V. FAUCHOUX, P. DEPEZ, J.-M. BRUGUIÈRE, *Le droit de l'Internet, lois, contrats et usages,* 2e éd. Lexis/Nexis, coll. Communication et commerce électronique, Paris, 2013, pp. 377-396. Les fournisseurs de moyens techniques sont appelés : « intermédiaires techniques », « prestataires intermédiaires », « prestataires techniques » ou encore « infomédiaires ». Ce sont : les opérateurs télécoms, les fournisseurs d'accès à internet et les hébergeurs.

601 *Ibid.,* pp. 396 et s. Parmi les « fournisseurs de contenus », l'article 6, III, LCEN distingue deux catégories d'éditeurs, avec deux régimes différents : les éditeurs professionnels (dont l'activité est d'éditer un service de communication au public en ligne) et les éditeurs amateurs (le faisait à titre non-professionnel)

602 J. ROCHFELD, « Les géants d'internet et l'exploitation des données personnelles : l'activation du droit "à l'oubli" numérique à l'égard des moteurs de recherche », in M. BÉHAR-TOUCHAIS, *L'effectivité du droit face à la puissance des géants de l'Internet*, Actes des journées du 14, 15 et 16 octobre 2014, vol.1, IRJS éd., Paris, 2015, p. 90. « Google, car ce moteur est un acteur super-dominant du marché, intervenant dans près de 90% des recherches (contre 67% aux États-Unis). »

603 V.-L. BENABOU et J. ROCHFELD, *op.cit,* pp. 43-44. « Il suffit d'un changement des paramètres de l'algorithme, décidé de manière unilatérale par les concepteurs du moteur. »

significatives, suite à l'effectivité de leurs conditions d'offre contribuant à renforcer leur position dominante ou leurs politiques de concentration.[604] À l'analyse, leur attitude d'omnipuissance intéresse le droit de la concurrence, mais, elle démontre que les typologies juridiques peuvent être fusionnées dans la réalité du marché électronique. « Dans une économie libérale, la production de la valeur passe certes par le marché, mais se nourrit également d'instruments juridiques qui organisent [...] sa captation ».[605]

Aussi, les fondements juridiques de l'an 2000 doivent-ils faire face aux évolutions du marché électronique. Avec la directive 2000/31/CE et la LCEN de 2004, les enjeux primordiaux étaient la catégorisation des fournisseurs techniques et l'organisation juridique de leurs rôles dans le commerce électronique. Au fil du temps, « la concentration de l'information et le contrôle dans la main d'acteurs puissants constitue un danger démocratique majeur, une menace pour le pluralisme et la liberté d'expression ».[606] Aujourd'hui, « la toute puissance s'affiche là et pourtant, la réponse du droit tarde à venir pour réguler ces nouveaux acteurs et leurs comportements ».[607]

Pour les intermédiaires techniques, la politique législative en Europe et en France visait principalement à ne pas freiner l'élan de l'offre des moyens techniques d'accès aux valeurs marchandes du commerce électronique, tout en suscitant la croissance des investissements dans l'économie numérique. « Le législateur européen a rapidement compris la nécessité de mettre hors de cause ces acteurs essentiels dans la société de l'information. Il est évident que si un hébergeur engage sa responsabilité en raison de l'illicéité du contenu qu'il héberge, il abandonnera rapidement cette activité à risques, au détriment du développement de l'Internet et de l'économie. »[608] L'objectif primordial du législateur européen était d'affirmer, pour les prestataires techniques, un principe de responsabilité allégée, allant dans le sens de la construction du marché intérieur et de la confiance.

Le droit français, conformément à l'acquis européen, distingue aux articles 6 et 9 de la LCEN, les « intermédiaires techniques »[609] : fournisseurs de moyens techniques[610] et les « éditeurs professionnels et amateurs »[611] :

---

604 O. ITEANU, *Quand le digital défie*, *op.cit*, p. 27-28. M. BÉHAR-TOUCHAIS, *op.cit*, p. 90.
605 *Ibidem*, p. 45.
606 V.-L. BENABOU et J. ROCHFELD, *op.cit*, p. 57.
607 *Ibidem*, p. 44.
608 C. CASTET-RENARD, *op.cit*, p. 322 (Les idées fondamentales de protection des acteurs et du développement conséquent de l'économie numérique demeurent, même si l'exemple ici est celui des hébergeurs.)
609 Art. 6, I, LCEN.
610 A. HOLLANDE et X. LINANT DE BELLEFONDS, *op.cit*, pp. 336-348. L'auteur aborde la responsabilité des fournisseurs des moyens, à la différence de celle des fournisseurs de contenus. En matière de responsabilité pénale, il distingue les fournisseurs de moyens complices, les fournisseurs des moyens receleurs. Dans ses typologies générales, il parle de fourniture de logiciels d'échanges « *peer to peer* », la fourniture d'outils de recherche en plus de la fourniture d'accès et d'hébergement.

fournisseurs de contenus[612]. Dans le commerce en ligne, la catégorie des prestataires techniques est donc opposée à celle des fournisseurs de contenus, sur la base du principe de neutralité technologique. Les premiers font profession d'activités structurant le commerce électronique, en opérant sous le régime du droit du cyberespace.[613] Les seconds produisent et éditent des informations, dont ils ont le contrôle de la teneur soumise au droit de la presse. En d'autres termes, les premiers n'interviennent pas sur le contenu qu'ils transportent ou hébergent, tandis que les autres sont justement les éditeurs desdits contenus. Par conséquent, leurs sources de définition ainsi que leurs régimes de responsabilité diffèrent. Si le chapitre 2, section 4 de la directive 2000/31/CE est consacré aux activités de « *fourniture de moyens techniques d'accès au réseau ou de diffusion* », cette directive ne régit cependant pas les activités de « *fournitures de contenus* [en ligne] ».[614]

Les prestations techniques sont consubstantielles et indispensables au commerce électronique, pour lui servir de contenant, de support et de véhicule. En droit de l'économie numérique, ce sont des « services qui consistent à transmettre des informations par le biais d'un réseau de communication, à fournir un accès à un réseau de communication ou à héberger des informations fournies par un destinataire de services ».[615] Dans l'acquis européen, les services électroniques concernés sont : le transport dit « *mere conduit* »,[616] le stockage dit « *caching* »[617] et l'hébergement[618] de l'information en ligne. En France, ils sont définis et insérés par la LCEN aux articles L32-3-3 et L32-3-4 du CPCE, en ajustant l'acquis européen par le terme « *transmission* » pour « transport » et par l'ajout du régime des « *fournisseurs d'accès à Internet (F.A.I)* » non-explicitement dénommés dans la directive 2000/31/CE. En considération des trois types d'activités d'intermédiaires techniques qu'elle définit, le droit de l'économie numérique leur applique ce régime de responsabilité conditionnelle.[619]

---

611 Art. 6, III, LCEN.

612 J. HUET et E. DREYER, *Droit de la communication numérique*, LGDJ, Paris 2011. pp. 74-75. A. HOLLANDE et AL., *op.cit*, pp. 336. *Cf.* pour l'appellation : « responsabilité du détenteur des moyens informatiques de diffusion »

613 K. NDUKUMA, *Cyberdroit, Télécoms, Internet, contrats de e-commerce*, Presses Universitaires du Congo (PUC), Kinshasa, 2009, p. 53. Le Droit des télécommunications, le Droit de l'Internet et le Droit du multimédia font partie du Droit du cyberespace qui les englobent tous, convergence oblige.

614 Le Chapitre 2, section 4 de la directive 2000/31/CE, réservé aux « prestataires intermédiaires » (sous leur aspect organique), fournit plutôt des définitions de l'objet de leurs activités (sous leur aspect matériel). Dans tous les cas, seuls lés prestataires intermédiaires bénéficient du régime favorable d'irresponsabilité sous condition, à condition que l'activité demeure matériellement dans les domaines de définition respectifs.

615 Considérant n°18, directive 2000/31/CE, préc.

616 Article 12, directive 2000/31/CE, préc.

617 Article 13, directive 2000/31/CE, préc.

618 Article 14, directive 2000/31/CE, préc.

619 C. FÉRAL-SCHUHL, *op.cit*, p. 754. Cette solution et cette méthodologie de la directive 2000/31/CE sur le commerce électronique sont « à l'exemple de la loi allemande du 1er août

L'exonération de leur responsabilité est le principe, sauf dans deux cas. Ils sont responsables en cas de contribution active ou passive aux faits litigieux ou à défaut de promptitude d'action à mettre fin à une violation ou à un fait illicite lorsqu'ils en sont requis.[620] De même, la transposition française a adopté le régime d'irresponsabilité de principe des intermédiaires techniques, quant aux contenus qu'ils hébergent, transportent ou stockent. La LCEN a donc eu pour fonction d'instituer un régime de responsabilité autonome, avec des dispositions communes pour les fournisseurs d'accès, les hébergeurs, les opérateurs de transport et de *caching* (articles 6 et 9 de la LCEN, codifiés et insérés à l'article L.32-3-4 du CPCE) et des dispositions plus spécifiques pour les opérateurs de transmission et des fournisseurs d'accès (article L.32-3-3, CPCE).[621]

En restant silencieux quant aux fournisseurs de contenus, la *ratio legis* de la directive 2000/31/CE et de la LCEN a été la même en remplacement du Chapitre VI de la loi du 30 septembre 1986 sur la liberté de communication qui encadrait la responsabilité des prestataires des services de l'internet. Le nouvel objectif législatif était d'aménager un régime favorable aux « prestataires intermédiaires »[622], en vue d'encourager le développement de leurs activités sans leur faire craindre des responsabilités trop lourdes. Cette politique entendait stimuler l'innovation et les investissements dans le réseau sans lequel le commerce en ligne n'est pas possible, tout en protégeant les consommateurs.[623]

Ainsi, la responsabilité des fournisseurs de contenus est moins allégée que celle des fournisseurs de moyens techniques dans le commerce électronique. Ce régime (moins allégé) consiste en une obligation générale de surveillance sur le contenu publié ou édité, sous peine de sanctions civiles et pénales du droit commun.[624] C'est le droit de la presse[625] qui reste

---

1997 relatives aux « téléservices » et de la loi américaine (*Digital Millenium Copyright Act du 28 oct. 1998)* »

[620] Considérant n°46, directive 2000/31/CE, préc. La solution posée est la suivante : « afin de bénéficier d'une limitation de responsabilité, le prestataire d'un service de la société de l'information doit, dès qu'il prend effectivement connaissance ou conscience du caractère illicite des activités, agir promptement pour retirer les informations concernées ou rendre l'accès à celles-ci impossible ».

[621] Dans le CPCE, le terme « télécommunication(s) » a été remplacé par le terme « communications électroniques », tel que modifié par l'article 1, de la Loi n°2004-669 du 9 juillet 2004, relative aux communications électroniques et aux services de communication audiovisuelle, JORF, 10 juillet 2004,

[622] Cf. intitulé de la section 4 : Responsabilité des prestataires techniques, Directive 2001/31/CE, précitée.

[623] C. CASTET-RENARD, *op.cit,* pp. 331-332.

[624] Exemples : usurpation d'identité en prenant le nom d'un tiers dans des circonstances entraînant pour lui des poursuites pénales (art. 434-23, Code pénal français) ; droit au respect de la vie privée avec possibilité de réparation civile et de mise sous séquestre, d'empêchement ou de cessation d'atteinte liée à la publication sans le consentement d'une personne de sa photo dans un lieu privé (art.9 C.civ. français), sans préjudice des poursuites pénales.

[625] Exemples : 1) obligation de tenir à disposition du public le nom du directeur ou du co-directeur de la publication. 2) Droit de réponse dans la presse écrite avec le seul fait

applicable pour les éditeurs en ligne. En effet, la LCEN ne consacre pas non plus, pour les fournisseurs de contenus en ligne, un régime spécial, hormis certaines obligations et sanctions. Il s'agit d'une obligation d'identification stricte dans un standard ouvert.[626] Et, les sanctions pénales sont relatives, notamment à l'apologie des crimes contre l'humanité et à la fausse dénonciation de contenus prétendument illicites.[627]

Comme enjeu, il est nécessaire de fixer les statuts des intermédiaires techniques du commerce électronique européen et français. Il en découle l'attribution des régimes distincts : une « responsabilité allégée »[628] pour les prestataires techniques et une « *responsabilité plus lourde* »[629] de droit

---

générateur d'avoir été « nommé ou désigné » dans un périodique avec faculté de demande des corrections ou des suppressions (art. 13 de la loi de 1881) et dans la communication audiovisuelle avec la condition de subir une « atteinte à son honneur ou à sa réputation » (art.6 de la loi de 1982 sur l'audiovisuel et décret du 6 avril 1987). Le régime du droit de réponse de l'audiovisuel est celui applicable aux communications informationnelles en ligne (communication numérique) depuis que la Cour de cassation française en a jugé ainsi (Crim. 6 mai 2003, *D.* 2003, p. 2192, note E. DREYER, CCE 2003, comm. n°89, obs., cité par J. HUET et al., *op.cit,* p. 76 et 100). 3) Faculté de garder l'anonymat en ne s'identifiant pas sur le service proposé ou, plus précisément, pour les non-professionnels, sur le site de publication, sous réserve d'avoir donné connaissance de votre identité à l'hébergeur pour conservation (loi du 1er août 2000 et LCEN, art. 6 § III, 2°). 4) Délits de presse : images ou propos dont la publication est de nature à troubler l'ordre public ; diffamations ; injures publiques ; offense au Chef de l'État ; provocation ou apologie de certains délits et crimes (au mobiles de haine et ségrégationnistes), des crimes de guerre, de négations des crimes contre l'humanité ; diffusion de fausses nouvelles susceptibles de troubler la paix publique ; diffusion de photographies montrant une personne menottée ou accidentée au risque de porter atteinte à sa dignité, etc. avec mise en œuvre de responsabilité en cascade (art. 23 à 29, loi du 29 juillet 1881).

626 Article 6, III, 1°, LCEN : « Les personnes dont l'activité est d'éditer un service de la société de communication au public en ligne mettent à disposition du public, dans un standard ouvert : a) s'il s'agit de personnes physiques, leurs nom, prénom, domicile et numéro de téléphone et, si elles sont assujetties aux formalités d'inscription au registre du commerce et des sociétés ou au répertoire des métiers, le numéro de leur inscription ; b) s'il s'agit de personnes morales, leur dénomination ou leur raison sociale et leur siège social, leur numéro de téléphone et, s'il s'agit d'entreprises assujetties aux formalités d'inscription au registre du commerce et des sociétés ou au répertoire des métiers, le numéro de leur inscription, leur capital social, l'adresse de leur siège social ; c) le nom du directeur de publication et, le cas échéant, celui du responsable de la rédaction au sens de l'article 93-2 de la loi n°82-652 du 29 juillet 1982 précitée ; d) le nom, la dénomination ou la raison sociale et l'adresse et le numéro de téléphone du prestataire mentionné au 2° du I ».

627 Article 6, I, 4, -7 et VI, -1, -2, LCEN, préc.

628 J. HUET et E. DREYER, op.cit, p. 120. Selon les auteurs, la « Directive du 8 juin 2000 sur le commerce électronique précise que la responsabilité dérogatoire dont bénéficient ces prestataires constitue une responsabilité allégée, c'est-à-dire une responsabilité ne pouvant être déclenchée que s'ils ont été préalablement avertis du contenu illicite de ce qu'ils transportent ou stockent : ils n'ont pas l'obligation de vérifier a priori la rectitude, mais seulement de réagir (sic) a posteriori. Ils peuvent donc attendre qu'on leur signale le caractère illicite des informations en cause (diffamation, contrefaçon, contrariété à l'ordre public) »

629 *Ibidem,* p.32. Etant soumis au Droit de la presse, les éditeurs en tant que fournisseurs de contenus doivent veiller *a priori* au respect de l'ordre public, à la défense de la dignité des personnes et des institutions, à lutter contre les discriminations, à l'honnêteté de l'information

commun ou du droit de la presse pour les éditeurs. Dans la pratique économique, le cumul d'activités est source de difficulté, car il crée de possibles confusions quant aux statuts d'acteurs prédéfinis par la loi.

Au sens de la loi, si l'opérateur de télécoms ne peut être qu'un professionnel d'offre et de fourniture de moyens d'accéder à Internet, un arrêt assez isolé de la Cour d'appel de Paris en avait attribué la qualité à une société autre que celle des télécoms, en l'occurrence BNP Paribas. Le juge l'avait soumise aux obligations subséquentes comme FAI, compte tenu du fait qu'elle offrait à ses employés des adresses de courriers électroniques. Le pragmatisme de la décision visait à obtenir l'identification des employés auteurs de contenus dommageables, sans davantage créer une extrapolation générale et constante à la catégorie légale d'opérateur technique.[630]

Sur le plan technique, l'activité de *caching* s'associe à celle de transport, de fournisseurs d'accès et d'hébergement.[631] En effet, le « simple transport » correspond aux activités de transmission et de fourniture d'accès, qui peuvent englober le stockage automatique, intermédiaire et transitoire des informations transmises.[632] Dans le transport, le caching sert de stockage exclusivement pour l'exécution de la transmission sur le réseau de communications, sans que sa durée n'excède le temps raisonnablement nécessaire à celle-ci.[633] Selon Luc Grynbaum, l'explication tient du fait que « l'activité de simple stockage intermédiaire est soit d'un fournisseur d'accès qui pour les besoins de son activité utilise la technique de stockage temporaire, soit d'un fournisseur d'hébergement ou hébergeur qui stocke les données pendant la durée souhaitée pour son client ».[634]

(etc.) sous peine d'encourir les incriminations et les sanctions du droit pénal de la presse, comme détaillées par la loi française du 29 juillet 1881 dans ses articles 23 et s.

630 V. FAUCHOUX et P. DEPREZ, *op.cit*, p. 230. Cour d'appel de Paris, 4 février 2005, inédit. En cause, la *société World Press Online* requerrait à BNP Paribas « *de communiquer l'identité et plus généralement toute information de nature à permettre l'identification de l'expéditeur du message litigieux* », suite aux courriels préjudiciables des employés BNP aux siens. Il a été jugé en date du 4 février 2005 par la Cour d'appel de Paris, face au refus de la société de s'exécuter à l'amiable, que ladite société était un prestataire technique, fournisseur d'accès, au sens de l'article 43-7 de la loi (ancienne) du 1er août 2000 et était tenue des obligations légales afférentes à ce statut « *de détenir et de conserver les données de nature à permettre l'identification de la personne ayant contribué à la création d'un contenu des services dont elle est prestataire* ».

631 *Ibidem*., p. 332. Au sens de l'article 9, alinéa 1 de la LCEN, codifié à l'article L.32-3-4 du CPCE, le prestataire de « cache » est : « Toute personne assurant dans le seul but de rendre plus efficace leur transmission ultérieure, une activité de stockage automatique, intermédiaire et temporaire des contenus qu'un prestataire transmet ».

632 Inséré par l'article 9 de la LCEN et l'article 1er de la loi 2004-669 du 9 juillet 2004, l'article L. 32-3-3 du CPCE fixe d'abord le statut de l'opérateur de réseau comme des « personnes assurant une activité de transmission de contenu sur un réseau de communication électronique », sans être, en principe, à l'origine des contenus, ni de la sélection du destinataire, ni de la sélection ou de la modification du contenu.

633 Article 12 paragraphe 2, Directive 2000/31/CE, préc.

634 L. GRYNBAUM, « LCEN : Une immunité relative des prestataires de services Internet », *CCE*, septembre 2004, p.36.

Dans le réseau, la fonctionnalité de « *caching* » permet un temps très court de traitement de requête, grâce à l'enregistrement, dans une mémoire accessible par l'unité de traitement, des données et des instructions les plus fréquemment utilisées dans le programme en cours, selon les estimations du système d'exploitation.[635] À la différence, l'hébergeur accueille les données des auteurs et n'a aucune maîtrise sur ce contenu.[636] Il peut, le cas échéant, en rendre l'accès impossible ou les supprimer de sa plateforme, en vue de faire cesser une violation dûment signalée et/ou sur réquisition administrative ou judiciaire.[637]

Par ailleurs, un fournisseur de contenu reste un éditeur responsable des images, sons et textes qu'il produit sur le réseau ou qu'il fait héberger à destination d'un public : à défaut pour ce dernier de supprimer un contenu illicite, une responsabilité en cascade peut permettre de remonter la requête en cessation ou en suppression de telle violation à l'échelon de l'hébergeur. En fait, « si les éditeurs de site sont soumis à un régime de responsabilité analogue à celle des éditeurs de presse, les hébergeurs voient, quant à eux, leur responsabilité civile et pénale limitée, dès lors qu'ils ne jouent qu'un rôle passif d'intermédiaire et qu'ils n'ont aucune connaissance des données qu'ils stockent ».[638]

Toutefois, le Web 2.0. a popularisé les outils d'édition en faveur des particuliers et a aussi permis l'expansion de nouveaux métiers de l'Internet.[639] Ces phénomènes mettent à l'épreuve les bases initiales de distinction entre prestataires techniques et éditeurs en ligne, sachant que l'hébergement est l'activité la plus glissante entre les deux lignes de démarcation. Les nouveautés de l'économie du Net qui brouillent les frontières d'activités forment une longue liste : fournisseurs de liens hypertextes, moteurs de recherche, forums de discussion, blogs (hébergeurs de blogs et blogueurs), sites de partage, plateformes de commerce en ligne

---

635 J. GUALINO, *op.cit,* p.73. Verbo *« Cache »*.

636 C. CASTETS-RENARD, *op.cit,* p. 345.

637 Au sens de l'article 6, I, 2 de la LCEN, il s'agit de l'activité des « personnes physiques ou morales qui assurent, même à titre gratuit, pour mise à disposition du public par des services de communications au public en ligne, le stockage des signaux, d'écrits, d'images, de sons ou de messages de toute nature fournis par des destinataires des services ». Il n'apparaît pas, dans cette définition, l'aspect spécial de mise à disposition du public, ni des précisions sur le type d'informations (sons, images, écrits). Le fournisseur d'hébergement met à disposition d'un utilisateur des capacités de stockage, moyennant un contrat.

638 CONSEIL D'ÉTAT, *La France dans la transformation numérique : quelle protection des droits fondamentaux ?* Un colloque organisé par le Conseil d'État le 6 février 2015, La Documentation française, Paris, 2016, p. 12.

639 V. FAUCHOUX et P. DEPREZ, *op.cit,* p. 241. Dans les faits, « le Web 2.0. se caractérise essentiellement par la participation croissante de l'internaute dans la création des contenus mis à sa disposition sur Internet, que l'on définit en anglais par *"User Generated Content"* (UGC) également appelé *"Consumer Generated Media"* (CGM) ou *"User Created Content"* (UCC) ».

("e-market place").[640] Plusieurs agrégats électroniques de contenus sont aussi apparus dans le commerce en ligne, notamment : les "*wikis*", encyclopédie des connaissances mutualisées évolutives en ligne, les *flux RSS*[641], les liens Internet des articles accessibles à souhait avec un court *"chapo"*, etc. Vu la complexité, plusieurs jurisprudences retiennent des qualifications différentes des nouveaux métiers du Web au regard des faits débordant du droit. La fluctuation des décisions de justice entraîne de lourdes conséquences sur la responsabilité des acteurs à lisière des statuts d'hébergeur et/ou d'éditeur.

À ce propos, le Conseil d'État a estimé en 2015 que *« cette summa divisio entre hébergeurs et éditeurs apparaît désormais en partie obsolète ».*[642] Les sites de partage ou des moteurs de recherche, disposant du statut d'hébergeurs, « opèrent en réalité un traitement actif et profond sur des données personnelles, du fait qu'elles les indexent, les référencent ou les classent ».[643] En tenant compte des effets de référencement et de leurs effets sur la vie privée des personnes, tels qu'effectués par l'hébergeur, celui-ci doit être en mesure d'assumer les obligations incombant à un *« responsable de traitement »*, au sens de la directive 95/46[644] du 24 octobre 1995, telle qu'abrogée au 25 mai 2018 par le règlement(UE) 2016/679 sur la protection des données du 27 avril 2016.[645]

Dans son arrêt de 2014 « Google Spain », la CJUE a décidé en 2014 qu'« en explorant de manière automatisée, constante et systématique Internet à la recherche des informations qui y sont publiées, l'exploitant du moteur de recherche procède à un traitement dont il définit les finalités et les moyens. Or, « dans la mesure où l'activité d'un moteur de recherche est susceptible d'affecter significativement et de manière additionnelle par rapport à celle des éditeurs de sites web les droits fondamentaux de la vie privée [...], l'exploitant de ce moteur de recherche[...] doit assurer, dans le cadre de ses responsabilités, de ses compétences et de ses possibilités, que son activité satisfait aux exigences [...] d'une protection efficace et complète des personnes concernées ».[646]

Ainsi, ces règles prétoriennes renforcent les précisions législatives permettant d'écarter le régime de responsabilité mis en place pour les

---

[640] V. FAUCHOUX et P. DEPREZ, *op.cit.* pp. 222-257. J. HUET et E. DREYER, *op.cit,* pp. 92-136. C. FÉRAL-SCHUHL, *op.cit,* pp. 827-899.

[641] RSS : *Really simple Syndication («* souscription vraiment simple *»)* ou *Rich Site Summary («* résumé d'un site enrichi *».* Il permet de connaître le contenu sommaire d'un site avec possibilité de s'y rendre.

[642] CONSEIL D'ÉTAT, *op.cit,* p. 12.

[643] *Ibidem.*

[644] Directive 95/46 du 24 octobre 1995 sur la protection par rapport aux personnes physiques à l'égard du traitement des données à caractère personnel et à leur libre circulation, JO, L 281 du 23 novembre 1995, p. 31-50.

[645] Règlement (UE) 2016/679 du Parlement européen et du conseil du 27 avril 2016, « règlement général sur la protection des données », préc.

[646] CJUE, *Aff. Google Spain SL, Google Inc. c/ Agencia Espanola de proteccion de Datos (AEDP), Mario Costeja Gonzalez,* 13 mai 2014, C-131/12, Gde Chambre, paragr. 38.

éditeurs de presse par la loi du 29 juillet 1982 sur la communication audiovisuelle, en cas de litiges mettant en cause les hébergeurs.[647] En droit de l'économique numérique, par ailleurs, l'activité d'hébergeur de l'article 6, I, 6° de la LCEN est toujours différente de la notion de « producteur » au sens de la loi de 1982, même si dans l'économie numérique les activités peuvent être associées.

En outre, pour les activités de production et d'édition de contenus en ligne, le commerce électronique distingue les activités publicitaires avec celles qui sont simplement informatives. L'acquis européen régit la typologie particulière des « communications commerciales », que le droit français fait correspondre à la « publicité ». Celle-ci se déroule en ligne dans des formes variées, mais produisent des enjeux que le droit a su encadrer.

2. La typologie européenne de « communication commerciale » dans les enjeux français de « publicité par voie électronique » ou « e-publicité »

Sans aucun doute, la publicité sur Internet va de pair avec l'émergence du commerce électronique et en fait partie intégrante.[648] La transition du droit en Europe s'illustre par la consécration d'une typologie particulière dite des « communications commerciales » en droit européen et de « publicité par voie électronique » en droit français. Ces nouvelles institutions juridiques répondent aux enjeux de prospection et d'offres commerciales en ligne, pouvant tendre à « travestir » les aspects informatifs de l'Internet.

Près d'une trentaine de dispositions réparties dans onze directives européennes, recensées à *l'annexe 2 de la directive 2009/25/CE sur les pratiques commerciales déloyales,* [649] traitent de la publicité et des communications commerciales. L'enjeu juridique est réel de distinguer le rôle neutre des communications en ligne, avec la portée publicitaire de certaines pratiques, messages ou informations. Dans ce contexte, la publicité électronique mérite d'être définie en tant que telle, en vue d'appréhender les régimes spécifiques qui, en Europe et en France, la distingue de la presse ou de la simple information. Ce triple exercice illustre les transformations juridiques de la publicité à l'« e-publicité » dans le cadre juridique français, en partant de l'acquis européen des services de la société de l'information.

Premièrement, compte tenu de leur importance dans le commerce électronique, les communications commerciales ont fait l'objet de la section 2 de la directive européenne 2000/31/CE.[650] En somme, l'acquis européen du commerce électronique est clair dans ses définitions des vocables

---

[647] V. FAUCHOUX et P. DEPREZ, *op.cit,* p. 236.

[648] L. BOCHURBERG, *Internet et commerce électronique, site web. Contrats. Responsabilité. Contentieux,* 2e éd., Delmas, Paris, 2001, p. 163.

[649] « Annexe II : dispositions communautaires établissant des règles en matière de publicité et de communication commerciale », directive 2010/29/CE sur les pratiques commerciales déloyales, JOUE, n° L 149, 11 juin.2010, p. 38-39.

[650] Articles 6 et 7, directives, préc.

« communication commerciale et publicité » indifféremment employés par la directive 97/55/CE modifiant celle 84/450/CEE du 10 septembre 1984[651], relative à la publicité trompeuse et comparative.[652] Celle-ci leur donne le sens de *« toute forme de communication faite dans le cadre d'une activité commerciale, industrielle, artisanale ou libérale dans le but de promouvoir la fourniture de biens ou de services, y compris les biens immeubles, les droits et les obligations ».*[653] Sans allusion limitée à un type de support utilisé, cette définition demeure applicable aux activités du commerce électronique.[654]

D'ailleurs, « l'existence d'une telle définition n'a pas pour effet de créer deux catégories autonomes de publicités, celles se faisant sur Internet et réglementées comme telles, et les autres. Toute communication commerciale au sens de la directive [2000/31/CE sur le commerce électronique] relève plus largement de la catégorie de publicité dans sa définition classique ».[655]Le *Livre vert* de 1996 de la Commission européenne sur les communications commerciales dans le marché intérieur recouvrait la même notion de communication commerciale comme « toutes les formes de publicité, de marketing direct, de parrainage, de promotion des ventes et de relations publiques destinées à promouvoir des produits et des services ».[656]

Néanmoins, la définition précitée de la directive 2000/31/CE a une portée plus large. Cette dernière ainsi que la directive 97/55/CE coïncident quant à la publicité sur les biens et les services, mais la directive 2000/31/CE est celle qui étend son champ à la promotion *« de l'image d'une entreprise, d'une organisation ou d'un professionnel ».*[657]

En droit de l'UE, l'article 6 de la directive 2000/31/CE sur le commerce électronique précise que *« la communication commerciale doit être clairement identifiée comme telle ».* Cette obligation n'était imposée, ni par

[651] Considérant n°18, Directive 2000/31/CE qui dispose englober entre autres la directive 84/450/CEE du Conseil du 10 septembre 1984 relative à la publicité trompeuse et comparative, JO L 250 du 19 septembre 1984, p. 17.

[652] Directive 97/55/CE du Parlement européen et du Conseil modifiant la directive 84/450/CEE du Conseil, JO L 290 du 23 octobre1997, p.18.

[653] Article 2, § 1, directive n°97/55/CE du Parlement européen et du Conseil du 6 octobre 1997, modifiant la directive n°84/450/CE sur la publicité trompeuse afin d'y inclure la publicité trompeuse, JOCE L 290, 23 octobre 1997, p.18.

[654] M. BLANCHARD, « La phase précontractuelle, la communication commerciale », in J. ROCHFELD (sous la dir.), *op.cit*, p. 40.

[655] C. MANARA, *Droit du commerce électronique,* LGDJ, Lextenso éditions, coll. systèmes Droit, Paris, 2013, pp. 109-110.

[656] COMMISSION EUROPÉENNE, *Livre vert sur les communications commerciales dans le marché intérieur*, 8 mai 1996, COM (1996)192 final.

[657] Article 2, f) de la directive européenne 2000/31/CE, préc. : « communication commerciale : toute forme de communication destinée à promouvoir, directement ou indirectement des biens, des services, ou l'image d'une entreprise, d'une organisation ou d'une personne ayant une activité commerciale, industrielle, artisanale ou de profession libérale ».

la directive n°84/450/CEE[658] sur la publicité trompeuse du 10 septembre 1984, ni par la directive n°97/7/CE relative aux contrats à distance du 20 mai 1997, commentée ci-dessus.[659] Un principe "nouveau" de transparence et de loyauté par obligation d'identification est donc posé en matière de publicité en ligne, en droit européen. D'une manière particulière concernant spécialement la publicité par courrier électronique, la directive 2000/31/CE rappelle le principe de la claire identification de la publicité par courriel et consacre, par défaut, le système dit d'« *opt-out* » comme une mesure rétractive de protection des internautes, face aux courriels publicitaires non sollicités.[660]

Du point de vue des sources françaises, la même importance est accordée par la LCEN à la « publicité par la voie électronique » à laquelle elle consacre longuement son chapitre II, avec cinq articles qui ont été insérés dans le Code de la consommation et dans le CPCE.[661] En droit français, appréhender la notion de publicité sur Internet est d'autant plus difficile que la publicité ne fait pas l'objet de définition claire et complète, de la part du législateur. Ce sont, pour l'essentiel des textes européens et la jurisprudence qui apportent des éléments de réponse. Et ce, même si plusieurs textes nationaux français en font bien référence pour sanctionner la publicité trompeuse, [662] les sources législatives internes ne définissent pas la communication commerciale, pour désigner la particularité de la publicité exécutée en ligne, comme l'a fait le législateur européen.[663]

Cependant, en transposant l'acquis européen, la LCEN avait ajouté à la confusion, suite à un mélange de genres en ses articles 1er et 20 entre la « *communication au public en ligne* » [664] et la « *communication audiovisuelle* »[665]. Dans leurs terminologies littérales, ces deux notions ne présentaient qu'une distinction quasi-nulle entre elles, sauf par l'emploi des

---

658 Directive 84/450/CEE, telle que modifiée par la directive 97/55/CE, préc.

659 Section 1 (§2, A., 1.) du présent chapitre d'ouvrage, par rapport au critère de la distance.

660 Article 7, paragraphes 1 et 2, directive 2000/31/CE, préc.

661 Ainsi, l'article 21 de la LCEN a inséré dans le Code de consommation les articles L121-15-1 et 2. L'article 22 de la LCEN a rédigé l'article L33-4-1 du Code des postes et des télécoms. L'article 23 a complété l'article L121-20-4 du Code de consommation par un alinéa rédigé qui remplace les anciennes références par celles insérées aux articles L 121-18, L 121-19, L 121-20, L 121-20-, L 121-20-1 et L 121-20-3 du Code de consommation.

662 Exemple : art. 44-1, Loi dite Royer du 27 décembre 1973 ; art. L 121-1, Code français de consommation, ou encore Décret n° 92-280 du 27 mars 1992).

663 C. FÉRAL-SCHUHL, *op.cit,* p. 295

664 Art. 1er, LCEN : « On entend par communication au public en ligne toute transmission, sur demande individuelle, de données numériques n'ayant pas un caractère de correspondance privée, par un procédé de communication électronique permettant un échange réciproque d'informations entre l'émetteur et le récepteur ».

665 Art. 20, al.1, LCEN : « On entend par communication audiovisuelle toute communication au public de services de radio ou de télévision, quelles que soient les modalités de mise à disposition auprès du public, ainsi que toute communication au public par voie électronique de services autres que de radio et de télévision et ne relevant pas de la communication au public en ligne telle que définie à l'article 1er de la loi n°2004-575 du 21 juin 2004 pour la confiance dans l'économie numérique ».

termes *« demande individuelle du destinataire »*et *« échange réciproque d'informations »* pour la première notion. Elles étaient censées transposer l'acquis européen des services de la société de l'information. Un « débat houleux »[666] avait été lancé au point de dire que la « France est le seul pays européen à connaître deux définitions des services de la société de l'information, dont aucune n'est parfaitement conforme à l'original ».[667]

À ce sujet, Jérôme Huet et Emmanuel Dreyer ont apporté les explications nécessaires : la désormais réglementation de la communication en ligne s'avère autonome. Le législateur avait utilisé des termes inadaptés pour rassembler, sous le même chapeau de *« communication au public par voie électronique »*[668], deux institutions juridiques liées à l'usage des réseaux. Les auteurs ont donc distingué : d'une part, la « *communication audiovisuelle* », où le contenu est diffusé, c'est-à-dire la radiodiffusion et la télévision, et d'autre part, la « *communication en ligne* », qui est interactive et dont l'utilisateur interroge un service, pour recevoir en retour uniquement les éléments demandés.[669] En droit des médias,[670] la séparation est très fine entre l'audiovisuel et le Web 2.0., ce qui constitue un enjeu à l'ère de l'émergence de la télévision en ligne.[671] L'enjeu présent vise à fixer le sens nouveau de la « publicité par voie électronique », sachant que la communication audiovisuelle linéaire ne fait pas partie du commerce électronique.[672]

À cet effet, en France, l'article 2 du décret n°92-280 du 27 mars 1992 (relatif à la publicité et au parrainage) réfère la publicité à « *toute forme de*

---

[666] T. VERBIEST, *op.cit,* p. 29. « Nul doute que ces définitions continueront à alimenter le débat houleux sur la convergence des médias et la définition des régimes applicables. En effet, comment qualifier, par exemple, un service de télévision interactive ou de "vidéo à la demande" ? S'agira-t-il d'un service de communication au public en ligne au motif qu'il serait fourni de point à point, à la demande individuelle de l'utilisateur ? Il appartiendra en premier lieu au CSA d'établir sa jurisprudence à cet égard. »

[667] *Ibidem,* pp. 29-30.

[668] En droit français, on sait que jadis la communication en ligne était considérée comme un sous-ensemble de la communication audiovisuelle. Certes, on lui reconnaissait quelques spécificités (régime de simple déclaration, plutôt que d'autorisation du fait de la loi du 1er août 2000). Mais elle n'en demeurait pas moins intégrée dans le corpus de la loi du 29 juillet 1982 d'abord puis de celle du 30 septembre 1986 qui lui a succédé. Puis, la télématique eut son propre article 77 dans la loi de 1982 et un article 43 dans la loi de 1986, avant que celle-ci et l'Internet furent soumis à des règles regroupées, depuis la loi du 1er août 2000, dans un Chapitre VII de la loi du 30 septembre 1986 intitulé « *Des services de communications en ligne autres que de correspondance privée* ».

[669] J. HUET et E. DREYER, *op.cit,* p.92-93.

[670] E. DERIEUX, *Le droit des médias, op.cit,* p. 3. Les médias sont en lien avec le commerce électronique, comme moyens d'accès. Mais sur le plan du droit, il y a des aspects distincts. « Par le droit des médias, il s'agit, dans la société démocratique, de permettre le libre exercice des ces activités et fonctions multiples (d'information, de culture, de distraction…), d'en fournir et d'en déterminer les limites. […] Le droit régit l'usage qui peut être fait des médias. Il y apporte certaines restrictions, dans le souci du respect des droits et des libertés, individuels ou collectifs, apparemment opposés ».

[671] P. DOQUIR et M. HANOT, *op.cit,* p.1.

[672] *Cf.* Section I, § 2, B., point 4. du présent chapitre d'ouvrage, traitant du « cas particulier de la VoD dans le commerce électronique européen ».

service télévisé diffusé contre rémunération ou contrepartie », et n'entre donc pas dans le champ du commerce électronique.[673] En effet, les services télévisuels de type linéaire de l'ancienne directive 89/552/CEE (actuelle directive 2010/43/UE) ne font pas partie du commerce électronique, en vertu du *considérant* n°18 de la directive 2000/31/CE sur le commerce électronique. En plus, le commerce en ligne n'exige pas de contrepartie (rémunérée), au vu du critère non-obligatoire de rémunération qui caractérise ce dernier (subsidiarité). La définition d'approche pour la publicité par la voie électronique ne peut donc pas être clairement trouvée dans la communication au public en ligne qui renferme à la fois les deux types de communications : audiovisuelle et en ligne.[674]

Avec plus de clarté, la Cour de cassation française a jugé que « constitue une publicité, tout moyen d'information destinée à permettre à un client potentiel de se faire une opinion sur les résultats qui peuvent être attendus du bien ou du service qui lui sont proposés » et « sur les caractéristiques des biens ou des services proposés ».[675] De même, le Conseil d'État français dans son rapport *« Internet et les réseaux numériques »* a dégagé deux critères essentiels de qualification de la publicité, à savoir : la finalité promotionnelle et l'adresse au public.[676]

Ainsi sur la base de ces deux critères, il a été jugé, dans une ordonnance de référé rendue par le TGI de Paris le 8 juillet 2005 : « L'utilisation des images de Messieurs Zinedine Zidane et David Beckham consistant à l'évidence dans la reproduction d'une photographie d'un match disputé par eux, n'est pas directement associée par les sociétés mises en cause à promouvoir leur activité de paris, qu'elle sert de présentation du match sur lequel le pari est organisé ».[677] La Cour d'appel de Paris a confirmé le jugement en février 2008.[678]

---

673 Décret n°92-280 du 27 mars 1992 pris pour l'application des articles 27 et 33 de la loi n°86-1067 du 30 novembre 1986 et fixant les principes généraux définissant les obligations des éditeurs de services en matière de publicité, de parrainage et de télé-achat, JORF, n°75, 28 mars 1992.

674 *Idem:* note n° 672.

675 Cass. crim., 12 nov. 1986, Bull. crim., n°861. – Cass. Crim., 14 oct. 1998, D. 1999, inf. Rap., p. 7, JCPE 1998, Panor, p. 1904. Voir aussi Section du Rapport et des études, étude générale adoptée par l'Assemblée générale du Conseil d'État, 2 juillet 1998, Paris, *La documentation française*, 1998.

676 É. Wéry, « Le Rapport du Conseil d'État français sur l'internet et les réseaux numériques : la bible ! », *Actualité,* 1er octobre 1998 [www.droit-technologie.org] (consulté le 23 novembre 2014).

677 [http://www.berenboom.be/pdf/NoteReal.pdf] (consulté le 21 octobre 2014). TGI Paris, 8 juillet 2005, Real de Madrid Football club c/ Zinedine Zidane, David Beckham, Raul G. et al. c/ Hilton Group PLC, *sporting Exchange TD*, William H., *sportingbet* PLC et al. *Cf.* Note de synthèse « Sur la compétence *ratione materiae* en matière de droit à l'image et sur les limites du droit à l'information face au droit à l'image », in Revue de Droit des Technologies de l'Information, n°27/2007.

678 [http://www.legalis.net/spip.php?page=jurisprudence-decision&id_article=2815] (consulté le 3 novembre 2014). En appel de cette décision devant la Cour d'appel de paris en 2008, les parties défenderesses ont soulevé l'exception d'incompétence territoriale du TGI de Paris au

Par ailleurs, la jurisprudence française rappelle les règles classiques, entre droit de la presse (information) et droit commercial (publicité), applicables aux activités en ligne. Il a été ainsi jugé qu'« un journal exploite une activité commerciale si en dehors de quelques articles rédigés par l'auteur, le nombre des annonces dépasse celui des articles rédactionnels ». [679] La Cour de cassation a également retenu la nature professionnelle dans le cas de « l'insertion des publicités avec un caractère habituel et principal ou non, ou encore constituant, pour le journal, le but de son exploitation d'annonces ou réclames ».[680]

Deuxièmement, l'évolution des techniques numériques est à la base de nouvelles pratiques de publicité sur Internet et, par conséquent, de nouvelles représentations des formes d'institutions juridiques pour le commerce en ligne. En effet, la « communication commerciale semble pouvoir consister en n'importe laquelle des techniques publicitaires utilisées par les technologies électroniques : sites web, bandeaux publicitaires, liens hypertextes, messages interstitiels, e-mails, SMS (Short Message System), forums de discussion, chats (dialogues écrits en direct sur le net), etc. ».[681]

Des catégories de publicités en ligne sont possibles : d'une part, celles citées dans la législation française et européenne, et d'autre part, les formes usuelles rencontrées sur le Net, entrant dans les critères généraux des communications commerciales. Parmi ces dernières, l'article 21 de la LCEN vise, sans les définir, les « jeux », « offres » ou « prospection directe » et « concours promotionnels », au titre de « publicité par voie électronique ». Auparavant, la directive 2000/31/CE avait fait de même en les considérant comme tels [682] et en disposant, [683] sans toutefois les définir en ses

---

regard du lieu du fait dommageable et au regard de l'application de l'article 14 du Code de procédure civile d'office sans la demande des parties. La Cour d'appel de Paris 11e Chambre « – Dit que le tribunal de grande instance de Paris n'est pas compétent pour statuer sur les demandes formées à l'encontre des sociétés *Unibet Ltd, Ladbrokes Betting and Gaming Ltd, Sporting Exchange Ltd, Sportingbet Plc, William Hill Credit Ltd, Internet Opportunity Entertainement Ltd* ; – Renvoie Zinedine Z., et al., à mieux se pourvoir ; – Déboute les parties de leurs demandes plus amples ou contraires ; – Condamne in solidum Zinedine Z., et al., à payer à chacune des sociétés défenderesses la somme de 2000 € en application de l'article 700 du code de procédure civile ; – Condamne in solidum l'association Real Madrid Club de Futbol, Zinedine Z., David B. Raul Gonzalès B. dit Raul, Ronaldo Luiz Nazario de L., dit Ronaldo, et Luis Filipe Madeira C., dit Luis Figo, aux dépens de première instance et d'appel. »

[679] Cass. Com., 9 novembre 1970, Bull. IV, n° 298, in M.-J. CAMPANA, *Code de commerce*, 20e éd., Litec, Paris, 2008. Colmar, 29 mai 1963 : RJAL, 1964, 126, in P. PÉTEL (sous dir.) et AL, *Code de commerce annoté,* préc., pp. 3-12.

[680] Cass. Civ., 23 mai 1870 ; D.1870, 135 in *Ibidem.*

[681] D. GOBERT, « La publicité sur Internet en pleine (r)évolution », *Ubiquité*, n°7, décembre 2000, p. 71, cité par M. BLANCHARD, *op.cit,* p. 40.

[682] Considérant n°16, directive 2000/31/CE, : « [...] Elle ne couvre pas *les concours ou jeux promotionnels* qui ont pour but d'encourager la vente de biens ou de services et pour lesquels les paiements, s'ils ont lieu, ne servent qu'à acquérir les biens ou les services en promotion ». Considérant n°29, directive 2000/31/CE, préc. : « [...] Dans l'intérêt de la protection des consommateurs et de la loyauté des transactions, les communications commerciales, y

« considérants » n°16, n°29 et en son article 6, d). Ces formes de publicités ne sont cependant pas suivies de définitions législatives.

Dans la pratique, Internet donne lieu à des formes les plus usuelles de publicités, grâce aux « outils numériques ou l'annonce-minute ».[684] Parmi les plus fréquentes, les *« pop-ups »* sont des messages interstitiels, sous forme de bannières, s'affichant à l'écran de manière impromptue lors de la navigation sur Internet. Ce sont des fenêtres qui s'ouvrent automatiquement lors de la consultation d'un site web et contiennent une information ou, plus souvent, une publicité. Le *« marketing viral »* est une campagne publicitaire en « boule de neige » à effet « viral », fonctionnant sur le principe du bouche-à-oreille dans l'environnement numérique et procédant d'une idée simple. Son point départ est la diffusion d'un message, contenant une image, une animation, une vidéo, à caractère humoristique, ludique ou même thématique, qui suscite l'envie chez ses premiers destinataires (ou les incite selon un canular bien réglé) de le transmettre à d'autres de leur liste d'amis, collègues ou autres.[685]

Il apparaît aussi des pratiques publicitaires identifiées avec des acronymes comme, par exemple : le *« splog »* (néologisme issu de la contraction des mots « *spam* » et « *blog* », pour qualifier un blog, créé dans le seul but de favoriser le recensement de certains sites dans le moteur de recherche, mais en réalité, c'est un pseudo-blog dans lequel l'on trouve un contenu factice et surtout une collection de liens hypertextes, pointant vers les sites à promouvoir) ; le *« spim »* (acronyme de *« Spam over Instant Messaging »*, il désigne une nouvelle forme de publicité non-sollicitée, qui vise non plus les courriels, mais les utilisateurs de messagerie instantanée du genre : *chat, twit, ...*) ; le *« spit »* (acronyme de « *Spam over Internet Telephony* », il désigne l'envoi massif de messages vocaux non sollicités par le biais de la téléphonie sur Internet, VoIP, *Voice over Internet Protocol*.[686]

Spécifiquement, les « moteurs de recherche » et « liens sponsorisés » figurent dans la même catégorie de publicités usuelles. Au-delà des services

---

compris *les rabais, les offres, concours et jeux promotionnels,* doivent respecter un certain nombre d'obligations relatives à la transparence ».

[683] Article 6, d), directive 2000/31/CE, préc. : « Lorsqu'ils sont autorisés dans l'État membre où le prestataire est établi, *les concours ou jeux promotionnels* doivent être clairement identifiables comme tels et leurs conditions de participation doivent être aisément accessibles et présentées de manière précise et non équivoque ».

[684] L. CHOMARAT, *La publicité*, PUF, 1re éd., coll. « Que sais-je ? », Paris, 2013, pp. 67 et 68.

[685] Les premiers internautes ciblés sont à leur tour pris dans la spirale du jeu ou de la logique dominante. Ils font alors suivre le message à d'autres et ainsi de suite. Par un effet « viral » ou « boule de neige », le message en vient à faire le tour du monde. Il arrive qu'il soit demandé que dans tous les transferts, soient copiés au courriel d'une adresse de base, qui va en définitive collecter toutes les adresses dans une base de données pour l'envoi massif de messages publicitaires.

[686] E. MONTÉRO, *op.cit,* pp. 36-48. M. VIVANT et C. LE STANC, *op.cit,* n°2563, p. 1473. S'agissant des types de publicité en ligne, la structuration et le contenu que nous avons adaptés sont inspirés des travaux des auteurs cités ici.

neutres de simple « *annuaire informatif* »,[687] la nature publicitaire des mots-clés sur moteur de recherche comme moyen de publicité a été retenue plusieurs fois et rappelée dans l'abondante jurisprudence de la Cour de Justice de l'Union européenne.[688] De même, il faut relever la nature publicitaire de certains *« hyperliens », « liens html »* ou *« liens hypertextes ».*[689] Avec le référencement payant, ces hyperliens constituent des cas de publicité particulièrement nombreux en ligne, mais sont également indispensables à la facilité de navigation sur l'Internet. Ils cessent d'être un « *référencement naturel* »[690] et deviennent publicité au sens de liens sponsorisés ou de référencement payant ou encore de liens promotionnels, dès que le référencement a été établi moyennant contrepartie d'un prix payé par l'annonceur.

Pour les deux derniers cas abordés, la facilité est grande pour un titulaire de site web d'introduire parmi ses *méta tags* des mots fréquemment utilisés dans les recherches par mot-clé (le nom d'un grand sportif ou d'une star, un nom commercial ou la marque d'un concurrent prestigieux, une approximation de nom proche d'un autre très célèbre…) afin d'optimiser son indexation au sein des moteurs de recherche.

---

[687] En principe, l'outil de recherche permet l'accès à l'information par un mot-clé sans positionnement tarifé. Dans le but d'attirer sur son site des visiteurs qui étaient en quête d'autres ressources sur le net, le moteur de recherche fait appel à deux applications du web : les outils de recherche ou instruments de localisation de l'information sur le net (annuaires et moteurs de recherche) et les « cookies » ou « méta tags » (en français, *balises méta tags*), sont des mots clefs insérés dans la version html (c'est-à-dire le code source) d'un site web, invisibles pour les visiteurs de la page web.

[688] Arrêt CJUE du 12.07.2011, Affaire C-324/09, L'Oréal SA, Lancôme parfums et beauté & Cie, Laboratoire Garnier & Cie, L'Oréal (UK) Limited contre eBay International AG, eBay Europe SARL, eBay (UK) Limited, Recueil de la jurisprudence 2011 I-06011. Sur une question préjudicielle, cet Arrêt de la Cour (paragraphe 86) a retenu : « *Concernant la publicité affichée sur Internet à partir de mots clés correspondant à des marques, la Cour a déjà jugé qu'un tel mot clé est le moyen utilisé par l'annonceur pour déclencher l'affichage de sa publicité et fait donc l'objet d'un usage « dans la vie des affaires » au sens des articles 5 de la directive 89/104 et 9 du règlement n° 40/94 (arrêts du 23 mars 2010, Google France et Google, C-236/08 à C-238/08, non encore publié au Recueil, points 51 et 52, ainsi que du 25 mars 2010, BergSpechte, C-278/08, non encore publié au Recueil, point 18)* » (ndlr :La directive 89/104 et le règlement n° 40/94 ont été abrogés, respectivement, par la directive 2008/95/CE du Parlement européen et du Conseil, du 22 octobre 2008, rapprochant les législations des États membres sur les marques (version codifiée) (JO L 299, p. 25), entrée en vigueur le 28 novembre 2008, et par le règlement (CE) n° 207/2009 du Conseil, du 26 février 2009, sur la marque communautaire (version codifiée) (JO L 78, p. 1), entré en vigueur le 13 avril 2009. Néanmoins, le litige au principal demeure régi, compte tenu de la date des faits, par la directive 89/104 et le règlement n° 40/94.)

[689] Dictionnaire Larousse, [http://www.larousse.fr] (consulté le 25 novembre 2013), *Verbo« Hyperlien ».*Composés d'un titre et d'un descriptif sommaire, ces liens apparaissent dans les pages de résultats des moteurs de recherche chaque fois qu'un lien est établi entre la requête de l'internaute et le ou les mot(s)-clé(s) choisi(s) par l'annonceur. En informatique : « Hyperliens : Lien associé à un élément d'un document hypertexte, qui pointe vers un autre élément textuel ou multimédia ».

[690] C. FÉRAL-SCHUL, *op.cit,* p. 281.

Au sens de la directive sur le commerce électronique, le référencement en ligne (annuaire informatif) relève en principe de la simple information, en tant qu'annuaire informatif. En règle générale, il a valeur de mention informative, lorsqu'il se borne à assurer la mise en liaison avec une personne ou une entreprise, à l'instar d'une adresse physique et de liens référencés par les moteurs de recherche.[691] Néanmoins, à défaut d'être une information promotionnelle s'inscrivant dans le cadre d'une activité commerciale, artisanale ou de profession libérale, elle reste une communication informative.[692] Cette règle et ses exceptions découlent de l'article 2, f) de la directive 2000/31/CE.[693]

Troisièmement, les enjeux de la publicité sont notables sur le plan économique[694] et juridique. La publicité en ligne nécessite une protection juridique adéquate des internautes, voire du réseau lui-même, contre des pratiques intrusives, insidieuses, souvent agressives et déloyales, dans le commerce électronique. Le considérant n°29 de la directive 2000/31/CE rappelle que « dans l'intérêt de la protection des consommateurs et de la loyauté des transactions, les communications commerciales, y compris les rabais, les offres, concours et jeux promotionnels, doivent respecter un certain nombre d'obligations relatives à la transparence ».

Cet enjeu de protection est de taille d'autant que la frontière entre la publicité et la simple information n'est toujours pas simple à appréhender. « La nature de l'internet et les techniques publicitaires déployées dans ce cadre expliquent aisément la raison d'être de cette obligation. En effet, l'internaute ignore souvent que certains messages, tels que les "bannières personnalisées" proviennent non pas du site consulté, mais plutôt d'un annonceur publicitaire avec des risques de confusion qui s'en suivent. Par ailleurs, nombre de messages commerciaux peuvent être adressés à l'internaute, à son insu, dans les différents espaces qu'il choisit de visiter (forums, chat…) ».[695]

---

691 M. BLANCHARD, *op.cit,* p. 41.

692 T. VERBIEST, *op.cit,* pp. 26-27.

693 Article, 2, f), directive 2000/31/CE, préc. Cette disposition définit les communications commerciales, qui exclut exceptionnellement :« les coordonnées permettant l'accès direct à l'activité de l'entreprise, l'organisation ou la personne, notamment un nom de domaine ou une adresse de courrier électronique »;« les communications relatives aux biens, services ou à l'image de cette entreprise, organisation ou personne, élaborées d'une manière indépendante de celle-ci, en particulier lorsqu'elles sont fournies sans contrepartie financière ».

694 *Cf.* pour enjeux économiques : L. CHOMARAT, *La publicité*, *op.cit*, pp. 91-92. Selon les chiffres de « 2011, l'ensemble des dépenses publicitaires mondiales dépassait les 450 milliards de dollars », à raison de : 150 milliards pour les États-Unis, 45 milliards pour le Japon et 30 milliards pour la Chine. L'Allemagne est le premier marché européen avec 24 milliards de dépenses. La France arrive au 7e rang mondial avec 12 milliards ». Internet pèse pour 72 milliards sur le total dépensés dans les médias dont 190 milliards par la Télévision et 93 milliards par la presse quotidienne.

695 E. MONTÉRO, « La publicité sur Internet », in T. DE COSTER, M. DEMOULIN, H. JACQUEMIN, E. MONTÉRO, M. VANDERCAMMEN et T. VERBIEST, *Les pratiques du commerce électronique,* Cahiers du Centre de Recherche Informatique et Droit, Bruylant, Bruxelles, 2007, p. 26.

Face à l'enjeu de la publicité par courriel[696], la directive 2000/31/CE entend protéger la vie privée[697], le réseau lui-même[698] et des internautes[699]. L'envoi massif, souvent récurrent, des courriels non sollicités, à ranger parmi les courriers indésirables, constitue ce qui est communément appelé « pourriels » et que certains ont qualifié de fléau d'Internet ou de « *plaie du spamming* ». [700] Les communications non-sollicitées sont régies par la directive 2000/31/CE, qui a mis en avant-plan, le critère de « *demande individuelle du destinataire* ». Ce critère reste général au sens des services de la société de l'information, mais il reste supplétif par rapport à la définition du commerce en ligne en Europe. À cet effet, la directive a envisagé, pour ce genre d'activités informationnelles dérangeantes, une règle, tout au moins, d'opposition *a posteriori* (*opt-out*), à défaut de consentement préalable (*opt-out*) à figurer sur la liste de distribution. Au regard de cette possibilité de choix en droit européen, l'article 22 de la LCEN consacre en France, le régime de l'*opt-in.*[701]Toutefois, ce régime s'applique uniquement pour les destinataires personnes physiques.

Par ailleurs, le système *opt-in* français englobe « toute forme de promotion des ventes, y compris la prospection directe réalisée pour les associations caritatives et les organisations politiques (par exemple, la collecte des fonds, etc.) ». [702] En France, cet avis du « Groupe 29 » a contrasté, avec les observations de la CNIL sur l'article 22 de la LCEN. La CNIL avisait que « pour le démarchage autre que de nature commerciale comme la prospection à caractère politique, associative, religieuse ou caritative (p.ex. collecte de dons), seules les règles suivantes, celles de la

---

[696] Dans son article 1er la LCEN définit le courrier électronique, comme couvrant aussi bien le texte, le SMS, envoyés par téléphone que le courriel envoyé par ordinateur, en ces termes : « [...] tout message, sous forme de texte, de voix, de son ou d'image, envoyé par un réseau public de communication, stocké sur un serveur du réseau ou dans l'équipement terminal du destinataire, jusqu'à ce que ce dernier le récupère ».

[697] E. MONTÉRO, *op.cit,* p. 26. Il y a atteinte à la vie privée « car il est réalisé dans un contexte de collecte "sauvage" et non consentie des adresses de courrier électronique, au mépris des principes posés par les législations relatives aux données à caractère personnel ».

[698] *Ibidem.* Pour les fournisseurs d'accès à Internet, il engendre de nombreux inconvénients : hausse des coûts liés à la nécessité d'élargir la bande passante et d'accroître la mémoire disponible pour stocker l'augmentation du volume des messages ; baisse de qualité du service offert due à l'encombrement provoqué par l'afflux massif de messages, atteinte à l'image du FAI.

[699] *Ibidem.* Pour l'internaute, le spam a pour conséquences : engorgement des boîtes aux lettres, coûts supplémentaires de connexion, affaiblissement des capacités des navigateurs, déguisement des approches commerciales en courrier amical.

[700] *Ibidem,* pp. 26-27.

[701] Il s'agit du consentement préalable par « toute manifestation de volonté libre, spécifique et informée par laquelle une personne accepte que des données à caractère personnel le concernant soient utilisées à des fins de prospection ».

[702] Groupe de travail au niveau européen indépendant créé par l'article 29 de la directive 95/46/CE du Parlement européen et du Conseil, du 24 octobre 1995, relative à la protection des personnes physiques à l'égard du traitement des données à caractère personnel et à la libre circulation de ces données, JOCE, L 281, 23 novembre 1995, pp. 31-50.

CNIL, sont d'application : information préalable sur l'utilisation de l'adresse électronique à de telles fins ; droit de s'opposer à cette utilisation ».[703]. Par ailleurs, la règle de l'*opt-in* connait des exceptions : si la prospection se fait dans le cadre des services analogues[704] ou si l'adresse a été prélevée dans le cadre de prestations antérieures ou encore si l'adressage de destination est un référent lié à la fonction exercée dans une organisation.

Ainsi, en Europe, la directive n°2005/29/CE du 11 mai 2005 a considéré comme pratique commerciale agressive, le fait de se livrer à des sollicitations répétées et non souhaitées par tout moyen de communication à distance (y compris le courrier électronique).[705] Quel que soit le contenu du message, la caractéristique retenue est celle de sa répétition et donc de son agressivité. Avec un élan nouveau, des instruments spécifiques de protection des internautes contre des pratiques intrusives, insidieuses, souvent agressives et déloyales, ont été édictés dans le commerce électronique. S'agissant des *« pourriels »* ou *« spams »,* il est établi la règle « *que la réception de communications indésirables ou choquantes peut s'analyser en une ingérence dans la vie privée ».* [706] Le maquillage insidieux d'une communication commerciale est aussi une pratique abusive.[707]

En France, sous peine de lourdes sanctions civiles et pénales[708], la loi n°2008-3 du 3 janvier 2008 dite « Loi Chatel »[709] avait inséré la définition des « pratiques commerciales déloyales », en disposant à l'article L.122-11 du code de la consommation qu'« une pratique commerciale est agressive

---

703 T. VERBIEST, *op.cit,* p. 49

704 CPCE (France), art. L. 33-4-1(III), mais sans définition des services analogues, il y a une glissante marge d'interprétation entre, par exemple, les « produits bancaires et les produits financiers » - *Cf.* MATTHIEU, *Les services financiers et bancaires en ligne*, Revue Banque Edition, Coll. « Droit Fiscalité », 2005, par C. FÉRAL-SCHUHL, *op.cit,* p. 318-319.

705 Directive n°2005/29/CE du 11 mai 2005 relative aux pratiques commerciales déloyales des entreprises vis-à-vis des consommateurs dans le marché intérieur, JOCE, L 149, 11 juin 2005, pp. 22-39.

706 J. HUET et E. DREYER, *op.cit,* p.137.

707 E. MONTÉRO, *op.cit,* p. 26.

708 V. FAUCHOUX et P. DEPREZ, *op.cit,* pp. 159-163. Le « *phishing* » sanctionné souvent sous le coup de la contrefaçon, cf. TGI, Paris, Jugement, 21 septembre 2005, contre une personne ayant imité entièrement la page d'accueil du site International Hotmail de Microsoft afin de recueillir les adresses et mot de passe des internautes. Le « *mail bombing* » sanctionné sous le coup de l'article 323-2 du Code pénal, TGI Lyon, jugement, 20 février 2001, contre envoi de courriers électroniques vides visant à encombrer la bande passante de la victime et pour une condamnation de son émetteur à huit mois de prison avec sursis, à 3000 euros d'amende et 76.224,51 de dommages-intérêts à verser au fournisseur d'accès. Le spamming a été sanctionné, notamment sur le fondement de l'article 1147 du Code civil français, TGI de Paris, sur Ordonnance de référé du 15 janvier 2002, jugeant que l'émetteur qui se plaignait contre la partie défenderesse, Liberty Surf et Free.fr son FAI, pour la suspension de son abonnement, est un *spammeur* en le déboutant de son action contre le FAI et à verser à la défenderesse Liberty Surf, la somme de 1.524 euros de dommages-intérêts, à titre provisionnel, pour procédure abusive contre elle. [Inédits]

709 Loi n°2008-3 du 3 janvier 2008 « loi Chatel » pour le développement de la concurrence au service des consommateurs.

lorsque du fait des sollicitations répétées et insistantes ou de l'usage d'une contrainte physique ou morale :1° elle altère ou est de nature à altérer de manière significative la liberté de choix d'un consommateur ; 2° elle vicie ou est de nature à vicier le consentement d'un consommateur ; 3° elle entrave l'exercice des droits contractuels d'un consommateur ».[710]

Dans l'ordre de ces pratiques de « *e-publicités* » proscrites, figure en premier lieu le « spamming ».[711] Selon la définition de la CNIL, il s'agit de « l'envoi massif, et parfois répété, de courriers électroniques non sollicités, à des personnes avec lesquelles l'expéditeur n'a jamais eu de contact et dont il a capté l'adresse électronique de façon irrégulière ».[712]En second lieu, le *« mail bombing »* : l'envoi massif et simultané d'un même message vers une seule et même adresse. En dernier lieu, le *« phishing »* est un acronyme provenant de la contraction de *fishing* (« pêcher ») et *phreaking* (« piratage en ligne téléphonique »). Cette pratique publicitaire en ligne est traduite par « hameçonnage » ou « filoutage », pour ce « qui désigne le fait d'imiter partiellement ou entièrement la présentation d'un site Internet connu, en reproduisant notamment les marques et autres signes distinctifs d'un tiers, afin d'obtenir frauduleusement des informations à caractère personnel ou confidentiel des internautes visitant le site en question ».

En conclusion, la définition française du commerce électronique est donnée à l'article 14 de la LCEN. Elle tient compte de l'objet et des critères du commerce en ligne dans l'acquis européen, tels que recomposés à la section précédente (§2.B.5) du présent chapitre. Si, en droit français, cet objet diffère de certains aspects lucratifs et limitatifs répondant de la logique du droit commercial classique, ledit objet le complète néanmoins. Le droit commercial sert comme le droit commun. À défaut d'actes de commerce par nature dûment énumérés, les activités économiques en ligne conservent le critère indispensable d'utilisation de la distance et de la voie électronique pour leur réalisation. À la différence de l'acquis européen, la définition française ne reprend plus les critères de définition non-déterminants, comme la rémunération et la demande individuelle desdites activités. Toutefois des typologies juridiques particulières permettent de catégoriser les activités numériques et de leur appliquer des régimes spécifiques. Il en est ainsi des activités contractuelles et non-contractuelles en ligne. Mais avec l'utilisation de l'électronique, des institutions juridiques nouvelles intéressent l'analyse pour leur particularité : contrats électroniques, communications commerciales ou publicités en ligne, VoD, etc.

Pour la doctrine, « il suffit de proposer ou offrir un bien ou un service à distance et par voie électronique, sans qu'il soit exigé que l'acceptation se

---

[710] [Nouvelle] Section 5, Chapitre II, Livre 1er, C. consom., relative « aux pratiques commerciales agressives ».

[711] V. FAUCHOUX et P. DEPREZ, *op.cit,* p. 160. De son étymologie, « spam » est sorti d'un sketch anglais des *Monty Python*, dans lequel l'on parodiait une publicité radiophonique pendant laquelle l'on ne cessait de répéter le mot « spam », une sorte de jambon épicé. Cf.

[712] [www.cnil.fr] (consulté le 13 août 2014).

fasse par la voie électronique pour que les règles du commerce électronique s'appliquent. Il suffit que l'opérateur se présente sur les réseaux ouverts comme offrant un bien ou un service pour faire du commerce électronique. Le champ d'application des dispositions du commerce électronique est donc large. »[713] La doctrine considère que « *le commerce électronique regroupe l'ensemble des activités* [*économiques*] *reposant sur des transactions commerciales à distance réalisées par un média électronique : Internet, téléphonie mobile, téléshopping...* ». [714] Le formalisme électronique du commerce en ligne est également à la base d'une mode particulier de conclusion de contrat. En tant qu'un produit de l'évolution technique, économique et juridique, le contrat électronique a mérité d'être défini ci-dessus en fonction des sources *ratione temporis*, afin de démontrer comment son institution juridique s'est réalisée à travers le temps en Europe.

En outre, le caractère dématérialisé et transfrontière du commerce en ligne ne doit pas occulter les métiers d'intermédiation juridique à sa base : les transporteurs de signaux, les opérateurs de cache, les fournisseurs d'accès à l'Internet ainsi que les hébergeurs assurent techniquement le stockage, la circulation et la consommation de l'information qui est la valeur centrale du commerce électronique. La catégorie formée par ces prestataires techniques est originale pour le commerce en ligne, sans toutefois ignorer les cumuls de leurs activités qui rendent difficile leur démarcation avec les éditeurs en ligne. En principe, les premiers ne sont pas responsables des contenus électroniques qu'ils hébergent ou véhiculent, tandis que les autres, parce qu'ils le produisent ou les fabriquent, en sont pleinement responsables.

À la lumière de ce qui précède, le droit du commerce électronique a des sources, un objet, des sujets, des typologies d'institutions juridiques et des régimes spécifiques. Le droit n'a su, ni voulu énumérer avec exhaustivité les activités économiques en ligne, contrairement aux actes de commerce traditionnel. Il a structuré autour d'une nouvelle forme de commercialité des typologies d'institutions juridiques, en leur attachant des régimes juridiques particuliers par rapport au droit commun. L'utilisation des techniques électroniques de communication à distance est la *condition sine qua non* du commerce en ligne. Ainsi, les activités d'intermédiation technique lui sont essentielles, pour transporter, traiter, héberger, stocker des informations dans l'espace numérique et/ou pour les rendre disponibles à l'aide des médias dans la forme compréhensible par l'humain.

Grâce à la voie électronique, la conclusion des contrats électroniques est possible, tout autant que la réalisation d'activités non-contractuelles en ligne. Il en est ainsi des communications commerciales ou publicité par voie électronique. Les sujets du commerce en ligne prestent ou consomment les biens et services en ligne, toutefois les fonctionnalités des outils numériques brouillent non seulement leurs frontières d'activités, mais aussi leurs statuts

---

[713] C. CASTETS-RENARD, *op.cit*, 2010, p. 141.

[714] A. RABAGNY-LAGOA, *Droit du commerce électronique*, Ellipses, Paris, 2011, p. 5.

en rendant complexes les règles d'application. Par exemple, les hébergeurs et les éditeurs ne se démarquent plus suffisamment à cause des nouveaux métiers du web 2.0., au point que même la jurisprudence a du mal à appliquer le régime de responsabilité allégée ou plus lourde. Les consommateurs et les professionnels, les destinataires et les prestataires voient également leurs statuts se rapprocher au point que des sous-catégories apparaissent entre eux avec des attributions de leurs statuts et de leurs régimes au cas par cas, à défaut de les loger de plein droit dans les catégories des règles préexistantes.

Pour autant, les sources législatives et les sources secondaires se complètent, s'ajustent et s'améliorent à travers le temps et à l'épreuve des évolutions des technologies électroniques (y compris l'Internet). Ces transformations permettent de construire des cadres juridiques disposant de règles appropriées et des mécanismes proches, pour répondre aux enjeux juridiques du commerce électronique. L'objectif d'analyser le droit européen et français est de répondre aux enjeux auxquels le droit positif n'est pas encore adapté en Afrique et en RDCongo. Qu'il faille utiliser les références juridiques analysées en droit comparé, pour adapter et encadrer la pratique mondiale du commerce électronique sur des territoires d'État-Nation.

Dans tous les cas, le commerce en ligne ne peut exister sans la disponibilité d'accès aux communications électroniques. À juste titre, le droit en Europe régit le commerce en ligne comme un aspect juridique des services de la société de l'information.[715] Les communications électroniques en sont également un aspect à part entière. Leur évolution est la base d'autres transformations du droit au sein de l'Union européenne et en France, dans le monde et sur le continent africain. **(Chapitre 2)**

*

* * *

Le droit de l'économie numérique concerne l'activité économique couplée aux technologies électroniques, utilisant ou combinant les bases binaires de l'informatique pour commercer à distance. Il s'intéresse tant aux modèles classiques de l'entreprise en ligne qu'à leur renouveau sous la jouvence du web 2.0 et 3.0. Ce droit intègre le commerce électronique comme une pratique d'affaires alliant la communication numérique dans les maillons de production, de circulation, de distribution et de consommation des richesses. Sans se réduire à ces aspects, son objet couvre le réseau électronique lui-même, mué en réseau numérique à intégration des services (RNIS). Synonyme d'infrastructure de l'information, le réseau (le Net) fonde le marché numérique, artère de l'économie post-moderne et de notre société.

---

[715] À ce sujet, nous soulignons la clarté de l'intitulé de la directive : « Directive 2000/31/CE du Parlement européen et du Conseil du 8 juin 2000, *relative à certains aspects juridiques des services de la société de l'information, et notamment du commerce électronique*, dans le marché intérieur ("directive sur le commerce électronique"), JOCE, L 178, 17 juillet 2000, pp. 00010-00016.

CHAPITRE 2

Les transitions du droit des télécoms et des communications électroniques en Europe et en France

L'« ascension de l'Internet » se caractérise par la croissance des flux électroniques du réseau planétaire. Celle-ci est largement rendue possible grâce à la libre entreprise de l'économie numérique.[716] Cependant, ces évidences des technologies de l'ère numérique ne peuvent pas occulter le laborieux processus de libéralisation des télécoms, ayant permis l'abandon du monopole des « services publics »[717] pour adopter un système d'économie de marché.[718] L'expérience de la « déréglementation » des télécoms s'est

[716] F. BANHAMOU, « L'irrésistible ascension de l'Internet », in *Cahiers français*, préc., p. 3. « La croissance du trafic est spectaculaire. Au niveau mondial, en août 2012, on compte 628 millions de sites Web et plus de deux milliards d'internautes. On estime que le trafic croît de près d'un tiers chaque année. Les prévisions de l'entreprise informatique américaine Cisco font ainsi apparaître une explosion du trafic qui atteindrait 1,3 zettabyte en 2016 [...]. En France, en 1996, 0,5% des foyers étaient connectés à Internet, contre 73,2% au troisième trimestre 2011 ». [http://news.netcraft.com/],[http://www.pcinpact.com/news/66793-ordinateurs-foyers-francais-equipement-netbooks-tablettes.html] (tous consultés le 30 juin 2016).

[717] J. CHEVALLIER, *Le service public, une administration citoyenne ?*, 10e éd., PUF, coll. Que sais-je ? Droit-Politique, Paris (1987) 2015, p. 3. « La notion de service public relève à première vue de l'évidence. [...] Le service public évoque cette sphère des fonctions collectives, nécessaires à l'existence même du social. Faisant écho aux thèmes du "Bien commun", de l'"Intérêt général", de l'"Utilité publique", avec lesquels elle forme une configuration idéologique complexe, la notion a donc des racines anciennes qui apparaissent comme inhérentes à l'organisation des sociétés modernes. »

[718] TRUCHY, *Economie politique*, t. I, p. 289, cité par O. CACHARD, *op.cit*, p. 8. « Le commerce éveille l'idée de marché. Le marché est le lieu où se rencontrent les acheteurs et les vendeurs de telle ou telle catégorie de marchandises ; par extension, on a pris l'habitude d'appeler marché l'ensemble même des offres et des demandes qui sont en situation de se rencontrer et de donner lieu à des échanges ». *Cf.* aussi G. CORNU, *op.cit*, p. 643. Verbo « marché ». « Le marché est traditionnellement défini en droit comme un lieu public ou comme un rassemblement périodique de vendeurs et d'acheteurs. Il peut aussi être entendu comme un lieu d'échanges commerciaux ou, plus spécialement comme un emplacement où s'assemblent à date fixe ou périodiquement les vendeurs de marchandises (... pour la vente au public). »

imposée en Europe pour la modernisation de l'État et de l'économie. Elle traduit l'anglicisme *« deregulation »* dont l'origine se situe aux États-Unis dans le début des années 1980.[719] Son étymologie économique ne signifie aucunement l'effacement de la réglementation.[720] Elle signifie plutôt le processus de promotion de la libre entreprise et d'exercice de la libre concurrence avec une marque caractéristique de régulation, comme nouvelle forme d'intervention de l'État sur un secteur public libéralisé. Le *« big-bang de la déréglementation »*[721] est à l'origine du jeu de la concurrence sur le marché numérique mondial. La « dérégulation » a engendré un processus de suppression des « carcans législatifs et administratifs »[722] qui plombaient le développement des marchés territoriaux.

Ainsi, les services publics des télécoms ont été ouverts à l'économie des marchés, en transformant la puissance publique de l'État-entrepreneur en État-régulateur...[723] Avec la mondialisation des marchés, cette restructuration de l'intervention de l'État a été effectuée graduellement dans les domaines des équipements, services et infrastructures de télécoms. Les règles élémentaires de droit sont maintenues par le recours au droit étatique (*hard law*, régulation *ex post*), mais les agents économiques privés opèrent eux-mêmes le jeu du marché (autorégulation, *soft law*), sous des formes d'administration étatiques, adaptées et souples (organe indépendant, régulation *ex ante*).[724] En effet, « la *régulation* se distingue des modes classiques d'intervention de l'État dans l'économie. Elle suppose l'existence des marchés ouverts, dans lesquels des opérateurs disposant d'une capacité d'action autonome, déploient des stratégies d'ensemble par l'établissement

---

[719] D. LINOTTE et A. GRABOY-GROBESCO, *Droit public économique,* Dalloz, coll. mémentos, Paris, 2001.

[720] I. CROCQ, *Régulation et réglementation des télécommunications, op.cit*, p. 2. Nous préférons le terme « libéralisation » à celui traduit de l'anglais par « dérégulation », d'autant que, comme le souligne Isabelle Crocq, « on n'assiste pas à une dérégulation (c'est-à-dire à la suppression de la régulation) mais à une réforme de la régulation. [G. Majone, 1990] ».

[721] P. MUSSO, *Les télécommunications*, éd. La Découverte, Coll. Repères Économie, Paris, 2008, p. 75 et s. L'auteur pense que « Cette révolution numérique provoque un *big bang* (sic) amplifié par les politiques de dérégulation ». R. GILARDIN, *La « libéralisation » des télécommunications en France (1981-1996),* Mémoire 4e année, Séminaire : Histoire de la France au XXe siècle sous la direction de Gilles Richard, Sciences Po, Rennes, 2009-2010, p. 64. *Cf.* un des chapitres du mémoire s'intitulant : « le *big-bang* de la déréglementation étasunienne ».

[722] P. MOREAU DEFARGES, *La Gouvernance, une gestion idéale ?,* 5e éd., coll. Que sais-je ? Droit-Politique, PUF, Paris, (2003) 2015, p. 63.

[723] J. CHEVALLIER, *L'État post-moderne,* 4e éd., LGDJ, Lextenso éditions, coll. droit et société, n°35, Paris, 2014, pp. 59-64. Il y a bien plus en profondeur l'État-actionnaire (privatisation) et l'État.

[724] P. MOREAU DEFARGES, *La Gouvernance ...*, préc., p. 63. La dérèglementation est aussi située dans le cadre de « L'action publique et l'économie », au titre des « mutations de l'action publique », sur le chapitre du « désengagement dans l'action publique » quant à « l'expansion contestée des marchés ». *Droit public économique*, Master 1, droit public – droit privé, Univ.des Antilles et de la Guyane, Faculté de droit et d'économie de la Martinique 2008-2009 [Inédit].

de certaines règles et une intervention permanente pour amortir les tensions ».[725]

Dans son « projet politique » [726], l'Europe a largement recouru à l'instrument du droit, en vue de construire son marché intérieur des télécoms. Depuis la décennie 80 jusqu'à ce jour, les institutions européennes ont successivement adopté des mesures de libéralisation et d'harmonisation des règles d'encadrement des télécoms. Au fil du temps, des réajustements du cadre réglementaire ont été effectués en fonction du développement du marché et de la transition numérique. Les transitions des règles européennes traduisent la prise en compte des enjeux évolutifs des télécoms.

Entre 1987 et 1996, le droit communautaire européen engagea la réforme sectorielle des télécoms, en vue de réaliser la démonopolisation des segments du marché régulé. En 2000-2002, les règles de régulation renforcée se transforment en principes de régulation minimale, pour favoriser la pleine concurrence du marché des communications électroniques.[727] Celles-ci s'insèrent désormais dans la convergence technologique, l'économie numérique et la société de l'information.[728] Depuis 2009, le réexamen de l'acquis réglementaire « Paquet télécom » de l'Union européenne se fait à intervalle régulier afin de tenir compte de l'évolution rapide du marché numérique. Les réformes de 2016-2017 ouvrent de nouvelles perspectives sur la « société du Gigabit ». **(Section 1)**

Toutefois, les règles de l'Union européenne ont pour finalité de s'appliquer dans le droit national de ses États membres. Ces trente dernières années, la France a engagé une politique législative, en opérant les transpositions des règles européennes, sans ignorer les spécificités et les priorités de son droit interne. En 1982 et 1986, ses lois sur la communication (audiovisuelle) avaient précédé les règles d'harmonisation européenne, afin de suivre la dérégulation des télécoms amorcée à l'étranger.[729] C'est à partir de 1990 et 1996, que le droit français des télécoms s'aligne sur les mesures des institutions européennes.[730] Mais, l'originalité de la transition juridique des télécoms implique la transformation de son service public.

---

[725] J. CHEVALLIER, *L'État post-moderne…*, préc., p. 63.

[726] M.-A. FRISON-ROCHE, *Les 100 mots de la régulation,* PUF, coll. Que sais-je ? Les mots du régulateur, Paris, 2011, p. 67. « L'Europe est un projet politique, conçu à la sortie de la seconde guerre mondiale dans le but que n'advienne plus jamais de guerre entre les pays européens. Pour cela Jean Monnet eut l'idée de construire dans un premier temps un marché économique, et dans un second temps un gouvernement politique ».

[727] D. BOULAUD, *Le nouveau cadre européen des communications électroniques : quelle régulation pour quels équilibres ?,* Rapport d'information, n°3048, Assemblée nationale, onzième législature, DIAN 16/2001, Paris 2001, p. 29-33.

[728] D. POPOVIC, *Le droit communautaire de la concurrence et les communications électroniques*, LGDJ, Paris, 2009, p. 11.

[729] R. GILARDIN, *La « libéralisation » des télécommunications en France (1981-1996)*, *op.cit.* pp. 10 et s.

[730] *Ibidem.* V. FAUCHOUX, P. DEPREZ et J.-M. BRUGUIÈRE, *op.cit*, pp. 3 et s. En abordant la « construction progressive du droit de l'Internet », les auteurs situent à partir de 1996 l'effort de la jurisprudence. Ils évoquent la directive 97/7/CE comme résultat le 20 mai 1997 du

En instituant par ailleurs une autorité de régulation des télécoms (ART), la France a systématiquement associé les réformes de sa réglementation sectorielle à celle de son administration des PTT (y compris « France Télécom »). Depuis 1996, l'action des autorités réglementaires nationales (ARN) évolue sans un « système vertical de régulation » à l'échelle européenne,[731] pour le secteur des communications électroniques. En 2003 et 2004, les lois françaises de transposition inscrivent le droit de l'accès aux infrastructures et services de télécoms, dans les objectifs de confiance en l'économie numérique.[732] Par rapport au modèle européen de dérégulation des communications électroniques, la privatisation de France télécom reste une originalité française dans la transformation de son droit de service public, en traçant une ligne originale des réformes de l'État-entrepreneur, vers le standard d'État-régulateur et bien plus d'État-actionnaire. De même, la « loi pour la République numérique » du 7 octobre 2016[733] est en avant-garde de la transition numérique de la France, après l'adoption des lois de modernisation de son économie en 2008 et en 2011 pour transposer les dernières règles européennes du « paquet télécom 2009 ».[734] **(Section 2)**

Notre approche permet une analyse du millefeuille législatif européen et français, en vue d'appréhender les enjeux juridiques de la transition numérique du marché des télécoms, de l'économie et de la société. Notre étude s'intéresse aux acquis communautaires, car ils sont indispensables à la compréhension du droit positif français, dans ses sources et ses politiques législatives. La « mondialisation de la dérégulation »[735] situe les systèmes juridiques européens et français à un stade d'historicité plus avancé quant à leurs transformations par rapport aux évolutions de leur marché et des marchés étrangers.[736] Notre analyse de droit comparé va plus loin : elle a pour finalité la comparaison de l'expérience européenne et française avec l'état des droits des télécoms en Afrique et en RDC.[737]

« vaste mouvement d'harmonisation communautaire, grâce à d'importantes directives désormais intégrées au droit français ». Mais, ils signalent que la France l'a transposée avec plusieurs années de retard (en 2001), tandis que la règle du droit communautaire avait déjà entamé la protection des consommateurs en cas de vente à distance c'est-à-dire en employant des techniques de télécommunications et de communication audiovisuelle notamment.

731 D. BOULAUD, *op.cit*, pp. 29-33.

732 *Cf.* notamment : Loi n° 2004-669 du 9 juillet 2004 relative aux communications électroniques et aux services de communication audiovisuelle, JORF, 10 juillet 2004.

733 Loi n°2016-1321 du 7 octobre 2016 pour la république numérique (dite « Loi Numérique » ou « Loi Axelle Lemaire », JO RF, 8 octobre 2016.

734 D. BOULAUD, *op.cit*, p. 7. Il s'agit de plusieurs textes concernant les communications électroniques […] Ils sont regroupés sous la forme d'un "paquet Télécom" présenté par la Commission européenne le 12 juillet 2000 ». Ils ont été adoptés en 2002 avant d'être modifiés en 2009. *Cf.* les développements de la présente section de notre ouvrage.

735 P. MUSSO, *op.cit*, p. 75.

736 *Cf.* Titre II, Chapitre 1 du présent ouvrage.

737 *Cf.* Titre II, chapitres 1 et 2 du présent ouvrage.

SECTION I. LA CONSTRUCTION JURIDIQUE DE L'« EUROPE DES TÉLÉCOMS » DANS LES ENJEUX DES COMMUNICATIONS ÉLECTRONIQUES

Durant les années 1980-90, les États du monde ont engagé des réformes politico-juridiques qui s'attaquèrent aux monopoles réglementaires, d'origine naturelle ou publique.[738] Ainsi, les secteurs des télécoms sont déréglementés officiellement d'abord aux États-Unis, puis en Grande-Bretagne. En partant de 1984 pour l'« Europe des télécommunications »[739], les premières directives de libéralisation interviennent en 1987-1988, en engageant le processus de transformation du cadre juridique sectoriel. Il se poursuit jusqu'à ce jour. « Par conséquent le droit des télécommunications peut être défini comme un ensemble de règles spécifiques qui correspondent à des politiques de télécommunications. Dès 2002, on emploie le terme "Droit des communications électroniques". Le présent terme est adopté en conséquence de la numérisation de l'ensemble des industries et des médias qui recouvrent les télécommunications, la communication audiovisuelle et l'informatique ».[740] La sémantique juridique traduit les mutations d'objet.

L'Europe des télécoms a défini ses propres finalités des réformes, en fonction des enjeux politiques de diffusion des technologies électroniques et de construction de son marché intérieur **(§1)**. À cet effet, les institutions européennes ont adopté les premières mesures de libéralisation et d'harmonisation du « droit communautaire ». Deux étapes de transition du cadre réglementaire ont permis le passage du droit sectoriel des télécoms à celui des communications électroniques **(§2)**.

§ 1. Les enjeux de construction du marché européen des télécoms et des communications électroniques

À la genèse (1974-1982), la dérégulation américaine a enclenché un déferlement des processus similaires dans le reste du monde. Les enjeux juridiques en Europe de 1980 se fondent sur la même idée de restructuration du secteur des télécoms qu'aux États-Unis. **(A)** Cependant, le droit communautaire a permis de définir ses propres mesures de libéralisation du marché intérieur. Les institutions européennes ont opéré, de manière autonome, l'encadrement et l'orientation des enjeux technologiques par des

---

738 D. POPOVIC, *Le droit communautaire de la concurrence et des communications électroniques*, LGDJ, Paris, 2009, p. 11.

739 Face aux mouvements des réformes du marché libéral, les Chefs d'États européens s'étaient réunis en France, le 20 juin 1984, au Sommet de Fontainebleau sur l'« Europe des télécommunications ». L'intitulé de ce sommet et son caractère extraordinaire traduit sans nul doute l'ambition de la mission constructive de l'Europe face à l'internationalisation des marchés américains. Dès lors, l'Europe s'est positionnée dans ce mouvement de mondialisation du marché des télécommunications.

740 D. POPOVIC, *op.cit*, p. 45.

règles d'harmonisation des marchés nationaux des États membres. Ainsi, entre 1997 et 2002 (jusqu'à ce jour), les objectifs de concurrence guident la régulation sectorielle du secteur des télécoms. **(B)**

A. La finalité des transformations juridiques du secteur des télécoms

Le pragmatisme américain constitue le point de départ de la dérégulation du marché des télécoms à l'échelle mondiale.[741] Conformément aux lois antitrust de 1890,[742] le ministre américain de la justice intenta en 1974 un procès contre la compagnie mastodonte AT&T, dont l'issue en 1982 permit le démantèlement de son monopole au 1er janvier 1984 sur le marché national américain.[743] L'accord obtenu le 8 janvier 1983 l'autorisait de

---

[741] A. BEATTIE, « *Why is the 1982 AT&T breakup considered one of the most successful spinoffs in history* ? », [http://www.investopedia.com/ask/answers/09/att-breakup-spinoff.as] (consulté le 05 avril 2017). *« AT&T had a history reaching back to 1885 and, as a government-supported monopoly, was a highly profitable company. Colloquially known as Ma Bell, the communication giant lost its governmental backing in the 1880s when charges were filed against it under the Sherman Antitrust Act. This was the second time that AT&T found itself in an antitrust suit. In 1949, AT&Twas excused from antitrust laws because it was believed that a single company providing nationwide service was a vital part of national security and any deregulation might interrupt service. »* (Notre traduction : L'histoire de AT&T remonte à 1885. Sa rentabilité était liée à son monopole soutenu par le gouvernement américain. Familièrement connu sous le nom de Ma Bell, le géant des communications a perdu son soutien du gouvernement dans les années 1980 lorsque des accusations ont été déposées contre lui en vertu de la *Sherman Antitrust Act*. Ce fut la deuxième fois pour AT&T de se trouver dans une affaire d'antitrust. En 1949, AT&T avait été dispensée des lois antitrust, car l'idée dominante considérait que le monopole de fourniture de services par une seule société à l'échelle nationale était une composante essentielle de la sécurité nationale et que toute déréglementation pourrait interrompre les services. Le deuxième verdict n'a pas été du même avis autour du *Sherman antitrust Act*.)

[742] *Ibidem. The Sherman Anti-Trust Act was proposed in 1890 by senator John Sherman From Ohio and was passed in the same year by 51st U.S. Congress* (Notre traduction : La loi Sherman antitrust a été proposée en 1890 par le sénateur John Sherman de l'Ohio et adopté la même année par le cinquantième congrès américain).

[743] A. BEATTIE, « *Why is the 1982 AT&T breakup considered one of the most successful spinoffs in history* ? », [http://www.investopedia.com/ask/answers/09/att-breakup-spinoff.as] (consulté le 05 avril 2017). *« The second time under Sherman's hammer AT&Twas not so lucky. The case began in 1974, was decided against AT&Ton January 8, 1982, and the breakup plan was formalized throughout 1983. Ma Bell was ordered to give up local calling services to smaller regional spinoffs dubbed the Baby Bells. The parent company would hold on to its long distance businesses. Brought into existence on January 1, 1984, the Baby Bells were some of the most successful spinoffs in history as AT&T had already paid the infrastructure layouts and their business were established and producing cash from day one.* (Notre traduction : Se trouvant pour une seconde fois sous le coup de la loi Sherman, AT&T ne fut plus aussi chanceuse. L'affaire a commencé en 1974 et a connu son verdict le 8 janvier 1982, tandis que le plan de démonopolisation a été officialisé tout au long de 1983. Ma Bell a été enjoint de laisser les services d'appels locaux et régionaux aux Baby Bells. La société mère devrait rester sur le segment des appels internationaux et était habilité à déplacer ses activités sur le domaine de l'informatique et de l'Internet. Les *Baby Bells* sont entrées en activité au 1er janvier 1984, avec une préparation de leurs infrastructures par AT&T, leur ayant permis d'être productif dès le premier jour.)

développer ses activités internationales, en ouvrant le marché local à la concurrence.[744] Cette expérience américaine porte les premiers enjeux de transition des normes monopolistiques et de réorganisation du marché à l'échelon américain, puis international.

La construction de l'Europe des télécoms s'inscrit dans cette dynamique des changements structurels et normatifs du secteur électronique. L'abandon des fondements monopolistiques constitue en lui-même un enjeu de transition : l'abandon des « dogmes colbertistes »[745] de la part de plusieurs États européens illustre ce laborieux processus. La Grande-Bretagne fut le premier État à mettre fin entre 1982 et 1984 au monopole public. Dans un élan néolibéral pionnier, *British Telecom* perdait en effet ses privilèges exclusifs et exorbitants : tout un symbole ! Ensuite, l'Europe a bâti progressivement son marché intérieur des télécoms par l'instrument du droit, avec l'apport « ordo-libéral allemand ».[746] Les services publics nationaux ont été remodelés sous la pensée « néolibérale »[747] et l'influence française.[748]

---

744 E. HOLSENDOLPH, « U.S. settles phone suit, drops I.B.M. case; A.T.&T. to split up », *New York Times*, 8-9 janvier 1982. Le Ministère de la justice intente un procès contre la compagnie *American Telephone and Telegraph* qui accepte de renoncer aux 22 compagnies *Bell System* qui fournissent la plupart des services téléphoniques locaux de la nation. Si l'Accord avec AT&T est finalement approuvé par un tribunal fédéral, il serait le plus important règlement antitrust depuis des décennies.

745 J. CHEVALLIER, *Le service public, op.cit.*, pp.77 et 97. « L'État a sans doute toujours été, en France, fortement présent dans la vie sociale : dès l'absolutisme, il a été conduit à assumer des fonctions étendues et diversifiées, non seulement régaliennes, mais encore, sociales, culturelles et économiques ("le colbertisme") ». – *Cf.* aussi I. CROCQ, *op.cit*, p. 2. « Il est nécessaire de savoir si l'État peut et doit continuer d'être un entrepreneur dans une logique « colbertiste » ou si son intervention doit se limiter aux fonctions régaliennes traditionnelles (la défense nationale, la justice, la police et l'ordre public, la diplomatie, l'énoncé des lois et des règles) ».

746 F. DENORD, R. KNAEBEL, P. RIMBERT, « L'ordolibéralisme allemand, cage de fer pour le vieux continent », *Le Monde diplomatique*, aout 2015, pp. 20 et 21. « Contrairement aux libéraux classiques, les ordolibéraux ne considèrent pas le marché ou la propriété privée comme des produits de la nature, mais comme des constructions humaines, et donc fragiles. L'État doit rétablir la concurrence si elle ne fonctionne pas. »

747 F. DÉNORD, « "Néo-libéralisme" et "économie sociale de marché" : les origines intellectuelles de la politique européenne de la concurrence (1930-1950) », in *Histoire, économie et société*, n°1, 2008, pp. 24-33, avec les commentaires de R. GILARDIN, *op.cit*, p. 79-80. La politique de la concurrence européenne trouve sa généalogie intellectuelle dans une branche de la pensée néolibérale, l'ordo-libéralisme allemand. En relation l'un l'autre, le néo-libéralisme entend de l'État néolibéral *« régulateur de conflits, abstentionniste dans la sphère de la production et des échanges, mais prêt à sanctionner les écarts de conduite par le droit et la justice* [...] *restreindre le périmètre de l'action étatique sans revenir au laissez-faire ».* En partage au caractère de ce dernier, l'ordo-libéralisme allemand reste pragmatisme et social, pour un État fort au-dessus des intérêts privés capable d'intervenir systématiquement contre les entraves au principe de concurrence sur les marchés au moyen d'outils économiques et juridiques mais qui a aussi à sa charge d'assurer une politique sociale. La construction d'un cadre juridique de régulation des mécanismes du marché est un objectif ordo-libéral afin que les distorsions au principe de concurrence puissent être sanctionnées et que l'activité de la sphère économique bénéficie à tous.

Ces principes refondateurs ont aussi influé sur les systèmes juridiques du monde entier dans le secteur des télécoms. La Commission européenne a adopté entre 1987 et 1996 des mesures législatives de politique libérale en supprimant les monopoles, qui fondaient antérieurement le secteur des télécoms. Les objectifs législatifs européens comportent une historicité utile des enjeux juridiques, permettant de mieux appréhender les fondements de son cadre réglementaire des communications électroniques.

1. Les monopoles publics face à la libéralisation des télécoms en Europe

Au départ, « [l]es télécommunications ont été longtemps considérées comme un secteur économique présentant les caractéristiques d'un monopole naturel.[749] [...] les opérateurs en charge de monopole naturel bénéficiaient dans un grand nombre de cas, d'un statut privilégié et d'une protection de leur monopole par la loi. Le monopole devient ainsi un monopole de droit ». [750] Traditionnellement, deux raisons justifient le monopole : l'une est économique l'autre est stratégique.

En général, « un secteur économique présente les caractéristiques d'un monopole naturel lorsqu'une seule entreprise peut assurer la production nécessaire à la satisfaction de la demande à un coût moindre que celui qui résulterait de la présence de deux ou plusieurs entreprises. [...] Les coûts de construction et de maintien de cette infrastructure sont tels qu'il n'existe pas d'incitation économique à la duplication du réseau. »[751] D'une manière spécifique, l'influence stratégique des techniques de communications à distance avait déjà convaincu les États de s'approprier le contrôle des deux premières inventions aux 18e et 19e siècles. Le monopole devait être mis à profit des prérogatives de souverainetés nationales, en instaurant un « contrôle exclusif des éléments matériels de son exercice » [752] sur le Télégraphe de Chappe (1793)[753] et le Téléphone (1876)[754], et à travers les

[748] J. CHEVALLIER [2015], *op.cit.*, pp. 98, 99. Nous allusionnons notamment le fait de « l'apparition au niveau européen de la notion de service universel [...] Ce qui a conduit souvent à estimer que le service universel n'était en fin de compte que la transcription de la conception française du service public ».

[749] D. POPOVIC, *op.cit*, p.11.

[750] *Ibidem*, p. 12.

[751] *Ibid.*, p.11.

[752] J. CHEVALLIER, *op.cit.* p. 78.

[753] [http://museedutelephone.narbonne.pagesperso-orange.fr/telegraphe.htm] Il s'agit du « Télégraphe de Chappe », dont le premier essai en juillet 1793, par son inventeur Claude Chappe, fait naître le réseau des télécommunications en France (avec sa première ligne entre Lille et Paris en août 1793). Le Ministère des Postes et Télégraphe français créé en 1878 connait en 1889 le rattachement du téléphone, nationalisé en 1889, au sein du « service du matériel et de l'exploitation électrique ». Avec l'invention du télégraphe électrique de Morse 1837 (arrivée en France en 1844), le Télégraphe optique de Chappe est abandonné. (Consulté le 16 juin 2016.)

[754] Le téléphone est d'invention plus ancienne que sa commercialisation coïncidant au 16 février 1876, date de dépôt du brevet par Graham Bell auprès des autorités américaines. La

premiers réseaux de télécom.[755] En effet, les expériences des grandes guerres de 1914-1918 et de 1940-1945 ont démontré l'importance des télégraphes, radars et radiotéléphonies portatives comme des dispositifs stratégiques pour la puissance militaire des États.[756] Tel est le cas depuis l'origine des premières et des dernières inventions des techniques de communications automatisées.

D'abord, « le télégraphe est né en temps de guerre, grâce à l'octroi de crédits militaires en tant qu'arme défensive au service de la République. [...] Les télécommunications ont été ensuite considérées comme un outil du gouvernement, qui donne aux États des moyens supérieurs, à ceux de ses ennemis, (intérieurs et extérieurs), ce qui a dénoté son caractère stratégique ».[757] Enfin, dans les années 1950, les débuts de l'Internet sont particulièrement liés au programme ambitieux de recherche initié par le ministère américain de la défense (Pentagone) en impliquant les universités. En somme, « On comprend ainsi la double origine d'Internet : à la fois une communauté universitaire et l'armée intéressées ensemble par ce mode d'échanges en réseau. La circulation libre de l'information par opposition au réseau secret, du moins très strictement encadré, constitue les deux faces d'Internet ».[758] Les télécoms et l'Internet forment des enjeux de puissance pour tout ordre étatique.[759] Le monopole était censé doter l'État d'instrument de contrôle direct et exclusif.

---

nouvelle technique du téléphone démontra son importance stratégique durant la seconde guerre mondiale avec le développement des radars ou de la radiotéléphonie portative.

[755] P. CHARDON, « Genèse du vote de la Loi de 1837, origine du monopole des télécommunications », in C. BERTHO-LAVENIR (sous la dir.), *L'état des télécommunications en France et à l'étranger – 1837- 1987, Acte du colloque organisé à Paris les 3 et 4 novembre 1987 par l'École Pratique de Hautes études et l'Université Paris V,* Librairie Droz, Genève, 1991, pp.11-21, cité par R. GILARDIN, *op.cit.*, pp. 16-18. En France le « Télégraphe de Chappe » fut placé sous tutelle du Ministère de la Guerre. *« Ainsi le financement était assuré par les Ministères de la Guerre, de la Marine et de l'Intérieur ».*

[756] M. DE CHEVEIGNÉ, « Les techniques, la guerre et la liberté : 1939-1947 », in C. BERTHO (sous la dir.), *op.cit,* pp.148-165.

[757] W. EL ZEIN, *Les aspects juridiques de la libéralisation des télécommunications, op.cit,* p. 44.

[758] L. GRYNBAUM, C. LE GOFFIC et L. MORLET-HAÏDARA, *op.cit,* pp. IX-X. Les auteurs rappellent que « les universitaires et les militaires américains qui sont à l'origine de la création de la communication en réseau d'un ordinateur à un autre n'avaient sans doute pas prévu que leur construction ferait bientôt partie de nos vies. En effet, il s'agissait à l'origine de permettre dans le réseau ARPANET, établi entre ordinateurs de quelques universités, d'échanger des données et des informations. Or, ce projet entre institutions universitaires était soutenu par l'armée ».

[759] Pour les justificatifs du monopole comme éléments de sécurité, voir notes *supra* :P. CHARDON, *op.cit,* pp. 11-12. Pour un exemple plus contemporain : K. SWISHER, « White House. Red Chair. Obama Meets Swisher », *Recode.net,* 15 février 2015. [www.recode.net/2015/02/15/white-house-red-chair-obama-meets-swisher/] (consulté le 3 août 2017) Lors de son interview en 2015, le Président américain Barack Obama a dit : « Nous avons possédé Internet. Nos entreprises l'ont créé, l'ont étendu, l'ont perfectionné, de telle manière qu'ils [les Européens, ndlr] ne peuvent pas lutter ». (Notre traduction : *We have*

En réalité, les monopoles publics de télécoms en Occident étaient fonction des idées politiques et économiques ambiantes. Ils apparaissaient sous deux modèles différents, mais présentant les mêmes finalités.[760] En effet, « l'intervention publique est justifiée lorsqu'une industrie se caractérise par une situation de monopole naturel. Elle prend alors soit la forme de monopole public, soit d'un monopole privé régulé ».[761]

D'une manière générale, pour les fonctions de service public de nature régalienne, le monopole public demeurait le primat de l'administration, tandis que le « monopole de fait »dépendait de la taille économique pour les « grandes fonctions collectives et structurées en réseau ».[762] La taille de l'entreprise laissait l'impression de « surprofit injustifié » et justifiait par conséquent son transfert au secteur public pour des raisons d'efficacité économique.[763] Il s'ensuivait soit une « attribution de monopole de droit », soit l'« institution d'une protection légale »par le mécanisme de nationalisation qui, dans tous les cas, soustrayait à la concurrence l'activité jugée d'intérêt général.[764] C'est ainsi qu'il a été dit que les modèles des monopoles américain et européen des télécoms étaient non seulement de constitutions différentes, mais de même finalité et aussi de même profil d'enjeux dans la libéralisation de leurs secteurs de télécoms.[765]

Premièrement, le monopole américain des télécoms faisait état d'une « logique économique pragmatique »[766] avec un marché national contrôlé, dans ses différents segments, par le « monopole naturel »[767] de la firme américaine AT&T. À la veille de son démantèlement le 1er janvier 1984, AT&T se trouvait à 80% dans une situation de contrôle du trafic téléphonique national et à 100% du trafic international aux États-Unis. Elle exerçait un monopole en tant qu'équipementier dans la production et la

---

owned the Internet. Our companies have created it, expanded it, perfected it in ways that they can't compete.)

[760] Wael El Zein, *Les aspects juridiques de la libéralisation des télécommunications (étude comparée),* LGDJ, éd. Alpha, Paris, 2012, p. 20.

[761] I. Crocq, *op.cit*, p. 81.

[762] J. Chevallier, *Le service public, op.cit*, p. 78.

[763] *Ibidem.*

[764] *Ibidem.*

[765] Wael El Zein, *op.cit*, pp. 40-44. *Cf.* pour les fondements économiques, stratégiques, économiques et techniques du monopole. J. Chevallier, « Le pouvoir du monopole et le droit administratif français », *RDP,* 1974, p. 23.V. Leroux, « Les foncements économiques de la monopolisation du réseau téléphonique », in *L'État et les télécommunications en France et à l'étranger 1837-1987,* Droz, 1991, p. 12.

[766] J. Chevallier, *Le service public, op.cit*, p. 78.

[767] L. Bancel–Charensol, *La déréglementation des télécommunications dans les grands pays industriels,* ENSTPTT-Economica, Paris, 1996, p. 31, cité par R. Gilardin, op.cit, p. 37. – I. CROQ, op.cit, p. 81-82 : *« La théorie du monopole naturel repose sur les concepts de rendement d'échelle croissant et de sous-additivité de la fonction coût. Les rendements d'échelle [« en termes d'économie d'échelle »] sont croissants (décroissants) lorsque le coût moyen diminue (augmente) avec l'accroissement de la quantité produite ».* Cf. P. Picard, *Eléments de microéconomie. Théorie et applications*, Monchrestien, 2[è] éd., 1990. W.W. Sharkey, *The theory of natural monopoly,* Cambridge University Press, 1982.

fourniture sur le marché national, non seulement des structures des réseaux (à travers sa filiale, *Western electric)*, mais aussi des terminaux et/ou combinés téléphoniques à ses usagers. En revanche depuis 1925, le marché international des équipements revenait à sa firme rivale ITT *(International Telegraph and Telephone)*.

Le procès antitrust des autorités américaines contre la firme AT&T de 1974 à 1982 aboutit à l'accord signé entre celles-ci le 24 août 1982. Ce dernier fixait au 1er janvier 1984 la date du démantèlement de la firme AT&T. Son application entraîna la restructuration d'AT&T en cinq filiales, dont *AT&T international.* La firme AT&T perdit également son exclusivité d'équipementier au niveau national américain, mais elle obtint le droit de développer son business international. Cette restructuration « conduisit à des pressions constantes de la firme et de ses concurrents (Sprint, MCI et ITT) auprès des pays européens pour que ceux-ci ouvrent leurs marchés [768] » à leur tour également. La loi américaine en vigueur demeurait le *Communication Act* de 1934, avant d'être remplacée par le *Telecommunication Act* de1996.[769]

Deuxièmement, les monopoles publics européens étaient fondés sur les dogmes du service public, résultant de l'affirmation du droit ou de la nationalisation des activités jugées d'intérêt général. « À l'aube du XXème siècle, on trouvait un secteur public économique d'État non négligeable en partie hérité du colbertisme, mais qui avait continué par la suite à se développer : [...] alors que les entreprises privées, bien que soumises à certaines contraintes, sont insérées dans l'économie de marché, les services publics constituent des îlots à part, échappant très largement à l'application normale des lois de marché publiques. [...] Le monopole est inhérent à la conception française traditionnelle du service public [...] censé être soustrait à l'application de la logique marchande. Tous les services publics ont ainsi été dotés sinon d'un monopole de droit, du moins d'un statut monopolistique les mettant à l'abri de la pression de la concurrence ».[770] En sus, les enjeux de rareté des ressources stratégiques fondaient aussi la mise des secteurs d'activités des télécoms sous gestion publique. L'État se positionnait sur des intérêts qu'une personne privée ne pouvait gérer de manière équitable.[771]

Si une « idée de monopole imprègne donc profondément la conception classique du service », [772] la doctrine libérale présente toutefois la concurrence comme une source d'innovation, de compétitivité et d'efficience. L'idée du monopole d'État laissait persister une ancienne vision « parfois angélique, voire naïve : elle ne prête de défaut qu'au marché

---

768 Y. BOUVIER, « Construire l'Europe industrielle par les entreprises. La politique de concurrence et les fusions industrielles dans les télécommunications européennes dans les années 1980 », *Histoire, Economie et Société,* n°1, p. 79-80.
769 R. GILARDIN, *op.cit,* spéc. pp. 34-39 et s.
770 J. CHEVALLIER, *Le service public, op.cit,* pp. 62, 77 et s.
771 WAEL EL ZEIN, *op.cit*, p. 45.
772 *Ibidem*, p. 81.

et l'intervention publique est supposée bénéficier à la collectivité ».[773] Dans les années 1980, plusieurs évolutions économiques et progrès techniques pressèrent les États européens (et tiers) à saisir l'enjeu stratégique des télécoms dans l'ordre de la mondialisation. Ils ont réformé leurs cadres juridiques en conséquence dans l'ordre économique néolibéral.

Sur le plan économique, les éléments principaux de changement furent : l'accroissement des échanges internationaux, l'émergence d'un raisonnement de conquête des marchés à l'échelle mondiale et la remise en question des péréquations tarifaires.[774] Sur le plan technique, en dépit des efforts de « colbertisme high-tech »[775], le monopole s'essoufflait. La mutabilité des services publics ne convenait plus à des droits exclusifs, face au train des innovations et aux besoins des usagers. Selon les « lois de Rolland », l'« idée qui sous-tend le principe de mutabilité, encore appelé parfois "principe d'adaptation", est simple, c'est elle qui conduit à postuler que le service public doit rendre, à tout moment, le meilleur service possible à la population ».[776] Le monopole ne pouvait plus à lui seul assurer la diversification des offres, ni répondre à la demande accrue de nouveaux services de télécoms, notamment : nouveaux modes de transmissions (satellites, fibre optique), passage de l'analogique au numérique, télématique (Minitel) associant informatique et télécommunication.[777]

Face à toutes ces pressions du progrès, l'Europe devait répondre aux enjeux de dérégulation du marché américain et britannique. Première en Europe à capitaliser ces enjeux, la Grande-Bretagne sépara dès 1981 la gestion de sa poste et de ses télécoms en deux organismes publics distincts. Elle abolit en 1982 le monopole de *British Telecom*, son exploitant public, en le mettant en concurrence avec l'opérateur *Mercury* à qui elle attribua une licence d'exploitation des télécoms. La réforme britannique fut complétée par la privatisation de *British Telecom* (avec la vente de 51% de son capital) et par la création d'une autorité indépendante chargée de la régulation et de la concurrence, en l'occurrence ex-*OFTEL, Office of Telecommunications,*

---

[773] I. CROCQ, *op.cit*, p. 3. L'auteure cite à propos : A. PIGOU, *The Economics of Welfare*, Macmillan, Londres, 4e éd., 1932 ; P. A. SAMUELSON, « The pure theory of public expenditures », *Review of Economics and Statistics*, vol. 36, pp.387-389 ; R. A. MUSGRAVE, *The theory of public finance*, McGraw-Hill, New York, 1959.

[774] La péréquation tarifaire était comme un principe d'organisation des services publics à perte sur certaines activités et à surfacturation sur d'autres.

[775] E. COHEN, *Le colbertisme « high-tech ». Économie des Télécoms et du Grand Projet*, Hachette, Coll. Pluriel, 1992. Il s'agit des efforts de mutabilité des services publics par l'investissement public en faveur de la modernisation des services publics. La mutabilité répond aux besoins des usagers et aux tendances des offres dans le secteur des télécoms, marqué par l'innovation (des acteurs privés).

[776] E. ZOLLER, *Introduction au droit public*, 2e éd., coll. Droit public, Science politique, précis, Dalloz, paragraphe 604.

[777] J. HARIVEL, « Le Minitel, une exception française », *Revue de l'Institut du Monde et du Développement*, n°4, Hiver, 2013, Paris, pp. 93 à 106.

actuel *OFCOM, office of Communications.*[778] L'expérience communautaire a organisé le marché intérieur sur les principes de dérégulation et de démonopolisation des services publics de l'État.

2. Les enjeux politiques de la dérégulation dans l'Europe des télécoms

Au niveau communautaire, l'importance des enjeux de déréglementation motiva le Sommet de Fontainebleau du 20 juin 1984. Il réunit pour la première fois en France les chefs d'États sur le thème de l'Europe des télécoms.[779] Il était question d'ouvrir les services publics des États à un ensemble des marchés plus vastes à l'échelle internationale, sans pour autant éroder leurs propres mannes de survie sur leurs propres marchés territoriaux des télécoms. L'absence de concurrence et d'harmonisation technique constituait les premiers éléments bloquant le développement général de ces marchés. Ainsi, les institutions européennes entreprirent de développer le marché communautaire à travers les mesures de libéralisation et des directives d'harmonisation.

En ce sens pionnier, le *Livre vert* du 30 juin 1987 définit la trame politique de ce processus « sur le développement du marché commun des [...] télécoms ».[780] La construction de l'Europe des télécoms requérait de démanteler les cartels territoriaux qui empêchaient la diffusion des technologies à cause des monopoles verticaux nationaux. En effet, la situation antérieure des marchés territoriaux de télécoms intégrait non seulement les monopoles des infrastructures et des services, mais aussi l'exclusivité des équipements territoriaux de télécoms.

Aussi, fallait-il en finir avec des empires industriels fermés, contrôlés au niveau national par des équipementiers et des réseaux tout aussi exclusifs. Il en fut ainsi des opérateurs téléphoniques comme *Siemens* pour l'Allemagne, *Ericsson* pour la Suède, *Phillips* pour les Pays-Bas, *Alcatel* et *Thomson* pour la France.[781]De plus, la publication et la standardisation des spécifications techniques des réseaux territoriaux étaient nécessaires, afin d'assurer

---

778 E. BRENNAC, « De l'État producteur à l'État régulateur, des cheminements nationaux différenciés. L'exemple des télécommunications », in B. JOBERT (dir.), *Le tournant néo-libéral en Europe,* L'Harmattan, 1994, p. 276.

779 Pour les développements spécifiques à la déréglementation en France, *cf.* le § 2 de la présente section.

780 Commission de la Communauté européenne, *Vers une économie européenne dynamique, Livre vert sur le développement du marché commun des services et équipements de télécommunications*, COM (87) 290 final, 30 juin 1987.

781 Y. BOUVIER, « Construire l'Europe industrielle par les entreprises. La politique de concurrence et les fusions industrielles dans les télécommunications européennes dans les années 1980 », in *Histoire, Économie et Société*, n°1, 2008, p. 79 - La recommandation sur l'ouverture des marchés dénonça cette situation bloquant l'émergence d'un grand marché européen. (Quant aux opérateurs français qui se procuraient les matériels chez les équipementiers américains, il leur était vendu des technologies déjà dépassées au prix fort. Ainsi, l'Europe marqua le pas en faveur des politiques de fusion des entreprises européennes et des programmes de recherche.)

l'interopérabilité et l'interconnexion des réseaux territoriaux au niveau européen. Cette logique politique a été maintenue plus tard, dans le deuxième *Livre vert* de 1997 *sur la convergence des secteurs des télécommunications*[782].

En effet, le droit « communautaire »[783] fait précéder l'élaboration de ses règles par une définition des objectifs politiques, dans ses « livres verts ».[784] En l'espèce, les réformes sectorielles des télécoms se fondent sur des objectifs précis, notamment : la construction du marché intérieur, la diffusion des technologies, l'innovation, l'optimisation de l'accès des utilisateurs aux réseaux et aux services des télécoms. La réglementation a été « simplement perçue comme un outil, au côté de l'utilisation des forces du marché, pour l'achèvement des objectifs plus vastes de politique sociale, économique et générale ».[785] Ainsi, les politiques législatives s'expriment-elles dans les règlements, directives et autres décisions des institutions européennes.

Pour l'essentiel, la construction du marché unique européen a imposé l'application des principes économiques néolibéraux et ordo-libéraux aux secteurs des télécoms des États membres. À cet effet, les trois outils classiquement utilisés par les institutions européennes ont permis d'assurer les objectifs de libéralisation du secteur dans le sens d'un marché régulé. Il s'agit de l'emploi coordonné en Europe des mécanismes d'élaboration d'instruments juridiques, de leur suivi et de la coopération.[786]

Les directives européennes servent efficacement à encadrer la transition du cadre réglementaire du marché ouvert des télécoms, tout en tempérant le *laisser-faire* sans verser dans le *laisser-aller.* Pour autant, l'adoption d'une

---

782 Commission européenne, *Livre vert sur la convergence des secteurs des télécommunications, des médias et des technologies de l'information, et les implications pour la réglementation,* COM (97) 623 final, 3 décembre 1997.

783 L'usage à dessein du terme « Communautaire » est effectué pour restituer le contexte européen d'avant le Traité de Lisbonne sur l'Union et aussi pour ressortir l'idée de mutualisation des efforts et des systèmes juridiques.

784 F. REY, « Livre vert, livre blanc, ça sert à quoi ? », *www.metiseurope.eu,* 1er mai 2007. L'origine des livres verts (et des livres blancs) est britannique. Elle remonte au dépôt en 1967 à la Chambre des Lords d'un document de proposition pour l'élaboration des politiques. Les journalistes ont appelé ledit document livre vert au vu de sa couverture. Les « livres verts » publiés par la Commission européenne offrent un éventail d'idées dans le but de lancer, dans l'ensemble des pays, une consultation et un débat sur un thème précis. En pratique, les livres verts contiennent des « idées destinées à alimenter un débat ou une consultation publique sur un thème donné. En réponse à une présentation de la thématique, les parties prenantes ou individus intéressés par le sujet sont invités à exprimer leur avis sur les propositions émises, avant une date limite ». (L. DARMON, « Livre vert, livre blanc », *europeplusnet.com,* 2005.) En revanche, les livres blancs contiennent un ensemble argumenté de propositions d'actions communautaires dans un domaine spécifique.

785 J. CATTAN, *op.cit.*, pp. 19-22, 24 et 27.

786 S. TURGIS, « Les valeurs du Conseil de l'Europe appliquées à Internet », in A. BLANDIN-OBERNESSER (sous la dir.), *op.cit,* p.17. L'Europe mobilise les mêmes outils pour promouvoir l'émergence de ses valeurs fondamentales : droits de l'homme, démocratie et prééminence du droit dans l'environnement (numérique) européen, voire international.

réglementation *ex ante* a été choisie avec l'instauration d'une régulation sectorielle *ex post*.[787] La particularité des télécoms est de faire intervenir cette dernière (*ex post*) « parce qu'il faut construire la concurrence et maintenir en permanence des équilibres non naturels » dans l'ordre artificiel du marché.[788] Les autorités de régulation nationales établies dans les marchés ouverts de télécoms utilisent « des outils que l'on pourrait dire "sur page blanche", essentiellement des réglementations [...] de l'*ex ante* ».[789]

En définitive, « les ARN doivent pour l'impartialité de leur décision demeurer indépendantes des fournisseurs de réseaux, de services ou d'équipements de communications électroniques.[790] Elles doivent également être indépendantes de l'État, si ce dernier conserve le contrôle d'un fournisseur. Les ARN doivent collaborer étroitement avec les autorités nationales de concurrence (ANC) dans la mesure où elles sont amenées à utiliser les principes du droit de la concurrence ».[791]

Il s'avère que les objectifs politiques sont à la base d'adoption des règles européennes. Ils permettent de comprendre la cohérence du millefeuille législatif européen, sans se limiter uniquement à leur texture purement juridique. Les acquis du droit de l'Union européenne se forment à travers le temps pour anticiper ou traiter les enjeux, en l'occurrence ceux des télécoms. Les mesures d'ordre juridique du processus de dérégulation ont débuté en 1988 et se poursuivent encore, en fonction des étapes d'évolution technologique et du marché. L'étape fondamentale de la démonopolisation a porté sur des segments de marché, pour réaliser finalement la pleine concurrence. C'est en ce sens que des directives successives ont été adoptées concernant les « terminaux de télécommunications » (1988), ensuite les « services de télécommunications » (1990) et enfin la « pleine concurrence » (1996). Ces mesures graduelles ont pu rendre possible la libre fourniture des services de télécoms, entourée des garanties de régulation sur le marché européen.[792] Elles ont fondé les bases de l'économie numérique actuelle.

---

[787] M.-A. FRISON-ROCHE, *Les 100 mots de la régulation... op.cit*, p. 69. L'*ex ante* et l'*ex post* sont des expressions usuelles en économie qui correspondent respectivement en droit d'*a priori* et d'*a posteriori*. Ainsi, la loi ou la réglementation est un acte *ex ante*, qui régira les situations postérieures à son adoption (cas du règlement général d'une autorité). En revanche, les décisions individuelles de sanction, de règlement de litige ou de médiation relèvent de l'*ex post* (cas des actes juridictionnels). Le droit de la concurrence intervient *ex post* puisque le marché est établi et que l'autorité de la concurrence réagit en cas de pratique anticoncurrentielle, susceptible d'être sanctionnée, donc *ex post*.

[788] *Ibidem*.

[789] *Ibid*.

[790] *Cf.* A. DE STREEL, R. QUECK, « Un nouveau cadre réglementaire pour les communications électroniques en Europe », *JTDE*, n°101, septembre 2003, p. 195. L'article 3 de la directive « cadre » prévoit l'obligation de la séparation structurelle effective de la fonction de réglementation d'une part, et des activités inhérentes à la propriété ou à la direction de ces entreprises, d'autre part. Cet objectif pouvant être réalisé de plusieurs manières.

[791] D. POPOVIC, *op.cit*, p. 57-58.

[792] L'étude des directives européennes de libéralisation de 1988, 1990, 2002 et 2009 (jusqu'à ce jour) est menée au point B du présent paragraphe (§ 1).

B. Les mesures politiques et juridiques de démonopolisation de l'Europe des télécoms

En Europe, l'ouverture des marchés territoriaux est le fruit de la dérégulation des télécoms, ayant entraîné le déclin des monopoles publics. Dans cette démarche, la suppression des droits exclusifs a porté successivement sur les segments des marchés des équipements, des services et des infrastructures. Cependant, ce sont à la fois des préalables politiques et des mesures juridiques qui ont fondé en Europe les bases de la concurrence. Les textes nécessaires sont intervenus en quatre étapes fondamentales, en faisant usage d'instruments d'une valeur obligatoire croissante : d'une part, les recommandations, les *livres verts*, les concertations avec les groupements professionnels, et d'autre part, les directives notamment.

1. Les préalables politiques de la libéralisation du marché européen

Premièrement, des recommandations de la CEE publiées en 1984 indiquaient les objectifs visés à long terme par la Commission européenne. Il était question de disposer d'une approche commune dans le domaine des télécoms, en lançant la première phase d'ouverture des marchés. D'un côté, il était recommandé la standardisation : que les administrations en charge des télécoms harmonisent les normes, les matériels et les services en leur possession ou utilisation.[793] D'un autre, il était préconisé le lancement du processus de rapprochement des industriels du secteur avec les services européens contre les monopoles publics.[794] Deuxièmement, un réseau de soutien a été constitué auprès des industriels et du secteur public concerné. Troisièmement, la publication du *Livre vert* du 30 juin 1987 sur le développement du marché commun des services et équipements des télécommunications avait repris et approfondi les indications données dans les recommandations.[795]

Le *Livre vert* de 1987 proposait les mesures suivantes : « (i) l'ouverture progressive et totale de la concurrence du marché des équipements et des terminaux de télécoms ; (ii) l'ouverture à la concurrence du marché des services de base (téléphonie vocale) et de la gestion des infrastructures de réseaux, (iii) la séparation entre les fonctions de réglementation et les fonctions d'exploitation des entreprises privées ou publiques gérant les réseaux de télécommunications ; (iv) le principe d'accès ouvert aux réseaux

---

[793] Recommandation 84/549/CEE du 12 novembre 1984 concernant la mise en œuvre d'une approche commune dans le domaine des télécommunications, Doc.384X0549, JOCE, L298, 16 nov. 1984, p.0049-0050. [http://admin.net/eur/loi/leg-euro/fr_384X0549.html] (consulté le 13 juillet 2016).

[794] Recommandation 84/550/CEE du 12 novembre 1984 concernant la première phase d'ouverture des marchés des télécommunications, Doc. 3198H0550, JOCE, 16 nov. 1984, pp. 0051-0052.

[795] COMMISSION DE LA COMMUNAUTÉ EUROPÉENNE, *Livre vert sur le développement du marché commun des services et équipements des télécommunications,* Bruxelles, COM (87) 290, 30 juin 1987.

et de leur interconnexion ; (v) l'application des règles de concurrence au secteur des télécommunications. »[796]

Plus précisément, le *Livre vert* de 1987 traçait une ligne de consultation, pour définir la politique législative portant sur les mesures de la libéralisation du marché. Il prévoyait un bilan en 1992 sur les limites du principe de concurrence (droits exclusifs et réservés) face à l'évolution rapide de la technologie dans le secteur des télécoms. L'Europe organise donc la restructuration de son système juridique en fonction des évolutions du marché électronique. Le « Programme d'action »[797] assorti au *Livre vert* encadrait le suivi de sa mise en œuvre, dans le souci de maîtriser les enjeux d'une déréglementation trop rapide.

Trois axes furent définis à ce propos. D'abord, le *Livre vert* fixait de grands axes réformateurs concernant la protection juridique des opérateurs publics en place. Les États leur ont reconnu certains « droits spéciaux » à titre transitoire. Le privilège et avantage d'exclusivité temporaire portait sur l'établissement des infrastructures de télécoms (réseaux) et sur la fourniture des services de base (téléphonie vocale, en l'occurrence).[798] Ensuite, il fut question de l'énumération des services non reconnus comme libéralisés, dits *« réservés »* susceptibles d'être ouverts à la concurrence (avec possibilité d'autorisation pour les opérateurs non historiques). Enfin, il fut organisé un marché hybride, sur le modèle dual des normes techniques communes aux différents opérateurs en concurrence, en vue de leur assurer l'accès équitable aux infrastructures, qui demeureraient réservées de manière exclusive et temporaire à ses détenteurs dits – avec raison – « opérateurs historiques ».[799]

En définitive, le *Livre vert* envisageait l'instauration de la régulation sectorielle des télécoms. La restructuration du marché motivait la séparation des fonctions de réglementation et d'exploitation entre acteurs du secteur autrefois monopolistique. L'équilibre du jeu concurrentiel était nécessaire, pour le fonctionnement du marché, à plusieurs égards : cohabitation des services à régime concurrentiel et des monopoles sur les infrastructures ; limitation des subventions croisées afin d'éviter que le segment monopolistique résiduel de l'opérateur historique (droits spéciaux) dans une

---

796 D. POPOVIC, *op.cit*, p. 29. Autre source anglaise : P. LAROUCHE, « Telecommunications », in D. GERADIN (dir.), *The liberalization of state monopolies in the European Union and beyond,* La Haye, Kluwer Law International, 2000, pp. 15-47.

797 Commission de la Communauté européenne, *Programme d'action : vers un marché communautaire compétitif en matière des télécommunications en 1992 – Mise en application du livre vert sur le développement du marché commun des services et équipements des télécommunications* (état des discussions et propositions faites à la Commission, tel qu'approuvé), Communication de la Commission, 9 février 1998, COM/88/48/FINAL.

798 Cette formule de l'Europe de 1988-1990 est celle adoptée par le Droit congolais (RDC) depuis la réforme des télécoms de 2002, sans aucune autre réforme de ce régime juridique quatorze-ans après en 2016. *Cf.* Partie 2, Titre 1, Chapitre 2 du présent ouvrage quant à la mise en œuvre de la déréglementation des télécoms en RDC.

799 R. GILARDIN, *op.cit*, p. 43.

économie de marché n'avantage son segment concurrentiel ; évitement des abus de position dominante.[800]

Malgré les évolutions conjoncturelles, la grille des objectifs de législation est demeurée la même dans la politique de structuration du marché des télécoms, à savoir : « équilibre entre monopole et concurrence, équilibre entre approche *ex ante* et *ex* post, équilibre entre lois de marché et lois de service public, équilibre entre court terme et long terme, et équilibre entre intervention et régulation ».[801]

À la suite de ces préalables sur le plan politique, les directives sont intervenues en quatrième position. Les directives qui ont été édictées par la suite ont contraint les États membres à adopter les mesures préconisées par la Commission européenne (CEE) s'ils ne l'avaient pas fait.[802]

2. La portée politique des directives fondatrices de la libéralisation du marché européen des télécoms

La Commission européenne adopta en 1988 une de ses premières directives fondatrices de la libéralisation des télécoms sur le continent. Elle instaurait la concurrence dans les marchés des terminaux.[803] Les secondes émanant d'elle (et aussi du Conseil) en 1990 se rapportaient à l'établissement d'un marché intérieur des services des télécoms.[804]

La Commission européenne avait mis en œuvre sa compétence d'application de l'article 86, paragraphes 1, 2 et 3 du Traité instituant la communauté européenne (TCE). Elle était juridiquement habilitée à adresser des directives ou des décisions aux États membres. En effet, ces dispositions du Traité l'autorisent à exiger la suppression des droits spéciaux ou exclusifs accordés à des entreprises nationales, lorsque ceux-ci s'apprécient comme une violation d'autres règles du Traité, sous réserve de la limitation du juge

---

[800] *Ibidem.*

[801] D. BOULAUD, *op.cit.*, p. 9.

[802] R. GILARDIN, *op.cit.*, p. 42 et s. PH. RIVAUD, « Leadership et gouvernance communautaire : la Commission européenne et l'idée de service universel des télécommunications (1987-1998) », *European issue,* n°11, juillet 2001, Fondation Robert Schuman.

[803] Directive 88/301/CEE de la Commission du 16 mai 1988, relative à la concurrence dans les marchés de terminaux de télécommunications, [https://eur-lex.europa.eu/legal-content/FR/TXT/?uri=URISERV%3A|24119a] (consulté le 1er juillet 2016).

[804] Directive 90/387/CEE du Conseil du 28 juin 1990, relative à l'établissement du marché intérieur des services de télécommunications par la mise en œuvre de la fourniture d'un réseau ouvert de télécommunications.

européen.[805] Sur cette base, la Commission adopta sept directives entre 1988 et 1999.[806]

Toutefois, l'ampleur des réformes impulsées par les politiques d'ouverture du marché européen des télécoms souleva quelques résistances nationalistes et des relents protectionnistes auprès des États membres. En effet, le législateur européen devait moduler les transformations du marché, en adoptant un rythme moins extrême dans ses mutations à pas forcés. Des enjeux de pouvoir entre institutions européennes entre elles (Commission et Conseil), d'une part, et avec les États, d'autre part, se faisaient sentir. Face aux enjeux de transition du secteur des télécoms en Europe, les États membres se dressaient en deux camps.

D'un côté, les États dits « libéraux » – qualifiés ainsi à la faveur de leurs prises de position avec la Grande-Bretagne en tête, la RFA, le Danemark, les Pays-Bas – soutenaient une fin rapide des monopoles publics nationaux en faveur d'un marché totalement ouvert. D'un autre côté, les États dits « constructivistes »[807] défendaient le maintien des opérateurs publics solides, nécessaires à un service public fort, parce qu'étaient-ils attachés sans doute à

---

805 CJCE, affaire C-69/91, 27 octobre 1993, *Procédure pénale contre Francine Decoster, épouse Gillon, Rec.* 1993, p. I-5335, spéc. Les « considérants » n°17 et s. Il a été jugé que la Commission ne pouvait pas, sur le fondement de l'article 86 du Traité instituant la Communauté européenne, créer de nouvelles obligations matérielles, mais seulement identifier des obligations déjà existantes selon les dispositions générales du Traité.

806 (1°) Directive 88/301/CEE de la Commission du 16 mai 1988, relative à la concurrence dans les marchés de terminaux de télécommunications, [https://eur-lex.europa.eu/legal-content/FR/TXT/?uri=URISERV%3A|24119a], consultée le 1er juillet 2016. (2°) Directive 90/387/CEE du Conseil du 28 juin 1990, relative à l'établissement du marché intérieur des services de télécommunications par la mise en œuvre de la fourniture d'un réseau ouvert de télécommunications. (3°) Directive 94/46/CE de la Commission du 13 octobre 1994 modifiant les directives 88/301/CEE et 90/388/CEE en ce qui concerne en particuliers les communications par satellite, JOCE L 268, 19 octobre 1994, p. 15. (4°) Directive 95/51/CE de la Commission du 18 octobre 1995 modifiant les directives 98/388/CEE et 90/388/CEE en ce qui concerne la suppression des restrictions à l'utilisation des réseaux câblés de télévision pour la fourniture de services de télécommunications déjà libéralisés, JOCE L 256, 26 octobre 1995, p. 49. (5°) Directive 96/2/CE de la Commission du 16 janvier 1996 modifiant la directive 90/388/CEE en ce qui concerne les communications mobiles et personnelles, JOCE L 20, 26 janvier 1996, p. 59. (6°) Directive 96/19/CE de la Commission du 13 mars 1996, modifiant la directive 90/388/CE en ce qui concerne la réalisation de la pleine concurrence sur le marché des télécommunications, JOCE L 74, 22 mars 1996, p. 13. (7°) Directive 1999/64/CE de la Commission du 23 juin 1999 modifiant la directive 90/388/CEE en vue de garantir que les réseaux de télécommunications et les réseaux câblés de télévision appartenant à un seul et même opérateur constituent des entités juridiques distinctes, JOCE L 175, 10 juillet 1999, p. 39.

807 *Dictionnaire Larousse illustré, 2017*, préc., p. 292. « Constructiviste : relatif au constructivisme, qui s'y rattache […] qui privilégie une construction plus ou moins géométrique des formes ». R. GILARDIN, *op.cit.*, p. 46. Cet auteur rattache ce qualificatif aux États européens qui étaient favorables et actifs dans la dynamique de transformation du secteur des télécoms, aux débuts de la déréglementation.

la conception traditionnelle des services publics selon les « Lois de Rolland ».[808]

À ce propos, la France introduisit un recours devant la CJCE contre la Commission, sur la base de l'article 90-3 du Traité de Rome. Elle prenait argument sur l'empiètement du pouvoir législatif du Conseil par la Commission. La France arguait un vice de procédure du fait de l'édiction par le Conseil de la directive 90/387/CE du 28 juin 1990, au détriment de la Commission qui avait déjà émis auparavant la directive 88/301/CEE du 16 mai 1988.[809] L'arrêt de la CJCE du 19 mars 1991 réaffirma le pouvoir supranational européen contre le pouvoir national des États, tout en contribuant au renforcement des pouvoirs des deux institutions européennes.[810]

De même, la directive 90/388/CEE de la Commission relative à la concurrence dans les marchés des services de télécoms fut attaquée par quelques États membres, cette fois par l'Espagne, la Belgique et l'Italie. La CJCE confirma encore que la Commission disposait du pouvoir de surveillance de l'article 86, paragraphe 3 du TCE et que celle-ci était fondée à préciser des obligations aux États membres face au respect du Traité (TCE). Il lui était autorisé d'exiger d'eux l'abolition des droits spéciaux et exclusifs. Une autre jurisprudence confirme la compétence de la Commission pour fixer les conditions d'effectivité de cette suppression des droits spéciaux en matière des télécoms dans les marchés nationaux.[811] Ces différents compromis ont été obtenus par l'Europe avec les États dits « libéraux » et « constructivistes ».[812] Ils furent aussi d'un apport important

---

[808] J. CHEVALLIER, *Le service public, op.cit.*, pp. 55 et s. E. ZOLLER, *op.cit*, paragraphe 604. M. DEVILLIERS et T. DE BERRANGER (sous la dir.), *op.cit*, pp. 523, 554 et s. « Les « Lois de Rolland », dans leur formulation classique et initiale, sont au nombre de trois, elles s'expriment sous forme de principes « d'égalité », de « continuité » et d'« adaptation ». Il s'agit bien des « lois », au sens physique du terme, en ce sens que ces principes sont censés découler d'un rapport de nécessité régissant le fonctionnement normal et *quasi* naturel du service noyau dur de leur régime juridique. »

[809] R. GILARDIN, *op.cit*, p.46. L'action de la France tendait à « signifier à la Commission que les questions relatives à l'aménagement du territoire, à l'étendue et à la disponibilité effective du service public, aux conditions de la compétitivité internationale de ses industries, devraient relever d'un processus politique fusse-t-il communautaire et non d'une décision administrative fusse-t-elle une interprétation du Traité de Rome ».

[810] CJCE, *République française c/ Commission*, C-202/88, 19 mars 1991, concurrence dans les marchés des terminaux de télécoms [http://eur-lex.europa/legal-content/FR/TXT/?uri=CELEX%3A61988CJ0202] (consulté le 4 juillet 2016). Pour l'arrêt voir aussi : *Recueil* 1991, pp. I-1233. F. BLUM, A. LOGUE, *State monopolies under EC law,* Chichester, John Wiley & Sons Ltd, 1998, pp. 45-46, cité par D. POPOVIC, *op.cit,* p. 37.

[811] CJCE, 17 novembre 1992, *Royaume d'Espagne, Royaume de Belgique et République indienne c/ Commission,* aff. Jointes C-271/90, C-281/90 et C-281/90, *Recueil* 1992, pp. I-5833.

[812] Le compromis fut obtenu lors du Conseil des ministres de la Communauté européenne du 7 décembre 1989, présidé par la France, représentée par son ministre des PTT.

pour l'adoption de la série des directives dites ONP de 1990 pour la fourniture des réseaux ouverts.[813]

Au niveau européen, une autre étape est engagée avec les directives des années 1990. Elles marquent une transition dans le processus (désormais classique) de libéralisation, malgré les résistances au changement. Elles imposent en effet des principes harmonisés de base pour la « fourniture d'un réseau ouvert de télécommunications », plus connus sous ce sigle ONP. « Le concept ONP vise à promouvoir le marché unique dans les télécoms en harmonisant les conditions d'accès et d'utilisation des services et des réseaux accessibles au public ».[814] La gestion de la puissance sur le marché est aussi un principe fondamental de l'ONP, soumettant à une réglementation plus stricte que les autres certains opérateurs en raison de leur puissance sur le marché. Une distinction a également été faite du point de vue du régime entre la téléphonie fixe et la téléphonie mobile, cette dernière bénéficiant d'obligations moins onéreuses. Il avait été tenu compte du degré de concurrence de ce segment de marché, par rapport à l'existence d'opérateurs historiques anciennement monopolistiques sur l'autre segment.[815]

Les dernières étapes de transition législative – des services publics vers le marché ouvert – relèvent des directives du « paquet télécom » de 2002 et de 2009. Elles imposent en effet de nouveaux principes sur le marché, compte tenu également de l'évolution des communications électroniques. D'où l'adoption de la terminologie officielle : « communications électroniques », en lieu et place des « télécoms ». Les réaménagements du cadre réglementaire européen interviennent à un niveau plus avancé de libéralisation et d'harmonisation des règles du marché intérieur. Le « paquet télécom » réduisit les quelques vingt-cinq instruments qui avaient été adoptés durant les années 1990 à cinq directives de base. Il « comprend une directive "cadre", quatre directives sectorielles, un règlement relatif au dégroupage de l'accès à la boucle locale[816], une décision sur le cadre réglementaire du spectre radioélectrique et une directive sur la concurrence ».[817]

Les principes d'« une bonne réglementation » sont principalement adressés aux autorités réglementaires nationales dans l'accomplissement de leurs tâches, sur la base de l'article 8, paragraphe 1 de la directive « cadre ».

---

[813] A. VALLÉE, « Les États pourront-ils faire l'Europe de Télécommunications ? », in *Réseaux*, vol.8, n°40, 1990, p.103.

[814] D. POPOVIC, *op. cit*, p.39.

[815] *Ibidem*, p. 38-44.

[816] Règlement (CE) n°2887/2000 du Parlement et du Conseil du 18 décembre 2002 relatif au dégroupage de l'accès à la boucle locale, JOCE, L 336, 30 décembre 2000, pp. 0004-0008. Au terme du considérant n°3 du Règlement : « L'expression "boucle locale" désigne le circuit physique à paire torsadée métallique du réseau téléphonique public fixe qui relie le point de terminaison du réseau dans les locaux de l'abonné au répartiteur principal ou à toute autre installation équivalente ».

[817] D. BOULAUD, *op.cit*, p. 15

Il s'agit du principe de la régulation minimale, selon laquelle « la réglementation étatique doit être maintenue *au niveau le plus bas possible* permettant l'accomplissement des objectifs politiques proclamés ».[818] Les autres principes concernent la régulation technologiquement neutre[819], la régulation flexible alliée à la recherche de la sécurité juridique[820] et la régulation harmonisée au niveau européen[821].[822]

De 2009 à ce jour, les règles du « paquet télécom » visent les objectifs d'accès universel au numérique, la création d'un « marché unique numérique » en supprimant au niveau européen les disparités tarifaires de l'itinérance mobile entre utilisateurs voyageant au sein de son marché. La réforme en cours (2016-2017) du cadre réglementaire harmonisé travaille à l'élaboration d'un véritable « Code des télécommunications » pour l'Europe. Un des objectifs du futur Code est d'assurer la transition numérique du marché sur le plan des infrastructures de nouvelle génération (5G). La perspective est de concrétiser la « société du Gigabit ».[823]

Les développements ci-dessus ont mis en évidence les objectifs politiques, pour chacune des étapes de transition du cadre juridique européen des télécoms. La complexité du millefeuille législatif européen nécessite pour la compréhension de ses institutions juridiques de considérer le contexte, les objectifs et les finalités de la législation pour le secteur des télécoms. Cet éclairage permet de comprendre les transformations des régimes, en parcourant les directives sur les communications électroniques, dans les tranches de leurs logiques d'intervention.

---

[818] *Ibidem,* pp. 47-60.

[819] D. GERADIN, « Regulatory issues raised by network convergence : the case of multi-utilities », *J Network* Industries, n°2, 2001, pp. 113-126. [http://papers.ssrn.com/sol3/papers.cfm?abstract_id=49007] (consulté le 4 avril 2017). Le principe de neutralité technologique fait une application horizontale des règles semblables à toutes les infrastructures utilisées pour la transmission de signaux électromagnétiques. Il est tempéré par des choix technologiques précis dans le cas de la rareté du spectre des radiofréquences ou de promotion de certains services. C'est le cas par exemple de l'encouragement de la TNT pour l'effet de rationalisation de l'utilisation des fréquences par rapport à la télévision par câble ou satellite.

[820] Les nouvelles règles ont été conçues de manière à ne pas ralentir le développement continu des technologies, tout en s'adaptant facilement à celles-ci, quoique ce fait rende imprévisible sur les marchés la situation concurrentielle. La flexibilité reconnue aux règles ne doit cependant pas menacer ou mettre en danger les investissements considérables dans le secteur des communications électroniques.

[821] Article 7, directive « cadre », préc. Le nouveau cadre de 2002 octroie aux ARN une flexibilité plus importante que le cadre de 1998, afin qu'elles puissent appliquer les règles d'une manière adaptée à la situation des marchés et des technologies, notamment en ce qui concerne les obligations imposées aux opérateurs puissants dit SMP. Toutefois, cette flexibilité est encadrée pour une approche cohérente, par le biais d'un mécanisme de coordination renforcée entre les autorités nationales et d'un droit de veto de la Commission. Ils visent à assurer une application harmonisée de la régulation sectorielle ainsi que l'intégrité du droit de la concurrence.

[822] D. POPOVIC, *op.cit*, p. 51.

[823] *Cf.* le présent Chapitre 1, Section 1, § 2 et Section 2, § 2 d'ouvrage.

§ 2. Les transitions du cadre réglementaire européen des télécoms dans les enjeux de convergence numérique

Les politiques législatives ont donné lieu à des réponses graduées, face aux enjeux aussi bien des télécoms que des communications électroniques. Les institutions européennes ont tracé le schéma d'ouverture des marchés nationaux, pour le fonctionnement du jeu de la concurrence régulée. Les ajustements du cadre réglementaire traduisent l'effort constant d'aligner la restructuration du marché par rapport au droit. Trois objectifs de législation structurent les grandes étapes de transition du cadre juridique européen des télécoms jusqu'à l'économie numérique. Les premières *mesures de libéralisation* sont celles de 1988-1990 concernant les « directives de la Commission ». Elles ont ensuite été appuyées par l'*harmonisation des règles* pour la pleine concurrence du marché à travers les « directives ONP » de 1990-1997. La dernière série des directives réglemente véritablement l'économie numérique en notant la directive « commerce électronique » de 2000 et les directives du « paquet télécom » depuis 2002 jusqu'à ce jour. En Europe, toutes les transformations du droit européen constituent l'objet d'étude se rapportant à l'acquis communautaire du secteur des télécoms **(A)** et ensuite celui des communications électroniques **(B)**.

A. Les acquis communautaires de la dérégulation des télécoms

Au niveau européen, l'objectif législatif était de décloisonner et de raccorder entre eux les marchés territoriaux des télécoms de base (téléphonie, télex, télécopie, transmission des données). À cet effet, la Commission entreprend dès 1988, des mesures de libéralisation du marché avant d'être rejoint en 1990 par le Conseil.[824] Ce dernier adopte des règles d'harmonisation, en appui des mesures de libéralisation que les deux institutions européennes[825] continuent d'approfondir (directives ONP).

1. Les mesures de la libéralisation du marché des télécoms de base

Sur le plan juridique en Europe, la directive 88/301/CEE du 16 mai 1988[826] a irréversiblement concrétisé la politique d'ouverture totale des marchés monopolistiques nationaux, de manière graduelle. Jusqu'à ce jour, elle a fondé l'un des premiers acquis communautaires de la

---

[824] *Cf.* pour les deux institutions européennes : la directive 88/301/CEE de la Commission, du 16 mai 1988, *relative à la concurrence dans les marchés de terminaux de télécommunications*, préc., et la directive 90/387/CEE du Conseil, du 28 juin 1990, *relative à l'établissement du marché intérieur des services de télécommunications par la mise en œuvre de la fourniture d'un réseau ouvert de télécommunications*, préc.

[825] Le Parlement européen adopte les directives conjointement avec le Conseil européen, tandis que la Commission agit seule dans le cadre des compétences concernées (Article 86, TCE).

[826] Directive 88/301/CEE de la Commission du 16 mai 1988 relative à la « concurrence dans les marchés de terminaux de télécommunication », préc.

démonopolisation du marché électronique, en supprimant le monopole sur les équipements de télécoms. Elle a aboli les droits spéciaux ou exclusifs d'importation, de raccordement, de commercialisation, de mise en service ou d'entretien d'appareils terminaux des télécoms au détriment des organismes publics ou privés à qui ces exclusivités revenaient sur leurs marchés territoriaux. Elle a enjoint de rendre accessibles les nouvelles terminaisons du réseau public pour l'utilisateur. Mais, leurs caractéristiques physiques devaient être publiées au plus tard le 31 décembre 1988. Les États devaient à cet effet communiquer à la Commission une liste de toutes les spécifications et procédures d'agrément existantes pour les appareils terminaux ainsi que de leurs publications.

À cet égard, une étape importante était franchie dans le démantèlement des monopoles verticaux[827] qui existaient entre équipementiers nationaux et opérateurs de réseaux monopolistiques dans les marchés territoriaux. Dans ce cadre, les obligations de publicité ont été prescrites sur les localisations et les éléments techniques du réseau. Cette transparence devait rendre possible l'interopérabilité, l'interconnexion et la collaboration entre partenaires multinationaux. L'internationalisation et la multinationalisation des réseaux s'inscrivaient dans les objectifs des opérateurs du marché. Pour autant, les opérateurs historiques nationaux étaient tenus de publier les caractéristiques de leurs installations et autres paramètres de l'architecture de leurs réseaux. La lisibilité technique du marché devait éviter toute discrimination par rapport aux « nouveaux entrants » et supprimer les obstacles d'accès aux infrastructures des télécoms préexistantes. Les nouveaux entrants devaient commercialiser « à terme »[828]leurs services concurrents, compatibles avec des installations existantes (interopérabilité).

Par précaution, une autorité indépendante de l'exploitant public était chargée de délivrer aux nouveaux entrants l'agrément technique nécessaire. La première séparation des fonctions d'exploitation et de règlementation des télécoms venait ainsi d'être instaurée, comme transition dans l'enjeu de libéralisation du marché des télécoms de base. Auparavant, la fourniture et la circulation des équipements avaient été libéralisées, en vertu de la directive 88/301/CEE. Cet acquis communautaire devait être renforcé par une standardisation technologique des infrastructures.

---

[827] L'exemple a été fourni *supra* en rapport aux équipementiers, comme par exemple, Alcatel et Thomson dédiés au secteur monopolistique des télécoms en France, Siemens pour les Suédois. Ce mouvement fait suite au démantèlement du même cartel aux USA, dont la configuration faisait de Western Electric l'équipementier exclusif de la firme ATT, qui elle-même disposait du monopole naturel de réseaux, avec interdiction de se porter sur les marchés internationaux, au bénéfice de la firme concurrente ITT qui ne pouvait pas commercialiser ses équipements sur le marché américain.

[828] Par la suite, l'annexe III de la directive 90/387/CCE du 28 juin 1990 est venue fixer ce délai de mise en œuvre de la directive-cadre au 31 décembre 1992. Sans leur « reconnaître d'effet direct » en Europe autant que pour le GATT – et ce, au sens de la CJCE, 23 nov.1999, Portugal c/ Conseil, C-149/96 –, les accords du GATS/AGCS, spécialement l'Accord de l'OMC de 1997 sur les télécoms de base, fixaient ce terme à 10 ans dans le monde entier.,

Ensuite, la directive 90/387/CEE[829] du Conseil du 28 juin 1990 portait sur l'établissement du marché intérieur des services de télécommunications par la mise en œuvre de la fourniture d'un réseau ouvert de télécoms. Elle considérait que face à « l'existence de situations différentes et de contraintes techniques et administratives dans les États, cet objectif devrait être réalisé par étapes ».[830] Elle considérait aussi « que les conditions de fournitures du réseau ouvert doivent respecter certains principes et ne doivent pas limiter l'accès aux réseaux et services, sauf pour des raisons liées à l'intérêt public général […] dénommées "exigences essentielles" ».[831]

Pour éradiquer les obstacles à l'encontre du libre marché, cette directive 90/387/CEE consacrait l'égalité d'accès au « réseau public de télécommunications » [832], en fixant les principes de base relatifs aux conditions de fournitures de réseau ouvert. D'une part, les impératifs positifs d'accès étaient encouragés par les principes de non-discrimination : objectivité, transparence et égalité d'accès.[833] D'autre part, cet accès était fondé sur la sécurité de fonctionnement, le maintien des services, l'interopérabilité, la protection des données.[834]

2. Les mesures d'harmonisation en appui de la libéralisation du marché des télécoms

Entre 1988 et 1996, la Commission européenne a continué d'adopter des mesures de libéralisation, sous forme de directives. Cependant, l'harmonisation s'avérait (et demeure encore) indispensable pour la transposition des règles sectorielles dans les États membres, sans omettre l'application du droit de la concurrence. Ainsi, le Conseil et le Parlement européen ont adopté des séries de directives en vertu des articles 95 (ex article 100A, relative au rapprochement des législations), 47 et 55 (ex articles 57 et 66, relatives à la libre prestation des services). L'article 95 du Traité (TCE) n'a commencé à être appliqué qu'à une étape plus avancée du développement du marché.

La directive 90/387/CE[835] est la première des directives « cadre ONP », qui établit les normes communes en matière d'interfaces techniques, de

[829] Directive 90/387/CEE du Conseil, du 28 juin 1990, relative à l'établissement du marché intérieur des services de télécommunications par la mise en œuvre de la fourniture d'un réseau ouvert de télécommunication, JO CE, n° L 192 du 24.07.1990, p.0001-0009.

[830] Considérant n°1, directive 90/387/CEE, préc.

[831] Considérant n°2, directive 90/387/CEE, préc.

[832] Article 2, point 3), directive 90/387/CEE, préc. : « "Réseau public des télécommunications", l'infrastructure publique de télécommunications qui permet le transport de signaux entre des points de terminaison définis du réseau, par fils, par faisceaux hertziens, par moyens optiques ou par d'autres moyens électromagnétiques ».

[833] Article 3, al.1, directive 90/387/CEE, préc.

[834] Article 3, al.2, directive 90/387/CEE, préc.

[835] Directive 90/387/CEE du Conseil du 28 juin 1990, relative à l'établissement du marché intérieur des services de télécommunications par la mise en œuvre de la fourniture d'un réseau ouvert de télécommunication, JOCE, L 192 du 24 juillet 1990, pp. 0001-0009.

conditions d'utilisation et de principes de tarification pour la fourniture de réseaux ouverts de télécommunications. Elle a posé la base du marché européen unifié, impliquant un « réseau ouvert » où toute entité publique ou privée peut prester ses services. Cette directive a supprimé les barrières des normes techniques et/ou d'accès entre frontières nationales. Aucun pays du marché intérieur européen ne pouvait plus conditionner l'accès à leur infrastructure préexistante, « sauf les restrictions [...] découl[ant] de l'exercice des droits spéciaux ou exclusifs [...] compatibles avec le droit communautaire ».[836] Elle admettait néanmoins des réserves des « droits exclusifs »[837] sur le segment des infrastructures des télécoms au profit des opérateurs anciennement détenteurs de monopoles. La directive 90/387/CEE avait retenu la dénomination « organismes de télécommunications » pour désigner les bénéficiaires de droits exclusifs.[838] La reconnaissance de cette qualité aux opérateurs historiques nationaux se justifiait, puisqu'ils étaient à l'époque les seuls détenteurs des infrastructures de réseaux de base ou de référence.

Dans ses annexes, la directive 90/387/CEE affirmait les principes de tarification harmonisée (Annexe II) ainsi que les domaines[839] d'élaboration des conditions de fourniture du réseau ouvert (Annexe I). Elle garantissait la concurrence sur le marché des services de télécoms avec la suppression des monopoles sur tout autre service que la téléphonie de « base » par les États. La téléphonie locale était momentanément gardée hors champ de la concurrence, par pragmatisme économique, puisque cette activité était la source principale de revenus des opérateurs historiques. Une ouverture à la concurrence trop brutale ou trop rapide de cette niche comportait le risque d'effondrement et de déstabilisation des marchés territoriaux des télécoms en Europe. L'enjeu portait sur la crainte que notamment les marchés américains ouverts plus tôt ne puissent écrémer les marchés nationaux européens. C'est seulement plus tard que le règlement n°2887/2000 aura effectué le dégroupage de la boucle locale.[840]

---

836 Considérant n°8, directive 90/387/CEE, préc.

837 Article 2, point 2), directive 90/387/CEE, préc. :« "droits spéciaux ou exclusifs", les droits octroyés par un État membre ou une autorité publique à un ou plusieurs organismes publics ou privés au moyen de tout instrument législatif, réglementaire ou administratif, leur réservant la fourniture d'un service ou l'exploitation d'une activité déterminée ».

838 Article 2, point 1), directive 90/387/CEE, préc. : « "organismes de télécommunications", les entités publiques ou privées auxquelles un État membre octroie des droits spéciaux ou exclusifs pour l'établissement de réseaux publics de télécommunications et, le cas échéant, la fourniture de services publics de télécommunications. »

839 Il s'agissait de : « 1) lignes louées ; 2) services de transmission de données par commutation de paquets et par commutation de circuits ; 3) réseau numérique à intégration de services (RNIS) ; 4) service de téléphonie vocale ; 5) service télex ; 6) services mobiles, les cas échéants

840 Règlement (CE) n°2887/2000 du Parlement et du Conseil du 18 décembre 2002 relatif au dégroupage de l'accès à la boucle locale, préc. « Le Conseil européen qui s'est tenu les 23 et 24 mars 2000 à Lisbonne a conclu que, pour que l'Europe tire le meilleur parti possible du potentiel de croissance et de création d'emplois de l'économie numérique fondée sur la

En effet, une libéralisation précipitée et totale de tous les segments des marchés nationaux européens aurait privé de revenus et de préparation au changement ses opérateurs publics territoriaux. La transition procédait de l'étape de mise en concurrence du segment des services des télécoms, puis d'une amorce du libre accès aux infrastructures des opérateurs publics. Pour ces derniers et aussi pour les États, l'enjeu d'innover, dans le cadre d'un « colbertisme *high-tech* »[841], se faisait impérieux, avant l'entrée effective des opérateurs privés multinationaux en compétition sur le marché avec les (ex-)opérateurs de monopole public.

Le cinquième rapport de la Commission sur la mise en œuvre de la réglementation en matière de télécommunications soulignait que le réseau d'accès local demeurait l'un des segments les moins concurrentiels du marché libéralisé des télécoms. Les nouveaux arrivants ne possédaient pas d'infrastructures de réseaux de substitution étendus et ne pouvaient donc pas, en utilisant des technologies classiques, égaler les économies d'échelle et la couverture des opérateurs désignés comme étant puissants sur le marché du réseau téléphonique public fixe. Cette situation est due au fait que ces opérateurs ont, pendant des périodes relativement longues, déployé leurs infrastructures d'accès local métalliques en bénéficiant de la protection de droits exclusifs et qu'ils ont pu financer les dépenses d'investissements grâce à des rentes de monopole.[842]

Dans la foulée des premières mesures d'harmonisations de la libéralisation par le Conseil, la Commission avait adopté la directive 90/388/CEE (à la même date que la précédente 90/387/CE du Conseil) concernant la concurrence dans les marchés des services de télécommunications.[843] La directive 90/388/CEE dite « directive "services de télécoms" » opérait un « compromis entre l'approche libérale et l'idée de service public ».[844] Elle prévoyait la suppression des droits spéciaux ou exclusifs dans la fourniture des services autres que le télex, la radio messagerie, la communication mobile, la communication par satellite et la téléphonie vocale.

La fourniture des services ouverts à la concurrence pouvait faire l'objet auprès des États membres d'une procédure d'autorisation ou de déclaration

---

connaissance, les entreprises et les citoyens doivent avoir accès à une infrastructure de communications peu onéreuse et d'envergure mondiale ainsi qu'à une large gamme de services. »

841 L'expression « colbertisme high-tech » est d'Elie Cohen. (E. COHEN, *Le colbertisme « high-tech ». Économie des télécoms et du grand projet,* Hachette, Coll. Pluriel, 1992.) Face à la nécessite d'agir et à l'impossibilité de modifier le statut sans s'opposer à une résistance farouche, la solution pragmatique des gouvernements fut de faire remonter les télécoms dans l'ordre des priorités de leurs plans d'investissement et de modernisation. La France le fit de 1974 à 1978.

842 Considérants 3, règlement 2887/2000, préc.

843 Directive 90/388/CEE de la Commission du 28 juin 1990 relative à la concurrence dans les marchés des services de télécommunications, JOCE, n° L 192 du 24 juillet 1990, pp. 00010 et s.

844 D. POPOVIC, *op.cit*,p. 33.

visant le respect de certaines « exigences essentielles ».[845] Les « services à valeur ajoutée »[846] ont été libéralisés à partir du 31 décembre 1990. La simple location de capacité de transmission a été libéralisée à partir du 1er janvier 1993. Toutefois, les droits exclusifs étaient encore maintenus en ce qui concerne la fourniture de services de téléphonie vocale. La directive sur cette restriction faisait application de l'article 86, paragraphe 2, du Traité (TCE).[847]

Au début de la dérèglementation européenne en 1988 et 1990, les directives de libéralisation ont démantelé peu à peu les segments monopolistiques des télécoms ainsi que certains obstacles pratiques. Le marché ouvert des télécoms devait fonctionner face à divers enjeux immédiats : disparités technologiques entre réseaux intra- et interétatiques, résistances au changement de tout opérateur historique compliquant l'accès de nouveaux entrants sur le marché libéralisé des services de télécommunications, réticences à réaliser l'interconnexion des opérateurs privés aux infrastructures se trouvant encore sous droits exclusifs de l'opérateur historique. Par la suite, une séparation de régimes a été opérée entre l'audiovisuel et les télécoms.

Toutefois, dans un contexte de convergence des technologies et d'innovation débridées, la séparation des secteurs de la communication audiovisuelle et des communications électroniques est une transition juridique, plutôt qu'une exigence technique, d'autant que les deux technologies sont consubstantielles, comme les deux faces d'une même médaille, regroupées dans les TIC.[848]

Aussi, la directive 95/51/CE, adoptée par la Commission, a-t-elle approfondi la directive 90/387/CEE du Conseil du 28 juin 1990, en instaurant la concurrence sur les services de communications (audiovisuelles) et télécoms. Elle a permis ainsi aux détenteurs de réseaux de télévision par câble, d'offrir des services téléphoniques à partir du 1er janvier 1996. Par ailleurs, la directive 96/19/CE du Parlement européen et du Conseil du 13 mars 1996, modifiait la directive 90/388/CE de la Commission du 28 juin 1990 sur la réalisation de la pleine concurrence sur

---

845 *Ibidem.* Par exigences essentielles, on entend « des raisons d'intérêt général et de nature non économique qui peuvent amener un État à limiter l'accès au réseau. »

846 *Ibidem.* Les services à valeur ajoutée sont ceux comprenant un traitement de l'information et non un simple transport de signal.

847 *Ibidem.* La « directive » visait seulement la suppression des restrictions à l'usage des infrastructures de réseaux. Elle ne concernait pas la suppression des droits spéciaux ou exclusif relatifs à la fourniture d'infrastructures de réseaux.

848 *Cf.* Section 2 du présent chapitre d'ouvrage. Cette réalité s'inscrit dans les premiers soubresauts de réformes en France, qui, en 1982, avaient déjà marqué une atteinte au monopole des télécommunications en y détachant l'audiovisuel. Cet état de fait n'est pas non plus sans annoncer les problématiques nouvelles qui sont en cours de discussion en rapport à la « régulation convergente » dans un contexte de marché qui avait été séparé en plusieurs régulations sectorielles : ART (ARCEP), CSA, HADOPI, etc. Cf. Section II du présent chapitre.

les marchés des télécoms[849]. Elle mettait fin au système dual du marché (semi-libéralisé), en permettant aux États la mise en place d'une régulation complète du secteur des télécoms de base ouvert à la concurrence.[850]

La directive 92/44/CEE (directive « lignes louées ») fixait les règles communes européennes d'harmonisation des conditions d'accès aux lignes louées sur les réseaux publics de télécoms, anciennement appelées « liaisons spécialisées ».[851] La directive 97/13/CE (directive « licences ») se rapportait aux procédures d'octroi d'autorisation pour la fourniture de services de télécoms.[852] Cette procédure était laissée sous le contrôle des autorités de régulation nationales (ARN), dans les conditions attachées à ces autorisations. Les nouveaux opérateurs privés étaient ainsi admis sur les marchés libéralisés et concurrentiels sous le respect des conditions fixées pour leur accès et celui des règles sectorielles.

Au sein du marché régulé, l'interconnexion devait être assurée entre leurs réseaux ainsi qu'avec les infrastructures préexistantes de l'opérateur historique. La directive 97/33/CE du Parlement européen et du Conseil du 30 juin 1997, relative à l'interconnexion dans le secteur des télécommunications, avait pour objectif d'assurer un service universel et l'interopérabilité par l'application des principes de fourniture d'un réseau ouvert (ONP).[853] La Commission avait également publié des recommandations relatives à l'interconnexion dans un marché de télécommunications libéralisé.[854]

La directive 97/51/CE modifie les directives « cadre ONP » et « lignes louées » en vue de les adapter à un environnement concurrentiel dans le secteur des télécoms.[855] Elle harmonisa également la question du service universel aux conditions de fourniture d'un réseau ouvert. Ce qui rappelle bien la spécificité duale du marché libéralisé et régulé, situé entre secteur public et marché de concurrence, faisant l'objet d'intérêt général et de libre

---

849 Directive 90/388/CEE du Conseil, du 28 juin 1990 relative à la concurrence dans les marchés des services de télécommunications, JOCE, n° L 192 du 24 juillet 1990, p.00010 et s.

850 JOCE, L74/13, 22 mars 1996.

851 Directive 92/44/CEE du Conseil du 5 juin 1992 relative à l'application de la fourniture d'un réseau ouvert aux lignes louées, JOCE L 165, 19 juin 1992, p. 27. Ce sont des lignes affectées aux usages propres de certains utilisateurs, avec de strictes conditions d'aboutissement ou de connexion.

852 Directive 97/13/CEE du Conseil du 10 avril 1997 relative à un cadre commun pour les autorisations générales et les licences individuelles dans les secteurs des télécommunications, JOCE L 117, 7 mai 1997, p. 15.

853 JOCE, L199/32, 26 juillet 1997.

854 Recommandation de la Commission concernant l'interconnexion dans un marché des télécommunications libéralisé : - partie 1 : « Tarification de l'interconnexion », le 8 janvier 1998, JOCE L73, 12 mars 1998, p. 42 ; - partie 2 : « Séparation comptable et comptabilisation des coûts », le 8 avril 1998, JOCE L141, 13 mai 1998, p. 6.

855 Directive 97/51/CE du P.E. et du Conseil du 26 février 1998 concernant l'application de la fourniture d'un réseau ouvert (ONP) à la téléphonie vocale et l'établissement d'un service universel des télécommunications dans un environnement concurrentiel, JOCE, L295, 29 octobre 1997, p. 23.

profit. La directive 98/10/CE (directive « ONP téléphonie vocale ») remplace la directive 95/62/CE relative à l'application des dispositions ONP à la téléphonie vocale.[856]

Le règlement n°2887/2000 a imposé la fourniture d'un accès dégroupé aux boucles locales métalliques uniquement aux opérateurs puissants dits "opérateurs notifiés", désignés tels par leurs autorités réglementaires nationales. Ces désignations ont porté sur le marché de la fourniture de réseaux téléphoniques publics fixes. La directive 97/33/CE[857] ainsi que la directive 98/10/CE [858] en avaient posés les modalités. Le dégroupage correspond à l'utilisation par les nouveaux entrants des infrastructures et autres ressources du réseau local.

Le Conseil européen du 20 juin 2000 à Feira approuva le plan d'action e-Europe, faisant de l'accès dégroupé à la boucle locale une priorité à court terme. Le dégroupage de la boucle locale devrait venir en complément des dispositions existantes du droit communautaire qui garantissent le service universel et l'accès à un prix abordable à tous les citoyens de l'Union européenne. Les États membres, avec la Commission, avaient été amenés à introduire une concurrence accrue au niveau du réseau d'accès local avant la fin de l'an 2000. Ils avaient choisi de dégrouper les boucles locales afin de permettre une réduction substantielle des coûts de l'utilisation de l'Internet. Ils devaient accroître la concurrence, en assurant l'efficacité économique et en offrant les avantages maximaux pour les utilisateurs.[859]

En somme, la série des directives ONP a assuré l'*open network provision,* la fourniture d'un réseau ouvert à l'échelle interne des États et du marché européen. Elle présente la finalité d'avoir opéré la libéralisation et l'harmonisation garantissant la fourniture d'un réseau ouvert des télécoms sur l'ensemble du marché intérieur. Dans le registre transitoire des directives ONP, le principe d'orientation des tarifs vers les coûts a également été imposé c'est-à-dire faire supporter seulement des coûts inhérents aux ressources employées pour l'interconnexion entre opérateurs.

---

[856] Directive 98/10/CE du P.E. et du Conseil du 6 octobre 1998 modifiant les directives 90/387/CEE et 92/44/CEE en vue de les adapter à un environnement concurrentiel dans le secteur des télécommunications, JOCE, L101, 1er avril 1998, p. 24.

[857] Annexe I, 1re partie, directive 97/33/CE du Parlement européen et du Conseil du 30 juin 1997 relative à l'interconnexion dans le secteur des télécommunications en vue d'assurer un service universel et l'interopérabilité par l'application des principes de fourniture d'un réseau ouvert (ONP), JOCE, L 199 du 26 juillet1997, p. 32. (Directive modifiée par la directive 98/61/CE, JOCE, L 268, 3 octobre 1998, p. 37). Au préalable, les États membres avaient communiqué à la Commission les noms de ces opérateurs du réseau public fixe qui sont puissants sur le marché aux termes de l'annexe I, première partie, de la directive 97/33/CE préc.

[858] Directive 98/10/CE du Parlement européen et du Conseil du 26 février 1998 concernant l'application de la fourniture d'un réseau ouvert (ONP) à la téléphonie vocale et l'établissement d'un service universel des télécommunications dans un environnement concurrentiel, JOCE, L 101, 1er avril 1998, p. 24.

[859] Considérants 1, 2 et 3 du règlement 2887/2000 préc.

En fait, l'ouverture du droit de l'accès commandait que les opérateurs historiques ne puissent pas faire supporter des charges non-pertinentes d'interconnexion aux nouveaux entrants, par principe de loyauté et de non-discrimination. Les enjeux successifs des directives européennes sont indispensables pour comprendre leur transposition française. Ils permettent également de situer le niveau de déréglementation du marché européen par rapport aux États tiers en Afrique ou aux exigences internationales de l'OMC.

Les lignes directrices de l'ONP précisaient déjà en 1991que les objectifs de législation étaient sectoriels et devaient être articulés afin de parvenir à un cadre juridique de la concurrence, mais sans pouvoir se confondre totalement au droit de la concurrence. L'ONP n'eut pas vocation à s'appliquer aux comportements des entreprises, mais son cadre réglementaire et « les règles de concurrence constituent deux corps de règles différents mais cohérents ».[860] Entre les années 1988-2000, les « directives ONP » ont opéré la démonopolisation des segments d'activités électroniques, en assurant l'émergence de la concurrence sur l'ensemble du marché des télécoms autour d'une nouvelle assise de régulation *ex ante*. Les mutations du marché et du droit ont occasionné la convergence numérique des réseaux et des services de communications électroniques.

Ainsi, la série de directives postérieure à celles dites ONP marque profondément la transition juridique du marché électronique vers la pleine concurrence. Elle est formée d'un ensemble de directives dite du « paquet télécom » de 2002, 2009, 2014 et 2015.[861] Ces dernières interviennent à un stade quasi-achevé du processus de dérégulation, marqué par les mutations techniques et économiques de l'ère numérique.

B. Les transitions du droit sectoriel des communications électroniques : de l'ONP au Paquet télécom

L'économie numérique est le fruit de l'évolution des politiques, du droit, et du marché des télécoms. En s'insérant dans le contexte plus large de la société de l'information, cette économie est devenue elle-même un nouveau facteur de refondation du cadre réglementaire dans les années 2000. Le droit communautaire devait assurer le fonctionnement du marché libéralisé, en encadrant les aspects juridiques, divers et nouveaux, de la société de l'information. Ces aspects se rapportent respectivement au commerce électronique et aux services de communications électroniques. La directive

---

[860] Lignes directrices concernant l'application des règles de concurrence de la Communauté au secteur des télécommunications, JOCE n° C233, 6 septembre 1991, p. 2.

[861] Les directives du « paquet télécom » comprennent celles déjà citées dans les notes *supra*. Celles énumérées aux notes qui vont suivre s'ajoutent en modifiant, complétant ou abrogeant les précédentes.

2000/31/CE[862] intervient pour le premier aspect, tandis que le « paquet télécom » a été adopté en 2002 pour le second aspect.[863]

Premièrement, les directives du « paquet télécom » de 2002 s'articulent autour d'un texte-cadre complété de textes sectoriels : la directive 2002/21/CE du 7 mars 2002 (ci- après directive « cadre »)[864], la directive 2002/20/CE du 7 mars 2002 (ci-après directive « autorisation », la directive 2002/19/CE du 7 mars 2002 (ci-après directive « accès »),[865] la directive 2002/22/CE du 7 mars 2002 (ci-après directive « service universel »),[866]la directive 2002/77/CE du 16 septembre 2002 (ci-après directive « libéralisation »), la directive 2002/58/CE (ci-après directive « vie privée et communications électroniques »).[867] Le « paquet télécom 2002 » réadapte les principes d'intervention étatique dans le contexte général de pleine concurrence et de convergence entre informatique, audiovisuel et télécoms de base, dans le marché libéralisé. À ce stade, le point majeur de transformation se situe dans le passage du foisonnant millefeuille législatif de l'« ONP » vers un dispositif davantage simplifié et allégé du « paquet télécom ».

À la différence, le « paquet télécom » est structuré, avec cohérence, autour d'une « directive "cadre" », définissant la réglementation générale du secteur des communications électroniques. Pour tenir compte des enjeux essentiels de la dérégulation des télécoms, des directives spécifiques complètent les aspects suivants : le service universel,[868] les autorisations d'exploitation (des radiofréquences), l'interconnexion, vie privée et communications électroniques. Le droit communautaire des télécoms s'engageait dans la direction du libre marché avec ses forces économiques et une régulation minimale d'État. Cependant, la « directive service universel »

---

862 Directive 2000/31/CE (« directive commerce électronique »), préc.

863 Les aspects juridiques relatifs au commerce électronique ont déjà été étudiés dans leurs évolutions du titre précédent (Titre I) du présent ouvrage.

864 Directive 2002/21/CE du Parlement européen et du Conseil du 7 mars 2002, préc., JOCE, L108/33, 24 avril 2002, pp.33-51.

865 Directive 2002/19/CE du Parlement européen et du Conseil du 7 mars 2002, préc., JOCE, L108/7, 24 avril 2002

866 Directive 2002/22/CE du Parlement européen et du Conseil du 7 mars 2002, préc., JOCE, L108/51, 24 avril 2002.

867 Directive 2002/28/CE du Parlement européen et du Conseil du 12 juillet 2002, préc., JOCE, L 201, 31 juillet 2002, pp. 37 à 47.

868 J. CHEVALLIER, *Le service universel, op.cit.*, p.98-99. « L'apparition au niveau européen de la notion de service universel a permis de mieux mettre en évidence par confrontation, des facettes de la notion de service public jusqu'alors ignorées ou considérées comme relevant de l'évidence. Ramener à ses éléments essentiels, le service universel implique la fourniture d'un service de qualité, couvrant l'ensemble du territoire, accessible à tous et fourni à un prix abordable : on retrouve ainsi apparemment les principes fondamentaux du régime de service public ».

présente la particularité de maintenir une régulation forte sur des obligations « aconcurrentielles », selon les mots de Marie-Anne Frison-Roche.[869]

Malgré les transformations du service public et la pleine concurrence du marché, l'intérêt général doit être assuré au milieu d'intérêts privés.[870]Le marché ouvert reste néanmoins le « fruit d'un compromis entre la libéralisation des activités de réseaux, imposée par le droit communautaire, et les conceptions nationales – notamment française – du service public ».[871]

En prévoyant un réexamen périodique du cadre légal à intervalle de trois ans, la directive confirme que « le concept de service universel doit évoluer au rythme des progrès technologiques, des développements du marché et la demande des utilisateurs ».[872] C'est ainsi que les révisions en 2009 du « paquet télécom 2002 » ajustent les règles en fonction des évolutions rapides du marché et de l'économie numérique. À cet effet, la deuxième série des directives (2009) marque le niveau élevé du droit sectoriel des communications électroniques.[873] Les deux paquets télécoms astreignent les

---

869 M.-A. FRISON-ROCHE, *Les 100 mots de la régulation…*, préc., p. 114-115. L'auteur souligne « la mise en balance entre le principe de concurrence et un autre principe, aconcurrentiel, voire anticoncurrentiel ».

870 L. DUGUIT, *Les transformations du Droit public,* éd. MDD, 1999 (Librairie Armand Colin, 1913), pp. XVII-XVIII. « C'est pourquoi aujourd'hui on ne demande plus seulement aux gouvernants d'assurer les services de guerre, de police, de justice, mais encore d'organiser et de faire fonctionner toute une série de services industriels et d'empêcher qu'ils ne soient interrompus pendant un seul instant. […] Les services de guerre, de police, de justice se conciliaient admirablement avec elle la souveraineté ; ils semblaient même en être la manifestation directe. Il en est différemment des services industriels […] ce n'est plus le pouvoir de commander ; c'est l'obligation d'agir pratiquement ».

871 E. GUILLAUME, « Le service universel des communications électroniques », *Lamy, Droit des médias et de la communication,* Etudes 435, juin 2009, cité par J. CATTAN, *op.cit.*, pp. 174-175.

872 Article 15, Directive « service universel », préc.

873 Le « paquet télécom 2002 » est composé des règles ci-après (sans les modifications de 2009 et ultérieures) :

(1) Directive 2009/136/CE du P.E et du Conseil modifiant la directive 2002/22/CE concernant le service universel et les droits des utilisateurs au regard des réseaux et services de communications électroniques, la directive 2002/58/CE concernant le traitement des données à caractère personnel et la protection de la vie privée dans le secteur des communications électroniques et le Règlement (CE) n°2006/2004 relatif à la coopération entre les autorités nationales chargées de veiller à l'application de la législation en matière de protection des consommateurs, JOCE, L 337 du 18 décembre 2009, pp. 11 à 36 ;

(2) Directive 2009/140/CE du Parlement européen et du Conseil du 25 novembre 2009 modifiant les directives 2002/21/CE relatives à un cadre réglementaire commun pour les réseaux et services de communications électroniques, 2002/19/CE relative à l'accès aux réseaux de communications électroniques et aux ressources associées, ainsi qu'à leur interconnexion, et 2002/20/CE relative à l'autorisation des réseaux et services de communications électroniques, JOUE, L 337/37, 18 décembre 2009, pp. 37-69 ;

(3) Directive 2009/136/CE du Parlement européen et du Conseil du 25 novembre 2009 modifiant la directive 2002/22/CE concernant le service universel et les droits des utilisateurs au regard des réseaux et services de communications électroniques, la directive 2002/58/CE concernant le traitement des données à caractère personnel et la protection de la vie privée dans le secteur des communications électroniques et le Règlement (CE) no 2006/2004 relatif à

États européens aux obligations de service universel afin de garantir au minimum les objectifs de service public. Les perspectives du prochain « paquet télécom 2016-2017 » se dessinent encore. Les « paquets télécoms » 2002 et 2009 présentent des particularités d'objectifs, d'objets, de régimes. Celles-ci méritent d'être analysées comme aspects de transition des règles sectorielles des communications électroniques. Elles retracent la logique de transformation du droit de l'Union européenne en vue d'appréhender les derniers ajustements du « paquet télécom 2009 ». Ces derniers sont réalisés par les règles adoptées par le Parlement européen entre 2012, 2014 et 2015,[874] tandis qu'une prospective de réforme s'annonce pour 2016-2017.

1. Les règles du « paquet télécom 2002 » dans le marché numérique

Les règles du « paquet télécom de 2002 » sont d'une nouvelle génération, par rapport à celles de l'« ONP » limitées aux enjeux de libéralisation du

---

la coopération entre les autorités nationales chargées de veiller à l'application de la législation en matière de protection des consommateurs, JOCE, L 337/11, 18 décembre 2009, pp. 11-36 ;
(4) Directive 2009/140/CE du Parlement européen et du Conseil du 25 novembre 2009 modifiant les directives 2002/21/CE relative à un cadre réglementaire commun pour les réseaux et services de communications électroniques, 2002/19/CE relative à l'accès aux réseaux de communications électroniques et aux ressources associées, ainsi qu'à leur interconnexion, et 2002/20/CE relative à l'autorisation des réseaux et services de communications électroniques, JOUE, L 337/37, 18 décembre 2009, pp. 37-69 ;
(5) Règlement (CE) n°1211/2009 du Parlement européen et du Conseil du 25 novembre 2009 instituant l'Organe des régulateurs européens des communications électroniques (ORECE) ainsi que l'Office JOUE, L 337/1, 18 décembre 2009, pp. 37-69 ;
(6) Règlement (UE) 531/2012 du Parlement européen et du Conseil du 13 juin 2012 concernant l'itinérance sur les réseaux publics de communications mobiles à l'intérieur de l'Union (refonte), JOUE, L 172/10, 30 juin 2012, pp. 10-35 ;
(7) Directive 2014/61/UE du Parlement européen et du Conseil du 15 mai 2014 relative à des mesures visant à réduire le coût du déploiement de réseaux de communications électroniques à haut débit, JOUE, L 155, 23 mai 2014, pp. 1–14 ;
(8) Règlement (UE) 2015/2120 du Parlement européen et du Conseil du 25 novembre 2015 établissant des mesures relatives à l'accès à un Internet ouvert et modifiant la directive 2002/22/CE concernant le service universel et les droits des utilisateurs au regard des réseaux et services de communications électroniques et le Règlement (UE) n°531/2012 concernant l'itinérance sur les réseaux publics de communications mobiles à l'intérieur de l'Union, JOUE, L 310, 26 novembre 2015, pp. 1-18.

[874] Les textes modifiant le « paquet télécom 2009 » sont :
(1) Règlement (UE) 531/2012 du Parlement européen et du Conseil du 13 juin 2012 concernant l'itinérance sur les réseaux publics de communications mobiles à l'intérieur de l'Union (refonte), JOUE L 172/10, 30 juin 2012, pp. 10-35 ;
(2) Directive 2014/61/UE du Parlement européen et du Conseil du 15 mai 2014 relative à des mesures visant à réduire le coût du déploiement de réseaux de communications électroniques à haut débit, JOUE L 155, 23 mai 2014, pp. 1–14 ;
(3) Règlement (UE) 2015/2120 du Parlement européen et du Conseil du 25 novembre 2015 établissant des mesures relatives à l'accès à un Internet ouvert et modifiant la directive 2002/22/CE concernant le service universel et les droits des utilisateurs au regard des réseaux et services de communications électroniques et le Règlement (UE) n°531/2012 concernant l'itinérance sur les réseaux publics de communications mobiles à l'intérieur de l'Union, JOUE, L 310, 26 novembre 2015, pp. 1-18.

marché des télécoms de base. La différence d'étapes et d'enjeux législatifs est perceptible avec l'adoption de la notion de « communications électroniques » en lieu et place des « télécoms », pour mettre en adéquation la sémantique officielle avec le passage à l'économie numérique.

Plus particulièrement, le paquet télécom de 2002 réforme la réglementation et la régulation des réseaux de communications et des services électroniques. Son lot de directives et règlements approfondit l'ouverture à la concurrence d'anciens secteurs publics monopolistiques. L'adoption des textes juridiques est intervenue à un stade de fonctionnement très avancé du marché dérégulé, afin de sécuriser les investissements devant bénéficier à l'ensemble de la société, tout en offrant aux utilisateurs des services innovants à des conditions compétitives. L'évolution de la technique et du marché a donné lieu à la convergence numérique des télécoms et de l'audiovisuel grâce à des réseaux et terminaux (médias) informatiques. Cette dernière transformation du cadre réglementaire a aménagé la pleine concurrence, dans la construction du marché intérieur du numérique, sur plus de vingt-ans de libéralisation de la fourniture des services des télécoms à l'échelle européenne. Le « paquet télécom » reste ouvert aux enjeux d'encadrement juridique du marché de demain, en vue de répondre à deux enjeux de premier plan, à savoir : la connectivité de l'ensemble des citoyens aux services les plus avancés et la préservation du caractère ouvert de l'environnement numérique. [875]

Le « paquet télécom » structure le cadre réglementaire des télécoms autour de la « directive "cadre" »[876] : celle-ci a effectué une harmonisation du régime européen pour les réseaux et les services de communications électroniques. [877] Cette directive propose l'adoption de règles technologiquement neutres pour accompagner l'ouverture à la concurrence de tous les acteurs qui ne l'étaient pas. Son champ d'application prend en compte la convergence entre les secteurs des télécoms, de la radiodiffusion et des technologies de l'information. Elle concerne les contenants et les services des communications électroniques, à savoir : les réseaux terrestres, filaires et satellitaires, avec ou sans fil. Toutes les technologies sont incluses : le réseau public commuté, l'Internet, la télévision par câble et les réseaux mobiles terrestres. Cependant, la portée (quoique large) de cette directive exclut les contenus liés aux services de la société de l'information. Pour l'Europe, la nouvelle terminologie officielle traduit l'ajustement de l'objet des télécoms vers les communications électroniques, intégrant aussi

---

[875] *Cf.* F. BOISNEAULT et J. KELLER, « Le "paquet télécom" adopté par le Parlement européen » [archives], *Juriscom*, 21 décembre 2009. ARCEP, Communiqué de Presse, « L'Arcep contribue à la consultation publique de la Commission européenne sur la révision du cadre réglementaire des télécoms », 28 janvier 2016.

[876] Directive 2002/21/CE du P.E. et du Conseil du 7 mars 2002, préc., JOCE, L108/33, 24 avril 2002, pp. 33-51.

[877] *Ibidem.*

bien la finalité de communication à distance que la pluralité des moyens numériques employés à cette fin.[878]

La « directive "autorisation" »[879] est relative à l'autorisation des réseaux et services des communications électroniques. Elle se substitue à la directive 97/13/CE (dite « directive "licences" ») afin de faciliter l'accès aux marchés nationaux. « Elle réduit au minimum les barrières administratives. C'est un cadre juridique général qui exclut l'obligation pour les fournisseurs d'obtenir une décision individuelle de l'autorité de réglementation avant d'exercer leurs activités ».[880]

L'autorisation générale d'exploitation est la règle pour tous les autres cas. L'autorisation préalable est requise, pour la fourniture de services ou de réseaux de communications électroniques, seulement en cas d'utilisation de ressources rares, comme les fréquences hertziennes et les numéros téléphoniques. Sur ce point, le travail de la Commission complète également le paquet télécom : sa directive 2002-77 du 16 septembre 2002 a renforcé la concurrence dans les marchés des réseaux et des services de communications électroniques.[881]

En outre, la décision n°676/2002/CE du Conseil du 7 mars 2002 appliquait la politique en matière de spectre radioélectrique.[882]La transition des régimes entre la directive « accès » (du paquet télécom) et l'ancienne directive « licence » (de la série ONP) a permis d'éviter toute distorsion de la concurrence au détriment des entrants d'avant et d'après la réforme.

La « directive " accès" »[883] règlemente les droits d'accès tant aux réseaux de communications électroniques, aux ressources associées qu'à leur interconnexion.[884] L'accès correspond à la mise à disposition de ressources et/ou de services inhérents à la fourniture de communications électroniques. Par exemple : accès à des bâtiments, pylônes, systèmes de logiciels. L'interconnexion est la liaison permettant aux utilisateurs de communiquer avec les utilisateurs d'un autre réseau. L'harmonisation européenne établit

---

[878] Article 2, directive 2002/21/CE du P.E, préc. Ainsi, les services de communications électroniques sont ceux « fournis contre rémunération qui consistent entièrement ou principalement en la transmission et le routage de signaux sur des réseaux de communications électroniques, comprenant les services de télécommunications et les services de transmission sur les réseaux utilisés pour la radiodiffusion, à l'exclusion des services consistant à fournir un contenu transmis à l'aide de réseaux et de services de communications électroniques ou à exercer une responsabilité éditoriale sur le contenu ».

[879] Directive 2002/20/CE du 7 mars 2002, préc.

[880] D. POPOVIC, *op.cit*, p. 50. Directive « autorisation », articles 5 à 8, 10, 11 et 13. Les parties B et C de la directive présentent une liste des conditions se rapportant aux droits d'utilisation des radiofréquences et numéros.

[881] JOCE, L 249, 17 septembre 2002, pp. 21-26.

[882] Décision n°676/2002/CE Conseil du 7 mars 2002 relative à un cadre réglementaire pour la politique, en matière de spectre radioélectrique dans la communauté européenne, JOCE, L108, 24 avril 2002, pp. 1-6.

[883] Directive 2002/19/CE du 7 mars 2002, préc.

[884] Directive 2002/19/CE du P.E. et du Conseil du 7 mars 2002, préc., JOCE, L 108/7, 24 avril 2002

une obligation de négociations commerciales pour l'interconnexion, l'intervention réglementaire étant orientée sur les atteintes à la concurrence. Les conditions supplémentaires de transparence, de non-discrimination et de séparation comptables concernent principalement les opérateurs historiques. Toutefois, le régulateur dispose d'une liste exhaustive des conditions supplémentaires à imposer aux fournisseurs dotés de « puissance sur le marché ».[885]

La « directive "vie privée et communications électroniques" »[886]concerne le traitement des données à caractère personnel et la protection de la vie privée dans le secteur des communications électroniques, au regard du recours à l'informatique et de ses usages dans la gestion des flux des réseaux électroniques.[887] Il s'agit de la mise à jour de la directive 97/66/CE, sans en changer radicalement les principes généraux de protection des données personnelles, applicables au secteur des télécoms. La directive de 2002 n'apporte pas de changements fondamentaux au régime de la directive de 1997, mais actualise des définitions afin de couvrir les nouvelles formes de communications électroniques. Il en est ainsi de l'élévation du niveau de protection des « appels non sollicités » en faveur des « communications non sollicitées ».[888] La « directive "service universel" » définit ce dernier ainsi que les droits des utilisateurs au regard des réseaux et services de communications électroniques.[889] Le *Livre vert sur les services d'intérêt général* de 2003 a maintenu l'approche des années 1990.[890]

Il définit le service universel comme « un ensemble d'exigences d'intérêt général dont l'objectif est de veiller à ce que certains services soient mis à la disposition de tous les consommateurs et utilisateurs sur la totalité du territoire d'un État membre, indépendamment de leur position géographique, au niveau de qualité spécifié et, compte tenu de circonstances nationales particulières, à un prix abordable ».[891] La directive 2002/22/CE du 7 mars 2002 (directive « service universel ») a été modifiée par la directive 2009/136/CE du 25 novembre 2009.[892]

---

[885] D. BOULAUD, *op.cit,* p. 39.

[886] Directive 2002/28/CE du P.E. et du Conseil du 12 juillet 2002, préc., JOCE, L 201, 31 juillet 2002, pp. 37 à 47.

[887] *Ibidem.*

[888] Article 12, directive 2002/28/CE, préc.

[889] Directive 2002/22/CE du P.E. et du Conseil du 7 mars 2002, préc., JOCE, L108/51, 24 avril 2002.

[890] Commission européenne, *Livre vert sur les services d'intérêt général,* COM (2003) 270, 21 mai 2003, p. 16.

[891] *Ibidem.*

[892] Directive 2009/136/CE du P.E et du Conseil modifiant la directive 2002/22/CE concernant le service universel et les droits des utilisateurs au regard des réseaux et services de communications électroniques, la directive 2002/58/CE concernant le traitement des données à caractère personnel et la protection et de la vie privée dans le secteur des communications électroniques et le Règlement (CE) n°2006/2004 relatif à la coopération entre les autorités nationales chargées de veiller à l'application de la législation en matière de protection des consommateurs, JOCE, L 337 du 18 décembre 2009, p. 11 à 36.

2. Les règles du « paquet télécom 2009 » dans la transition numérique

En 2009, 2014 et 2015, le réexamen du paquet télécom a recentré ses objectifs face à de nouveaux enjeux juridiques. Le cadre de fonctionnement du marché tient compte du dynamisme de l'Internet et de la rapidité des transformations numériques de l'économie.[893]

Les règles du « paquet télécom 2002 » ont connu en 2009 des modifications qui marquent une transition dans la volonté de désépaissir le millefeuille législatif en faisant à nouveau[894] une coordination de plusieurs directives éparses en une seule avec une cohérence logique. D'abord, la directive 2009/136/CE a amendé deux directives existantes de 2002, à savoir : la directive « service universel » et la directive « vie privée et communications électroniques ».[895] Ensuite, la directive 2009/140/CE[896] a modifié trois autres directives existantes, à savoir : la directive 2002/21/CE relative à un cadre réglementaire commun pour les réseaux et services de télécommunications électroniques (directive « cadre »), la directive 2002/19/CE relative à l'accès aux ressources de communications électroniques et aux ressources associées, ainsi qu'à leur interconnexion (directive « accès »), la directive 2002/20/CE relative à l'autorisation des réseaux et services de communications électroniques (direction « autorisation »).

Le Règlement (CE) n°1211/2009 a institué l'organe de régulation européen et des communications électroniques (ORECE). Il fait également

---

[893] Considérant n°1, directive 2009/140/CE du Parlement européen et du Conseil du 25 novembre 2009 modifiant les directives 2002/21/CE relative à un cadre réglementaire commun pour les réseaux et services de communications électroniques, 2002/19/CE relative à l'accès aux réseaux de communications électroniques et aux ressources associées, ainsi qu'à leur interconnexion, et 2002/20/CE relative à l'autorisation des réseaux et services de communications électroniques, JOUE, L 337/37, 18 décembre 2009, pp. 37-69. Le législateur européen considère que « le fonctionnement des cinq directives composant le cadre réglementaire de l'Union européenne actuellement applicable aux réseaux et services de communications électroniques [...] fait l'objet d'un réexamen périodique de la part de la Commission, notamment en vue de déterminer la nécessité de le modifier pour tenir compte de l'évolution des technologies ou des marchés ».

[894] La génération de textes de l'« ONP » comptait 25 directives ramenées à cinq avec le « paquet télécom 2002 ».

[895] Directive 2009/136/CE du Parlement européen et du Conseil du 25 novembre 2009 modifiant la directive 2002/22/CE concernant le service universel et les droits des utilisateurs au regard des réseaux et services de communications électroniques, la directive 2002/58/CE concernant le traitement des données à caractère personnel et la protection de la vie privée dans le secteur des communications électroniques et le règlement (CE) no 2006/2004 relatif à la coopération entre les autorités nationales chargées de veiller à l'application de la législation en matière de protection des consommateurs, JO CE L 337/11, 18 décembre 2009, pp. 11-36.

[896] Directive 2009/140/CE du Parlement européen et du Conseil du 25 novembre 2009 modifiant les directives 2002/21/CE relatives à un cadre réglementaire commun pour les réseaux et services de communications électroniques, 2002/19/CE relative à l'accès aux réseaux de communications électroniques et aux ressources associées, ainsi qu'à leur interconnexion, et 2002/20/CE relative à l'autorisation des réseaux et services de communications électroniques, JOUE L 337/37, 18 décembre 2009, p. 37-69.

partie du « paquet télécom ».[897] L'ORECE exécute ses tâches de manière indépendante, impartiale et transparente. Dans toutes ses activités, l'ORECE poursuit les mêmes objectifs que ceux assignés aux autorités réglementaires nationales (ARN) à l'article 8 de la directive 2002/21/CE (directive « cadre »). L'ORECE contribue en particulier à développer le marché intérieur des réseaux et services de communications électroniques et à améliorer son fonctionnement, en visant à assurer une application cohérente du cadre réglementaire de l'Union européenne pour les communications électroniques. L'ORECE s'appuie sur l'expertise disponible dans les ARN et exécute ses tâches en coopération avec les ARN et la Commission. L'ORECE encourage la coopération entre les ARN et entre celles-ci et la Commission.

En outre, l'ORECE conseille la Commission et, sur demande, le Parlement européen et le Conseil.[898] En 2009, 2014 et 2015, les acquis européens découlant du cadre réglementaire de 2002 ont été complétés par des règlements, directives, décisions, recommandations et lignes directrices de la Commission européenne. La directive 2009/140 considère l'objectif de réduire progressivement la réglementation sectorielle *ex ante* au fur et à mesure que la concurrence s'intensifie sur les marchés jusqu'à ce que, à terme, les communications électroniques soient régies par le seul droit de la concurrence. Compte tenu du fait que les marchés des communications électroniques ont fait preuve d'une forte compétitivité ces dernières années, il est essentiel que les obligations réglementaires *ex ante* ne soient imposées qu'en l'absence de concurrence effective et durable.[899]

3. Les amendements des règles du « paquet télécom 2009 »

D'autres modifications plus récentes ont été apportées en 2012, 2014 et 2015 au cadre de fonctionnement du secteur des communications électroniques. Ces réajustements enrichissent également le « paquet télécom » au regard des objectifs européens pour le marché unique numérique et la société du gigabit.

Premièrement, il en est ainsi du règlement (UE) n°531/2012 concernant l'itinérance sur les réseaux publics de communications mobiles à l'intérieur de l'Union. [900] L'Europe considère que les prix d'itinérance élevés constituent un frein aux efforts entrepris par l'Union pour évoluer vers une économie de la connaissance, dans ses efforts de réalisation d'un marché

---

[897] Règlement (CE) n°1211/2009 du Parlement européen et du Conseil du 25 novembre 2009 instituant l'Organe des régulateurs européens des communications électroniques (ORECE) ainsi que l'Office JOUE L 337/1, 18 décembre 2009, p. 37-69.

[898] Article 1er, alinéa 3, Règlement (CE) n°1211/2009, préc.

[899] Considérant n°5, directive 2009/140/CE du Parlement européen et du Conseil du 25 novembre 2009, préc.

[900] Règlement (UE) 531/2012 du Parlement européen et du Conseil du 13 juin 2012 concernant l'itinérance sur les réseaux publics de communications mobiles à l'intérieur de l'Union (refonte), JOUE L 172/10, 30 juin 2012, p. 10-35

intérieur de 500 millions de consommateurs.[901] Le trafic mobile de données est facilité par l'attribution d'un spectre radioélectrique suffisant devant permettre aux consommateurs et aux entreprises d'utiliser les services d'appels vocaux, de SMS et de données partout dans l'Union. Au terme de son article 1er, ce règlement instaure une approche commune en faveur des usagers des réseaux publics de communications mobiles, voyageant d'un pays à un autre, passant d'un réseau à un autre, à l'intérieur de l'Union. Le règlement entend éviter que ces derniers paient un prix excessif pour les services d'« itinérance dans l'Union ».[902]

En effet, la comparaison doit être établie avec les prix nationaux concurrentiels de leur réseau d'origine, par rapport au réseau visité. L'appel en itinérance est réglementé avec un prix-plafond qualifié d'« euro tarif d'appels vocaux ». Cette règle s'impose lorsque les usagers voyageurs passent et reçoivent des appels, envoient et reçoivent des SMS et lorsqu'ils utilisent des services de communication de données par commutation de paquets. De ce fait, le règlement entend contribuer au fonctionnement harmonieux du marché intérieur, avec trois objectifs connexes. Il s'agit de garantir un degré élevé de protection des consommateurs. La concurrence et la transparence doivent également être favorisées sur le marché. Il est question d'offrir à la fois des incitations à l'innovation et un choix aux consommateurs.[903]

Deuxièmement, le cas de réforme récente est celui de la directive 2014/61/UE relative à de mesures visant à réduire le coût de déploiement de réseaux de communications électroniques à haut débit.[904] Elle vise à faciliter et à encourager le déploiement des réseaux de communications électroniques à haut débit en promouvant l'utilisation conjointe des infrastructures physiques existantes et en permettant un déploiement plus efficace de nouvelles infrastructures physiques afin de réduire les coûts liés à la mise en place de ces réseaux.[905]

Troisièmement, le règlement (UE) n°2015/2120 du Parlement européen et du Conseil du 25 novembre 2015 établit des mesures relatives à l'accès à un Internet ouvert et modifiant la directive 2002/22/CE concernant le service

---

901 Considérant n°5, Règlement (UE) n°531/2012, préc.

902 Article 2, f), règlement (UE) 531/2012, préc. : « itinérance dans l'Union »: l'utilisation d'un appareil portable par un client en itinérance pour passer ou recevoir des appels à l'intérieur de l'Union, envoyer ou recevoir des SMS à l'intérieur de l'Union ou utiliser des communications de données par commutation de paquets, lorsqu'il se trouve dans un État membre autre que celui dans lequel est situé le réseau du fournisseur national, du fait d'accords passés entre l'opérateur du réseau d'origine et l'opérateur du réseau visité.

903 Article 1er, règlement (UE) 531/2012, préc. Pour définitions, *cf.* article 2, d) [« réseau d'origine »], e) [« réseau visité »], i) [« eurotarif d'appels vocaux »], h) [« appel en itinérance réglementé »], règlement (UE) 531/2012, préc.

904 Directive 2014/61/UE du Parlement européen et du Conseil du 15 mai 2014 relative à des mesures visant à réduire le coût du déploiement de réseaux de communications électroniques à haut débit, JOUE L 155, 23 mai 2014, p. 1–14

905 Article 1er, alinéa 3, Directive 2014/61/CE, préc.

universel et les droits des utilisateurs au regard des réseaux et services de communications électroniques.[906] Le règlement vise à établir des règles communes destinées à garantir un traitement égal et non discriminatoire du trafic dans le cadre de la fourniture de services d'accès à l'Internet et les droits correspondants des utilisateurs finals. Le but est de protéger les utilisateurs finals et de garantir, en même temps, la continuité du fonctionnement de l'écosystème de l'Internet en tant que moteur de l'innovation. Des réformes dans le domaine de l'itinérance devraient inspirer confiance aux utilisateurs finals pour qu'ils restent connectés lors de leurs déplacements au sein de l'Union et, à terme, jouer un rôle de catalyseur dans la convergence des prix et d'autres conditions dans l'Union.[907]

En conclusion, le « paquet télécom » aligne entre 2002 et 2015 des directives et règlements européens correspondant chacun à une fonction particulière, dans l'objectif proprement européen de bâtir le « marché numérique unique ».[908] Les institutions et les États membres de l'Europe ont décidé d'opérer un réexamen de leur cadre réglementaire pour des ajustements permanents face à la dynamique économique et technologique du marché numérique. Les mesures de libéralisation et d'harmonisation marquent la transition juridique des secteurs des équipements, des services et des infrastructures de télécoms. Elles sont à la fois le fruit et la réponse graduée des enjeux de politiques législatives des télécoms, ayant conduit aux communications électroniques. La considération du législateur européen s'exprime sur « le principe de la neutralité technologique, c'est-à-dire qu'elles n'imposent ni ne favorisent l'utilisation d'aucun type particulier de technologie ».[909]

Au niveau européen, la transformation du droit sectoriel des télécoms sert à construire le marché numérique intérieur, encadrer le fonctionnement de la pleine concurrence et du jeu de marché jadis monopolistique, protéger le

---

[906] Règlement (UE) 2015/2120 du Parlement européen et du Conseil du 25 novembre 2015 établissant des mesures relatives à l'accès à un Internet ouvert et modifiant la directive 2002/22/CE concernant le service universel et les droits des utilisateurs au regard des réseaux et services de communications électroniques et le Règlement (UE) n°531/2012 concernant l'itinérance sur les réseaux publics de communications mobiles à l'intérieur de l'Union, JOUE L 310, 26 novembre 2015, p. 1-18.

[907] Considérant n°1, Règlement (UE) 2015/2120, préc.

[908] T. PENARD et N. THIRION, « La régulation dans les télécommunications : une approche croisée de l'économie et du Droit », p. 5 [https//perso.uni-rennes1.fr] (consulté le 14 juin 2016). *Cf.* T. PENARD, « L'accès au marché dans les industries de réseaux : enjeux concurrentiels et réglementaires », *RIDE*, n°2/3, Paris, 2002, 293-312.

[909] Q. SGARD, *Les nouveaux enjeux de la neutralité : du flux à la donnée*, Mémoire présenté dans le cadre du Master 2 Droit du numérique, Administration-Entreprises, sous la direction de M. Antonin Agier et M. William Gilles, Université Paris 1 - Panthéon Sorbonne, juin 2016, p. 25. Pour explication : « La neutralité des réseaux pose un double enjeu. [...] Elle doit faire l'objet d'une surveillance de la concurrence sur son plan horizontal : classiquement d'un besoin des autorités de concurrence de veiller à ce que les opérateurs entre eux respectent des normes d'interopérabilité, d'accès aux ressources (partage des infrastructures ou mutualisation) ou encore de respect de certaines prérogatives entourant le service minimum. »

consommateur et assurer l'intérêt général. Celui-ci se traduit en service universel, dont l'obligation (sous financement) est de créer une disponibilité des points d'accès géographique au réseau et à moindre coût pour tous. Au cours des dernières décennies, l'Internet est devenu une plateforme ouverte d'innovation facile d'accès pour les utilisateurs finals, les fournisseurs de contenus, d'applications et de services et les fournisseurs de services d'accès à l'Internet. Le cadre réglementaire existant vise à favoriser la capacité des utilisateurs finals à accéder aux informations de leur choix et à les diffuser. Il s'agit aussi pour eux d'utiliser les applications et les services de leur choix. Au vu de ces évolutions, il est nécessaire d'adopter, au niveau de l'Union, des règles communes pour garantir le caractère ouvert de l'Internet et éviter une fragmentation du marché intérieur due aux mesures prises individuellement par les États membres.[910]

En définitive, toutes les références européennes ci-dessus sont censées servir en droit comparé européen, français, africain et précisément congolais. Le droit communautaire européen s'est recentré sur une « directive "cadre" » autour de laquelle sont disposées des règles concernant les aspects particuliers du secteur des communications électroniques. Au départ des réformes du monopole réglementaire, les règles issues des « directives "ONP" » de 1980-1990 étaient marquées d'une approche purement sectorielle. Les mesures étaient superposées selon des objectifs de politique législative graduelle et circonstancielle. Au fil des années, la réalisation de la pleine concurrence rapproche davantage les communications électroniques de l'économie dans son ensemble.

En RDCongo, comme cela est analysé au Titre suivant (et dans le Tome 2 de notre ouvrage), c'est la loi-cadre n°013/2002 du 16 octobre 2002 sur les télécoms qui a réaménagé le monopole public. Cette loi est restée sectorielle sans avoir totalement démantelé le reste des « droits exclusifs et spéciaux » portant sur le réseau de référence de l'exploitant public. Avec elle, la loi spécifique n°014/2002 porte organisation et fonctionnement de l'Autorité congolaise de régulation des Postes et des télécommunications (ARPTC). Au vu de l'évolution des normes européennes, le droit positif congolais se situe comparativement au niveau des premières directives ONP de 1990...[911]

En France, la transposition des acquis communautaires permet en revanche d'observer la mise en œuvre des règles européennes, sous l'autorité de son système juridique national. L'étude du droit français des télécoms présente des aspects de législation adaptée à l'autonomie des solutions juridiques dans le cadre de la politique européenne. Elle analyse les régimes et institutions juridiques établis par la France au fil du temps, non seulement face aux enjeux de la dérégulation internationale des télécoms, mais aussi face aux évolutions du marché européen des communications électroniques.

---

[910] Considérant n°2, Règlement (UE) 2015/2120, préc.

[911] Loi-cadre n°013/2002 du 16 octobre 2002, préc. Loi n°014/2002 du 16 octobre 2002, préc. Cf. Tome 2, Titre 1, Chapitres 1 et 2 de notre ouvrage.

SECTION II. LES TRANSFORMATIONS DU DROIT FRANÇAIS DANS LES ENJEUX DE L'« EUROPE DES TÉLÉCOMS » ET DU MARCHÉ NUMÉRIQUE

Parmi les bâtisseurs de l'« Europe des télécommunications »[912], la France offre des prémisses singulières de transition de son ordre juridique interne. L'œuvre du législateur de ces 30 dernières années présente des étapes importantes de transition du droit sectoriel français, face aux évolutions des techniques de communication et du marché numérique. Dès 1970-1980, les autorités françaises ont appréhendé les enjeux internationaux de transition technologique, en réalignant les lois du pays par rapport aux règles et enjeux communs de déréglementation du marché européen des télécoms. Leurs politiques législatives ont notamment tenu compte des évolutions de l'économie de marché américaine et britannique.

Il était également nécessaire de préparer le pays à la construction européenne, aux mutations technologiques et à la mondialisation des marchés. Ainsi, « il ne s'agit pas de faire plier le droit sous le joug de l'économie mais de prendre dorénavant en compte, en temps réel, les critères pertinents de l'économie dans l'élaboration du droit ».[913]

De ce point de vue, le dynamisme interne du droit français est une riche expérience d'évolution des règles à la mesure des enjeux évolutifs du marché des télécoms. Les débuts des réformes du service public des télécoms sont marqués d'initiatives autonomes du droit français. En France, les premières bases de transition juridique n'ont pas attendu la communautarisation européenne dans le domaine. Les transpositions françaises des acquis européens débutent en 1990 en ce qui concerne les lois sectorielles des télécoms et des communications électroniques. Mais, la dernière « Loi sur la République numérique » rappelle l'originalité de la France, à conduire la transformation générale de son droit national. Ainsi, la transformation du droit positif français peut s'analyser en deux grandes étapes de transition des lois, dans le domaine actuel de l'économie numérique.

En premier lieu, depuis la loi du 2 mai 1837 sur les lignes télégraphiques, adoptée sous Louis-Philippe, les lois de 1982[914] et de 1986[915] sur la

---

[912] Face aux mouvements des réformes du marché libéral, les Chefs d'États européens s'étaient réunies en France, le 20 juin 1984, au Sommet de Fontainebleau sur l'« Europe des télécommunications ». L'intitulé de ce sommet et son caractère extraordinaire traduit sans nul doute l'ambition de la mission constructive de l'Europe face à l'internationalisation des marchés américains et la position de l'Europe dans ce mouvement de mondialisation du marché des télécommunications.

[913] A. RUTILY et B. SPITZ, « Les nouveaux enjeux de la révolution numérique », *Hermès*, n°44, 2006, p.117.

[914] Loi n°82-652 du 29 juillet 1982 *sur la communication audiovisuelle*, version initiale, JO RF du 30 septembre 1982, p.2431, version consolidée [https://www.legifrance.gouv.fr/affichTexte.do?cidTexte=JORFTEXT000000880222] (consultée le 1er juillet 2016).

[915] Loi n°86-1067 du 30 septembre 1986 sur la liberté de communication (audiovisuelle), « Loi Léotard », JO RF du 1er oct. 1986, p. 117

communication audiovisuelle amorcent la grande manœuvre des transformations du secteur des PTT. En Europe, les mesures juridiques de libéralisation n'interviennent alors que dès 1987-1988 et celles d'harmonisation dès 1990. En France, les lois françaises de 1990 et de 1996 transposent les directives « ONP », en présentant un double champ d'action. Le processus de transition française des télécoms a systématiquement associé la transformation de son cadre réglementaire avec la réforme en profondeur du service public des télécoms. La libéralisation des segments du marché français des télécoms, l'instauration de l'ART et le détachement de « France Télécom » de la DGT/Administration des PTT, marquent un « aboutissement d'étape » pour la réforme des services publics des télécoms. **(§1)**

Deuxièmement, la Directive commerce électronique[916] et les règles du Paquet télécom[917] engagent la France à partir des années 2000 dans une nouvelle étape de transition de ses lois face à l'économie numérique et à la société de l'information. En 2004, en guise de transposition des règles européennes, deux principales lois sectorielles sont adoptées, à savoir : la LCEN[918] et la LCE[919]. Dans la foulée, le législateur de 2003 autorise la privatisation de « France télécom » qui est réalisée en 2004. C'est l'aboutissement de l'axe de réforme sectorielle initié plus de vingt ans auparavant.[920] En France « la libéralisation menait à la privatisation, bien que les directives de libéralisation n'aient pas explicitement ordonné la privatisation des opérateurs ».[921]

Par ailleurs, l'avènement de la société de l'information conduit à des retouches de plusieurs lois, y compris la LCEN au regard des aspects transversaux des NTIC sur l'économie. Notamment en 2008, la France ajuste sa législation face aux enjeux de modernisation de l'économie (LME)[922] et

---

[https://www.legifrance.gouv.fr/affichTexte.do?cidTexte=JORFTEXT000000512205&dateTexte=20160701] (consultée le 1er juillet 2016).

916 Directive 2000/31/CE, préc.

917 *Cf.* Notes précédentes (liste des directives du « paquet télécom » de 2002, 2009 et 2012).

918 La n°2004-575 du 21 juin 2004 pour la confiance dans l'économie numérique (« LCEN »), JORF, n°143, 22 juin 2004, p. 11168.

919 Loi n°2004-569 du 9 juillet 2004 relative aux communications électroniques et aux services audiovisuels (« LCE »), JORF, 10 juillet 2004.

920 J. T. HONDE, *Service public et efficacité ; la réforme des télécommunications en France*, Thèse de doctorat en droit public sous la dir. du prof Roland Drago, Université Panthéon Assas, Paris, soutenue en mai 1993, p. 211. X. DENIS-JUDICIS et J.-P. PETIT, *Les privatisations*, Montchrestien, coll. Clefs-Economie, 1998. Les deux derniers auteurs analysent depuis une vingtaine d'années, l'essor des privatisations tant dans les pays industrialisés que dans les pays en voie de développement. Ce mouvement suscite de nombreuses questions à l'échelle internationale sur les aspects juridiques, économiques et financiers.

921 D. POPOVIC, *op.cit*, p. 13.

922 Loi n°2008-776 du 4 août 2008 de modernisation de l'économie, JORF, n°181, 5 août 2008, pp. 12471 et s.

de développement de la concurrence.[923] Mais en 2016, c'est bien la « Loi pour la République numérique » (« Loi Numérique ») qui adopte un profond réalignement du cadre juridique français dans et par rapport à la transition numérique de l'ensemble des secteurs de la vie nationale. Plus de trente Codes de lois sont modifiés à cet effet, dans la ligne des perspectives dépassant le droit sectoriel du marché électronique à la faveur de la société numérique en France **(§ 2)**.

*

* * *

L'expérience française est à rapprocher du niveau du droit des télécoms en RDCongo.[924] Cette dernière a conservé à ce jour la logique d'un « droit sectoriel » ainsi que la notion des télécoms sans intégrer celle de la convergence apportée par les réseaux numériques à intégration des services (RNIS), dont l'Internet est le fleuron.[925] Le marché congolais reste à ce jour un « marché dual » : les mesures législatives de libéralisation concernent le segment des services de télécoms tandis que le sous-domaine des infrastructures de transmission est légalement sous monopole public. Mais, cette configuration du marché est dépassée dans les faits par la présence des opérateurs privés dans tous ses compartiments.

De ce constat, le droit positif congolais est resté au niveau correspondant des lois françaises de 1990 sur la réglementation des télécoms, sans que par ailleurs les réformes de l'exploitant public des télécoms en RDCongo n'aient été menées de manière conséquente comme la France l'a fait en 1996 et après avec son ex-DGT/France Télécom. L'interrégulation est souhaitable au regard de la transversalité des télécoms : structurer la collaboration entre régulateurs étatiques des domaines voisins aux télécoms. Le législateur congolais ne l'avait pas envisagé, ni organisé dans la pratique, comme l'ARCEP collabore aujourd'hui avec l'autorité de la concurrence, le CSA, l'HADOPI, l'ARJEL, etc.[926] Toujours est-il que la régulation des télécoms en RDCongo connait un fonctionnement en silo que le président de l'ARPTC a qualifié d'« intra-sectoriel » en concurrence avec un ministère des PTT et en l'absence d'autorité étatique ressentie sur la concurrence.[927]

---

[923] Loi n°2008-3 du 3 janvier 2008 pour le développement de la concurrence au service des consommateurs, JORF, n°3, 4 janvier 2008, pp. 258 et s.

[924] Cf. Tome 2 de l'ouvrage.

[925] J.-C D. EKAMBO (sous la dir.), *L'Internet et la RDC – Technologies –Appropriations – Société,* Université Catholique au Congo, CEDESURK, Doc.048/09, Kinshasa, 2009.

[926] *Cf.* : M. DE SAINT PULGENT, « Les besoins d'interrégulation engendrés par Internet. Propos introductifs » (pp. 3-5) ; M.-A. FRISON-ROCHE, « Penser le monde à partir de la notion de la "donnée" » (pp. 7-16), L. BENZONI, « De l'accès aux infrastructures à l'accès aux moyens numériques : Nouvelle frontière pour la régulation des communications électroniques » (pp. 17-42) ; J.-F. VILOTTE, « Les régulationssectorielles de l'Internet ne doivent se distinguer de la régulation des réseaux physiques de distribution que si et seulement si la continuité de l'application du Droit le justifie » (pp. 99-108), (tous) in M.-A. FRISON-ROCHE, *Internet, espace d'interrégulation*, coll. « the journal of regulation », Dalloz, 2016.

[927] *Cf.* détails d'analyse comparée : Tome 2, Titre I, Chapitres 1 et 2 du présent ouvrage.

Aussi, la législation congolaise des télécoms reste-t-elle très en retard sans avoir intégré la dimension des communications électroniques, ni leur valeur d'intermédiation d'accès au commerce électronique et encore moins la dimension de l'économie numérique. En Europe depuis 2000 et en France depuis 2004, le cadre réglementaire des communications électroniques est davantage décloisonné non seulement par rapport à la pleine concurrence mais aussi et surtout par rapport à son interpénétration avec d'autres marchés.

Encore faut-il signaler que la loi pour la République numérique d'octobre 2016 innove en dimension multisectorielle : le réseau innerve les multiples aspects de la vie sociale. Par corrélation, le niveau très avancé du droit français dépasse les besoins de *lege ferenda* en RDC.[928] De manière absolue, la « Loi Numérique » dépasse également le simple cadre réglementaire des communications électroniques ou de l'économie numérique. Cependant, elle mérite d'être retenue dans la prospective, puisqu'elle présente une brillante expérience des liaisons du numérique avec d'autres branches du droit.

* * *
*

§ 1. Les transformations du secteur français des télécoms de 1982 à 2003 au regard de l'acquis communautaire européen

En France, la libéralisation des télécoms a été un long processus opéré par plusieurs lois, dont les premières précèdent les mesures du « droit communautaire ». [929] D'abord, les lois de 1982 et de 1986 sur la communication (audiovisuelle) demeurent historiques, en ce qu'elles fondent les bases de réformes des télécoms par la seule perspicacité du législateur français. C'est ensuite que l'Europe engage officiellement en 1984-1987 et maintient depuis 1988 [930] sa politique de dérégulation des télécoms. L'instrument du droit a été efficacement utilisé par les institutions européennes pour transformer les services publics nationaux. **(A)**

---

[928] Dans la seconde partie de notre étude, le Titre I traite de la nécessité du parachèvement du droit congolais des télécoms, tandis que le Titre II examine les projets de loi sur les télécoms, les TIC, les échanges et le commerce électroniques. Si le droit positif congolais est en déphasage à la lumière du droit français, ses projets de *lege ferenda* actuellement en examen au Parlement (depuis avril 2017) ne dépassent pas le niveau des lois françaises de 2004 pour la cofiance en l'économie numérique. *A fortiori*, la « Loi pour la République numérique » paraît d'une optique trop futuriste pour les besoins de la situation, de la législation, de la comparaison en rapport avec la RDC.

[929] Le terme « communautaire » est employé à dessein. Les initiatives de libération de l'Europe des télécoms se situent à l'époque de la CEE. Elles sont antérieures à la date de signature le 13 décembre 2007 du Traité de Lisbonne modifiant le traité sur l'UE et le traité instituant la CE, CIG 14/07, Bruxelles, 3 déc. 2007.

[930] Directive 88/301/CEE du 16 mai 1988, préc.

Les lois successives entre 1990 et 1996 opèrent la transposition des règles européennes sur des axes de réformes suivants : démonopolisation, instauration de la concurrence, séparation du rôle du marché avec la « réglementation », cette dernière étant distinguée en régulation *ex ante* et en réglementation *ex post*. La transformation générale du droit public économique alimente la réforme de la réglementation sectorielle des télécoms, en opérant le changement de statut de l'opérateur historique, anciennement monopolistique. **(B)**

A. Les lois françaises de dérégulation des télécoms dans la construction du marché européen

Les lois de 1982 et 1986 sur la communication sont considérées comme les premières lois de dérégulation en France.[931] Elles ont séparé les télécoms de la communication audiovisuelle en vue d'ouvrir cette dernière à la concurrence. Cet exemple de perspicacité des années 1980reste encore inscrit en droit positif français. À plusieurs égards, les bases de démonopolisation du secteur public se situent ainsi avant la communautarisation des règles s'y rapportant s'y rapportant. Par la suite, les lois françaises transposent les mesures de libéralisation et d'harmonisation européennes, dans le domaine des télécoms.

Toutefois, le mouvement de transformation générale du droit français des services publics donne un autre relief aux acquis européens de dérégulation sectorielle des télécoms. La transition du cadre réglementaire se traduit par la création de l'ART et la restructuration de l'Administration des PTT de l'EPA en EPIC. Mais, la réforme française a finalement inséré le statut de l'ancien opérateur de monopole public dans les règles du droit de société. Ainsi, la dérégulation française se particularise avec la privatisation de « France télécom », ancien opérateur de monopole public. Les lois de 1990 et celles de 1996 évoluent en logiques semi-libérales des réformes vers une logique libérale et de régulation sectorielle.

1. Les lois pionnières de restructuration du monopole des télécoms

En France, l'État s'était arrogé le contrôle exclusif du secteur naissant des télécoms depuis la loi du 2 mai 1837 sur les lignes télégraphiques, adoptée sous Louis-Philippe en vue de réglementer le télégraphe de Chappe. Son texte composé d'un article unique était repris à l'article 33 du CPT dans sa version antérieure à la réforme législative des années 1990. Il disposait en ces termes : *« Quiconque transmettra, sans autorisation, des signaux d'un lieu à un autre, soit à l'aide de machines télégraphiques, soit par tout autre*

---

[931] Loi n° 82-652 du 29 juillet 1981 sur la communication audiovisuelle ? JORF, 30 juillet 1982, pp. 2431 et s. Loi n°86-1067 du 30 septembre 1986 relative à la liberté de communication, JORF, 1er octobre 1986, pp. 11755 et s.

moyen, sera puni d'un emprisonnement d'un mois à un an, et d'une amende de mille à deux mille francs ».[932]

Sur cette base, l'administration publique était le seul exploitant des télécoms en tant que branche du ministère des PTT. C'est en 1909 que la première séparation a été effectuée entre les Directions de l'exploitation en charge du télégraphe et celle du téléphone au sein dudit ministère. Comme l'écrit Nicolas Arpagian : « Rappelons ici pour mémoire que la France s'est dotée dès 1915 d'une Section de contrôle télégraphique afin d'inspecter les correspondances postales et télégraphiques en provenance, à destination ou transitant par son territoire ».[933] Dans le service public français, la Direction des télécommunications a été créée en 1941, avant de connaître en 1970 un nouvel aménagement de ses structures administratives par la création de la DGT (Direction Générale des Télécommunications) avec un personnel distinct de la poste (DGP).[934]

Cependant, bon nombre d'actes législatifs et gouvernementaux français sont intervenus avant la transposition française des directives européennes censées mettre en ouvre la politique de dérégulation. Ils ont remis en cause le monopole public exercé par la DGT dans les secteurs des télécoms en France, sur la seule base du droit français. Dans les faits, l'effritement de cette exclusivité a été entrepris en ses débuts par une dynamique propre de l'État français, avant la première directive européenne de libéralisation de 1988 ainsi que la publication du *Livre vert* de 1987 l'ayant précédé.[935] Plusieurs sources françaises marquent les étapes de transition juridique du marché des télécoms. Cet élan interne est originalement français, parce que les premières réformes de libéralisation des télécoms sur le plan national n'ont pas attendu la dérégulation du marché mondial.

Dans un premier temps, entre 1981, 1982 et 1986[936], la volonté – non-aboutie du gouvernement français de mettre à jour le cadre réglementaire des télécoms – lui permit néanmoins d'atteindre deux objectifs dans le domaine

---

932 P. CHARBON, « Genèse du vote de la loi de 1837, origine du monopole des télécommunications », in C. BERTHO-LAVENIR (sous la dir.), *L'État et les Télécommunications enFrance et à l'étranger 1837-1987, actes du colloque organisé à Paris les 3 et 4 nov. 1987 par l'École Pratique des Hautes Études et l'Université Paris V*, Librairie Droz, Genève, 1991, pp. 11-21.

933 N. ARPAGIAN [2016], *La cybersécurité, op.cit*, p. 10.

934 D. BAZI-DUMONT, « Le processus de libéralisation des télécommunications en France », posté le 4 fév. 2004 [www.e-juristes.org/le-processus_de_liberalisation-des167] (consulté le 14 juin 2016). En 1988, la DGT devient France Télécom. Le 1er janvier 1991, celle-ci devint exploitant autonome de droit public.

935 Directive 88/301/CEE du 16 mai 1988, préc. Commission de la Communauté européenne, *Livre vert sur le développement du marché commun des services et équipements des télécommunications* [1987], *préc.*

936 *Cf.* spécialement : Loi n°81-994 du 9 novembre 1981 portant dérogation au monopole d'État de la radiodiffusion, JORF, 10 novembre 1981, pp. 227 et s. C'est la période sous la première mandature du Président François Mitterrand, avec un Premier Ministre de gauche (Partie Socialiste) avec comme Premier Ministre, Pierre Mauroy et M. Louis Mexandeau comme Ministre des PTT.

de la communication audiovisuelle. [937] Ainsi, une *« première loi "dérégulatrice" en France* [938]*»* parvint à abolir le monopole d'État sur la radiotélévision (Minitel, compris) ainsi qu'à réaliser la séparation de ses fonctions d'exploitation et de régulation.

Dans cet ordre d'idées, la première des mesures remettant en cause le monopole des télécoms fut d'ordre législatif : la loi n°82-652 du 29 juillet 1982 sur la communication audiovisuelle exclut cette matière du champ de l'article 33 du CPT. Cet article précité fondait le monopole dans les mêmes termes que la loi du 2 mai 1837 adoptée sous Louis-Philippe sur le télégraphe de Chappe. La loi de 1982, en vigueur à ce jour[939], vise la mise à disposition du public d'un contenu de télécommunications en ouvrant ainsi l'audiovisuel, Minitel et télévision, à la concurrence. L'observation des mutations à l'étranger (États-Unis[940] et Japon[941]) ainsi que la pression du progrès technologique obligeaient la France à se positionner dans la perspective de la convergence des médias électroniques, avant les premières exigences de construction de l'Europe des télécommunications sus-décrites.[942]

La seconde mesure française de démantèlement du monopole public des télécoms est intervenue par décision administrative. Le Ministre des PTT, Louis Mexandeau, décida de la restructuration organique des PTT, de concert avec les directeurs généraux de la Poste (DGP) et des télécommunications (DGT). L'annonce de cette autorisation faite le 27 novembre 1985, allait dans le sens de la séparation des fonctions d'exploitation et de réglementation.

C'est ainsi qu'une Délégation générale à la stratégie a été créée au sein de l'administration des PTT et placée comme les deux précédentes, sous l'autorité du ministre des PTT. Plus tard, la Commission nationale de la communication et des libertés (CNC) fut créée par la loi n°86-1067 du 30 septembre 1986 relative à la liberté de communication (audiovisuelle), dite

[937] *Cf.* pour rappel : loi n° 82-652 du 29 juillet 1981 sur la communication audiovisuelle ? JORF, 30 juillet 1982, pp. 2431 et s ; loi n°86-1067 du 30 septembre 1986 relative à la liberté de communication, JORF, 1er octobre 1986, pp. 11755 et s.

[938] A. GIRAUD, « Les prémisses de la déréglementation », *Les cahiers de l'AHTI,* n°9, janvier 2008, p.7.

[939] Cette loi de 1982 demeure en vigueur moyennant quelques modifications. *Cf.* E. DERIEUX et A. GRANCHET, *Droit de la Communication, Lois et Règlements,* Hors-Série 2014, 35e année, Legipresse, Coll. L'actualité du droit des médias et de la communication, Paris, 2014, p. 100 et s. et 141-142

[940] Les États-Unis démantelaient le monopole naturel de la firme AT&T en 1984. En 1980, la première chaîne de télévision à vocation planétaire, CNN (*Cable News Network*). *Cf.*P. MOREAU DEFARGES, *La mondialisation, op.cit.*, p. 40. « La mondialisation est indissociable d'une multiplication des liens d'information et de communication. Ici, l'espace et le temps se trouvent massivement contractés [...] CNN, illustration exemplaire d'une Terre câblée. »

[941] En 1985, deux Lois de la Diète japonaise (Parlement) avaient respectivement transformé NTT *(Nippon Telegraph and Telephone)* du statut d'opérateur public à entreprise, et instauré la concurrence dans un marché monopolistique.

[942] *Cf.* Section précédente (section 1) du présent chapitre du présent ouvrage.

« Loi Léotard ».[943] L'expérience de la CNC est l'ancêtre du Conseil supérieur de l'audiovisuel (CSA), comme organe régulateur sur ce champ. L'article 4 de ladite loi l'identifiait comme *« autorité administrative indépendante qui comprend treize membres nommés par décret »*[944] avec l'idée d'un secteur libéralisé de l'audiovisuel, consacrant une séparation de la réglementation (Ministère) et de l'exploitation (opérateurs TV). Ces deux actes constituent effectivement les premières atteintes, tout aussi symboliques que décisives, au monopole des télécoms.[945]

La loi n°86-1067 du 30 septembre 1986 vise en son préambule la loi n°82-652 du 29 juillet 1982 modifiée à ce jour, la communication audiovisuelle.[946] La portée de ce texte reste clairvoyante quant aux bases et aux principes de transformation du monopole en un secteur (dé)régulé. Sa « version initiale » fonde le principe de la liberté et de l'égalité de traitement, sauf pour des exigences d'ordre public, quant à l'exploitation et à l'utilisation des services de communications audiovisuelles.[947] Elle définissait clairement les télécoms et l'audiovisuel,[948] tout en séparant leurs

---

[943] D. BAZIT-DUMONT, « Le processus de libéralisation des télécoms en France », *e-juristes.org*, posté le 4 février 2004, in [http://www.e-juristes.org/le-processus-de-liberalisation-des167/] (consulté le 7 avril 2017). Il importe de noter que « De plus, en 1944 apparaît le Centre National d'Etude des Télécommunications (CNET) ».

[944] Art. 4, 1° à 6°, loi n°86-1067 du 30 sept. 1986, JORF, 1er oct. 1986, p.11755. La composition et le mode de désignation des treize membres : 1°Deux désignés par le Président de la République ; deux par le Président de l'Assemblée nationale ; 2° un membre (honoraire) du Conseil d'État élu par ses (ex-)pairs du grade minimum de conseiller État ; 3° un magistrat (honoraire) de la Cour de cassation élu par ses (ex-)pairs d'au moins le grade de conseiller ou avocat général ; 4° un magistrat (honoraire) de la Cour des comptes élu par ses (ex-)pairs du grade minimal de Conseiller-maître ; 5° un membre de l'Académie française élu par celle-ci ; 6° une personnalité qualifiée dans le secteurs des télécoms et une autre dans le secteur de la presse, cooptées par les dix membres prévus ci-dessus.

[945] R. GILARDIN, *op.cit.*, p.47-50 (la fièvre libérale gagne la France). –Cf. aussi A. GIRAUD, *op.cit.*, p. 7. –A. DARRIGRAND, « La modernisation du service public : l'exemple des PTT 1990 – leçons d'une réforme », *Politiques et management public*, vol. 20, n°4, décembre 2002, p.138. M. FENEYROL, « Déréglementation et télécommunications, des premiers mouvements aux lois de 1990 », *Les cahiers de l'AHTI*, n°9, janvier 2008, p.19 [http://www.ahti.fr/index.php/index.php/articles/11-cahier/23-cahier-9.html] (consulté le 10 novembre 2016).

[946] *Cf.* pour les modifications législatives (en 2004) : les lois dites « LCEN ». et « LCE », préc.

[947] Loi n°86-1067 du 30 septembre 1986 sur la communication audiovisuelle, version initiale, préc., « Article 1er. – L'établissement et l'emploi des installations de télécommunications, l'exploitation et l'utilisation des services de télécommunications *sont libres.Cette liberté ne peut être limitée*, dans le respect de l'égalité de traitement, que dans la mesure requise par les besoins de la défense nationale, par les exigences de service public ainsi que par la sauvegarde de l'ordre public, de la liberté et de la propriété d'autrui et de l'expression pluraliste des courants d'opinion. Le secret des choix fait par les personnes parmi les services de télécommunications et parmi les programmes offerts par ceux-ci ne peut être levé sans leur accord ».

[948] *Ibidem*, « Article 2. – On entend par télécommunication toute transmission, émission ou réception de signes, de signaux, d'écrits, d'images, de sons ou de renseignements de toute nature, par fil, optique, radioélectricité ou autres systèmes électromagnétiques. On entend par

départements respectifs et en instaurant un organe de régulation, précurseur du CSA.[949]Par ailleurs, l'article 34 de la « loi Léotard » de 1986, aujourd'hui abrogé, mettait les communes (collectivités territoriales) en concurrence avec la DGT sur son segment monopolistique des télécoms. Il disposait que « les communes établissent ou autorisent l'établissement sur leur territoire des réseaux distribuant par câble des services de radiodiffusion sonore et de télévision ».[950]

Ainsi, par décret[951] et circulaire[952] d'application, le ministre des PTT (Gérard Longuet[953]) autorisa des exploitants alternatifs à mettre en œuvre cette faculté, moyennant des conditions techniques, complexes. En outre, sur le plan de l'atteinte au monopole légal de la DGT, une mesure réglementaire prise en décembre 1987 par le même ministre, autorisa la Société Française du Radiotéléphone (SFR)[954] à opérer en concurrence avec Radiocom 2000, le service de la DGT qui opérait sur le segment du marché de la radiotéléphonie.[955]

À ce jour, les lois ci-dessus de 1982 et de 1986 font encore partie du droit positif français dans le secteur de la communication (audiovisuelle).[956] Ces lois font preuve de pragmatisme et de perspicacité, dans une dynamique législative proprement française. En Europe, la « directive "terminaux des télécoms" » de la Commission de 1988[957] est intervenue par la suite, dans le cadre des mesures prises par la Commission européenne pour l'encadrement

---

communication audiovisuelle toute mise à disposition du public ou de catégories de public, par un procédé de télécommunication, de signes, de signaux, d'écrits, d'images, de sons ou de messages de toute nature qui n'ont pas le caractère d'une correspondance privée ».

949 *Ibidem*, « Article 3. – Il est institué une Commission nationale de la communication et des libertés qui a pour mission de veiller au respect des principes définis à l'article premier ».

950 Loi n°86-1067 du 30 septembre 1986 sur la liberté de communication, préc.

951 Décret n°87-775 du 24 septembre 1987 relatif aux liaisons spécialisées et aux réseaux téléphoniques ouverts à des tiers

952 Circulaire du 16 mars 1988 prise en application du décret n°87-775 du 24 septembre 1987 relatif au régime général des liaisons spécialisées et au régime des réseaux télématiques ouverts à la des tiers utilisant des liaisons spécialisées.

953 Sous le mandat de François Mitterrand, la première cohabitation entre la Gauche et la Droite, PS et UDF-RDR, s'installe comme Premier Ministre, M. Jacques Chirac ; Alain Madelin comme Ministre de l'industrie, des PT et du tourisme, Gérard Longuet comme Secrétaire d'État chargé des PT, et François Léotard, au Ministère de la Culture et Communication.

954 *Cf.* « Histoire de SFR » [www.sfr.com/nous-connaître/sfr-en-bref/01272016-1700-histoire-du-groupe-sfr] (consultée le 1er juillet 2016). « En 1987, la Compagnie Générale des Eaux crée SFR, qui devient l'acteur initial de la libéralisation du marché sur le mobile. En 1997 arrive la libéralisation du fixe. En 1997 arrive la libéralisation du fixe. En 1999, la compagnie Générale des Eaux, alors rebaptisée Vivendi, réorganise ses activités de télécommunications en créant le groupe SFR-Cegetel ».

955 R. GILARDIN, *op.cit*, 52-55. L'article L33 du CPT de 1987 permettait au Ministre des PTT cette brèche de pouvoir en disposant qu'« aucune installation de télécommunications ne peut être établie ou employée à la transmission de correspondances que par le Ministre des postes et télécommunications ou *avec son autorisation* **[...]** » C'est nous qui soulignons.

956 E. DERIEUX et A. GRANCHET, *op.cit.*, p. 100 et s. et 141-142

957 Directive 88/301/CEE du 16 mai 1988, préc.

de la libéralisation des marchés. La transposition française des règles européennes reste donc caractérisée par des mesures antérieures de droit interne. Depuis 1990, l'initiative européenne a pris le dessus sur le processus législatif d'initiative nationale.

2. Les lois françaises de libéralisation des télécoms dans l'harmonisation européenne

Les lois de transposition française de 1990 et 1996 ont réorganisé tant le service public des télécoms que le statut de l'Administration des PTT. Durant plus de vingt-ans à dater de 1990, la transition du cadre réglementaire des télécoms en France a été systématiquement associée à la réforme du statut de l'opérateur de monopole public.

D'un côté, l'achèvement de la démonopolisation a conduit en 1996 à l'instauration en France d'un régulateur sectoriel des télécoms (ART), en tant qu'arbitre du jeu concurrentiel du marché. Cette instauration opère la nette séparation de la réglementation *ex ante* et *ex post* tout en marquant l'indépendance entre le marché et l'État c'est-à-dire entre les forces économiques et la puissance publique censée les réguler. D'un autre côté, le statut de France Télécom a été profondément réformé depuis ses origines comme direction au sein de l'administration des PTT jusqu'à sa privatisation en 2003. L'achèvement de ces volets de réforme statutaire a été suivi des transformations du cadre réglementaire sur les aspects juridiques de la société de l'information.

Quatre lois françaises des années 1990 apportent une transition au secteur des télécoms, à la suite de la transposition des directives européennes dites « services de télécommunications » et « ONP » de 1990. Elles alignent le droit français sur les objectifs d'ensemble du marché européen des télécoms. Il s'agit de la loi n°90-1170 du 29 décembre 1990 sur la réglementation des télécommunications (« Loi Quilès »)[958] et de la loi n°90-58 du 2 juillet 1990 relative à l'organisation du service public de la poste et des télécommunications.[959] La loi n°96-659 du 26 juillet 1996 de réglementation des télécoms a apporté une nouvelle transition des acquis français et communautaires.[960] La logique de réorganisation du service public des télécoms s'est complétée de la réforme du statut de l'opérateur historique, dépassant sa démonopolisation pour sa privatisation. Il advint l'adoption de la loi n°96-660 du 26 juillet 1996 relative à l'entreprise France Télécom.[961]

---

958 Loi n°90-1170 du 29 décembre 1990 sur la réglementation des télécommunications JORF, n°303, 30 déc. 1990, p. 16349.

959 Loi n°90-58 du 2 juillet 1990 relative à l'organisation du service public de la poste et des télécommunications, JORF, 08 juil.1990, p. 8070.

960 Loi n°96-659 du 26 juillet 1996 de réglementation des télécommunications, JORF, n°174, 27 juillet 1996, p. 11384.

961 Loi n° 96-660 du 26 juillet 1996 relative à l'entreprise nationale France Télécom, JORF n°174, 27 juillet 1996, p.11398.

3. La logique semi-libérale de lois réformatrices des télécoms de 1990

Premièrement, l'article 1er de la loi n°90-58 du 2 juillet 1990[962] créait et séparait, de manière officielle et définitive, *« deux personnes morales de droit public placées sous la tutelle du ministre chargé des postes et télécommunications, qui prennent respectivement le nom de La Poste et de France Télécom »*. Elle insérait également la dénomination nouvelle « exploitant public » dans le domaine français des télécoms. Cet exploitant gardait ses droits exclusifs sur les infrastructures, tout en disposant d'une large autonomie de gestion, à la fois en tant qu'exécutant des missions de service public et en tant que partenaire privilégié de l'État en dehors de ces missions.[963]

Ainsi, « la loi du 2 juillet 1990 avait pour objectif essentiel de modifier le statut juridique de l'exploitant public "France Télécom" qui remontait à plusieurs décennies ».[964] Ladite loi inscrivait la nouvelle notion juridique de « personne morale de droit public », spécialement conçue pour cette réforme.[965] En ce sens, le statut de France télécom se situait à mi-chemin entre EPIC et service administratif (EPA). Ce statut mixte lui permit de maintenir des liens forts avec l'État, moyennant son « cahier des charges »[966] et un « contrat de plan »[967], en dépit de la concurrence de nouveaux entrants sur le marché semi-ouvert.

Toutefois, cette réforme à demi-teinte de l'opérateur historique, constituait une mutation importante, car le service public administratif (DGT/EPA) passait à un statut de service public à gestion privée. Les conséquences de ce changement sont appréciables sur l'application exorbitante du droit commun à une entreprise. Ces règles restent celles du

---

[962] Loi n°90-58 du 2 juillet 1990, préc.

[963] En ce sens, la loi disposait comme suit :*« Article 3 (Loi n°90-568 du 2 juillet 1990):* France Télécom *a pour objet,* selon les règles propres à chacun de ses domaines d'activités, contenues notamment dans le code des postes et télécommunications : [1] d'assurer tous services publics de télécommunications dans les relations intérieures et internationales et, en particulier, d'assurer l'accès au service du téléphone à toute personne qui en fait la demande [2] d'établir, de développer et d'exploiter les réseaux publics nécessaires à la fourniture de ces services et d'assurer leur connexion avec les réseaux étrangers ; [3] de fournir, dans le respect des règles de la concurrence, tous autres services, installations et réseaux de télécommunications, ainsi que d'établir des réseaux distribuant par câble des services de radiodiffusion sonore ou de télévision et de concourir, par des prises de participations, à l'exploitation de ces derniers réseaux dans le cadre de réglementation en vigueur ».

[964] J. T. HONDE, *Service public et efficacité ; la réforme des télécommunications en France*, Thèse de doctorat en droit public, préc., p. 211.

[965] Article 1er, 2 et 3, loi n°90-568 du 2 juillet 1990 relative à l'organisation du Service public de la poste et à France Telecom, préc.

[966] Décret n° 90-1213 du 29 décembre 1990 relatif au cahier des charges de France Télécom et au code des postes et télécommunications, articles 15 à 22, J.O. RF, 30.12.1990, pp. 16572-16573.

[967] Le premier « Contrat de Plan de France Télécom » signé avec l'État le fut 5 novembre 1991 pour la période 1991-1994.

droit public, mais s'écartent du droit administratif en faveur du droit de la concurrence. Jusque-là, aucune restructuration du ministère des PTT en France n'était allée si loin, dans le secteur public des télécoms. Du moins, la réforme du 2 juillet 1990 éloignait France Télécom de son statut d'organe de direction du ministère des PTT, sans toutefois lui donner un statut de droit privé.[968]

Deuxièmement, la loi n°90-1170 du 29 décembre 1990 sur les télécoms (« loi Quilès ») a eu « quant à elle, comme principal objectif de moderniser les règles applicables à l'ensemble du secteur. Après avoir parlé de modification du statut de France Télécom, il est indispensable [...] d'en aborder le second volet (véritable « toile de fond » de cette réforme), [...] la philosophie générale se situe dans "un nouvel équilibre entre concurrence et respect de l'intérêt général" ».[969]

Ladite loi créait l'article L.32-1 du CPT, établissant le principe d'indépendance des fonctions de réglementation des activités relevant du secteur des télécoms et de celles d'exploitation de réseaux ou de fourniture de services de télécoms. Le ministre responsable des PTT était chargé de veiller au respect de ce principe. Le même article disposait que la fourniture des services qui ne sont pas confiés exclusivement à l'exploitant public, s'effectue dans les conditions d'une concurrence loyale, notamment entre l'exploitant public et les autres fournisseurs de service. Ceux-ci sont tous astreints au principe d'égalité de traitement des usagers, quel que soit le contenu du message transmis (neutralité), étant entendu que l'accès au réseau public doit être assuré dans des conditions objectives, transparentes et non discriminatoires.[970]

En effet, la « Loi Quilès » du 29 décembre 1990 traduisait une modification des « règles qui régissaient les télécommunications et qui dataient de 1837 ». L'un des volets importants de la réforme réadaptait les compétences dans le domaine des télécoms par rapport au contexte économique d'alors. « Le marché des télécommunications français a été en 1990 de 120 milliards de francs, soit 5% du marché national » avec un « développement constant dans ce domaine ». Ainsi, il a été question de revoir la « répartition des compétences respectives entre le Conseil supérieur de l'Audiovisuel et le Ministre des P.T.T. *(sic)*, ce dernier voyant d'ailleurs ses compétences s'accroître en matière de communication, et cela au détriment du Conseil ».[971]

---

[968] D. BAZI-DUMONT, « Le processus de libéralisation des télécommunications en France », *e-juristes.org*, posté le 4 avril 2004, [http://www.e-juristes.org/le-processus-de-liberalisation-des167] (consulté le 11 novembre 2016). La privatisation de France télécom va intervenir plus tard avec la réforme législative de 2003 et l'opération de vente de la majorité de ses parts aux privés en 2004.
[969] J. T. HONDE, *op. cit*, pp. 211-212.
[970] Loi n°90-1170 du 29 décembre 1990 sur la réglementation des télécoms, JORF, 30 décembre 1990.
[971] J. T. HONDE, *op.cit*, pp. 212 et s.

Par ailleurs, les lois du 2 juillet et du 29 décembre 1990 ont approfondi tant la réforme du statut légal de l'« exploitant public » que la configuration du « marché dual », faisant coexister deux segments : concurrentiel et exclusif. La reconnaissance statutaire d'une nouvelle personne publique « France Télécom » participait au délitement organisé du monopole public des télécoms. C'est en 1988 que la DGT (administration des PTT) devint France Télécom.[972] Avec cette réforme (1990), un organe étatique avait désormais un statut de droit public proche de l'EPIC, et un champ restreint d'exclusivité sur un seul segment du marché : le segment non-libéralisé des infrastructures. Au 1er janvier 1991, France Télécom devint ainsi un exploitant autonome de droit public. Il y a lieu de souligner que jusque-là, la DGT était une administration au sein du Ministère des PTT qui avait subi quelques restructurations mais jamais une réforme aussi profonde.[973]

La mission d'intérêt général de France Télécom était d'accomplir une mission de service universel, avec un statut distinctement détaché de l'Administration publique (EPA/DGT) au sein du Ministère des PTT. Elle n'était pas encore privatisée à ce stade-là. Une entreprise publique se caractérise par la majorité des parts du capital social détenu par l'État ou une de ses collectivités. Indifféremment de cet actionnariat, « le droit communautaire [...] la saisit comme une organisation ayant une activité économique sur le marché [...] le droit de la concurrence a "mis au pas" les entreprises publiques en méconnaissant la nature particulière de leur actionnaire, puisqu'il n'y voit qu'un actionnaire ordinaire, là où l'être de droit public s'identifie comme défendant l'intérêt général ».[974] C'est ainsi que les deux lois précitées de 1990 se complètent mettant en évidence le lien entre la réforme du secteur des télécoms et celle de France Télécom (ex-DGT).

Dans la suite des réformes, la logique de transformation des télécoms est demeurée conjointe à celle de France Télécom, exploitant public.

4. La logique libérale de lois des télécoms de 1996 en France

Troisièmement, la loi n°96-659 du 26 juillet 1996 a complété les mesures de libéralisation de l'accès aux télécoms en appuyant celles accordées antérieurement dans le domaine des services de télécoms. [975] Ainsi,

---

[972] D. BAZI-DUMONT, « Le processus de libéralisation des télécommunications en France », posté le 4 février 2004 [www.e-juristes.org/le-processus_de_liberalisation-des167] (consulté le 14 juin 2016).

[973] *Ibidem.*

[974] M.-A. FRISON-ROCHE, *Les 100 mots de la régulation..., op.cit.*, p. 63.

[975] Au niveau européen, la directive 90/388/CEE de la commission du 28 juin 1990 (« directive services de télécommunications ») accordait déjà la concurrence dans le domaine des services, en ne retenant des droits exclusifs que pour les usages d'infrastructures de télécoms. Par la suite, la Commission européenne avait adopté la directive 96/19/CE du 13 mars 1996 modifiant la directive 90/388/CEE en vue de réaliser la pleine concurrence sur le

l'ouverture à la concurrence a été étendue au sous-secteur des infrastructures, en supprimant les droits exclusifs maintenus au profit de France Télécom. Celle-ci ne pouvait donc plus disposer d'un statut public, dès lors que les règles d'économie du marché s'imposaient sous l'arbitrage d'un régulateur étatique. Ainsi, ladite loi a opéré l'éloignement de l'État en tant qu'opérateur sur le marché et a assuré parallèlement le rapprochement de l'État dans le marché en tant que régulateur. Elle a imprimé deux trajectoires à la transition du cadre réglementaire des télécoms en France.

D'une part, la loi n°96-659 trace une nouvelle trajectoire du droit sectoriel des télécoms, en ce qu'elle instaure en France l'Autorité de Régulation des Télécoms. À cet effet, elle modifiait l'article L 32-1 du CPT en disposant que « la fonction de régulation du secteur des télécommunications est indépendante de l'exploitation des réseaux et de la fourniture des services de télécommunications ». Aux termes de cet article, la fonction de régulation est exercée au nom de l'État dans les conditions légales par le Ministre chargé des télécoms et par l'ART. Il s'agit de la première expérience d'une AAI, chargée du rôle d'arbitre du jeu concurrentiel, dans un secteur libéralisé. La dérégulation des télécoms a placé des acteurs de l'économie de marché dans le domaine de service public. Le renouveau du droit public économique réside dans le changement du mode d'intervention de l'État sur le marché, prenant le pas sur le service public. La théorie française du service public trouve son origine dans le rôle protecteur de l'État, en fondant la supériorité de puissance publique sur le marché.

La globalisation a cependant remis en cause ces prémisses. En effet, « elle introduit le marché dans la définition de l'intérêt général dont l'État n'a plus le monopole ».[976] L'internationalisation des réseaux et donc des marchés de services de télécoms « transpercent » les souverainetés étatiques classiques, car l'État est *« demeuré national »*, face à l'*« entreprise, devenue mondiale »*.[977] L'ART fut ainsi « créée en 1996, première autorité de régulation du genre en ce qu'elle inaugurait la vague de libéralisation des secteurs naguère monopolistiques sous l'impulsion du droit communautaire ».[978] La régulation est une transition majeure des institutions juridiques établies sous forme d'AAI, *« afin de rééquilibrer le couple État/Marché »*.[979]

---

marché des services de télécommunications. La loi française 96-659 du 26 juillet 1996 sur la réglementation des télécoms fait application de ces acquis communautaires.

[976] Conseil d'État, « L'intérêt général », *Rapport public 1999, EDCE*, n°50, La Documentation française, p. 350.

[977] G. LAPAY, *Comprendre la mondialisation*, Economica, 1996. E. IZRAELEWICZ, « La grande entreprise face à l'État-nation », *Le Monde*, 9 avril 1996. *Cf.*PH.COLSON et P. IDOUX, *op.cit.*, p. 551, 552 et s

[978] M.-A. FRISON-ROCHE, *Les 100 mots de la régulation…*, préc., p. 14.

[979] PH. COLSON et P. IDOUX, *op.cit.*, pp. 551, 552 et s.

Selon les travaux de Philippe Colson et Pascal Idoux, même si la notion de régulation suscite encore de « malentendus »,[980] son caractère malléable fédère néanmoins des objectifs assez contradictoires dans leur principe, à savoir : l'intérêt général et l'équilibre du marché. En définitive, elle permet d'assurer « la mise en balance entre le principe de concurrence et un autre principe, aconcurrentiel, voire anticoncurrentiel ».[981] Le secteur d'activités des télécoms s'inscrit dans le droit public économique.

D'autre part, la loi n°96-659 confirme une trajectoire plus ancienne du droit public. Elle insère la réforme du droit sectoriel des télécoms, dans le mouvement général de transformation du service public français. En Europe comme en France, les mesures de libéralisation, telles qu'intervenues entre 1990 et 1996, traduisent le « compromis entre l'approche libérale et l'idée de service public ».[982] En effet, le XXe siècle reste marquant non seulement pour la mutation profonde de l'État passant d'un État libéral et neutraliste (XIXe siècle) à un État néolibéral et interventionniste, mais aussi pour la remise en question de la notion classique de service public. La doctrine classique[983] considérait que l'État n'est plus qu'une puissance souveraine qui commande, mais un groupe d'individus devant l'employer à créer et gérer les activités d'intérêt général.

En 1913 déjà, Léon Duguit situait ladite notion à la frontière du droit constitutionnel et du droit administratif, comme un des fondamentaux du droit public moderne.[984]En effet, « la volonté du gouvernant [...] n'avait de

---

980 *Ibidem*, p. 578. Les auteurs se réfèrent à J.-B. AUBY, « Régulations et droit administratif », *The Journal of Regulations*, 5 décembre 2011, à M. BAZEX, G. ECKERT, R. LANNEAU, C. LE BERRE, B ; Du MARAIS et A. SEE (dir), *Dictionnaire des régulations,* LexisNexis, 2016 ainsi qu'aux travaux de G. MARCOU, « Régulation et services publics. Les enseignements du droit comparé », in G. MARCOU et F. MODERNE (dir.), *Droit de la régulation, service public et intégration régionale,* L'Harmattan, 2005, vol. 1, pp. 11 et s ; G. MARCOU, « la notion de régulation » AJDA 2006, p. 347 s. et G. MARCOU, « L'ordre économique aujourd'hui. Un essai de redéfinition », in *La notion de régulation en droit administratif français*, LGDJ, Bibl. de droit public, t. 259, 2009.

981 M.-A. FRISON-ROCHE, *Les 100 mots de la régulation...*, *op.cit*, pp. 114-115.

982 D. POPOVIC, *op. cit.*, p. 33.

983 M. DEVILLIERS et T. DE BERRANGER (sous la dir.), *op.cit,* pp. 522, 554-556. Pour Rolland, le Service public est « une entreprise ou une institution d'intérêt général destinée à satisfaire des besoins collectifs du public [...] par une organisation publique, sous la haute direction des gouvernants ». Les « lois de Rolland », dans leur formulation classique et initiale, sont au nombre de trois, elles s'expriment sous forme de principes « d'égalité », de « continuité » et d'« adaptation » ou de « mutabilité ». Sur la continuité, Maurice Hauriou insiste précisément sur l'idée de continuité, de stabilité dans le temps de ce qu'il appelait lui-même « l'entreprise de la chose publique ». Un troisième de complément apporté par Gaston Jèze renforce la notion de service public, comme étant une (i) activité d'intérêt général, (ii) exercée par une personne publique et (iii) soumise au droit public. Il porte sur une matière spécifique, exercée par des organes spécifiques, pour satisfaire l'intérêt général en s'inscrivant dans une logique d'intérêt général. Pour la discussion sur l'exhaustivité des « lois de Rolland » : voir E. ZOLLER, *op.cit*, par. 604 et s.

984 L. DUGUIT, *Les transformations du droit public, op. cit.*, pp. 32 et s. Selon l'auteur, « La notion de service public remplace le concept de souveraineté comme fondement du droit public. Assurément cette notion n'est pas nouvelle ».

valeur et de force que dans la mesure où elle poursuivait l'organisation et le fonctionnement d'un service public ». [985] En cela, la raison d'être de l'administration résidait dans la fonction centrale de satisfaction de cet intérêt présentant une finalité supérieure à la somme d'individus.[986]

En réalité, l'« État est tenu de créer et d'organiser les services publics, car la nécessité de certains d'entre eux découle de la notion même d'État ou de principes de la valeur constitutionnelle ». [987] Avec la pensée de Didier Truchet, la transformation de la notion de service public s'installe. Selon lui, la notion est en évolution, car « le service public n'est pas défini, il se constate ». [988] La remise en cause de la notion a été le fruit de deux phénomènes conjugués, au regard de l'évolution des modalités d'intervention des personnes publiques dans la société civile. De la sorte, la « plasticité de la notion »[989] a permis d'assister, d'une part, à l'extension du champ d'intervention des personnes publiques et d'autre part, à la mobilisation des personnes privées en vue de l'exécution du service public.

Néanmoins, les services publics se sont véritablement transformés avec l'abandon des « "nationalisations rampantes", phénomène par lequel l'État, sous couvert de ses entreprises publiques et au nom d'un impérialisme technocratique très fort, ne cesse de continuer à intervenir dans l'économie et à accentuer son intervention ».[990] Rainaud constate que « le service public apparaît d'abord comme une intervention politique avant de devenir une notion juridique ». De ce fait, il est sujet aux fluctuations d'ordre politique, en le faisant déborder des stricts schèmes du droit. C'est l'orientation de la doctrine de l'après-guerre abordant la notion de service public en termes de « crise », de « déclin », de « vicissitudes ».[991]

Avant et pendant la seconde grande guerre, de grands arrêts de la jurisprudence administrative (GAJA) ont validé l'ouverture des services

---

[985] M. DEVILLIERS et T. DE BERRANGER (sous la dir.), *op.cit,* p. 515.

[986] *Ibidem*, pp. 515-522.

[987] R. DENOIX DE SAINT MARC, *L'État,* PUF, 3e éd., coll. « Que sais-je ? », Paris, 2016 (2004), p. 63.

[988] D. TRUCHET, *Droit administratif,* PUF, 5e éd., coll. « Thémis », 2013.D. TRUCHET, *Le droit public,* PUF, 3e éd., coll. « Que sais-je ? », 2014 (2003), Paris, p. 60. En droit administratif, le principe de continuité du service public est un principe général du droit, le seul auquel le Conseil constitutionnel a reconnu une valeur constitutionnelle et fonde des règles très nombreuses.

[989] M. DEVILLIERS et T. DE BERRANGER (sous la dir.), *op.cit*, pp. 518.

[990] *Ibidem*, pp. 527 et s. De nombreux facteurs essentiels avaient contribué au préalable à la mutation de l'État-interventionniste, et surtout à accentuer l'intervention publique dans la société sous forme de services publics. Il s'agit notamment de : (i) la conjoncture des guerres et reconstructions, qui replace l'État comme un prestataire des services face au libéralisme économique ne pouvant désormais pas être pensé comme une fin en soi ; (ii) le fondement idéologique qui favorisait l'interventionnisme étatique, suite à la méfiance traditionnelle des mouvements politiques de gauche à l'égard des conséquences des lois de marché.

[991] *Ibidem*, p. 528.

publics aux personnes privées, en marquant le recul de l'État-entrepreneur.[992] Les deux justifications essentielles du recours multiplié aux privés dans le domaine de service public sont :

- la recherche d'une plus grande efficacité de gestion supposée mieux assurée par le secteur privé que par l'administration publique ;
- l'évitement d'une extension illimitée du secteur public, soit par souci d'économie financière, soit pour des raisons idéologiques ou politiques.

Malgré le néolibéralisme dominant, il est admis que la notion française de service public a influencé le droit communautaire des télécoms en retenant la notion de « service universel » des télécoms.[993] Les aspects ci-dessus du droit des services publics éclairent la portée de l'article 8 de la loi n°96-659 du 26 juillet 1996,[994] modifiant l'article L.35-2-I du CPT. Ce dernier confia la charge du service universel à France Télécom, comme opérateur public, en veillant à la différence avec le rôle d'exploitant public doté d'exclusivité. Il permet aussi de comprendre la concordance française entre la réforme sectorielle des télécoms et celle de l'opérateur public lui-même, les deux étant inscrites dans la même logique.

Quatrièmement, la loi n°96-660 du 26 juillet 1996 inséra à l'article 1er de la loi n°90-568 précitée, la transformation de la personne morale de droit public France Télécom en une entreprise publique de même nom, à compter du 31 décembre 1996. La même loi soumettait France Télécom *« aux dispositions législatives applicables aux sociétés anonymes ».*[995] Ce statut de société anonyme, donc de droit privé, devait la préparer à la pleine concurrence. Son capital fut ouvert, mais la propriété de l'État fut maintenue dans la majorité des parts sociales de l'entreprise. Ce choix politique de

---

[992] *Ibid. Cf.* [www.conseil-État.fr/Decisions-Avis-publications/Decisions/Les-decisions-les-plus-importantes-du-Conseil-d-État] (consulté le 4 avril 2017). D'abord, avec l'arrêt du Conseil d'État du 20 décembre 1935, *Etablissement Vezia,* il s'installe l'idée selon laquelle il y a peut-être entre les personnes privées et le service public une catégorie intermédiaire de personnes privées investies d'intérêts publics. Ensuite, l'Arrêt du Conseil d'État du 13 mai 1938, *Caisse primaire Aide et Protection GAJA)* juge que ce n'est pas parce qu'une personne privée qui prend en charge un service public que ce n'est plus un service public. D'autres grands arrêts du Conseil d'État confirment cette ouverture à la veille de la guerre (CE, 31 juillet 1942, Monpeurt : GAJA – CE, 2 avril 1943, Bouguen : GAJA).

[993] E. GUILLAUME, « Le service universel des communications électroniques », *Lamy, Droit des médias et de la communication,* Etudes 435, juin 2009. J. CATTAN, *op.cit.*, p. 174-175. Il a déjà été dit que le marché ouvert reste le « fruit d'un compromis entre la libéralisation des activités de réseaux, imposée par le droit communautaire, et les conceptions nationales – notamment française – du service public ». Mais, à ce jour, la relation n'est plus aussi étroite comme au départ entre service public et service universel. Commission européenne, *Livre vert sur les services d'intérêt général,* COM (2003) 270, 21 mai 2003, p. 16.

[994] Loi n°96-659 du 26 juillet 1996 de réglementation des télécommunications, JORF, n°174, 27 juillet 1996, p. 11384.

[995] Loi n°96-660 du 26 juillet 1986 relative à l'entreprise nationale France Télécom, JORF, 27 juillet 1996, p.11398.

société anonyme permit de gravir un échelon avancé dans le processus de privatisation de l'opérateur historique, en s'inscrivant plus en avant dans la dérégulation du marché électronique. Néanmoins, dans les faits, depuis longtemps, France Télécom avait fait son entrée en bourse en octobre 1997 et 23,2% du capital de l'entreprise furent mis en vente. Davantage de parts sociales furent vendues entre 1997 et 2001. À l'été 2001, l'État n'y détenait plus que 55,5% du capital.[996]

Ainsi, la transformation des statuts de l'entreprise France Telecom a été approfondie avec la loi n°96-660 du 26 juillet 1996 la concernant, sans une fois de plus la privatiser.[997] Son article 1er insérait une nouvelle réforme dans l'ancien article 1er de la loi n°90-568 du 2 juillet 1990 précitée relative à l'organisation du service public de la poste et des télécoms. Cet article 1er précisait la portée de la réforme de cet établissement public en ces termes : « La personne morale de droit public France Télécom [...] est transformée à compter du 31 décembre 1996 en une entreprise nationale dénommée France Télécom, dont l'État détient directement plus de la moitié du capital social. Cette entreprise est soumise aux dispositions de la même loi de 1996, dans la mesure où elles ne sont pas contraires [...], *aux dispositions législatives applicables aux sociétés anonymes* ».

Toutefois, la loi de 1996 ne privatisa pas France Télécom au sens strict du terme. La privatisation fut autorisée par la loi n°2003-1365 du 31 décembre 2003.[998] La dérégulation en France est une expérience intéressante à observer, car elle entretient le lien entre privatisation et libéralisation, dans sa logique de transition juridique sectorielle.

B. La loi de privatisation de « France télécom » ancien opérateur de monopole (2003)

Depuis les années 1990, les lois d'organisation du secteur des télécoms ont connu leur mutation simultanément avec les changements des statuts de l'opérateur public des télécoms. C'est ainsi que la loi n°2003-1365 du 31 décembre 2003 est relative aux obligations de services public de télécommunications et à France télécom.[999] Et pourtant, la privatisation n'est pas une conditionnalité expresse de la dérégulation, car cette dernière n'impose qu'une consécration de la libre entreprise sur le marché, indépendant de la puissance publique.

En France, il apparaît un trait particulier de la privatisation, comme une modalité d'approfondissement de la libéralisation. Il s'agit autant de la réforme de l'État et des services publics, que d'une volonté plus profonde de

---

[996] IVAN DU ROY, *op.cit.*, 2009, pp. 66-67

[997] Loi n° 96-660 du 26 juillet 1996 relative à l'entreprise nationale France Télécom, JORF, n°174, 27 juillet 1996, p.11398

[998] Loi n°2003-1365 du 31 décembre 2003 relative aux obligations de service public des télécommunications et à France Télécom, JO RF, 1er janvier 2004, p. 9.

[999] JORF, 1er janvier 2004.

prémunir l'État dans sa lutte pour l'intérêt général et contre les conflits d'intérêts économiques. En ce sens, la « privatisation »[1000] s'avère une modalité d'approfondissement de la libéralisation, mais ne se confond pas avec celle-ci.

En effet, sans être une exigence légale, comme le précise M. Jacques Chevallier, toutes les actions de dérégulation décrites en droit européen ne sauraient manquer d'avoir une incidence sur le « statut des opérateurs ».[1001]En principe, ce statut pourrait paraître indifférent au regard des directives européennes. Le statut de droit public des opérateurs comporte néanmoins, aux yeux de la Commission et de la Justice européenne, des risques importants de distorsion de la concurrence. Ce statut peut leur donner l'assurance d'une « garantie illimitée de l'État », celle-ci doit dès lors être considérée comme une « aide d'État illicite ».[1002]

Cette interprétation de la Commission européenne a été démontrée le 16 décembre 2003 à propos d'EDF, le 26 janvier 2010 à propos de la Poste et le 11 février 2010 à propos de la SNCF. Dans son Arrêt du 3 avril 2014, *France c/ Commission*, la CJUE[1003] a confirmé le point de vue de la Commission. La transformation d'une série d'établissements publics industriels et commerciaux en sociétés – imprimerie nationale (1993), France Télécom (1996), EDF et GDF (2004), Aéroports de Paris (2005) et aussi La Poste (2010) – est la conséquence directe de cette interprétation.[1004]

Il ne s'agit pas nécessairement de privatiser l'ancien opérateur monopolistique tant que le principe de concurrence du marché n'est pas assuré, garanti et acquis. En effet, opérer une privatisation pour remplacer le monopole public par un monopole privé ne vaut rien, sans la mise en concurrence effective des acteurs économiques sur le marché électronique. En ce sens, la privatisation doit servir à un nivellement des statuts juridiques entre opérateurs sur un même marché, afin d'assurer une harmonisation des régimes. L'utilité de la privatisation est de sortir un acteur de droit public de ses prérogatives exorbitantes, afin de l'insérer dans un régime de droit privé. Si les formes d'intervention de l'État sur le marché libéralisé des télécoms se transforment en État-régulateur distinct de l'État-réglementaire, il convient

---

[1000] I. JEUGE-MAYNART (sous la dir.), *Le Petit Larousse illustré 2017*, Larousse, Paris, 2016, p. 933. Par définition, la privatisation désigne *« le transfert d'une partie ou de la totalité du capital d'une entreprise publique au secteur privé »*. Cf. aussi Larousse, *Dictionnaire de langue française 2015*, Paris, 2014, p.647. Dans un sens général, *« la privatisation est l'action de faire tomber dans le domaine de l'entreprise privée ce qui était du ressort de l'État »*.

[1001] J. CHEVALLIER, *op.cit.*, p.89.

[1002] *Ibidem.*

[1003] CJUE, *France vs. Commission*, affaire C-559/12P, avril 2014, Communiqué de presse n°48/14, Luxembourg, 3 avril 2014 [www.curia.europa.eu] (consulté le 14 juin 2016)« La Cour confirme que la garantie implicite illimitée accordée par l'État français en faveur de La Poste constitue une aide d'État illicite. Il existe la présomption selon laquelle l'octroi d'une telle garantie implique une amélioration de la position financière de l'entreprise par un allègement des charges qui grèvent son budget ».

[1004] J. CHEVALLIER, *op.cit.*, p.89.

que l'État-entrepreneur disparaisse afin de ne pas dénaturer le jeu concurrentiel du marché. Certains pays, comme la France, avaient effectué des séparations des fonctions de régulation, d'exploitation et de réglementation que requerrait le schéma de politique néolibérale européenne de dérégulation, sans privatiser pour autant la majorité de l'actionnariat de leur opérateur public comme le fit la Grande-Bretagne dès 1984.[1005]

Ainsi, la transition définitive du statut légal de France Télécom est intervenue en vertu de la loi n°2003-1365 du 31 décembre 2003, relative aux obligations de service public des télécommunications et à France Télécom.[1006] Son article 7 a ajouté France Télécom à la liste qui était annexée à la Loi n°93-923 du 19 juillet 1993 de privatisation. L'article 2 de celle-ci, abrogé au 24 août 2014, permit qu'il soit « *transféré du secteur public au secteur privé* la propriété des participations majoritaires détenues directement ou indirectement par l'État ».[1007]

Ainsi, la loi de 2003 aura permis finalement à l'État la vente de plus de 50% du capital de France Télécom. Et, cette dernière fut définitivement privatisée en septembre 2004. Le gouvernement français put finalement procéder à une vente de près de 11% du capital que l'État détenait dans France Télécom. Par cette opération, la part de l'actionnariat public fut ramenée à la minorité de 42% au sein de France Télécom.[1008] Depuis 2013, cette dernière a été rebaptisée « Orange » (quoique depuis 2006 elle offrait déjà des services avec cette dénomination opérationnelle). La participation détenue par l'État s'était réduite à 26,9% de parts seulement.[1009]

La privatisation acquise, l'épineux enjeu social reste à résoudre pour France Télécom anciennement DGT (Administration des PTT) et ex-EPIC. C'est celui du statut hybride de certains agents, car les conditions d'emploi des fonctionnaires membres du personnel de France Télécom étaient déjà dans la loi n°90-568 du 2 juillet 1990, modifiée à l'article 4 de la loi n°2003-

---

[1005] GH. CHOURAQUI, « Les privatisations en Grande-Bretagne : les leçons d'une expérience », *Revue française d'économie,* vol. 4, n°2, Paris, 1989, pp. 43-57, spéc. p. 47. « Plus récemment l'accent a été mis davantage sur les objectifs de renforcement de la concurrence, d'efficacité économique et d'actionnariat populaire. En particulier, à l'occasion de la privatisation de British Télécom, la nécessité d'étoffer les règles de concurrence s'est fait jour en vue d'éviter tout abus éventuel de position dominante d'une entreprise se substituant à un monopole de caractère public. [...] toutefois, l'effort du gouvernement a été jugé très insuffisant, ce qui, comme on le verra plus loin, figure en bonne place parmi les critiques formulées à l'encontre des privatisations. Un des objectifs qui apparaît plus en filigrane, est leur contribution à la réduction du besoin de financement du secteur public. »

[1006] Loi n°2003-1365 du 31 décembre 2003 relative aux obligations de service public des télécommunications et à France Télécom, JO RF, 1er janvier 2004, p. 9.

[1007] *Cf.* article 1, Ordonnance n°2014-948 du 20 août 2014 relative à la gouvernance et aux opérations sur le capital des sociétés à participation publique, JORF, n°0194, 23 août 2014, p. 14009.

[1008] IVAN DU ROY, *op.cit*, p. 103

[1009] L. BACON, « France Télécom devient Orange, "une rupture avec l'histoire" », *Libération*, Reportage, 28 mai 2013.

1365 du 31 décembre 2003. La contingence du plan social de l'entreprise fut un enjeu bloquant à désamorcer avec tact...

D'autres questions de réforme relèvent de la gestion sociale de France Télécom, comme par exemple : la participation des agents à son actionnariat, le moratoire de recrutement d'agents-fonctionnaires, la liquidation du statut des fonctionnaires restant encore au sein de la société privée. [1010] Accompagnées des suicides dramatiques des agents de France Télécom[1011], ces questions d'ordre syndical et purement managérial sont encore inscrites à l'actualité judiciaire en 2016.[1012] Elles ne présentent pas d'enjeu utile pour le présent ouvrage. Néanmoins, elles traduisent les pénibles enjeux de diffusion technologique, imposant des réformes du statut de France Télécom en fonction des époques de transformation des règles du service public vers celles de la concurrence du marché (dérégulation) jusqu'à sa privatisation en approfondissement de la libéralisation.[1013] Le processus de privatisation de France Télécom s'est donc déroulé pendant une durée prolongée, totalisant une vingtaine d'année à compter de 1988.[1014]

En rapport avec notre étude, le processus de libéralisation a été officiellement initié en 1990 par le législateur des télécoms. Il a nettement tracé en 1996 deux principaux objectifs de sa trajectoire. D'une part, en achevant la réforme statutaire de France Télécom par sa privatisation, la transition du cadre juridique a supprimé les derniers aspects des liens statutaires d'un ancien opérateur de monopole (et ex-DGT) avec le ministre des PTT.

D'autre part, en ouvrant tous les segments du marché français à la concurrence, la libéralisation est devenue effective. La concurrence a eu pour conséquence d'institutionnaliser un régulateur devant suivre le développement du marché électronique, de ses opérateurs et des

---

[1010] P. LE CŒUR, « Le gouvernement veut changer le statut de France Télécom dès cette année », *Le Monde,* 21 nov. 1996.

[1011] O. PLICHON, « suicides à France Télécom : le procès se profile », *Le Parisien,* 3 juillet 2016 [www.leparisien.fr] (consulté le 17 juillet 2016).

[1012] H. GAZZANE, « Suicides à France Télécom : le rappel des faits », *Le Figaro,* 7 juillet 2016 [www.lefigaro.fr] (consulté le 11 novembre 2016). Une phrase de Didier Lombard, ex-PDG de France Télécom demeure anecdotique sur le *« climat anxiogène »* parmi les cadres et agents de l'entreprise :*« En 2007, je ferai les départs d'une façon ou d'une autre, par la fenêtre ou par la porte ».* France Telecom a compté jusqu'à environ 152 000 agents, y compris des fonctionnaires. Cette hybridation dans une société privée avait reçu l'avis favorable du Conseil d'État du 18 novembre 1996. Sa décision peut s'analyser comme une contribution prétorienne à la nécessaire transition portée par la loi de décembre 1996 pour que le plan social ne soit pas un élément bloquant de la privatisation.

[1013] Avec 27,5 millions de clients mobiles et 10,5 millions d'abonnés Internet, l'opérateur Orange est le numéro un du secteur des télécommunications en France, où il emploie 98.000 salariés.
[http://lexpansion.lexpress.fr/high-tech/orange-l-operateur-telecom-historique_1753139.html] (consulté le 17 juillet 2017)

[1014] France Télécom est issue de la scission de la Direction générale des télécommunications avec les PTT en 1988.

technologies les concernant. Le changement de dénomination de l'ART (1996) en ARCEP(2005) traduit une pérennisation des acquis et une mutation importante du marché. Il s'agit, en toile de fond, d'une assise des règles sectorielles de régulation pour assurer l'équilibre du marché concurrentiel, mais aussi de l'entrée dans une ère sans précédent de l'innovation, de la convergence numérique et de l'économie de la connaissance.

Depuis lors, la trajectoire des réformes porte sur les aspects juridiques de la société de l'information. La série des lois de 2004 et les suivantes marquent une transition particulière du droit de l'économie numérique, sans pour autant oublier le renforcement des règles de concurrence, bâties progressivement autour de la libéralisation.

En définitive, l'ère de la dérégulation des télécoms s'achève avec la fin du monopole, la privatisation de France télécom (devenue Orange en 2013), la libre concurrence sur marché dont l'équilibre est régulé par une AAI (ART/ARCEP). Les réformes législatives de 2004 sont celles qui engagent les derniers tournants des PTT à l'économie numérique, face à la société de l'information. Cette deuxième étape ouvre des perspectives d'une « économie du savoir et de la donnée »[1015], face à la transition numérique de tous les secteurs de la vie nationale, grâce à l'Internet.

§ 2. Les transpositions des règles européennes du « paquet télécom » dans la transition numérique du marché français

Au niveau européen, le Parlement européen et le Conseil avaient adopté notamment la directive 2000/31/CE du 8 juin 2000 faisant le lien entre le commerce électronique et les communications électroniques comme des aspects de la société de l'information. La Commission proposait le 12 juillet 2000 plusieurs textes concernant les communications électroniques, regroupés dans le « paquet télécom », « afin de réagir à l'évolution rapide des marchés et technologies [...] La plupart de ces directives ont été adoptées en mars 2002 et sont entrées en vigueur le 24 avril 2002 ».[1016]

Le passage des télécoms aux communications électroniques a apporté une dimension nouvelle aux transformations des institutions juridiques dans le domaine des télécoms. Dorénavant, les infrastructures, équipements, services de télécoms ainsi que les usages numériques sont perçus dans le contexte de l'économie numérique. Les télécoms apparaissent véritablement comme une intermédiation technique d'accès à des contenus et/ou de circulation des

---

[1015] Cf. Loi sur la République numérique, préc.

[1016] D. POPOVIC, *op. cit*, p. 48. Après la transposition, les mesures nationales auraient dû être appliquées dans tous les États membres à partir de la même date – le 25 juillet 2003. [Exception faite de la directive « Vie privée et communication électroniques », dont l'échéance de transposition était fixée au 31 octobre 2013.] Cependant, seulement cinq États ont respecté la date de transposition, ce qui a diminué l'effet d'harmonisation : la Finlande, la Suède, le Danemark, le Royaume-Uni, l'Irlande, ainsi que la communauté française de Belgique.

données numériques. En revanche, légiférer sur les aspects de la révolution numérique n'efface pas les objectifs fondamentaux de la concurrence du marché des télécoms. En effet, les acquis de la libéralisation restent en filigrane des dernières étapes de transition du droit français, notamment : les incidences de la privatisation de France Télécom, le renforcement de la fonction de régulation sectorielle, l'assise de la régulation transversale, les obligations de service public.

Par conséquent, la France devait intégrer ces nouveaux enjeux et la nouvelle philosophie du droit européen, dans la transition de son cadre réglementaire des télécoms. Deux séries de lois opèrent la transposition de la directive 2000/31/CE ainsi que des textes successifs du « paquet télécom ». La première série s'applique au paquet télécom de 2002, à savoir : la loi n°2003-1365 du 31 décembre 2003 relative aux obligations de service public de télécommunications et à France Télécom,[1017] la loi pour la confiance dans l'économie numérique (« LCEN »),[1018] la loi n°2004-569 du 9 juillet 2004 relative aux communications électroniques et aux services audiovisuels (« LCE »).[1019]**(A)** La deuxième série des lois de transposition fait suite au « paquet de télécom 2009 » et à ses modifications. Il s'agit principalement de l'ordonnance n°2011-1012 du 24 août 2011 relative aux communications électroniques, de la loi sur la modernisation de l'économie (« LME ») de 2008 et aussi de la loi n°2016-1321 pour la République numérique (« loi Axelle Lemaire ») du 7 octobre 2016.[1020]**(B)**

A. La transposition française des acquis du « Paquet télécom 2002 » et de la directive 2000/31/CE

Dans l'acquis européen, une sémantique essentielle est apparue avec le « paquet télécom de 2002 » : les mots « communications électroniques » remplacent les télécoms. Cette terminologie officielle est un marqueur important de changement. Les régimes juridiques successifs en sont tributaires, car le nouveau concept appréhende les réseaux et les services de télécoms dans la convergence numérique. Depuis 2002, les lois françaises se rattachent aux enjeux de confiance en l'économie numérique, pour tenir compte des mutations économiques et technologiques de la société de l'information.

1. Le passage de la notion « télécoms » aux « communications électroniques »

En Europe, le « paquet télécom 2002 »marque le remplacement du terme « télécommunications » par la notion de « communications électroniques ».

1017 JORF, 1er janvier 2004.
1018 JORF, 22 juin 2004.
1019 JORF, 10 juillet 2004.
1020 Loi n° 2016-1321 du 7 octobre 2016 pour une République numérique, JORF, 9 avril 2017.

Depuis 2003, les lois de transpositions françaises ont emprunté le même changement sémantique,[1021] sauf dans les références officielles se rapportant à l'UIT. L'abandon officiel d'une notion de base traduit la reconsidération des typologies initiales de la dérégulation du marché.

Sur ce point précis, l'acquis européen est un curseur de transition à la fois numérique et juridique. Les finalités d'adoption des textes sont fonction des enjeux considérés. En effet, les *« facteurs de législation »* déterminent les *« modes d'action »* des institutions européennes, en permettant de *« retracer l'objectif dominant de la législation »*.[1022]

C'est ainsi que la dérégulation du secteur des télécoms a fait l'objet d'un corps des règles orientées sur les finalités du marché électronique et des technologies numériques. Il s'agissait d'organiser une « riposte graduelle » du droit, à un instant T, face à l'économie des marchés et aux évolutions des TIC.[1023] Même si l'objectif général demeure de construire et d'encadrer le marché électronique, la dispersion d'instruments juridiques est source de complexité. Le millefeuille législatif pose une difficulté de recherche de cohérence. [1024] Les sources européennes de transposition permettent de comprendre comment l'« action d'insérer en droit interne des normes européennes » a opéré « les vérifications et les remaniements nécessaires ».[1025]

Les communications électroniques sont un signe d'évolution. L'économie de marché a apporté aux télécoms l'innovation, le progrès technologique, l'internationalisation des réseaux ainsi que la globalisation de la société de l'information. À la genèse de la déréglementation, l'expérience américaine a inspiré l'« Europe des télécoms » dans les années 1980. Aujourd'hui, l'enchaînement des parties du monde suscite encore une *« mise en rapport des ordres juridiques situés de part et d'autre de l'Atlantique »*.[1026] La loi américaine de 1934 s'intitulait « *Communication Act* », jusqu'aux

---

[1021] G. CORNU, *op.cit,* p. 1039. *Verbo,* « Transposition » : « Passage d'un ordre de réglementation à un autre moyennant parfois certaines conditions de délais, d'adaptation ou de réserves. »

[1022] J. ROCHFELD (sous dir.), *L'acquis communautaire, le contrat électronique,* Economica, Paris, 2010, p. 7.

[1023] *Cf.* Section 1 du présent chapitre. Pour mémoire, l'expérience de dérégulation des télécoms aux États-Unis dès 1982 avait inspiré des changements en Europe. Ses institutions et ses États membres ont engagé des réformes en droit communautaire et dans les droits nationaux, selon les politiques publiques encadrées au fur et à mesure dans les textes juridiques européens : *Livres verts*, directives et règlements. Dans le secteur des télécoms, plusieurs objectifs entrent en jeu dans le cadre réglementaire européen et français, principalement : le progrès technologique, la libéralisation des secteurs monopolistiques, la redéfinition de l'intervention publique et la gestion de la convergence numérique.

[1024] Pour rappel : E. POILLOT, *op.cit.*, p. 203. « Ainsi qu'il va être constaté, l'Acquis communautaire en la matière [...] se caractérise par sa dispersion au sein de différents textes, ce qui ne facilite pas la détermination de sa substance. »

[1025] G. CORNU, *op.cit,* p. 1040.

[1026] J. CATTAN, *op.cit,* p. 24.

« *Telecommunications Act* » adoptés en 1996.[1027] En revanche, l'Europe emprunte en 2002 le sens inverse de changement de vocable. En 1997, la directive 97/33/CE (ONP) [1028] employait toujours le terme « télécommunications », dans la même période de transition des lois aux États-Unis (1996).

Il convient de rapprocher les deux notions des télécoms. En Europe, au sens de la directive précitée, il s'agit des « systèmes de transmission et, le cas échéant, l'équipement de communication et autres ressources permettant le transport de signaux entre des points de terminaison définis, par fils, par faisceaux hertziens, par moyens optiques ou par d'autres moyens électromagnétiques ». [1029] L'équivalent aux États-Unis est pratiquement le même : "*the transmission, between or among points specified by the user, of information of the user's choosing, without change in the form or content of the information as sent and received*".[1030]

Mais, entre l'« ONP » (1997) et le « paquet télécom » (2002) qu'est-ce qui a véritablement changé dans le concept ? Malgré l'apparition des mots « communications électroniques » dans la « directive "cadre" » de 2002,[1031] le début de définition est resté identique à celui des télécoms, dans la définition sus-évoquée de la directive ONP de 1997. [1032] Toutefois, cette directive cadre de 2002 complète cette dernière, en rajoutant *in fine* la liste des moyens de transmission ci-après :« […] les réseaux satellitaires, les réseaux terrestres fixes (avec commutation de circuits ou de paquets, y compris l'Internet) et mobiles, les systèmes utilisant le réseau électrique, pour autant qu'ils servent à la transmission de signaux, les réseaux utilisés pour la radiodiffusion sonore et télévisuelle et les réseaux câblés de télévision, quel que soit le type d'information transmise ».

En France, la transposition a effectué par ailleurs le réajustement de la définition des « réseaux de communications électroniques ». L'article L.32. 1° du CPCE français, entend par communications électroniques « les

---

[1027] *Ibidem.*

[1028] Principalement : Directive 97/33/CE du P.E et du Conseil du 30 juin 1997, relative à l'interconnexion dans le secteur des télécommunications en vue d'assurer un service universel et l'interopérabilité par l'application des principes de fourniture d'un réseau ouvert (ONP), JOCE, L199/32, 26 juillet 1997.

[1029] Article 2, c) directive 97/33/CE (ONP), préc.

[1030] *US telecommunications Code* (Titre 47, § 153, point 50) Notre traduction : *« la transmission, entre ou parmi des points spécifiés par l'utilisateur, d'informations choisies par l'utilisateur, sans modification ni dans la forme ni dans le contenu de l'information envoyée et reçue »*

[1031] Directive 2002/21/CE du P.E et du Conseil du 7 mars 2002 relative à un cadre réglementaire commun pour les réseaux et les services de communications électroniques (directive « cadre »), JOCE, L108/33, 24 avril 2002, p.33 et s.

[1032] Article 2, c) directive 97/33/CE (ONP), préc.: *« les systèmes de transmission et, le cas échéant, l'équipement de communication et autres ressources permettant le transport de signaux entre des points de terminaison définis, par fils, par faisceaux hertziens, par moyens optiques ou par d'autres moyens électromagnétiques »*

émissions, transmissions ou réceptions de signes, de signaux, d'écrits, d'images ou de sons, par voie électromagnétique ».

En outre, la définition des *« services de communications électroniques »* est fournie à l'article 2 de la décision 676/2002/CE du Parlement européen et du Conseil sur le spectre radioélectrique.[1033] Elle rajoute à la définition ci-dessus le lien avec les fréquences comprises entre 9kHz et 3000 GHz, lequel lien n'était pas repris dans la directive « cadre » de 2002. À ce sujet, une critique peut être formulée. Certes, le spectre des fréquences radioélectriques constitue un vecteur de transmission des communications électroniques sans fil, mais il n'appartient pas aux réseaux qui en font usage. La définition du réseau ne devrait pas avoir à inclure un seul support précis de transmission, d'autant que les fréquences elles-mêmes sont du patrimoine domanial de l'État et non pas une propriété du réseau.[1034]

En définitive, nous pensons que ce changement terminologique « communications électroniques » ajoute à la loi des éléments superfétatoires sans effacer la notion de base des télécoms. La portée officielle est d'étendre aux communications électroniques le cadre réglementaire à l'ère numérique. Logiquement, les lois françaises intervenues en 2004 insèrent les techniques de communication à distance (télécoms), dans un champ plus vaste des services de la société de l'information. Celle-ci englobe la téléphonie, l'Internet grand public et ses usages socio-économiques induisant le renouveau d'objectif des lois.

2. Le renouveau des objectifs des lois des télécoms de 2004 à l'ère numérique

Entre 2004 et 2008,[1035] d'autres lois portent sur les aspects des services de la société de l'information, qui sont en lien avec l'économie numérique. Leur évocation à ce stade tient uniquement compte de leur rapport avec le droit du secteur des télécoms. La dérégulation des télécoms structure la présentation des lois depuis les années 1980, comme ayant servi d'instrument de construction du marché électronique européen et national. La conséquence logique de ce processus se résume dans la transformation du marché des télécoms de base en un ensemble économique intégré dans la société de l'information. À l'ère numérique, les aspects des lois sont multisectoriels : leurs détails servent sur des aspects spécifiques de notre étude, pour les rapprochements des expériences en droit comparé européen (français) et

---

[1033] Décision 676/2002/CE du 7 mars 2002 relative à un cadre réglementaire pour la politique en matière du spectre radio électrique dans la Communauté européenne, J.O. L 108 du 24 avril 2002, p. 1à 6.

[1034] J. CATTAN, *op.cit.*, p. 23-26. Nous divergeons de l'auteur sur le point en rapport avec la conclusion que nous tirons de la nuance entre services de communications électroniques et réseaux de communications électroniques.

[1035] En France, cette période de 2004-2008 se situe dans l'intervalle entre les lois de transposition des directives du « paquet télécom » de 2002 (présentement concernées par notre étude) et de celles de 2009 (étudiées au point qui suit).

africain (congolais).[1036] Il s'agit donc principalement des lois concernant la protection des consommateurs sur le réseau électronique (les internautes).

Premièrement, la LCEN, loi n°2004-575 du 21 juin 2004 pour la confiance en l'économie numérique,[1037] reste « sans doute comme l'acte fondateur d'un droit de l'Internet en France »,[1038] quoiqu'il ne soit pas né avec elle. « Depuis les débuts du Réseau, il a toujours été admis que les règles de droit commun s'y appliquaient, même si, dans la pratique, leur exécution s'est avérée délicate ».[1039] Pour cause, l'expansion du commerce électronique a donné lieu au caractère virtuel des échanges, à la dimension internationale des réseaux et à la difficulté de contrôle des autoroutes de l'information. L'enjeu de la LCEN a été d'apporter des réponses précises, sinon originales, aux problématiques particulières des activités sur Internet. Son objet de transposition couvre le champ d'harmonisation minimale des directives sur le commerce et la publicité numériques. Il atteint en outre les aspects de protection des consommateurs en ligne et les obligations des cybermarchandands.[1040] L'objet du commerce électronique a déjà fait l'objet des développements précédents.[1041]

Plus particulièrement, la LCEN renforce la dérégulation de l'économie numérique. Elle réaffirme les principes de libéralisation des services de télécoms en les distinguant de la communication audiovisuelle. Ces principes sont la liberté de la concurrence et la régulation des communications électroniques. En effet, en son article 1er, paragraphe IV, la LCEN rappelle ce qui « est dit à l'article 1er de la loi n°86-1067 du 30 septembre 1986 relative à la liberté de communication, à savoir : la communication au public par voie électronique est libre ». Cet article 1er de la LCEN est dans le « Titre 1er : de la liberté de communication en ligne », précisément au chapitre 1er. Il applique le principe de liberté de communication, non plus seulement sur le champ du monopole d'accès, mais surtout sur celui du média d'accès.

Ainsi, la LCEN concerne aussi le domaine des communications électroniques. Elle apporte un allègement à la responsabilité des prestataires du marché de l'accès aux réseaux des télécoms. Elle les insère dans la fourniture des services de la société de l'information. L'opérateur des services de télécoms devient l'intermédiaire technique du commerce électronique. Selon le cas, il est l'opérateur de réseau, le fournisseur d'accès au service Internet, le fournisseur de « *caching* », l'hébergeur de données,

---

1036 *Cf.* Titre 2 du présent ouvrage.

1037 Loi n°2004-575 du 21 juin 2004 pour la confiance en l'économie numérique (LCEN), [JORF, 22 juin 2004], préc.

1038 M. Lolivier, « Préface », in T. Verbiest, *Le nouveau droit du commerce électronique, La loi pour la confiance dans l'économie numérique et la protection des consommateurs,* LGDJ/Larcier, Bruxelles, 2005, p. 9-11.

1039 *Ibidem*, p.10.

1040 *Ibidem*, p. 9-11.

1041 *Cf.* Titre 1, Chapitre 1 du présent ouvrage.

dont la responsabilité allégée est fonction de sa neutralité d'accès, via son réseau ou sa plateforme, à des contenus qui ne sont pas les siens. Leur régime est défini au « Chapitre II », spécialement à l'article 5 de la LCEN, en lien au CPCE.[1042]

L'esprit de la LCEN révèle une transition marquante dans la perception des enjeux des communications numériques : sa portée n'est plus seulement d'assurer l'accès libéralisé au marché des communications électroniques pour les opérateurs et les usagers. Mais, en plus de l'accès aux réseaux, les finalités de cet accès – au domaine du commerce électronique et des contenus audiovisuels – irriguent la nouvelle conception du prestataire technique.

Deuxièmement, la LCE, loi n°2004-669 du 9 juillet 2004 relative aux communications électroniques et aux services de communication audiovisuelle,[1043] importe pour sa spécificité, quant au renforcement du libre accès aux marchés électroniques et aux réseaux numériques. Son article 5, qui modifie l'article L33-1 du CPCE à la date du 10 juillet 2004, affirme que l'« établissement et l'exploitation des réseaux ouverts au public et la fourniture au public de services de communications électroniques sont libres sous réserve d'une déclaration préalable auprès de l'Autorité de régulation des télécommunications ».[1044]

Par ailleurs, la LCE du 9 juillet 2004 tire la conséquence de la libre concurrence, en évoquant « la fonction de régulation [...] indépendante de l'exploitation des réseaux et de fourniture des services de communications électroniques ».Son exercice est confié à l'État et conjointement exercé par le ministre chargé de ce secteur public et par l'Autorité de régulation des télécommunications.[1045] L'évolution législative maintient en droit sectoriel le fonctionnement de deux autorités nationales de réglementation (gouvernement et ARCEP). L'ANFr (agence nationale des fréquences), à côté d'elles, s'occupe de la gestion des fréquences radioélectriques. L'intervention de ces deux institutions étatiques se démarque dans leurs orientations qui convergent toutefois. La pratique de la réglementation se détache d'une gestion classique d'un service public. Les enjeux et la nature des interventions publiques sont réalignés par rapport aux niveaux de dérégulation et de développement du marché. En effet, « appliquée à un marché, la régulation vise à créer et même à imposer un équilibre entre des forces ou des règles, dont le jeu spontané ne permettrait pas un fonctionnement satisfaisant. Elle est de plus en plus souvent exercée [...] La régulation du numérique est quant à elle plus récente, elle s'installe dès la fin

---

[1042] *Idem.*

[1043] Loi n°2004-669 du 9 juillet 2004 relative aux communications électroniques et aux services de communication audiovisuelle, JORF, 10 juillet 2004.

[1044] Selon la version consultée au 1er juillet 2016, l'article L33-1 a été modifié par l'article 27 de la loi n°2015-1785 du 29 décembre 2015 de finances pour 2016.

[1045] Article 3, loi n°2004-669 du 9 juillet 2004 relative aux communications électroniques et aux services de communications audiovisuelles, JORF, 10 juillet 2004.

des années 1990 dans la plupart des pays développés, avant même la montée en puissance des opérateurs constatée dans les années 2000 ».[1046]

Au départ, l'ART créée en 1996 était chargée de la régulation des télécoms de base, avant de devenir l'ARCEP en 2005. Tenant compte de la transition numérique, l'article 14 de la loi n°2005-516 dispose : « Dans tous les textes législatifs et réglementaires, les mots : "Autorité de régulation des télécommunications" sont remplacés par les mots "Autorité de régulation des communications électroniques et des postes" ». [1047] Le statut d'AAI de l'ARCEP la place sous le contrôle du parlement et du juge. Elle est chargée d'accompagner l'ouverture à la concurrence de deux secteurs (Poste et télécoms) et de veiller aussi bien à la fourniture qu'au financement du service universel. Les articles L.36 et 137 du CPCE encadrent particulièrement son statut et son rôle dans les télécoms. Elle a donc pour mission d'accompagner l'ouverture à la concurrence du secteur des télécoms et de réguler les marchés correspondants. Le rôle essentiel du régulateur est de veiller à l'exercice d'une concurrence effective et loyale au bénéfice des consommateurs sur le marché des communications électroniques.

Hormis l'extension de son champ d'action au domaine de la poste, l'ARCEP veille sur les aspects suivants : 1° la fourniture et le financement de l'ensemble des composantes du service public des télécoms ; 2° l'exercice au bénéfice des utilisateurs et de la compétitivité dans le secteur des télécoms ; 3° la définition des conditions d'accès aux réseaux ouverts au public et d'interconnexion de ces réseaux garantissant la possibilité pour tous les utilisateurs de communiquer librement dans l'égalité des conditions de concurrence ; 5° le respect, par les opérateurs de télécoms, du secret de correspondances et du principe de neutralité au regard du contenu des messages transmis ; 6° le respect, par les exploitants de réseau et les fournisseurs de services de télécoms, des obligations de défense et de sécurité publique ; 7° la prise en compte de l'intérêt des territoires et des utilisateurs dans l'accès aux services et aux équipements.

Troisièmement, La LCEN est complétée par la loi n°2004-801 du 6 août 2004 relative à la protection des personnes physiques à l'égard des traitements des données à caractère personnel, modifiant la loi n°78-17 du 6 janvier 1978 relative à l'informatique, aux fichiers et aux libertés.[1048] En effet, en rapport au consommateur, le régime de la LCEN porte sur le chapitre de l'*« opt-in »* applicable aux courriers électroniques à buts publicitaires.[1049] Ce régime est une application partielle de la « directive vie

---

[1046] M. DE SAINT-PULGENT, *op.cit.*, p.3.

[1047] Loi n°2005-516 du 20 mai 2005 relative à la régulation des activités postales, JORF, n°117, du 21 mai 2005, p. 8825.

[1048] Loi n°2004-801 du 6 août 2004 […] dite « Loi du 6 janvier 1978 modifié », JO RF, 7 août 2004.

[1049] T. VERBIEST, *Le nouveau droit du commerce électronique…*, préc., p. 16-17.

privée et communications électroniques » du 12 juillet 2002, relevant du « paquet télécom ».[1050]

Par ailleurs, la loi n°2004-801 fait principalement application de la « directive européenne de 1995 » [1051] sur les données à caractère personnel,[1052] laquelle est abrogée et remplacée par le Règlement (UE) 2016/679 du 27 avril 2016 applicable au 25 mai 2018. [1053] Les développements concernant ce dernier n'entrent pas directement dans notre trame d'observation de la transition du marché des télécoms, mais concernent plutôt les aspects juridiques liés à l'activité numérique. [1054] L'essentiel a été de présenter le lien existant entre ces textes et les services des communications électroniques, rendus possibles à la suite du long processus de dérégulation du marché.

Quatrièmement, la loi n°2008-776 du 4 août 2008 de modernisation de l'économie (LME)[1055] intervient également dans les aspects de protection du consommateur en réseau. Par exemple, son article 87 étend le principe des services d'assistance non surtaxés à l'ensemble des appels téléphoniques des consommateurs en vue d'obtenir la bonne exécution d'un contrat ou le traitement d'une réclamation. La mesure est insérée et détaillée par l'article L121-16 du Code de la consommation. La LME est citée pour le fait que la protection tarifaire est liée à l'utilisation d'un service de télécommunications pour la mise en relation avec le service après-vente.

Ces services de télécoms sont entrés dans l'économie de la consommation, car le droit sectoriel de la régulation des télécoms ne représente pas toute la finalité du marché de consommation. La LME et les transformations du marché des communications présentent la même tendance qui « accompagnera la reprise en rendant l'économie plus flexible, plus concurrentielle et plus efficace ».[1056]

Les lois successives renforcent cette transition des objectifs législatifs allant au-delà de la simple déréglementation du marché, vers la pleine concurrence et l'utilité pratique du numérique au quotidien.

1050 Directive 2002/58/CE, préc.

1051 Directive 95/46/CE du Parlement européenne et du conseil du 24 octobre 1995 relative à la protection des personnes physiques à l'égard du traitement des données à caractère personnel et à la libre circulation de ces données, JOUE, 23 novembre 1995

1052 M.-L. LAFFAIRE, *Protection des données à caractère personnel, Tout sur la nouvelle loi « informatique et libertés »,* éd. d'organisation, coll. Guide pratique, Paris, 2005, p. 18. « Le traitement des données à caractère personnel n'a cessé de prendre de l'ampleur depuis les années 1970. Leur développement s'est en réalité calqué sur les progrès technologiques et l'émergence de la société de l'information. [...] de nouveaux traitements sont apparus, soulevant de nouveaux problèmes spécifiques ».

1053 Règlement (UE) 2016/679 du 27 avril 2016 du Parlement européen et du Conseil, préc.

1054 Ces aspects sont étudiés au Tome 2 du présent ouvrage.

1055 Loi n°2008-776 du 4 août 2008 de modernisation de l'économie (LME), JORF, n°0181, 5 août 2008, p. 12471.

1056 [http://www.economie.gou.fr/cedef/loi-de-modernisation-economie-lme] (consulté le 7 avril 2017).

B. La transposition française du « Paquet télécom 2009 »dans les perspectives de la transition numérique post-déréglementation

Au niveau européen, le réexamen du cadre réglementaire a été systématisé depuis le « paquet télécom 2002 », pour le suivi des tendances du numérique et l'ajustement des règles. En octobre 2016, les mots du président de l'ARCEP témoignent de l'atteinte des objectifs de dérégulation, tout en exprimant la nécessité de créer un environnement ouvert à l'innovation. "*Nowadays, we can confidently claim that the opening of the telecom market to competition was in most cases a success* [...]. *But this is not the end of the story and new challenges appear. First European challenge: connectivity* [...]. *We will build a proinvestment regulatory doctrine* [...]. *Second European challenge: how to create an open environment for all innovations and not only those selected by telecom operators*".[1057]

Si les règles du « paquet télécom 2009 » parachèvent la dérégulation, elles situent néanmoins le secteur des télécoms en pleine transition numérique. En France, l'ordonnance 2011-1012 du 24 août 2011 opère la transposition nécessaire à ce propos. Mais, le numérique ouvre des perspectives nouvelles, pour les multiples secteurs d'activités dans la société. La loi sur la République numérique du 7 octobre 2016 engage la France sur la voie non seulement de l'économie de demain, mais aussi de la société numérique. En conséquence, elle entend porter l'innovation dans une trentaine de branches du droit positif français.

1. Les finalités de la transposition française du « paquet télécom 2009 »

Le marché des services électroniques concernés se caractérise par une multiplicité des offres de produits et une évolution technologique rapide. Par conséquent, les règles de droit de l'économie numérique ne se limitent pas uniquement à la régulation de l'accès au marché (infrastructures et services des télécoms), mais s'étendent aussi aux droits de la concurrence et de la consommation. Les lois de transposition du paquet télécom présentent des finalités particulières, portant sur des maillons de la chaîne de valeur de l'Internet, notamment : le consommateur final et les services de la société de l'information, le marché et la souveraineté numériques.

[1057] S. SORIANO, « New Challenges in Europe », Intervention du Président de l'ARCEP, 4e Stakeholder Forum du BEREC, Bruxelles, 17 octobre 2016.[http://www.arcep.fr] (consulté le 7 avril 2017) Notre traduction : « De nos jours, nous pouvons affirmer avec confiance que l'ouverture du marché des télécoms à la concurrence est un succès dans la plupart des cas [...]. Cependant, ce n'est pas la fin de l'histoire et de nouveaux défis apparaissent. Premier défi européen : connectivité [...] Nous allons construire une doctrine réglementaire de l'investissement innovant [...]. Deuxième défi européen : comment créer un environnement ouvert pour toutes les innovations et pas seulement celles sélectionnées par les opérateurs de télécommunications ».

À ce propos, la transposition du « paquet télécom 2009 » est effectuée par l'ordonnance n°2011-1012 du 24 août 2011 relative aux communications électroniques.[1058] Conformément à l'article 38 de la Constitution de la Ve République française, ce texte de transposition a été édicté par le gouvernement sur habilitation du parlement.[1059] Ledit texte ne transpose pas uniquement l'ensemble des directives européennes du paquet télécom de 2009.[1060]Effectivement, l'ordonnance précitée consacre son titre premier à la « transposition du nouveau cadre européen des communications électroniques », en apportant des modifications au CPCE,[1061] au Code de la consommation [1062] et à la loi n°78-17 du 6 janvier 1978 relative à l'informatique, aux fichiers et aux libertés ainsi qu'au code pénal.[1063]Par ailleurs, les trois titres de ladite ordonnance articulent 61 articles, concernant des objectifs particuliers. L'ordonnance vise « une meilleure gestion des fréquences radioélectriques ».[1064] Elle concerne la « lutte contre les atteintes à la vie privée et à la sécurité des systèmes d'information dans le domaine des communications électroniques ». [1065] Elle apporte certaines « clarifications des dispositions du code des postes et des communications

---

[1058] Ordonnance n°2011-1012 du 24 août 2011 relative aux communications électroniques, JORF, 26 août 2011.

[1059] Article 38, Constitution française, 4 août 1958, version du 7 août 1958. Le Gouvernement peut, pour l'exécution de son programme, demander au Parlement l'autorisation de prendre par ordonnances, pendant un délai limité, des mesures qui sont normalement du domaine de la loi. Les ordonnances sont prises en Conseil des ministres après avis du Conseil d'État. Elles entrent en vigueur dès leur publication mais deviennent caduques si le projet de loi de ratification n'est pas déposé devant le Parlement avant la date fixée par la loi d'habilitation. Elles ne peuvent être ratifiées que de manière expresse. À l'expiration du délai mentionné au premier alinéa du présent article, les ordonnances ne peuvent plus être modifiées que par la loi dans les matières qui sont du domaine législatif ».

[1060] En son préambule, l'ordonnance n°2011-1012 du 24 août 2011 dresse la liste de toutes les directives du paquet télécom qu'elle transpose en droit français : « Vu le règlement (CE) n°1211/2009 du Parlement européen et du Conseil du 25 novembre 2009 instituant l'Organe des régulateurs européens des communications électroniques (ORECE) ainsi que l'Office ; Vu la directive 2009/136/CE du Parlement européen et du Conseil du 25 novembre 2009 modifiant la directive 2002/22/CE concernant le service universel et les droits des utilisateurs au regard des réseaux et services de communications électroniques, la directive 2002/58/CE concernant le traitement des données à caractère personnel et la protection de la vie privée dans le secteur des communications électroniques et le règlement (CE) n°2006/2004 relatif à la coopération entre les autorités nationales chargées de veiller à l'application de la législation en matière de protection des consommateurs ; Vu la directive 2009/140/CE du Parlement européen et du Conseil du 25 novembre 2009 modifiant les directives 2002/21/CE relatives à un cadre réglementaire commun pour les réseaux et services de communications électroniques, 2002/19/CE relative à l'accès aux réseaux de communications électroniques et aux ressources associées, ainsi qu'à leur interconnexion, et 2002/20/CE relative à l'autorisation des réseaux et services de communications électroniques ».

[1061] Articles 1-31, Chapitre 1er, Titre 1er, ord. n°2011-1012 du 24 août 2011, préc.

[1062] Articles 32-36, Chapitre 2, Titre 1er, ord. n°2011-1012 du 24 août 2011, préc.

[1063] Articles 37-39, Chapitre 3, Titre 1er, ord. n°2011-1012 du 24 août 2011, préc.

[1064] Titre II (articles 40-43), ord. n°2011-1012 du 24 août 2011, préc.

[1065] Titre III (articles 44-46), ord. n°2011-1012 du 24 août 2011, préc.

électroniques ».[1066] Pour l'essentiel, l'ordonnance n°2011-1012 modifie la réglementation du marché des communications électroniques (de 1996 et 2004) surtout en rapport à l'ARCEP, mais en allant au-delà des aspects purement liés au marché et à la concurrence.[1067]

Les modifications législatives ci-dessous présentent des institutions juridiques issues des réformes du cadre réglementaire. Outre le remplacement par ladite ordonnance des mots « l'Union européenne » en lieu et place des termes « la Communauté européenne »,[1068] l'ajustement des dispositions est empreint de la dynamique d'enjeux de la transition numérique des télécoms et de l'économie qui a pris aussi bien naissance qu'appui sur les communications électroniques.

L'ordonnance définit les termes « service téléphonique au public », « services associés », « ressources associées ».[1069] Elle introduit en droit positif la notion d'« infrastructures améliorées de nouvelle génération ».[1070] Elle impose la collecte d'informations sur les conditions techniques et tarifaires d'acheminement du trafic appliquées aux services de communications.[1071] Elle pose non seulement des conditions de permanence, de qualité, de disponibilité, de sécurité et d'intégrité pour les réseaux avec obligation d'en notifier les atteintes aux services de l'État, mais aussi l'offre des services particuliers aux handicapés (« âgés ou ayant des besoins sociaux spécifiques »). Ces services ont pour but de fournir à cette catégorie de consommateurs un accès aux services à des prix abordables et aux services d'urgence équivalents à ceux mis au bénéfice des utilisateurs finals.[1072] Le ministre des communications a la faculté d'imposer des contrôles de sécurité

1066 Titre IV (articles 47-56), ord. n°2011-1012 du 24 août 2011, préc. Les dispositions finales et transitoires concernent le Titre V (articles 57-61), ord. n°2011-1012 du 24 août 2011, préc.

1067 L'ordonnance n°2011-1012 fournit de nouvelles définitions et fixe les régimes pour certains aspects du secteur des communications électroniques. Toutefois, la synthèse de ses articles relève un champ d'application plus large de ladite ordonnance dépassant le seul cadre du droit de l'accès au marché des télécoms.

1068 Article 1er, ord. 2011-1012.

1069 Article 2r, ord. 2011-1012 : « On entend par services associés les services associés à un réseau ou à un service de communications électroniques et qui concourent ou peuvent concourir à la fourniture de services via ce réseau ou ce service. Sont notamment considérés comme des services associés les services de conversion du numéro d'appel, les systèmes d'accès conditionnel, les guides électroniques de programmes, ainsi que les services relatifs à l'identification, à la localisation et à la disponibilité de l'utilisateur. » ; « On entend par ressources associées les infrastructures physiques et les autres ressources associées à un réseau de communications électroniques ou à un service de communications électroniques, qui concourent ou peuvent concourir à la fourniture de services via ce réseau ou ce service. Sont notamment considérées comme des ressources associées les bâtiments ou accès aux bâtiments, le câblage des bâtiments, les antennes, tours et autres constructions de soutènement, les gaines, conduites, pylônes, trous de visite et boîtiers. »

1070 Article 3, ord. 2011-1012, préc.

1071 Article 4, ord. 2011-1012, préc.

1072 Article 5, ord. 2011-1012, préc.

et d'intégrité sur les installations, réseaux et services des opérateurs sous l'action des services de l'États.[1073]

Par ailleurs, l'ordonnance n°2011-1012 renforce l'application de dispositions particulières aux réseaux de collecte et de traitement des données à caractère personnel,[1074] elle interdit la prospection directe au moyen de systèmes automatisés d'appel de communication, par télécopieur, par courriel utilisant les coordonnées des abonnés ou des utilisateurs sans leur consentement à en recevoir par ce moyen.[1075]

Concernant l'ARCEP, l'ordonnance n°2011-1012 soumet les droits de passage d'appel à la consultation de l'ARCEP par les opérateurs.[1076] Elle complète des dispositions sur le service universel, en ajoutant des obligations de qualité à celles préexistantes sur le prix et impliquant également le Ministre.[1077] En vue d'une meilleure coordination et cohérence de la réglementation, elle précise la coopération de l'ARCEP avec les autres régulateurs étatiques de l'Union, la Commission et l'OREC, autour des lignes directrices de ce dernier.[1078] L'ordonnance précitée charge l'ARCEP de veiller sur plusieurs aspects du marché français en coordination avec la régulation européenne.[1079] Pour autant, elle dispose de l'impartialité des agents de l'ARCEP.[1080] En outre, en application de la réglementation, l'ARCEP et l'agence nationale des fréquences (ANFr) maintiennent leur collaboration pour la survivance des autorisations d'utilisation de fréquences délivrées avant l'entrée en vigueur de l'ordonnance au 19 décembre 2011.[1081]

La synthèse ci-dessus atteste de la pleine mise en concurrence réalisée dans le secteur des communications électroniques en France. Les problématiques ne se limitent plus désormais qu'à la libéralisation du marché des services, des réseaux et des équipements de télécoms. D'autres enjeux apparaissent à ce jour, comme par exemple le service universel (pour

---

[1073] Article 6, ord. 2011-1012, préc.

[1074] Article 7, ord. 2011-1012, préc.

[1075] Article 8, ord. 2011-1012, préc.

[1076] Article 9, ord. 2011-1012, préc.

[1077] Articles 10 à 14, ord. 2011-1012, préc.

[1078] Article 15, ord. 2011-1012.

[1079] Au regard de l'Ordonnance 2011-1012, les compétences de l'ARCEP concernent les aspects suivants : prévention contre la dégradation des services et l'obstruction ou le ralentissement du trafic sur le réseau (Article 16) ; saisine de l'ARCEP en cas d'échec de règlement de différends entre opérateurs (Article 17) ; mesures de suspension ou d'arrêt de commercialisation d'un service jusqu'à conformité aux obligations légales (Article 18) ; obligations réservées aux opérateurs réputés exercer une influence significative sur le marché (Article 19) ; obligation à charge de l'ARCEP d'informer la Commission, l'OREC et les ARN des États de l'Union, des décisions à prendre susceptibles d'incidences sur les échanges avec d'autres États membres (Article 20.) ; équilibre du marché de gros des services de communication (Article 21) ; habilitation de l'ARCEP à assurer la concurrence et à régler le cas de défaillance de marché, en demander la gestion d'un service de gros par une entité fonctionnellement indépendante si l'opérateur présente une structure verticale et intégrée lui donnant une influence significative sur le marché de gros (Article 22).

[1080] Article 32, ord. 2011-1012, préc.

[1081] Article 61, ord. 2011-1012, préc.

les handicapés), le pouvoir de contrôle et de sanction des ARN, la sécurité et l'intégrité des réseaux dans le respect du principe de la neutralité, l'accès au numérique. Les lois postérieures au « paquet télécom 2009 » concernent des problématiques plus globales dans lesquelles le marché des télécoms n'est qu'un aspect de l'économie numérique.

Le secteur des communications électroniques a atteint le seuil de la pleine concurrence, en associant les deux types de régulations, sectorielle et transversale, à cause de la complémentarité, voire du rapprochement, de leurs objets techniques. En réalité, « lorsque le droit commun de la concurrence est appliqué dans le secteur des communications électroniques, il existe également des spécificités d'expansion dynamique de ce secteur, tout comme la convergence des technologies, qui ont une même influence sur l'analyse des autorités compétentes ».[1082]

En droit français, diverses autres lois peuvent présenter des liens avec les communications électroniques, sans être spécifiques au processus de structuration du marché et de sa régulation. Ces lois intéressent quelques points particuliers des activités de télécoms, mais ne sont pas nécessairement des instruments de politique de la dérégulation. La logique d'étude ne permet pas de les analyser à ce niveau, mais elles servent d'illustration à l'évolution des enjeux sur le marché libéralisé. Par exemple, la loi n°2014-344 du 17 mars 2014 relative à la consommation (« Loi Hamon »)[1083] a introduit une liste d'opposition au démarchage téléphonique généralisé. Cette liste baptisée « Bloctel » est en place depuis le 1er juin 2016 par la société Opposetel, conformément à l'arrêté du 25 février 2016 organisation la désignation d'un gestionnaire de ladite liste.[1084] Un autre exemple est celui de l'article 44 du CPCE qui impose aux opérateurs de proposer à un tarif raisonnable à leurs abonnés de conserver leur numéro, fixe ou mobile, lorsqu'ils changent d'opérateur.[1085] Le dispositif de portabilité des numéros est décrit par la DGCCRF.

Aujourd'hui, la « loi n°2016-1321 du 7 octobre 2016 pour la république numérique »[1086] démontre une originalité inédite de son mode d'adoption laissant transparaître une méthode de « démocratie 2.0. ».[1087] Elle tient

[1082] D. POPOVIC, *op.cit*, p. 8.

[1083] JORF, n°0065, 18 mars 2014, p.5400.

[1084] Arrêté du 25 février 2016 portant désignation de l'organisme chargé de gérer la liste d'opposition au démarchage téléphonique, JORF, n°0050, texte n°36, 28 février 2016

[1085] Selon une résolution du 27 octobre 2015, les frais d'itinérance internationale (roaming) facturés lors de l'utilisation d'un téléphone mobile à l'étranger seront supprimés à partir du 15 juin 2017.

[1086] JORF, 8 octobre 2016.

[1087] I. BOUHADANA et W. GILLES, « Démocratie et données publiques à l'ère des gouvernements ouverts : pour un nouveau contrat de société ?», *op.cit*, p. 17. R. FREGOSI, « Transition démocratique », version française de l'article en espagnol pour le *Diccionario de Ciencia Politica,* éd. Universidad de Concepción, Chili, 2012. Selon la pensée de Renée Fregosi « S'agissant des pays qui mettent en place le gouvernement ouvert, la transition

compte de toutes les évolutions antérieures du secteur des télécoms, des communications électroniques, du commerce électronique et de l'économie numérique. Elle se rapporte à des enjeux de transition numérique dans lesquels les télécoms ne sont pas une finalité, mais un moyen à la portée des objectifs de « souveraineté numérique »[1088] de la France. Le législateur français intègre dans les multiples aspects sociaux, l'usage des communications électroniques, au-delà de l'organisation sectorielle.

2. Les communications électroniques dans les enjeux de transition numérique pour une « République numérique »

Le marché dérégulé des communications électroniques rencontre l'objectif essentiel de la loi n°2016-1321 du 7 octobre 2016 pour la République numérique, dite « Loi Numérique » ou « Loi Axelle Lemaire », mais sans s'y confondre totalement.[1089]Cette dernière « prépare notre pays [la France] aux enjeux de la transition numérique et va permettre de développer l'économie de demain. [...] Cette loi a pour ambition d'encourager l'innovation et le développement de l'économie numérique, de promouvoir une société numérique ouverte, fiable et protectrice des droits des citoyens. Elle vise également à garantir l'accès de tous, dans tous les territoires, aux opportunités liées au numérique. »[1090] La loi est « porteuse de souffle de transparence, d'ouverture [...] sur le socle bâti pour garantir les droits de chacun et la confiance de tous dans l'économie numérique. » Elle ajoute l'objectif d'inclusion numérique, perçue comme une « exigence commune d'accompagner tous nos concitoyens, dans tous les territoires, à la transition numérique en cours, afin que personne ne soit laissé à l'arrière des avancées économiques et sociales »[1091]

---

démocratique pourrait permettre de caractériser le passage de la démocratie traditionnelle 1.0 à la nouvelle démocratie 2.0 plus interactive ».

[1088] Article 29, Loi 2016-1321 du 7 octobre 2016 pour la République numérique, préc. « Le Gouvernement remet au Parlement, dans un délai de trois mois à compter de la promulgation de la présente loi, un rapport sur la possibilité de créer un Commissariat à la *souveraineté numérique* rattaché aux services du Premier ministre, dont les missions concourent à l'exercice, dans le cyberespace, de la souveraineté nationale et des droits et libertés individuels et collectifs que la République protège. Ce rapport précise les moyens et l'organisation nécessaires au fonctionnement du Commissariat à la souveraineté numérique ».

[1089] L. ALEMAGNA, « Axelle Lemaire : "Pourquoi je quitte le gouvernement" », *Libération,* 27 février 2017. Madame Axelle Lemaire a porté l'initiative de la « Loi pour la République numérique » du 7 octobre 2017, en sa qualité de Secrétaire d'État chargée du Numérique et de l'Innovation du gouvernement français. « Elle est nommée le 2 avril 2014, en même temps que le premier gouvernement de Manuel Valls, [...] démissionne pour faire campagne avec Benoît Hamon [candidat du Parti socialiste à la présidentielle 2017 en France] et dans sa circonscription des Français de l'étranger, qui compte l'Irlande, le Royaume-Uni, les pays scandinaves et les pays baltes.

[1090] A. LEMAIRE [Secrétaire d'État chargée du Numérique et de l'Innovation], « ce que la loi va changer », Dossier de presse, Loi pour une République numérique, Paris, 10 octobre 2016.

[1091] *Ibidem.*

L'élaboration de la loi pour la République numérique est l'œuvre d'une forme inédite de participation citoyenne. Le texte de la loi a mis en avant les réseaux numériques comme « une des clés du renouveau de notre démocratie ».[1092] Une méthode nouvelle a été employée dans la forme, reposant pleinement sur l'intelligence collective. Le gouvernement avait privilégié « un faire-ensemble associant citoyens, parlementaires, collaborateurs, associations, collectivités ».[1093] La Secrétariat d'État à l'économie numérique Axelle Lemaire avait conduit une expérience inédite de production législative. « En septembre et octobre 2015 [...] Pour la première fois, les internautes ont eu la possibilité de coécrire la loi avant son adoption par le conseil des ministres, en votant sur les articles proposés, en les commentant, en proposant [...] et en votant sur les modifications des autres internautes ».[1094]

Dans le fond, la Loi Numérique met en exergue la valeur transversale du numérique, en la situant au cœur des changements sociétaux et au carrefour des branches du droit. Les 113 articles de la loi précitée présentent des objectifs multisectoriels, avec une unité d'intention en faveur de la transition numérique en France. L'ampleur de la réforme se traduit par le nombre considérable[1095] des Codes de lois directement modifiés par cette seule loi, en corrélation avec les aspects de la « République numérique ».[1096] En

---

1092 *Ibidem.*

1093 *Ibidem.*

1094 A. LEMAIRE [Secrétaire d'État chargée du Numérique et de l'Innovation], « Une consultation citoyenne inédite », Dossier de presse, Loi pour une République numérique, Paris, 10 octobre 2016. « Cette consultation a fait suite à une première concertation, très large, menée par le Conseil national du numérique entre octobre 2014 et février 2015 sur les grands enjeux du numérique [...] cette expérience sans équivalent en France et en Europe préfigure une nouvelle forme d'expression démocratique [...] et améliore l'efficacité de la décision publique : [...] en trois semaines 137 000 visiteurs uniques, 21 000 contributeurs, pour 147 000 votes exprimés. Le public concerné s'est élargi : 95% de simples citoyens parmi les contributeurs, dont 60% ayant moins de 35 ans [...] une diversité de communautés telles que les associations de personnes handicapées ou encore les joueurs de jeux vidéo. [...] Si 80% des votes et avis se sont avérés positifs, la consultation [...] a également [...] les oppositions [...], et [...] de nouvelles propositions pertinentes pour améliorer le texte législatif. À l'issue, le projet de loi du Gouvernement a été enrichi de 5 nouveaux articles issus de la consultation et 90 modifications ont été apportées aux articles du projet initial. »

1095 Plus ou moins 35 textes de lois sont directement modifiés par la « Loi pour une République numérique ».

1096 Les dispositions de la Loi pour une République numérique sont intégrées dans les Codes suivants : Code de la recherche, Code civil, Code de l'environnement, Code de la consommation, Code de la justice administrative, Code de l'action sociale et des familles, Code de l'éducation, Code de l'énergie, Code de l'organisation judiciaire, Code de la construction et de l'habitation, Code de la propriété intellectuelle, Code de la santé publique, Code de la sécurité intérieur, Code de la voirie routière, Code des communes de la Nouvelle-Calédonie, Code des relations entre le public et l'administration, Code des transports, Code du patrimoine, Code du tourisme, Code du travail applicable à Mayotte, Code général des collectivités territoriales, Code général des impôts, Code monétaire et financier, Code pénal, CPCE, Livre des procédures fiscales, loi n° 78-17 du 6 janvier 1978 sur la protection des données à caractères personnel, Loi n° 83-634 du 13 juillet 1983, Loi n° 87-588 du 30 juillet

conséquence, un grand nombre de ministères est chargé de l'exécution de la loi, ce qui est une particularité. Mais, le constat va au-delà de la dizaine de départements ministériels impliqués.[1097]

Les points clés de la Loi Numérique révèlent beaucoup de pragmatisme juridique. Il s'agit de produire des résultats concrets pour une société de l'information et une économie de la connaissance, plus inclusives et plus sûres. Le réseau et la donnée numériques sont des « éléments fédérateurs » que la loi encadre, protège et promeut en vue de construire une République numérique.

La Loi Numérique déborde donc largement du cadre sectoriel des télécoms ou des communications électroniques. Elle ne leur dénie pas pour autant leurs propriétés d'intermédiation à distance, de mise en donnée du monde, de moyen d'accès au marché, aux offres en ligne. Les TIC restent des autoroutes de l'information, un marché et une plateforme pour l'ensemble des activités sociales. Mais, la loi considère plutôt les opportunités du numérique et ses effets induits, dans et pour la transformation sociale, économique, territoriale et citoyenne de la France.

En effet, la loi entend employer le numérique en son sens entier de vecteur et de facilité imprégnant les multiples aspects de la vie nationale. Aussi, la loi se concentre-t-elle sur des axes précis de développement de la société numérique, en impliquant l'innovation, la confiance et l'inclusion. Elle présente un dispositif de mesures opérationnelles ayant des impacts sur des secteurs, certes, différents, mais convergents dans l'objectif global d'un gouvernement ouvert.

Pour autant, la Loi Numérique met en place des mécanismes de gouvernance numérique, répond aux enjeux des usages du numérique, tire profit des facilités et soutient l'inclusion numérique. Elle structure ses champs d'application autour de trois titres sur quatre.[1098] Ces derniers forment logiquement l'ossature des solutions innovantes et les axes de la prospective exprimée par la loi elle-même (la République numérique).

1987, Loi n°90-449 du 31 mai 1990, Loi n° 2000-321 du 12 avril 2000, Loi n° 2004-575 du 21 juin 2004, Loi n° 2005-102 du 11 février 2005, Loi n° 2010-476 du 12 mai 2010, Loi n° 2014-344 du 17 mars 2014.

[1097] Les membres du gouvernement ci-après sont chargés de l'exécution de la Loi d'État (pour la république numérique) à sa promulgation au 7 octobre 2016 : 1° le Premier ministre (Manuel Valls), 2° la ministre de l'éducation nationale, de l'enseignement supérieur et de la recherche (Najat Vallaud-Belkacem), 3° le ministre de l'économie et des finances (Michel Sapin), 4° la ministre des affaires sociales et de la santé (Marisol Touraine), 5° le garde des sceaux, ministre de la justice (Jean-Jacques Urvoas), 6° la ministre du travail, de l'emploi, de la formation professionnelle et du dialogue social (Myriam El Khomri), 7° le ministre de l'intérieur (Bernard Cazeneuve), 8° la ministre du logement et de l'habitat durable (Emmanuelle Cosse), 9° la ministre de la culture et de la communication (Audrey Azoulay), 10° la secrétaire d'État chargée du numérique et de l'innovation (Axelle Lemaire).

[1098] Titre IV : Des dispositions relatives à l'Outre-mer, Loi pour la République numérique, préc.

Les trois principaux axes concernent : « la circulation des données et du savoir »[1099], « la protection des droits dans la société numérique »[1100] et l'« accès au numérique »[1101] au moyen de mesures de politiques publiques. Toutefois, la loi pour la République numérique en France n'est pas un texte de transposition d'une directive spécifique. Ses dispositions concernent des aspects multiples de la société de l'information et doivent être mis en exécution par des décrets et des règlements attendus, depuis la promulgation de la loi en octobre 2016.

Dans la suite de notre ouvrage, les apports de la Loi Numérique sont mis en exergue chaque fois que de besoin à titre de contribution sur des perspectives législatives spécifiques pour l'économie numérique aussi bien en France qu'à l'étranger (Afrique et RDC).[1102] Même si la loi relève de l'autorité du système national français, elle tient largement compte des acquis communautaires plus anciens ainsi que de nouvelles tendances du droit de l'Union européenne. Le caractère avant-gardiste de la « Loi Axelle Lemaire » est utile pour les perspectives nouvelles du droit de l'économie numérique, y compris des télécoms et des communications électroniques, tant en Europe qu'en Afrique.

En effet, les discussions sont en cours en France et en Europe au sujet du futur « paquet télécom de 2016-2017 ». La démarche a été initiée par la Commission européenne en 2015 et a donné lieu à l'ouverture d'une consultation en septembre 2016, à laquelle notamment l'ARCEP participe activement. La Commission propose de refondre le cadre existant en un « Code des communications », en lançant un ambitieux chantier législatif afin d'adapter les infrastructures télécoms à son objectif de « la société du Gigabit ».

En ce sens, les propositions portent notamment sur la régulation des réseaux et de gestion des fréquences, l'incitation aux investissements et le déploiement des infrastructures dans l'Union. Tous ces piliers du marché numérique unique doivent être portés par la « dynamique concurrentielle du marché et le cas échéant sur des financements publics complémentaires ».[1103]

[1099] Titre 1, Loi pour la République numérique, préc.

[1100] Titre 2, Loi pour la République numérique, préc.

[1101] Titre 3, Loi pour la République numérique, préc.

[1102] Cf. notamment : Partie 2, Titre 2, chapitre 1, Section 2, § 2, A/ de la présente étude au sujet du renforcement de la protection des données à caractère personnel par de nouvelles institutions juridiques sur la loyauté des plateformes, l'autodétermination informationnelle, l'oubli numérique ou encore la mort numérique. Il en est de même pour la Partie 2, Titre 2, Chapitre 2 de la présente étude quant aux aspects de l'accès universel par l'autorité de régulation des télécommunications par rapport à la fracture numérique et aux publics vulnérables. La création des « communs informationnels » compte aussi parmi les nouveaux avantages de la loi numérique pour le commerce électronique qui est largement irriguée et alimentée par l'économie informationnelle.

[1103] ARCEP, « Révision du cadre européen des télécoms », Communiqué de presse, Paris, 14 septembre 2016. « La Commission européenne ouvre un chantier ambitieux pour adapter les infrastructures télécoms à « la société du Gigabit ». Ce 14 septembre 2016, la Commission européenne a publié ses propositions dans laquelle elle détaille ses ambitions pour la « société

Elle entend « faire évoluer le cadre institutionnel pour une meilleure harmonisation des règles en Europe, notamment en renforçant les compétences du BEREC ».[1104] Néanmoins, les tendances qui s'en dégagent ne relèvent pas du droit positif, pour être abordées dans ce registre précis.[1105]

Les politiques de dérégulation du secteur des télécoms ont largement fait recours à l'instrument clé du droit, dans les expériences en Europe et en France. Au premier stade du processus de dérégulation, la démonopolisation a entraîné des réformes des services publics, tout en assurant le jeu concurrentiel du marché et l'émergence du droit sectoriel de la régulation. Une longue transition du droit des télécoms a été engagée en vue d'harmoniser les mesures de libéralisation prises dans les années 1980. La restructuration du marché des télécoms est ainsi devenue un enjeu de législation.

Les règles du droit et les approches législatives doivent être ajustées par rapport à la convergence technologique, à la société de l'information et à la globalisation de l'économie numérique. Le changement de la sémantique officielle est en cela marquant, quand les termes « communications électroniques » supplantent les « télécoms ». Ces dernières sont devenues un aspect des services de la société de l'information. La transition numérique des réseaux, du marché, de l'économie, voire de la République, rend indispensable la transformation des institutions juridiques.

Ainsi, l'architecture de la liberté des communications actuelles en France s'est profilée autour des lois pionnières de 1986 et 1982. Il s'agit d'abord de la loi n°82-652 du 29 juillet 1982 sur la communication audiovisuelle, qui avait, l'on s'en rappelle, permis de libéraliser le secteur audiovisuel en le détachant des télécoms qui restaient sous monopole. Suivie de la Loi n°86-1067 du 30 septembre 1986 sur la liberté de communication (audiovisuelle), elle a posé le principe d'existence d'un régulateur de l'audiovisuel dans un contexte libéralisé de mise à disposition de contenus audiovisuels. Entre 1990 et 1996, le droit français a refondé graduellement la libéralisation du marché régulé des télécoms, sur les acquis du « droit communautaire » portés par les directives « ONP ». Depuis 1988, l'opérateur historique France Télécom (rebaptisée Orange depuis 2013) a achevé son processus de restructuration en tant qu'ancien opérateur de monopole, à la suite des

du Gigabit ». Ces travaux s'inscrivent dans le cadre de la stratégie pour un marché unique numérique initié en 2015. Ils font suite à la consultation publique menée par la Commission européenne en fin d'année 2015 à laquelle l'ARCEP et le BEREC (organes des régulateurs européens des télécoms) avaient contribué. Les objectifs d'amélioration de la connectivité affichés par la Commission à l'horizon 2025 sont : des débits d'au moins 100Mb/S pour l'ensemble des citoyens européens et d'au moins 1Gb/s pour les points d'importance tels que les entreprises ou les écoles ainsi que le déploiement de la 5G dans les zones urbaines et sur les principaux axes de transport. »

[1104] ARCEP, « Révision du cadre européen des télécoms », Communiqué de presse, Paris, 14 septembre 2016.

[1105] Pour l'évolution au sujet du « paquet télécom 2016-2017 » : [http://www.arcep.fr/index.php?id=9578#c51891] (consulté le 10 avril 2017).

variations de statuts d'EPA, en EPIC et en une société privée jusqu'à sa privatisation en 2003. Les lois sectorielles de 2004 (LCEN et LCE) ont véritablement inséré les activités des télécoms dans l'économie numérique, en tenant compte des directives du « paquet télécom 2002 ». En 2008, d'autres lois tiennent compte aussi bien des facilités que des problématiques diverses[1106] du numérique, dans la modernisation de l'économie. Entre 2011 et 2016, les lois de transposition des directives du « paquet télécom 2009 » achèvent et transcendent les objectifs de la dérégulation du cadre juridique et institutionnel du secteur français des télécoms. De retouches de ce cadre se poursuivent par un réexamen périodique des enjeux évolutifs du marché, comme celui qui s'annonce avec le « paquet télécom 2016-2017 ».

EN GUISE DE CONCLUSION DU TITRE I

Le présent Titre éclaire les transformations des règles européennes et françaises des télécoms depuis les bases des télécoms jusqu'à l'ère numérique. L'instrument du droit oriente, anticipe ou encadre les mutations technologiques, économiques, institutionnelles et sociales, suscitées par les enjeux du numérique et du commerce électronique. Le droit s'insère dans l'économie de marché et dans la révolution de l'information, en suivant les transformations des modes de production, de distribution et de consommation grâce à la technique numérique.

Que ses lois soient de transposition ou d'initiative autonome, la France reste un modèle, par la transformation de ses institutions juridiques face aux enjeux du marché des télécoms et de la société de l'information. Tout autant que l'acquis « communautaire » européen, le droit français s'exerce dans les limites territoriales de sa souveraineté. Mais le cyberespace confronte leurs règles pionnières aux systèmes juridiques des États tiers. Le commerce juridique des télécoms et du numérique entre dans le mouvement d'enchaînement des parties du monde. La globalisation des marchés est donc une source d'enjeux juridiques dans d'autres continents, en provoquant des réformes législatives soit de manière simultanée, soit avec des décalages dans le temps.

Ainsi, « du fait de la mondialisation, lorsqu'un État entame le processus de libéralisation, les autres États ne peuvent pas l'ignorer ». [1107] La production des nouveaux droits de télécoms en Afrique, y compris en RDCongo, est le fruit du « dialogue » entre différents systèmes juridiques. Les négociations au sein de l'OMC ont servi de passerelle de droit

[1106] Par exemple, la loi n°2016-444 du 13 avril 2016 visant à renforcer la lutte contre le système prostitutionnel et à accompagner les personnes prostituées, modifie l'article 6 de la LCEN, en vue de renforcer les moyens de lutte contre le proxénétisme et la traite des êtres humains aux fins d'exploitation sexuelle.

[1107] M. VIVANT (sous la dir.), « À propos du droit des télécommunications », *RLDIR*, 2004, p. 849, cité par D. POPOVIC, *Le droit communautaire de la concurrence et les communications électroniques*, LGDJ, Paris, 2009, p. 28.

international pour l'application de la dérégulation à l'échelle planétaire. Le niveau avancé de l'expérience européenne et française appuie une approche de droit comparé en Afrique.

Le Titre a permis d'analyser la trajectoire du droit de l'économie numérique à travers la consolidation des acquis communautaires européens et les transformations du droit français. Le Titre a formé la base des références juridiques selon les époques et les logiques des politiques législatives en Europe et en France. Cette approche doit éclairer la manière dont le droit congolais assure la transition de son cadre juridique de l'économie numérique par rapport au reste du monde. Pour ce faire, le droit international est un des éléments de mise en rapport des marchés. Le Droit de l'OMC est le fruit du rapprochement des normes étatiques de traditions juridiques différentes. En s'appuyant sur le dialogue du droit de l'Union européenne avec les instances internationales, des paramètres de comparaison sont à relever dans les constructions du droit de l'économie numérique en Europe, en France, en Afrique et spécialement la RDCongo.

TITRE II

La transition du droit international de l'accès aux télécoms à la base de l'économie numérique au départ de l'Europe pour l'Afrique et la RDC

La révolution numérique a permis aux peuples du monde entier de disposer du même Internet partout et pour tous. Les télécoms sont le socle de l'Internet et le vecteur de l'économie numérique. Les technologies de l'information irriguent l'ensemble des branches d'activités de la société globalisée. Elles obligent d'adopter des standards techniques homogènes entre marchés européens et africains. Elles nécessitent une réglementation adaptée face aux nouveaux enjeux juridiques qui sont communs aux marchés et auxquels les ordres juridiques doivent faire face. Si l'économie assure la valorisation et l'exploitation des « dividendes du numérique »[1108], le droit s'efforce de les appréhender dans son champ et d'encadrer les aspects de la révolution de l'Internet : changements, opportunités et risques de la société en réseau ; nouvelles relations économiques en ligne ; nouveaux modèles d'interaction, d'échange et de partage du *Web*.

Ainsi, le *« mythe du vide juridique »*[1109] ne peut pas prospérer face au foisonnement des normes *de « gouvernance »*[1110]de l'Internet. Néanmoins,

---

[1108] BANQUE MONDIALE, *Les dividendes du numérique, Rapport sur le développement dans le monde 2016*, n°102724, Washington, 2016, p. 27. « Le rapport sur le développement dans le monde 2016 examine comment l'Internet augmente la productivité des entreprises, multiplie les opportunités offertes aux populations et accroît l'efficacité du secteur public. » Pour en examiner les avantages et risques, le rapport a retenu quatre grands « catalyseurs du développement numérique », dits "*spotlights*" (en anglais), à savoir : « services financiers numériques », « médias sociaux », « identification numérique » et « révolution des données ».

[1109] T. DE COSER, M. DEMOULIN, H. JACQUEMIN, É. MONTÉRO, M. VANDERCAMMEN et T. VERBIEST, *Les pratiques du commerce électronique*, n°30, Cahiers du Centre de Recherches, Coll. Informatique et Droit, Bruylant, Bruxelles, 2007. « Le mythe du "vide juridique" à propos de l'Internet a fait long feu. Depuis plus de dix ans, les directives européennes, lois ou règlements tournés vers le réseau des réseaux foisonnent. Dans cet ample mouvement législatif, le commerce électronique n'est pas en reste. Nombreux sont les textes qui le touchent, de près ou de loin » - *Cf.* aussi V. BENABOU et J. ROCHFELD, *op.cit,* pp. 19, 20 et s.

[1110] L. BELLI, *De la gouvernance à la régulation de l'Internet*, *op.cit*, p.18. « Nous soulignons que l'émergence du concept de gouvernance doit être lue à la lumière de la consolidation d'un

les droits étatiques peinent à assurer pleinement leur effectivité dans le cyberespace mondial.[1111] Le titre précédent a porté sur les enjeux de la transition des normes juridiques aux prises au commerce électronique en Europe et en France. L'encadrement juridique des activités numériques n'est pas sans véhiculer de nouvelles complexités d'approche par rapport au millefeuille législatif européen. [1112] L'ère du numérique bouscule énergiquement les acquis du droit positif.[1113] Le fait précède souvent le droit, mais les grandes mutations d'enjeux que le numérique apporte ne devraient pas pour autant échapper au droit.

Tout autant que le précédent Titre de notre ouvrage l'a démontré pour le commerce en ligne européen et français, l'économie numérique a également alimenté les transitions du droit de l'accès aux télécoms. Depuis plus de trente ans, les réformes d'institutions juridiques ont restructuré les services publics des télécoms dans l'économie de marché. D'abord en Europe et en France (années 1980), ensuite grâce à l'OMC (1994), le droit international a permis un schéma uniformisé de réforme et de refondation des bases du marché électronique globalisé, pour le reste du monde y compris en Afrique (1997) et en RDC (2002).

L'acquis communautaire européen a défini un cadre juridique des activités numériques en ligne, ainsi que de leurs enjeux économiques et technologiques. La transition du droit a permis de (re)constituer pour l'Europe l'objet du commerce électronique grâce à son millefeuille législatif (*Traités*, *règlements*, *directives, décisions, décisions de justice)*.[1114] Le droit français a transposé les règles européennes du commerce en ligne, en y apportant son originalité nationale. C'est l'impact nouveau des institutions juridiques françaises sur le droit européen que nous analysons quant à leur objet, et leurs régimes. Le dialogue entre différents systèmes juridiques

---

environnement pluri-normatif caractérisé par la prolifération d'un réseau décentralisé de « centres de régulation » prônant la négociation d'outils régulatoires souples, catégorisables comme la soft law ».

[1111] M. DE SAINT PULGENT, « Les besoins d'interrégulation engendrés par Internet. Propos introductifs », in M-A FRISON ROCHE, *Internet et espace d'interrégulation,* coll. the Journal of the Régulation, Dalloz, Paris, 2016, p. 3. L'auteur écrit : « Les pionniers de l'Internet qui n'avaient certainement pas envisagé son expansion mondiale, avaient conçu et présenté la communication numérique comme un espace échappant à tout contrôle des pouvoirs publics, autonome, décentralisé, transfrontalier et participatif. »

[1112] E. POILLOT, *op.cit,* p. 203. Concernant le millefeuille législatif, l'auteur avait souligné : « Ainsi qu'il va être constaté, l'Acquis communautaire en matière [...] se caractérise par sa dispersion au sein de différents textes, ce qui ne facilite pas la détermination de sa substance ».

[1113] *Cf.* Titre 1, chapitres 1 et 2 du présent ouvrage. En termes d'ajustements du droit à l'ère numérique, le Titre 1 a mis en lumière l'objet particulier d'une commercialité électronique. Dans l'analyse, les mutations des aspects du droit civil et commercial concernent aussi les sujets du commerce en ligne. Les outils numériques leur permettent d'agir en prestataires ou en destinataires d'activités en réseau : le fixisme du rôle synalagmatique des acteurs en est affecté ; ce qui complexifie leurs statuts de professionnels ou de consommateurs en ligne.

[1114] J.-S. BERGÉ et S. ROBIN-OLIVIER, *Droit européen, Union européenne, Conseil de l'Europe*, 2e éd., PUF, coll. Thémis, Paris, 2011, pp. 364-365.

alimente notre étude de droit comparé. Le centre d'intérêt de notre ouvrage est de saisir la trame des expériences juridiques européennes et françaises face aux aspects marchands de l'ère numérique.

Les références du système normatif en Europe servent l'approche de droit comparé avec l'Afrique et la RDC. Les bases de comparaison doivent être établies autour de la structuration non seulement des valeurs mais aussi des institutions juridiques spécifiques à l'économie numérique et au commerce électronique. En abordant les apports des lois de transposition française des règles européennes, les précisions ci-dessus éclairent la logique et les objectifs permettant de tirer avantage des expériences comparées, étant donné que le droit congolais est également en Afrique face aux mêmes enjeux du commerce en ligne. Au titre précédent, l'étude du commerce électronique a concerné particulièrement « les opérations économiques elles-mêmes et non les opérations périphériques ou préparatoires (coût de la connexion au réseau, création de site Web…) ».[1115] Les premiers aspects de notre étude ont concerné les activités commerciales en ligne, dont la doctrine réunit les règles spécifiques dans le « *Droit du commerce électronique* »[1116] ou le *« Droit des activités numériques »*[1117]. La directive 2000/31/CE[1118] traite du commerce électronique comme un aspect des services de la société de l'information, au sens de la directive 98/34/CE[1119]. Le même générique concerne par ailleurs les « services de communications électroniques » qui sont dans la directive 2002/21/CE dite « directive "cadre" ».[1120] Sa définition

[1115] O. CACHARD, *La régulation internationale du marché électronique*, L.G.D.J, Paris, 2002, p.9.

[1116] X. LINANT DE BELFONDS, *Le droit du commerce électronique*, 1re éd., « Que sais-je ? », PUF, Paris, 2005, pp.1-127, spéc. p. 4. Sous le champ de son ouvrage, l'auteur aborde : « les sources du droit du commerce électronique ; les règles juridiques qui encadrent la visibilité du commerçant et la constitution de sa clientèle sur l'Internet ; la publicité sur l'Internet, les règles qui régissent la conclusion des différents contrats, c'est-à-dire comment se matérialise l'échange des consentements sur Internet ; la vente des biens sur les réseaux [...] ; les règles de preuve [...], les questions fiscales du commerce électronique ; et enfin les aspects internationaux du commerce électronique [...] »

[1117] L. GRYNBAUM, C. LE GOFFIC et L. MORLET-HAIDARA, *Droit des activités numériques,* 1re éd., Dalloz, Paris, 2014, pp. 1025. Dans leur ouvrage, les auteurs ont traité des matières suivantes : pour les contrats, le droit commun des contrats par voie électronique et les contrats spéciaux du commerce électronique ; pour les valeurs immatérielles de la société de l'information, la protection des créations intellectuelles et la protection des signes ; pour le contentieux, la protection des libertés, les actions en responsabilité ainsi que les litiges et différends dans l'espace international.

[1118] Directive 2000/31/CE, préc.

[1119] Directive 98/34/CE sur la société de l'information, préc.

[1120] Directive 2002/21/CE du Parlement européen et du Conseil du 7 mars 2002 relative à un cadre réglementaire commun pour les réseaux et les services de communications électroniques (directive « cadre »), JOCE, L108/33, 24 avril 2002, pp. 33-51 (telle que modifiée à ce jour).

légale européenne, telle que fournie au titre précédent, est fondamentale pour la suite de l'analyse au niveau international et congolais.[1121]

Pour couvrir les aspects ainsi définis de la société de l'information, la doctrine évoque le « droit de l'Internet » [1122] ainsi que le « droit des communications électroniques »[1123]. La fonction de ce dernier consiste à réglementer les infrastructures de l'information et à organiser le marché des réseaux de télécoms ainsi que des services électroniques. Comme ces aspects de la technique et du marché électroniques sont consubstantiels au commerce en ligne,[1124] le « *Droit du cyberespace* »[1125] constitue leur cadre plus général. Selon le Professeur Abdoullah Cissé, « c'est ainsi qu'on a commencé, devant l'impossibilité de ranger [le Cyberdroit] dans une catégorie connue, à saisir ce qu'il n'était pas (droit de l'immatériel) en oubliant que l'immatériel ne se limite pas au cyberespace, avant de mettre l'accent sur ce qu'il est (droit du numérique) sans avoir au préalable réduit sa réalité à une de ses facettes (droit de l'informatique) et puis à d'autres comme le droit de l'Internet pour découvrir que celui-ci n'était pas le seul réseau (droit des réseaux) ni le seul médium (droit du multimédia) pour *in fine* observer tous les efforts s'effondrer, tel un château de cartes, devant la convergence des médias ».[1126]

Le présent Titre 2 analyse les droits de l'accès aux communications électroniques, sachant qu'« ils incluent les services de communication

---

[1121] Article 2, c), directive 2002/21/CE, préc. Les communications électroniques correspondent à « tout service fourni normalement contre rémunération qui consiste entièrement ou principalement en la transmission des signaux sur des réseaux de communications électroniques, y compris les services de télécommunications et les services de transmission sur les réseaux utilisés pour la radiodiffusion, mais qui exclut les services consistant à fournir des contenus à l'aide de réseaux et de services de communications électroniques ou à exercer une responsabilité éditoriale sur ces contenus ; il ne comprend pas les services de la société de l'information tels que définis à l'article 1er de la directive 98/34/CE qui ne consiste pas entièrement ou principalement en la transmission de signaux sur des réseaux de communications électroniques ».

[1122] V. FAUCHOUX, P. DEPREZ et J.-M. BRUGUIÈRE, *Le droit de l'Internet, Lois, contrats et usages*, 2e éd., Lexis/Nexis, pp.1-8.

[1123] D. POPOVIC, *Le droit communautaire de la concurrence et les communications électroniques*, LGDJ, Paris, 2009, pp. 11 et s. Cette assertion se vérifie en droit français où la LCEN définit le commerce électronique en y allusionnant « la voie électronique », mais laisse le soin de la définition de la voie électronique au Code des Postes et des Communications électroniques.

[1124] H. CAUSSE, *op.cit.*, p. 14. À titre d'exemple, les intermédiaires techniques de l'économie numérique se situent à cheval entre le droit du commerce électronique et le droit des télécoms. Il en est de même pour les prestations de la cryptologie : cette dernière est un aspect relevant purement de la technique, mais nécessaire à la production des certificats de signature électronique. Cette technique est indispensable à la fiabilité de l'écrit numérique dans le commerce électronique.

[1125] A. CISSÉ, *Objet du Droit du cyberespace,* Cours de Master 2 Pro, Université Gaston Berger, Saint-Louis/Sénégal, 2005-2006 [inédit], cité par K. NDUKUMA, *Cyberdroit, Télécoms, Internet, contrats de e-commerce*, Presses Universitaires du Congo (PUC), Kinshasa, 2009, p. 53.

[1126] *Ibid.*

audiovisuelle, de communications au public en ligne et de correspondance privée ».[1127]

Cependant, le développement du marché a des fondements anciens sur lesquels le cadre réglementaire actuel s'est construit. Ce cadre continue de faire l'objet des réexamens successifs avec des étapes marquantes de politique législative depuis 1984 à ce jour. Il se met en phase avec les transformations numériques du marché des télécoms de base.[1128]

Sur le plan économique, l'internationalisation des réseaux de télécoms a assuré la « connexion des marchés » et l'explosion des flux économiques.[1129] L'Afrique s'insère dans le tableau d'étude juridique sur les évolutions du « *marché électronique* » mondial. [1130] La mondialisation du marché électronique a suscité un dialogue entre systèmes juridiques européens et africains, sans omettre des enjeux (géo)politiques sous-jacents. [1131] Les enjeux de la mondialisation[1132] expliquent l'adhésion des États africains au modèle d'organisation du marché électronique, à l'instar de l'Europe. Les principes néolibéraux ont été transplantés dans les droits nationaux africains. Le régime de monopole des télécoms a été le modèle initial d'organisation des marchés africains d'héritage colonial.

Sur le plan juridique, les négociations au sein de l'OMC ont impulsé en 1994 et 1997 des réformes structurelles de l'économie au niveau planétaire. Les États signataires ont entrepris de conformer leurs droits nationaux avec les nouveaux principes de libéralisation des services publics, spécialement ceux des télécoms. [1133] Sur le continent africain, les organisations internationales (OMC, UIT, FMI et BM) ont appuyé le démantèlement des

---

[1127] J. CATTAN, *Le Droit de l'accès aux communications électroniques,* Préface de Rostane Mehdi et Hervé Isar, Coll. Droit de l'information et de la communication, éd. PUAM, Aix-Marseille, 2015, p.26.

[1128] *Cf.* Titre 1, Chapitre 2 du présent ouvrage.

[1129] PH. MOREAU DEFARGE, *op.cit*, p. 39.

[1130] O. CACHARD, *op.cit*, pp. 8 et s.

[1131] D. PAPIN (sous. la coord.), « Géopolitique du cyberespace », *50 fiches pour comprendre la géopolitique,* Boréale, Paris, p. 110 et s. Les enjeux politiques s'attachent aux politiques publiques ayant permis des changements législatifs à l'épreuve de la mondialisation du marché électronique. Par ailleurs, la géopolitique est un aspect de positionnement des puissances étatiques sur la scène internationale. La multinationalisation des champions économiques des télécoms occidentaux étend, par le canal du marché global, la position des États dont ils relèvent sur des marchés.

[1132] PH. MOREAU DEFARGES, *La mondialisation, op.cit.*, pp. 3-6. Selon Paul Valéry, dans son ouvrage *Regards sur le monde actuel*, en 1931, cinq caractéristiques majeures du phénomène, qu'il n'avait pas si tôt appelé « mondialisation », mais qu'il décrit demeurent actuelles : « 1. Le recensement général des ressources », « 2. La terre habitable […] reconnue, relevée, partagée », « 3. Cet enchaînement des parties du globe », « 4. Une solidarité nouvelle, excessive et instantanée », « 5. Les habitudes, les ambitions, les affectations contractées au cours de l'histoire antérieure ».

[1133] [www.wto.org] (consulté le 15 juillet 2016). Il s'agit de l'Accord spécifique de l'OMC sur les télécommunications de 1997, issu des négociations de l'Uruguay Round dont la clôture en 1994 est à la base de création de l'OMC elle-même.

monopoles publics et le remodelage de l'intervention publique dans les secteurs libéralisés des télécoms.

La mise en œuvre de la dérégulation a été une contingence du nouveau droit international du commerce des services. Les États ont restructuré leurs modes d'actions à l'épreuve des forces du marché et des mutations des technologies électroniques.[1134] Les opérateurs multinationaux investissent les marchés locaux du numérique. Avec l'Internet, l'innovation se diffuse partout en confrontant les droits aux mêmes problématiques en Europe comme en Afrique. Les statistiques démontrent la réalité indéniable des économies numériques africaines et congolaises, qui sont des enjeux de transition du droit positif.

Contrairement à la communautarisation européenne, le système africain présente plusieurs embryons d'harmonisations juridiques au niveau sous-régional, mais avec des disparités des droits nationaux.[1135] Même si plusieurs organisations régionales[1136] rapprochent les États africains, la RDC réforme son droit en fonction de ses particularités nationales. **(Chapitre 1)**

Pour suivre le modèle planétaire de « déréglementation » [1137] , le législateur congolais de 2002 a entrepris de transformer le secteur national des télécoms. Sur le plan institutionnel, « la réforme du secteur des Postes et Télécommunications est l'un des premiers chantiers de réforme sectorielle mis en œuvre par le Gouvernement [...]. En effet, entre 2003 et 2011, le COPIREP a effectué les principales réformes prévues dans ce secteur ».[1138] Il

---

[1134] C. GUERRIER, « Droit international et de pays étrangers – Droit et accords OMC dans le domaine des télécommunications : la problématique africaine », *Droit de l'informatique et des télécoms, Computer & télécom Law review*, 16e année, 1999/1, pp. 92 et s.

[1135] C'est dans le cadre des obligations de l'Accord du GATS de 1997, l'accord OMC sur les télécommunications de base que les États Africains, comme les autres membres de l'OMC, ont été amenés à adopter un profil commun de marché des marchandises, du commerce et des services. Il existe des organisations continentales (UA, OHADA) et sous-régionales africaines (Union du Maghreb, COMESA, CEEAC, CEMAC, UEMOA, SADC.)

[1136] Chaque organisation sous-régionale a son niveau d'intégration et d'harmonisation des normes. L'Union économique et monétaire Ouest-africaine (UEMOA) est un exemple de construction communautaire effective des normes de transition de leur espace économique au droit du numérique, à travers des Règlements communautaires UEMOA. Lesdits règlements obligent les États à effectuer des transpositions dans l'autorité de leurs législations internes les principes UEMOA sur les questions de l'économie numérique et du commerce électronique. Exemple : le Règlement n°15/2002/CM/ UEMOA relatif aux systèmes de paiement dans l'espace UEMOA du 19 déc. 2002. [www.uemoa.int]

[1137] J.-PH. COLSON et P. IDOUX, *op.cit*, p. 466 et s. Les auteurs soulignent que la « déréglementation s'est depuis longtemps inscrite dans cette évolution qui conduit aujourd'hui à [...] la modernisation de l'État ».

[1138] COPIREP, *Rapport annuel 2013*, établissement public, Kinshasa, p. 79. « Pour rappel, il s'agit des activités suivantes : I. la définition de la stratégie de développement du secteur des télécommunications et des TIC ; II. la mise en œuvre du document de politique sectorielle ; III. l'appui à l'Autorité de régulation des PTT ; IV. La finalisation de l'étude sur la politique sectorielle postale ; V. la réalisation d'études sur les services liés à la télécommunication (service universel, gestion du spectre des fréquences, plan de numérotation, régime d'interconnexion, manuel d'organisation, etc.) ; VI. La stratégie de restructuration de la

s'agissait de commencer la démonopolisation et d'établir de nouvelles institutions administratives en instaurant une régulation pour le marché électronique.

Toutefois, la réforme ne s'est pas poursuivie au-delà de l'ouverture à la concurrence des services des télécoms, les infrastructures de base étant restées en RDC sous les droits exclusifs de l'exploitant public. Actuellement dans le pays, l'ouverture du droit de l'accès aux télécoms reste partielle. En comparaison, le droit positif congolais se situe encore en 2017 au niveau du « marché dual » français des années 1990.[1139] Compte tenu de la maladresse de l'application des principes européens et de l'OMC, la loi-cadre de 2002 est en *statu quo*.

Aussi, le cadre juridique congolais présente-t-il de nombreuses faiblesses, notamment : l'incomplétude du sens même des lois, l'inachèvement des réformes structurelles,[1140] les conflits des compétences entre les autorités de réglementation nationales (ARN),[1141] l'omission des aspects de l'Internet,[1142] l'ambigüité des dispositions de la loi[1143]et les contradictions de logique entre la loi, les réalités du marché et certaines de ses mesures d'application.[1144] Les erreurs et défaillances n'ont pas assuré la transformation totale du droit des télécoms dans celui du marché et de la concurrence, pour parvenir à un véritable droit de l'économie numérique. **(Chapitre 2)**

SCPT ; VII. la participation à la commission pour la mise en place de la structure de gestion et d'exploitation de la fibre optique »

1139 *Cf.* Titre II, Chapitre 1 Section 2 du présent ouvrage.

1140 Les mesures d'application escomptées n'ont pas été prises dans leur totalité, 14 ans après. Il s'agit notamment de l'Arrêté du Ministre prévu aux articles 39 et 40 de la LCT qui n'est jamais intervenu en vue de la création du Fonds de service universel, devant permettre de lutter contre la fracture numérique.

1141 L'exposé des motifs de la LCT-RDC de 2002 évoque la tutelle du Ministre des PTT sur l'ARPTC, tandis que l'article 2 de la Loi sur l'ARPTC inscrit cette même tutelle au profit de la Présidence de la République.

1142 L'Internet n'attire pas directement le législateur congolais. Les FAI ne sont ni définis, ni régis, encore moins les professions de prestataires techniques (hébergeurs, transporteurs), ou les activités numériques découlant de l'Internet.

1143 La loi-cadre sur les télécoms en RDC du 16 octobre 2002 vise la téléphonie, sans distinguer les acteurs comme fournisseurs d'accès à Internet ou les hébergeurs. Il en est de même du silence du législateur sur les questions particulières de données personnelles, de preuve et signature électroniques, de commerce électronique, de cybercriminalité, etc. L'Internet n'entrait pas dans le champ principal de vision du législateur de 2002 qui l'a envisagé dans son exposé des motifs comme un service à valeur ajoutée des télécoms, alors que, « *réseau des réseaux à l'échelle planétaire* », il a révolutionné en profondeur les multiples aspects de la vie en société par son art télématique, ses protocoles et sa valeur du numérique. Il est le créateur d'enjeux pour l'apparition des normes juridiques ou pour leur adaptation.

1144 K. NDUKUMA ADJAYI, *op.cit*, p. 21.

CHAPITRE 1

Les droits européens, français, africains et congolais dans la dérégulation de l'économie numérique à travers l'OMC

Au niveau européen, des textes successifs de réglementation ont permis d'instaurer la concurrence dans les secteurs des télécoms, anciennement monopolistiques. Ces réformes engagées depuis la décennie 1980 ont entraîné une systématisation de la réglementation sectorielle *ex post* et *ex ante.* Depuis 1990, la communautarisation a permis une harmonisation graduelle des règles du marché européen, en en maintenant l'équilibre fonctionnel par le jeu de la concurrence régulée. L'économie numérique s'est ainsi développée grâce à « l'élimination de tout effet restrictif de la liberté économique individuelle qui ne serait pas justifié par l'intérêt général en cause », dans le secteur des télécoms.[1145]

Cette politique dite de « dérégulation » a contribué aux progrès technologiques et à la diffusion des techniques numériques dans la société, dans l'économie et le monde, tout en motivant des transformations du droit.[1146] En effet, la valeur des acquis européens et français traverse les frontières et gagne les États tiers. L'exemple est donné par la directive 2000/31/CE qui, en principe, ne « doit pas s'appliquer aux services fournis par des prestataires établis dans un pays tiers. Compte tenu de la dimension mondiale du service électronique, il convient toutefois d'assurer la cohérence des règles communautaires, avec les règles internationales [...] sans préjudice des résultats des discussions en cours sur les aspects juridiques dans les organisations internationales ».[1147]

Avec la mondialisation, il se constate une diffusion internationale du modèle de dérégulation en dehors du marché intérieur européen, pour atteindre l'Afrique. Au départ de l'Occident (États-Unis et Europe), « la

[1145] V. B. VAN DER ESCH, « Dérégulation, autorégulation et le régime de concurrence non faussée dans la CEE », *Cahier de droit européen,* n°5-6, 1990, p. 500, cité par D. FOPOVIC, *op.cit,* p. 3.

[1146] *Cf.* Titre 2, Chapitre 1 du présent ouvrage.

[1147] Considérant n°58, Directive 2000/31/CE, préc.

libéralisation des activités de télécoms résulte de trois facteurs différents », parmi lesquels figure la mondialisation.[1148] C'est ainsi que l'OMC est devenue la gardienne de ce phénomène transnational, défini comme l'« abaissement des frontières et la rapidité des échanges ».[1149] Par ailleurs, « la globalisation vise un phénomène radicalement nouveau, celui des échanges sans aucune contrainte de temps ni de lieu, portant sur des biens sans corporalité puisqu'il s'agit d'informations ».[1150]

En Afrique, les droits nationaux des télécoms ont été construits à partir de l'héritage colonial des services publics et des influences de la mondialisation. La reconfiguration des secteurs africains des télécoms découle tant des effets des marchés libéralisés à l'étranger, que de la réforme du droit du commerce international des services au sein de l'OMC (ex-GATT). Il en ressort que cette « mixité des influences publiques et privées est indéniable mais il faut aussi prendre en considération le rôle des institutions supra et infra-étatiques, dont on attend désormais beaucoup [...] à la fois en termes de régulation de l'économie et de la politique industrielle ».[1151]

Dans le monde entier, l'économie de marché a reconfiguré le secteur des télécoms de base. L'Internet a émergé de l'évolution du marché libéralisé et des politiques publiques. Il sert aujourd'hui de vecteur de l'économie numérique. L'Afrique est confrontée aux enjeux des transformations du marché des télécoms, lesquelles connaissent un encadrement et un accompagnement efficaces en Europe et en France. Le droit comparé permet de comprendre le « trait d'union » entre ces expériences progressistes du droit face aux TIC. En Europe et en France, « ce droit achève sa transformation, en devenant aujourd'hui l'un des moyens principaux de développement économique ».[1152]

Pour l'Afrique, c'est l'OMC[1153] en 1994-1997 qui a rendu possible le mimétisme international du modèle de dérégulation occidentale. Les États africains, y compris la RDC, se sont engagés à appliquer les

---

[1148] D. POPOVIC, *Le droit communautaire de la concurrence et les communications électroniques*, LGDJ, Paris, 2009, p. 28. « La politique européenne de libéralisation des activités de télécommunications résulte de trois facteurs : - un facteur technique : le développement des techniques de télécommunications ; - un facteur économique : l'abandon des théories de monopole naturel prévoyant que seul l'État est susceptible d'engager les investissements nécessaires à la mise en place d'une infrastructure nationale ; - un facteur réglementaire : du fait de la mondialisation, lorsqu'un État entame le processus de libéralisation, les autres États ne peuvent pas l'ignorer ».

[1149] M.-A. FRISON-ROCHE, *Les 100 mots de la régulation...*, préc., 2011, p. 75.

[1150] *Ibidem.*

[1151] J.-PH. COLSON et P. IDOUX, *Le droit public économique,* 8e éd. LGDJ, coll. manuel, Paris, 2016, p. 549.

[1152] D. POPOVIC, *op.cit,* p. 45.

[1153] *Ibidem,* p. 576.« L'Organisation Mondiale du Commerce (OMC) a succédé au système du GATT (*General Agreement on Tarifs and Trade*) à la suite des accords de Marrakech du 15 avril 1994 entrés en vigueur le 1er janvier 1995. »

AGCS/OMC[1154]dans leurs marchés nationaux. Toutefois, l'harmonisation du marché européen diffère du système juridique africain. Celui-ci présente des disparités juridiques internes, à cause de la non-intégration de ses nombreux sous-ensembles régionaux. Entre les deux continents, les niveaux d'encadrement juridique du marché diffèrent largement, de même que les modalités de production du droit. Le recours au droit national de la RDC est indispensable, pour rapprocher les expériences concrètes de droit comparé. Néanmoins, les enjeux législatifs sont bien présents en Afrique face à l'économie numérique.

Le profil statistique du marché des télécoms en Afrique traduit la réalité des enjeux du droit de l'accès aux télécoms par rapport à l'Europe. Pourquoi y consacrer une présentation ? « La raison principale tient à ce que ce commerce est devenu, à plusieurs points de vue, un secteur crucial. Il l'est économiquement d'abord. [...] Ensuite, il s'impose comme un secteur crucial au regard des enjeux juridiques qu'il engendre ».[1155] **(Section 1)**

Par ailleurs, il faut donc déterminer et préciser un cadre objectif pour comparer les transformations des droits sectoriels en Europe, en France, en Afrique et en RDC : « Parce que le temps de la régulation et de la loi est en général beaucoup trop long par rapport à la réactivité des marchés. Parce que chaque règlement peut susciter son propre contournement par le biais des novations technologiques ».[1156] Chacun de ces espaces de marché traverse des phases d'enjeux technologiques identiques. Le développement technologique des marchés s'effectue avec les mêmes technologies et les mêmes offres, tandis que les terminaux et équipements se standardisent dans le monde entier. La seule différence reste les temps de diffusion des offres ou les temps de changements, mais les phases d'évolutions des marchés et des technologies sont les mêmes en Europe et en Afrique.

Le « socle analogique » des télécoms[1157] a fait l'objet des premières réformes initiées aux États-Unis et en Europe dès les années 1980. Celles-ci ont été suivies au cours des années 1990-2000 dans tous les États de la Planète, à la suite du dialogue juridique multilatéral de l'OMC.[1158] À ce jour, l'« ère numérique » résulte de l'évolution des marchés libéralisés des télécoms. Ainsi, les télécoms de base et les communications électroniques (Internet) marquent respectivement les deux phases de transition du droit pour en réglementer les enjeux à l'ère numérique. Ces phases présentent

---

[1154] ACGS/OMC : Accord général de commerce des services/ Organisation mondiale du commerce.

[1155] J. ROCHFELD, *Les nouveaux défis du commerce électronique... op.cit,* p. 1.

[1156] J. CARBONNIER, *Droit et passion du droit sous la Vᵉ République,* Flamarion, coll. champs essais, n°819, Paris, 1996, p. 7.

[1157] BANQUE MONDIALE, *Les dividendes du numérique,* préc., p. 17 et s.

[1158] Comme cela est précisé avec détail dans la présente section de notre ouvrage, l'OMC a été le cadre des négociations des principes de changements, ayant conduit à la démonopolisation des services publics des télécoms et au modèle de régulation occidentale partout dans le monde.

l'uniformité des activités économiques et des techniques, pour le droit comparé des secteurs concernés en Afrique et en Europe.

Ces phases permettent de rapprocher les deux systèmes juridiques, par rapport aux paramètres identiques, s'agissant des enjeux, des problématiques et des facteurs de législation. Le droit comparé porte sur des situations et des objets comparables en établissant des éléments référentiels communs, même si les temps de législation peuvent se décaler d'un espace politique à un autre. Pour « penser plus d'un droit », Pierre Legrand fournit l'approche méthodologique que nous retenons.[1159] Les questions pratiques encadrent la logique des comparaisons autour des expériences juridiques disjointes sur des faits identiques. Ainsi, « le comparatiste français [ou congolais] se consacrant à sa recherche voudra se munir d'une conception du droit, autre que celle qui vaut seulement en France [ou en RDC], lui permettant de cerner le lieu et le temps des droits d'ailleurs. Où commence un droit et où s'arrête-t-il (et s'arrête-t-il…) ? Où se situerait le non-droit ? Où tracer la ligne entre la norme et la déviance, entre le normal et le pathologique ? ».[1160]

D'une part, le modèle de dérégulation des télécoms de base reste partout le même : démonopolisation, régulation indépendante et concurrence. Cependant, la transition du cadre réglementaire européen présente trois principales différences quant à la libéralisation du droit de l'accès aux télécoms en Afrique. Ces différences respectives se situent aux niveaux des mises en œuvre du processus de dérégulation, des résultats de restructuration des marchés et des degrés de transformation du droit sectoriel des télécoms entre l'Europe et l'Afrique.

D'autre part, l'ère numérique présente de nouveau enjeux de pleine concurrence au-delà de la démonopolisation du secteur des télécoms. La connexion mondiale des marchés électroniques et la convergence des technologies numériques placent les États de manière synchrone face aux défis transfrontières de l'Internet. [1161] La globalisation du cyberespace présente de nouvelles réalités socio-économiques. La protection de la vie privée, la marchandisation des données personnelles, la cybercriminalité, les écrits numériques, les traces technologiques, les agents électroniques sont autant d'aspects sociétaux.

Tous ces enjeux de transition numérique motivent des retouches spécifiques de certains aspects du droit, en posant des défis en sens divers dans les marchés nationaux et internationaux.[1162] La souveraineté numérique est l'une des questions nouvelles que l'Internet pose aux États. **(Section 2)**

[1159] P. LEGRAND, *Le Droit comparé*, PUF, 5e éd., coll. « Que sais-je ? », Paris, 2015 (1999), p. 33.

[1160] *Ibidem.*

[1161] *Dictionnaire le petit Larousse illustré 2017.* Verbo « Synchrone », du grec : sugkhronos ou « *sun* », signifiant « avec », et de « *khronos* », se disant des mouvements qui se font en même temps.

[1162] O. ITEANU, Quand le digital défie l'État de droit, préc. pp. 9 et s.

SECTION I. L'INCLUSION DE L'AFRIQUE DANS LE RENOUVEAU DU DROIT INTERNATIONAL DES SERVICES DES TÉLÉCOMS

Les politiques néolibérales occidentales ont été distillées dans le reste du monde comme une contingence multilatérale, à travers l'accord de création de l'OMC en 1994 et celui spécifique sur les télécoms en 1997.[1163] Cet accord a engagé les États africains dans un schéma unique de démonopolisation des télécoms de base. Quelles ont été les étapes des transitions politico-juridiques ? Quels sont les fondements de la construction du libre marché planétaire des communications électroniques ? Quels ont été les enjeux technologiques dans les expériences de transformation des systèmes juridiques et institutionnels en Europe, en France, en Afrique et en RDC ?

En réalité, « la mondialisation de la dérégulation »[1164] a permis une structuration des marchés des télécoms sur un schéma uniforme pour tous les États du monde. « D'abord "nationales" et "régionales", les dérégulations des télécoms sont devenues un phénomène quasi universel qu'institutionnalise l'accord de l'OMC sur les télécoms ».[1165] Au départ de l'Occident, la dérégulation a ensuite inséré l'Afrique dans le commerce mondial des services de télécoms de base. Ce sont ces derniers qui ont configuré l'économie numérique actuelle. Même si les temps, les niveaux et les vitesses de réalisation des réformes diffèrent, le schéma néolibéral des télécoms a imprimé un mouvement de bascule du service public des télécoms vers le jeu concurrentiel des marchés.

Dès 1980-1990, la libéralisation des marchés a entraîné l'internationalisation des réseaux et la multinationalisation des opérateurs européens (et américains). À cette occasion, d'énormes disparités des règles juridiques se sont révélées entre l'Afrique et l'Europe. (Elles existent encore à ce jour.) Parallèlement, l'expansion transnationale des marchés a provoqué la confrontation des règles entre des systèmes juridiques différents. L'Europe et les États-Unis ont anticipé sur la situation, pour rapprocher des règles entre plusieurs ordres juridiques. À cet égard, les négociations de l'« *Uruguay round* » ont été engagées entre 1986 et1994 dans le cadre du GATT. Elles ont donné lieu aux accords de l'OMC.

C'est ainsi que la réforme des règles du commerce international a favorisé l'inclusion des marchés africains dans le nouvel ordre économique. En effet, « Le domaine de l'activité de l'OMC a été progressivement élargi. Il s'étend désormais non seulement au commerce des marchandises ([…] – le GATT), mais aussi à celui des services ([…] – AGCS) et aux questions de

---

[1163] [www.wto.org] (consulté le 2 juillet 2016) Les négociations de Uruguay Round furent conclu le 15 avril 1994 par l'accord de création de l'Organisation mondiale du commerce (OMC), lequel accord est entré en application au 1er janvier 2015. Par ailleurs, l'« accord spécifique sur les télécoms de base » (BATS) fut conclu le 15 février 1997 et applicable au 5 février 1998.

[1164] P. MUSSO, *op.cit,* p. 75 et s.

[1165] *Ibidem.*

propriété intellectuelle ([…] qui touche au commerce – ADPIC).[1166] ».[1167] La reproduction des principes libéraux euro-américains en Afrique a été la conséquence juridique de l'adhésion des États africains à l'OMC.[1168] **(§ 1)**

En revanche, les disparités internes du système juridique sur le continent demeurent, en dépit de son marché électronique florissant. En effet, elles ressortent précisément de l'aperçu des ordres politiques africains, de leurs droits nationaux ainsi que de leurs différentes initiatives d'intégration économique et juridique. Si l'Afrique n'est pas un système juridique homogène, les statistiques font néanmoins état de son économie numérique, comme à la fois enjeu et facteur de régulation. **(§ 2)**

§ 1. Le rapprochement des règles africaines et européennes des télécoms à travers l'OMC

Les accords de l'OMC de 1994 et 1997 ont réaligné les droits des télécoms africains dans le schéma de dérégulation européenne. Cependant, la justification de l'inclusion à l'OMC n'est pas la seule cause de cette transition des règles. L'imbrication des économies et des marchés a aussi obligé les États africains à procéder aux mêmes transformations d'institutions juridiques qu'ailleurs. En effet, « le droit des télécommunications est autant au service des politiques publiques (notamment des politiques de développement) qu'à celui des stratégies d'entreprise qui ne peuvent plus ignorer ses apports essentiels ».[1169] **(A)**

En revanche, le contexte africain ne présente pas le niveau d'intégration juridique et économique, identique à celui de l'Union européenne. Chaque pays africain a agi sur son droit positif au regard de sa souveraineté territoriale. Tel est le cas de la RDC qui a réformé ses lois de télécoms en 2002, en application des principes de l'OMC, mais en dehors de l'harmonisation ou de la communautarisation des droits africains. De ce fait, les modalités de mise en œuvre de la déréglementation diffèrent considérablement entre l'Europe et l'Afrique. **(B)**

[1166] F. DEHOUSSE et F. HAVELANGE, « Aspects audiovisuels des accords du GATT : exception ou spécificité culturelle », in C. DOUTRELEPONT (dir.), *L'Europe et les enjeux du GATT dans le domaine de l'audiovisuel,* Bruylant, 1994. A. HEROLDE, « Les aides publiques européennes au cinéma dans le cadre de l'OMC », IRIS Plus, *Observations de l'observatoire européen de l'audiovisuel,* éd. 2003-6. G. BOSSIS et R. ROMI, *Droit du cinéma,* LGDJ, coll. Systèmes, Paris, 2004, p. 132.

[1167] J.-PH. COLSON et P. IDOUX, *op.cit,* p. 576.

[1168] C. GUERRIER, « Droit international et des pays étrangers : Droit et accords OMC dans le domaine des télécommunications, la problématique africaine », préc., p. 92-97.

[1169] D. POPOVIC, *op.cit,* p. 45.

A. Les accords de l'OMC pour l'inclusion des États africains dans la dérégulation des télécoms

L'OMC a indéniablement engagé depuis 1994-1997 les États africains, y compris la RDC, dans le processus initié aux États-Unis et en Europe depuis les années 1980 en vue de la dérégulation des télécoms. À titre comparatif, il apparaît des différences majeures dans les modalités de conduite des réformes d'un continent à l'autre.

La colonisation et la mondialisation sont deux faits historiques du « grand désenclavement planétaire (1815-1991) ».[1170] Il en découle l'« enchaînement des parties du globe » ainsi que l'« explosion des flux qui ont besoin de réseaux, liaisons permanentes organisées ».[1171] À leur origine coloniale, les services publics monopolistiques africains présentaient les mêmes fondements idéologiques et juridiques qu'en Europe. Mais, dès les années 1980, cette dernière engagea son processus de libéralisation des télécoms.[1172] Dans les faits, la mondialisation a contribué à l'internationalisation des réseaux, à la diffusion du progrès technologique et à la multinationalisation des opérateurs. L'Europe entendait garantir l'activité de ses multinationales à l'étranger, grâce à des règles de jeu analogues à son marché intérieur.

Paradoxalement, l'élan de globalisation de l'économie se confrontait à la disparité des systèmes juridiques, face au retard des législations en Afrique. Les forces des marchés libéralisés à l'étranger exerçaient des pressions sur les monopoles publics dans les États africains. L'« impératif d'accès » résulte de la volonté politique pour chaque marché d'accéder aux services communs de télécoms, « parce qu'il y a des monopoles comme des réseaux de transport [et de communications], auxquels les opérateurs doivent avoir accès pour offrir leurs produits à des acheteurs ».[1173]La liaison des marchés occidentaux et africains est un aspect géopolitique[1174] sous-jacent de la mondialisation.[1175]

1170 PH. MOREAU DEFARGES, *La mondialisation... op.cit*, p. 17.

1171 *Ibidem*, p. 27.

1172 *Cf.* Partie 1, Titre 2, Chapitre 1 de la présente étude.

1173 M.-A. FRISON-ROCHE, *Les 100 mots de la régulation,* coll. « Que sais-je ? », PUF, 1re éd., 2011, p.7.

1174 *Cf.* pour le déplacement des facteurs de puissance dans la sphère des télécoms, M. VOLLE, « Géopolitique du Cyberespace », in P. HASNER (sous. la dir.), *Les Notices,* 2e éd., La documentation française, Paris, 2012, p.209-213. *Cahier français*, n°372, p. 8-11. L'auteur présente les influences du monde cinétique dans le cyberespace et vice-versa, autour des axes d'observation : « géopolitique de la cybercriminalité », « Délits financiers et crime organisé », « La démocratie menacée par la restauration du pouvoir féodal dans le cyberespace », « Guerre dans le cyberespace », « Faire entrer la démocratie dans le cyberespace ».

1175 PH. MOREAU DEFARGES, *La gouvernance... op.cit*, p.91. Selon l'auteur, « Le monde de la géopolitique s'organise autour de la guerre, des luttes pour les territoires, des jeux à somme nulle : les richesses se font par le pillage, la puissance par la conquête ». Au vu de la mondialisation des télécoms, la restructuration des monopoles africains en marché ouvert reste un enjeu économique, tout autant que l'aspect géopolitique relève du positionnement stratégique d'anciennes EPIC européennes, comme opérateur (nouveaux entrants), dans le nouveau contexte d'économie de marché.

Au départ de l'Occident, « les idées de dérégulation se fondent en principe, sur la croyance que seules les lois du marché peuvent suffire à organiser un secteur ».[1176]C'est ainsi que dès 1980, les États-Unis et l'Europe anticipèrent sur les enjeux technologiques et commerciaux en lançant l'idée d'étendre au domaine des services, les règles libérales du GATT, autrefois limitées au commerce des marchandises. La réforme du commerce international qui préexistait dans l'Accord du GATT est à la base d'un nouvel ordre économique mondial.[1177]

Cependant, la restructuration du marché électronique et son internationalisation impliquent la souveraineté des États. [1178] « Classiquement, la souveraineté s'entend de l'existence d'un monopole étatique sur l'énonciation et l'application du droit. La souveraineté s'entend notamment du pouvoir de dire le droit, de commander par la norme. "Dire la loi est le premier fondement de la souveraineté [1179] " ». [1180] L'étude de l'expérience en Europe démontre que le « droit des télécommunications s'"instrumentalise" », au regard des évolutions technologiques des marchés et des politiques. [1181] Les règles ordolibérales de l'Europe (et celles néolibérales des États-Unis) ont servi de modèle de réajustement des droits de télécoms dans les États tiers. Par conséquent, les États africains devaient eux-mêmes procéder à des politiques législatives de libéralisation du droit de l'accès aux marchés en faveur de leurs citoyens et face aux multinationales occidentales. L'application de la dérégulation des télécoms en Afrique se présente comme la « composante d'une politique multilatérale » de l'Occident en dehors de ses espaces de souveraineté.[1182]

L'OMC reste la source formelle de l'engagement des États africains dans le processus de dérégulation.[1183]En replacement de l'ex-GATT, l'OMC a été instituée le 15 avril 1994, par la signature de l'Acte final de Marrakech. Son Annexe 1B, est plus illustre dans ses sigles "AGCS" (en français) et "GATS" (en anglais). L'AGCS est à la base d'un « système commercial multilatéral intégré »: le préambule et l'article II de cet Acte final établissent l'OMC comme cadre institutionnel du commerce international. Son annexe 1B

[1176] D. POPOVIC, *op.cit,* p. 3.

[1177] *Cf.* [www.wto.org] (consulté le 2 juillet 2016). Le GATT régissait depuis 1947 le commerce international de marchandises. Les accords de l'OMC sont couramment appelés l'acte final de l'Uruguay Round négociations commerciales de 1986–1994. En 1994, l'Acte final contient des textes d'interprétation des articles de l'Accord du GATT de 1947.

[1178] Article 2, Charte des Nations Unies : « L'Organisation des Nations Unies et ses Membres, dans la poursuite des buts énoncés à l'article 1, doivent agir conformément aux principes suivants : 1. L'organisation est fondée sur le principe de l'égalité souveraine de tous ses Membres. […] »

[1179] K. BENYEKHLEF, *Une possible histoire de la norme*, Montréal, éd. Thémis, 2008, p. 55 et 56.

[1180] P. TRUDEL, *op.cit,* p. 10.

[1181] D. POPOVIC, *op.cit,* p. 45.

[1182] J. DO-NASCIMENTO, *op.cit,* p.123. UIT, « Une régulation efficace », Rapport, *Tendances des réformes dans les télécommunications*, 2002.

[1183] C. GUERRIER, *op.cit*, p. 96 et s. J. DO-NASCIMENTO, *op.cit,* p. 127-129.

(AGCS/GATS/OMC) réforme donc fondamentalement l'objet du droit international du commerce en y insérant désormais le domaine des services, à l'exception de ceux fournis par l'exercice du pouvoir régalien.[1184]

La contrainte de la dérégulation des télécoms en Afrique découle de cette base conventionnelle, négociée au fur et à mesure des sessions de l'*Uruguay Round* (1986-1993). Celles-ci ont abouti le 15 avril 1994 à la création de l'OMC, dont l'accord est entré en application au 1er janvier 2015. Cet accord a servi de passerelle d'influences pour l'adhésion des États africains aux objectifs de l'économie de marché. Ainsi, les États de traditions juridiques différentes ont pu engager des rounds « de dialogues qui se construisent autour des valeurs et des conceptions parfois différentes ».[1185]Sous l'égide de l'OMC, les modes d'organisation de marchés régulés ont été uniformisés sur la base des principes « ordolibéraux » européens et « néolibéraux » américains, en direction de l'Afrique.[1186]L'OMC/GATT a été institutionnalisé en 1994,[1187] mais d'autres négociations séparées ont permis une élévation progressive des niveaux de libéralisation des marchés des services entre les États européens et africains, à travers plusieurs accords sectoriels.[1188]

Le quatrième protocole du GATS/AGCS, issu du groupe de négociations sur les services (GNS), correspond à l'« accord spécifique sur les télécoms de base » (BATS) du 15 février 1997, applicable au 5 février 1998. Cet accord engage les États signataires à ouvrir à la concurrence leurs marchés de télécommunications. Le processus devait faire application des principes fondamentaux du GATS relatifs à l'accès au marché et au traitement national, selon des calendriers et des impacts différents.[1189] Les secteurs des services

---

1184 AGCS/GATS, Accord général sur le commerce et les services (OMC), [www.wto.org] (consulté le 14 juin 2015).

1185 P. TRUDEL, « La souveraineté en réseau », *op.cit,* p.14.

1186 F. DENORD, R. KNAEBEL, P. RIMBERT, « L'ordolibéralisme allemand, cage de fer pour le Vieux continent », *Le Monde diplomatique*, aout 2015, p. 20 et 21. « Contrairement aux libéraux classiques, les ordolibéraux ne considèrent pas le marché ou la propriété privée comme des produits de la nature, mais comme des constructions humaines, et donc fragiles. L'État doit rétablir la concurrence si elle ne fonctionne pas. »

1187 [www.wto.org] (consulté le 14 juillet 2016.) À la base de l'Organisation Internationale du Commerce, les accords du GATT avaient été signés par 23 États à Genève le 30 octobre 1947 et avaient pris effet le 1er janvier 1948. Les accords du Round de négociations d'Uruguay ont abouti à la mise en place de l'OMC en 1995, avec la signature par 123 États à Marrakech le 14 avril 1994.

1188 Après l'institutionnalisation de l'OMC en 1994, des groupes spécifiques de négociations avaient été mis en place, afin de poursuivre des négociations devant donner lieu à des engagements spécifiques. Cela devait concerner cinq secteurs dits « secteurs particuliers », à savoir : mouvements des personnes physiques, transports aériens, services financiers, transports maritimes, télécommunications de base.

1189 D. POPOVIC, *op.cit,* p. 30. « En ce qui concerne les États membres de l'UE, l'impact du 4e protocole demeure assez limité, vu qu'il n'impose pas d'obligations supplémentaires lorsqu'on le compare avec les dispositions communautaires pertinentes », déjà adoptées par les institutions européennes dans leur harmonisation du cadre réglementaire des télécommunications. *Cf.* pour les aspects de transformation du droit communautaire des télécoms en Europe : Chapitre 1 du présent titre de notre ouvrage.

et des équipements des télécoms font respectivement l'objet de cet accord : d'une part, le téléphone, le télex, la télécopie, la transmission des données et d'autre part, les moyens des transports des signaux (câbles, fibres optiques, fréquences hertziennes ou satellites).

Ainsi, l'accord général de l'OMC de 1994 (annexe 1B/AGCS) demeure la source formelle de la déréglementation en Afrique. Son accord spécifique sur les télécoms de 1997 engage, particulièrement, les États africains dans une transition des normes et des modes de gestion de leurs services publics en vue d'ouvrir les marchés nationaux au jeu de la concurrence internationale. Ces changements ont été perçus comme « contraints et forcés »[1190], là où d'autres y ont vu un « affrontement des parties du monde », duquel émergent des « normes universelles, gouvernance globale » dans « une mondialisation toujours plus inclusive ».[1191] Mais, le succès mondial de leur application tient du fait des soixante-dix États signataires dès le départ, dont trente-cinq africains sur les cinquante-cinq du continent.

Au moment de la conclusion de l'accord spécifique (BATS), l'ensemble des signataires représentait 90% du chiffre d'affaires du secteur mondial des télécoms.[1192] En effet, « Comme le GATT auparavant, l'OMC, rassemble l'immense majorité des États (153 membres et 35 observateurs au début de l'année 2009) au sein d'une sorte de forum de négociations continues [...]. Les missions de l'OMC consistent à assurer la mise en œuvre, l'administration et le fonctionnement du système commercial multilatéral établi par les traités conclus entre les États membres ».[1193]

Aux termes de l'AGCS/OMC, chaque partie contractante doit éliminer toutes les entraves susceptibles d'ériger des barrières à l'entrée des marchés de service et lutter contre les pratiques discriminatoires. À ces obligations générales, l'annexe relative aux services de télécommunications précise les conditions d'accès et d'exploitation des réseaux :

- l'interdiction est faite à l'opérateur de contrôler les infrastructures des réseaux à travers des opérations de concentrations industrielles ou de se trouver en position de monopole ;
- l'interconnexion doit être assurée pour l'ensemble des concurrents à n'importe quel point du réseau : l'interconnexion des réseaux suppose un accès sans contrainte des concurrents aux infrastructures ;
- la mise en œuvre de procédures objectives, transparentes et non discriminatoires d'attribution des ressources rares (fréquences, numérotation aux opérateurs et aux prestataires de réseaux…) ;
- l'élimination des pratiques anticoncurrentielles : subventions croisées, ententes entre opérateurs, rétention d'informations techniques […] ;

[1190] J. DO-NASCIMENTO, « La déréglementation du marché africain des télécommunications », in J-J GABAS (sous la dir.), *Société numérique et développement en Afrique, usage et politiques publiques*, éd. Karthala, Paris, 2004, p. 123.
[1191] P. MOREAU DEFARGES [2012a], *op.cit,* pp. 25, 84 et 110.
[1192] P. MUSSO, *op.cit,* pp.74 et s. C. GUERRIER, *op.cit*, p. 92.
[1193] J.-PH.COLSON et P. IDOUX, *op.cit,* p. 576.

- le contrôle des politiques de tarification : des mécanismes d'encadrement des tarifs peuvent être mis en œuvre pour éviter la distorsion de la concurrence ;
- l'obligation de service universel : les opérateurs doivent être soumis à des obligations de continuité du service, de fonctionnalité des équipements et de couverture géographique »

En 1999, la *Revue du droit de l'informatique et des télécoms* avait mené une étude très instructive sur l'adhésion réservée des pays du Tiers-Monde aux accords de l'OMC, en se référant à l'Afrique comme seul continent qui ne possédait aucun État très développé dans le secteur des télécommunications.[1194] Réfléchissant dans le contexte « Droit international et pays étrangers », Claudine Guerrier rappelle que pour l'OMC « la libéralisation est le maître mot. Elle implique des clauses juridiques précises ».[1195] Toutefois, tout en encourageant la libéralisation, il n'en demeure pas moins que l'État devait jouer un rôle moteur suivant les réformes de l'UIT ou de l'OMC dans le domaine des télécommunications. L'économie globalisée a immergé les pays en cours de développement dans le nouvel ordre juridique international, les contraignant à s'adapter au marché, à la concurrence. La nouvelle idéologie libérale a fait triompher la considération que la concurrence est un facteur de progrès, tant pour les spécialistes de l'économie que du droit.

Cependant, l'adhésion des États africains à l'OMC a été influencée par un relatif intérêt et par des appréhensions eu égard non seulement au retard de développement de leurs marchés mais aussi au manque de maîtrise cognitive des technologies sous-jacentes.[1196] Par conséquent, les « deux variables (investissement immatériel, expérience du marché) ont déterminé le positionnement des pays en voie de développement face aux négociations et à la ratification du 4e protocole (services de base de télécommunications) annexé à l'AGCS. »[1197]

Ainsi, plusieurs constats juridiques se dégagent avec des conséquences quant à l'application des normes de l'OMC entre l'Afrique et l'Europe, notamment.[1198] Le premier constat est que « la majorité des États africains n'a pas signé ces accords. […] C'est le cas de l'ex-Zaïre (ainsi dénommé au moment de la ratification), actuelle République Démocratique du Congo, qui n'a pu exploiter ses richesses naturelles pour se doter d'infrastructures

---

1194 *Droit de l'informatique et des télécoms, Computer & Telecoms law review*, Revue trimestrielle, avec la collab. de « EDIT », 16e année, Paris, 1999/1.

1195 C. GUERRIER, *op.cit*, p. 92.

1196 *Ibidem*, p. 93. En fait, l'« investissement immatériel, essentiel dans les technologies de l'information, comprend les logiciels, la recherche, indispensables aux services de télécommunications ».

1197 *Ibidem*, pp. 92-93.

1198 *Cf.* Point B (le point suivant) du présent ouvrage.

suffisamment fiables ».[1199] Le deuxième constant est que « beaucoup de pays en développement se sont refusés, en adhérant à ce protocole, à supporter des contraintes excessives auxquelles il aurait été impossible de se dérober ».[1200]

Par conséquent des réserves et des engagements spécifiques ont concerné les pays africains sur deux aspects : leur insistance à maintenir des droits spécifiques et spéciaux en faveur de l'opérateur historique ; les exemptions à la clause de la nation la plus privilégiée (NPF).[1201] « Telle est la "tentation" des États africains qui veulent accéder aux bienfaits de l'économie de marché tout en conservant une forme de souveraineté ».[1202] La doctrine a parlé d'« une peur justifiée de l'Afrique face à la mondialisation des marché ».[1203]

En définitive, les marchés africains ont été inclus par l'OMC dans la dynamique des réformes réglementaires des secteurs de télécoms, autour des objectifs de dérégulation. Dans la réforme, la « suppression des droits exclusifs et spéciaux et le principe de la Nation la plus favorisée sont des concepts incontournables. [...] Le droit des télécommunications, au niveau international, ajoute qu'une autorité de régulation, capable d'établir une solution de compromis entre anciens et nouveaux entrants, sera indispensable au gouvernement et à ses prétentions à la souveraineté sur les télécommunications ».[1204]

Avec l'OMC, les standards du système de marché et des principes de réglementation des télécoms sont identiques d'un continent à un autre. Il importe toutefois de comparer les modalités de leur application en Afrique et en Europe.

[1199] *Ibidem,* pp. 92-93.

[1200] *Ibid.*, pp. 94-95.

[1201] *Ibid.,* pp. 95. Notamment : « Le protectionnisme est de type "défensif". Il convient de le distinguer de l'ancien protectionnisme "offensif" des États-Unis d'Amérique et du Japon, qui maintenait des barrières douanières afin de gêner l'introduction des concurrents dans le domaine des TIC et accéder librement aux services des pays étrangers. Le protectionnisme "défensif" est condamné à moyen terme. L'Europe a été séduite (préférence communautaire) autrefois par ce concept, même si le principe progressiste libéral l'a emporté ».

[1202] *Ibid.*, p. 95.

[1203] G. BAKANDEJA, *op.cit*, p. 159. « À l'ère de la mondialisation des échanges et des marchés, d'aucuns s'interrogent sur ce qui peuvent tirer comme profit les pays en développement en général et ceux de l'Afrique en particulier dans ce phénomène qui, loin s'en faut n'est pas nouveau. [...] Mais, devant les inégalités criantes des économies qui persistent, [...] on peut se demander dans quelle mesure une telle ouverture ne comporte pas de risques d'aggravation de ces mêmes inégalités, voire de domination et d'une forme voilée de colonisation des pays en développement par ceux industrialisés ».

[1204] *Ibid.*, pp. 95-96.

B. La comparaison des procédés législatifs de la dérégulation des télécoms en Europe et en Afrique

Chaque État selon sa culture juridique a adopté les normes de l'OMC dans ses principes et objectifs ci-dessus, et les a appliquées de manière uniforme mais avec plus ou moins de rapidité. En Europe, notamment, où la mainmise sur les télécoms par l'État était souvent une donnée idéologique, la marche vers l'autorité de régulation indépendante fut lente.[1205] « Encore fallait-il que certains États, surtout en développement, cessent également de considérer que les télécommunications sont un élément de la souveraineté, vision incompatible avec la liberté des échanges ».[1206] Pour les États africains, comme la RDC, c'est par mimétisme contraint que l'ensemble des principes néolibéraux concourrait à s'appliquer, dans le contexte de transfert des technologies occidentales, de la mondialisation des marchés et particulièrement de la multinationalisation des opérateurs libéraux occidentaux vers les marchés africains en retard de déréglementation.

À la suite de la déréglementation européenne, la « rémanence »[1207] en Afrique des monopoles étatiques des télécoms créait une différence des structures des marchés. Cette disparité des systèmes juridiques constituait des obstacles pour la mondialisation des marchés électroniques. Les services publics monopolistiques contrastaient avec la liberté voulue pour assurer le dynamisme du marché des services, sa compétitivité, sa croissance, sa profitabilité, l'amélioration de la qualité d'offre des services aux consommateurs.

Et pourtant, la Commission européenne a inscrit ces objectifs du marché concurrentiel, dès le commencement du processus de libéralisation. En Europe, l'émergence de l'acquis communautaire européen se réfère à l'adoption en 1987 du *Livre vert* visait sur le développement du marché commun des services et de l'équipement de télécommunications.[1208] Les premières mesures formelles de libéralisation des télécoms portaient déjà en 1988 sur le marché des terminaux (directive 88/301/CEE)[1209] et en 1990 sur les services de télécoms (directive 90/388/CEE)[1210]. Il était question de supprimer les dernières restrictions à l'usage de l'infrastructure de réseaux.

[1205] *Cf.* Titre 1, Chapitre 2 du présent ouvrage.

[1206] *Ibid.*, p. 95.

[1207] Dictionnaire : *Le petit Larousse illustré 2017*, p. 992. *Verbo* « Rémanence » : se dit de la « propriété d'une sensation virtuelle, notamment visuelle, de persister après la disparition du stimulus ». Pour notre contexte, le terme traduit le fait que les monopoles demeuraient encore sur le continent africain, alors que ses fondements originels, hérités de l'Europe coloniale, y avaient déjà été balayés.

[1208] COM (87) 290 du 30 juin 1987.

[1209] Directive 88/301/CEEE de la Commission du 16 mai 1988 relative à la concurrence dans les marchés de terminaux de télécommunications, dite directive « terminaux de télécommunications », JOCE, L113, 27 mai 1988, p. 73.

[1210] Directive 90/388/CEE de la Commission du 28 juin 1990 relative à la concurrence dans les marchés des services de télécommunications, dite directive « services de télécommunications », JOCE, L192, 24 juin 1990, p. 10.

La directive 96/19/CE[1211] réalisa cet objectif particulier de libéralisation. La pleine concurrence a ainsi été garantie par l'ouverture des réseaux au 1er janvier 1998, à l'issue de plusieurs révisions du cadre réglementaire.[1212]

Comme l'Europe avait déjà initié l'ouverture du droit de l'accès sur ses propres marchés, le retard législatif des secteurs africains de télécoms constituait une entrave au développement des télécoms, au vu de l'internationalisation des réseaux. Aujourd'hui encore, l'acquis du droit européen traduit cette considération, selon laquelle « le développement des services de la société de l'information est limité par un certain nombre d'obstacles juridiques au bon fonctionnement du marché intérieur s'il arrivait à subsister les divergences des législations ainsi que l'insécurité juridique des régimes nationaux applicables à ces services ».[1213]

C'est pourquoi depuis le milieu de la décennie 1990, les accords interétatiques de l'OMC veillent à assurer la mise en concordance des règles internationales des marchés de services de télécoms. L'approche multilatérale a permis aux États africains d'adopter la libéralisation de leurs services publics monopolistiques, d'héritage colonial. De la sorte, le *« droit d'ailleurs »* s'est diffusé en Afrique, selon les termes du doyen Jean Carbonnier dans sa réflexion sur la « production du droit ».[1214] Il est ainsi question des « droits venus d'ailleurs » et « des droits qui ne se cachent pas d'être étrangers ».[1215] En France, « On aurait pu supposer que de Gaulle, par une certaine idée de la France, répugnerait à laisser s'installer dans notre système de droit une sorte de législateur apatride ».[1216] Mais en Afrique, l'adhésion massive des États à l'OMC produisit un mimétisme de l'expérience européenne pour une transition des politiques législatives des télécoms.[1217]

Par conséquent, les droits nationaux africains ont été réformés à un seuil minimum répondant à la temporalité et à la matérialité des droits européens,

---

1211 Directive 96/19/CE de la Commission du 13 mars 1996 modifiant la directive 90/388/CEE en ce qui concerne la réalisation de la pleine concurrence sur le marché des services de télécommunications, JOCE, L 74, 22 mars 1996, p. 13.

1212 Directive 94/46/CE de la Commission du 13 octobre 1994 modifiant les directives 88/301/CEE et 90/388/CEE en ce qui concerne en particuliers les communications par satellite, JOCE L 268, 19 octobre 1994, p. 15. Directive 95/51/CE de la Commission du 18 octobre 1995 modifiant les directives 98/388/CEE et 90/388/CEE en ce qui concerne la suppression des restrictions à l'utilisation des réseaux câblés de télévisions pour la fourniture de services de télécommunications déjà libéralisés, JOCE, L 256, 26 octobre 1995, p. 49. Directive 96/2/CE de la Commission du 16 janvier 1996 modifiant la directive 90/388/CEE en ce qui concerne les communications mobiles et personnelles, JOCE, L 20, 26 janvier 1996, p. 59.

1213 Considérant n°05, directive 2000/31/CE du 8 juin 2000, préc.

1214 J. CARBONNIER, *Droit et passion du droit sous la Ve République*, préc, p. 44.

1215 *Ibid.*

1216 *Ibid.*, p. 47-48.

1217 Il est à rappeler que 35 pays africains sur les 55 du continent étaient signataires de l'accord spécifique de l'OMC de 1997 sur les télécommunications, sur les 70 signataires de départ.

en application des règles du droit international. La dérégulation en Afrique a été réalisée par la synergie d'actions entre l'OMC et d'autres organisations internationales. À cet effet, l'UIT,[1218] le FMI,[1219] et la BM[1220] exercèrent (et exercent encore) un véritable pouvoir réformateur des institutions juridiques sur ce continent, car elles sont « du nombre des institutions internationales appelées à jouer un rôle incontournable dans l'action publique sur l'économie ».[1221]

Premièrement, l'UIT a développé une force d'imposition de ses méthodes vis-à-vis des États africains, qui sont, depuis leurs époques coloniales, membres de cette plus ancienne organisation internationale de l'histoire.[1222] Paradoxalement, l'UIT trouvait vocation à faire appliquer en Afrique les accords de l'OMC (1994 et 1997), alors qu'elle n'avait guère usé d'autant de pouvoirs réels, ni de contraintes en Europe. En effet, à l'occasion du tournant décisif de l'Europe des télécoms des années 1980, l'UIT fut davantage considérée comme une instance de discussion. Néanmoins, sa compétence internationale primait sur les aspects d'utilisation des fréquences radioélectriques. La politique européenne en la matière reste dans les limites de la Conférence européenne des administrations des postes et

---

1218 [www.itu.int] (consulté le 2 juillet 2016.) L'UIT a été fondée à Paris en 1865 sous le nom de l'Union télégraphique internationale. Elle porte son nom actuel depuis 1932. En 1947, elle est devenue l'une des institutions spécialisées de l'ONU. Bien que son domaine initial d'activité fût la télégraphie, ses travaux couvrent aujourd'hui l'ensemble du secteur des TIC, de radiodiffusion numérique à l'Internet, en passant par les technologies mobiles et la TV3D. Elle compte aujourd'hui 193 pays membres et près de 800 entités du secteur privé et établissements universitaires membres de secteur. Elle reste fondée sur la coopération internationale entre les gouvernements (États membres) et le secteur privé (membres de secteur, Associés, établissements universitaires).

1219 [www.imf.org] (consulté le 2 juillet 2016.) Le FMI (le Fonds) a été créé en juillet 1944, lors d'une conférence de l'ONU à Bretton Woods dans le New Hampshire (États-Unis). Il encourage la stabilité financière et la coopération monétaire internationale, et s'efforce aussi de faciliter le commerce international, d'œuvrer en faveur d'un emploi élevé et d'une croissance économique durable, et de faire reculer la pauvreté dans le monde. Le FMI est gouverné par ses 189 États membres, auquel il rend compte de son action.

1220 [www.banquemondiale.ord] (consulté le 2 juillet 2016.) La Banque mondiale, depuis sa création, s'est élargie pour passer d'une seule institution à un groupe de cinq organismes de développement étroitement liés entre eux. Initialement chargée de soutenir le processus de reconstruction et de développement d'après-guerre (d'où son nom), la Banque internationale pour la reconstruction et le développement (BIRD) a désormais pour mandat de réduire la pauvreté dans le monde aux côtés de son institution affiliée, l'Association internationale de développement (IDA), et les autres membres du Groupe de la Banque mondiale, la Société financière internationale (IFC), l'Agence multilatérale de garantie des investissements (MIGA) et le Centre international pour le règlement des différents relatifs aux investissements (CIRDI).

1221 J.-PH. COLSON et P. IDOUX, *op.cit,* p. 573.

1222 J. CATTAN, *op.cit,* p.24. A. MANIN, « organisations internationales », *Répertoire international*, Dalloz, 1998, p. 20 et s. Sans dénier leurs anciennetés aux premières commissions fluviales du Danube et du Rhin, l'UIT est l'émanation et la continuité de l'Union internationale du télégraphe créée en 1865. À ce jour, l'UIT compte parmi les agences du système de l'ONU. L'UIT fournit le cadre institutionnel nécessaire à la coordination des politiques des télécoms dans ses 193 États membres.

télécommunications au niveau européen.[1223] Pour le reste, l'ensemble de l'harmonisation européenne a été réalisée sous l'autorité de ses institutions, à travers la transposition de leurs directives et autres règles par les États membres.[1224] L'Europe avait pu s'assurer de la sauvegarde de ses intérêts économiques tant nationaux que communautarisés,[1225] préalablement aux mesures de libéralisation. Elle avait donc su, contrairement à l'Afrique, maîtriser ses propres enjeux politiques dans le décloisonnement de ses marchés territoriaux et dans la dérégulation de son marché intérieur, dans l'ordre de la mondialisation de l'économie.[1226]

Deuxièmement, les institutions financières internationales, dites de *Breton Wood*, se trouvaient déjà en 1994-1997 en « Programme d'Ajustement Structurel » (PAS) avec les États africains.[1227] Les finances publiques de ces derniers étaient en réelle difficulté au cours des années 1990, de sorte que cet état de faiblesse accroissait les besoins de leur trésor public.[1228] La dérégulation des télécoms permettait d'espérer l'ouverture des droits d'accès, afin de bénéficier d'investissements et de capitaux étrangers

---

[1223] D. BOULAUD, *op.cit*, p. 19. L'harmonisation de l'utilisation du spectre radioélectrique est assurée, au niveau international par l'UIT et ses CMR. La CEPT, regroupant 43 membres est impliqué au niveau européen. Mais les décisions ne sont pas de la compétence des institutions européennes et la législation communautaire sur le sujet n'est que partielle.

[1224] Directive 88/301/CEE de la Commission du 16 mai 1988 relative à la concurrence dans les marchés de terminaux de télécommunications, dite directive « terminaux de télécommunications », JOCE, L113, 27 mai 1988, p. 73. Directive 90/388/CEE de la Commission du 28 juin 1990 relative à la concurrence dans les marchés des services de télécommunications, dite « services de télécommunications », JOCE, L192, 24 juin 1990, p. 10. Directive 96/19/CE de la Commission du 13 mars 1996 modifiant la directive 90/388/CEE en ce qui concerne la réalisation de la pleine concurrence sur le marché des services de télécommunications, JOCE, L74, 22 mars 1996, p. 13.[1224] Considérant n°05, directive 2000/31/CE du 8 juin 2000, préc.

[1225] M. CARPENTIER, *Télécommunications en Europe,* Bruxelles, CEE, 1998, p.18, cité par R. GILARDIN, *op.cit,* p.38.« Par comparaison avec les potentiels concurrents, aucun marché national européen ne représentait plus de 6% du marché mondial, pour plus de 35% pour le marché étasunien et près de 11% pour le marché japonais, alors que le marché potentiel que constituait la CEE représentait 22,4% du marché mondial. »

[1226] En s'ouvrant graduellement à la libéralisation, elle brisa d'abord les cartels et autres monopoles verticaux des équipements et des réseaux sur ses marchés locaux et territoriaux. Ensuite, elle libéralisa les services des télécoms dans tout son espace économique. Enfin, elle assura l'accès aux infrastructures de ses opérateurs historiques ainsi que la pleine concurrence, en habilitant des organes indépendants de régulation de veiller au bon fonctionnement du jeu du marché.

[1227] [www.imf.org] (consulté le 2 juillet 2016.) Le FMI (le Fonds) a été créé en juillet 1944, lors d'une conférence de l'ONU à Bretton Woods dans le New Hampshire (États-Unis). Il encourage la stabilité financière et la coopération monétaire internationale, et s'efforce aussi de faciliter le commerce international, d'œuvrer en faveur d'un emploi élevé et d'une croissance économique durable, et de faire reculer la pauvreté dans le monde. Le FMI est gouverné par ses 189 États membres, auquel il rend compte de son action.

[1228] Dans le cadre du quatrième protocole annexé à l'AGS, l'Afrique du Sud, la Côte d'Ivoire, le Ghana, l'Ile Maurice, le Sénégal, le Maroc, la Tunisie, le Nigéria, la RDC, Djibouti, la Gambie et le Zimbabwe contractèrent des obligations conventionnelles aux prêts contre mesure de libéralisation du PAS.

sur leurs territoires. En même temps, cette transformation offrait l'opportunité d'entrée des devises extérieures en contrepartie de la concession des droits d'exploitation à accorder à des multinationales étrangères sur leurs marchés.[1229] De surcroît, les conditionnalités de prêt de la BM et du FMI, au titre de « *linkage financier* » additionnel, requéraient des privatisations des entreprises publiques à monopole.[1230]

En France, les mesures de libéralisation des télécoms avaient été approfondies par le changement de statut de France Télécom. Celle-ci était passée du statut d'EPA à EPIC, avant de devenir une société anonyme et de céder enfin les parts majoritaires de l'État dans ladite société. Mais, en Afrique, toutes ces restructurations non spécifiques aux télécoms ont souvent participé, sans cohérence directe, à la déclinaison du modèle néolibéral dans le contexte des États africains. Un constat s'est précisé quant à leur manque général de maîtrise et de préparation dans l'adoption du modèle ordo-libéral européen.[1231]

En définitive, pour les États africains dans les années 1990, le dynamisme de leurs propres politiques publiques ne fut pas à la base de la libéralisation de leurs secteurs de télécoms. Ils escomptaient, en contrepartie de la fin des monopoles, des transferts de technologies et de capitaux, grâce à de nouveaux investissements privés étrangers. Les réformes engagées sur le plan national, faisaient également suite à une dimension géopolitique à l'aube des années 2000, eu égard à l'extraversion et à l'extension des marchés électroniques européens. Leurs opérateurs historiques, anciennement détenteurs de monopole, étaient déjà à la conquête d'autres marchés territoriaux, en se transformant en firmes multinationales. La sagesse de l'histoire retient que« ces poussées du commerce, dans le sillage des grandes découvertes (XVe siècle) puis de la révolution industrielle (XIXe siècle) s'accompagnent toujours de grandes mutations politiques ».[1232]

Dans le « tissu économique planétaire », [1233] l'essor des télécoms s'inscrivait « dans ce mouvement de planétarisation où il faut toujours produire la meilleure qualité, au meilleur endroit, dans les meilleurs délais, au meilleur prix, à proximité des marchés les plus porteurs (aujourd'hui,

---

[1229] K. NDUKUMA ADJAYI, *op.cit*, pp. 84 et 112. UIT, *Rapport Indicateurs des télécommunications africaines*, 2001. L'adjudication par le Maroc en juillet 1999 de sa première licence (GSM-900) à un exploitant privé pour un montant de un milliard de dollars suscita des émules, sans malheureusement atteindre le seuil des ressources financières réalisées : cas du Sénégal en 2000 avec la 2ème licence reprise à SENTEL en vue de sa remise aux enchères ; Cas de la RDC en 1998 avec la première licence GSM 1800 à CWN, *Congolese Wireless Network*, pour la modique somme de cent fois moins cher (2.000.000 $) qu'au Maroc et payée en plusieurs tranches.

[1230] J. DO-NASCIMENTO, *op.cit*, pp. 140 et s. L'Angola, le Kenya et la Mauritanie sont les autres États africains qui cédèrent au linkage en vue du déblocage des fonds alloués dans les PAS en contrepartie des mesures effectives de libéralisation.

[1231] *Cf.* Titre II, Chapitre 1, Section II, du présent ouvrage.

[1232] PH. MOREAU DEFARGES, *La mondialisation*, préc., p. 51.

[1233] *Ibid.*, p. 100.

l'Asie-Pacifique, demain, l'Afrique) ». [1234] Le processus économique de mondialisation créait une dynamique globale, entraînant une forme d'européanisation du droit africain et (d'américanisation) des marchés des télécoms. Il est également évident que la « mondialisation appelle un ordre universel ne laissant en principe personne lui échapper », d'autant que « [l]a seule défense contre la mondialisation réside dans la soumission à ses lois : commercialisation, marchandisation, juridicisation ». [1235] Toutefois, le système juridique africain présente des disparités et des particularités de contexte, qui le fragilise à propos.

§ 2. Les disparités du système juridique africain en contraste de son économie numérique

Les enjeux des télécoms et du numérique sont à la base des transformations des droits, des économies et des marchés. Il est important de « contextualiser »[1236] dans les institutions juridiques en Afrique, les réformes engagées à la suite des changements des règles européennes sur les télécoms de base. Le droit de l'Union européenne s'inscrit dans l'objectif de construction du marché intérieur, alors que les ordres juridiques nationaux africains sont pour la plupart non-communautarisés. En réalité, si l'autorité des règles européennes se confronte à d'autres souverainetés nationales, en dehors de son espace économique. [1237] La globalisation des réseaux s'accompagne d'un rapprochement des droits nationaux européens et africains. Les échanges transcontinentaux et transnationaux comportent un facteur de risque, si de trop grandes différences existent dans les structures de marchés et les formes de régulation entre différents systèmes juridiques.

Particulièrement, les États africains ne disposent pas d'un marché intégré, ni d'une unicité de leurs ordres juridiques à l'échelle continentale, à la différence de l'Union européenne et de ses États membres. Les nombreux sous-ensembles régionaux africains tentent d'opérer leurs intégrations politiques et économiques. L'hétérogénéité du système juridique africain est très démonstrative à travers son aperçu. Il est dès lors nécessaire de justifier le choix d'un « droit de rattachement », car il n'est point possible de parler d'un « Droit africain » comparable au droit de l'UE ou au droit français. Le

---

[1234] *Ibid.*, pp. 110 et 111.

[1235] *Ibid.*, pp. 123 et 124.

[1236] « Contextualiser » : replacer une action, un fait dans le contexte historique, social, artistique, etc., dans lequel ils se sont produits. (*Le petit Larousse Illustré 2017*, Dictionnaire de langue française, p. 293.)

[1237] L. DUGUIT, *op.cit*, pp. 9, 11 et 13. « Les deux mots latins dont paraît dériver le mot souveraineté, *superanus* et *supremitas*, désignaient le caractère de celui dont la seigneurie ne relevait d'aucune seigneurie supérieure [...] L'État est la nation organisée ; il est titulaire de la souveraineté [...] De là dérivent directement la notion de souveraineté nationale une indivisible, inaliénable et imprescriptible, notions formulées dans les déclarations et les constitutions de la période révolutionnaire. [...] Cette notion de personnalité de la nation, support de la souveraineté. »

droit en RDCongo se prête comme un cadre juridique autonome, avec une cohérence des sources, en vue d'une comparaison des politiques législatives européennes, depuis les télécoms jusqu'à l'ère numérique. Pour le moment, les systèmes juridiques présentent en Afrique de fortes disparités de régimes quant à l'économie numérique **(A)**. Il n'en demeure pas moins une économie numérique profilée sur le continent, avec des indicateurs-clés. **(B)**

A. L'hétérogénéité des systèmes juridiques de l'Afrique face aux enjeux mondiaux des télécoms

L'Afrique n'étant pas un système juridique intégré, plusieurs organisations régionales tentent l'harmonisation des droits nationaux d'économie numérique, tout en conduisant des projets intégrateurs sur les télécoms dans leurs sous-ensembles économiques. L'intitulé « Union africaine » (UA, en sigle) désigne son institution politique, sans que ses droits nationaux ne soient placés sous l'autorité d'un système homogène. L'UA est la seule organisation d'échelle continentale, mais ses objectifs d'intégration politique du continent sont encore loin d'être matérialisés. Elle n'exerce pas d'autorité supranationale. Le niveau d'intégration économique et juridique de ses États membres est insuffisant.

À propos, l'Union Africaine, ancienne OUA, s'est assignée pour objectif de « promouvoir et défendre les positions africaines communes sur les questions d'intérêt pour le continent et ses peuples ». [1238] Elle travaille pour« la solidarité et l'unité parmi les Africains », que les chiffres officiels de 2014 placent au nombre d'1.156.648.000 habitants.[1239] Elle est la plus grande organisation des États africains, créée en 2002, à Durban en Afrique du Sud, en application de la déclaration de Syrte du 9 septembre 1999. La mise en place de ses institutions a eu lieu en juillet 2003 au Sommet de Maputo au Mozambique. Ses missions et son fonctionnement ne la placent pas au cœur de la gestion des enjeux des télécoms, ni des réformes législatives nationales se rapportant aux transformations des marchés électroniques de son continent.[1240] L'Afrique n'est pas un système juridique comparable à l'Europe : cette dernière a « l'allure d'un réseau au sein duquel s'élabore une internormativité visant à assurer un dialogue entre différents ordres juridiques capables de générer des effets non seulement sur le territoire européen, mais partout aux différents lieux du réseau avec lequel il existe des interconnexions ».[1241]

L'hétérogénéité du système africain ne permet pas une approche cohérente de droit comparé avec l'Europe, si aucun droit national n'est

---

[1238] Article 3, b), c) et d), Acte constitutif de l'UA, signé à Lomé (Togo) le 11 juillet 2000 [www.achpr.org/fr/instruments/au-constitutive-act] consulté le 12 juillet 2016).
[1239] [http://www.au.int/fr] (consulté le 13 juillet 2016).
[1240] *Ibidem.*
[1241] P. TRUDEL, « La souveraineté en réseau », *op.cit*, p. 13.

particulièrement pris en compte.[1242] La comparaison avec le droit congolais présente l'avantage d'observer les changements législatifs dans le secteur des télécoms à la lumière des expériences européennes et françaises. En tant que deuxième « grand pays » africain par sa superficie après l'Algérie, la RDC est au centre du continent. Sa situation géographique lui permet de partager neuf frontières nationales avec les pays limitrophes. Cette position lui assure sa participation aux organisations sous-régionales du Centre, du Sud, de l'Est et de l'Ouest du continent.[1243]

Historiquement, la dissemblance des traditions juridiques entre États africains est liée à leur histoire coloniale et aux réalités locales. Les puissances occidentales signataires de l'Acte de la Conférence de Berlin du 26 février 1885 [1244] avaient tracé les frontières administratives de leurs colonies, tout en définissant des zones de libre-échange et de libre circulation.[1245] Depuis leurs accessions à l'indépendance, les États africains exercent leurs souverainetés territoriales, sans avoir construit un « droit communautaire ».[1246] Qu'il s'agisse du monopole des services publics ou de la dérégulation des marchés de télécoms, les droits nationaux en Afrique restent marqués par les évolutions d'enjeux économiques, techniques et juridiques, telles qu'initiées de l'Occident. Les accords de l'OMC de 1994 et de 1997 servent d'illustration, quant à l'alignement de l'Afrique au schéma de démonopolisation pour une économie de marché.[1247]

Ce ne sont pas les organisations régionales ou sous-régionales africaines qui furent à l'origine des réformes du cadre juridique des télécoms. Elles demeurent un héritage d'implantation coloniale, de même que les règles de droit public général les situant dans le cadre d'un service public. « La

---

1242 *Cf.* Titre II, Chapitre 2 du présent ouvrage (et l'intégralité de son Tome 2). Pour la suite et autant que nécessaire, l'Afrique sert de contexte général des allusions de disparités, mais c'est le droit congolais qui sert de principal cadre de notre étude.

1243 Consulté le 26 septembre 2016 : [http://www.diplomatie.gouv.fr/fr/dossiers-pays/republique-democratique-du-congo/presentation-de-la-republique-democratique-du-congo/article/geographie-et-histoire-80709]

1244 H. BRUNSHWIG, *Le partage de l'Afrique noire,* Paris, Flammarion, 2009 (1971), cité par C. DE GEMAUX, « La Conférence de Berlin, 1885 », *Herodote.net, Toute l'histoire en un clic,* p. 1 et s. [www.herodote.net/Text/berlin-1885.pdf] (consulté le 12 juillet 2016). La Conférence de Berlin fut organisée du 15 novembre 1884 au 26 février 1885 par le Chancelier Bismark en collaboration avec l'ambassadeur de France, Alphonse Chodron de Courcel. Elle traita d'espaces et colonies en Afrique.

1245 I. SURUN (sous la dir.), *Les sociétés coloniales à l'âge des empires (1850-1960),* Neuilly-sur-Seine, Atlande, 2012, p.71. « L'affirmation inexacte selon laquelle les européens se seraient partagés l'Afrique vient notamment du fait de la fixation arbitraire des frontières du bassin commercial du Congo. »

1246 G. CORNU, *op.cit,* p. 207. *Verbo* « communautaire » : le « Droit communautaire » est le « Droit de l'Union européenne ; ensemble des règles matérielles uniformes applicables dans les États membres de l'Union dont la source primaire est constituée par les traités d'institution et la partie dérivée par les règles établies par les institutions communautaires en application des traités ».

1247 Plusieurs organisations multinationales extérieures (OMC, UIT, BM, FMI) menèrent directement la démarche pour ces changements, avec et auprès des États africains.

plasticité de la notion de service public tient lieu de sa justification historique, car elle est construite en France comme technique d'accompagnement juridique du passage de l'État libéral du XIXe siècle à l'État interventionniste du XXe siècle. Mais la notion est évolutive ».[1248] En effet, « Rainaud constate que "le service public apparait d'abord comme une intervention politique avant de devenir une notion juridique". De ce fait, il est sujet aux fluctuations d'ordre politique, mais ceci [...] ne se laisse plus enfermer dans les stricts schèmes du droit ».[1249]

Tout à l'inverse de l'Europe, les institutions africaines n'ont pas été à l'origine de la mutation technologique des télécoms vers l'économie numérique, ni à celle de transformation du mode d'intervention publique dans ce domaine. À défaut d'un marché unique et d'un ordre juridique à l'échelon continental, de fortes dissemblances d'objectifs et de niveaux d'intégration caractérisent la coexistence entre les multiples organisations des sous-régions de l'Afrique en matière des télécoms ou d'économie numérique. Chaque État conserve sa pleine souveraineté territoriale : les législations nationales restent autonomes et relèvent de la constitution de chaque pays, à moins d'une formalité contraignante, expressément reconnue aux actes constitutifs des organisations sous-régionales.[1250]

Les plus significatives d'entre elles sont : la CEDEAO[1251], la CEMAC[1252], la SADC[1253], l'EAC[1254], la Commission de l'Océan indien, la CEEAC[1255],

---

1248 M. DE VILLIERS et T. DE BERRANGER (sous la dir.), *Droit public général, institutions politiques, administratives et européennes, droit administratif, finances publiques et droit fiscal,* LexisNexis, Coll. Manuel, Paris, 2015, p. 517.

1249 *Ibidem.*

1250 Comme cela est précisé, cette valeur s'attache par exemple au traité constitutif de l'OHADA et à ses actes uniformes. Il en est de même des règlements de l'UEMOA et de ses actes uniformes. Ces deux cas relèvement d'une intégration juridique, avec un droit communautaire affirmé. En revanche, l'Union africaine reste une organisation politique sans autorité supranationale sur la souveraineté des États.

1251 [http://ecowas.int/] (consulté le 13 juillet 2016.) Communauté économique des États d'Afrique de l'Ouest. Le Marché commun de l'Afrique orientale et australe aussi connu sous son acronyme anglais COMESA (*Common Market for Eastern and Southern Africa*), est une organisation internationale à vocation régionale de l'Est africain dont l'objectif est de créer une union douanière entre ses vingt pays membres.

1252 [http://www.cemac.int/] (consulté le 13 juillet 2016.) Communauté Économique et Monétaire de l'Afrique Centrale.

1253 [http://www.sadc.int] (consulté le 13 juillet 2016.) Communauté de développement d'Afrique australe.

1254 [http://www.eac.int] (consulté le 13 juillet 2016.) Communauté d'Afrique de l'Est (EAC). Objectifs : promouvoir le développement et la coopération entre le Kenya, l'Ouganda et la Tanzanie. L'EAC est une organisation intergouvernementale des Républiques du Kenya, de l'Ouganda et de Tanzanie qui partagent une histoire, une langue, une culture et des infrastructures communs. Ces avantages fournissent aux États partenaires un cadre unique pour la coopération régionale. Sur le site officiel, il n'est pas renseigné des projets en rapport aux TIC.

1255 [http://www.ceeac-eccas.org] (consulté le 13 juillet 2016.) Communauté économique des États d'Afrique centrale.

l'UMA[1256], etc. C'est ainsi qu'en Afrique diverses initiatives localisées permettent d'élaborer et d'exécuter des règles et des projets en matière de TIC, mais seulement à des échelles de quelques États adhérents. Toutefois, il y a des efforts d'harmonisation du droit des affaires et des initiatives de mise en cohérence des institutions et des règles juridiques continentales. L'organisation africaine des télécoms est limitée au panorama d'institutions étatiques sous-régionales politique et économique, spécialement parmi celles qui adoptent ou exécutent des projets et des normes des communications électroniques ou de l'Internet.

Il en est ainsi, par exemple, des zones de libre-échange de la SADC et du COMESA, qui autorisent l'itinérance mobile transfrontalière (dite *« international roaming »)* entre États membres. De même, la CEPGL ou la CEAC offrent des possibilités d'interconnexions directes ou de commerce électronique. Selon son Traité constitutif, le COMESA entend créer un corps unifié de règles et établir des conditions minimales de concurrence pour la création d'un marché libéralisé, dans le but de l'intégration régionale. Cette organisation dispose d'une politique des TIC et d'un projet d'harmonisation de la réglementation. Sa feuille de route envisage d'appliquer des principes réglementaires nationaux répondant aux enjeux de la libéralisation des marchés. Son objectif d'intégration économique place les infrastructures de télécoms, dans le même lot que le transport de marchandises, la circulation des personnes par voies routières, ferrées ou aériennes.

En ce sens, les infrastructures de transport, de télécoms, d'énergie et d'eau font l'objet d'un modèle d'intégration des services d'utilité publique, réunis dans un même cycle de résultats. Le COMESA considère les moyens de communications comme des facilités, dans la conclusion et l'exécution des contrats commerciaux, le transfert des données et la commercialisation des produits.[1257]

De son coté, la CEEAC a entrepris l'harmonisation des réglementations nationales des TIC (télécoms de base et Internet), notamment en élaborant deux lois-types sur les télécoms et sur la cybersécurité (en cours d'adoption) pour la sous-région d'Afrique centrale. Son programme vise à développer des infrastructures de communications électroniques à large bande, en envisageant un plan d'interconnexion par fibre optique de ses États membres. Des points d'échanges Internet nationaux et régionaux sont

---

[1256] [http://www.maghrebarabe.org/fr/ (consulté le 13 juillet 2016.) Union du Maghreb arabe. Créée en février 1989, l'UMA désigne l'organisation économique et politique formée par les cinq pays dits du « Maghreb arabe », à savoir l'Algérie, la Libye, le Maroc, la Tunisie ainsi que la Mauritanie, Son siège du secrétariat général est situé au Maroc, à Rabat.

[1257] [www.comesa.int] (consulté le 13 juillet 2016.) Ce marché commun, fondé en décembre 1994 pour renforcer un accord de libre-échange en place depuis 1981, regroupe une population totale de 475 millions d'habitants et a un produit intérieur brut réel total de 677 milliards US $ en 2014. Le volume des transactions commerciales entre les pays membres et le reste du monde atteint annuellement 52 à 60 milliards US $ entre 1997 et 2002.

également en cours de mise en œuvre au sein de la CEEAC, dans le cadre de sa vision stratégique à l'horizon 2025.[1258]

Par ailleurs, deux projets de portée panafricaine comportent des enjeux des télécoms. Il s'agit premièrement du NEPAD. Il présente une approche d'ensemble des politiques publiques, dans le but d'harmoniser des politiques nationales et régionales dans les domaines suivants : infrastructures, développement des marchés et du commerce. Il vise également l'amélioration des infrastructures régionales de transport, d'eau et d'énergie. Selon ses estimations, le besoin pour l'atteinte des objectifs en infrastructures est situé à 93 milliards de dollars d'investissement annuel sur le continent. S'agissant des télécoms, ce vaste programme de développement dispose d'un consensus continental global autour de son projet « *e-Africa* ».[1259]

Deuxièmement, 45 pays africains sur 54 ont signé en mars 2005 la convention de l'organisation africaine de communication par Satellite (RASCOM, en sigle). Elle est censée traduire en services et outils d'intégration africaine, toutes les possibilités offertes par les satellites en y associant, si nécessaire toute autre technologie appropriée. Le lancement en orbite du satellite panafricain « RASCOM-QA F1R » en août 2010 marque le couronnement des efforts de grande envergure dans le domaine des télécoms. RASCOM poursuit ses missions : d'une part, celle de concevoir et de mettre en œuvre le système de télécoms par satellite et d'autre part, celle d'exploiter et entretenir le secteur spatial pour l'Afrique.[1260]

Sur le continent africain, des expériences marquantes émergent en outre dans le cadre de l'harmonisation et de la communautarisation des droits nationaux. En particulier, l'Organisation africaine pour l'harmonisation du droit des affaires (OHADA) est une référence dans l'objectif d'une intégration juridique originalement africaine. Son Traité a été convenu à Port-Louis (Ile Maurice) le 17 octobre 1993 et révisé le 17 octobre 2008 à Québec (Canada). Il lui accorde la personnalité juridique internationale de plein exercice, pour harmoniser les droits des affaires de 17 pays membres, à savoir : Bénin,

---

1258 CEEAC, *Vision stratégique de la CEEAC à l'horizon 2025,* Secrétariat général, adopté par la 13e conférence des Chefs d'États et de gouvernement, Brazza, 30 octobre 2007, p. 1-42. [http://ceeac-eccas.org/index.php/fr/actualite/dipem/170-ceeac-uit-signature-d-un-accord-de-cooperation] (consulté le 13 juillet 2016.)

1259 [http://www.nepad.org] (consulté le 13 juillet 2016.) Le NEPAD, nouveau partenariat pour le développement en Afrique, a été adopté à la 37ème session de l'OUA, lors du Sommet des Chefs d'États et de Gouvernement de juillet 2001 à Lusaka (Zambie). Il est le fruit de la combinaison du MPA (*Millenium African Recovery Plan*) et de la « Nouvelle initiative africaine » (*Omega Plan for Africa*). Le projet était particulièrement soutenu par Monsieur A. Wade, l'ancien Président de la République du Sénégal, mais ne connaît plus le même élan en Afrique.

1260 [http://www.rascom.org] (consulté le 13 juillet 2016.) Le site mentionne la date du 12 août 2010 comme date de lancement, quoique d'autres sources parlent de la date du 4 aôut 2010. Mais, il est un fait que le satellite construit par Alcatel Alenia Space a été lancé par une fusée Ariane 5 ECA, de type Spartacus.

Burkina-Faso, Cameroun, Comores, Congo, Côte d'Ivoire, Gabon, Guinée Bissau, Guinée, Guinée Équatoriale, Mali, Niger, République Centrafricaine, RDC, Sénégal, Tchad et Togo. L'OHADA émet des « Actes uniformes » et dispose d'une « Cour Commune de Justice et d'Arbitrage » (CCJA), cour suprême du Droit OHADA, installée à Abidjan (Côte d'Ivoire). Les Chefs d'États africains concernés sont « déterminés à accomplir le progrès sur la voie de l'Union africaine et à établir un courant de confiance en faveur des économies de leurs pays ».[1261]

En l'occurrence, les actes uniformes de l'OHADA portent sur les domaines d'harmonisation, relatifs au droit des sociétés et au droit commercial. L'« objectif est la facilitation des échanges et des investissements, la garantie de la sécurité juridique et judiciaire des activités des entreprises [...] afin de créer un vaste marché intégré afin de faire de l'Afrique un "pôle de développement" ».[1262] L'OHADA fait suite au triomphe du libéralisme aux États-Unis (années 1970-1980), en Europe (1980-1990) et avec l'OMC (1990-2000) : le secteur des télécoms est devenu aujourd'hui une partie intégrante de l'économie de marché.[1263] De ce fait, les activités de ce secteur relèvent du système de droit commercial de l'OHADA, au titre d'« actes de commerce » qui s'exercent librement. [1264]

En outre, les Chefs d'États de l'OHADA ont exprimé leur conviction « *que l'appartenance à la zone franc, facteur de stabilité économique et monétaire*, constitue un atout majeur pour la réalisation progressive de leur intégration économique [...] dans un cadre africain plus large ».[1265] Le Traité constitutif de cette organisation panafricaine se réfère ainsi à la zone économique et monétaire « CFA », puisque l'expérience de cette dernière est la plus avancée dans le sens de la « communautarisation » du droit en Afrique.[1266]

Aussi, l'Union économique et monétaire Ouest-africaine (UEMOA) demeure-t-elle l'un des rares modèles d'harmonisation effective des droits nationaux de sa sous-région. Elle légifère à travers ses lois uniformes et

---

[1261] FILIGA-MICHEL SAWADOGO, PAUL-GERARD POUGOUÉ et J. ISSA-SAYEGH (Sous la coord.), *OHADA Traités et Actes uniformes commentés et annotés*, Juriscope, Futuroscope Cedex (France), 2008, pp. 21 et 101.

[1262] *Le dico du commerce international, Verbo* « OHADA », [http://www.glossaire-international.com/pages/tous-les-termes/ohada.html] (consulté le 13 septembre 2016).

[1263] A. SAKHO, *Régulation des télécoms*, M4a1 : notes polycopiées de cours de droit du cyberespace africain, Université Gaston Berger, Saint-Louis (Sénégal), 13 juillet 2006, p. 7.

[1264] *Ibidem.*

[1265] FILIGA-MICHEL SAWADOGO, PAUL-GERARD POUGOUÉ et J. ISSA-SAYEGH (sous la dir.), *op.cit,* pp. 21 et 101.

[1266] G. CORNU, *op.cit*, p. 207. Verbo « communautarisation » : « Reforcement communautaire ; processus de transformations de l'Union européenne par un passage de la coopération à une intégration accrue, consistant à transférer au domaine relevant de la méthode intergouvernementale régie par le principe d'unanimité au Conseil et l'initiative partagée entre la Commission et les États membres à la méthode communautaire fondée sur le recours général à la majorité qualifiée au sein du Conseil et le monopole d'initiative de la Commission »

règlements communautaires, dont la transposition est faite par ses institutions politiques et par les États-membres de son espace économique. Les règles prudentielles de sa Banque centrale (BCDEAO) et ses propres règles d'organisation sont de transposition et d'application effectives, dans l'autorité interne des États ouest-africains. L'UEMOA concerne certains aspects de l'économie numérique et du commerce électronique. Ainsi, en est-il du règlement n°15/2002/CM/UEMOA relatif aux systèmes de paiement dans l'espace UEMOA du 19 décembre 2002. Celui-ci reprend les instruments dits « classiques », régis par la loi uniforme n°96-13 du 28 août 1996 sur les instruments de paiement de l'UEMOA. Il traite également de la preuve et de la signature électroniques.[1267] Si l'OHADA fait bien référence à l'UEMOA, la RDC a adhéré depuis 2010 à la première citée, sans appartenir géographiquement ni politiquement à la seconde citée.

Le panorama du système juridique africain atteste d'une juxtaposition des souverainetés territoriales sur le continent. La « communautarisation » africaine reste embryonnaire, elle est sans supranationalité d'une organisation continentale, contrairement à l'Union européenne.[1268] Si l'ordre juridique de l'Union européenne est homogène du fait de la communautarisation, l'Afrique regorge de plusieurs organisations sous-régionales disparates d'intégration économique.[1269] La transition des règles des télécoms vers celles de l'économie numérique est donc de l'initiative des États, dans leurs souverainetés territoriales.

L'Afrique ne dispose pas des compétences supranationales comme au sein de l'Union européenne par rapport aux États membres du TUE[1270], selon

---

1267 A. MOHAMED GHADHI, *op.cit,* spéc., p. 76. « L'Union douanière de l'ouest africain formé par les 4 États du Conseil de l'Entente et le Mali en mai 1959 est l'ancêtre de l'Union économique et monétaire ouest africaine (UEMOA). » *Cf.* aussi [www.uemoa.int] (consulté le 13 juillet 2016).

1268 [www.traite-de-lisbonne.fr]. *Le dico du commerce international* [www.glossaire-international.com](tous consultés le 11 novembre 2016). L'Europe demeure la confédération la plus intégrée des États du monde. Même avec le « Brexit », consécutif au référendum du 23 juin 2016 en Grande-Bretagne (52% de oui) qui tend à sortir celle-ci de l'Union Européenne, cette dernière en a prévu le mécanisme à l'article 50 du Traité de Lisbonne sur l'Union. La liberté des États de s'en retirer et d'en notifier la volonté au Conseil est garantie. Pour désigner le scénario de la sortie du Royaume-Uni de l'UE, Brexit est l'expression créée au 21e siècle, venant de la contraction de deux mots anglais, *« British »* (britannique) et *« Exit »* (sortie).

1269 A. MOHAMED GHADHI, *La longue marche de l'Afrique vers l'intégration, le développement et la modernité politique*, L'Harmattan, Paris, 2009, pp. 1-572.

1270 D. TRUCHET, *op.cit*, pp. 112-113. En dehors des compétences exclusives qui lui sont confiées par des traités, l'Union européenne agit par principe de subsidiarité. Les compétences communautaires n'effacent pas la souveraineté nationale, puisque la Communauté n'a pas la compétence de sa compétence. « Toute compétence non attribuée à l'Union dans les traités appartient aux États » (art. 52 TUE). (« L'Union intervient si, et dans la mesure où les objectifs de l'action envisagée ne peuvent pas être atteints de manière suffisante par les États membres, tant au niveau central qu'au niveau régional et local, mais peuvent l'être mieux, en raison des dimensions ou des effets de l'action envisagée au niveau de l'Union. » art. 5-3 TUE).

la jurisprudence communautaire ou nationale. [1271] En définitive, la construction d'un ordre juridique africain reste une gageure, vu la diversité des expériences normatives nationales. Néanmoins, la révolution numérique est une réalité en Afrique. Celle-ci est au moins un espace du marché numérique mondial.

B. Les aspects clés l'économie numérique dans les marchés africains et congolais

Il est important de relever les aspects factuels de l'économie numérique africaine, pour en comprendre les enjeux juridiques clés. Disposer d'une cartographie d'ensemble est indispensable pour appréhender la typologie des marchés et de l'économie ainsi que les enjeux de positionnement des États africains dans l'économie numérique mondiale. Les chiffres donnent toujours une idée quantitative et représentative. Ils dessinent justement « *les pratiques qui se sont développées sur Internet et le renouvellement des problématiques et modes de raisonnements qu'elles induisent* ».[1272] Il n'est donc pas possible de mener une étude complète sur le système africain, sans pour autant disposer des statistiques et des prévisions de son marché numérique. Les données factuelles mettent en lumière les acquis de l'économie numérique sur le continent africain, mais aussi sur les marchés sous-régionaux et territoriaux. Dans ce cadre, la RDC se présente comme un marché important en Afrique, avec neufs pays limitrophes. Cette position géographique au cœur du continent lui permet d'appartenir à plusieurs organisations et sous-régions, sans omettre le dynamisme interne de son marché de l'Internet, de la téléphonie et des services à valeur ajoutée.

1. Le profilage statistique de l'économie numérique africaine

Les infrastructures de l'information sont disponibles d'accès dans l'ensemble des États africains, comme en Europe. La place croissante des TIC en Afrique a été établie au cours du « Forum Forbes Afrique 2015 : Forum économique », tenu à Brazzaville le 21 juillet 2015 sous le thème :

[1271] *Ibidem*, pp. 13, 51 et 113. La Cour de justice européenne avait très rapidement jugé que le transfert de compétence par les États « entraîne une limitation défensive de leurs droits souverains » (15 juillet 1964, Costa c/ ENEL). En France, selon l'expression du Conseil constitutionnel dans sa décision du 9 avril 1992 (sur les accords de Maastricht), les compétences des institutions européennes sont parfois si importantes et sensibles que leur transfert porte « atteinte aux conditions essentielles d'exercice de la souveraineté nationale ». Pourtant, si la Cour de justice de l'Union se garde d'affirmer la supériorité des traités sur les constitutions des États membres, elle juge que ceux-ci ne peuvent pas invoquer leur constitution pour échapper à leurs obligations communautaires. (Arrêt du Conseil d'état « Sarran » du 13 octobre 1998 et arrêt de la Cour de cassation « Fraysse » du 2 mai 2000). Mettre en conformité le droit interne en cas d'incompatibilité avec le droit européen suppose une révision préalable de la Constitution, en France notamment. En outre, l'État au Traité ne pourrait récupérer ses compétences déléguées qu'en se retirant de l'Union (article 50 TUE).

[1272] J. ROCHFELD (dir.), *Les nouveaux défis du commerce électronique*, *op.cit*, p. 1-2.

« *Révolution numérique : accélérateur de croissance africaine* ». Le forum était une rare occasion de réunir des Chefs d'États,[1273] des personnalités européennes de haut rang,[1274] des experts internationaux, des startups les plus florissantes, des promoteurs de technologies high-tech, des opérateurs économiques et des membres de la société civile.[1275]

La révolution numérique est résolument en marche en Afrique, à travers la « révolution mobile et numérique en Afrique qui est le saut qualitatif pour fournir les biens et services » du commerce électronique et de l'économie numérique. En Afrique, la téléphonie mobile est de manière caractéristique, le premier support d'accès à Internet sur le continent. En 2015, elle enregistrait plus de 700 millions d'abonnés en Afrique, soit plus que les États-Unis et l'Europe en nombre respectif d'habitants. La pleine croissance du taux de connexion a permis de situer à 4% du PIB le niveau des revenus issus d'Internet sur le marché africain. En 2013, le seuil de 18 milliards de dollars de revenus avait été dépassé, alors que les prévisions pour 2025 laissent entrevoir une contribution d'Internet au PIB africain de l'ordre de 300 milliards de dollars et le franchissement du seuil de plus d'un milliard d'abonnés de téléphone mobile. Mais quoiqu'il en soit, le niveau d'accès à Internet reste encore faible avec 10% d'internautes africains dans le monde.[1276]

La fulgurante croissance du secteur des télécoms est contrastée dans certains sous-secteurs, en dépit de 66% d'abonnements téléphoniques en 2013. Ce taux représente 617.279.080 africains branchés au réseau mobile, dont la moitié utilise une connexion Internet par cette voie.[1277] Mais, le faible taux de pénétration de l'Internet haut débit témoigne de grands défis de développement numérique, liés principalement au faible ratio des infrastructures de télécoms et au déficit électrique du continent. La fracture numérique retarde le décollage digital du continent africain, à cause de plusieurs facteurs : faible débit, coûts de connexion élevés et inégalité des niveaux d'accès à l'Internet entre villes, villages et entre pays.[1278] La

---

[1273] Les Présidents Alassane Ouattara de la Côte d'Ivoire et Denis Sassou Nguesso du Congo étaient présents.

[1274] L'ancien Premier Ministre Monsieur Guy Verhofstadt du Royaume de Belgique et l'ancien Président Romano Prodi de la Commission européenne et du Conseil italien étaient également présents.

[1275] Forbes Afrique, « La révolution numérique : Accélérateur de la croissance africaine », 4è éd., *Forum économique*, 21 juillet 2015, Brazzaville, Congo [http://forumforbesafrique.com] (consulté à nouveau le 1er juillet 2016).

[1276] Pour les chiffres : ABDOULAYE BIO TCHANE, « révolution mobile et numérique en Afrique : le saut qualitatif pour fournir les biens et services », *Forum Forbes Afrique*, 21 juil. 2015 : [http://formuforbesafrique.com/blog/sessions/presentations-de-letude programme/](consulté le 12 juillet 2016).

[1277] ALINDAOU CONSULTING INTERNATIONAL, *op.cit,* p. 4.

[1278] Le NEPAD estime à 93 milliards de dollars américains par an le besoin en investissements pour couvrir les besoins de l'Afrique en infrastructures d'utilité publique dans les secteurs des TIC, de l'eau, de l'énergie, du transport et du commerce. (Source : www.nepad.org)

participation des secteurs public et privé reste indispensable au désenclavement du continent, face aux besoins colossaux d'investissements en infrastructures.[1279]

À ce propos, la communauté SADC, dont la RDC et l'Afrique du Sud sont membres, a publié en 2012, son plan directeur de développement des infrastructures régionales. Sur ce registre, le déploiement des réseaux de télécoms souffre du manque de développement d'autres infrastructures de base, telles que l'électricité et les routes. En 2016, environ 60% de la population d'Afrique australe ont adopté la technologie mobile, dont 20% seulement sont sur lignes fixes. Toutefois, 6% des abonnés à la téléphonie vocale utilisent le téléphone fixe.[1280] Dans toute la région, seulement 4% des résidents de la SADC ont accès à l'Internet, bien que l'usage varie considérablement entre les États membres, dont 1% en RDC (le taux le plus bas) contre 40% aux Seychelles (taux le plus haut).[1281] Moins de 25% d'échanges de trafic Internet se déroulent dans les frontières entre les États membres de la SADC (échanges entre voisins).[1282] Le reste des échanges se fait à l'extérieur de la région. Comme pour le reste du monde, le volume de courrier postal décline à un taux annuel de 5%, mais le transport des colis et courriers est en pleine croissance en raison du commerce électronique.[1283]

Pour répondre aux enjeux d'intégration économique grâce au numérique, la SADC a défini ses priorités en nouvelles infrastructures pour l'horizon 2027. Elle envisage d'offrir un prix abordable pour la connectivité de ses citoyens à Internet. Pour ce faire, cette organisation d'Afrique australe dispose d'un « Plan du secteur des technologies de l'information » et d'un « Plan directeur de développement des infrastructures régionales ».

Les composantes de ces plans se structurent autour de quatre piliers stratégiques de développement, à savoir : 1° infrastructures de l'information, 2° renforcement des capacités et amélioration des contenus, 3° services et applications électroniques, 4° recherche, innovation et développement de l'industrie des télécoms.[1284] Ceci n'est pas sans rappeler les axes du projet e-Europe.[1285]

À plusieurs égards, l'Afrique est la nouvelle terre de conquête du commerce électronique pour les grands acteurs internationaux. Il ne s'agit

---

[1279] ABDOUL KARIM SALL, Y. BENARD, H. JAFFAR, T. MOUNGALLA et E. ASU, « Décollage digital du continent : le défi des infrastructures » (Panel 1), *Forum Forbes Afrique*, 21 juil. 2015 : [http://formuforbesafrique.com/blog/sessions/décollage-digital-du-continent-le-defi-des-infrastructures/] (consulté le 13 juillet 2016).

[1280] [http://www.sadc.int/themes/infrastructure/ict-telecommunications/] consulté le 2 mai 2017.

[1281] *Ibid.*

[1282] *Ibid.*

[1283] *Ibid.* En soutien au commerce électronique, pour la livraison des commandes en ligne, Les services postaux nationaux traitent 96% des lettres domestiques et 80% des lettres internationales, mais seulement 28% des colis nationaux et 20% des colis internationaux.

[1284] *Ibid.*

[1285] *Cf.* notamment : Chapitre liminaire et Titre I, Chapitre 1 du présent ouvrage.

pas que d'un assaut du marché africain par les multinationales, mais aussi d'une participation des acteurs locaux à l'essor des classes moyennes africaines via les réseaux électroniques. Pour 2025, les économies africaines les plus dynamiques pourraient franchir le seuil de 10% de vente en ligne, avec 75 milliards de dollars de transactions annuelles.[1286] La durabilité du scénario promet un impact positif, tant pour les entreprises, – en termes d'économies de production, de renforcement de la chaîne d'approvisionnement (stockage, livraison), développement du paiement en ligne, – que pour les pays en termes d'infrastructures, de développement du marché africain.

Plusieurs contraintes demeurent toutefois et constituent des enjeux majeurs, à savoir : le cadre juridique (protection des consommateurs, cybercriminalité, transparence), l'offre d'accès et les cultures locales (faible taux d'équipement Internet, coût du haut débit, confiance face au paiement dématérialisé, analphabétisme), faiblesse des autres réseaux logistiques d'acheminement des produits achetés en ligne (insécurité, fragmentation et disparités des marchés). [1287] Il s'ajoute à cette liste des contraintes la défaillance des réseaux postaux.

Dans l'ensemble, la popularisation progressive d'Internet transforme l'économie africaine. Elle fait évoluer les comportements des utilisateurs. Les entreprises accompagnent ces externalités du réseau, en investissant et en innovant, avec un dynamisme constant des jeunes start-up africaines. Les nouvelles solutions de la Net économie africaine deviennent appréciables. Du côté des entreprises, l'ouverture de nouveaux marchés et l'augmentation des échanges commerciaux est une perspective encourageante. Les États africains présentent des perspectives concrètes de modernisation de l'accès à leurs services publics, tandis que des progrès sont perceptibles dans la constitution d'un marché intra-africain de l'économie numérique (réseaux sociaux numériques, biens culturels, ...). Du coté des populations, le désenclavement des marchés de consommation permet, grâce aux TIC, l'accès à des facilités, sous formes d'applications numériques à usages courants comme la banque mobile, l'accès mobile aux données de la météo ou à l'information sur le cours de vente des productions paysannes, l'e-santé, l'apprentissage à distance, l'e-administration. [1288] La situation du marché numérique congolais confirme ces évolutions et transformations numériques.

1286 JEREMY HODARA, MBWANA ALLIYet NINO NJOPKOU, « Le e-commerce en Afrique : comment dépasser les contraintes ? », 21 juil. 2015, panel 3, in Forum Forbes Afrique 2015, préc., [http://formuforbesafrique.com/blog/sessions/le-e-commerce-en-Afrique-comment-depasser-les-contraintes/] (consulté le 3 juillet 2016).

1287 *Ibid.*

1288 D. COHEN, D. GORDON, S. ZHANG, O. GALZI et K. BHATTACHARYA, « Le numérique, vecteur de croissance inclusive pour l'Afrique », 21 juil. 2015, panel 2, in Forum Forbes Afrique 2015, préc., [http://formuforbesafrique.com/blog/sessions/le-numérique-vecteur-de-croissance-inclusive-pour-lAfrique/] (consulté le 3 juillet 2016).

2. La situation du marché de la téléphonie et de l'économie numérique en RDCongo

S'agissant précisément de la RDC, le marché des télécoms est dominé par le secteur privé, avec quatre opérateurs de téléphonie et d'Internet mobiles, à savoir : Airtel Congo, Vodacom RDC, Orange RDC et Africell RDC. L'opérateur historique, OCPT, ne dispose pas d'un réseau d'accès ouvert aux particuliers, comme clients finaux (*retail sales*), son réseau à fibre optique est destiné au marché de transport entre opérateurs (*whole sales*). Au cours du troisième trimestre 2016, le jeu concurrentiel, sur le marché, est caractérisé par une forte concentration du marché de la téléphonie et de l'Internet mobiles, autour de deux opérateurs, détenant respectivement 63% (Orange) et 73% (Vodacom) des parts globales de marché. Le rachat de Tigo en fin mars 2016 par Orange permet à cette dernière de rester le leader sur le segment de l'Internet mobile avec 41,56% de parts de marchés contre 32,65% pour Airtel, 21,95% pour Vodacom et 3,35% pour Africell.

Pour la période, l'ARPTC note un total de 28.335.503 d'abonnés au réseau GSM, de 7.157.537 souscriptions à l'Internet mobile (3G) et de 2.236.337 utilisateurs du transfert de la monnaie électronique via leurs téléphones. Les calculs sont effectués sur la base d'une estimation de la population d'environ 78.800.000 habitants en 2016, faute de recensement officiel de la population depuis 1984. L'ensemble des opérateurs privés ont réalisé un revenu global de 292,18 millions de dollars américains jusqu'au 3e trimestre 2016. Pour la période, les taux de croissance sont de : 3,81% en nombre d'abonnés et de 1% en taux de pénétration mobile, ce dernier étant de l'ordre de 35% à 36% de la population accédant aux télécoms dans le pays.[1289] Des croissances positives sont enregistrées entre les 2e et 3e trimestres 2016.

Quant aux revenus, ils ont connu une croissance de 3,4%, soit de 282,5 à 292,18 millions de dollars américains. Le revenu moyen par utilisateur (ARPU) est en hausse de 3,33 dollars à 3,50 dollars dépensés par abonné et par mois, pour les services d'accès au réseau. Les quatre opérateurs précités ont généré un volume global d'appels de l'ordre de 4,25 milliards de minutes (hausse de 6,88%), tandis que 2,43 milliards de SMS ont été échangés. Plusieurs services de la société de l'information s'appuient sur la disponibilité d'accès aux réseaux de téléphonie de base et d'Internet mobile : ces activités numériques en ligne dits « services à valeur ajoutée » relèvent spécifiquement du commerce électronique. L'observatoire du marché numérique présente les indicateurs de revenus, qui attestent de la vitalité de l'économie numérique en RDC.[1290]

[1289] ARPTC, *Observatoire du Marché de la téléphonie mobile,* Rapport du 3e trimestre 2016, Direction économie et prospective, Kinshasa / RDC, p. 3.
[1290] *Ibidem.*

Croissance des revenus du marché de téléphonie mobile en RDC (2e et 3e trimestres 2016)[1291]

Services	2015 (en $)	2016(en $)	Croissance
Appels vocaux	248.151.410	222.919.930	-10,17%
SMS	11.108.991	12.780.090	15,04%
Internet mobile	34.320.922	39.972.525	16,47%
Mobile money[1292]	-	6.413.131	-
Autres SVA[1293]	9.380.877	10.099.531	7,66%
Total	302.962.201	292.185.206	-3,56%

En conclusion, les données du marché ci-dessus présentent une situation chiffrée de l'économie numérique en Afrique et en RDC. Le continent n'a pas de système juridique homogène, ni d'institutions supranationales, mais il est un espace de marché électronique en pleine croissance, dans l'économie numérique mondiale. Même si le niveau d'intégration économique et juridique du continent est encore faible, les enjeux juridiques de l'économie numérique sont déterminants pour les politiques publiques devant encadrer et développer les marchés de télécoms. Dans sa situation au cœur de l'Afrique, la RDC est membre de plusieurs organisations sous-régionales avec ses neuf pays limitrophes. Elle contribue aux projets et plans sous-régionaux visant le développement des télécoms et des TIC. Mais, tous ces éléments empiriques découlent des étapes d'évolutions technologiques, à travers lesquelles les droits en Afrique et en Europe ont entrepris des mutations pour parvenir à un marché ouvert de l'économie numérique mondiale.

Section II. La comparaison des droits des télécoms de base et de l'Internet entre l'Afrique et l'Europe

Les précisions ont déjà été fournies sur la politique législative menée par l'Europe et par la France.[1294] Leurs politiques publiques ont structuré leur commerce électronique et ont permis de libéraliser leur secteur des télécoms pour en faire un marché régulé qui tend aujourd'hui à être un marché unique numérique. Le droit de l'Union européenne, pris comme référence, présente une historicité instructive dans les adaptations des règles de construction de

[1291] *Ibidem*, p. 23.

[1292] P. Storrer, *Droit de la monnaie électronique,* Préc., pp. 19-26. La première partie de son ouvrage concerne la « Notion de monnaie électronique ». *Mobile money* : monnaie électronique transférée ou générée par des dispositifs techniques mobiles à travers les réseaux de télécommunications (cellulaires). La « monnaie mobile » relève la particularité du mode de circulation à travers des médias offrant la mobilité aux utilisateurs sous forme de portemonnaies électroniques.

[1293] SVA : Services à valeur ajoutée.

[1294] *Cf.* Titre I, Chap. 1 et 2 du présent ouvrage, au sujet du contenu des trasanctions en ligne (e-commerce) et des contenants (télécoms) des SSI.

son marché intérieur et de leur transposition française.[1295] C'est à la suite de l'Occident que les États africains (cas de la RDC) ont intégré l'économie numérique mondiale en réformant leur cadre juridique monopolistique de départ. Le processus de dérégulation des télécoms en Afrique a été engagé à travers les mécanismes du droit international du commerce (OMC).[1296] Les phénomènes de l'Internet sont apparus avec l'évolution du marché et des technologies, comme une nouvelle remise à l'épreuve des droits de télécoms préalablement réformés dans les deux continents.

Cependant, les transformations des institutions juridiques sont nécessairement question de temps et d'espace. Les ajustements des droits de télécoms ont été d'abord opérés en Europe et en France, et ensuite en Afrique et en RDC, en tenant compte des époques de mutations technologiques et économiques. Mais « il a toujours été difficile de découper l'histoire en périodes. […] En fait souvent les périodes s'emboîtent les unes dans les autres, et le futur traînera longtemps des paillettes du passé. C'est vrai en général, mais davantage encore quand le droit est en cause ».[1297] Pour autant, les aspects du droit comparé présentent une meilleure structure d'analyse dans les étapes technologiques expérimentées en commun par toutes les économies numériques, que ce soit en Afrique ou en Europe.

La Banque mondiale encourage cette approche comparative par étapes, en retenant deux séries d'enjeux qui sont la source des transformations des droits dans le monde, en Afrique et en RDC. En ce sens, « les politiques en matière de TIC de *première génération* qui prévoyaient la concurrence sur le marché, la participation du secteur privé et un cadre réglementaire souple ont conduit à un accès quasi universel à des services de téléphonie abordables, mais ne se sont pas montrées aussi efficaces pour élargir les services Internet ».[1298] Mais « en même temps, l'absence d'un consensus global sur la façon d'aborder les *enjeux de la prochaine génération* – par exemple, la protection de la vie privée, la cybersécurité, la censure et la gouvernance de l'Internet – conduit à un choix d'approches plus circonspectes et plus diverses pour la réglementation de l'Internet ».[1299]

Chacun des cadrans d'enjeux technologiques (1re et 2e génération selon la Banque mondiale) rend intelligible les transitions des cadres réglementaires, ayant successivement fait face aux réseaux analogiques et numériques des télécoms. Ainsi, deux générations de techniques tracent le cadre de référence pour l'étude des droits comparés européens (français) et africains (congolais), en fonction de leur empreinte dans les transformations des droits des services publics, des marchés et de la concurrence dans le monde. Dans sa structuration, « le nouveau cadre juridique proposé […] procède à un

---

[1295] *Cf.* Titre I, Chapitre 2, Section 2, du présent ouvrage.
[1296] *Cf.* Titre II, Chapitre 1, Section 1, § 2, du présent ouvrage.
[1297] J. CARBONNIER, *Droit et passion du droit…, op.cit,* p.7.
[1298] BANQUE MONDIALE, *Les dividendes du numérique, Rapport sur le développement dans le monde 2016, op.cit*, p. 25.
[1299] *Ibidem.*

rapprochement entre le droit spécifique des télécommunications et le droit de la concurrence ».[1300]

Effectivement, « La technologie influe sur les règles (le cadre réglementaire et les normes) pour engendrer de nouvelles idées – par exemple, nouvelles méthodes de production de biens et services. Si la plupart des règles sont établies localement, la technologie fait partie d'échanges entre les marchés et à travers les frontières ».[1301] En l'occurrence, la Banque mondiale recommande de *« renforcer le socle analogique de la révolution numérique ».*[1302]

D'une part, les services de télécoms de base ont fait l'objet de la dérégulation des services publics concernés, à travers l'OMC comme passerelle internationale des expériences entre l'Europe et l'Afrique. **(§2)** D'autre part, les nouveaux enjeux juridiques de l'Internet et de l'économie numérique sont abordés dans le cadran de l'ère numérique post-dérégulation des « services de base des télécoms »[1303]. **(§2)**

§ 1. La dérégulation du « socle analogique » des télécoms dans les expériences africaines (RDC) et européennes (France)

L'expression « socle analogique » ne se confond pas totalement au sens technique de l'« ingénierie informatique »[1304], mais il s'agit des télécoms de base, perçues comme cadre générique et transitoire de l'ère numérique.[1305] Dans le monde entier, les enjeux primaires du droit de l'accès aux télécoms de base ont donné lieu au processus de dérégulation, tandis que d'autres

---

1300 D. BOULAUD, *op.cit*, p. 13.

1301 BANQUE MONDIALE, *op.cit*, pp. 20 et s.

1302 *Ibidem*, pp. 2, 4, 43.

1303 C. GUERRIER, *op.cit*, p. 92. Pour les « services de base des télécoms », les accords de base de l'OMC ont porté sur « la téléphonie vocale, la transmission de données, le télex, le télégraphe, la télécopie, les services de circuits loués privés, les systèmes et services par satellites, la téléphonie cellulaire, les services mobiles pour données, la radio-recherche, les systèmes de communications personnelles. Les services à valeur ajoutée de télécommunications ne sont pas compris dans ce protocole, même si certains pays se sont mis d'accord pour les englober dans le processus des échanges libérés ».

1304 J-F. PILLOU (sous la dir.), « L'analogique et le numérique », septembre 2015 [www.commentcamarche.net:#ID=471&module=contents] (consulté le 3 juillet 2016). « Les phénomènes qui nous entourent sont quasiment tous continus [...] Ainsi, lorsque l'on désire reproduire les valeurs du phénomène, il s'agit de l'enregistrer sur un support, afin de pouvoir l'interpréter pour reproduire le phénomène original de la façon la plus exacte possible. Lorsque le support physique peut prendre des valeurs continues, on parle d'enregistrement analogique. Par exemple, une cassette vidéo, une cassette audio ou un disque vinyle sont des supports analogiques. Par contre, lorsque le signal ne peut prendre que des valeurs bien définies, en nombre limité, on parle alors de signal numérique. La représentation du signal analogique est donc une courbe, tandis qu'un signal numérique pourra être visualisé par un histogramme. »

1305 L'usage du terme « analogique » n'exclut pas l'existence des technologies numériques qui étaient déjà opérationnelles avec les télécoms de base, car les infrastructures numériques, comme par exemple la fibre optique et le satellite, étaient déjà fonctionnelles.

ajustements du droit ont été renforcés par la suite, face aux nouveaux enjeux de l'ère numérique.

En premier lieu, le socle analogique des télécoms a essentiellement fait l'objet des enjeux mondiaux de l'accès aux infrastructures et aux marchés des télécoms, tant pour les prestataires que pour les destinataires des services électroniques, sous l'autorité d'un régulateur étatique. La finalité des politiques législatives portait en l'espèce sur la réorganisation de l'intervention publique dans les marchés régulés des télécoms, en commençant d'abord par l'Europe et en se transportant ensuite en Afrique. En second lieu, la gouvernance de l'Internet suscite des enjeux juridiques les plus récents de l'économie numérique. Ceux-ci se recentrent davantage sur la réglementation des services de la société de l'information (contenu) plutôt que sur l'encadrement des « activités périphériques » d'accès au réseau (contenant).[1306]

En effet, la « valeur du clic » se situe aujourd'hui, selon Valérie-Laure Benabou et Judith Rochfeld, « au cœur d'un véritable bouleversement lié au couplage de la technique de la numérisation et d'Internet ».[1307] Les activités numériques en ligne portent l'attention sur la marchandisation des données personnelles, les propriétés créatives et participatives du Web,[1308] tandis que la problématique de l'État se pose désormais quant à sa souveraineté numérique. La suprématie du droit étatique est confrontée à l'autonomie du cyberespace, à l'effectivité de ses normes techniques extra-étatique et à ses pratiques transfrontières.[1309]

Ainsi, l'économie numérique a été bâtie progressivement avec les évolutions du droit, du service public, du marché et de la technique. Mais, toutes les transitions législatives comportent une finalité et des conséquences, comme le dit Montesquieu : « il est bon quelquefois que les lois ne paraissent pas aller si directement au but qu'elles se proposent ».[1310] C'est ainsi qu'« il faut éclairer l'histoire par les lois et les lois par l'histoire ».[1311]

Pour autant, deux « cadrans situationnels » sont-ils nécessaires autant pour rapprocher les expériences européennes et africaines que pour comparer les niveaux de transformation de leurs droits respectifs en fonction des mêmes aspects technologiques dans le temps. Le premier cadran de

---

1306 O. CACHARD, *op.cit,* p. 8 et s.

1307 V-L BENABOU et J. ROCHFELD, *op.cit,* p. 39, 30.

1308 *Ibid.*, p. 30.

1309 O. ITEANU, *op.cit*, pp. 15-29. A. BLANDIN-OBERNESSER (sous la dir.), *op.cit,* pp. 1-2. Dans son propos liminaire, cette dernière auteure rappelle les propos de Corinne Erhel : « Parler de la souveraineté numérique, c'est repenser notre conception classique de souveraineté ».

1310 MONTESQUIEU, *Esprit des lois par Montesquieu : avec les notes de l'auteur et un choix des observations de Dupin, Cervier, Voltaire, Mably, la harpe, Servan,* éd. 1862. [http://dicocitations.lemonde.fr/citations-auteur-montesquieu-4.php] (consulté le 14 mars 2017). MONTESQUIEU, *De l'esprit des lois,* Garnier, Paris, 1956, t. I.

1311 *Ibid.*

comparaison porte sur la dérégulation des télécoms en Europe et en Afrique, dont les enjeux et objectifs paraissent identiques. **(A)**

Néanmoins, des écarts apparaissent dans l'implémentation du modèle ordolibéral européen dans les États africains, selon le schéma de dérégulation de l'OMC. **(B)**

A. L'uniformité des enjeux de dérégulation des télécoms en Europe et en Afrique

Les principes ordo-libéraux de l'Europe des télécoms n'ont pas seulement favorisé, dans les années 1980, la « connexion des marchés territoriaux »[1312] au sein de ses États membres. La dérégulation des secteurs monopolistiques a également concerné des pays tiers, du fait des objectifs de diffusion technologique et de la mondialisation de l'économie.

1. La passerelle multilatérale des réformes euro-américaines en Afrique

Dans les années 1990, un mimétisme du modèle européen a été inculqué aux États africains sur la base des accords de l'OMC de 1994 et de 1997, en vue de la libéralisation de leurs secteurs publics de télécoms. Ces réformes ont aligné l'Afrique dans l'économie mondiale de marché ainsi que dans les évolutions techniques ayant donné lieu à l'Internet. En ouvrant graduellement le marché des équipements, des services et des infrastructures des télécoms, les politiques législatives européennes ont été favorables à l'innovation technologique. Ce qui a contribué à la variété de l'offre des services électroniques et à la disponibilité d'accès aux réseaux privés ou publics. Les interconnexions ont conduit à leur internationalisation.[1313]

En Afrique comme en Europe, le monopole public des télécoms restait attaché à l'idée que le service public est naturellement synonyme d'intérêt général. La dérégulation transforme profondément les institutions juridiques du « socle analogique » des télécoms qui se fondaient sur les règles classiques des services publics autrefois.[1314] En substance, « le monopole est inhérent à la conception française traditionnelle du service public : relevant de la sphère des fonctions collectives, le service public était censé être soustrait à l'application de la logique marchande. Il postule une certaine

---

1312 Il ne s'agit pas de la connexion des objets au sens de l'internet des choses, mais plutôt de l'intégration des marchés nationaux européens qui étaient cloisonnés par les monopoles publics et fermés faute de normes techniques standards et des règles juridiques harmonisées. T. PIETTE-COUDOL, *op.cit,* pp. 1-2. « Les objets connectés, des chiffres… et quelques exemples exotiques »

1313 Cela s'en ressent de l'innovation des techniques de transmission de signaux à distance, par le canal des satellites, de la fibre optique ou des faisceaux hertziens.

1314 M. DEVILLIERS et T. DE BERRANGER (sous la dir.), *op.cit,* p. 522. Pour Rolland, la notion classique de service public est « une entreprise ou une institution d'intérêt général destinée à satisfaire des besoins collectifs du public […] par une organisation publique, sous la haute direction des gouvernants ».

représentation du lien social : à travers les droits reconnus aux usagers, se profile l'idée que les besoins fondamentaux des individus doivent être satisfaits ; à ce titre, le service public est producteur d'intégration et de cohésion sociale ».[1315]

Cependant, avec les accords de l'OMC de 1994 et de 1997, le constat contraire apparaît clairement : « Depuis qu'il existe un grand marché et que les progrès technologiques effacent les frontières dans les télécoms comme dans d'autres domaines, le monopole est dépassé. [...] Les citoyens et les consommateurs constatent qu'il n'y a pas de concordance obligatoire entre service public et monopole ».[1316]La libéralisation démantèle le monopole de l'*« État-entrepreneur »*, tout en restructurant le rôle de la puissance publique sur le marché afin de garantir l'intérêt général. Ce fameux « intérêt général n'est plus le bien nettement circonscrit de l'autorité politique ; c'est désormais un produit, un enjeu évolutif de négociation entre acteurs ».[1317]

En fait, l'accord spécifique sur les télécoms de l'OMC de 1997 place les marchés africains dans un processus d'adoption des « fondements néolibéraux et ordolibéraux »[1318] américains et européens. L'Europe des télécoms avait déjà atteint un stade très avancé des transformations de son cadre juridique, au moment où, en 1997 avec l'OMC, les États africains convenaient d'inscrire leurs secteurs de télécoms dans l'économie des marchés. [1319]« En somme, ce que le monopole public prétendait réaliser directement, la régulation est censée y parvenir par d'autres voies, plus subtils peut-être, mais qui attestent la part non négligeable que continue de prendre la puissance publique à l'évolution du domaine des télécommunications ».[1320]

En Afrique, la tradition des monopoles étatiques devait donc prendre fin au titre de changements juridiques et structurels en adoptant la régulation dans un marché ouvert. La reconfiguration de l'intervention de l'État impliquait « une orientation régulatrice générale censée animer l'action publique dans son ensemble, par delà l'allure hétéroclite de ses instruments et l'apparence d'autonomie de ses diverses facettes ».[1321] Le droit public

---

[1315] J. CHEVALLIER, *Le service public*, préc., pp. 77 et 97. *Cf.* PH. MOREAU DEFARGES, *La Gouvernance,* préc., p. 60.

[1316] KAREL VON MIERT, « un entretien avec le Commissaire européen à la concurrence », *Le Monde, 20 décembre 1994,* cité par R. GILARDIN, *op.cit,* p.13 et s.

[1317] J. CHEVALLIER, *op.cit*, p.77 et 97. PH. MOREAU DEFARGES, *La Gouvernance,* préc., p.60.

[1318] F. DENORD, R. KNAEBEL, P. RIMBERT, « L'ordolibéralisme allemand, cage de fer pour le vieux continent », *Le Monde diplomatique*, aout 2015, p. 20 et 21.

[1319] *Cf.* Titre 2, Chapitre 1, Section 1 du présent ouvrage. Les directives européennes de 1988, puis les directives « ONP » de 1990 avaient déjà fait évoluer le droit européen. En France, les lois de 1986, de 1990 et celles de 1996 sur la réglementation des télécommunications avaient déjà assumé le cap décisif de la libéralisation et de la concurrence sur le marché régulé.

[1320] T. PENARD et N. THIRION, *op.cit,* p.1.

[1321] J.-PH COLSON et P. IDOUX, *op.cit,* p. 38.

valorise désormais le « rôle "cadre" […] du droit de l'action publique[1322] », pour assurer « l'encadrement concurrentiel de certains secteurs économiques ».[1323]

Les États africains n'ont pas engagé eux-mêmes cette dynamique de transition juridique des services publics. Face aux enjeux des télécoms et de l'économie numérique, ce sont les accords de l'OMC de 1994 et 1997 qui ont consacré l'expérimentation du « droit de l'économie de la régulation »[1324] en Afrique, tel que mis en œuvre par la RDC. De nouveaux acteurs entrent sur le marché libéralisé, anciennement monopolistique, en entraînant une véritable distinction des rôles selon les prestations de services de télécoms de base (transporteurs, FAI, hébergeurs, etc.). Dans ce contexte, l'opérateur historique, ancien opérateur de monopole, subit la compétition. Auparavant l'intervention de l'État était directe dans « sa mission d'intérêt général qui assure à tous des prestations essentielles ». Didier Truchet considère la controverse entre la France et l'Europe sur la conception du service public comme instrument privilégié d'intérêt général. Désormais « les règles d'un marché concurrentiel » servent également les « missions de service public ».[1325] La situation ainsi décrite est celle du « recul de l'État-puissance publique, marquant le recul de l'incompatibilité de principe initiale entre les personnes privées et l'exécution de missions de service public ».[1326]

2. L'exportation du décloisonnement des services publics

Déjà, les aspects de « mutation de l'État » entre 1935 et 1950 avaient donné lieu en Europe (France) à ce que « le service public s'ouvrait aux personnes privées, et cette ouverture était validée par le juge ».[1327] Sur ce point de la jurisprudence administrative, en France l'Arrêt du Conseil d'État du 13 mai 1938 (*Caisse primaire Aide et Protection)* indiquait en substance que ce n'est pas parce qu'une personne privée prend en charge un service public que ce n'est plus un service public.[1328] Cependant, avec les principes de l'OMC, le « Droit public de la régulation de l'économie »[1329] va plus loin. Il s'agit « "davantage d'un véritable droit du marché qu'un droit de la consommation, tel qu'on le définit traditionnellement en France", l'action

---

1322 J. CHEVALLIER, « Droit et action publique », in *Le droit figure du politique, Mélanges en l'honneur de Michel Miaille*, Faculté de droit de Montpellier, 2008, vol. 2, p. 421.

1323 J.-PH COLSON et P. IDOUX, *op.cit,* p. 38.

1324 I. CROQ, *op.cit,* pp. 71 et s. Voir aussi : *Droit de l'Informatique et des réseaux,* Lamy du droit, 1999 [2002]. J. CHAPPEZ, Y. LAIDIE, G. SIMON, « Mondialisation et services juridiques », in E. LOQUIN et C. KASSEDJAN (sous la dir.), *La Mondialisation du droit,* éd. Litec, Paris, 2000.

1325 D. TRUCHET, *op.cit*, p. 69.

1326 M. DEVILLIERS et T. DE BERRANGER (sous la dir.), *op.cit,* pp. 527-528.

1327 *Ibidem*, p. 528.

1328 *Ibid.*

1329 B. DU MARAIS, *Droit public de la régulation économique*, Presses de Sciences Po et Dalloz, 2004.

des "concurrents" étant prioritairement visée alors que celle des consommateurs ne l'est que de "façon subsidiaire" ».[1330]

De cette façon, la régulation était censée assurer le maintien des règles d'intérêt général, en exerçant sur le marché un rôle d'arbitre du jeu concurrentiel entre les acteurs privés et les opérateurs historiques. Dans les nouveaux marchés africains une régulation étatique a aussi émergé comme en Europe.

En l'occurrence, « Conformément à l'accord de l'OMC sur les télécommunications de base, de nombreux gouvernements ont créé des autorités nationales de régulation, sous forme d'organismes indépendants ou d'unités fonctionnelles relevant de certains ministères ou offices gouvernementaux ». [1331] Cette fonction de régulation a été voulue indépendante selon les exigences du droit international du commerce. La nécessité du régulateur se fonde sur la diversification des enjeux et la nécessité de leur conciliation des aspects publics et privés du secteur. L'abandon des monopoles a en effet ouvert le secteur public aux forces économiques du marché international. Les anciens exploitants publics (EPA/EPIC) assumaient non seulement le rôle de gestion des services publics, mais aussi l'édiction des règlements.[1332]

La libéralisation des services publics monopolistiques engageait la compétition entre les nouveaux entrants (du secteur privé) et d'anciens détenteurs de monopole public. Cette reconfiguration du secteur public des télécoms a produit un ensemble complexe dans lequel l'État se doit d'arbitrer le jeu des intérêts économiques des opérateurs privés, souvent des multinationales, avec des opérateurs historiques, dans un objectif global d'intérêt général. Sans pouvoir se définir aisément, ce dernier fonde l'État à agir dans « une finalité que l'on présume supérieure » qui transcende « la somme des intérêts individuels ».[1333]

Comme changement immédiat lié aux accords de l'OMC (1994-1997), dès 2001, 67% des pays africains s'étaient dotés d'une autorité de régulation sectorielle.[1334] En droit congolais, la loi-cadre n°013/2002 sur les télécoms (« LCT ») a fait de même le 16 octobre 2002, en instituant deux structures

---

[1330] C. MONFRORT, « Loyauté des pratiques commerciales : concurrents, agissez en cessation ! », *RLDA*, janv. 2008, n°23, Répères, n°1418, pp. 54-55.

[1331] UIT, *Rapport 2002*, préc.

[1332] M. DEVILLIERS et T. DE BERRANGER (sous la dir.), *op.cit*, p. 513. Les EPIC agissaient pour compte de l'État-entrepreneur sur la base du monopole légal. « Dans son activité quotidienne de prise en charge de l'intérêt général, l'administration développe deux séries d'activités traditionnelles qui constituent les buts de l'action administrative. Les unes ont pour objet en quelque sorte de "matérialiser", de "concrétiser" l'intérêt général par la réalisation de prestations de biens et de services, ce sont les activités de service public. Les autres se traduisent par un travail de réglementation, d'encadrement juridique de multiples activités sociales dans le but précis d'assurer le respect de l'ordre public, il s'agit des activités de police administrative. »

[1333] *Ibidem*.

[1334] *Rapport UIT*, 2002, préc.

étatiques, à savoir : l'Autorité de régulation et le Ministre des PTT.[1335] Ce dernier reste une administration classique. Cependant, « l'Autorité de régulation s'assure d'une certaine indépendance par rapport au Ministère et au marché du fait de la personnalité juridique dont elle est dotée et du mécanisme de la tutelle qui la relie à cette autorité. Mais il est entendu que le Ministère [...] encadre la fonction de régulation ».[1336]

En France, le régulateur des télécoms est en principe dans l'appareil d'État, une autorité administrative indépendante (AAI), face aux autres pouvoirs relevant de l'exécutif et du législatif et de l'autorité judiciaire.[1337] « À y regarder de plus près, on se rend vite compte que ces AAI ne constituent pas une révolution. Elles ne sont pas un quatrième pouvoir [...] Les AAI ne correspondent complètement ni aux critères de la juridiction, ni à ceux de l'institution parlementaire. Il ne peut donc s'agir que d'organes administratifs ». [1338] Cette assertion est confirmée par les décisions du Conseil constitutionnel et du Conseil d'État français.[1339] Comparativement, c'est l'ART (française), créée en 1996 par la loi n°96-659 du 26 juillet 1996 de réglementation des télécommunications, comme AAI chargée de la régulation du secteur. Au sens de l'article L32-1 du CPCE, le changement de terminologie « télécoms » a été effectué en faveur des « communications électroniques »,[1340] mais la fonction de régulation est exercée au nom de l'État par le Ministre chargé desdites communications et par l'ARCEP.[1341]

1335 Articles 5 à 8, Loi-cadre n°013/2002 du 16 octobre 2002 sur les télécommunications en République Démocratique du Congo, JO RDC, n° spécial, Kinshasa, 25 janvier 2003, pp. 17-45.

1336 Exposé des motifs, Loi-cadre n°013/2002, préc., p. 24.

1337 Conseil constitutionnel : décision relative à la loi transférant à la juridiction judiciaire le contentieux des décisions du Conseil de la concurrence, 23 janvier 1987. [http://maf.fr/fr/article/decision-du-23-janvier61987-Conseil-de-la-concurre/] (consulté le 16 mars 2017). « Le Conseil constitutionnel français a posé plusieurs règles déterminantes pour le droit français. Tout d'abord pour la première fois, en visant les lois du 16 et 24 août 1790 sur l'organisation judiciaire, le Conseil constitutionnel a tout à fait affirmé que la séparation des "autorités administratives et judiciaires" n'a pas de valeur constitutionnelle mais c'est pour immédiatement affirmer qu'une tradition française a haussé cette distinction entre les deux autorités [et] en a fait "un principe fondamental reconnu par les lois de la République". Le système organisé par l'Ordonnance du 1ier février 1986 qui prévoit un recours contre les décisions du Conseil de la concurrence, lequel est une Autorité administrative, devant la Cour d'appel de Paris, juridiction judiciaire, contrevient à ce principe fondamental. Mais le Conseil constitutionnel admet qu'une telle exception puisse se justifier. C'est le cas ici. ».

1338 A. SAKHO, *op.cit*, p. 4.

1339 [http://www.legifrance.gou.fr/affichJuriAdmin.do?idTexte=CÉTATEXT000007664894] Conseil d'État français, 10 juillet 1981, n°05310, recueil Lebon. En cause : Conseil d'État, Commissaire aux comptes de société *vs* décision du médiateur, statuant au contentieux sur requête pour excès de pouvoir, à propos de la nature juridique du médiateur. J-M. SAUVÉ, « Les autorités administratives indépendantes », intervention au Comité d'évaluation et de contrôle des politiques publiques (CEC) sur les AAI, jeudi 11 février 2010 p. 1-8 [http://www.conseil-État.fr/Actualites/Discours-Interventions/Les-autorites-administratives-independantes] (consulté le 12 août 2016).

1340 Article 2, a), directive 676/2002/CE du 7 mars 2002, préc. La définition des communications électroniques est celle des télécoms, mais à laquelle il est ajouté des

Ainsi, l'instauration d'organes régulateurs indépendants est l'aspect marquant de la transformation du cadre juridique des télécoms en droit comparé, afin d'assurer au marché électronique son équilibre et son bon fonctionnement.[1342] Pourtant, sans abolir l'État, mais sans le renforcer non plus, la mondialisation redéfinit l'ensemble de ses fonctions et donc sa légitimité même.[1343]

Selon Jacques Chevallier, la réorganisation des interventions économiques de l'État en « État-régulateur » est à l'aune d'un « État-post-moderne *(sic)* ». Il constate que « Le dirigisme économique cessait d'être l'apanage des pays socialistes, adeptes de la planification impérative ou d'une conjoncture interdisant le fonctionnement normal du marché, car tous les pays libéraux avaient été conduits à mettre sur pied des dispositions leur permettant d'agir sur l'économie ».[1344] La fonction de la régulation est donc censée assurer l'équilibre du jeu économique et préserver les objectifs d'intérêt général, face aux réalités du marché ouvert.

En principe, « la concurrence régulée semble considérée comme l'inversion du monopole et la notion de service universel comme renouveau du service public ».[1345] Dans ce contexte, le régulateur est un arbitre de plusieurs intérêts. L'idée de service universel traduit l'objectif de conciliation de l'existence du jeu concurrentiel avec la mission d'intérêt général. L'objectif est celui de la diffusion de techniques fondamentales de communications électroniques dans les pays et à un coût d'accès raisonnable.[1346]

Par ailleurs, l'extension de la concurrence aux services publics (dits services d'intérêt général) a créé une complexification des mécanismes juridiques encadrant l'activité économique dans ledit secteur. L'une des conséquences est l'apparition du phénomène de systématisation et d'accroissement des règles juridiques dans le domaine des télécoms. Le terme générique « déréglementation » (de l'anglais, *« deregulation »*) cache, de manière impropre, une conséquence logique de cette grande réforme. Les

---

exemples : « les systèmes de transmission et, le cas échéant, l'équipement de commutation et autres ressources permettant le transport des signaux entre des points de terminaison définis, par fils, par faisceaux hertziens, par moyens optiques ou par d'autres moyens électromagnétiques ».

1341 M.-A. FRISON-ROCHE, *Les 100 mots de la régulation,* coll. « Que sais-je ? », PUF, 1re éd., 2011, p. 14-15

1342 Le sens commun de la régulation est « l'action de réguler, d'assurer un bon fonctionnement, un rythme régulier », tandis que les « fonctions de régulation » restent aussi en lien avec la physiologie, comme celles « qui assurent la constance des caractères du milieu intérieur d'un animal en dépit des variations du milieu extérieur ». (*Le petit Larousse Illustré 2017*, Dictionnaire, p. 986)

1343 PH. MOREAU DEFARGES, *La mondialisation,* préc., p.52.

1344 J. CHEVALLIER, *L'État post-moderne*, 4e éd., LGDJ, lextenso-éditions, coll. droit et société, n°35, série politique, p. 63.

1345 P. MUSSO, *op.cit,* p.75 et s.

1346 J. CATTAN, *op.cit,* pp. 24, 27, 171 et s. Cf. pour les détails spécifiques au « service universel » : Partie 2, Titre 2, Chapitre1, Section 1 du présent ouvrage.

lois de monopole de télécoms étaient souvent à article unique ; mais elles ont été supplantées par des textes plus prolixes, ayant ajouté à la complexité, pour encadrer le nouveau jeu de la concurrence.

Pour preuve, il y a lieu de comparer, en droit français, la situation de 1985, lorsque le monopole était intact, par rapport à celle de 1991 après la réforme Quilès. Il peut aussi être pris en compte la situation de 1996, après le vote de la loi de réglementation des télécoms. En 1985, le monopole était fondé sur un seul article de loi (article unique) : l'article L33 du CPT sur le monopole des PTT reprenait l'article unique de la loi de Louis-Philipe de 1837. En revanche, la loi du 29 décembre 1990 sur la réglementation des télécoms comptait 28 articles et était longue de neuf pages du Journal officiel. Quant à la loi du 26 juillet 1996 sur la réglementation des télécoms, elle totalisait 23 articles pour dix-sept pages au Journal officiel. Certains qualifient le phénomène de *« reréglementation »*, d'autres de *« surrégelementation »*.[1347]En outre, il y a nécessité de comparer la similarité des expériences de dérégulation, telle que pratiquées en Europe et en Afrique, au regard de leurs résultats et de leurs stades d'avancement.

B. Les écarts d'expérimentation de la dérégulation des télécoms entre l'Europe et l'Afrique

Pour les États africains, l'essentiel de cette étape des réformes réside dans l'application du modèle de marché européen, sous l'égide de l'OMC. Les développements ci-dessus mettent en lumière les expériences de droit comparé européen et africain dans la dérégulation des télécoms de base. Les circonstances sont similaires, mais plusieurs aspects de divergences apparaissent quant à la conduite des expériences, aux résultats et aux temps de changements sur les marchés africains et européens.

1. L'absence de préalable cognitif africain de la dérégulation

Premièrement, les marchés africains ont été libéralisés sans préparation particulière, contrairement à la politique graduelle opérée, à cet effet, au sein des institutions et des États de l'Union européenne. C'est depuis 1984 au Sommet de Fontainebleau sur les télécoms que le processus avait été lancé sur le marché européen, à travers les « directives ONP » de 1988-1998.[1348] Celles-ci avaient initialement conservé des droits exclusifs sur des segments du marché des infrastructures publiques en permettant uniquement la concurrence sur les équipements et services de télécoms. En France, par exemple, l'opérateur national de monopole avait bénéficié des

[1347] L. BANCEL-CHARENSOL, *op.cit,* p. 2, cité par R. GILARDIN, *op.cit,* p. 80.

[1348] Directive 98/10/CE du P.E et du conseil du 26 février relative à l'application de la fourniture d'un réseau ouvert (ONP) à la téléphonie vocale et sur le service universel des télécommunications dans un environnement concurrentiel, JOCE L 101, 1er avril 1998, p. 24-47.

investissements publics (« colbertisme high-tech »), en prévision de l'ouverture future à la pleine compétition internationale. Le temps de transition nécessaire leur a été accordé pour se renforcer préalablement sur leurs marchés territoriaux, avant de subir la pleine compétition en tant qu'opérateur historique. Les directives dites du « paquet télécom » sont intervenues graduellement en 2002 et en 2009, dans un contexte de marché partiellement ouvert pour parvenir à une totale concurrence.[1349]

En revanche, les États africains ont adhéré au processus de dérégulation en 1997, sans expérience cognitive des changements réglementaires à effectuer, ni des complexités de la régulation. Premièrement, le parcours historique n'est pas le même dans la conduite des réformes africaines : celles-ci ont été menées tantôt sans politique législative appropriée au niveau national,[1350] tantôt avec célérité sous les contingences de l'OMC avec l'appui de l'UIT, du FMI, de la Banque mondiale C'est dans un tel contexte que la RDC a entrepris en 2002 la réforme de son cadre légal des télécoms alors que son document de politique sectorielle (DPS) n'a été élaboré qu'en 2009. La Loi-cadre sur les télécoms (LCT) ainsi que la loi sur l'ARPTC ont défini un marché dual des télécoms, avec deux segments d'activités de réseau exclusif et de services compétitifs.[1351]

Dès le début, la réalité du marché présentait cependant une structure concurrentielle débordant du cadre juridique défini. Les lois de dérégulation intervenues en 2002 en RDC accusent un retard d'objectifs par rapport à la situation concrète du marché national et par rapport aux évolutions en droit comparé européen (« paquet télécom »). D'une part, les opérateurs privés étaient autorisés dès 1989 à exploiter des services de télécoms dans le secteur public dont la loi était encore monopolistique. D'autre part, l'opérateur historique (OCPT) n'avait pas d'infrastructures techniques opérationnelles lui permettant d'exploiter concrètement son segment des droits exclusifs sur le marché.[1352]

[1349] *Cf.* Titre 2, Chapitre 1, Section 1, du présent ouvrage.

[1350] Le cas de la RDC est tel que le DPS date de 2009 alors que ses lois de dérégulation datent de 2002.

[1351] Articles 37, alinéa 1 et 38, alinéa 2, Loi-cadre n°013/2002 du 16 octobre 2002 sur les télécommunications dite « LCT », préc.: « En République démocratique du Congo, il n'existe, pendant la période d'exclusivité qui lui est reconnue, qu'un seul Exploitant public de télécommunications. [...] L'exclusivité temporaire consiste pour l'exploitant public à posséder seul le réseau de référence auquel tout exploitant concessionnaire de service public de télécommunications est tenu de s'interconnecter, et par lequel, il fait transiter son trafic national ou international ».

[1352] K. NDUKUMA ADJAYI, *op.cit,* p. 84. Cas de la RDC où la loi de libéralisation partielle du marché des télécoms est intervenue en 2002, tandis que plusieurs licences de téléphonie mobile et fixe, ainsi que des autorisations de fourniture de services Internet étaient octroyées sans enchères, ni procédures publiques. Cette démonopolisation de fait rendait très aléatoire l'arbitrage de la cohabitation difficile sur un même marché entre un opérateur historique disposant encore d'un monopole légal et de nouveaux entrants privés autorisés à opérer dans un marché sans loi adapté, ni régulateur indépendant. (Cas de la licence attribuée à Telecel en 1989 au Zaïre, actuelle R.D.Congo, opérant la technologie AMPS alors que l'ONPTZ, actuelle

2. La prééminence de l'autorégulation sur les lois étatiques (congolaises)

Deuxièmement, les pratiques du marché international ont largement contribué à la dérégulation des secteurs de télécoms en Afrique et en RDC, en attendant l'exécution de nouvelles règles juridiques et l'assise des régulateurs étatiques. En Europe, le « réexamen du cadre réglementaire des télécoms » insistait en 1999 sur la généralité de ses règles qui devaient donner lieu à « des mécanismes [...] nécessaires pour assurer que les ARN appliquent les objectifs et les principes fixés dans les directives d'une façon qui sauvegarde l'intégrité du marché intérieur ».[1353] Cependant, l'existence de l'ARPTC est postérieure à la présence de nouveaux entrants sur le marché. Par conséquent, l'activité économique des télécoms s'est déroulée sous une « protection indirecte » des intérêts économiques de tous les « concurrents légitimes ».[1354]

À défaut d'expériences locales de la libéralisation, les marchés s'inspiraient des références plus avancées, en provenance des pays d'origine des firmes multinationales privées.[1355] L'internationalisation des réseaux leur permet de profiter des différences de structures des marchés (*benchmark*), en s'inspirant des meilleures pratiques internationales (*best practices*). L'« autorégulation (*self regulation*) désigne un système apte à définir son équilibre par ses seules forces ou [...] à le rétablir également ».[1356]

Dans ce cas, la « démarche pragmatique »[1357] est de mise par les forces du marché elles-mêmes, en vue de l'harmonisation informelle de plusieurs aspects, notamment : contrats d'interconnexion, gestion des conflits entre opérateurs, interopérabilité des systèmes clés (protocole de signalisation, paramètres techniques de commutation, partage des bandes de fréquences, etc.). Les forces du marché ont pallié les carences de la libéralisation, faute d'instances et d'expériences régulatrices dans les marchés africains (RDC), nouvellement ouverts à la compétition. La dérégulation laissait entendre l'idée des forces du marché capables de se réguler elles-mêmes.[1358]

SCPT, disposait encore d'un monopole légal et statutaire, sur base de l'ordonnance-loi 68-475 du 13 déc.1968 portant sa création. Jusqu'à la promulgation de la loi-cadre n° 013/2002 sur les télécoms du 16 octobre 2002, cette ordonnance n'était pas révoquée par une loi contraire.

1353 COMMISSION EUROPÉENNE, *Réexamen du cadre réglementaire des télécommunications*, COM (1999) 539 final, nov.1999.

1354 Considérants n°6 et 8, directive 2005/29/CEE et dont l'article 10 fait état de la promotion des codes de conduites et l'autorégulation des professionnels (dans le sens des pratiques loyales). Notes : J. ROCHFELD, « Les nouveaux défis du droit des contrats : l'efficacité de la lutte contre les pratiques commerciales déloyales de l'Internet », in J. ROCHFELD (sous. la dir.), *op.cit*, p. 24.

1355 I. CROQ, *op.cit*, p. 8-9.

1356 M.-A. FRISON-ROCHE, *Les 100 mots de la régulation*, préc, p. 21.

1357 J.-PH COLSON et P. IDOUX, *op.cit*, p. 38. Il est question ici d'autorégulation, mais « La régulation est largement entendue comme "la démarche pragmatique et globale consistant à poursuivre un objectif déterminé par l'utilisation, généralement combinée, de méthodes choisies parmi une palette d'instruments variés, en fonction d'un calcul d'efficacité optimale" ».

1358 D. POPOVIC, *op.cit*, p. 3.

Toutefois, la « régulation est conçue sur un postulat inverse, puisqu'elle postule que le marché sur lequel elle souhaite agir n'a pas eu la force de créer et de maintenir ses équilibres propres, soit parce que la libéralisation est trop récente, soit parce qu'il y a un [...] monopole économiquement naturel ».[1359] L'autorégulation a donc fait émerger un nouvel enjeu de souveraineté nationale pour les États africains, car elle produit une coexistence entre droit souple (lois du marché, *soft law*) et droit dur (règles juridiques, *hard law),*[1360] tant sur le marché libéralisé que dans l'espace numérique. Elle épaule la régulation étatique tout autant qu'elle peut la dépasser, au regard de l'asymétrie ou des inégalités des forces du marché. L'asymétrie est possible au profit d'un opérateur « notamment parce qu'il a tous les clients ou tout le savoir-faire, ou tous les brevets, et que, de fait, les potentiels concurrents ne peuvent pas entrer sur le marché ».[1361] Les enjeux réformateurs du droit des télécoms ont opéré le repositionnement de la puissance publique face aux forces économiques du marché.

Au regard des travaux de Joseph Stiglitz (prix Nobel d'économie 2001), l'asymétrie de l'information, est celle qui offre aux acteurs du marché une « "rente informationnelle" leur permettant de s'octroyer de très nombreux avantages et de transférer sur les autres les risques ».[1362] La présence du régulateur sert à rétablir l'équilibre voulu par le droit et l'intérêt général. C'est ce que confirme la pensée de Mireille Delmas-Marty, car « la règle fait aller le droit : aussi le droit en fixant des règles, permet-il l'égalité devant la loi, l'égale répartition des charges, des devoirs et des droits et, [...] peines et sanctions selon les règles de la justice. Mais parfois la réalité ne se plie pas, ou échappe, parce qu'elle a pris des formes inédites ou trop complexes, à la "linéaire" du droit : la mondialisation, la révolution numérique, la supranationalité [...], etc. mettent le droit au défi ».[1363]

Les forces économiques du marché international ont construit l'effectivité du pouvoir du secteur privé dans les secteurs de télécoms en Afrique, derrière les objectifs de la démonopolisation d'autrefois. Mais les autorités réglementaires nationales doivent rester au cœur du nouveau dispositif. La libéralisation devrait toujours s'accompagner d'un renforcement de la régulation.[1364]

[1359] *Ibidem.*

[1360] PH. MOREAU DEFARGES, *La Gouvernance,* préc., p. 60. J. CARBONIER, *Flexible droit pour une sociologie du droit sans rigueur,* 10eéd., LGDJ, 1969, p. 6 et s. M. DELMAS-MARTY, *Le flou du droit*, préc., p. 3 et s.

[1361] M.-A. FRISON-ROCHE, *Les 100 mots de la régulation,* préc, p. 19.

[1362] *Ibidem,* p. 19-20.

[1363] M. DELMAS-MARTY, « À l'heure de la mondialisation, nous avons besoin d'un droit flou », *Libération*, Interview par Robert Maggiori et Anastasia Vécrin, 23 septembre 2016.

[1364] D. BOULAUD, *op.cit,* p. 29.

3. La puissance du marché électronique mondial face aux États-régulateurs en Afrique

Troisièmement, avec la dérégulation, « la voie médiane entre le monopole et la concurrence [...] suppose d'adopter une approche renouvelée de la régulation ».[1365] La régulation intervient dans un système complexe de marché, pour maintenir l'équilibre entre intérêt général et le jeu concurrentiel. Si l'intervention publique n'est pas adéquate, les attentes fondées sur le marché sont endiguées au détriment des consommateurs par des impératifs économiques. Les intérêts commerciaux ont souvent prédominance sur les attentes d'intérêt général à travers le fonctionnement du marché. Le cas du service universel conserve la connotation française du service public dans le marché dérégulé. Celui-ci est davantage porté vers ses propres priorités, notamment : positionnement stratégique, contrôle des parts de marché, réalisation du profit, concurrence, qualité des réseaux, image marketing.

Mais, il revient à l'État, à travers le régulateur, de rappeler les limites de la libéralisation par des obligations de « service universel »,[1366] justifiant des exceptions à l'application des règles de la concurrence. Cet objectif politique « fait ainsi office de "clause de sauvegarde", en cas d'insuffisance du marché ».[1367] En principe, plusieurs défaillances du marché apparaissent dans une situation de marché faiblement régulé. Sans entrer dans l'étude des aspects économiques du marché ou de la régulation, il est question de présenter les similitudes de résultats des expériences comparées de la dérégulation des télécoms en Europe et en Afrique.[1368]

En réalité, il ressort que les opérateurs privés multinationaux en Afrique sont les principaux bénéficiaires des réformes opérées sur le modèle des droits étrangers plus avancés. Ces constats sur les enjeux du socle analogique sont notamment appuyés par l'expérience de France Télécom face aux nouveaux marchés dérégulés en Afrique. En effet, « En Afrique, [...] la France détient nombre de positions. France Télécom, issue d'une administration publique chargée de la coopération avec les " pays amis", va se transformer en opérateur offensif dont la stratégie consiste à prendre des parts du capital dans les opérateurs historiques des pays déréglementés en vue de faire du "business". La présence française doit bien sûr profiter aussi

---

[1365] *Ibidem*, p. 15.

[1366] Résolution du Conseil de l'Europe, 7 avril 1994 : « l'objectif politique de service universel est la mise à disposition de tous les utilisateurs d'un service minimal d'une qualité spécifiée à un prix abordable ».

[1367] D. BOULAUD, *op.cit*, p. 35-55.

[1368] B. DU MARAIS, *Droit public de la régulation économique*, Presses de Sciences Po et Dalloz, 2004, cité par J.-PH COLSON et P. IDOUX· *op.cit*, p. 38· En « droit public de la régulation de l'économie », les deux disciplines paraissent largement converger aujourd'hui, compte tenu de l'orientation régulatrice générale censée animer l'action publique dans son ensemble, par-delà l'allure hétéroclite de ses instruments et l'apparence d'autonomie de ses diverses facettes.

à Alcatel et d'autres constructeurs plus petits ainsi qu'à des bureaux d'études [...] aussi très actifs en Afrique ».[1369] Jusqu'à ce jour, la multinationalisation occidentale domine le secteur des télécoms en Afrique et en RDC. Il n'y a pas eu de mouvement inverse des opérateurs africains investissant en masse dans les marchés occidentaux dérégulés, au regard de la mondialisation.

À long terme, l'enjeu financier du retour sur investissement préoccupe davantage le marché à veiller au remboursement des prêts et intérêts sur les capitaux étrangers (occidentaux pour la plus part), tandis que les États africains (RDC) doivent s'outiller à veiller aux aspects d'intérêt général.[1370] Là où en Afrique, notamment en RDC, des espoirs avaient pu être suscités par la manne financière à la vente de licences d'entrée sur les marchés africains, l'accès aux réseaux n'a pas encore d'effet bénéfique pour l'ensemble des citoyens. L'intérêt général soutient que le niveau de concurrence du marché des télécoms doit être profitable au pouvoir d'achat (baisse des prix), à la couverture universelle (transfert des technologies et du « savoir-faire ») ou à la balance financière (transfert des capitaux suite aux investissements directs).[1371]

Que ce soit en Europe ou en Afrique, « Plus qu'à un modèle concurrentiel, la dérégulation a, dans les faits, conduit à la formation d'un marché oligopolistique : aux quelques deux cents monopoles étatiques nationaux publics se sont substitués des oligopoles continentaux, voire oligopole mondial ».[1372] Notamment, la pratique des « subventions croisées » entre services est interdite par l'accord de l'OMC de 1997, mais la stratégie des dominants et de leurs « services associés » influe sur le jeu compétitif, eu égard notamment à leur part mondiale de marché (économie d'échelle) ou à la « rente informationnelle ».[1373]

Avec les expériences en Europe, en Afrique et en RDC, « il a été observé à la suite de la libéralisation des marchés de télécommunications qu'après la rupture d'un monopole, il se construisait plusieurs oligopoles, qui le cas échéant ne contribuent pas à l'évolution de la concurrence ».[1374] Les firmes multinationales effectuent une optimisation des économies d'échelle et

---

[1369] B. JAFFRE, « Bilan des privatisations des télécoms africains », in J-J. GABAS (sous la dir.), *op.cit,* p. 77.

[1370] L'idée de « *sunk costs* » domine le type d'investissement en réseau (notamment les télécoms, l'électricité, le transport), qui engagent des coûts irrécupérables de réseaux. A défaut du monopole, une exploitation à long terme est nécessaire pour avoir un retour sur investissement.

[1371] *Cf.* pour une étude détaillée sur le « service universel » : Tome 2, Titre 2, Chapitre 1 de notre ouvrage.

[1372] P. MUSSO, *op.cit,* pp. 75 et s.

[1373] *Ibidem*, p. 70-76. Les mêmes opérateurs cumulent, sur le même marché, plusieurs types de licences ou alors ils occupent à la fois plusieurs marchés nationaux. La puissance financière ou la taille des parts de marché se renforcent aux prix des acquisitions des droits et des fusions-absorptions, en faisant peser la concurrence au profit de grands groupes consolidés.

[1374] Parlement européen, avis relatif à l'examen de la proposition de directive « cadre », commission juridique et du marché intérieur, 10 janvier 2001.

renforcent les externalités du réseau vis-à-vis des consommateurs. Ces « géants »[1375] économiques du marché mondial tirent profit de leurs offres des services étendus ainsi que des volumes d'affaires, afin de peser sur les marchés nationaux. Ceux-ci deviennent davantage oligopolistiques que concurrentiels, avec un nombre limité d'opérateurs, présentant ou non une « dominance collective ».[1376]

Notamment, le profil de « puissance sur le marché » peut ne pas être une dominance,[1377] mais peut « fausser sensiblement la concurrence du fait de l'intégration verticale entraînant que le coût de changement d'opérateur est élevé pour le consommateur ». [1378] Par exemple, toute décision de changement de prestataire représenterait, pour le client, un nouveau coût d'investissement personnel pour accéder aux services concurrents. Elle entraînerait aussi une perte d'accès à certains produits associés au réseau. Ceux-ci restent « verrouillés » à la technologie du prestataire majeur qui tient une « clientèle captive » : comme les fabricants de terminaux, cette « façon dont des prestataires de contenus s'appuient sur des applications dépendant de grands acteurs des réseaux sociaux renforce la logique de cloisonnement ».[1379]

Depuis les dérégulations de 1990-2000, des situations de défaillance du modèle européen sont constatées. La RDC illustre quelques cas : position de dominance, marchés dérivés à dominance d'oligopoles sur des segments où il n'a pas existé d'opérateurs historiques auparavant, difficulté de gestion des ressources essentielles (fréquences hertziennes et numérotation), « capture du régulateur » [1380] dans le jeu des intérêts du marché, conflit des

---

1375 M. BÉHAR-TOUCHAIS (sous la dir.), *op.cit,* pp. 3-161.

1376 Annexe II, Directive « cadre », préc. La dominance collective est la possibilité pour deux opérateurs de s'associer pour former ensemble une entreprise puissante, selon des critères répertoriés à l'appréciation des ARN : degré de maturité du marché, croissance stagnante ou modérée du côté de la demande, faible élasticité de la demande, homogénéité du produit, existence des structures de coûts semblables, existence de parts de marché similaires, absence d'innovation technologique, une technologie arrivée à maturité, absence de capacité excédentaire, barrières élevées à l'entrée, absence de puissance d'achat compensatrice, absence de concurrence potentielle, présence de liens informels ou autres entre les entreprises, existence de mécanisme de rétorsion, possibilités réduites de concurrence par les prix

1377 Article 13, Directive « cadre », préc. Conseil européen des Télécoms du 4 avril 2001. La puissance sur le marché est une « position équivalente à une position de dominance ». Le droit sectoriel de télécoms considère la puissance significative sur le marché, tandis que le droit de la concurrence sanctionne l'abus de dominance sur le marché.

1378 D. BOULAUD, *op.cit,* p. 23 et s.

1379 V. SCHAEFER, H. CROSNIER et *al*, *La neutralité de l'internet un enjeu de communication,* CNRS éditions, coll. les essentiels d'Hermès, p. 142. « Les fabricants de terminaux cherchent aussi à assurer "une clientèle captive" : le modèle *Apple* interdit aux prestataires de contenus et médias de proposer directement à leurs lecteurs des applications ou d'acheter en dehors de l'écosystème d'*Apple* des biens payants, tels que la musique ou des livres numériques ».

1380 M.-A. FRISON-ROCHE, *Les 100 mots de la régulation,* préc., p. 33. « La capture du régulateur est le terme usuellement utilisé dans les théories économiques et vise la situation dans laquelle une institution – en pratique le régulateur – perd son indépendance par influence exercée par un tiers sur lui. »

compétences entre autorités de régulation des télécoms (ART) et ministères des PTT, difficulté de privatisation des opérateurs historiques, nivellement de la concurrence sans profitabilité de baisse de prix en faveur du consommateur, pesanteur d'insertion des autorités administratives indépendantes dans l'ordre étatique traditionnel, etc.[1381] De manière globale, tous ces aspects font état des enjeux, en liminaire des développements spécifiques en rapport à la mise en œuvre de la dérégulation dans le cadre juridique congolais.[1382]

D'autres développements sur la seconde étape d'évolution de l'économie numérique se présentent avec l'Internet, car le socle analogique des télécoms reste fondamental et transitoire pour l'avènement de l'ère numérique. Pour l'Afrique, les défis de multinationalisation perdurent tant pour les marchés territoriaux de télécoms que dans la mondialisation de l'Internet.[1383] Après avoir « cadré » les enjeux de la dérégulation des télécoms (1re étape), l'aperçu des enjeux de l'ère numérique équivaut à la 2nde étape de comparaison entre droits européens, français, africains et congolais.

§ 2. Les enjeux juridiques du cyberespace africain (congolais) face à l'économie numérique européenne et française

La poursuite des réformes juridiques complémentaires s'est avérée indispensable, à la suite des premières dérégulations dans le monde. L'ouverture du droit de l'accès aux télécoms des années 1980-1990 n'est pas une finalité, mais un moyen de la société de l'information. Dans le monde entier, les communications numériques ont suscité de nouvelles transformations économiques et sociétales appelant des règles adaptées. L'économie numérique renvoie aux infrastructures des télécoms de base ainsi qu'aux technologies innovantes. Celles-ci associent l'informatique et l'audiovisuel, comme moyen d'accès aux services de la société de l'information.

La Banque mondiale a retenu, dans son rapport de développement 2016, que l'« accès à l'Internet est fondamental, mais pas suffisant. L'économie numérique doit aussi reposer sur un socle analogique solide, composé de "réglementations" qui créent un cadre des affaires dynamiques et permettent aux entreprises d'exploiter les technologies numériques pour affronter la concurrence et innover ».[1384] L'économie numérique traduit l'utilisation des TIC dans les activités économiques, au titre des services de la société de l'information. Spécifiquement, la construction de l'architecture de l'Internet

---

1381 J. DO-NASCIMENTO, *op.cit*, 140.

1382 *Cf.* Titre 2, Chapitre 2 du présent ouvrage.

1383 CH. A. MICHALET, *Qu'est-ce que la Mondialisation*, La Découverte, Paris, 2002, pp. 1-211.

1384 BANQUE MONDIALE, *op.cit*, p. 4.

s'accompagne des aspects juridiques. Il faut donc saisir les évolutions depuis les télécoms, les communications électroniques jusqu'au cyberespace. **(A)**

L'accès au cyberespace n'est pas seulement né de l'état de la technique, mais aussi d'une construction juridique et politique du marché numérique mondial. « La notion de droit du cyberespace est si vaste et complexe et ce droit aurait sur les nations, leur économie et leur société, une influence si étendue qu'une bonne part des observations que l'on peut faire à ce sujet débouchent directement sur une mise en question du droit positif ».[1385]

Les règles et institutions juridiques de l'économie numérique sont empreintes des propriétés du cyberespace. Il est le support et le vecteur de cette économie informationnelle et de la connaissance,[1386] présentant une dimension transfrontière, déterritorialisée, décentralisée et dématérialisée. Ces propriétés soulèvent une problématique nouvelle pour la souveraineté des États, dans l'approche globale de régulation et de gouvernance du cyberespace, sans compter les ajustements spécifiques qu'opère le droit face aux bouleversements sociétaux de l'ère numérique. **(B)**

A. Les aspects juridiques de l'architecture planétaire d'Internet

Le cyberespace résulte des étapes combinées de la mondialisation des télécoms et de la globalisation de l'espace numérique. L'expérience de la dérégulation des télécoms était engagée depuis 1984,[1387] tandis que les États africains adhéraient au processus en 1994 et en 1997 sur la base des accords de l'OMC. En 1994, les ambitions américaines et européennes étaient de faire des réseaux électroniques, tant les « autoroutes de l'information » que le « sang de la compétitivité ».[1388]Les premières directives de libéralisation et d'harmonisation (ONP) des années 1990 avaient eu pour but de décloisonner

[1385] E. LONGWORTH, « opportunité d'un cadre juridique applicable au cyberespace – y compris dans une perspective néo-zélandaise », *Les dimensions internationales du droit du cyberespace*, Economica / éd. UNESCO, coll. droit du cyberespace, Paris, 2000, p. 13

[1386] *Cf.* D. POPOVIC, *op.cit*, p. 47. Conclusion de la Présidence, Conseil européen de Lisbonne, les 23 et 24 mars 2000, DOC/00/8. Le nouveau cadre réglementaire européen de 2002 (« paquet télécom ») avait pour objectif d'assurer la fourniture d'infrastructures et de services efficaces, de qualité et disponibles à des prix compétitifs, étant donné que l'objet fixé était de faire de l'Union européenne « l'économie de la connaissance la plus compétitive et le plus dynamique du monde ».

[1387] *Cf.* Titre I, Chapitre 2, Section 1 de la présente étude. Précédemment, il y eut le Sommet de Fontainebleau sur les télécoms en 1984 et en juin 1987, le *Livre vert* de la Commission européenne « sur le développement du marché commun des services et équipements de télécommunications ».

[1388] A. GORE, « Remarks as delivered to the superhighway Summit, Royce Hall », UCLA Los Angeles, California, 11 janvier 1994. A. GORE, « Informations superhighways speech », Sommet de l'Union internationale des télécommunications, Buenos Aires, 21 mars 1994. *Cf.* « Rapport Bangeman », préc.

les monopoles verticaux et les marchés territoriaux, tout en effaçant les frontières nationales au profit d'un marché intérieur européen.[1389]

D'autres politiques législatives européennes de 1994 et 1995 réaménageaient le cadre réglementaire de la concurrence des infrastructures et des réseaux de télécoms.[1390] En ce sens, la directive 96/19/CE arrêta la libéralisation intégrale desdites infrastructures au 1er janvier 1998.[1391] Les restrictions sur l'utilisation des infrastructures alternatives étaient levées avant le 1er juillet 1996 pour fournir les services déjà libéralisés.[1392] Toutes ces mesures ouvrirent de nouvelles possibilités techniques concernant les offres de réseaux de télévision par câble et surtout la convergence numérique des télécoms, de l'informatique et de l'audiovisuel, dans les RNIS. Tous ces aspects à la fois politiques, juridiques et techniques ont permis de jeter les bases de la révolution numérique.[1393]

La première étape technologique de la dérégulation mondiale a concerné les télécoms de base, comme une exigence intermédiaire de libéralisation en vue de construire le cadre juridique du jeu concurrentiel sur le marché régulé. Celui-ci a contribué à la finalité de démocratiser l'accès et les usages de l'Internet dans la société. L'interopérabilité des télécoms et de l'audiovisuel a été rendue possible grâce à la norme numérique et à des protocoles standards (notamment TCP/IP). Le Web est la meilleure expression de l'intelligence inventive (*software*). Celle-ci s'appuie sur les infrastructures et les terminaux des télécoms (*hardware*) permettant l'activité numérique des internautes, sur la couche sémantique du Web. Cette couche constitue l'espace collaboratif de l'écosystème numérique mondialisé.

1389 La directive 86/361/CEE du 24 juillet 1986, sur « la phase initiale de la reconnaissance mutuelle de l'homologation des équipements terminaux », aura permis à l'Europe de franchir l'étape de reconnaissance mutuelle des agréments et Directive 88/301/CEE de la Commission du 16 mai 1998 porta sur la question « relative à la concurrence dans les marchés des terminaux de télécommunications ».

1390 Commission européenne, *Livre vert* « sur la libéralisation des infrastructures de télécommunications et des réseaux de télévision par câble – Partie II – Une approche commune de la fourniture d'infrastructures de télécommunications au sein de l'Union européenne », COM (94), octobre 1994 et janvier 1995. Comme suite des consultations sur les deux parties de publication du *Livre vert*, le Conseil de l'Europe, dans sa résolution du 18 septembre 1995, décida notamment d'établir un cadre juridique pour l'interconnexion des réseaux dans la communauté et d'adapter les directives ONP au nouvel environnement concurrentiel.

1391 Directive 96/19/CE de la Commission, du 13 mars 1996, modifiant la directive 90/388/CEE en ce qui concerne la réalisation de la pleine concurrence sur le marché des télécommunications, JO L 74, 22 mars 1996, p. 13-24. Cette directive prescrivit l'abrogation de tous les droits exclusifs ou spéciaux à compter du 1er janvier 1998 en marquant l'étape finale de l'ouverture du marché.

1392 *Ibidem*.

1393 R. GILARDIN, *op.cit,* pp. 25 et s.

Au sens des études précitées de la Banque mondiale, l'Internet est une « dividende numérique » [1394] : il rassemble les fonctionnalités des technologies datant du 19e siècle (télécoms de base) et les découvertes de l'intelligence inventive depuis 1950. [1395] C'est une « architecture bien identifiée – producteur d'éléments, opérateurs de réseaux, fournisseurs de services et fournisseurs de contenus – participant d'un modèle économique spécifique ». [1396]

Les réseaux des télécoms de base restent le « kilomètre invisible », [1397] dans l'« ensemble de la chaîne de valeur » de l'Internet. [1398] Ils agglomèrent plusieurs « infomédiaires » [1399] qui détiennent les « clés de contrôles des intangibles numériques ». [1400] Le terminal de connexion du consommateur représente le « dernier kilomètre » (*last mile*) avec son dernier relai de connexion aux télécoms. [1401] En effet, « l'Internet mondial transite [...] au travers de divers moyens de communication électronique filaires (réseaux téléphonique commuté, bas débit, ADSL, fibre optique jusqu'au domicile), ou sans fil (WIMAX, par satellite, 3G, 4G). Les FAI appartiennent à la « couche basse » des réseaux qui comprend les acteurs en charge de l'acheminement des données, intermédiaires techniques [...] La « couche haute » est constituée des fournisseurs de contenus et d'applications (logiciels ou services informatiques) ainsi que des utilisateurs finals ». [1402]

En regroupant l'ensemble de ces fonctionnalités, l'Internet s'est ainsi imposé comme le réseau des réseaux à l'échelon planétaire. Internet sert de passerelle de diffusion, de circulation et d'échanges de contenus, à l'aide des protocoles de navigation et autres procédés numériques. Sa neutralité tient de la standardisation que les normes numériques assurent à toutes sortes de médias informatiques rendus compatibles dans la société de l'information. Grâce aux télécoms, l'Internet a ouvert d'infinies possibilités pour le grand

---

1394 BANQUE MONDIALE, *op.cit*, p. 58. Par « dividende numérique » ou souvent « dividendes du numérique », le rapport de la BM entend les « avantages plus larges d'une croissance économique plus rapide, d'une multiplication des emplois et d'une amélioration des services »

1395 [www.wikipedia.fr] (consulté le 16 mars 2017.) La première ligne de télégraphe électrique date de 1845 en France, sonnant le glas des tours de Chappe. Les années 1950 coïncident avec la politique des recherches initiées par le département américain de la défense avec les universités, ayant contribué à Internet. Il eut ensuite les débuts d'ARPANET (1966-1969), qui marquent les débuts officiels du système de commutation par paquet (*paquet switching*), avec la démonstration de 1972.

1396 CAHIER FRANÇAIS, n°372, préc., p. 2.

1397 Q. SGARD, *op.cit*, p. 25.

1398 Banque Mondiale, *Les dividendes numériques,* Rapport sur le développement dans le monde 2016, préc., p. 25. « Une manière utile d'analyser les politiques d'action sur l'offre en matière de TIC consiste à prendre en compte l'ensemble de la chaîne de valeur, à partir du point d'entrée de l'internet dans un pays (le premier kilomètre), puis lorsque l'internet traverse le pays (le kilomètre intermédiaire) pour atteindre l'usager ultime (le dernier kilomètre), sans oublier certains éléments cachés de la chaîne (le kilomètre invisible). »

1399 V.-L. BENABOU et J. ROCHFELD, *op.cit*, p.65.

1400 *Ibid.*

1401 BANQUE MONDIALE, *op.cit*, p. 25.

1402 F. BENHAMOU, *op.cit*, pp. 2-3.

public d'interagir en ligne, de créer, d'accéder ou de partager des contenus (son, texte, image).[1403] Désormais, à la suite de l'évolution des télécoms, « on entend par communications électroniques les émissions, transmissions ou réceptions de signes, de signaux, d'écrits, d'images ou de sons, par voie électromagnétique ».[1404] L'Internet et les techniques de numérisation sont à la base de la révolution numérique, solidement bâtie sur le socle primaire des télécoms de base.[1405]

Effectivement, la politique dite de « dérégulation » avait contribué aux progrès technologiques et à la diffusion des techniques numériques dans la société, l'économie et le monde. Les marchés de télécoms de base ont donné lieu à des activités consistant à mettre en place et à exploiter des réseaux.[1406] Le droit de l'Union européenne a inscrit les réseaux, les terminaux et les services de télécoms dans la concurrence sur le marché. C'est le cadre réglementaire – du marché des télécoms et de communications numériques – qui sert de référence d'ensemble pour la comparaison avec les droits en Afrique et en l'occurrence avec le droit congolais.[1407]

Étant donné que l'Internet est une « interconnexion de près de 50.000 réseaux différents »,[1408] sa régulation technique a posé comme norme fondamentale le « principe de neutralité » des réseaux.[1409] Selon le professeur Tim Wu, ce principe ne concerne toutefois, ni les contenus, ni les services, ni les documents véhiculés, ni les relations entre leurs producteurs et le lectorat ou les usagers. « La question de la "neutralité de l'Internet" porte donc sur *les fondements du réseau tant au plan technique, qu'au niveau des imaginaires sociaux* qui peuvent se construire sur ce commun, cette infrastructure de la société de l'information ».[1410] Au regard de cette neutralité, « ce qui frappe l'esprit est l'irrésistible changement du contexte

---

[1403] V-L. BENABOU et J. ROCHFELD, *op.cit,* pp. 39, 30.

[1404] Article L.31, 1°, CPCE, préc.

[1405] Au sens de l'accord spécifique sur les télécoms de base de l'OMC (1997), le concept recouvre les aspects suivants : infrastructures, téléphonie, télex, télécopie, transmission des données.

[1406] V. P. NIHOUL, *Droit européen des télécommunications. L'organisation des marchés,* Bruxelles, Larcier, 1999, p. 31, cité par D. POPOVIC, *op.cit,* p. 3.

[1407] *Cf.* pour étude comparative avec la RDC : Tome 2 de notre ouvrage.

[1408] T. WU, *The Master Switch, The Rise and Fall of Information Empires,* New York, Knopf Publishing Group, 2010, cité par V. SCHAEFER et H. CROSNIER (sous la dir.), *La neutralité de l'internet un enjeu de communication,* CNRS éditions, coll. les Essentiels d'Hermès, p. 11.

[1409] Q. SGARD, *Les nouveaux enjeux de la neutralité : du flux à la donnée*, Mémoire présenté dans le cadre du Master 2 Droit du numérique, Administration-Entreprises, sous la direction de M. Antonin Agier et M. William Gilles, Université Paris 1 - Panthéon Sorbonne, juin 2016, p. 25. « La neutralité des réseaux pose un double enjeu. [...] Elle doit faire l'objet d'une surveillance de la concurrence sur son plan horizontal : classiquement d'un besoin des autorités de concurrence de veiller à ce que les opérateurs entre eux respectent des normes d'interopérabilité, d'accès aux ressources (partage des infrastructures ou mutualisation) ou encore de respect de certaines prérogatives entourant le service minimum. »

[1410] T. WU, *op.cit*, pp. 11-12.

technique et économique dans lequel s'inscrit la question de la responsabilité des intermédiaires ».[1411]

Il convient donc de parcourir ces enjeux politiques, économiques et juridiques de l'ère numérique. Dans l'approche comparée, l'Internet et son économie du Net posent des défis identiques et simultanés au droit international, au droit communautaire en Europe, aux droits nationaux français, africains et congolais.[1412]

B. La « problématique de l'État » dans la globalisation de l'économie numérique en Afrique et en Europe

En réalité, l'économie numérique synthétise plusieurs enjeux juridiques, confrontant la suprématie des ordres étatiques à l'Internet. Sous l'intitulé de la « problématique de l'État » face au numérique, il apparaît plusieurs réponses envisageables : régulation de l'économie des marchés de télécoms, réorganisation des modes d'intervention étatique sur le marché libéralisé, gouvernance de l'Internet, prééminence du droit et des valeurs fondamentales, souveraineté numérique face aux défis juridiques des géants économiques de la société de l'information, questions particulières du commerce électronique (paiement, contrat, preuve et signature électroniques), protection des données personnelles, cybersécurité et ordre public numérique face à la cybercriminalité, etc.[1413]

Dans son étude spécifique sur l'État de droit et « le digital » (ère numérique), Olivier Iteanu synthétise plusieurs défis juridiques du cadran post-dérégulation mondiale des télécoms. Toutefois, si les corollaires de l'Internet sont les mêmes partout où les peuples y ont accès, les solutions de droit diffèrent à cause des disparités tant des ordres étatiques que des niveaux d'organisation entre les pays africains et le marché intérieur européen.[1414] Les enjeux de l'Internet permettent de poser la problématique générale du droit y afférent et de choisir des problématiques spécifiques à étudier.

1411 M. CLÉMENT-FONTAINE, « De la contrainte à la coopération : l'évolution du régime de la responsabilité des intermédiaires techniques », in M. BÉHAR-TOUCHAIS ÉTATS-UN (sous la dir.), *op.cit,* p. 3.

1412 *Cf.* pour la comparaison avec la RDC : Tome 2 du présent ouvrage.

1413 LeTome 2 traite ces objets en droit comparé congolais, européen et français.

1414 D. TRUCHET, *op.cit*, p. 110. Le présent chapitre a démontré la disparité des systèmes de droit en Afrique. Mais pour l'Europe, Didier Tuchet rappelle ceci : « Les droits européens [...] ont pour points communs d'exprimer les valeurs essentielles que partagent les pays européens, de tendre vers une approche juridique commune d'un certain nombre de questions importantes, de comporter un système juridictionnel efficace ». Le droit de l'Union européenne correspond au « droit communautaire » comprenant le droit dérivant des traités (droit primaire) et des institutions (droit dérivé), tandis que le « droit conventionnel » est le droit du Conseil de l'Europe. D'où l'usage des droits européens au pluriel. Mais ces deux droits sont harmonisés entre les États membres.

1. La problématique générale d'un droit étatique pour l'Internet

Les activités économiques liées au cyberespace se complètent d'enjeux juridiques d'un autre type, 30 ans après les premières dérégulations des télécoms dans le monde. « Autrement dit, le régime [...] ne répond plus aux mêmes préoccupations aujourd'hui que jadis ».[1415]La souveraineté des États doit répondre au défi de « réflexivité », entendue comme « l'aptitude d'une société à évaluer la situation dans laquelle elle se trouve et à prendre des options en conséquence pour l'avenir ».[1416] Effectivement, le développement sans précédent des technologies de l'information et de la communication apporte des bouleversements sociétaux. Pour le droit, l'économie de l'Internet et sa globalisation motivent « d'approfondir et consolider les concepts et valeurs juridiques traditionnels tout en créant de besoins juridiques nouveaux (*ius novum)* ».[1417]

En 2000, la directive 2000/31/CE a légalement inscrit les télécoms dans le cadre de l'intermédiation technique du commerce électronique. Dans l'économie numérique, les statuts d'opérateurs de transport et de fourniture d'accès au réseau transcendent la finalité sectorielle des télécoms.[1418] Ces acteurs deviennent des prestataires techniques du commerce en ligne, sans responsabilité sur le contenu qu'ils charrient, ni sur les informations qu'ils hébergent. Cette reconnaissance d'une responsabilité allégée des prestataires techniques a fini par réaliser le développement des services de la société de l'information, avec des incidences sur plusieurs autres domaines juridiques.

Les télécoms sont ainsi considérées comme la base commune sur laquelle sont construits les services de l'Internet et connectés les supports multimédias des communications électroniques. Les « clics de souris » des internautes créent de la valeur sur les plateformes de l'économie numérique, principalement en essaimant des traces informatiques et/ou des données personnelles. Celles-ci constituent le nouveau filon des métadonnées (*big data, data mining*).[1419] Avec l'économie numérique, le droit de l'accès aux marchés des télécoms cesse de paraître comme une fin en soi (si jamais il l'a été !).

À l'ère numérique, les télécoms remplissent la fonction de mise en relation, comme un simple vecteur (ce qu'il a toujours été !). Désormais Internet permet le « partage de la valeur éparpillée à l'ère numérique » et formant la « longue traîne ».[1420] Cette dernière coïncide avec de nouveaux

---

[1415] M. CLÉMENT-FONTAINE, *op.cit,* pp. 3 et s.

[1416] J. PERRIAULT, *op.cit*, p. 187.

[1417] T. FUENTES-CAMACHO, « Introduction : l'UNESCO et le droit du cyberepace », *Les dimensions internationales du droit du cyberespace,* Economica / éd. UNESCO, Coll. droit du cyberespace, pp. 1 et 5.

[1418] Directive 2000/31/CE, préc.

[1419] BANQUE MONDIALE, *op.cit,* p25.

[1420] V-L. BENABOU et J. ROCHFELD, *op.cit,* p. 39. Les auteurs titrent leur travail « *le partage de la valeur à l'ère numérique* », elles considèrent « *la valeur éparpillée* » dans la mesure des petits clics de nos navigations dans le Net, mais de l'éparpillement des traces de connexion

modes de production, de distribution et de consommation des produits et services de l'économie sur Internet. En effet, l'« éparpillement des masses en myriades de parcelles culturelles différentes est un phénomène infiniment perturbant pour le monde traditionnel des médias et du divertissement en constituant une mosaïque incompréhensible formée d'un million de mini marchés et de micro célébrités. De plus en plus, le marché de masse se transforme en masse de niches ».[1421] Tel est le sens de la longue traîne dans l'économie de l'Internet.

Mais l'Internet est un défi pour l'État, tout au moins au regard des règles privées sur le Web, de ses pratiques innovantes, des propriétés du réseau et de la puissance de ses acteurs techniques et économiques. Les réalités de la société planétaire de l'information confrontent des États postmodernes, qui deviennent de véritables « États concurrencés » au sens de J. Chevallier.[1422]

En l'occurrence, l'espace numérique rend difficile l'ancrage territorial du droit national. Les normes non-étatiques sont produites par des structures privées qui assurent la gestion de l'ordre public numérique. Le droit étatique s'efforce d'assurer son effectivité dans la société de l'information. Mais comment réunir « les conditions nécessaires pour un dispositif de gouvernance permettant une régulation fondée sur une base démocratique pour faciliter les échanges et l'accès au savoir » ?[1423]

Le numérique est devenu l'objet des politiques publiques, en vue de développer une « régulation démocratique » dans la culture de la « régulation-gouvernance, par essence inséparables ».[1424] Dans ses stratégies de gouvernance et/ou de sécurisation de l'Internet, le Conseil de l'Europe a constamment voulu que celui-ci soit porteur des valeurs fondamentales de la CEDH, à exporter dans d'autres États tiers y compris en Afrique.[1425] La RDC partage ces valeurs en tant que membre de l'organisation des Nations Unies, pour « proclamer à nouveau la foi dans les droits fondamentaux de l'homme, dans l'égalité des droits des hommes et des femmes, ainsi que des nations, grandes et petites ».[1426]

---

dans cet espace numérique qui a trouvé des agents « infomédiaires » entre les diffuseurs et les producteurs pour en faire une valeur appréhensible, accessible plus exactement.

1421 C. ANDERSON, *La longue traine, quand vendre moins c'est vendre plus,* Champs-Essais, n°1050, Paris, p. 15-16.

1422 J. CHEVALLIER [2014], *op.cit,* pp. 42 et s.

1423 J. PERRIAULT, « Le numérique : une question politique », Hermès, n°38, 2004, p. 187.

1424 P. MORREAU DEFARGES [2015b], *op.cit,* p. 11.

1425 S. RURGIS, « Les valeurs de l'Europe appliquées à Internet », in A. BLANDIN-OBERNESSER, *op.cit*, pp. 17-30. Comité des ministres, Gouvernance de l'internet – Stratégie du Conseil de l'Europe 2012-2015, 15 mars 2012, CM (2011)175 final 2. Préambule de la Convention de Budapest sur la cybercriminalité de 2001 selon lequel le Conseil de l'Europe tente « de trouver des réponses communes au développement des nouvelles technologies de l'information, fondée sur les normes et les valeurs du Conseil de l'Europe ».

1426 Préambule, *Chartes des Nations Unies*, préc.

2. L'étude des problématiques juridiques spécifiques de l'Internet

Les prémisses ci-dessus appellent des développements particuliers. Premièrement, la société mondiale en réseaux est devenue un autre moyen de défier l'État de droit : « Certaines entreprises mettent à profit la société en réseau issue d'Internet pour s'affranchir de contraintes réglementaires. Plus que l'évasion fiscale, c'est désormais aussi l'évasion juridique ». [1427] Deuxièmement, la société du numérique et son économie interrogent certains fondamentaux du droit. Le caractère transfrontière de l'Internet entraîne la confrontation des sources et la pluralité des règles de compétences,[1428] sans omettre les questions de vie privée et de droits d'auteurs sur le réseau numérique.[1429]

Si l'Afrique ne domine pas l'« investissement immatériel » [1430] de l'Internet, l'Europe et les États-Unis principalement confortent la position dominante de leurs économies dans la société de l'information, en même temps qu'ils confrontent leurs systèmes de droit dans le cyberespace planétaire.[1431] Mais « enfin de compte, la loi est-elle elle-même encore la seule norme qui régule les comportements des citoyens sur les réseaux numériques ? N'est-elle pas désormais en concurrence avec d'autres normes ? Des normes démocratiques et des sources non-étatiques ? »[1432]

En fait, l'économie de l'Internet est irriguée d'un « foisonnement des sources hétérodoxes »[1433] que la doctrine considère comme produisant une « déformalisation des sources publiques ». [1434] D'une part, la déclaration d'indépendance du Cyberespace paraît être une source matérielle privée de même que les idées de « contre-culture » du *New Age* et des thèses « anarcho-capitalistes » des libertariens. [1435] D'autre part, les « sources

---

[1427] O. ITEANU, *op.cit*, pp. 16-21

[1428] *Ibidem*, pp. 21-22. Déjà la dématérialisation et la déterritorialisation des activités en ligne posent des défis pour les règles de compétence des juridictions nationales. En Europe, la CEDH et la CJUE sont compétentes pour des questions de droits humains en prise aux dérives de l'Internet et particulièrement de l'économie numérique, avec primauté de leur autorité de chose jugée sur les juridictions nationales.

[1429] *Ibid.*, p. 23.

[1430] C. GUERRIER, *op.cit*, p. 93. Il faut rappeler la pensée de l'auteur sur l'« investissement immatériel, essentiel dans les technologies de l'information, qui comprend les logiciels, la recherche, indispensables aux services de télécommunications ». Sur cet aspect, le désavantage de l'Afrique est criant principalement par rapport à l'Europe et aux États-Unis, alors que la globalisation de l'économie numérique est une réalité.

[1431] O. ITEANU, *op.cit*, pp. 21-23. La confrontation des institutions juridiques concerne les équivalences possibles pour l'Europe et les États-Unis entre : liberté d'expression et *freedom of speech*, droit d'auteur et *copyright*, vie privée et *privacy*, gouvernement et *governance*. Les deux puissances économiques entendent agir l'une pour l'européisation du cyberespace et l'autre pour l'américanisation de celui-ci.

[1432] *Ibid.*, p. 23.

[1433] *Ibid.*, p. 57.

[1434] *Ibid.*, p. 61.

[1435] *Ibid.*, p. 57. J. PERRY BARLOW, *Déclaration d'indépendance du Cyberespace*, publiée le 9 février 1996 [https://www.eff.org/fr/cyberspace-independence] (consulté le 9 janvier 2016). J. LARRIEU, « L'internationalité de l'internet », *Revue Lamy Droit des affaires*, supplément,

pseudo-formelles privées » sont principalement la netiquette,[1436] la *lex mercatoria* et la *lex electronica,*[1437] mais aussi les règles émanant des géants américains de l'Internet (GAFAM notamment) ou encore de l'*Internet corporation for assigned names and numbers* (ICANN) quant à l'attribution des noms de domaine. La « régulation privée de l'Internet »[1438] est une réalité, tout autant que la réalisation d'une gestion privée de l'ordre public numérique. « Toute l'architecture technique de la "toile" repose en effet sur une standardisation privée relevant d'un groupe informel : l'*Internet Engineering Task Force* [IETF] ».[1439]

À la faveur des États face à la régulation privée du Net, le Sommet mondial sur la société de l'information (SMSI) de Tunis avait retenu en 2005 un principe aujourd'hui battu en brèche par la réalité technique.[1440] Selon le SMSI, « les noms de domaine par pays ont donné lieu à une autre analogie territoriale en étant parfois assimilés à des territoires ».[1441] Mais, la pratique de l'ICANN présente une procédure de neutralité d'attribution des codes de pays (ccTLD) qui « empêche d'y voir une manifestation de la souveraineté ».[1442] Par ailleurs, « les modalités de délégation de la gestion d'un [...] code pays empêchent les États d'assurer à tout coup un contrôle

---

février 2002, n°46, p. 42. P. LÉVY, *Cyberculture, Rapport aux Conseil de l'Europe dans le cadre du projet « Nouvelles technologies : coopération culturelle et communication »*, Paris, Odile Jacob, 1997, p. 150 et s.

[1436] V. FAUCHOUX, P. DEPREZ et J-M. BRUGUIÈRE, *op.cit*, pp. 9-21. Au sujet de nouvelles sources du droit de l'Internet, la nétiquette est un ensemble de règles de comportement applicables aux acteurs du réseau. Elle a fait naître des « générations spontanées d'usages forgés par les utilisateurs eux-mêmes au fil de leurs pratiques », en les codifiant parfois dans des chartes d'usagers.

[1437] B. GOLDMAN, « Frontières du droit et *lex mercatoria* », *Arch. Philo. Dr*, 1964, vol. IX, pp. 177-192. S. ROMANO, *L'ordre juridique,* traduction par L. François et P. Gothot, Paris, Dalloz, 1975, pp. xxiiet 174. La *lex mercatoria* est le symbole que des sources privées peuvent produire une normativité, « notamment à travers les contrats, les usages, les principes généraux du droit, la jurisprudence arbitrale, voire le pouvoir institutionnel de certaines organisations privées ». Une *lex electronica* multidimensionnelle produite par les acteurs privés de la "toile" semble ainsi avoir émergé, dont une part importante est constituée par les normes techniques de l'internet (référentiels de sécurité, d'accessibilité et d'interopérabilité) qui sont à la base du fonctionnement du réseau.

[1438] F. LATTY, *op.cit,* p. 59.

[1439] P. TRUDEL ; « La *lex electronica », in* A. CH. MORAND (dir.), *Le droit saisi par la mondialisation,* Bruylant, Bruxelles, 2001, p. 254 et s.

[1440] SMSI, *Agenda de Tunis pour la société de l'information,* 18 novembre 2005, WSIS-05/TUNIS/DOC/6(Rév.1)-F, paragraphe 63 : « Les pays ne devraient pas intervenir dans des décisions relatives au domaine de premier niveau correspondant au code de pays (ccTLD) d'un autre pays ».

[1441] A.-T. NORODOM, « Propos introductifs – Internet et le droit international : défi ou opportunité ? », Société française pour le droit international, *Internet et le droit international,* colloque de Rouen, Actes du 47e colloque du 30 mai au 1er juin 2013, éd. A. Pedone, Paris, 2014, p. 27.

[1442] R. QUADRI, « Le droit international cosmique », *R.C.A.D.I.*, 1959/III, vol. 98, p. 568, cité par A.-T. NORODOM, *op.cit,* p. 28.

sur les sites enregistrés sous leur nom ». [1443] Pour les pays africains, l'attribution des ccTLD est effectuée par AFRINIC en tant que démembrement régional de l'ICANN.[1444] En effet, « Afrinic, à l'instar de ses homologues d'Amérique du Nord (Arin), d'Asie et du pacifique (Apnic), d'Amérique latine et centrale (Lacnic) et d'Europe (Ripe-Ncc) dispose en principe de moyens techniques nécessaires pour établir qu'un gouvernement est en faute du point de vue de son règlement, et donc, de prendre les mesures qui s'imposent. Au-delà, il y a les populations concernées auxquelles l'on ne pourrait empêcher d'exprimer leur malaise ».[1445]

Malgré des velléités de réforme, l'ICANN relève encore du Ministère du commerce américain ainsi que des lois et du ressort judiciaire de la Californie.[1446] « Dès ses origines, Internet a été vécu comme un espace a-étatique de liberté, fondé sur l'idée d'autogestion. » [1447] Les efforts de régulation étatique sont perçus « comme autant d'immixtions indues ».[1448]

En outre, les sources informelles de l'Internet ont une influence réelle sur la réglementation et la régulation étatiques. Ainsi, la *soft law* peut donner une impression de non-droit faute de franchir le « seuil de normativité »[1449] publique et coercitive, mais elle est un des « jalons normatifs »[1450] porteurs de normes au potentiel de coutume du Net. Si la *soft law* concerne au plus haut point les lois souples du marché, elle est aussi en lien avec la « gouvernance » de l'Internet. Cette dernière emprunte des voies multipartites en apportant « des modes plus horizontaux »[1451] de production normative avec la participation d'acteurs non-étatiques.

1443 CH. REED, *Internet Law, Text and Materials,* Cambridge, 2nd éd, 2004, p. 2, cité par A.-T. NORODOM, *op.cit,* p. 28.

1444 [www.afrinic.net] (consulté le 9 août 2017) : AFRINIC est le registre régional africain de gestion de l'adressage sur Internet.

1445 P. RUIZ, « Afrinic pourrait ne plus allouer d'adresses IP aux pays africains qui suspendent l'accès à Interne à leur population », Chroniqueur d'actualité, *Developpez.com, club des développeurs et IT pro,* 14 avril 2017. [https://www.developpez.com/actu/130017/Afrinic-pourrait-ne-plus-allouer-d-adresses-IP-aux-pays-africains-qui-suspendent-l-acces-a-Internet-a-leur-population/] (consulté le 8 août 2017). Suite à la recrudescence des cas de suspension de l'accès à Internet par les gouvernements des pays africains, un collectif de fournisseurs d'accès à Internet a récemment déposé une proposition de sanctions contre ces derniers auprès d'Afrinic.

1446 O. ITEANU, *op.cit,* p. 23 et s.

1447 R. BERTHOU, *L'évolution de la création du droit engendrée par Internet : vers un rôle de guide structurel pour l'ordre juridique européen,* thèse, Rennes I, 2004, p. 218.

1448 F. LATTY, « La diversité des sources du droit de l'internet », in Société française pour le droit international, *op.cit,* p. 57.

1449 P. WEIL, « Vers une normativité relative en droit international ? », *RGDIP,* 1982, n°1, p. 13 et s.

1450 A. PELLET, « le bon droit et l'ivraie – plaidoyer pour l'ivraie (Remarques sur quelques problèmes de méthode en droit international du développement) », in *Le droit des peuples à disposer d'eux-mêmes : méthodes d'analyse du droit international. Mélanges offerts à Charles Chaumont,* Paris, A. Pedone, 1984, p. 488.

1451 F. LATTY, *op.cit,* p. 62.

Au regard de ce qui précède, l'Internet et son économie apportent des défis contemporains transcendant ceux de la seule régulation du marché des télécoms. En Europe et en France, leurs institutions habilités ont instauré des *corpus juris* spécifiques : leurs règles forment les droits de l'Internet, des télécoms et des communications électroniques (aspect d'accès au réseau) ou alors les droits du commerce électronique et de l'économie numérique (critère d'accès au contenu).[1452]

La comparaison consiste à observer comment la RDC, parmi les États africains, réaligne les points de son droit positif, face aux phénomènes protéiformes de l'Internet auxquels ils ne peuvent se soustraire. Au regard des expériences comparées plus avancées, comment assurer la primauté du droit étatique sans laisser le marché être dominé par ses sources non-étatiques, informelles ou transnationales?[1453]

Avec l'Internet, il apparaît le cyberespace ou l'« infosphère » en tant qu'environnement humain et technologique.[1454] L'ubiquité de l'Internet crée une identité d'enjeux entre États, en les mettant face à des nouvelles problématiques juridiques. Dès lors, « Le droit des médias et de la communication touche à l'ensemble des branches du droit, aussi bien au droit public qu'au droit privé, au droit interne, qu'au droit européen et international. Les techniques et les supports d'information et de communication sont multiples et se développent de plus en plus ».[1455] Il est vrai que« cette intimité de la régulation par rapport à la technicité interne de l'objet sur lequel elle porte ne peut être effacée ».[1456]

Toutefois, les régulations transversales demeurent désormais et de plus en plus dans le domaine des communications électroniques, du fait de l'évolution de la concurrence sur le marché et de la convergence des médias.

[1452] L. BENZONI, « De l'accès aux infrastructures à l'accès aux moyens numériques : Nouvelle frontière pour la régulation des communications électroniques », in M.-A. FRISON-ROCHE (sous la dir.), *Internet, espace d'interrégulation*, *op.cit*, p. 18.

[1453] *Cf.* pour le bloc des idées de ce paragraphe : F. LATTY, *op.cit*, p. 50-73 et s. A. BLANDIN-OBERNESSER (sous la dir.), *Droits et souveraineté numérique en Europe,* préc., spéc. : C. ERHEL, « Souveraineté et innovation : trouver l'équilibre », pp. 91 et s ; S. TURGIS, « Les valeurs du Conseil de l'Europe appliquées à Internet », pp. 17 et s ; A. BLANDIN-OBERNESSER, « Les entreprises souveraines de l'internet : un défi pour le droit en Europe », pp. 55 et s. J. M. MOULIN, « Rapport introductif », in S. CHATRY (sous la dir.), *La régulation d'internet, regards croisés de droit de la concurrence et de droit de la propriété intellectuelle*, Actes de colloque, éd. mare & martin, coll. droit privé et criminel, Paris, 2015, pp. 17-39. L. BELLI, *De la gouvernance à la régulation de l'internet*, préc. M. Volle, « Géopolitique du cyberespace », in Cahier français, *La société numérique*, La documentation française, n°372, Paris, 2013, pp. 8-11. M. DE SAINT PULGENT, « Les besoins d'interrégulation engendrés par l'Internet. Propos introductifs », in M.-A. FRISON-ROCHE (sous la dir.), *op.cit*, pp. 3-5.

[1454] T. FUENTES-CAMACHO, *op.cit*, p. 1 et 5.

[1455] L. DELPRAT et C. HALPERN, *Communication et Internet : pouvoirs et droits*, éd. Vuiber, coll. lire agir, Paris, 2007, pp. 9-266.

[1456] *Ibidem.*

En ce sens, des alternatives à la régulation sectorielle se présentent tout en conservant « pour chaque objet technique une régulation spécifique ».[1457]

D'une part, l'alternative de la régulation convergente permet « de fusionner les autorités institutionnelles des secteurs concernés ».[1458]

En Europe, la France n'a pas mené une telle expérience dans le domaine des communications électroniques. La Grande-Bretagne en est un exemple avec son « *Office of communications* » (*Ofcom*), qui regroupe les fonctions d'anciens régulateurs séparés : *office of telecommunication (Oftel), Independant Television Commission, Broadcating Standard Commission, Radio Authority* et *Radio Communications Agency*.[1459]

En Afrique, la RDC ne dispose pas encore d'expérience de cette nature ; mais la Tanzanie a fusionné d'anciens régulateurs sectoriels de télécoms[1460] et de radiodiffusion [1461] au sein de la « *Tanzanian Communications Régulatory Authority* » (TCRA).

D'autre part, l'alternative de l'« interrégulation [...] suppose de mettre en place des réseaux entre des autorités demeurées autonomes, mais s'échangeant des informations, se rencontrant, collaborant sur des dossiers communs, etc. ». [1462] En France, cette expérience existe de manière horizontale entre l'ARCEP (communications électroniques) et le CSA (communication audiovisuelle). La situation en RDC est analogue entre l'ARPTC et le CSAC, mais à cette différence que les deux régulateurs fonctionnent vraiment « en silo »[1463], chacun évoluant dans son « domaine régulé »[1464] de prédilection.[1465]

En somme, les marchés dérégulés des États africains, comme la RDC et ceux du monde entier, sont aujourd'hui confrontés aux enjeux tout à fait différents mais complémentaires par rapport à la démonopolisation et à la concurrence des secteurs publics. Le marché libéralisé n'est pas seul en mesure de répondre aux inégalités d'accès au réseau. Celles-ci restent drastiquement considérables en RDC par rapport au niveau de développement aussi bien numérique qu'économique de l'Europe et de la France. Le rôle des autorités nationales de régulation reste crucial dans la

---

1457 M. DE SAINT PULGENT, « Les besoins d'interrégulation engendrés par Internet. Propos introductifs », in M.-A. ROCHE (sous la dir.), *op.cit,* 2016, p. 4.

1458 M.-A. FRISON-ROCHE, *op.cit,* p. 86.

1459 *Office of Communications Act 2003,* in [www.ofcom.org.uk/about/sdrp/] et [www.legislation.gov.uk.] (consultés le 3 avril 2017). « Ofcom » a été créé le 1er avril 2003. Il est entré en fonction le 29 décembre 2003.

1460 Il s'agissait de *Tanzania Communications Commission* (notre traduction : Commission des communications de la Tanzanie)

1461 Ex-TBC, *Tanzania Broadcasting Commission* (notre traduction : Commission de l'audiovisuel de la Tanzanie).

1462 *Ibidem.*

1463 M. DE SAINT PULGENT,*op.cit,* p. 4.

1464 Pour le « domaine régulé » des services audiovisuels, cf. J. Ph. COLSON et P. IDOUX, *op.cit,* p. 466

1465 *Cf.* Tome 2, Titre 2, Chapitre 1 de l'ouvrage se rapportant aux nouvelles tendances de la régulation.

conduite des politiques publiques de lutte contre le « fossé numérique » entre le Nord et le Sud, et au sein du même marché national.[1466]

C'est ainsi que deux cadrans de comparaison recentrent la mise en rapport des droits européens, français, africains et congolais, autour de deux étapes technologiques. Grâce à l'OMC, la dérégulation a apporté les premières règles homogènes des télécoms en droit international, tandis que la globalisation avec l'Internet apporte une seconde confrontation d'expériences dans tous les ordres juridiques. La réglementation sectorielle *ex ante* des télécoms est imprégnée des « législations horizontales », en suggérant que les branches traditionnelles du droit ne sont pas exclues du champ spécifique. Il s'agit surtout du droit de la concurrence, mais également du droit de la consommation.

Sur le plan de la régulation sectorielle *ex post*, celle-ci « est née de la nécessité de prendre en compte la spécificité des secteurs en accompagnant la libéralisation de ceux-ci ».[1467] À propos, le processus de dérégulation des télécoms en RDC est en cours depuis les réformes législatives de 2002 visant à répondre aux standards des marchés européens et français, tels que diffusés sur le plan international à travers l'OMC.

Finalement, il apparaît que le droit de l'Union européenne et le droit français disposent d'un niveau de protection et d'expérience plus avancé que les États africains face aux enjeux des télécoms de base et ceux de communications électroniques. Une troisième époque d'enjeux technologiques est en gestation, à savoir : l'Internet des choses, entendu comme l'ère du tout connecté,[1468] et dans une certaine mesure le « droit des robots ».[1469] Sur ces questions, les progrès technologiques sont encore en cours. Ils se précisent. Leur observation préalable doit permettre de constituer un objet d'étude suffisant. Il importe de comprendre comment la dérégulation a été opérée en RDC à la suite de son adoption américaine, européenne et internationale. Depuis 15 ans, deux lois de télécoms restent

---

[1466] *Cf.* Titre 2, Chapitre 2 du présent ouvrage.

[1467] M.-A. FRISON-ROCHE, *Les 100 mots de la régulation,* préc., p. 86.

[1468] T. PIETTE-COUDOL, *op.cit,* p.1 « Si cette approche est pauvre et élémentaire, elle n'est pas fausse pour autant. Il existerait déjà selon le cabinet IDC en France en 2014 près de 19,2 millions d'équipements informatiques portables sur le marché qui pourraient atteindre le nombre de 112 millions en 2018. » *Cf.* « Dossier : Les objets connectés, nouvelle passion française », *Le monde* 25 nov. 2014.

[1469] R. GELIN et O. GUILHEM, *Le robot est-il l'avenir de l'homme ?*La documentation française, coll. « doc' en poche place au débat », Paris, 2016, pp. 3-156. « Les progrès de l'informatique et de l'électronique sont en passe de donner corps à un vieux rêve de l'homme : créer un être à son image, polyvalent, capable d'interagir, d'apprendre et de prendre des décisions. Tout indique en effet que le robot s'apprête à occuper une place de choix dans nos vies [...] Notre modèle juridique doit-il leur faire davantage de place ? ». *Cf.* aussi : A. BENSOUSSAN et J. BENSOUSSAN, *Droit des robots,* Larcier, Minilex, Bruxelles, 2015, p. 121. Dans la conclusion de leur étude, les auteurs laissent la perspective suivante : « La singularité du robot dans l'espace juridique a vocation à s'accentuer ; symétriquement, tandis que la pertinence de la qualification des biens meubles décroît, la nécessité de doter le robot intelligent d'un statut juridique inédit se fait plus pressante ».

emblématiques. Elles illustrent l'inadéquation du droit positif congolais face aux évolutions technologiques, au marché numérique et à la société de l'information.

CHAPITRE 2

Le processus de dérégulation des télécoms en RDCongo dans ses lois de 2002 face aux marchés européens et français

Officiellement depuis 2002, le droit positif congolais s'est inscrit dans l'ordre de *transformation du service public*[1470], sous la poussée de la mondialisation des marchés des télécoms, amorcée à partir de la décennie 1980. Il s'est engagé dans le même processus de déréglementation des télécoms[1471] qu'aux États-Unis (pionnier du mouvement), en Europe (autonome dans ses réformes conduites par ses États et ses institutions) et dans le reste du monde (signataire des accords néolibéraux de l'OMC).[1472]

Le modèle international a procédé par une démonopolisation en faveur de la libéralisation, nécessitant l'instauration d'une régulation indépendante de la concurrence et un changement des modes d'intervention publique sur le marché libéralisé. Ainsi, la reconfiguration a visé le standard de séparation des fonctions et des organes de réglementation, de dérégulation et d'exploitation dans le secteur des télécoms. En RDC, deux « lois

[1470] L. DUGUIT, *Les transformations du droit public,* La Mémoire du Droit/Librairie Armand Colin, Paris, 1999 (1913), p. XIX. « L'État n'est plus une puissance souveraine qui commande ; il est un groupe d'individus détenant une force qu'ils doivent employer à créer et à gérer les services publics. La notion de service public devient la notion fondamentale du droit public moderne. » Dans la pensée de Léon Duguit, ces idées ont été longtemps péremptoires. Elles se rapprochent bien, par exemple, d'autres courants : colbertisme, protectionnisme, souveraineté et intangibilité des frontières, étatisme nationaliste.

[1471] *Cf.* à nouveau, D. LINOTTE et A. GRABOY-GROBESCO, *Droit public économique,* Dalloz, coll. mémentos, Paris, 2001. « Dans le domaine de l'économie, la déréglementation se destine à favoriser la libre entreprise et l'exercice d'une libre concurrence tout en maintenant certaines règles du jeu élémentaires par les moyens d'une régulation qui s'opère par les agents économiques privés eux-mêmes, soit par l'entrée en jeu de formes d'administration plus adaptées et plus souples (autorité administratives indépendantes) ».

[1472] C. GUERRIER, *op.cit,* pp. 94 et s. L'auteur rappelle que la RDC (ex-Zaïre) n'avait pas adhéré à l'OMC en 1997.

dérégulatrices »[1473] du 16 octobre 2002 ont redéfini les règles d'accès aux télécoms,[1474] sous l'autorité établie d'un régulateur étatique (ARPTC).[1475]

Toutefois, les réalités locales du marché suscitent des contraintes qui rendent difficiles l'application du modèle néolibéral de l'OMC. Par rapport à la *ratio legis* de la régulation de 2002, le droit congolais n'intègre ni les enjeux antérieurs du marché, ni les aspects de son développement postérieur au niveau national et international. Son *statu quo* n'a pas non plus permis au cadre juridique d'appréhender progressivement les aspects de la société de l'information. **(Section 1)**

De facto, le schéma néo-ordo-libéral de l'OMC connaissait des contraintes d'application, puisque le système de marché consacré par la loi-cadre de 2002 se situait à mi-chemin du changement obtenu par le marché. La contrainte générale provient de la réserve d'un segment exclusif dans le marché libéralisé. **(Section 2)**

SECTION I. LA TRANSFORMATION DES SERVICES PUBLICS DES TÉLÉCOMS DANS LES LOIS DE 2002 POUR L'OUVERTURE DE LA RDC AU MARCHÉ MONDIAL

Contrairement à la LCEN française de 2004, la loi-cadre congolaise n'a pas inscrit les télécoms dans l'économie numérique. Sa philosophie s'est limitée à réaménager le régime de monopole par l'introduction et la définition des règles de concurrence sectorielle. Sur le marché électronique national, le processus formel de dérégulation était précédé par les forces économiques qui ont investi le domaine des télécoms, sans une démonopolisation légale. **(§1)**

Le délitement du monopole public des télécoms était acquis dans les faits grâce aux mesures réglementaires prises dans les tendances de la mondialisation, alors que la loi elle-même restait encore colbertiste. La libéralisation a été effective sur le marché, avant d'être entreprise *de jure* par le législateur, sans qu'il ne l'ait toutefois achevé à ce jour. Aussi, la loi-cadre a-t-elle engagé des transformations générales des institutions juridiques du secteur des PTT en RDC, sans en avoir assuré la pleine concurrence sur le plan du droit. **(§2)**

[1473] *Cf.* A. GIRAUD, « Les prémisses de la déréglementation », *Les cahiers de l'AHTI*, n°9, janvier 2008, p. 7. Les termes « lois dérégulatrices » en RDC sont inspirés de l'expression « première loi "dérégulatrice" en France », employée par cet auteur et déjà reprise dans la présente étudeà la Partie 1, Titre 2, Chapitre 1, section 2, § 1, A, intitulé « Les lois françaises de dérégulation des télécoms dans la construction du marché européen ».

[1474] Loi-cadre n°013/2002 sur les télécommunications en [RDC], JORDC, n° spécial, 44e année, 25 janv. 2003, pp. 17-46.

[1475] Loi n°014/2002 portant organisation et fonctionnement de l'Autorité de régulation de la poste et des télécommunications en République démocratique du Congo [ARPTC], JORDC, n° spécial, 44e année, 25 janv. 2003, pp. 47 et s.

§ 1. Le secteur des télécoms en RDC avant 2002 entre démonopolisation *« de facto »* et libéralisation partielle *« de jure »*

Comme en France, la « conception classique » [1476] des« services publics »[1477] congolais est entrée dans l'ordre d'économie marché concernant le domaine des télécoms.[1478] Il est indispensable d'appréhender les enjeux de la dérégulation congolaise avant et après la promulgation des lois réformatrices du secteur des télécoms datant de 2002. Ces enjeux fondent les difficultés présentes d'application de la loi sectorielle et justifient les évolutions envisagées vers l'économie numérique.

Entre les expériences des droits français et congolais, il y a effectivement un parallèle d'historicité juridique par rapport à leurs processus communs de changement, tout en notant la différence de leurs niveaux respectifs de réalisation. **(A)** Toujours est-il que le processus congolais présente des chaînons manquants qui marquent le départ entre ce qui relève de la comparaison et de la projection, conformément au tableau complet des réformes françaises.[1479]**(B)**

A. La transition comparée des monopoles congolais et français des télécoms vers l'économie de marché international

Au « Congo-Kinshasa »[1480] entre 1940 et 1968, l'État assurait directement et en exclusivité la gestion du domaine des télécoms, directement par les moyens et le personnel de l'administration publique. Les mêmes idéaux colbertistes qu'en Europe ont servi de fondement aux monopoles coloniaux en Afrique et en RDC. Les télécoms font partie des besoins collectifs que les pouvoirs publics doivent donner aux populations. Cet objectif d'intérêt

---

[1476] M. De Villiers et T. De Berranger (sous la dir.), *op.cit.*, pp. 522, 554-556. Pour Rolland, le service public est « une entreprise ou une institution d'intérêt général destinée à satisfaire des besoins collectifs du public [...] par une organisation publique, sous la haute direction des gouvernants ». Les lois de Rolland, dans leur formulation classique et initiale ont déjà été précisées dans les notes antérieures. Pour la discussion sur l'exhaustivité des « lois de Rolland », voir E. Zoller, *Introduction au droit public*, 2e éd., préc.

[1477] L. Duguit, *Les transformations du Droit public,* éd. MDD, 1999 (Librairie Armand Colin, 1913), pp. XVII-XVIII.

[1478] J. T. Honde, *Service public et efficacité ; la réforme des télécommunications en France*, Thèse de doctorat en droit public sous la dir. du prof Roland Drago, Université Panthéon Assas, Paris, soutenue en mai 1993, p.211.

[1479] *Cf.* Partie 1, Titre I du présent ouvrage, spéc. : « Chapitre 2 : Les transitions du droit des télécommunications et des communications électroniques en Europe et en France ».

[1480] J.-P. Langellier, *Mobutu*, éd. Perrin, coll. « biographe », Paris, 2017, pp. 1-430. Autour de la personne du dictateur « Mobutu », l'auteur évoque les changements d'appellations du pays entre 1885 et 2007, à la suite de nombreux évènements politiques avant et après 1960, date d'accession de la RDC à son indépendance. Le terme « Congo-Kinshasa » est plus conforme à la période de 1940 à 1968. La RDC actuelle a connu successivement les noms d'État Indépendant du Congo (1885-1908), de « Congo-Belge » (1908-1960), de « République Démocratique du Congo » puis de « Congo-Kinshasa » (entre 1960 et 1971). Le pays s'appela ensuite « Zaïre », avant de redevenir la « République Démocratique du Congo ».

général alimente alors la gestion du secteur public à l'aide des méthodes et techniques relevant du droit public. Ce régime a longtemps été consacré par l'ordonnance législative n°254/Téléc. du 23 août 1940 sur les télécommunications. Elle plaçait les télécoms dans le champ des services publics sous monopole de la colonie (Congo-belge). Son article 2, alinéa 1er disposait : *« La colonie a seule le droit d'établir et d'exploiter sur le territoire de la colonie des voies et installations de télécommunications de quelque nature que ce soit pour la correspondance du public ».* À ce stade, la loi confirmait le cumul des pouvoirs importants par « l'État congolais »[1481] pour légiférer, réglementer, appliquer ses propres règles et exploiter le domaine des télécoms.[1482]

C'est en 1968 que le législateur a institué l'Office congolais des postes et des télécommunications (OCPT) comme un organisme administratif de droit public (EPA) de gestion du monopole public des télécoms. En lui transférant ses prérogatives, l'État l'habilitait à agir en son nom pour concéder des droits d'exploitation à des personnes morales, bénéficiaires d'autorisations particulières. En cette qualité, l'OCPT exerçait ainsi les trois fonctions d'exploitant, d'autorité réglementaire et de régulateur. L'article 2 de l'ordonnance-loi n°68-475 du 13 décembre 1968 portant création de l'OCPT le confirme, en ayant fait de cet office, l'agent d'application de la législation et de la réglementation des PTT.[1483]

En 1978, le gouvernement congolais changea le statut administratif de l'OCPT, ainsi que son nom à sa création dix ans plus tôt pour devenir l'office national des postes et des télécommunications du Zaïre (ONPTZ). [1484] L'ordonnance n°78-222 du 5 mai 1978[1485] transforma cet EPA[1486] en EPIC[1487],

---

1481 A. MBAUNEWA NKIERI, *Droit congolais des télécommunications, état des lieux, Analyse critique et comparative,* éd. Juricongo, Kinshasa, 2012, p.100. « Par colonie on entend, l'administration coloniale en tant qu'exerçant la souveraineté d'État et disposant de la personnalité juridique internationale pour agir au nom des peuples et du territoire sous sa tutelle. »

1482 J. CHEVALLIER, *Le service public, op.cit.*, pp. 95 et s.

1483 Article 2, ordonnance-loi n°68-475 du 13 décembre 1968 portant création de l'OCPT, Moniteur congolais, n°3, 1er février 1969, p.101 : « L'office est chargé de l'exploitation du service public des Postes et Télécommunications. À cet effet, il exerce le monopole postal, télégraphique, téléphonique, de radiocommunications par satellites. Il applique la législation et la réglementation relative aux Postes et Télécommunications ».

1484 *Cf.* K. NDUKUMA, *op.cit.*, pp. 63 et s. J.-P. LANGELLIER, *op.cit.*, pp. 1-430.Le changement de statut a accompagné le changement de régime politique au Congo qui devint le Zaïre. Sous le régime de Mobutu, le statut et le nom de l'Office furent changés en Office National des Postes et des télécommunications du Zaïres (ONPTZ).

1485 Ordonnance n°78-222 du 5 mai 1978 portant statut de l'ONPTZ, JOZ., n°12, du 15 juin 1978.

1486 Pour l'EPA, voir : ROMIEU, Conclusions sous Conseil d'État, 22 mai 1903, Caisse des Écoles, Rec., p.396 : « ce qui caractérise l'établissement public, c'est d'être une personne morale créée pour la gestion d'un service public ». L'EPA est soumis au régime de droit public. Tel est le cas du RENATELSAT. Voir J. CHEVALLIER, *Le service public, op.cit.*, 105.

1487 Pour l'EPIC, voir : Conseil d'État, Arrêt du Bac d'Eloka, Société commerciale de l'Ouest africain, 22 janvier 1921. Par cette décision, le tribunal des conflits admet l'existence de

tout en maintenant, à son actif, le monopole public des télécoms. Par ailleurs, l'OCPT/ONPTZ conservait les prérogatives de réglementation des PTT qui lui avaient été attribuées en 1968. Celles-ci l'habilitaient à concéder à des tiers exploitants – dits « radioélectriques privées » au sens de la législation de 1971[1488] – le droit d'installer, d'établir et/ou d'exploiter des réseaux de télécoms ouverts au public. Son droit de délégation et d'autorisation a été exercé vis-à-vis des opérateurs privés implantés dans l'ex-Zaïre et en RDC jusqu'à la loi de libéralisation de 2002.[1489]

Entre 1989 et 1995, les politiques de déréglementation américaines et européennes en RDC apportent aux secteurs monopolistiques et au reste du monde, une dynamique libérale contraire au colbertisme d'héritage colonial. La mondialisation motivait l'urgence d'une ouverture du marché congolais tout autant que les raisons internes du pays. Au niveau extérieur, les enjeux d'internationalisation des réseaux et de multinationalisation des opérateurs ont confronté les services publics congolais aux pressions des marchés étrangers. Par exemple, « France télécom issue d'une administration publique chargée de la coopération avec les pays "amis", va se transformer en opérateur offensif » sur les marchés africains.[1490]

En outre, la conjoncture intérieure des pays africains comme en RDC se caractérisait par une situation difficile des finances publiques ne leur permettant pas, encore moins ses EPA/EPIC, de rééquiper, d'adapter ou de moderniser les équipements publics face aux évolutions de la technique et du marché électroniques. L'ouverture des droits d'accès au marché national offrait au moins l'opportunité de « mutabilité des services publics »[1491] compte tenu des besoins en investissements étrangers et en recettes fiscales en devises.

Dès la fin des années 1980, le gouvernement entreprit des mesures politiques et administratives en contournant le monopole législatif des télécoms. Ainsi, avec pragmatisme, le gouvernement octroya des autorisations d'exploitation spécialement délivrées pour la téléphonie mobile, en évitant manifestement de briser le monopole que l'OCPT/ONPTZ

---

services publics fonctionnant dans les mêmes conditions qu'une entreprise privée et donne naissance à la notion de service public industriel et commercial. La société était propriétaire de l'une des voitures qui furent gravement endommagées dans l'accident survenu au bac dit d'Eloka, sur la lagune de Côte d'Ivoire et exploitée directement par la colonie. Cette qualification a permis d'appliquer les règles de compétence du juge judiciaire et non du juge administratif, et par conséquent l'application du régime de droit privé à ses rapports dans le commerce juridique avec les usagers. Tel est le cas de l'OCPT avant sa transformation en Société commerciale. Voir J. CHEVALLIER, *Le service public, op.cit.*, 105.

[1488] Ordonnance-loi n°71-015 du 15 mars 1971 sur les installations radioélectriques privées, Moniteur congolais, n°8, 15 avril 1971, p. 362.

[1489] A. MBAUNEWA NKIERI, *op.cit.*, p.101.

[1490] B. JAFFRÉ, *op.cit.*, p.77.

[1491] M. DE VILLIERS et T. DE BERRANGER (sous la dir.), *op.cit*, pp. 522, 554-556. La mutabilité suppose pour le service public une adaptation (qualitative et quantitative) aux besoins et à la demande, pour satisfaire l'intérêt général.

exerçait réellement sur le segment de téléphonie filaire. Au début en 1987-1989, les opérateurs privés ont été autorisés à exploiter le système de téléphonie mobile « AMPS » (*Advanced mobile Phone System*). C'est ainsi que les sociétés *Telecel*, *Comcell* et *Afritel* furent autorisées à opérer dans le domaine des télécoms de l'ex-Zaïre (dénomination de la RDC avant mai 1997), censé rester sous le monopole absolu de l'OCPT/ONPTZ. Les autorités gouvernementales françaises avaient agi également de la sorte face à leurs lois de monopole public des télécoms, avant les premières ouvertures législatives de 1990.

Comparativement à la France, l'introduction des opérateurs privés dans le système de téléphonie mobile au Zaïre de l'époque (RDC de la décennie 1980-1990) se rapproche de la décision d'autoriser SFR à opérer en 1987 dans le segment du marché de la radiotéléphonie.[1492] Le Ministre français des PTT avait contourné la situation législative analogue de monopole de la DGT/France Télécom, dont la branche dénommée « Radiocom 2000 » devait exploiter en concurrence ledit segment. Toutefois, la différence réside à l'époque dans le fait que l'article 37 du Code français de la poste et des télécommunications permettait au ministre des PTT d'intervenir par voie d'« autorisation » pour l'établissement des installations de télécoms dans le pays.[1493]

Cependant en RDC, il apparaît que les premières « concessions »[1494]des droits d'exploitation (dites « licences ») ont été réalisées au profit des opérateurs privés, mais sans une logique globale de transformation du service public. Contrairement à la France, les sources de ces concessions ne résultaient pas d'une habilitation légale du Ministre des PTT. Elles contournaient non seulement le monopole réglementaire de l'OCPT/ONPTZ, mais aussi son pouvoir de délégation de ses droits. Elles étaient des décisions politiques d'opportunité à la mesure des réalités de la mondialisation du marché international et aussi en considération des besoins internes du pays. Ces mesures administratives affectaient le monopole légal. Quoiqu'elles soient des mesures pionnières, elles n'offrent de stabilité juridique. Elles n'entrent pas dans une ligne de cohérence politique.

Deux ans après les concessions de 1989, le même pouvoir exécutif congolais adopta une mesure inverse à son orientation libérale du marché. En contradiction avec la tendance libérale de la fin des années 1980, une ordonnance créa un autre EPA monopolistique en 1991. L'ordonnance n°91/240 du 30 septembre 1991 a en effet créé le REZATELSAT[1495] en lui attribuant le monopole des communications nationales par satellite aux côtés

[1492] R. GILARDIN, *op.cit.*, pp. 52-55.

[1493] Article L33, CPT de 1987 : « aucune installation de télécommunications ne peut être établie ou employée à la transmission de correspondances que par le Ministre des postes et télécommunications ou avec son autorisation [...] ».

[1494] G. JÈZE, *Les principes généraux du droit administratif, La notion de service public, les individus au service public, le statut des agents publics*, Dalloz, 3e éd., Paris, 2004, pp. 24 et s.

[1495]REZATELSAT est le sigle de Réseau zaïrois de télécommunications par Satellite.

de l'OCPT/ONPTZ chargé des télécoms terrestres. [1496] Rebaptisé RENATELSAT [1497] en 1997, il conserve encore à ce jour son statut d'établissement public Gaston Jèze réserve aux établissements publics son chapitre des principes généraux.[1498]

Autrefois, sous leur régime de monopole de droit public, l'OCPT/ONPTZ et le RENATELSAT/REZATELSAT bénéficiaient des royalties des réseaux privés tiers. Ces « radioélectriques privés » [1499] rétribuaient le monopole réglementaire soit pour les autorisations que les opérateurs de monopole leur accordaient, soit simplement pour gérer leurs droits d'exploitation obtenus du Ministre des PTT, en l'absence de loi de libéralisation. Ainsi entre 1988 et 1991 (voire jusqu'à ce jour), les mêmes contradictions ressortent des politiques publiques et législatives.

Il paraît classique de voir l'orientation politique de la dérégulation rester toujours partagée entre le monopole d'État par colbertisme idéologique et le libéralisme par réalisme économique.[1500]

1496 K. NDUKUMA ADJAYI, *op.cit*, p.83.

1497 RENATELSAT (Réseau National de Télécommunications par Satellite) a été choisi à la fin du régime zaïrois du Président Mobutu le 17 mai 1997, pour se conformer à la nouvelle appellation de la RDC, en remplacement du Zaïre.

1498 G. JÈZE, *Les principes généraux du droit administratif, La notion de service public, les individus au service public, le statut des agents publics*, Dalloz, 3e éd., Paris, 2004, pp. 24 et s. « Lorsqu'un service public est organisé, on le rattache ordinairement à l'un de ces patrimoines généraux [celui de l'État ou d'autres patrimoines d'entités publiques] : cela veut dire que les dépenses de gestion de ce service seront acquittées avec les ressources de ce patrimoine général. […] Non seulement les recettes seront affectées aux dépenses du service, non seulement on s'arrangera pour que des revenus *permanents* se reproduisent *périodiquement* […] pour acquitter les dépenses du service ; mais encore on organisera, à titre permanent, un nouveau patrimoine administratif, distinct des patrimoines généraux. […] On dit alors qu'il y a établissement public ; […] tel service public a été *personnifié* ». Le grand critère de l'établissement est d'être une personnification de droit public, mais avec des affectations générales et permanentes des recettes et des dépenses de services publics, accompagnées de « séparation d'un patrimoine général ».

1499 Ordonnance-loi n°71-015 du 15 mars 1971 sur les installations radioélectriques privées, Moniteur congolais, n°8, 15 avril 1971, p. 362.

1500 En 2002, la LCT a traduit cette indécision en ouvrant le marché, tout en faisant des réserves de droits exclusifs. L'histoire de France relève que le télégraphe de Chappe était sous la gestion du Ministre de la Guerre, de la marine et de l'intérieur jusqu'à la seconde guerre mondiale. L'histoire de l'Internet relève le fait que le Ministre de la défense des États-Unis était à la base du programme de création et de développement de cette technologie. Dans une interview, le Président américain Barack Obama n'a-t-il pas dit : « nous avons possédé Internet. Nos entreprises l'ont créé, l'ont étendu, l'ont perfectionné, de telle manière qu'ils [les Européens, ndlr] ne peuvent pas lutter. (KARA SWISHER « White House. Red Chair. Obama meets Swisher », *Radonet.net*, le 15 février 2015). La RDC est restée longtemps dans l'idée que les télécoms sont un domaine stratégique dont il vaut mieux assurer le contrôle par l'État ou à défaut par ses entités opérationnelles, plutôt que de laisser faire complètement le marché. En 2017 encore, le projet de loi sur les télécoms et les TIC reçu au Parlement le 19 avril 2017 fait apparaître clairement la présence des « services d'intelligence » dans le processus décisionnel à conduire par le Ministre des PTT et l'ARPTC avant d'accorder les droits d'accès aux équipements et aux exploitants des réseaux. Dans ledit projet de loi, le statut de l'exploitant public est également maintenu, sous la définition de son article 5-82,

En 1990, il fut question d'anticiper la transformation du secteur des PTT pour faire face aux enjeux internationaux qui se dessinaient dans les discussions multilatérales au sein de l'OMC (1986-1994). C'est ainsi qu'en 1993, une décision avant-gardiste du gouvernement est allée à l'encontre du principe de la loi de monopole de l'époque. Il s'agit de l'arrêté ministériel n°CAB/MIN/PTT/0027/31/93 du Ministre des PTT du 18 novembre 1993 fixant les conditions d'exercice des activités dans le secteur des télécommunications.[1501]

En effet, le Ministre des PTT prit un règlement d'organisation des télécoms en contradiction[1502]avec la légalité externe de trois textes supérieurs précités, à savoir : l'ordonnance-législative n°254/Téléc. de 1940, l'ordonnance n°78-222 de 1978 sur l'OCPT (EPIC) et l'ordonnance n°91/240 du 30 septembre 1991 sur le RENATELSAT. Le règlement susdit est encore d'application à ce jour, malgré son inconstitutionnalité originaire.[1503]

Sans doute, le gouvernement congolais était conscient des discussions multilatérales engagées au sein de l'OMC depuis 1986, dont les axes de réforme s'annonçaient dans le sens de la « déréglementation » des services publics.[1504] Dans l'urgence de la mondialisation et vu les nécessités d'intérêt

---

comme « Personne morale, représentant l'État congolais, bénéficiant des droits exclusifs et/ou spéciaux en ce qui concerne la détention, la gestion et l'exploitation des infrastructures de base des télécommunications et des technologies de l'information et de la communication ». Le projet de loi consacre un seul article à la définition du « régime de l'exploitant public » en lui réservant les « infrastructures de base », « l'établissement et l'exploitation des passerelles nationales et internationales » ainsi que « les réseaux de transport, de distribution et d'accès à fibre optique et satellitaire » (article 17). Ce qui laisse penser que les mesures d'application le feront.

1501 Arrêté ministériel CAB/MIN/PTT/0027/31/93 fixant les conditions d'exercice des activités dans le secteur des télécommunications, JO RDC, n° spécial, 25 janvier 2003, pp. 64 et s.

1502 En RDC, sous peine des articles 162, 168 al. 2 de la Constitution (exception d'inconstitutionnalité), le caractère anticonstitutionnel de l'arrêté concerné réside dans le fait qu'en tant que Règlement il doit être pris en conformité aux lois relevant de la hiérarchie supérieure d'actes juridiques, chapeautées par la Constitution. *Cf.* J. BONNET et P.-Y. GAHDOUN, *La Question prioritaire de constitutionnalité*, PUF, 1re éd., coll. « Que sais-je ? », Paris, 2014, p. 3. Pour la France, l'auteur précise que « depuis la réforme constitutionnelle du 23 juillet 2008, toute personne peut, en effet, contester une disposition législative devant un juge en invoquant le non-respect, par cette disposition, des droits et libertés protégés par la Constitution. Ainsi définie, la QPC se livre un peu. Mais pas encore assez. ». La « Question prioritaire de constitutionnalité » (QPC) est la réforme du droit français de 2008 permettant à tout individu de saisir en inconstitutionnalité d'un acte le Conseil constitutionnel (via le Conseil d'État ou la Cour de cassation). En RDC, ce droit existait déjà depuis les procédures des années 1980 devant la Cour suprême de justice en permettant de soulever une « exception en inconstitutionnalité » devant le juge inférieur. Celui-ci sursoit à statuer dans le fond jusqu'à ce que la Cour suprême de Justice saisie se prononce. Aujourd'hui l'article 162 de la Constitution de la RDC du 18 février 2006 a consacré ce droit vis-à-vis de la Cour constitutionnelle.

1503 A. MBAUNEWA NKIERI, *op.cit*, p. 97. « L'approche diachronique des différents textes constitutionnels qui ont régi la RDC de 1967 à 1993 renseigne que le secteur des télécommunications relevait toujours du domaine de la loi ».

1504 *Cf.* Titre 2, Chapitre 1, Section 1 du présent ouvrage.

général, un minimum réglementaire et normatif devait être défini pour encadrer l'activité des « nouveaux entrants »[1505] dans les télécoms en attendant des réformes législatives plus profondes et respectant le parallélisme de forme.

Ce besoin d'intérêt général fut confirmé en 1996 par une estimation de l'Union Internationale des Télécommunications (UIT), en relevant un trop faible niveau de développement des télécoms monopolistiques. Le Journal officiel de la RDC rapportait des statistiques trop faibles d'« une télé-densité de 0,08 lignes téléphoniques principales pour 100 habitants ou au total de 36 mille lignes téléphoniques principales ».[1506]

Dans la décennie 1990, le réseau de l'opérateur public avait atteint son obsolescence, sans possibilité d'y remédier suite à la guerre et à la déliquescence de l'État. Ainsi, le pays restait en marge du marché électronique mondial. L'interconnexion entre les différentes provinces du pays fut difficile. Les prix des communications internationales étaient trop élevés, celles-ci n'étant possibles qu'avec les abonnements des opérateurs privés tolérés sur le marché en principe monopolistique. Le monopole réglementaire ne répondait plus ni aux besoins à l'intérieur du pays, ni à la tendance économique extérieure. Le pragmatisme commandait d'assurer une offre d'accès aux télécoms pour les populations congolaises.

Ces réalités locales ont amené le gouvernement à entreprendre des ajustements des règles, défiant le monopole légal. Celui-ci subissait donc une remise en question *de facto*, en dehors de tout texte de loi réaménageant le monopole. De plus en plus d'opérateurs privés furent autorisés à entrer en concurrence avec les opérateurs publics, qu'il s'agisse des secteurs des infrastructures, des équipements ou des services des télécoms (par fil, sans fil ou par satellite). Plus tard, ces décisions gouvernementales seront pleinement justifiées comme ayant « cherché à promouvoir l'innovation technologique, la modernisation des infrastructures, la diversification des moyens de communication et l'amélioration de la qualité des services distribués ».[1507]

L'accord spécifique de l'OMC sur les télécoms du 15 février 1997 engageait les États signataires à adopter un régime libéral de marché régulé, impliquant la démonopolisation pour adopter les principes de l'économie de marché. Il était désormais impérieux d'anticiper la libéralisation du marché congolais (ex-Zaïre), au regard du mouvement enclenché par l'OMC. Le conseil des ministres considérait également les technologies pouvant assurer l'interopérabilité des réseaux et leur stabilité au regard de leurs tendances présentes et futures face à l'obsolescence technique. En s'appuyant sur

---

[1505] M.-A. FRISON-ROCHE, *Les 100 mots de la Régulation... op.cit.*, pp. 100-101. Le nouvel entrant est « un opérateur extérieur au secteur ou au marché mais qui va ou vient d'y entrer. Dans un marché pleinement concurrentiel, cette entrée se fait sans difficulté », en principe.

[1506] « Exposé des motifs », LCT-RDC, JO RDC, n° spécial, 25 janvier 2003, p. 47.

[1507] *Ibidem*, pp. 47 et s.

l'arrêté ministériel avant-gardiste de 1993 annonçant la libéralisation,[1508] le gouvernement décida d'adopter au cours de l'an 1997 la norme technique européenne comme standard d'exploitation du marché des télécoms pour la RDC. À cet effet, celle de la téléphonie GSM fut utilisée comme standard officiel choisi pour tous les réseaux en activité dans le pays. Le GSM est la norme européenne de préférence en RDC par rapport à la norme américaine « CDMA ». [1509] La numérisation des réseaux faisait également partie des mesures de transition arrêtées par le gouvernement, tant pour les nouveaux entrants sur le marché congolais que pour les opérateurs privés, déjà en activité auparavant.[1510]

En fait, « l'exploitation de la technologie numérique GSM a bouleversé les données juridiques du monopole qui devenaient de plus en plus caduques sur le terrain ». [1511] Dans la situation post-conflit de la guerre de 1997, le gouvernement congolais accorda plusieurs licences d'exploitation de la téléphonie mobile cellulaire, notamment à CWN (*Congolese Wireless Network*)[1512], à Celtel Congo[1513], à *Oasis Sprl* (dite « S.A.I.T. »)[1514], à *Congo Korea Télécom* (CKT). [1515] L'ensemble de ces faits impriment la transformation du monopole de droit public vers l'économie des marchés.

[1508] Arrêté ministériel CAB/MIN/PTT/0027/31/93 fixant les conditions d'exercice des activités dans le secteur des télécommunications, JO RDC, n° spécial, 25 janvier 2003, pp. 64 et s.

[1509] À l'ouverture des marchés africains de télécoms, alors que les autres États africains levaient l'option du CDMA, norme technique européenne d'exploitation des télécoms, la RDC choisissait directement le GSM, norme technique européenne pour le standard d'exploitation de son secteur des télécoms.

[1510] K. NDUKUMA ADJAYI, *op.cit*, p.84-85.

[1511] *Ibidem*.

[1512] *Cf.* [www.vodacom.cd] (consulté le 12 janvier 2013). Vodacom Congo RDC Sprl porte le nom de Vodafone depuis le cours de l'année 2017. Ainsi, la première licence GSM-900 Mhz revient en 1998 à la société *CWN* (*Congolese Wireless Network).* En 2001, *Vodacom International Ltd* conclut une joint-venture avec CWN ayant permis la création et l'entrée en activité depuis mai 2002 de Vodacom Congo RDC, opérant depuis 2017 sous la dénomination Vodafone. *Cf.* ZoomEco, « RDC : Vodacom change d'identité visuelle et s'aligne à la stratégie du groupe Vodafone ! », 9 février 2017, in [www. zoom-eco.net] (consulté le 9 juin 2017).

[1513] Celtel Congo RDC : actuellement Airtel RDC à l'issue de plusieurs cessions. [www.africa.airtel.com] (consulté le 18 juillet 2016). En 2000, la deuxième licence de même type a été délivrée à Celtel Congo RDC, opérant actuellement sous la dénomination Airtel »

[1514] En 2000, la troisième licence GSM-1800 Mhz revint à la société d'initiative belge, Oasis Sprl, ayant opéré sous la dénomination Tigo avant son rachat en avril 2016 par Orange. Oasis Sprl : cédée à Tigo RDC, elle est actuellement acquise à 100% par la française *Orange RDC* depuis avril 2016. Cf. J. TE-LESSIA, « Orange finalise le rachat de Tigo RDC », *Jeune Afrique*, 21 avril 2016, in [www.jeuneafrique.com/319909/economie/orange-finalise-rachat-de-tigo-rdc].

[1515] Dans la même période (1997, 2000), il fut accordé d'autres licences d'exploitation de téléphonie fixe sans fil, notamment à « *Congo Korea Telecom* » (CKT), fruit d'une association entre les secteurs publics et privés congolais et sud-coréens. Le nom actuel d'exploitation de « CKT » est « Standard télécom » offrant des services de téléphonie et d'Internet filaire.

B. L'adoption des principes d'économie de marché en droit public congolais

En 2000, la bascule du service public des télécoms était acquise *de facto* dans l'économie de marché. La situation restait toutefois atypique entre le fait et le droit faute de « loi dérégulatrice ». Les données irréversibles de changement étaient les suivantes : non-respect du monopole réglementaire, entrée en concurrence des privés dans les domaines de l'opérateur public, absence d'autorité de régulation institutionnalisée et inactivité de l'opérateur public OCPT/ONPTZ. Il y avait nécessité d'un règlement général pour un régime de fonctionnement de marché libéralisé de fait, qui ne pouvait être livré seulement à sa propre autorégulation. Ainsi, le Ministre des PTT a publié le 31 janvier 2000 un arrêté fixant le cahier des charges pour opérateurs en téléphonie cellulaire et mobile.[1516] Cet arrêté pionnier, encore d'application, oblige notamment les opérateurs à obtenir l'accord du Ministre des PTT avant tout changement d'actionnariat.

Comme ce dernier arrêté, les règlements d'organisation pris en 1993, 1997 et 2002 avant le réaménagement législatif du monopole restent clairs et durables. Ils sont les symboles de l'effritement du monopole naturel et réglementaire : l'État maintient la surveillance du marché par un contrôle *intuitu personae* des sociétés détentrices des licences d'exploitation à travers les cahiers des charges des opérateurs ainsi que leurs obligations financières et autres, d'intérêt général.[1517]Le processus congolais de dérégulation des télécoms en RDC aura donc été porté par les forces du marché mondialisé, par le droit international (OMC et UIT) et par le pragmatisme visionnaire du gouvernement zaïrois, puis congolais.

Finalement, la promulgation des deux « lois dérégulatrices » des télécoms en RDC est intervenue le 16 octobre 2002. Spécialement, la loi n°14/2002 sur l'ARPTC établit ses attributions, sa mission et ses règles de fonctionnement sur le marché. Essentiellement, la Loi-cadre a libéralisé les sous-secteurs des équipements et des services des télécoms. Le principe s'applique aussi à l'importation, à la fabrication des équipements et terminaux, en en fixant les règles de normalisation et d'homologation. Il concerne également les services de base (téléphonie, télex), services à valeur ajoutée (SMS) et services innovants (courriel, *e-business*).[1518] Le législateur congolais affiche l'ambition d'offrir un « cadre clair et cohérent pour assurer, sur des bases stables, un développement du marché des télécoms à court, moyen et long termes ».[1519] L'article 82 de la loi-cadre (LCT) abroge

---

[1516] JO RDC, n° spécial, 25 janvier 2003, pp. 47 et s.

[1517] *Cf.* Titre I, Chapitre 2, Section 2 de la présente étude. En droit comparé français, l'expérience des lois pionnières est semblable à celle des actes réglementaires de dérégulation en RDC. En effet, « la première loi dérégulatrice » des télécoms (« Loi Mexandeau » de 1982) fait toujours partie de l'arsenal juridique français à ce jour.

[1518] *Ibidem.*

[1519] « Exposé des motifs », LCT (RDC), préc.

expressément l'ordonnance-législative n°254/Téléc. du 23 août 1940 sur les télécoms datant de l'époque coloniale.

Toutefois, la *ratio legis* de 2002 ne tint pas pertinemment compte des réalités antérieures du fonctionnement du marché, ni de l'orientation libérale pourtant dessinée déjà au niveau international avec l'OMC (1994-1997)[1520] et en droit comparé avec les directives « ONP » et du « paquet télécom » (1990-2002).[1521] Le législateur fit par conséquent preuve des faiblesses et aura commis des erreurs évitables. Premièrement, la loi présente une vision très modeste du commerce électronique, qu'elle considère comme un sous-ensemble des télécoms. Et pourtant en Europe, le système juridique place les communications électroniques dans son continuum avec le commerce électronique. L'intermédiation technique des télécoms sert la finalité d'accès aux ressources numériques disponibles en ligne : la fameuse « valeur au bout du clic ». [1522] Deuxièmement, la loi-cadre réserve encore des « droits exclusifs et spéciaux » au profit de l'exploitant public, sans en préciser la durée bien qu'elle les affirme à titre temporaire.[1523] En somme, le législateur n'a transformé qu'en partie le service public des télécoms anciennement monopolistique, sans atteindre le seuil de libéralisation totale du marché. En RDC, le monopole résiduel est une option médiane adoptée depuis 2002 par le législateur, qui le maintient encore à ce jour.[1524]

En droit comparé, la loi-cadre congolaise sur les télécoms (LCT) s'apparente aux « lois Quilès » adoptées en France le 2 juillet 1990 et le 29 décembre 1990. Ces dernières avaient consacré la même situation de marché que celle actuellement rencontrée en RDC, étant restée plus proche des modes classiques de services publics que de la nouvelle forme de l'économie (numérique). Mais les lois françaises de 1996 avaient rompu avec les réserves de droits exclusifs, en adoptant une réglementation libérale et en transformant le statut de l'administration publique.

C'est ainsi que l'exploitant public « France Télécom » fut détaché de la DGT, branche de l'administration des PTT.[1525] En 1990, la réserve des droits exclusifs protégeait momentanément les actifs nécessaires de l'opérateur historique, pour le préparer progressivement à la pleine concurrence, décidée par le législateur de 1996. Ses infrastructures et son système de gestion devaient rester en dehors de la concurrence, le temps nécessaire pour sa recapitalisation et/ou la mise à niveau de ses moyens opérationnels. Sur un terme initial de dix ans à dater des lois de 1990, la France a franchi plus tôt

---

1520 *Cf.* Titre II, Chapitre 1 du présent ouvrage

1521 *Cf.* Titre I, Chapitre 2 du présent ouvrage.

1522 V-L. BENABOU et J. ROCHFELD, *op.cit.*, pp. 1 et s.

1523 Article 38, LCT (RDC) : « L'exclusivité temporaire consiste pour l'Exploitant Public à posséder seul le réseau de référence auquel tout exploitant concessionnaire de service public est tenu de s'interconnecter, et par lequel, il fait transiter son trafic national et international ».

1524 *Cf.* le point B. suivant du présent § concernant « les transformations générales des institutions juridiques des télécoms de base en RDC ».

1525 *Cf.* Partie 1, Titre I, Chapitre 2, Section 2 du présent ouvrage

le cap de la concurrence avant l'an 2000, car l'évolution ne motivait plus la coexistence d'un segment exclusif (infrastructures) et concurrentiel (services et terminaux) du marché.[1526]

Cependant en RDC, la LCT de 2002 a adopté un système, abrogé en France dix ans avant et le maintient encore 15 ans après, au XXIe siècle. À l'origine, copier le droit français de 1990 pouvait encore avoir un sens. Les principes de l'OMC[1527] et du droit français auraient au moins conduit à maintenir l'exclusivité décennale, mais les évolutions du marché débordent le cadre légal et institutionnel du 16 octobre 2002. Les développements ci-dessus expliquent les transformations générales du secteur des télécoms et du droit qui l'encadre. L'analyse juridique exige de théoriser et d'apporter des critiques sur les institutions juridiques des télécoms instaurées par la loi-cadre de 2002.

§ 2. Les transformations générales des institutions juridiques du secteur des télécoms de base en RDC

La loi-cadre a engagé formellement la RDC dans un processus de dérégulation des télécoms en se situant au stade primaire de la « transformation numérique » des services publics et des marchés dans le cadre de la société de l'information.[1528] Elle entreprend la transition du droit public et du droit privé pour le pays sur le marché électronique. Elle réaménage le monopole public et introduit le principe de concurrence régulée des équipements et des services des télécoms. Pour le secteur privé, le libéralisme (dérégulation) a conduit à une reconnaissance des droits d'exploitation des activités économiques au sein du service public (licences et autorisations). Ces concessions sont assorties d'obligations d'intérêt général, à charge des opérateurs et au profit des utilisateurs. Il s'agit principalement de la protection spécifique des consommateurs et du service universel.[1529] L'État congolais s'est aligné sur la libéralisation adoptée par le monde moderne et sur la reconfiguration des moyens d'intervention de la puissance publique sur le marché.[1530] Les aspects généraux de ces transformations sont les suivants : création d'un organe de régulation du secteur, ouverture de la téléphonie mobile à la concurrence (libéralisation), désengagement de l'État-entrepreneur, restructuration de l'opérateur historique et, le cas échéant, sa privatisation.[1531]

1526 *Cf.* Titre I, Chapitre 2, du présent ouvrage.

1527 *Cf.* Titre II, Chapitre 1, du présent ouvrage.

1528 WATIN-AUGOUARD, « Préface », in F. LORVO, *op.cit,* p. 7. Les télécoms entrent dans le lot d'une succession d'avancées technologiques, ayant débouché sur la révolution numérique.

1529 Cette restructuration, ayant connu des approfondissements, se traduit, soit par une privatisation partielle ou totale, soit par une ouverture de la téléphonie fixe à la concurrence, ou les deux graduellement.

1530 J. CHEVALLIER, *L'État post-moderne, op.cit.,* pp. 70 et s, pp. 99 et s.

1531 *Ibidem.,* pp. 77-125.

En effet, l'objet d'étude concerne les enjeux et la dynamique des changements induits par la législation congolaise sur les télécoms.[1532] Les bases du droit européen enrichissent l'analyse de ces transformations en RDC, en s'inspirant des mêmes expériences dans les États africains.[1533] Étant de portée planétaire, la transition structurelle des services publics présente les mêmes aspects essentiels en Afrique (RDC) et en Europe (France). Les changements portent sur le droit et le marché ; ils affectent l'État et ses institutions classiques.

La déréglementation apporte le modèle de marché ouvert à la concurrence avec la garantie de l'intérêt général, sous l'autorité de l'État-régulateur. En influant sur les secteurs monopolistiques des télécoms, ce modèle d'économie de marché a favorisé la diversité d'acteurs et la pluralité d'activités dans un domaine où le service public monolithique ne connaissait que l'État-entrepreneur. De ce fait, « l'État et le droit sont des réalités étroitement liées, au point d'apparaître traditionnellement comme indissociables, consubstantielles l'une à l'autre : non seulement en effet l'État agit par le droit [...] règles obligatoires qui expriment sa puissance de contrainte, mais encore il est tout entier coulé dans le moule du droit ».[1534]

La loi-cadre de 2002 marque une nouvelle expérience du droit public économique des télécoms comme en Europe. Notamment, la loi n°14/2002 sur l'ARPTC a introduit la régulation du marché. Cependant en RDC, la reconfiguration du marché des télécoms ressemble à celle des lois « Quilès » de 1990 en France.[1535]

Le marché congolais comporte encore deux segments, l'un exclusif et l'autre ouvert à la concurrence. **(A)** La restructuration de l'exploitant public reste un enjeu d'approfondissement de la dérégulation tant en Europe (France) qu'au sein des organisations internationales. **(B)**

A. L'apparition du droit de la régulation sectorielle des télécoms en RDC

Le « droit de la régulation » résulte de l'instauration d'organes de régulations des marchés anciennement monopolistiques.[1536] Il s'agit d'un

[1532] D'autres transformations sur les plans technique, sociétal ou économique dépassent le cadre des télécoms de base. Ils sont étudiés en rapport avec les nouveaux défis de l'économie numérique, à l'ère de la société de l'information (révolution numérique). *Cf.* Partie 2, Titre I, Chapitre 2 du présent ouvrage.

[1533] J. DO-NASCIMENTO, « Le développement du téléphone portable en Afrique », p.1 [www.iut-orsay.u-psud.fr] (consulté le 21 novembre 2016).

[1534] J. CHEVALLIER, *L'État post-moderne, op.cit,* p. 99.

[1535] France : Lois Quilès du 2 juillet 1990 et du 29 décembre 1990, préc.

[1536] L. BUSHABU WOTO, *De la mise en œuvre de la régulation des télécommunications en droit congolais (RDC),* Mémoire pour obtention de BADGE, Promo 2005, Télécom Paris Ecole nationale supérieure des télécoms (ENST)/Arcep Burkina-Faso/Institut de la Banque mondiale/ESMT Dakar, Ouagadougou, 2005, pp. 13-17.

« droit sectoriel »[1537] qui a pour objet technique la dissociation des fonctions de réglementation, d'exploitation et de régulation dans le marché des télécoms ainsi que leur harmonie de cohabitation. Il ne s'agit pas à proprement parler d'un basculement total du « droit des services publics » en un « droit de la concurrence ». Il s'agit du « droit sectoriel des télécoms » qui n'a pas uniquement pour finalité le fonctionnement du jeu concurrentiel dans le marché régulé, mais également l'atteinte de l'intérêt général.

Ce droit ne se confond pas à la gestion de la concurrence (ententes, position dominante) relevant du droit classique de la concurrence. Il concerne la gestion des ressources patrimoniales et domaniales du secteur libéralisé, nécessitant l'intervention d'une autorité administrative indépendante pour assurer l'équilibre. [1538] Les autorités nationales de réglementation (ARN) restent des intervenants de l'État et le représentent dans le marché ouvert aux acteurs privés. En RDC, le Ministre des PTT reste dans son rôle d'administration traditionnelle, tandis que l'ARPTC agit en sa qualité d'autorité administrative voulue indépendante. [1539] Cette restructuration confirme que « la régulation a toujours un arrière-plan politique, puisqu'elle est un choix de cadre général d'économie libérale, réagissant aux défaillances de marché d'une autre façon que par l'économie administrée, laquelle s'opère par interventions étatiques ».[1540]

Ainsi, la dérégulation est un mécanisme relevant aussi de l'économie. Mais, l'étude juridique n'entre pas dans les analyses économiques du marché libéralisé des télécoms. Elle appréhende les effets induits de l'économie sur les institutions juridiques relevant anciennement du monopole public ; de manière générale, les lois de dérégulation tiennent autant compte des mutations de l'économie libérale sur les services publics, qu'elles offrent à ces dernières un régime particulier.

En RDC, les phénomènes économiques ont servi de facteurs pour la législation et la transformation du droit public classique[1541]. Le colbertisme des lois coloniales a été bousculé par la mondialisation de l'économie, la multinationalisation des opérateurs et la globalisation du marché électronique. En suivant peu à peu le « mouvement inverse » du monopole,

---

1537 D. POPOVIC, *op.cit*, pp. 1 et s.

1538 J. CATTAN, *op.cit*, p. 15 et s. WEIL EL ZEIN, *op.cit*, pp. 8 et s.

1539 M.-A. FRISON-ROCHE, *Les 100 mots de la régulation... op.cit*, pp. 13-15, spéc. pp. 23-26. Verbo : « Arcep » et « Autorité administrative indépendante ». L'AAI est la forme juridique que le législateur a le plus souvent choisie pour construire les autorités de régulation. L'AAI n'est que la forme juridique, et le droit français a accordé une très grande importance à celle-ci, suivant la tradition souvent formaliste du droit public. » De leur nombre, on peut citer l'ARCEP, l'ARJEL, l'AMF, etc.

1540 *Ibidem*, p. 115.

1541 D. TRUCHET, *Le Droit public*, PUF, coll. « Que sais-je ? », 2e éd., Paris, 2010 (2003), pp. 5-1. G. JÈZE, *Les principes généraux du droit administratif, la notion de service public, les individus au service public, le statut des agents publics »,* Dalloz, 3e éd., Paris, 2004, pp. 1-35, pp. 36-64 et pp. 64-66.

la déréglementation de la LCT associe les « valeurs traditionnellement opposées du conservatisme et du progressisme ».[1542]

En RDC comme en France, « le droit public économique ne s'est pas soustrait à ce mouvement cyclique de périodes de réglementation et de reflux de l'encadrement juridique des activités économiques ». [1543] La transformation des services publics est le « résultat d'une véritable tendance idéologique à voir dans le libéralisme et le marché, les antidotes aux divers maux attribués aux contraintes administratives de l'intervention publique ».[1544] Les télécoms s'insèrent dans l'économie de marché, avec leur « libéralisme, qui préside aujourd'hui à la déréglementation en droit public ».[1545]

Les transformations juridiques et institutionnelles répondent d'« un mouvement systématique de grande ampleur de banalisation de la gestion publique [1546] », ayant pu paraître pour « n'être ainsi qu'une mode administrative de plus ».[1547] Selon Marie-Anne Frison-Roche, « le cœur de la dérégulation est donc le régulateur, il en est ainsi en France avec des Autorités administratives indépendantes qui coordonnent des opérateurs publics ou privés. Mais le politique est encore présent d'une autre et très forte façon à côté du droit et de l'économie. »[1548]

La transformation de droit public économique conduit à une redistribution des attributs régaliens de l'État entre le gouvernement (qui l'exerçait seul) et une nouvelle AAI, instituée en arbitre indépendant du jeu de marché.[1549] Mais celle du droit public congolais n'est pas parvenue à faire reconnaître pour l'ARPTC, le statut d'autorité administrative indépendante (AAI). Au sens de la loi n°014/2002 à sa création, « l'option a été levée pour un organe public doté d'un statut intermédiaire situé entre le régime des entreprises publiques instituées par la loi-cadre du 6 janvier 1978 et le régime d'une régie mais dotée d'une large autonomie ».[1550]

À juste titre, la loi-cadre sur les télécoms consacre le principe de l'indépendance des fonctions de régulation, de celles de réglementation, d'élaboration des politiques et d'exploitation des secteurs de télécoms.[1551]C'est l'autonomie décisionnelle et fonctionnelle du régulateur

---

1542 J.-PH. COLSON et P. IDOUX, *op.cit,* pp. 199-200.

1543 *Ibid.*, p. 198.

1544 *Ibid.*, p. 199.

1545 *Ibid.*

1546 J. CHEVALIER, « La politique française de modernisation administrative », *L'État de droit, Mél. G. Braibant*, 1996, p. 79.

1547 J.-P. COLSON et P. IDOUX, *op.cit,* pp. 198 et 199.

1548 M.-A. FRISON-ROCHE, *Les 100 mots de la régulation... op.cit.*, p. 115.

1549 Article 1er, al.1, Loi n°014/2002 sur l'ARPTC, préc. : « Il est institué, en République Démocratique du Congo, un organe indépendant de régulation de la poste et des télécommunications dénommé […] ARPTC en sigle ».

1550 « Exposé des motifs », Loi n°014/2002 sur l'ARPTC, préc.

1551 Article 7, LCT, préc. : « Dans l'exercice des attributions qui lui sont conférées par la présente loi, le ministre veille à ce que soient : a) assurées la séparation et l'indépendance de

qui détermine l'« impact de la régulation sur les marchés »[1552] : elle ne se décrète pas, mais se construit.[1553]Les transformations générales conduisent à deux conséquences pratiques en droit de la dérégulation, à savoir l'indépendance de la régulation et la restructuration de l'opérateur historique.

Premièrement, la réglementation et la régulation sont des fonctions régaliennes non-détachables de l'État. Si les attributions du Ministre des PTT concernent la réglementation *ex post*, la réglementation *ex ante* est à l'Autorité de régulation. Les principes qui contrebalancent la concurrence sur le marché ne pouvant être qu'économiques, ceux purement politiques doivent demeurer passibles d'application sur le marché libéralisé.[1554] Une fois encore, les transformations juridiques pour le marché électronique relevant du droit de la concurrence n'aboutissent pas seulement à régler les questions d'abus de position dominante, d'entente ou d'encadrement des concentrations entre entreprises. Il a été retenu que le droit de la régulation opère « une mise en balance entre le principe de concurrence et un autre principe "aconcurrentiel", voire anticoncurrentiel. Elle se rattache donc à une théorie libérale [...] Mais elle suppose que ce principe ne suffise pas à l'organisation complète et suffisante d'un marché, d'un secteur, d'une filière ».[1555] Selon Jean Cattan, le *« droit du jeu concurrentiel »* traduit mieux les objectifs du droit de la régulation sectorielle.[1556] De ce point de vue, l'élaboration des règles de concurrence a assuré l'épanouissement et la protection des communications électroniques.[1557]

Deuxièmement, les fonctions économiques d'exploitation des télécoms sont détachables de l'État. Le recul de l'État comme entrepreneur laisse la place à l'initiative privée en tant que moteur de l'activité économique dans

---

la fonction de régulation du secteur des télécommunications de celle d'exploitation des réseaux ou de fourniture des services [...]

1552 O. BOYLAUD et G. NICOLETTI, « Le secteur des télécommunications : réglementation, structure du marché et pertinence », *Revue économique*, OCDE, 2001, pp. 111-158. Cette « étude de l'OCDE a tenté de mesurer l'impact de ce mouvement de libéralisation dans le secteur des télécommunications. Les auteurs, à partir de données sur 24 pays de l'OCDE couvrant la période 1991-1997, concluent que la libéralisation a entraîné une augmentation de la productivité, une baisse des prix et une amélioration de la qualité de service. Ils montrent en particulier que plus un pays se rapproche de la date d'ouverture à la concurrence, plus les prix baissent, tandis que la qualité de service augmente. Ainsi, les effets se feraient sentir avant même la mise en œuvre effective de la libéralisation (effet d'anticipation de ou des opérateurs en place) ».

1553 *Cf.* Section 2 du présent chapitre de notre ouvrage, spécialement son § 1 développant l'aspect particulier de la « dissociation de la réglementation *ex post* et de la régulation *ex ante* ».

1554 M.-A. FRISON-ROCHE, *op.cit.*, pp.114-115.

1555 *Ibidem.*

1556 J. CATTAN, *op.cit.*, p. 209. Par exemple, L'Autorité de la concurrence concluait en faveur de l'ARCEP que *« un autre avantage résiderait dans la régulationex antedes charges de terminaison d'appel* [pour] *offriraux opérateurs une prévisibilité suffisante, notamment sur l'évolution de leurs ressources ou de leurs dépenses »*. Avis n°10-A-17 du 29 juillet 2010, relatif à une demande d'avis de l'ARCEP en application de l'art. L.37-1 du CPCE, p.9.

1557 *Ibidem.*

les anciens monopoles publics. Le marché est ouvert à la concurrence des opérateurs publics et privés des télécoms, sous réserve des droits spéciaux, reconnus à l'exploitant public. L'exclusivité en sa faveur consiste à détenir le seul « réseau de référence » et porte sur le marché des infrastructures de base.

Le législateur attribue à titre transitoire ce statut au RENATELSAT et à l'OCPT, anciens détenteurs de monopoles réglementaires, en attendant la restructuration de leurs formes respectives.[1558]Il les autorise seuls à posséder le « réseau de référence », c'est-à-dire celui de base pour les interconnexions et la collecte du trafic de tous les autres opérateurs du marché. [1559] Néanmoins, la loi-cadre tempère ce monopole restant, en reconnaissant au Ministre des PTT la faculté d'accorder des autorisations dérogatoires[1560], après avis du régulateur et de l'exploitant public.[1561]

Cependant, avant les « lois dérégulatrices » de 2002, les opérateurs privés avaient déjà déployé leurs propres infrastructures de télécoms. Ils devaient pallier l'absence d'infrastructures publiques, en vue de fournir les services de télécoms autorisés sur le marché. En dissimulant cette réalité de fait, le législateur avait créé une situation de droit très déphasée de la réalité du marché local. Le marché avait déjà acquis un niveau de développement et de fonctionnement qui ne coïncidait pas avec la segmentation artificielle du marché exclusif et concurrentiel. La situation de l'exploitant public était source d'enjeux particuliers, appelant des développements approfondis sur ces conséquences vis-à-vis de l'assise de l'Autorité de régulation.[1562]

En somme, le droit congolais de la régulation est donc essentiellement à mi-chemin entre le dirigisme (tout provient de l'extérieur) et l'autorégulation (tout provient de l'intérieur). Sous l'angle de la mondialisation, ce droit sectoriel constitue une perspective encourageante, car il est constitué de règles de toute provenance (publique ou privée, écrite ou d'usage) et des arbitrages (venant d'un juge ou d'un quasi-juge). Et le tout fonctionne sans un gouvernement extérieur et sans, à proprement parler, la substitution de l'État.[1563]

1558 Article 79, Loi-cadre sur les télécoms (RDC), préc.

1559 Articles 37 et 38, Loi-cadre sur les télécoms (RDC), préc.

1560 Article 38, alinéa 3, Loi-cadre sur les télécoms (RDC), préc.: Le Ministre peut « autoriser, à titre exceptionnel, l'Autorité de régulation entendu, un exploitant concessionnaire du service public des télécoms à disposer de ses propres voies de sortie à l'international et d'écouler ses propres trafics interurbains ou de posséder ses propres voies de sortie à l'international, sous diverses conditions dont la principale est d'écouler les trafics des autres exploitants interconnectés au réseau de référence ».

1561 Article 38, alinéa 2, Loi-cadre sur les télécoms (RDC), préc.

1562 *Cf.* Partie 2, Titre 1, Chapitre 1 de la présente étude, spéc. Section 2 analysant « les contraintes de la dérégulation du marché face à l'exploitant public des télécoms » et plus particulièrement son § 1 sur « le contraste entre les droits exclusifs résiduels et l'inactivité de l'exploitant public sur le marché congolais ».

1563 J. CHEVALLIER, « réflexion sur l'institution des autorités administratives indépendantes », *JCP,* 1996, n°3254, p.35.

De manière générale, la fin des monopoles publics ne supprime pas l'intervention de l'État dans le secteur des télécoms, mais a changé la nature de son intervention. La « loi-cadre » de 2002 n'a pas transformé uniquement la forme d'intervention publique, mais elle a modifié le champ du monopole lui-même. Sur ce point, le processus de dérégulation en Afrique et en Europe s'est appesanti sur des modalités particulières d'approfondissement de la libéralisation. Leurs expériences démontrent que la réforme de la réglementation des télécoms se poursuit dans le champ de restructuration de l'exploitant public, même dans l'hypothèse d'expiration de ses « droits exclusifs et temporaires ».[1564]

B. La théorisation des restructurations de l'exploitant public dans les expériences comparées en Europe (France) et en Afrique (RDC)

L'État devait aménager sur le marché des services un environnement de concurrence loyale pour les nouveaux opérateurs privés, et ensuite sur celui des infrastructures des télécoms de base. En effet, sur le continent africain, nombre d'États avaient encore réservé à leurs opérateurs historiques des droits exclusifs pour une période de dix ans, le temps de réaménager leurs statuts. La situation des années 2000 laissait aux opérateurs leur monopole sur les services de base (téléphone fixe et télex), tandis que les opérateurs privés augmentaient sur le secteur des services de téléphonie cellulaire, de courrier électronique, de télécopie et d'autres services à valeur ajoutée. Avec l'affluence de nouveaux entrants, la restructuration de l'opérateur historique, jadis monopolistique, a été comme en Europe et en France, le moyen combiné d'approfondissement de la déréglementation.

En droit comparé, les positions de la Commission européenne[1565] et de la Cour de justice de l'Union européenne (CJUE)[1566] rappellent bien la volonté de prévenir l'appui du gouvernement, de nature à fausser la concurrence, sous forme d'aide d'État à son ancien opérateur historique (exemple de France Télécom).[1567]Cette logique est demeurée la même dans le schéma d'ouverture du marché électronique africain, car la participation de l'État à l'opérateur historique altère la concurrence du marché. Elle préjudicie

---

[1564] Article 38, Loi-cadre sur les télécoms (RDC), préc. En RDC, ce monopole partiel figure encore dans la loi-cadre tandis que la France l'a abrogé depuis les années 1990.

[1565] J. CHEVALLIER, *op.cit.*, p. 89. La position sur le caractère illicite de l'aide d'État a été exprimée par la Commission européenne le 16 décembre 2003 à propos d'EDF, le 26 janvier 2010 à propos de la Poste et le 11 février 2010 à propos de la SNCF.

[1566] France *vs* Commission, affaire C-559/12P, avril 2014, CJUE Communiqué de presse n°48/14, Luxembourg, 3 avril 2014 [www.curia.europa.eu] (consulté le 14 juin 2016).Dans son arrêt du 3 avril 2014, *France/Commission*, la CJUE a confirmé le point de vue de la Commission. La transformation d'une série d'établissements publics industriels et commerciaux en sociétés – imprimerie nationale (1993), France Télécom (1996), EDF et GDF (2004), Aéroports de Paris (2005) et aussi La Poste (2010) – est la conséquence directe de cette interprétation.

[1567] *Cf.* Titre 1, Chapitre 2, Section 2, § 1, du présent ouvrage, spéc. B/« La loi de privatisation de "France télécom" ancien opérateur de monopole ».

l'indépendance du régulateur sur les décisions à prendre, éventuellement à l'encontre de l'opérateur public. Celles-ci seraient comme des sanctions de l'État contre lui-même, représenté en tant qu'actionnaire unique par le gouvernement, au sein de l'exploitant public. Dans l'expérience française, la privatisation devait faire obstacle à l'État-régulateur de prendre le parti de l'État-entrepreneur.

Dans d'autres États d'Afrique, les transformations de l'exploitant public ont changé leurs statuts de droit public en celui de droit privé ou encore la structure de leur participation, en actionnariat majoritairement privé. Ainsi, deux mécanismes de droit ont complété la restructuration de l'opérateur historique, personne morale de droit public : il s'agit de sa privatisation et/ou du changement de son statut public en société commerciale. Sur le marché français, ce processus subsidiaire à la dérégulation se traduit par les transformations de « France Télécom ». [1568] Elle fut d'abord ancienne branche de l'administration des PTT, ensuite EPA/EPIC, finalement « société anonyme », avant de devenir la « société privée » sous la raison sociale « Orange » opérant actuellement.[1569]

Trois exemples se présentent en Afrique. Au mieux, la cession des parts dans le capital social des opérateurs historiques africains a été une modalité pour niveler le statut des acteurs en société de droit commun. Mais, la privatisation n'a pas toujours pu être réalisée, faute de cession totale des parts de l'État dans le capital des opérateurs historiques. En fait, leurs privatisations ont été une composante des mesures de normalisation et de restructuration du secteur public imposées comme « linkage financier » des institutions financières internationales.

Sur le continent africain, ce renforcement des mesures de dérégulation a été réalisé sous la pression des Programmes d'ajustement structurel (PAS) du FMI et de la BM, selon les principes généraux de l'OMC, qui n'en exigeaient pas tant. Ces programmes intervenaient dans le cadre d'un désengagement plus global de l'État en dehors des accords de l'OMC. Les privatisations ont donc été imposées aux États africains, non pas comme stratégie de libéralisation du secteur, mais comme une « modalité de traitement de la dette extérieure ».[1570]

[1568] *Cf.* Titre 2, Chapitre 2, Section 2 du présent ouvrage. Il est fait état de la disparition de « France Télécom » sur le marché national français depuis 2013. Ses filiales « FT Marine » et « France Telecom e-commerce » gardent encore la dénomination historique, sans survivance de la raison sociale-mère.

[1569] Les dates clés de « France Télécom » sont les suivantes : 1988 : création ; 1988 : séparation des PTT ; 1990 : transformation en exploitant public ; 1993 : nouveaux grades de fonctionnaires-reclassification ; 1996 : transformation en SA ; 1997 : ouverture du capital ; 2000 : acquisition d'Orange ; 2004 : privatisation partielle ; 2005 : mise en place du plan NExT ; 2007 : fin de la minorité du plan Orange ; 2010 : lancement du plan « conquête 2015 » ; 2013 : France Télécom change de nom pour devenir Orange. (Source : www.orange.com)

[1570] O. VALLÉE, « La dette publique est-elle privée ? », *Politique africaine*, n°73, mars, 1999.

Pour l'année 2002, l'étude coordonnée sur la « Société numérique et développement en Afrique »[1571] a permis de recenser, 30 pays, dont l'opérateur historique bénéficiait de son statut public et du monopole sur le segment de la téléphonie fixe.[1572] À l'inverse, 22 pays africains avaient déjà pu procéder à une privatisation de leur opérateur historique, soit par cession totale des parts[1573], soit par cession partielle.[1574] Un principe est établi : privatiser en dehors de la logique de déréglementation peut revenir à substituer des monopoles publics par des monopoles privés. L'existence des uns ou des autres fausse toujours les effets d'ouverture du marché à la pleine concurrence. En effet, le plus important est que l'absence d'égalité des droits ne corrige pas le nivellement des statuts pouvant se faire en apparence entre les opérateurs.

Ainsi, des exemples anticoncurrentiels ont été enregistrés dans l'expérience des États africains, comme venant des oligopoles privés et non pas de l'exploitant public. En RDC (et en Afrique), la téléphonie mobile a supplanté l'offre de téléphonie filaire. La dominance porte donc sur un segment de marché où l'opérateur historique n'a jamais été présent. Les opérateurs privés acquièrent une puissance significative sur le marché. Ils érigent de nouvelles barrières stratégiques, mais anticoncurrentielles. Il est souvent advenu que des opérateurs privés refusent d'accorder l'interconnexion à d'autres concurrents.[1575] Il peut s'agir d'ouvrir l'accès aux abonnés des réseaux préexistants ou refuser le partage d'infrastructures qui assureraient une mutualisation des maillons de réseaux, en réduction des coûts d'installation pour « les nouveaux entrants » (*new comers*).[1576]

Par les « économies d'échelle »[1577], les opérateurs privés plus anciens développent les mêmes réflexes de dominance connus ou présupposés des

---

[1571] J-J. GABAS, *La société numérique et le développement en Afrique, usages et politiques publiques,* éd. Karthala, Paris, 2004.

[1572] *Ibidem.* Ce fut le cas des pays suivants : Algérie, Libye, RDC, Gabon, Bénin, Gambie, Libéria, Sierra-Leone, Namibie, Swaziland, Egypte, Tunisie, Djibouti, Erythrée, Ethiopie, Kenya, Burundi, Cameroun, Congo, Tchad, Burkina-Faso, Mali, Niger, Togo, Angola, Botswana, Malawi, Mozambique, Zambie, Zimbabwe.

[1573] *Ibidem.* Ce fut le cas avec Seychelles et Somalie.

[1574] *Ibidem.* C'est le cas du Maroc, Tanzanie, Maurice, Ouganda, Soudan, Rwanda, RCA, Guinée équatoriale, Sénégal, Mauritanie, Nigéria, Sao-Tomé et Principe, Côte d'Ivoire, Ghana, Guinée, Guinée Bissau, RSA, Lesotho et Madagascar.

[1575] *Ibidem.* Exemple au Burkina-Faso : Refus de l'opérateur historique ONATEL, d'accorder l'interconnexion à Celtel et Telecel, deux opérateurs privés de téléphonie mobile, jusqu'à ce que l'autorité de régulation ait décidé de la cessation de cet abus dominant, sur plainte de Celtel du 12 avril 2002.

[1576] M.-A. FRISON-ROCHE, *Les 100 mots de la Régulation... op.cit.*, pp. 100-101.

[1577] *Ibidem*, pp. 100-101 et 18-20. *Cf.* Verbo « Nouvel entrant », « Asymétrie (régulation asymétrique, asymétrie d'information) ». Les « économies d'échelles » déterminent les comportements économiques entre « nouveaux entrants » et opérateurs (privés ou publics) plus anciens sur le marché, au regard de la dimension de leurs réseaux respectifs et de la densité de leurs activités respectives. Les économies d'échelle permettent aux réseaux plus petits de profiter de la densité des réseaux hôtes et surtout de jouer avec les marges du prix de l'interconnexion, négociés avec de grands opérateurs. Ces derniers se protègent contre la

opérateurs historiques, afin de préserver leurs parts de marché. Par conséquent, la dominance du marché n'est pas que l'apanage présupposé de l'opérateur historique, mais aussi et réellement celui des privés, en situation oligopolistiques.

Pour la RDC, deux statuts d'exploitant public se présentent, mais les droits exclusifs de la loi-cadre de 2002 demeurent intacts. Le premier exploitant public « RENATELSAT » est resté dans son statut d'établissement public, défini à sa création en 1991. La réforme du portefeuille de l'État ne l'a pas concerné. Cependant en 2008, le second exploitant public « OCPT » s'est transformé en une société commerciale avec la totalité des parts détenues par l'État. Son ancien statut d'EPIC de 1978 [1578] a ainsi été restructuré sans lien avec la dérégulation des télécoms. L'OCPT a été rebaptisé depuis lors « Société congolaise des postes et des télécommunications », « SCPT ».

Cette réforme fait suite au désengagement de l'État sur le portefeuille de ses anciennes entreprises publiques dans les lois de 2008. Ce cas, « on le retrouve ainsi, au titre des Politiques d'ajustement structurel imposées par le FMI, dans nombre de pays dont le sous-développement économique et social s'accompagne pourtant encore d'un encadrement juridique insuffisant dans de nombreux domaines ».[1579] Actuellement, la Banque Mondiale a signé un acte d'engagement avec le gouvernement congolais en vue de la restructuration effective de la SCPT. La conditionnalité du don est reprise dans l'accord du 24 juillet 2015, [1580] comme composante du projet « CAB5 ».[1581]

En effet, le cadre légal des PTT est resté le même malgré la transformation de l'OCPT en société commerciale d'État, société anonyme. L'OCPT (ex-ONPTZ), créé en 1968, devenu une EPIC en 1978, a été rebaptisé en 2009, « Société commerciale des postes et des télécommunications », SCPT en sigle. Ce changement fait suite au désengagement de l'État concernant les entreprises et établissements publics. Il a été décidé entre 2008 et 2009 par le gouvernement sur tout son portefeuille d'entreprises.[1582] Cette opération a

---

pratique de prix trop bas qui sont habituellement offerts aux abonnés finaux des réseaux plus petits. Le refus d'interconnexion est une mesure de puissance qui peut influer sur la concurrence.

[1578] Ordonnance n°78-222 du 5 mai 1978 portant statut de l'ex-ONPTZ, préc.

[1579] J.-PH. COLSON et P. IDOUX, *op.cit,* p. 199.

[1580] Ordonnance du Président de la RDC n°14/073 du 5 décembre 2014 portant approbation de l'accord de don H81-ZR conclu entre la RDC et la Banque mondiale, au titre de la 5e phase du programme régional des réseaux de télécommunications haut débit en Afrique centrale (CAB5), JO RDC, 59e année, n° spécial, 10 janv. 2015, col.2.

[1581] CAB5 : *Central African Backbone Round 5* est une phase de projet d'intégration sous-régionale des réseaux à fibre optique dans 11 pays africain, sous financement de la BM. Toutes les phases sont les suivants pour les pays ci- après: CAB1 en 2009, pour Cameroun, République centrafricaine, Tchad ; CAB2 pour Sao Tomé et Principe ; CAB3 en 2011 pour la République du Congo ; CAB4 en 2012 pour le Gabon et CAB5 en 2014 pour la RDC.

[1582] Loi n°08/007 du 07 juillet 2008 portant dispositions générales relatives à la transformation des entreprises publiques, JO RDC, 49e année, n° spécial, 12 juillet 2008.

donc une logique et un fondement extérieur au cadre réglementaire des PTT. En effet, la loi n°08/007 du 7 juillet 2008 restructure « les entreprises publiques organisées par la Loi-cadre n°78-002 du 06 janvier 1978 parce que celles-ci n'ont pas atteint les objectifs économiques et sociaux qui leur sont assignés.

Pour cette raison, leur réforme s'impose ».[1583] Comme pour d'autres EPIC, la loi n°08/007 place l'OCPT (ancienne EPIC) sous statut de société commerciale, dans laquelle l'État détient 100% de participation. Cette mesure législative a été exécutée par le décret n°09/12 du 24 avril 2009, établissant la liste des entreprises publiques transformées en sociétés commerciales, établissements publics et services publics.[1584] Néanmoins, la loi n°08/007 ci-dessus sur la transformation des entreprises de l'État maintient, à titre exceptionnel, le RENATELSAT sous son ancien statut d'établissement public.

Par ailleurs, ces évolutions du portefeuille public ne suppriment aucunement la tutelle de l'État sur l'OCPT et le RENATELSAT. Leur tutelle administrative et financière est assurée par le Ministre en charge du portefeuille de l'État.[1585] Le RENATELSAT étant un établissement public (EPA)[1586] est maintenu également sous la tutelle technique du Ministre des PTT. Mais malgré son statut particulier de S.A.,[1587] la SCPT n'est placée qu'indirectement sous l'autorité du Ministre des PTT. Ce dernier exerce une surveillance générale des politiques publiques des télécoms, faisant appel aux compétences techniques, aux infrastructures ou aux droits de la SCPT ou du RENATELSAT.[1588]

1583 « Exposé des motifs » et article 7, Loi n°08/007 du 07 juillet 2008 portant dispositions générales relatives à la transformation des entreprises publiques JO RDC, 49è année, n° spécial, 12 juillet 2008, pp. 2-8.

1584 Décret n°09/12 du 24 avril 2009, préc. « Annexe 1 : liste des entreprises publiques transformées en sociétés commerciales », point 17, JO RDC, 50e année, n° spécial, 30 avril 2009, pp. 12-17. Ce décret est pris en application de la Loi n°08/007 du 07 juillet 2008 portant dispositions générales relatives à la transformation des entreprises publiques, JO RDC, 49e année, n° spécial, 12 juillet 2008. Cf. aussi [www.legalnet.cd/Legislation/Droit%20Public/EPub/d.09.12.24.04.09.htm] (consulté le 9 juillet 2016.)

1585 Article 1, B. 9, Ordonnance n°12/008 du 11 juin 2012 fixant les attributions des Ministères, JO RDC, 53e année, n° spécial, 14 juin 2012, p. 33 : « 9. Ministère du portefeuille – Administration, gestion et rentabilisation du portefeuille de l'État ».

1586 Loi n°08/009 du 07 juillet 2008Loi n°08/009 du 7 juillet 2008 portant dispositions générales applicables aux établissements publics, JO RDC, 49e année, n° spécial, 12 juillet 2008.

1587 *Ibidem.*

1588 Article 1, B. 18, Ordonnance n°12/008 du 11 juin 2012 fixant les attributions des Ministères, JO RDC, 53e année, n° spécial, 14 juin 2012, p. 41 : « 18. Ministère des Postes, télécommunications et Nouvelles Technologique de l'Information et de la Communication – Mise en œuvre de la politique définie par les pouvoirs publics dans le domaine des télécommunications nationales et internationales, particulièrement en ce qui concerne la séparation et l'indépendance de la fonction de régulation du secteur des télécommunications

En définitive, les transformations du secteur public congolais restent le prolongement du modèle de dérégulation en vigueur aux États-Unis depuis 1970-1980 et en Europe depuis 1980-1990. [1589] Le processus de déréglementation est un « mouvement de l'économie et du droit » engagé au nom de la liberté du marché et de l'efficacité de l'État dans les services publics anciennement monopolistiques.[1590] L'accord spécifique de l'OMC de 1994 et de 1997 sur les télécoms a permis de véhiculer les transformations des institutions juridiques jusqu'en RDC. Le législateur congolais de 2002 en a fait application, mais avec des déphasages par rapport aux réalités du marché local et par rapport à sa *ratio legis*. Il convient de comprendre l'application du modèle de l'OMC, dans la transition juridique des services publics des télécoms congolais.

SECTION II. L'APPLICATION DU MODÈLE DE L'OMC DANS LA RESTRUCTURATION DES TÉLÉCOMS EN RDC

Depuis la chute du Mur de Berlin en 1989, le libéralisme est considéré comme un modèle économique triomphant. [1591] En effet, il ouvre à l'« extension du domaine de marché » les secteurs publics qui étaient auparavant soustraits à la philosophie mercantiliste pour des raisons d'intérêt général ou pour des principes d'utilité publique.[1592] Des dispositifs de droit public étaient censés enfermer les effets de l'économie de marché : « monopoles, intervention de tutelles publiques fortes, adoption de réglementations contraignantes », etc.[1593]

Au départ des États-Unis et de l'Europe, ces transformations du droit public classique apportent un paradigme en « équilibre entre valeurs

---

et celle d'exploitation des réseaux ou de fourniture des services de télécommunications, les conditions d'une concurrence effective et loyale [...] ».

[1589] En Europe, le départ institutionnel du processus politique de déréglementation est marqué en 1984 par le Sommet de Fontainebleau (France) réunissant les Chefs d'État et de Gouvernement autour de l'idée de construction d'une Europe des télécoms. Le premier *Livre vert* de 1987 sur la question est suivi d'une série de directives en 1988 pour un décloisonnement des marchés des équipements, puis en 1990 pour une ouverture du marché (ONP) et enfin en 2002 pour un approfondissement, suivi de l'évolution (paquet télécom, tel modifié en 2009).

[1590] J.-P. COLSON et P. IDOUX, *op.cit*, pp. 199-200.

[1591] N. THIRION, « Économie de marché, régulations sectorielles et droit économique », in N. THIRION (sous la dir.), C. CHAMPAUD, D. DANET, P. LE FLOCH, P. LE GALL, É. MALIN, F. MARTIN, B. MONTELS, T. PENARD ET P. STEPHANTA, *Libéralisations, privatisations, régulations, aspects juridiques et économiques des régulations sectorielles*, Larcier, Bruxelles, 2007, pp. 11-18, spéc. p.11. « Depuis la fin de la Guerre froide et l'effondrement du modèle soviétique, on assiste, pour paraphraser le titre du premier roman de Michel Houellebecq, à une irrépressible ''extension du domaine du marché''. [...] La défaite de son principal ennemi permettait ainsi à ce que, pour faire bref, l'on appellera ''le régime capitaliste'' d'asseoir son empire sur une panoplie d'activités de plus en plus étendues ».

[1592] *Ibidem*, p. 11.

[1593] *Ibid.*

marchandes et non-marchandes ». Et ce, dans une série de changements « écartelés entre marché et non-marché, pour une certaine forme de "régulation", destinée à créer ou à préserver l'équilibre des intérêts en cause ».[1594]

L'OMC a appliqué ce modèle de postmodernisme – selon Jacques Chevallier[1595]– dans les différents États du monde.[1596] En application de l'accord spécifique sur les télécoms de 1997,[1597] la loi-cadre de 2002 a transcrit en droit positif les principes et innovations du droit de la régulation sectorielle. L'élément marquant de la réforme est la mise en place d'un « système régulatoire » du marché des télécoms, qualifiable d'« ordre juridique régulatoire » : la régulation a un contour et un contenu politique (remodelage de l'État), économique (relations avec le marché) et administratif (idée de service public).[1598]

Les mutations imprimées par la déréglementation s'expriment dans l'institution des autorités de régulations spécifiques à l'administration du secteur des télécoms. Les principes de l'OMC exigent la dissociation de la réglementation classique *ex post* et la régulation *ex ante*. Comment le législateur congolais a-t-il fait application des principes d'ajustement nécessaires des institutions juridiques selon les règles de l'OMC dans ce domaine ? En RDC, l'application des principes de l'OMC présente des différences. La consécration de la régulation est liée à des évènements transnationaux et à un objet technique empreint de la localisation et de la déterritorialisation, pour motiver un regard au-delà des originalités locales, afin de se rapprocher de l'expérience de l'Europe.[1599]Sur le marché intérieur européen, la filière des télécoms a le « dispositif communautaire [...] *le plus avancé et le plus exhaustif de tous les instruments du droit européen, gouvernant les industries en réseau* ».[1600]

Dans l'un ou l'autre contexte, la régulation sectorielle est l'élément crucial de réorganisation du monopole public en marché libéralisé. Partout, les contraintes du modèle apparaissent pour une réalisation de l'équilibre du

---

1594 *Ibid,* p. 12.

1595 J. CHEVALLIER, *L'État post-moderne...*, *op.cit.*, pp. 68 et s.

1596 UIT, Rapport 2002, cité par J. DO-NASCIMENTO, *op.cit,* p. 134-135. En 2001, selon les rapports de l'UIT, 67% des pays africains, soit 33 États sur 55, s'étaient dotés d'une institution spécifique de régulation (en tant qu'organisme indépendant) ou d'une unité fonctionnelle relevant d'un ministère ou d'une branche gouvernementale. La même année, l'Europe comptait 69%, l'Océanie 34% et les États Arabes (Asie) 43% des pays avec des organes de régulations spécifiques. En 2002, année de promulgation de la Loi-cadre sur les télécoms (RDC), ce chiffre passa à 52 États sur 55 en Afrique disposant d'organes de régulation, soit 94% des États et une progression de 28%.

1597 J. DO-NASCIMENTO, *op.cit,* p. 129-135. En fin 1999 jusqu'au début de l'an 2000, l'accord de l'OMC sur les télécoms avait enregistré l'adhésion de 35 États africains sur 55 pays dans le continent.

1598 N. THIRION, « Économie de marché, régulations sectorielles et droit économique ». *op.cit,* pp. 11 et 12.

1599 *Ibidem,* p. 15.

1600 *Ibidem,* p. 14.

marché là où le monopole était seul à assurer le contrôle d'intérêt général et des intérêts économiques. En effet, « les deux intérêts ont besoin d'être régulés –certains diront, selon leur sensibilité, contrôlés ou réglementés – car [...] la moindre défaillance peut ébranler un édifice [...] bien vulnérable ».[1601] Le libéralisme a conduit les « services publics » à une diversification des prestataires privés, mais « laisser à la seule concurrence le soin de gérer les marchés [...] serait tout aussi illusoire et dangereux que reconnaître aux marchés [...] le soin de régir la concurrence ».[1602]

En RDC, les autorités de réglementation ne disposent pas d'une maîtrise cognitive, antérieure aux mécanismes du droit sectoriel, tandis que la régulation doit s'affirmer au milieu d'un faisceau d'enjeux économiques et administratifs. Ils sont tels que les marchés faiblement régulés, sont livrés au phénomène d'oligopoles privés remplaçant les monopoles publics.

§ 1. La dissociation dans les lois des télécoms de 2002des fonctions de réglementation « *ex post* » et de régulation « *ex ante* »

Dans le passé, la philosophie des services publics était autrefois limitée à la gestion dite des « PTT » (Postes, Télécoms et Télégraphe). Sous cet angle, un même organisme gouvernemental exerçait les trois fonctions suivantes : élaboration des politiques publiques, régulation et exploitation des réseaux électroniques. En RDC, la loi-cadre de 2002 sur les télécoms opère un premier point de rupture avec le fondement idéologique du service public.[1603]

À la suite du démantèlement des monopoles publics, la spécialisation des fonctions distinctives de l'État est désormais confiée à deux organes publics. La distinction organique des fonctions de l'État est la conséquence de la libéralisation. « La dérégulation vise à instaurer la concurrence autant qu'il est nécessaire, dans un secteur où elle n'existait pas ou très peu et à concilier l'exercice loyal de cette concurrence avec la mission d'intérêt général dont sont investis les services publics ».[1604]

[1601] P. LE GALL, « Concurrence et régulation sur les marchés financiers », in N. THIRION (sous la dir.), C. CHAMPAUD, et AL., *op.cit.*, pp. 21 et s.

[1602] *Ibidem.*

[1603] I. CROCQ, *Réglementation et régulation des télécommunications, op.cit.*, p. 2. « L'histoire de la pensée économique montre ainsi que le rôle dévolu à l'État dans l'économie de marché est variable. [...] le mercantilisme [...] en Europe entre la fin du XVe siècle et le XVIIIe siècle, prône une forte implication de l'État. Les mercantilistes [...] considèrent que l'État doit stimuler l'activité nationale et l'orienter par différents moyens : manufactures d'État, [...] protection de l'industrie nationale contre la concurrence étrangère, etc. En France, cet interventionnisme a d'une certaine manière perduré jusqu'à la période contemporaine, comme en témoigne la politique des grands projets industriels et technologiques en matière de réseaux câblés ou de télématique. »

[1604] J. BERGOUGNOUX, *Services publics en réseaux : perspectives de concurrence et nouvelles régulations,* Rapport du groupe présidé par Jean Bergougnoux, Commissariat général du Plan, La documentation française, 2000, p.347, cité par L. BUSHABU WOTO, *op.cit*, p.14.

En RDC, le service public des télécoms, autrefois monopolistique, se réaligne autour des axes internationaux de la déréglementation. **(A)** Le droit congolais des télécoms comporte par ailleurs des aspects particuliers à rapprocher des droits comparés de la régulation. **(B)**

A. Les axes de la déréglementation du secteur des télécoms en RDC

Les transformations de la déréglementation des télécoms se démontrèrent en pratique et en théorie sous la forme d'intervention de la puissance publique. Le changement de l'État-entrepreneur en un État-régulateur des télécoms marque « le passage de l'État inséré à l'économie caractérisant les années 60, 70 à un État compétitif plus soucieux de la rationalisation des dépenses ».[1605]Selon Jacques Chevallier, « la spécificité de l'État en tant que mode d'organisation politique réside dans le phénomène d'institutionnalisation du pouvoir et cette institutionnalisation passe par la médiation du droit ».[1606]Sur cette lancée, « les services publics marchands sont invités à s'inscrire de plus en plus dans un univers concurrentiel ce qui suppose l'abandon de leurs privilèges ». [1607] Il fut alors constaté le « mouvement général de libéralisation qui s'étend à la plupart des économies mondiales à partir des années (80-90) ».[1608]

L'OMC exige l'« indépendance des organes réglementaires ». Ce principe est l'intitulé de la section 5 de l'accord spécifique de l'OMC sur les télécoms datant de 1997. Suivant son prescrit, « l'organe réglementaire est distinct de tout fournisseur de services de télécommunications de base et ne relève pas d'un tel fournisseur. Les décisions des organes réglementaires et les procédures qu'ils utilisent seront impartiales pour tous les participants sur le marché ».[1609]

Ainsi, le législateur de 2002 établit en RDC le principe selon lequel « la fonction de régulation du secteur des télécommunications est indépendante de celle de l'exploitation des réseaux et de la fourniture des services de télécommunications ».[1610]Selon l'article 1er de la loi n°14/2002, l'ARPTC est instituée comme régulateur,[1611] tandis que l'article 7 de la loi-cadre confie au ministre des PTT la mission de veiller à l'effectivité de cette séparation fonctionnelle.[1612] La ligne de démarcation semble claire entre les exploitants

---

1605 W. EL ZEIN, *op.cit.*, pp. 18 et s.

1606 J. CHEVALLIER, *L'État post-moderne…, op.cit.*, pp. 68 et s.

1607 *Ibid.*

1608 *Ibid.*

1609 Accord de création de l'OMC du 24 avril 1996.

1610 Article 3, alinéa 3, Loi-cadre sur les télécoms (RDC), préc.

1611 Article 1er, al. 1, Loi n°014/2002 sur l'ARPTC, préc. : « Il est institué en République démocratique du Congo, un organe indépendant de régulation de la poste et des télécommunications dénommé […] ARPTC, en sigle ».

1612 Article 7, a), Loi-cadre sur les télécoms (RDC), préc. : « […] le Ministre veille à ce que soient : a) assurées la séparation et l'indépendance de la fonction de régulation du secteur des télécommunications de celle d'exploitation […] ».

et le « régulateur ». Il peut s'agir de « *la personne ou l'organe qui surveille et contrôle le secteur pour y maintenir l'équilibre entre le principe de concurrence et un autre principe* » d'intérêt général. [1613] Toutefois, la séparation des rôles paraît plus difficile à appréhender et à réaliser entre les autorités de réglementation nationales congolaises : le Ministre des PTT et l'ARPTC.

L'article 4 de la loi-cadre définit et distingue les fonctions de « régulation » [1614] et de « règlementation ». [1615] Dans le langage juridique, « réglementation » et « régulation » ne sont pas synonymes. En effet, si réglementer est assujettir une activité à des règlements, réguler est chercher à donner un rythme régulier, une certaine stabilité à un système, le régler, en assurer le bon fonctionnement.[1616] Le consensus, sur la définition précise de ces termes, diffère selon les sources. Le terme anglais « *regulation* », signifie« réglementation » dans le système de tradition juridique romano-germanique. Il a un sens différent dans le système anglo-saxon, car « *regulation* » (en anglais) est utilisé pour nommer un règlement administratif qui clarifie les droits et les responsabilités. Il se distingue à la fois de la législation issue d'un corps législatif élu (*rule of law*) et de la norme jurisprudentielle (*rule of precedent*).

Le système régulateur est d'expérience britannique [1617] (première en Europe) : « ce qui explique que le terme anglais *regulation* désigne simplement la réglementation (qui doit se traduire correctement par *regulatory system)* ».[1618] L'idée générale des marchés est de donner accès à de nouveaux opérateurs dans les domaines des *publics utilities,* services d'utilités publiques. Cette approche avait été à la base de la création des

---

[1613] M.-A. FRISON-ROCHE, *Les 100 mots de la régulation... op.cit,* p. 113. Pour les télécoms, le régulateur veille à l'attribution des licences pour la téléphonie mobile, à la gestion des ressources domaniales de l'État, nécessaires à l'exploitation du marché.

[1614] Article 4-24, Loi-cadre sur les télécoms (RDC), préc. « Aux termes de la présente loi, on entend par : [...] régulation : application ou la mise en œuvre de la réglementation. Le but de la régulation est de faciliter, stimuler et impulser le marché des télécoms pour rencontrer la demande de la clientèle, permettre aux utilisateurs de communiquer ou faire des affaires à partir de n'importe quel moment et au prix le plus bas possible. »

[1615] Article 4-23, Loi-cadre sur les télécoms (RDC), préc. « Aux termes de la présente loi, on entend par : [...] réglementation : la fonction qui consiste essentiellement à veiller au bon fonctionnement et au développement de l'ensemble du secteur des télécoms par un encadrement normatif et institutionnel adapté et adéquat. »

[1616] I. JEUGE-MAYNART (sous la dir.), *Le petit Larousse illustré 2017,* éd. Larousse, Paris, 2016, pp. 985 et 986. *Verbo* « réguler », « réglementer », « régulation », « réglementation ».

[1617] Il convient de rappeler que la déréglementation européenne a été aussi fortement influencée par la conception ordolibérale allemande (qui appelle à l'intervention publique sur les marchés en tempérant les dérives du libéralisme total) et par un compromis avec la conception colbertiste française des services public (en retenant des obligations de service universel pour les opérateurs privés du marché régulé).

[1618] M.-A. FRISON-ROCHE, *Les 100 mots de la régulation... op.cit,* p. 69.

instances de régulation.[1619] (Certains pays africains, comme le Rwanda, ont encore conservé sous l'autorité d'un seul régulateur [1620] la régulation conjointe des secteurs de l'eau, de l'électricité et des télécoms.)

En droit comparé européen, des « autorités réglementaires nationales », dites « ARN », sont instituées dans le domaine des communications électroniques. [1621] En France, leurs compétences se répartissent entre le ministère en charge du numérique et l'ARCEP.[1622] S'agissant des autorités de régulation en général, leur « rôle est central dans la promotion de la concurrence : si elles n'ont pas toujours le pouvoir d'octroyer elles-mêmes des licences ou des autorisations, elles n'en ont pas moins une compétence d'avis à l'égard de l'autorité ministérielle, habilitée à procéder à l'octroi ; elles ont à en contrôler la bonne exécution et sont appelées à trancher les problèmes les plus épineux qui peuvent surgir entre opérateurs ».[1623]

En RDC, l'option du législateur de 2002 est la même sur ce point. En institutionnalisant un organe de régulation à part entière, le législateur entreprend la démarcation entre la réglementation *ex post* et la régulation *ex ante*. Définir les attributions des autorités nationales réglementaires est indispensable. Il sert à prévenir les conflits de compétences entre elles afin d'assurer la cohérence de la « corégulation » étatique.[1624]

La libéralisation « ménage la transition d'une configuration monopolistique ou à dominance monopolistique à situation concurrentielle ou à dominance concurrentielle ».[1625] La pérennité de l'État est assurée par ses interventions protéiformes sur le marché, tant que la « finalité ultime (la mise en place d'une situation de concurrence effective) n'est pas encore atteinte ».[1626]

En effet, la « déréglementation s'est depuis longtemps inscrite dans cette évolution qui conduit aujourd'hui à [...] la modernisation de l'État ».[1627] Elle apporte donc d'autres formes de législation d'application *ex-ante*, au titre de régulation sectorielle (droit de la régulation du marché). Elle s'associe à la

---

[1619] T. PENARD et N. THIRION, « La régulation dans les télécommunications : une approche croisée de l'économie et du droit », in N. THIRION (sous la dir.), C. CHAMPAUD, et AL., *op.cit.*, pp.87 et s.

[1620] [www.rura.rw] (consulté le 18 juillet 2016) : *Rwanda utilities regulatory Authority*, RURA, en sigle.

[1621] D. POPOVIC, *Le droit communautaire de la concurrence et les communications électroniques*, *op.cit*, p. 28 et s.

[1622] *Cf.* Titre II, Chapitre 1, sections 1 et 2 du présent ouvrage.

[1623] T. PENARD et N. THIRION,« La régulation dans les télécommunications [...] », *op.cit.*, p. 93.

[1624] J.-PH. COLSON et P. IDOUX, *op.cit*, p. 440. « La co-régulation désigne une forme partenariale de régulation qui associe l'ensemble des acteurs et autorités concernés par un secteur d'activité, de façon à considérer l'intérêt de la régulation privée tout en respectant le principe largement admis de son caractère supplétif ou complémentaire avec les modes publics de régulations ».

[1625] T. PENARD et N. THIRION, *op.cit.*, p. 93.

[1626] *Ibid.*

[1627] *Ibid.*

forme d'une législation d'ordre général d'application *ex-post*, au titre de régulation transversale (droit de la concurrence). Autant « l'inflation réglementaire [...] est partiellement à l'origine de cette réforme »,[1628] autant elle est à sa suite.

Les principes de l'OMC assurent un rapprochement législatif et institutionnel entre l'Europe, la France et la RDC. Au vu des expériences comparées, l'organe étatique de régulation apparaît au centre de la réforme législative des services publics des télécoms. La dérégulation entraine la transformation des institutions juridiques et administratives classiques. Au-delà de l'« inflation législative » produite par la déréglementation et la démonopolisation,[1629] le régulateur congolais (ARPTC) affermit encore son autonomie et son indépendance dans la cohabitation avec d'autres acteurs publics et des forces du marché. Cette autonomie est un atout majeur pour la mission du régulateur. Elle est indispensable pour bâtir son autorité et sa légitimité sur le marché numérique.[1630] « Les instances indépendantes, rassemblant des personnes pertinentes, doivent être compétentes, indépendantes et incontestables. La compétence est requise pour la complexité même du domaine [...] L'indépendance participe également à la qualité du jugement : celui-ci sera le fruit d'une réflexion libre de tout préjugé, de tout parti pris. Compétence et indépendance sont indispensables pour asseoir le caractère incontestable de l'autorité [...] »[1631]

Cependant, trois aspects de dissociation de la régulation sont nécessaires en RDC. La loi-cadre de 2002 a réparti les compétences entre chaque autorité nationale de réglementation des télécoms (l'administration publique et le régulateur étatique).[1632] La loi n°14/2002 a ensuite spécifié les attributions et les procédures d'action de l'ARPTC ainsi que ses missions et ses formes de décisions par rapport au Ministère des PTT. En outre, l'objet technique de la régulation sectorielle évolue : l'Internet a apporté aux télécoms la convergence des réseaux et des médias.[1633] Sur ce point, le droit

---

1628 *Ibid.*

1629 *Ibid.* Les auteurs utilisent le terme « inflation juridique » comme une cause du déclin du droit et de sa difficulté d'application. Mais, le terme « inflation législative » se rapporte aux travaux inspirés d'autres auteurs. *Cf.* R. SAVATIER, « L'inflation législative et l'indigestion du corps social », D. 1977, chron. p. 43. J.-P. HENRY, « Vers la fin de l'État de droit ? », *RDCP* 1977, p. 1207.

1630 UIT, *Tendances des réformes dans les télécommunications, 2002, Une régulation efficace*, Rapport 2002.

1631 PH. MOREAU DEFARGES, *La gouvernance, op.cit,* p. 64.

1632 Pour le Ministère des PTT, les articles 6 et 7 de la LCT fixent les principales attributions et finalités de sa mission. En revanche, celles de l'ARPTC sont définies à l'article 8 de la LCT, ainsi qu'à l'article 3 de la loi n°014/2002 portant sur sa création (précitée).

1633 F. BALLE, *Les médias,* PUF, Coll. « Que sais-je ? », Paris, 8e éd. 2014 (2004), spéc. pp. 40-55. S. CHATRY (sous la dir.), *La régulation d'Internet*, *op.cit.,* spéc. pp. 29 et s. L. BELLI, *De la gouvernance à la régulation d'Internet*, *op.cit.,* spéc. pp.27-31. M. HANOT, « Nouveaux écrans, nouvelle régulation ? Prendre le tempo et le temps de la mutation », *in* P.F. DOCQUIR et M. HANOT, *Nouveaux écrans, nouvelle régulation ?* Larcier, Bruxelles, pp. 9-21, spéc. p. 13. « Ouverte sur Internet sans être une simple télévision sur Internet, centrée sur l'objet

des télécoms congolais doit être éclairé quant aux domaines comparés de la régulation, de la communication audiovisuelle et celui des communications électroniques.[1634]

B. Les domaines de régulation des télécoms et de l'internet dans les évolutions des droits comparés

Premièrement, le ministre des PTT représente l'État (gouvernement) et reste en charge de l'élaboration de la politique sectorielle, notamment définir et établir les objectifs et les paramètres de l'activité du secteur des télécoms. La régulation est dévolue à une autorité administrative, voulue indépendante (vis-à-vis des injonctions politiciennes et des interférences gouvernementales). Elle se charge de la mise en œuvre des directives générales arrêtées par le gouvernement, en vue du bon fonctionnement du marché. « La régulation [...] présuppose l'existence des marchés ouverts, dans lesquels des opérateurs, disposant d'une capacité d'action autonome, déploient des stratégies concurrentielles ; la régulation vise seulement à assurer le maintien d'un équilibre d'ensemble par l'établissement de certaines règles et une intervention permanente pour amortir les tensions ».[1635]

Toutefois, la dérégulation fonde l'approche libérale d'un marché de fourniture des services de télécoms. Elle contredit l'idée de services publics monopolistiques. Ceux-ci étaient jusque-là gérés comme un département ministériel assujetti à une intervention politique et administrative, permanente et prépondérante. Mais, ce modèle de « déréglementation » de l'OMC (1997) ne signifie pas non plus le contrôle du secteur des télécoms par les seules forces du marché. Elle arrive au contraire à une forme nouvelle de réglementation.[1636] C'est une politique législative qui vise à réduire les pesanteurs de la réglementation, tout en rendant plus précise l'application du droit sur le marché. Les déréglementations initiées dans les années 1970 aux États-Unis, 1980 en Europe, 1990 dans le monde et 2000 en RDC répondent toutes d'une motivation devenue classique : « le tribut payé à la mode de la modernisation administrative ».[1637]

Ainsi, la loi-cadre de 2002 a habilité en RDC deux autorités de réglementation, mais leurs actes décisionnaires se distinguent, dans la

---

traditionnel télévision, sans plus en être une, la télévision connectée se cherche et se découvre, à l'instar de tout nouveau média, dans le contexte et la société qui la portent ».

1634 Journaux officiels, *Communications électroniques et services de communication audiovisuelle*, les éd. Journaux officiels, coll. « aux sources de la loi », p. 1779. P. DEVEDJIAN, « Discours sur le projet de loi relatif aux communications électroniques et aux services de communication audiovisuelle », in *Ibidem*, pp. 1-9. E. DÉRIEUX, *Les droits des médias*, Dalloz, coll. Connaissance du droit, 5e éd. pp. 49-54 et pp. 158-160.

1635 J. CHEVALLIER, *L'État post-moderne, op.cit.*, p. 63.

1636 UIT, *Tendances des réformes dans les télécommunications, 2002, Une régulation efficace*, Rapport, Genève, 2002.

1637 J.-PH. COLSON et P. IDOUX, *op.cit*, p. 198.

fonction réglementaire, par la forme, la procédure et la portée légale et constitutionnelle. D'une part, le Ministre des PTT« statue par voie d'Arrêté », conformément à l'article 93 de la Constitution. Il applique dans le département des PTT, le programme gouvernemental dont il est responsable, sous la direction et la coordination du Premier ministre.

D'autre part, le régulateur statue par voie de « décisions du collège de l'Autorité en matière de régulation », conformément à l'article 17, al. 4 de la loi n°014. Ses décisions sont soumises à des formes de légalité externe et interne,[1638] susceptible de recours (« pour excès de pouvoir »[1639]) devant la Conseil d'État,[1640] ancienne Section administrative de la Cour Suprême de Justice. [1641] Les mêmes exigences de légalité et types de recours administratifs concernent les arrêtés du ministre,[1642] mais l'exécution de la « décision » entreprise par l'ARPTC n'est pas suspendue par le recours.[1643] Le « principe hiérarchique » [1644] s'impose particulièrement pour les arrêtés ministériels. Un recours est aussi possible devant la cour constitutionnelle, pour toute personne agissant en exception d'inconstitutionnalité contre un acte réglementaire en RDC.[1645]

Deuxièmement, la régulation s'entend du « fait de maintenir un équilibre dans un système complexe et d'en coordonner les actions en vue d'obtenir

---

[1638] D. TRUCHET, *Le droit public*, *op.cit.*, pp. 76-77. « *Le respect du droit public interne*. Il nous paraît naturel que l'État respecte le droit public qu'il fait et qui le fait. […] En droit, on nomme principe de légalité, la règle qui veut que toute autorité de l'État (et plus largement toute autorité administrative) agisse conformément aux règles qui s'appliquent à elle. C'est une garantie fondamentale de l'État de droit. »

[1639] *Ibidem*, pp. 76, 77 et 78. « Pourtant les juridictions […] sont des organes de l'État et elles ne peuvent pas employer les forces de police contre lui ! Comment dès lors l'empêcher de s'affranchir du droit ? […] Toute action illégale de l'État peut donner lieu à une action devant le juge. […] Les actes administratifs illégaux sont justement *annulés* par le juge administratif à condition bien sûr qu'il en soit saisi, notamment par cette procédure simple qu'est le *recourspourexcès de pouvoir*. Lorsque l'État cause un dommage, il peut être condamné à indemniser la victime […] ».

[1640] Loi organique n° 16/027 du 15 octobre 2016 portant organisation, compétence et fonctionnement des juridictions de l'ordre administratif, JO RDC, n° spécial, Kinshasa, 18 octobre 2016.

[1641] Depuis lors, l'article 154 de la Constitution de la RDC du 18 février 2006 a institué un ordre de juridictions administratives composé du Conseil d'État et des Cours et tribunaux administratifs. « Pour plus d'efficacité, de spécialité et de célérité dans le traitement des dossiers, les Cours et tribunaux ont été répartis en trois ordres juridictionnels : les juridictions de l'ordre judiciaire placées sous le contrôle de la Cour de cassation ; celles de l'ordre administratif sous la coupe du Conseil d'État et de la Cour constitutionnelle. »

[1642] D. TRUCHET, *op.cit.*, p. 76.

[1643] Article 17, avant et derniers alinéas, Loi n°014/2002 sur l'ARPTC, préc.

[1644] *Ibidem*, p. 77. « Le principe de la légalité est confronté par *le principe hiérarchique* qui irrigue toute l'administration de l'État. Il donne au supérieur d'une part l'assurance que ses subordonnés agiront conformément à ses instructions, d'autre part, des moyens de contrôle et de correction pour y veiller ».

[1645] Article 162, al. 2, Constitution de la RDC du 18 février 2006, préc.

un fonctionnement régulier »[1646]. Elle est le « fait de maintenir et de régler le fonctionnement [...] ou d'un système » pour « en assurer un bon fonctionnement ou un déroulement harmonieux » [1647] et« un rythme régulier ».[1648]

Il s'agit de multiples actions de l'État, confiées à un agent public sur le contrôle des comportements du marché, dans un secteur d'activités libéralisées, en vue d'y assurer le respect de l'intérêt général. [1649] La régulation connait une flexibilité et une adaptabilité en raison de l'instabilité du marché et une adaptabilité en raison de son objet technique. La finalité d'action est d'assurer l'efficacité et la gestion de concurrence. [1650] « La création d'un organe de régulation a été motivée dans les pays développés par : – la complexité des rapports et des activités ; – les conflits d'intérêts, – la diversité des intervenants ».[1651]

En effet, le rôle spécifique de la régulation est apparu dès la démonopolisation officielle du marché des télécoms, mais le pouvoir réglementaire reste du ressort de l'État. La différence est fondamentale entre réglementation et régulation. La régulation aide à fournir des avis sur les décisions des pouvoirs publics et sur les comportements des acteurs du marché. À cet effet, elle collecte l'information et les statistiques pertinentes sur le marché concerné. Cependant, la régulation n'est pas à assimiler à l'application simple du droit de la concurrence. Elle s'applique d'abord aux secteurs où existent des obligations de service public, nécessitant un certain aménagement de la concurrence pour pouvoir être correctement remplies. Libéraliser les services publics souligne que la régulation est encore plus que nécessaire pour veiller au développement du secteur des télécoms.[1652]

En pratique, la régulation *ex ante* du marché procède par application de mesures correctives et des sanctions en cas d'infraction, sans fixer des règles précises à l'avance ou en n'en fixant qu'un petit nombre. Le marché libéralisé des télécoms pose plusieurs questions particulières ne paraissant pas trouver de solutions préétablies dans la réglementation *ex post*.

1646 A. REY et *al*, *Le Petit Robert de la langue française,* (2017), *Verbo* : « réguler », « régulation ».

1647 [http://www.le-dictionnaire.com/definition.php?mot=R%E9guler] (Consulté le 21 novembre 2016.)

1648 *Dictionnaire de poche 2012*, Larousse, Paris, 2011, p. 689.

1649 A. BAUDRIER, *Administration et droit de la régulation*, Cours ENST-Paris, Ouagadougou, 13 juin 2005 [inédit]. Pour cet auteur, il s'agit de *« toutes les actions de contrôle des comportements que l'État ou une autorité ayant vocation à la représenter conduit dans le respect de l'intérêt général ».*

1650 J.J. CHÉROT, « L'imprégnation du droit de la régulation par le droit communautaire », *Rencontres Petites affiches*, Paris, 6 fév.2002, p. 17-25.

1651 « Exposé des motifs », Loi n°014/2002 du 16 octobre 2002 portant création de l'ARPTC, JO RDC, n° spécial, 44e année, janv.2003, p. 60.

1652 L. BUSHABU WOTO, *De la mise en œuvre de la régulation des télécommunications en droit congolais (RDC),* Mémoire pour obtention de BADGE, Promo 2005, Télécom Paris Ecole nationale supérieure des télécoms (ENST)/Arcep Burkina Faso/Institut de la Banque mondiale/ESMT Dakar, Ouagadougou, 2005, p.13-17.

Notamment, le droit de la concurrence *ex post* laisse à la régulation *ex ante* le traitement des aspects sectoriels du marché des télécoms : colocalisation d'infrastructures, accessibilité aux abonnés, tarifs d'interconnexion, maintenance ou dépannage, plan de numérotation, gestion des fréquences radioélectriques, etc.

La régulation répond à l'attente de transparence et de flexibilité, dans un marché ouvert, indispensable pour agir dans l'accès aux télécoms, sur le marché et chez les consommateurs,[1653] selon les axes suivants : conditions d'entrée, fixation des prix, octroi des licences, interconnexion des réseaux, attribution des ressources d'exploitation (fréquences, numérotation), de service universel, publication de l'information, droit de recours ou de révision.[1654] Pour autant, la régulation fait recours à un ensemble de moyens d'actions : la réglementation (*rule-making*), la surveillance (*monitoring)*, l'allocation des droits (*adjudication),* le règlement des litiges (*dispute resolution*).[1655]

Troisièmement, en RDC, les télécoms restent la sémantique officielle. L'article 4-9 de la loi-cadre distingue la « télédistribution » du domaine de réglementation spéciale des télécoms.[1656] À la différence de l'audiovisuel, le législateur de 2002 a choisi la dénomination au singulier : « télécommunication ».[1657] Mais sa définition à l'article 4-1 de la loi-cadre ne se démarque cependant pas d'avec la précédente. Bien au contraire, les éléments de définition en rapport au domaine des télécoms semblent englober la télédistribution (audiovisuelle) comme sous son domaine.

En Europe et en France, la convergence numérique des télécoms et de l'audiovisuel est traduite dans le changement de sémantique officielle : « communications électroniques ».[1658] La définition officielle du synonyme de l'audiovisuel français reste encore très proche des modes de transmission. L'effort du législateur est de ressortir la finalité sonore et télévisuelle des modes de transmission satellitaires, filaires, terrestres ou hertziennes de signaux.[1659] Mais, la faiblesse de la définition congolaise est de ne pas inclure les éléments de définition distinctifs, comme « la communication au

---

[1653] J. CATTAN, *op.cit.*, p. 17 et s.

[1654] UIT, *Tendances des réformes dans les télécommunications, 2002, Une régulation efficace*, Rapport, Genève, 2002.

[1655] J. CHEVALLIER, *L'État post-moderne, op.cit.*, p.63.

[1656] Article 4-9, Loi-cadre sur les télécoms (RDC), préc. : « Télédistribution : La transmission ou la retransmission à des abonnés à travers un réseau de câble et/ou hertzien, des signaux de radiodiffusion sonore et de télévision reçus par satellite ou par un système de terre approprié ou produits localement. »

[1657] Article 4-1, Loi-cadre sur les télécoms (RDC), préc. : « Télécommunication : Toute transmission, émission ou réception de signe, de signaux, d'écrits, d'images, de sons ou de renseignement de toute nature, par fil, radioélectrique, optique ou autres systèmes électromagnétiques ».

[1658] *Cf.* Tome 2, Titre II, Chapitre 1, § 2 de l'ouvrage.

[1659] *Cf.* Titre 1, Chapitre 2, section 2 du présent ouvrage.

public de contenu » en vue d'exclure celles ayant le « caractère d'une correspondance privée ».[1660]

Cependant, ces mutations peuvent rendre confuses les activités entre médias et industries, mais elles ne changent pas le domaine de la régulation des télécoms qui reste précis. « *La convergence et la digitalisation révolutionnent l'offre, les contenus et les modes de consommations médiatiques, entraînant les médias historiques – et plus particulièrement la télévision – dans une phase de mutation profonde qui devrait conduire à la définition d'un nouveau modèle de communication.* [1661] » Les domaines régulés entre l'audiovisuel et les télécoms se rapprochent avec le risque de se confondre sur l'Internet, mais ils restent distincts.

Dans les critères classiques de distinction par rapport à l'audiovisuel, les télécoms apparaissent comme le *contenant*, comme le *véhicule* ou le *support physique et logique* de l'ensemble des *contenus* (son, texte, image), y compris ceux mis en ligne sur Internet. Ces contenus accessibles au public (en ligne) relèvent de l'édition, plus particulièrement de la diffusion sonore ou visuelle. La régulation des communications audiovisuelles concerne l'offre de contenus accessibles au public, au moyen de différents médias : la télévision, la radio ou l'Internet. Leurs cadres réglementaires et leurs régulations sont distincts.

Le droit et la régulation des télécoms s'inscrivent en complémentarité avec le droit des médias (audiovisuels et Internet). Leurs domaines respectifs sont les réseaux et les services, supports de communications électroniques. Ceux-ci ont désormais été inclus à la demande de SMAD dans les services de médias audiovisuels.[1662]

Sur le plan organique, la RDC reste encore dans la tradition des Ministères des PTT, parce qu'il n'existe pas un Ministère de l'économie numérique.[1663] Ainsi, la réglementation du secteur d'activités audiovisuelles relève d'un autre ministère en charge des médias et de l'information. Le

---

1660 En France, la LCEN (loi n°2004-575) modifie l'article 1er de la loi n° 86-1067 du 30 septembre 1986 relatif à la liberté de communication, la communication au public par voie électronique est libre. « On entend par communication au public par voie électronique *toute mise à disposition du public ou de catégories de publics*, par un procédé de communication électronique, de signes, de signaux, d'écrits, d'images, de sons ou de messages de toute nature *qui n'ont pas le caractère d'une correspondance privée.* »

1661 M. HANOT, « Nouveaux écrans, nouvelle régulation ? Prendre le tempo et le temps de la mutation », *in* P.F. DOCQUIR et M. HANOT, (sous la dir.), *op.cit.*, p. 9.

1662 J.-PH. COLSON et P. IDOUX, *op.cit*, pp. 466-467. Loi n°86-1067, article 1 au sujet des SMAD définis à l'alinéa 6 comme : « tout service de communication au public par voie électronique permettant le visionnage de programme au moment choisi par l'utilisateur et sur sa demande, à partir d'un catalogue de programme dont la sélection et l'organisation sont contrôlées par l'éditeur de service ».

1663 En France, le réaménagement du portefeuille ministériel des PTT a donné lieu à la création du Ministère de l'économie numérique. La Côte d'Ivoire a fait de même dans son cadre organique. La RDC conserve la logique des PTT. Pour le secteur des télécoms, le changement d'intitulé aurait traduit l'idée politique d'une gestion d'activités de l'économie de marché, en rupture avec la logique administrative de gestion d'un service public.

régulateur de l'audiovisuel est concerné par les programmes et les contenus mis à disposition du public. Son régulateur sectoriel est le CSAC[1664] depuis 2011 en RDC, l'équivalent en France du CSA depuis 1989. [1665] La communication audiovisuelle nécessite toutefois l'assignation des fréquences ou l'accès aux ressources des télécoms. Sur ce registre, le Ministère des PTT et l'Autorité de régulation interviennent pour délivrer les autorisations indispensables à l'utilisation des moyens des communications, après avis favorable du Ministre des médias, au vu du projet éditorial (contenu des communications).[1666]

À titre illustratif, certains pays africains ont déjà pris en compte l'importance de l'apport de la convergence numérique dans la régulation nationale. Ils ont modifié les attributions sectorielles des différents régulateurs, pour les fusionner en un seul « convergent ». Ainsi, l'Afrique du Sud,[1667] le Kenya[1668] et la Tanzanie[1669] disposent d'un régulateur unique des télécoms et de l'audiovisuel. Les pays concernés sont de tradition juridique anglo-saxonne, sans doute s'inspirent-ils de la Grande-Bretagne qui avait

---

1664 Loi organique n°11/001 du 10 janvier 2011 portant composition, attributions et fonctionnement du Conseil Supérieur de *l'Audiovisuel* et de la Communication, in [http://www.leganet.cd/Legislation/JO/2011/JOS.16.01.2011.Loi.11.001.pdf] (consulté le 17 juin 2017)

1665 E. DÉRIEUX, *Les droits des médias*, *op.cit.*, pp. 49 et s. « L'article « 3-1 de la loi du 30 septembre 1986 fait du CSA une "autorité indépendante". Si ce n'était pas le cas, l'indépendance des médias audiovisuels ne serait pas garantie ! ». M.-A. FRISON-ROCHE, *Les 100 mots de la régulation... op.cit.,* p. 54-55. « Le CSA est une AAI qui a pris la suite de la haute autorité de l'audiovisuel, par la loi du 17 janvier 1989. Elle a pour fonction première d'assurer l'autonomie de la télévision publique par rapport au pouvoir politique. »

1666 En France, l'ARCEP traite de la régulation des communications électroniques et le CSA traite de la régulation de l'audiovisuel.

1667 En Afrique du Sud, la même approche est constatée à travers son nouveau régulateur : l'ICASA, *Independent Communications Authority of South Africa* (en anglais). Il est issu de la fusion des deux organes de régulation antérieurs, établis séparément par les télécoms (ex-IBA, *Independant Broadcasting Authority* [notre traduction française, Autorité indépendante de l'audiovisuel]) et la radio-télédiffusion (ex-SATRA, *South African Telecommunications Regulatory Authority* [notre traduction française, Autorité de régulation des télécommunications sud-africaines]).

1668 Au Kenya, la loi sur les télécommunications de 2009 modifie la loi sur le même objet, à savoir la *Kenyan Communication Act (KCA)* n°2 de 1998. Sur la base de la *KCA*, il fut créé en 1999 l'autorité des communications du Kenya (CAK, *Communication Authority of Kenya* en anglais). La *Communication Authority of Kenya* avait été instaurée comme régulateur du sous-secteur des PTT et gestionnaire national des fréquences radioélectriques. Au regard de la convergence numérique, la loi kenyane de 2009 a étendu la mission de la *CAK* aux services de la radiodiffusion, des multimédias, des télécoms et postaux ainsi que le commerce électronique. Le législateur entend faciliter le développement des secteurs de l'information et de la communication dans leur ensemble.

1669 La Tanzanie est aussi concernée par la même expérience. La TCRA, *Tanzanian Communications Regulatory Authority* est le fruit d'adaptation de la régulation à la transition numérique des TIC. La TCRA est la fusion des régulateurs des télécoms (ex-TBC, *Tanzanian Broadcasting Commission* [notre traduction, Commission des communications de la Tanzanie])

fusionné dans l'OFCOM les anciens régulateurs, séparés des télécoms (OFTEL) et de l'audiovisuel.[1670]

Cependant, avec l'Internet les mutations nécessaires ont un large domaine. Le droit comparé européen contribue à l'avancée du champ de la régulation des communications électroniques. Elle consiste à assurer, par les opérateurs de réseaux et les fournisseurs de service, le respect de la réglementation. Elle reste du ressort d'une autorité nationale de régulation qui doit être strictement indépendante de toute influence des forces économiques et/ou politiques ainsi que d'autres entités privées transnationales. La régulation de l'Internet n'a plus uniquement pour objet et objectif les problématiques de l'accès et du fonctionnement du marché électronique, mais elle connait aussi une nouvelle « génération de difficultés propres à l'économie numérique ». En effet, le site web implique l'utilisation de divers éléments tels que le texte, des éléments graphiques, sonores ou audiovisuels et nombre de ces mêmes sites exploitant la base de données, des recueils d'information ».[1671]

Dans leurs missions, les autorités de réglementation nationales des télécoms doivent rester autonomes vis-à-vis des régulateurs techniques transnationaux, des gouvernements étrangers, du marché numérique mondial et aussi d'autres régulateurs transversaux. L'expérience de la régulation sectorielle se renforce à travers des réseaux internationaux, continentaux ou régionaux de régulations pour éviter des conflits de compétences, mais aussi pour assurer des collaborations nécessaires et d'intérêts. L'enjeu devient l'approfondissement de leur statut commun, d'indépendance selon leurs objets techniques particuliers, tout en mutualisant leurs rôles, dans les objectifs convergents.[1672]

Il n'en demeure pas moins que « la régulation de l'Internet » ne peut pas être intégralement le fait des autorités de réglementation des télécoms comme l'ARPTC ou son équivalent français l'ARCEP. Les aspects qu'elle comporte, sont transversaux, multiples et parfois en dehors du cadre juridique et institutionnel des télécoms. Plusieurs autorités et entités nationales, internationales ou transnationales sont impliquées dans la gestion de l'internet concernant : les ressources-racines du nom de domaine TLD (ICANN), les activités numériques (ANC : autorité nationale de la concurrence, DGCCRF, CSCE), les données personnelles (CNIL) et la régulation technique (IETF), etc. En tant que réseau des télécoms, sa

---

1670 [www.ofcom.org.uk] (consulté le 17 mai 2016). ''*We regulated the TV, Radio and video on demand sectors, fixed line telecoms, mobiles, postal services, plus the airwaves over which wireless devices operate.*'' (Notre traduction : nous régulons les secteurs de la télévision, de la radio et de la vidéo à la demande, les téléphones fixes, les réseaux mobiles, les services de post, en plus des fréquences sur lesquelles les appareils sans fil fonctionnent.)

1671 J.-M. MOULIN, « Rapport introductif », *in* S. CHATRY (sous la dir.), *op.cit.*, p. 29.

1672 M.-A. FRISON-ROCHE, *Internet, espace d'interrégulation,* Dalloz, Paris, 2016, pp. 3-183. L. BENZONI et P. DUTRU, « De l'accès aux infrastructures à l'accès aux moyens numériques : nouvelles frontières de la régulation des communications électroniques », *in* M.-A. FRISON-ROCHE, *op.cit.*, pp. 17-41.

gouvernance est effectuée par les autorités nationales de réglementation (ARN) des télécoms (ARPTC et le Ministère des PTT), s'il s'agit d'accorder des autorisations d'accès au marché et/ou des offres d'accès au public dans leurs rapports avec les prestataires techniques établis (opérateurs, transporteurs, hébergeurs, FAI). Ceux-ci sont sous la régulation des télécoms en leur qualité d'exploitants de réseaux de télécoms nationaux, donnant accès à l'Internet.

Mais l'emprise s'arrête là, car l'Internet « favorise le glissement du schéma "monolithique pyramidal", que caractérise l'État moderne, vers une architecture normative polycentrique dans le cadre de laquelle les pouvoirs publics sont côtoyés par des entités non étatiques dans l'exercice de la fonction de régulation. »[1673] Concernant la régulation de l'Internet, Luca belli conclut en « l'inadéquation à la réalité du vieux modèle "statocentrique[1674]" de l'OMC. L'activité régulatrice d'origine publique est donc complétée – ou parfois concurrencée – par des mécanismes autorégulatoires, dans lesquels les auteurs et les destinataires de la régulation coïncident, ainsi que par des modèles de régulation contractuelle.[1675] ».

Les questions sur la régulation de l'Internet relèvent « des nouveaux défis de législation des télécoms pour l'accès de la RDC à l'économie numérique ».[1676] Dans le présent chapitre, la logique se limite à définir le domaine de la régulation sectorielle des télécoms, en précisant son objet technique. Il est indispensable d'appréhender et d'expliciter en premier lieu l'objet de la régulation sectorielle issue de la transformation des institutions juridiques des télécoms de base, pour ensuite cerner les nouveaux défis juridiques, liés à la régulation de la convergence numérique et de l'Internet.

Maintenant que l'objet de la régulation des télécoms de base est défini et ses mutations profilées, il convient d'analyser les contraintes générales d'application avec la diversité des prestataires. Comme la régulation elle-même, la pluralité d'acteurs inégalitaires sur le marché est une conséquence de la déréglementation ; celle-ci a produit un système complexe de marché en lieu et place de l'ancien système de monopole public. Telle est la contrainte du modèle de l'OMC.

1673 L. BELLI, *op.cit.*, pp. 26 et 27.

1674 G. TIMSIT, « La régulation, la notion et le phénomène. », *RF adm. publ.*, n°109, janvier 2004, p. 8. Selon l'auteur, la régulation est conçue comme un « moyen de pallier les déficiences de la hiérarchie » du modèle étatique traditionnel sur le champ de l'Internet univers numérique.

1675 F. CAFAGGI, « Le rôle des acteurs privés dans les processus de régulation : participation, autorégulation et régulation privée », *RF adm. publ.*, n°109, janvier 2004, p. 28.

1676 *Cf.* Tome 2, Titre 1, Chapitre 2, Section 2.

§ 2. Les contraintes générales de la régulation du marché libéralisé des télécoms face à la diversité des prestataires en RDC

En RDC, la régulation sectorielle est source de contraintes pour son application. Outre le fait que la libéralisation des télécoms s'est faite sans préparation de l'État, elle comporte beaucoup d'artifices et d'archétypes à réguler par rapport au marché des télécoms. D'une part, la pluralité d'acteurs et l'effacement de l'exploitant public rendent cruciale la mission déjà délicate du régulateur des télécoms. **(A)** D'autre part, le comportement économique des acteurs privés complique la réalisation des principaux objectifs d'équilibre du marché et d'intérêt général, eu égard aux tendances générales de défaillance des marchés en Afrique. **(B)**

A. La nécessité de la régulation du marché libéralisé des télécoms en RDC

Au début des années 1990, la plupart des États africains, y compris la RDC, ne disposaient pas de ressources publiques leur permettant d'affronter les derniers soubresauts du colbertisme *high-tech*, comme en France avant la libéralisation.[1677] Pour ces États, l'enjeu immédiat des réformes néolibérales était l'arrivée massive de l'investissement privé ainsi que l'apport des capitaux pour le développement du secteur des télécoms.[1678] La transition pour un désengagement de l'État devait permettre de construire les réseaux,

---

[1677] *Ibidem*, p. 3. P.A. SAMUELSON, « The pure theory of public expenditures », *Review of Economics and Statistics*, vol.36, 1954, p. 387-389. R.A. MUSGRAVE, *The theory of public finance*, MeGraw-Hill, New York, 1959. Les idées d'État mercantiliste de Colbert constituent des cas de confrontations d'écoles avec Adam Smith, pour un État-gendarme limité à la défense ou à l'administration de la justice, sinon à la réalisation de grands travaux d'insuffisante rentabilité pour être produit par les marchés. Mais les synthèses des travaux de Samuelson et Musgrave, en faveur de l'État-régulateur, *« justifient au contraire une intervention plus importante des pouvoirs publics fondée sur la correction des « défaillances » du marché. »*

[1678] Un exemple mérite d'être évoqué. En Afrique, le Maroc reste le pays africain à avoir tiré le plus gros avantage financier immédiat de la transition de ses services publics monopolistiques des télécoms vers leur libéralisation et leur mondialisation au sein de l'OMC. En effet, il fut l'un des premiers pays africains à avoir octroyé une licence de téléphonie GSM à un nouvel opérateur sur son marché, pour le chiffre record d'un milliard de dollars en 1999. Depuis lors, son autorité de régulation œuvre à approfondir la libéralisation progressive du secteur. D'autres licences concernant les technologies GMPCS, VSAT, Fixe, 3G et le partage des ressources radios (3RP) ont été ensuite attribuées. L'introduction de la concurrence et la privatisation de l'opérateur historique ont permis un développement important du marché marocain aussi bien en termes de consommation que celui de dynamisme de l'offre. En effet, ces actions ont permis une forte progression du nombre d'abonnés mobiles, qui a été multiplié par 30 en quatre (4) ans. Outre les bénéfices financiers de vente de licence, les chiffres renseignent la progression d'un taux de pénétration de la téléphonie (de 6 % en 1997 à plus de 35 % en 2004) ainsi que l'élargissement de la couverture de la population marocaine, qui atteint actuellement près de 95 %.

d'accueillir des investissements nouveaux et/ou de réaliser les objectifs de service universel.[1679]

En accélérant le rythme des économies, la mondialisation a provoqué une rapide transformation des services publics congolais. En 2002, la loi-cadre a lancé la dérégulation officielle des télécoms. Mais dès les premiers instants du processus, le pays a expérimenté *de facto* la pleine concurrence du marché, alors que celle-ci avait fait l'objet d'une progression encadrée en Europe durant plus d'une décennie (1984-1997).[1680]

Entre l'accord OMC de 1997 et l'année 2004 en Afrique, seuls 14 pays africains sur 55 n'avaient pas encore libéralisé leurs secteurs.[1681] L'Europe et l'Afrique ont enregistré respectivement 88% et 85% des États qui ont autorisé la concurrence en cette période.[1682]Dans la foulée, la RDC a été confrontée à une exposition aux marchés internationaux, sans que ses institutions publiques ne soient préparées à un minimum de régulation, faute d'expérience cognitive du modèle de déréglementation. Si, dans le passé, « l'espace public était le monopole de l'État, [...] maître de la force légitime. Désormais, l'État est [devenu] un acteur parmi beaucoup d'autres : multinationales, [...] organisations interétatiques...et individus ».[1683]

Par ailleurs, l'impact de l'État s'est trouvé réduit suite à l'arrêt d'activités de l'opérateur historique sur le marché, aux débuts de sa dérégulation. « Le pouvoir de l'État se décompose [...] ce qui reste du pouvoir se distribue en fonction de la capacité à contrôler les flux »[1684] L'exploitant public était inactif sur le marché à la promulgation de la loi-cadre de 2002. Cette inactivité a réduit la présence nécessaire de l'État telle que conçue par la politique législative, pour aider l'ouverture du marché. Le vœu du législateur était de disposer d'un opérateur étatique dans la gestion et le contrôle des flux de communications nationales et internationales. Il devait jouer le rôle central dès les premiers instants de la dérégulation, en offrant l'infrastructure de base pour l'interconnexion de tous les réseaux des opérateurs privés.

La défaillance de l'exploitant public a laissé libre cours à la concurrence, non seulement sur les segments dédiés à cet effet, mais aussi sur celui

---

[1679] Les articles 39 et 40 de la Loi-cadre sur les télécoms (RDC) sont la preuve de cette motivation d'enjeu. Il dispose que les recettes générées par l'activité des télécoms servent au développement du secteur des TIC. D'où la constitution d'un fonds de service universel alimenté par une quotité des taxes et redevances dudit secteur.

[1680] Cette période de 1984 à 1997 se situe entre le premier Sommet de Fontainebleau sur une Europe des télécoms, les premières mesures de libéralisation de 1988 par la Commission de la communauté européenne et les dernières directives ONP ayant assuré la fourniture d'un réseau pleinement ouvert à la concurrence, avec l'instauration des ARN des télécoms. Ce fut une période de treize (13) ans de préparation pour l'Europe alors que la RDC dût la franchir en moins de cinq (5) ans, séparant la signature de l'accord spécifique de l'OMC de 1997 et la LCT de 2002. *Cf.* Partie 1, Titre II, Chapitres 1 et 2 du présent ouvrage.

[1681] J. DO-NASCIMENTO, « Le développement du téléphone portable en Afrique », p.1 [www.iut-orsay.u-psud.fr] (consulté le 21 novembre 2016).

[1682] J. DO-NASCIMENTO, *op.cit*, in J.J. GABAS, *op.cit*, p. 137.

[1683] PH. MOREAU DEFARGES, *La Gouvernance, op.cit.*, p. 45.

[1684] *Ibidem*, p. 50.

réservé. La libre entreprise devrait offrir aux opérateurs non seulement le droit d'accès au marché, mais aussi les garanties d'un environnement stable et digne de foi ne pouvaient être fournies par le marché seul.[1685]

La dérégulation a entraîné l'entrée massive et diversifiée des opérateurs privés et multinationaux sur l'ensemble des marchés africains, y compris congolais.[1686] Au cours de la période 2002-2003 correspondant à celle de la loi-cadre, 100 opérateurs étaient recensés en activité sur le continent africain, avec une diversité de cinq opérateurs privés par pays.[1687] En RDC, l'entrée des opérateurs concerne encore le marché de la téléphonie mobile, puisque la concurrence à ce jour reste faible sur le segment de la téléphonie fixe.[1688] Le tableau général donne un aperçu de l'afflux d'opérateurs étrangers, lors de leur prise de position durable dans les marchés électroniques des États africains.[1689]

Ainsi, des enjeux nouveaux de régulation économique apparaissent suite à l'entrée des opérateurs privés multinationaux et à leur prise de pouvoir sur des segments de marché, en supplantant nettement les opérateurs publics monopolistiques d'autrefois. Le constat est fait en RDC : les opérateurs privés sont devenus plus dominants sur le segment de la téléphonie mobile ou de l'Internet mobile, là où il n'a jamais existé d'opérateurs historiques. La

---

1685 J. CATTAN, *op.cit.*, pp. 15 et s.

1686 J. DO-NASCIMENTO, « Le développement du téléphone portable en Afrique », p.1 [www.iut-orsay.u-psud.fr] (consulté le 21 novembre 2016). En outre, il y a un fait remarquable, les opérateurs étrangers sont les plus nombreux sur le marché : Vodafone de la Grande-Bretagne, Portugal Télécom, France Télécom, Malaysia MSI Cellular des Pays-Bas, etc. Malgré l'européanisation dominante, l'Afrique connaît néanmoins des opérateurs multinationaux d'origine africaine : l'égyptien Orascom télécom, les sud-africain Vodacom et MTN, etc.

1687 A. BAMDÉ, *L'Architecture normative du réseau Internet, esquisse d'une théorie*, L'Harmattan, coll. Le droit aujourd'hui, Paris, 2016, p. 16-19. L'étape présente de notre étudee ne s'intéresse pas à la cartographie précise des acteurs ni à l'examen de marché, car il ne s'agit pas d'une étude de l'économie de la régulation. Néanmoins, à ce jour la cartographie générale des acteurs du marché africain comporte un très grand nombre d'acteurs diversifiés : fournisseurs d'accès à Internet, opérateurs de transport, hébergeurs, opérateurs de cache, autres fournisseurs de moyens et de contenus, fabricants d'équipements expérimentaux, etc. L'architecture de l'Internet regroupe aussi une pluralité d'acteurs non-recensés dans les textes officiels nationaux, mais qui participent à l'écosystème numérique.

1688 B. POLLE, « Téléphonie mobile : le nombre d'abonnés africains en hausse de 70% depuis 2010 », *Jeune Afrique*, rubrique Économie, entreprises et marchés, 1er août 2016 [www.jeuneafrique.com/345544/economie/État-de-leconomie-mobile-afrique-rapport-gsma-2016] (consulté le 21 novembre 2016). Selon des chiffres récents de GSMA (Dar-Es-Salaam, 26 au 28 juillet 2016), environ 46% des 1,17 milliards d'africains avaient souscrit à des offres de téléphonie mobile, soit 557 millions d'abonnés uniques à la fin de l'année 2015. Ce qui constitue un bond de +70,34% par rapport aux 327 millions d'abonnés uniques de 2010 (31% des 1,04 milliards d'africains) recensés alors par GSMA. Selon ses projections de croissance, le chiffre de 725 millions d'abonnés uniques est envisagé à échéance 2020, et ce principalement au Nigéria, en Ethiopie, en Egypte, au Kenya, en Tanzanie, en RDC et en Algérie. Les usagers africains qui possèdent souvent plusieurs cartes SIM, cumulaient 965 millions de SIM à la fin 2015. Une progression du chiffre à 1,3 milliards est possible fin 2020.

1689 J. DO-NASCIMENTO, *op.cit.*, p.137.

diversification des opérateurs du marché reste un trait caractéristique de la transformation des services publics. Elle apporte à la régulation des contraintes générales pour gérer les risques et traiter les distorsions de marché. En un bref délai, le marché congolais autrefois monopolistique se transforma en marché d'oligopoles, traduisant les faiblesses les plus courantes des marchés africains.

En effet, les multinationales privées adoptèrent des types de stratégies les positionnant en situation de puissance sur les marchés africains, ce qui rendit encore plus difficile la réalisation de l'équilibre sur le marché. Très rapidement, le pays se retrouva dans le contexte général des États africains, dont la « défaillance de marché »[1690] et la « capture du régulateur »[1691] sont les faiblesses les plus courantes. C'est ce qu'a soutenu précisément la Banque mondiale dans son Rapport 2016 axé sur les dividendes numériques.

Particulièrement pour l'Afrique, « les nouveaux modèles d'affaires doivent souvent leur succès au fait qu'ils s'attaquent à des marchés qui connaissent des distorsions profondes et sont pratiquement dominés par des monopoles ou des oligopoles. Il convient donc de mesurer le risque posé par l'entrée de nouveaux acteurs sur un marché sous-réglementé à l'aune des avantages que peut présenter pour les consommateurs une offre de services moins chers et plus commodes ».[1692]

Concernant la régulation, au sein des États, « La mise en œuvre de cette fonction suppose la réunion de plusieurs conditions : une position d'extériorité par rapport au jeu économique ; une capacité d'arbitrage entre les intérêts en présence ; une action continue afin de procéder aux ajustements nécessaires ».[1693] L'autorité « régulatoire » est à bâtir dans la qualité de ses mesures, comportements et réponses face à l'état situationnel des forces du marché libéralisé et mondialisé. La régulation correspond à « l'idée de gouvernance qui illustre la transformation du rôle et de la légitimité de l'État ».[1694]

En effet, le système de marché régulé est le « reflet d'une organisation politique ».[1695] L'État post-révolution de 1789 reste marqué par la verticalité

[1690] M.-A. FRISON-ROCHE, *Les 100 mots de la régulation...op.cit.,* p.55. « Le marché est normalement autorégulé. Il subit les défaillances ponctuelles lorsque des agents ont des comportements anticoncurrentiels, principalement l'entente ou l'abus de position dominante [...], sanctionnés *ex post* par les autorités dans des décisions individuelles ponctuelles. »

[1691] B. JAFFRÉ, *op.cit.*, p. 77. Dans le cadre de la réforme mondiale du secteur des télécoms, les effets attendus pour le consommateur sont la qualité des services et une baisse des prix qu'autorisent en principe la réduction des coûts inhérents au progrès technologique et le caractère désormais concurrentiel de l'environnement sectoriel. L'observation en Afrique a démontré que les opérateurs privés entrent en compétition sur des aspects de qualité des services, de couverture radio du pays, en consolidant leurs positions de groupe multinational simultanément dans plusieurs pays.

[1692] BANQUE MONDIALE, *Les dividendes du numérique, Rapport mondial 2016, op.cit.,* p. 19.

[1693] J. CHEVALLIER, *L'État post-moderne, op.cit.*, p. 63.

[1694] PH. MOREAU DEFARGES, *La Gouvernance...*, préc.

[1695] M.-A. FRISON-ROCHE, *Les 100 mots de la régulation...op.cit.,* p.34. Verbo « Check and balance ».

de l'autorité publique et la séparation des pouvoirs entre institutions politiques de l'exécutif et du législatif. Même en France, comme le rappelle Marie-Anne Frison Roche, pendant une longue période le modèle de régulation économique a eu du mal à y être accepté sous forme d'organisation. Le remodelage de la scène juridique est tel que « les autorités de régulation ont été imposées par des directives européennes à partir des années 1990 ».[1696] La régulation prend la « forme d'organes pouvant être administratifs mais devant être nécessairement indépendants du gouvernement dès le moment qu'elles opéraient sur le marché des entreprises publiques, mais qui elles aussi obéissaient au gouvernement à travers la théorie de l'État actionnaire ».[1697]

Pour le droit positif congolais, l'Autorité de régulation est donc au cœur des enjeux de l'équilibre et du bon fonctionnement du marché libéralisé, étant donné que le secteur public fait l'objet de déréglementation. Ainsi, le troisième protocole annexé à l'AGCS de l'OMC de 1994 exigeait des États signataires africains, l'idée de la législation concurrentielle d'application *ex ante*. Celle-ci fonde la nécessité de mesures de régulation non correctives, mais préventives pour des pratiques anticoncurrentielles ou répréhensibles. La mission du régulateur consiste à prendre en considération la multiplicité d'intérêts présents sur les marchés libéralisés et de faire en sorte qu'un équilibre s'instaure entre, d'une part, les préoccupations économiques gouvernant les positions et d'autre part, les activités de l'opérateur historique ou des nouveaux entrants.[1698]

Aussi, la dérégulation pose-t-elle la contrainte de la reconnaissance et de la garantie juridique de la concurrence, qui suppose l'ouverture du droit d'accès aux marchés. L'intervention de la puissance publique doit établir effectivement une égalité réelle entre acteurs.[1699] L'efficacité de la régulation sectorielle demande d'éviter des connivences d'intérêts, tout en justifiant la défense des intérêts de l'État, souvent réalisée à travers l'opérateur public. Au départ de la transition, il était important que le statut et les mesures du régulateur traduisent son indépendance, afin de renforcer son acceptation au titre de consensus intermédiaire, avant la transformation de l'opérateur historique (en société ou en la privatisant).[1700]

1696 *Ibidem*, pp. 34 et 35.
1697 *Ibidem*, pp. 35.
1698 T. PENARD et N. THIRION, *op.cit.*, p.1.
1699 J. CATTAN, *op.cit.*, pp. 19-22, 24 et 27.
1700 *Cf.* Partie 1, Titre 2, Chapitre 2 de la présente étude, quant aux schèmes généraux de la dérégulation de l'OMC.

Entrée de nouveaux opérateurs de téléphonie mobile aux premières années post-déréglementations en Afrique (2002-2004)

Années	1 seul opérateur en activité :	2 opérateurs en activités :	3 opérateurs en activité :	4 opérateurs en activité :	5opérateurs en activité :	6 opérateurs en activité :
2003	**12 pays**	**21 pays**	**8 pays**	**6 pays**	**2 pays**	**0 pays**
	Libye, Cap Vert, Gambie, Guinée Équatoriale, Lesotho, Namibie, Swaziland, Rwanda, Djibouti, Ethiopie, Somalie, Érythrée	Maroc, Tunisie, Mali, Mauritanie, Niger, Sénégal, Togo, Sierra-Leone, Angola, Botswana, Malawi, Zambie, Mozambique, Tchad, Cameroun, Centrafrique, Kenya, Soudan, Maurice, Réunion	Égypte, Burkina-Faso, Côte d'Ivoire, Guinée, RSA, Congo, Ouganda, Algérie	Bénin, Ghana, Nigeria, Madagascar, Zimbabwe, Gabon	RDC, Tanzanie	
2004	**14 pays**	**21 pays**	**14 pays**	**4 pays**	**0 pays**	**1 pays**
	Libye, Cap Vert, Gambie, Guinée Équatoriale, Lesotho, Namibie, Swaziland, Rwanda, Djibouti, Ethiopie, Somalie, Érythrée	Algérie, Angola, Botswana, Cameroun, Egypte, Gambie, Kenya, Malawi, Mali, Maroc, Maurice, Mauritanie, Mozambique, Niger, Réunion, Sénégal, Seychelles, Sierra Léone, Tchad, Togo, Tunisie	Burkina, Burundi, Congo-Brazza, RCA, Côte d'Ivoire, Gabon, Guinée, Lesotho, Madagascar, Ouganda, Somalie, RSA, Zambie, Zimbabwe	Bénin, Ghana, Nigeria, Tanzanie		RDC

Sources : pour les années : 2002-2003[1701] et 2004[1702]

Globalement, la dérégulation incite et arbitre le jeu de la concurrence. Mais la libéralisation a suscité des problèmes d'attribution entre acteurs démultipliés, disposant des prérogatives particulières de droit public ou exerçant des rôles distincts sur le marché, avec des influences différentes. La fonction de régulation est destinée à gérer ces rapports complexes, à la fois économiques, techniques, politiques et juridiques. Elle doit veiller à la prévention et au règlement des conflits, mais surtout à la loyauté de la concurrence en édictant des directives et des lignes de conduite *ex ante.* Ces dernières ont l'avantage d'être très proches de la pratique des affaires dans la filière des télécoms. Pour associer concurrence et intérêt général, le rôle du régulateur nécessite une gouvernance, en « osmose entre l'organisation et

[1701] [http://www.cellular-news.com/coverage], [http://www.ibctelecoms.com.gsmafrica] ; [http://www.cellular.co.za]

[1702] Source : chiffres cités par J. DO-NASCIMENTO, « Le développement du téléphone portable en Afrique », préc.

son environnement ».[1703] Son type d'action confirme que « la persuasion remplacerait la force ».[1704]

La contrainte de la régulation est d'être « réflexive » c'est-à-dire « l'ordre au lieu d'être imposé d'en haut (*top-down*) et détesté, est modelé d'en bas (*bottom-up*). L'enjeu n'est plus de se mobiliser contre un ennemi extérieur mais d'obtenir le consentement de chacun à des disciplines ».[1705] Ainsi, l'équilibre du marché libéralisé est l'enjeu principal de la régulation. La régulation sectorielle doit créer et préserver la concurrence effective sur les marchés (lien avec la politique *antitrust*). Elle doit aussi conserver un contrôle sur la production et l'évolution de celle-ci (lien avec la politique technologique et industrielle), et doit enfin assurer la redistribution des avantages de la libéralisation du marché, en faveur des catégories déterminées de la population ou des territoires (service universel, baisse des prix, qualité des services).

Le rôle de l'État-régulateur est de veiller autant à l'intérêt général qu'au développement du marché. On peut prêter à la concurrence des vertus pour atteindre des objectifs sociaux que le monopole public n'a pas su garantir, mais il faut un régulateur pour imposer au marché des obligations anticoncurrentielles ou de service public. Le modèle de gouvernance de la dérégulation implique un pouvoir doux (*soft power*), agissant par l'incitation et la persuasion, en opposition au pouvoir dur (*hard power*) imposé par la force. »[1706]

B. L'autorité de la régulation étatique face au marché ouvert des télécoms

En réalité, la fonction du régulateur (ARPTC) s'installe au milieu des intérêts divergents des acteurs du secteur. Le risque de capture du régulateur par les différents protagonistes du secteur est bien présent.[1707] Le droit de la régulation insère donc une sorte de contrainte des rapports de forces. Mais une fois ces éléments incorporés, le but est d'obtenir les équilibres souhaités par leur seul jeu. Des contraintes apparaissent à la fois au sujet de ces derniers et de la volonté de les laisser jouer dans un cadre juridique structurellement modifié par la loi.

1. Les aspects économiques de la régulation du secteur des télécoms

Des problèmes nouveaux se sont posés, notamment : l'émergence des puissances et des dominances sur le marché autrefois monopolistique. Le phénomène s'illustre également sur de nouveaux segments de marché qui

---

[1703] PH. MOREAU DEFARGES, *La Gouvernance ...op.cit*, p. 57.
[1704] *Ibidem*, p. 55.
[1705] *Ibidem*, pp. 37-38.
[1706] *Ibid.*, p. 53.
[1707] I. CROCQ, *op.cit.*, pp. 2 et s.

n'avaient pas connu d'opérateurs historiques. Il apparut donc la nécessité de répondre, notamment, aux questions de « position dominante dérivée »qui n'étaient plus l'œuvre de monopole. Les forces du marché ouvert ont produit une« situation assimilable à la détention d'une position dominante, consistant en une position de prééminence sur un marché distinct, de nature à créer une dominance dérivée, pouvant empêcher l'accès au marché connexe ».[1708]

Cette assertion rencontre le cas d'un nouvel entrant sur le marché du mobile, offrant également des services sur l'ensemble des marchés connexes, où il n'y a jamais eu d'opérateurs historiques dont on aurait redouté l'abus de position dominante ou l'unilatéralisme des décisions. [1709]

À titre d'exemple en RDC, trois opérateurs dominants, détenant 91% du marché des télécoms et de l'Internet mobile[1710], décidèrent en juin 2016 d'augmenter les tarifs de l'ordre de 500%, sans préavis légal.[1711] Pris au dépourvu, le régulateur (ARPTC, en charge de *« définir les principes d'interconnexion et de tarification des services publics des PTT »*[1712]) dut demander aux opérateurs de revenir à leurs tarifs initiaux au regard de la loi-cadre (LCT).[1713] À part un opérateur local, tous les opérateurs multinationaux oligopolistiques n'ont obtempéré que modérément à l'injonction. Les tarifs

---

1708 T. PENARD, « L'accès au marché dans les industries du réseau : enjeux concurrentiels et réglementaires », *RIDE*, n°2/2, Paris, 2002, pp. 293-312.

1709 T. PENARD et N. THIRION « La régulation dans les télécommunications : une approche croisée de l'économie et du Droit », p. 5 [https://scholar.googleusercontent.com/scholar?q=cache:49RX7tVNRdMJ:scholar.google.com/&hl=fr&as_sdt=0,5] (consulté le 14 juin 2016). T. PENARD, « L'accès au marché dans les industries de réseau : enjeux concurrentiels et réglementaires », *RIDE*, n°2/3, Paris, 2002, pp. 293-312.

1710 Pour un ensemble d'environ 35 millions d'abonnés actifs multi-SIM sur le marché congolais des télécoms, les parts de marché en 2016 sont de l'ordre de : 33% pour « Vodacom » ; 32% pour « Airtel » ; 26% pour « Orange RDC » (depuis son acquisition officielle le 21 avril 2016 des 100% des parts de la société « Tigo RDC »). Cf. aussi « Orange finalise le rachat de l'opérateur Tigo », 21.04.2016, *MCN* [www.mediacongo.net/article-actualité-17267.html] (consulté le 20 juin 2016) : « Avec cette acquisition, Orange consolide sa position en RDC où le groupe français s'est installé en 2012 depuis le rachat des activités de Congo Chine Télécom, pour un montant de 143 millions d'euros. Orange RDC a connu une croissance solide depuis trois ans, passant de 1,79 millions d'abonnés fin 2003 à 5,27 millions d'abonnés fin 2015, tandis que son chiffre d'affaires progressait de 62 millions d'euros à 149 millions d'euros l'an dernier [2015]. Tigo pour sa part revendiquait près de 6 millions d'abonnés et la troisième place en RDC »

1711 A. REVERT, « RDC : envolée des prix de l'Internet », *TV5 Monde,* 14 juin 2016 [http://information.tv5monde.com/afrique/rdc-envolee-des-prix-de-l-Internet-112843] (consulté le8 juillet 2016).

1712 Article 3, point e), Loi n°014/2002 du 16 0ct.2002 portant création de l'ARPTC, préc.

1713 Président de l'ARPTC, Communiqué de presse, 19 juin 2016, *Politico.cd,* « Internet : L'ARPTC ordonne aux télécoms de revenir aux anciennes tarifications » [www.politico.cd/actualite/la-une/2016/06/19/Internet-larptc-ordonne-aux-telecoms-de-revenir-aux-anciennes-tarifications.html] (consulté le20 juin 2016).

ont été baissés, mais sans revenir à leur niveau initial à la hausse unilatérale.[1714]

Il apparaît que certaines défaillances du marché empêchent la baisse tarifaire, escomptée comme objectif de libéralisation au profit des consommateurs. Le résultat d'une concurrence par les prix, – dite « guerre des prix » – est certes bon pour le consommateur africain à faible pouvoir d'achat, mais elle n'est pas profitable dans le rapport entre le coût d'investissement pour le service final rendu et le prix payé pour sa consommation. Une politique tarifaire favorable à la réduction des coûts ne permet pas aux opérateurs privés de "rogner" les parts de marché de leurs concurrents et affecte inutilement leurs revenus.[1715]

Par conséquent, « la guerre des prix » laisse place à la technologie et aux nouveaux services qui créent un atout distinct, singulièrement attrayant pour un opérateur vis-à-vis de la clientèle du marché, sans affecter son propre retour sur investissement.[1716] Comme le *dumping* (casser les prix) n'est pas l'objectif recherché des firmes multinationales, celles-ci vont privilégier d'autres formes de concurrence. Il s'agit notamment des stratégies commerciales suivantes : 1° celles préservant leurs parts de marché mondial, 2° celles renforçant leurs résultats d'exploitation et par conséquent leurs positions d'oligopoles et 3° celles réalisées au moyen de « l'innovation technologique et/ou l'absorption des concurrents et/ou la multinationalisation ».[1717]

Une autre contrainte de la régulation est celle de traiter les défaillances du marché libéralisé, de manière à ne pas atteindre la capacité des opérateurs privés pour rentabiliser leurs investissements. Au sens de l'OMC (1997), des mesures complémentaires prémunissent les opérateurs privés contre une expropriation *de jure* (nationalisation) ou contre des restrictions *de facto* de deux ordres. Les enjeux de l'État vis-à-vis du marché sont donc de réduire le risque « régulatoire » et assurer les conditions favorables à l'investissement privé. Quand certaines mesures émanent de l'État, on parle de régulation, comme le refus d'autoriser une hausse légitime des prix pour préserver le pouvoir d'achat, d'obligation de service universel afin d'éviter de se cantonner aux zones économiquement rentables. D'autres peuvent cependant émaner de l'opérateur historique, notamment : le refus d'interconnexion ou des conditions inéquitables pour le bénéfice d'égalité de tous les concurrents privés.[1718]

1714 Dans leur propre autorégulation, les opérateurs dominants du marché : Vodacom, Orange et Airtel ont uniformément revu à 30Gb/mois de forfait Internet pour 100$ alors que seul Africell, est revenu au prix initial de 60Gb/45 jours pour 100$.

1715 J. DO-NASCIMENTO, *op.cit.*, p. 140.

1716 *Ibidem*, p. 140-141, 149 et s.

1717 C. A MICHALET, *Qu'est-ce que la mondialisation ?,* éd. La découverte, 2002, cité par J. DO-NASCIMENTO, *op.cit.*, p. 140.

1718 J. DO-NASCIMENTO, *op.cit*, p. 128.

En RDC, la démonopolisation du marché a abouti à la démultiplication des oligopoles privés, au détriment des aspects attendus des services publics : intérêt général, service universel par accessibilité des coûts et disponibilité des services. Ce constat est assez répandu en Afrique. En termes d'enjeux de transition numérique, l'effritement du monopole public sans une régulation efficace face à la puissance des marchés, est un jeu de réforme limité.

Le monopole naturel de la firme AT&T a démontré que le contrôle du marché ne pouvait pas seulement être le fait de l'opérateur public. Les forces économiques réalisent par ricochet l'objectif de mutabilité du service public, en même temps que leur but lucratif principal. Les concentrations de parts de marché leur confèrent une emprise de puissance sur le marché libéralisé. Le monopole public est un des enjeux de régulation. Autant les opérateurs privés le sont ; encore plus à l'inverse s'ils se muent en oligopoles. D'une façon ou d'une autre, la régulation étatique est indispensable, car « le caractère oligopolistique du marché agit comme un frein aux retombées favorables que cette réforme devrait présenter pour le consommateur sur le plan tarifaire ».[1719]

Par ailleurs, « la notion de service universel a été forgée comme contrepoids à la logique de la concurrence. L'universalité n'est pas un attribut général de tout service public : le service universel correspond en fait à un type particulier de services publics, le service en réseau couvrant l'ensemble du territoire, voire à certaines prestations d'un service public donné (par exemple, le téléphone fixe pour les télécommunications) ».[1720] Les enjeux de l'accès universel sont étudiés en rapport aux objectifs initiaux de création du régulateur congolais et aux perspectives d'ajustement de ses missions à l'ère numérique. Il est question d'analyser les solutions juridiques sur les transformations oligopolistiques.

À la lumière du droit comparé de l'Union européenne, les institutions juridiques ci-après résument les contraintes décrites ci-dessus : analyse des « marchés pertinents », identification des « positions dominantes » individuelles ou conjointes et détermination des « obligations *ex ante* ». Malheureusement en RDC, ni le droit de la régulation, ni celui de la concurrence ne sont encore parvenues ni en pratique et ni par l'expérience cognitive à faire face à toutes les contraintes décrites ci-dessus. En premier lieu, la régulation économique *ex ante* est très effacée face à un marché aguerri, disposant des synergies de groupes multinationaux et d'une intelligence stratégique aiguisées.[1721]

1719 P. Musso, *op.cit.*, pp. 74 et s. J. Do-Nascimento, *op.cit.*, p. 140.

1720 J. Chevallier, *Le service public, op.cit*, p. 99.

1721 L. Essolomwa, « Téléphonie mobile : la RDC entre consolider les groupes et ouvrir le marché », 24 juin 2016, Adiac-Congo/MCN, *MediaCongoNet*, [www.mediacongo.net/article-actualité-18636.html] (consulté le 8 juillet 2016).

2. Les aspects juridiques d'organisation de la régulation ex ante

Sur le plan juridique, il n'existe pas de réglementation spécifique, ni de lignes directrices, ni de mesures d'application. Dans les faits, les acteurs sont préexistants à la loi et leur assise précède celle du régulateur,[1722] en accentuant les risques de « capture » du régulateur » et d'« asymétrie informationnelle ».[1723] En second lieu, le droit de la concurrence est aussi lacunaire, alors que cette législation *ex post* pouvait pallier aux pratiques concurrentielles effectives. Les sources congolaises de la législation *ex post* sont trop vétustes, étant de l'époque coloniale et limitées, soit l'ordonnance-loi n°41-63 du 24 février 1950 sur la concurrence déloyale[1724], dont le projet de loi de remplacement n'a été déposé au parlement qu'au cours de l'année 2016.

L'expérience européenne est l'une des plus élaborées et des plus achevées. Elle résout toutes ces contraintes : l'architecture du droit européen de la régulation (et de celui de la concurrence) est solide autant que la pratique de ses autorités de réglementation (ARCEP en France) est adaptée quant à leur application du droit dans l'économie de régulation. En effet, le cadre réglementaire actuel est constitué du « paquet télécom » (2002-2009), supplantant le dispositif communautaire des « directives ONP » (1990-1997). L'architecture normative est formée d'une directive principale complétée d'autres spécifiques, de manière à couvrir tous les aspects du marché des télécoms. Ainsi, la portée de la « directive "cadre" » est renforcée par les directives sectorielles en rapport à « interconnexion », aux "autorisations" (d'accès), au « service universel », à la « vie privée et communications électroniques » et à la « concurrence ».[1725]

1722 A la genèse de la dérégulation en RDC, l'ARPTC a été instituée bien après l'entrée des premiers opérateurs sur le marché. Dès le départ, la « rente informationnelle » des opérateurs privés influe sur les rapports de forces entre les opérateurs du marché et l'ARPTC chargé du rôle d'arbitre. Le fait pèse sur le droit, en renforçant l'« asymétrie d'information » en faveur du marché des oligopoles et au détriment de son régulateur. La « capture du régulateur » est un risque important face au comportement stratégique des entreprises privées, mobilisées pour influencer à leur avantage les politiques publiques.

1723 M.-A. FRISON-ROCHE, *Les 100 mots de la régulation... op.cit,* pp. 18-20 et pp. 33-34. Le fonctionnement du marché est idéalement réalisé avec des « relations symétriques » entre acteurs, sauf des cas de « régulation asymétrique » afin d'orienter le marché vers une tendance » (comme en Grande-Bretagne aux lendemains de la libéralisation en faveur de nouveaux entrants sur le marché). Mais l'asymétrie d'information est celle qui offre aux managers une « rente informationnelle » leur permettant de transférer des risques sur les autres et de s'octroyer de nombreux avantages. La capture du régulateur est une situation qui peut survenir quand une institution perd son indépendance par l'influence exercée par un tiers sur lui, et en l'occurrence par les acteurs du marché.

1724 Ordonnance-loi n°41-63 du 24 février 1950 sur la concurrence déloyale et sa répression, Bulletin Administratif [Congo-Belge], 1950, p. 811. Arrêté départemental DENI/CAB/06/013/87 portant création et fonctionnement de la Commission de la concurrence, JOZ, n°12, 15 juin 1987, p. 62.

1725 *Cf.* Partie 1, Titre 1, Chapitre 2, Section 1 du présent ouvrage. Quatre directives du 7 mars 2002 (directive 2002/19/CE, dite directive « Accès » ; directive 2002/20/CE, dite directive « Autorisation » ; directive 2002/21/CE, dite directive « service universel », JOCE, 24 avril

En RDC, la loi-cadre sur les télécoms (LCT) compte 82 articles portant seulement sur les aspects juridiques du marché des télécoms, sans couvrir ceux du commerce en ligne, de l'Internet et de l'économie numérique. Une « licence » ou une « autorisation » spécifiques sont nécessaires pour accéder au marché congolais, afin d'opérer comme prestataire des services de télécoms. L'interconnexion est obligatoire entre les réseaux ouverts au public. La finalité est d'éviter toute réticence, principalement de la part de l'« opérateur historique », à défaut de transparence sur leurs installations et équipements. Les dispositions de la loi n°014/2002 sur l'ARPTC comportent 31 articles sur l'organisation de ses structures internes et de ses missions. Mais cela ne suffit pas, toutes les situations de défaillance du marché semblent déborder de ses schémas juridiques et institutionnels.

Cette comparaison des cadres réglementaires convainc sur les écarts de niveaux de législation de la RDC en droit comparé.[1726] Le constat du retard congolais s'illustre par rapport à l'état des enjeux du marché dérégulé. Les prévisions du législateur congolais sont dépassées par rapport aux transformations du secteur des télécoms, sous l'effet de la déréglementation. Face aux réalités de l'économie de marché, le recours au droit comparé est donc nécessaire. La partie précédente de notre ouvrage a structuré « la transition des droits européens et français d'accès aux télécoms » afin de démontrer que l'économie numérique résulte du processus de déréglementation des services publics monopolistiques.[1727]

La finalité d'étude de l'expérience européenne, telle que nous l'avions précisément annoncé en première partie, est de rapprocher les réalités post-monopolistiques des marchés en RDC et en Europe (France). Les deux marchés ont été soumis au droit de la régulation sectorielle, selon le processus de l'OMC et la diffusion à l'échelle planétaire des standards des règles de la mondialisation.

En illustration, le droit de l'Union européenne donne des remèdes aux autorisations de réglementation contre la transformation des marchés de télécoms en structures oligopolistiques. La directive 2002/21/CE (« directive "cadre" ») et ses « lignes directrices »[1728] tracent un schéma pour trouver des

---

2002, L 108, pp. 7 et s. Directive 2002/58/CE du 12 juillet 2002 (directive « vie privée et communications électroniques »), JOCE, 31 juillet 2002, L 201, p. 37 et s. Directive 2002/77/CE de la Commission du 16 septembre 2002 relative à la concurrence dans les marchés de réseaux et des services de communications électroniques, JO. CE, 17 septembre 2002, L 249, pp. 21 et s.

[1726] Le § 2 du présent chapitre apporte des compléments sur ces écarts des réalités du marché face à la Loi-cadre sur les télécoms (RDC), afin de présenter les contraintes générales d'application du modèle de dérégulation de l'OMC en RDC.

[1727] *Cf.* annonce faite à l'intitulé de la première partie, spéc. : « Titre II : la transition des droits européens et français d'accès aux télécoms à la base de l'économie numérique (pour l'Afrique et la RRDC ».

[1728] *Lignes directrices de la Commission sur l'analyse du marché et l'évaluation de la puissance sur le marché en application du cadre réglementaire communautaire pour les*

solutions contre les défaillances du marché. La méthode légale est une trilogie d'étapes à suivre par les autorités réglementaires nationales, en procédant à l'identification d'une « puissance » sur un « marché pertinent » avant de prononcer des « obligations *ex ante* » à son encontre, pour prétendre à toute situation de concurrence potentielle.[1729]

Premièrement, les analyses des marchés sont l'appui de toute démarche d'imposition, pilier des obligations *a priori* à des opérateurs de télécommunications.[1730] En pratique, l'analyse doit démontrer un marché pertinent, en fonction du critère des produits [1731] ou des zones géographiques.[1732] 18 marchés pertinents (de gros ou de détail) ont été identifiés par la Commission européenne, qui laisse aux autorités nationales de réglementation la faculté de compléter la liste.[1733]

Deuxièmement, la puissance se mesure par rapport au marché, préalablement déterminé comme pertinent, en vue d'identifier un ou des « opérateurs puissants » à qui le droit sectoriel s'appliquera *a priori*. À la différence du droit de la concurrence, il ne s'agit pas d'une « concurrence effective » constatée *ex post* (*a posteriori*), mais d'une prévention *ex ante* par rapport à des critères de « concurrence potentielle ». La position significative ou importante s'apprécie notamment selon les modalités suivantes : calcul des parts de marchés, pouvoir des clients et fournisseurs ou barrières possibles d'entrée (interconnexion). Les jurisprudences de la CJCE et du TPI ont clarifié l'article 82 du TCE sur la prohibition des abus de

---

réseaux et les services de communications électroniques, JOCE, 11 juillet 2002, C 165, pp. 6 et s.

1729 Recommandation 2003/311/CE de la Commission du 11 février 2003 concernant les marchés pertinents de produits et de services dans le secteur des communications électroniques, susceptibles d'être soumis à une réglementation *ex ante* conformément à la directive 2002/21/CE du Parlement européen et du Conseil relative à un cadre réglementaire commun pour les réseaux et services de communications électroniques, JO. CE du 8 mai 2003, L 114, pp. 45 et s.

1730 Article 15, directive 2002/21/CE (« directive ''cadre'' »), préc.

1731 Il est mis en avant-plan les critères de substituabilité suite à la demande et l'offre sur le marché. Selon la Commission, « un marché de produits en cause comprend tous les produits et/ou services que le consommateur considère comme interchangeables ou substituables en raison de leurs caractéristiques, de leur prix et de l'usage auquel ils sont destinés. »

1732 M. GLAIS, « Analyse économique de la définition du marché pertinent : son apport au droit de la concurrence », économie rurale, 2003, n°27, pp. 325-332, cité par T. PENARD et N. THIRION, *op.cit.*, p. 97. : « le marché pertinent géographique comprend le territoire sur lequel les entreprises concernées concourent à l'offre et à la demande des produits ou services en cause, sur lequel les conditions de concurrence sont suffisamment homogènes et qui peut être distingué de zones géographiques voisines parce que, en particulier, les conditions de concurrence y diffèrent de manière appréciable ».

1733 Le même article 15, § 3 précité laisse la possibilité aux autorités de réglementation de définir d'autres marchés pertinents, en dehors des dix-huit marchés pertinents (de gros et de détail) que la Commission européenne a identifiés comme pouvant être soumis à la régulation sectorielle. Par exemple, dans le segment de la téléphonie vocale, il a été identifié trois marchés de gros : terminaison d'appel vocal à destination des réseaux mobiles, itinérance internationale et appels au départ des réseaux mobiles.

position dominante, en soulevant des règles d'orientation pour la pratique de la régulation sectorielle.[1734] Plusieurs formes de dominances sont possibles : dominance individuelle, collective ou conjointe et « dominance connexe »[1735].

Concernant la dominance conjointe, les ARN doivent examiner si les entreprises concernées forment ensemble une entité collective à l'égard de leurs concurrents, de leurs partenaires commerciaux et des consommateurs sur un marché déterminé. La forme structurelle ou conjoncturelle de l'entente importe peu, mais deux critères sont déterminants pour conclure sur la dominance collective. Il a été jugé que celle-ci s'apprécie soit à l'absence de concurrence effective entre les entreprises concernées, soit à l'adoption d'une même ligne d'action ou d'une politique commune sur le marché concerné.[1736]

Troisièmement, des obligations spécifiques sont imposées aux opérateurs à titre de « remèdes » de la régulation à l'issue des deux premières étapes. Les autorités de réglementation nationales imposent des obligations *ex ante* aux opérateurs, mais elles n'arrêtent pas de « sanctions » *a priori* d'abus de position dominante, selon les termes de l'article 82 du TCE. Les lignes directrices de la Commission européenne précisent que « l'objectif visé par l'imposition d'obligations *ex ante* aux entreprises désignées comme puissantes sur le marché est de garantir que ces entreprises ne puissent utiliser leur puissance de marché pour restreindre ou fausser la concurrence sur le marché pertinent ou faire jouer cette puissance sur des marchés adjacents[1737] ».[1738]

À cet égard, les mesures imposables sont de « concurrence préventive » et non de « concurrence corrective » : publication d'une offre de référence, contrôle tarifaire, séparation comptable, etc. Des modalités prévues au « paquet télécom » entourent l'imposition d'obligations, en vue de prévenir tout autoritarisme ou excès, dans le respect des principes de gouvernance de

---

[1734] CJCE, *Compagnie Maritime belge (transport SA) et Dafra-Lines A/S c/ Commission,* aff. Jtes C-395/96 C-396/6 P, 16 mars 2000, Recueil de la jurisprudence, 200, I, pp. 1365 [http://curia.europa.eu/juris/liste.jsf ?num=C-395/96&language=fr] (consulté le 11 juin 2017) et s. TPI, *Gencor Ltd/ Commission*, arrêt 25 mars 1999, aff. T-102/96, Recueil, 199, II, pp. 753 et s. cf. points 86 et s. Lignes directrices de la Commission, préc. Reprenant les règles dégagées par ces jurisprudences sur les questions de position dominante collective.

[1735] Article 15, directive 2002/21/CE (« directive ''cadre'' »), préc. : « lorsqu'une entreprise est puissante sur un marché particulier, elle peut également être considérée comme puissante sur un marché étroitement lié, lorsque les liens entre les deux marchés sont tels qu'ils permettent d'utiliser sur un des deux marchés, par effet de levier, la puissance détenue sur l'autre marché, ce qui renforce la puissance de l'entreprise sur le marché ».

[1736] CJCE, *Compagnie Maritime belge c/ Commission,* C-395/96 C-396/6 P, TPI, *Gencor Ltd/ Commission*, aff. T-102/96, préc.

[1737] Point 16, *Lignes directrices de la Commission sur l'analyse du marché…,* préc. JO. CE, 11 juillet 2002, C 165, pp. 6 et s.

[1738] T. PENARD et N. THIRION,« La régulation dans les télécommunications : une approche croisée de l'économie et du droit », in N. THIRION (sous la dir.), C. CHAMPAUD, et AL., *op.cit.*, pp.98-99.

l'économie libérale. Aussi, les autorités de réglementation nationales sont-elles tenues de « justifier les raisons pour lesquelles elles estiment nécessaires d'imposer de telles obligations *ex ante*. De surcroît, les obligations ainsi imposées devront être strictement proportionnées aux besoins de la protection d'une concurrence effective. Le dessein poursuivi est ainsi de combiner harmonieusement, liberté d'action des opérateurs et garantie de la structure concurrentielle des marchés ».[1739]

En définitive, les télécoms gardent la particularité d'un service public dans l'ordre économique mondial. Leur gestion est concédée aux privés qui en exploitent les ressources dans un cadre ouvert, transparent et équitable, sous l'autorité d'un régulateur qui doit veiller au bon fonctionnement du marché. Cette synopsie du modèle explique toutes les contraintes du système de marché régulé. En fait, la libéralisation des secteurs publics de télécoms a été la base de phénomènes oligopolistiques, en désorientant les objectifs attendus de la concurrence au profit des consommateurs.[1740] Le droit comparé européen s'avère plus avancé et efficace face aux contraintes de la déréglementation du marché des télécoms. Plus spécialement dans le secteur libéralisé, les acteurs publics sont de natures différentes. Si la diversité des prestataires privés est source d'enjeux juridiques pour l'équilibre du marché, la pluralité des acteurs publics pose des contraintes de leur fonctionnement sur le même marché.[1741]

En guise de conclusion du Titre II

Le droit comparé européen (français) et africain (congolais) a concerné les aspects du marché libéralisé des télécoms, en donnant un aperçu global des enjeux juridiques de l'Internet, à l'ère numérique. Ce chapitre a analysé les expériences de la dérégulation des marchés de télécoms, dans une approche comparée entre deux continents.

En premier lieu, le droit de l'Union européenne a utilisé les directives comme instruments clés dans l'ouverture des secteurs monopolistiques de télécoms, chaque État membre (comme la France) étant chargé de leur transposition dans son système juridique national. Le cadre réglementaire européen des années 1990 avait initialement procédé de la libéralisation et de l'instauration de la régulation sectorielle, censée garantir à la fois la concurrence et préserver l'intérêt général. Par la suite, les directives de 2002 sont revenues au « principe de régulation minimale », en laissant finalement les législations horizontales intervenir dans la concurrence du marché. Par des réformes successives, les institutions européennes[1742] ont effectué la

---

1739 *Ibidem,* p. 99.

1740 P. MUSSO, *op.cit.*, p.75 et s. B. JAFFRÉ, *op.cit.*, p.77.

1741 Il s'agit du ministère des PTT au titre d'administration publique, de l'ARPTC au titre de régulateur et de l'OCPT/SCPT au titre d'exploitant public.

1742 J. L. BURBAN, *Les institutions européennes,* 3e éd., Vuibert, coll. gestion internationale, Paris, 2002, pp. 3-47 et 49-61. Pour l'adoption des règles juridiques, les institutions

transition des règles juridiques entre les directives « ONP » et « paquet télécom ».

Depuis la décennie 1980, les mesures de libéralisation et d'harmonisation ont permis aux États d'effectuer la déréglementation de leurs secteurs de télécoms autrefois monopolistiques. Les interventions de la réglementation étatique sont maintenues au strict minimum par principe de subsidiarité. Cependant, la corégulation et l'autorégulation sont encouragées pour le fonctionnement du marché, sans réglementation sectorielle permanente. Celle-ci s'applique « lorsque le droit de la concurrence s'avère inefficace pour contrôler le pouvoir du marché des entreprises, ou lorsque le marché seul ne permet pas de satisfaire certains objectifs, comme par exemple la fourniture du service universel. »[1743]

En deuxième lieu, les États africains ont supprimé les monopoles initialement consacrés par leurs droits de télécoms sur la base des accords de l'OMC, en faisant application des principes néolibéraux et ordo-libéraux européens. Les secteurs publics monopolistiques ont ainsi été libéralisés en marchés régulés, mais sans avoir encore atteint le même niveau du processus européen et français.

Nous avons analysé de manière séparée les institutions juridiques du commerce électronique et de l'économie numérique dans le contexte européen et français. Notre étude s'achève en établissant le lien entre les problématiques et les modes de régulation que les États du monde ont adopté en commun, soit dans le cadre de l'OMC, soit par des moyens informels, soit de manière autonome. Notre étude a établi deux contextes d'enjeux entre les droits étrangers afin de mieux situer leurs expériences respectives dans un temps commun des mutations technologiques. Les objets de droit comparé français et congolais ont évolué d'un côté, en fonction de la dérégulation du marché des télécoms et d'un autre côté, en fonction de l'économie de l'Internet.

---

concernées sont : la Commission de Bruxelles, le Conseil des ministres, le Parlement européen. Dans les faits, en accord avec l'auteur, « la Cour européenne de justice s'est aussi très vite imposée comme un rouage essentiel de l'équilibre institutionnel communautaire » (p. 57).

[1743] D. POPOVIC, *op.cit*, p. 50. Le cadre réglementaire européen (paquet Télécom de 2002) renforce le principe de régulation minimale. Les mécanismes de co-régulation devraient être guidés par les mêmes principes que la réglementation formelle. Ils devraient être objectifs, justifiés, proportionnels, non discriminatoires et transparents. (Considérant 48, directive « service universel »). M.-A. FRISON-ROCHE (sous la dir.), *Les régulations économiques, légitimité et efficacité,* Vol. n°1, Dalloz, coll. Thèmes et commentaires, Droit et économie de la régulation, Paris. Par rapport aux autorités de régulation, il est posé la question suivante : « leur indépendance et leur efficacité compensent-elles leur manque de légitimité ? Ne faut-il pas envisager ces problèmes de pair plutôt qu'en terme de compensation ? »

CONCLUSION

En guise de transition

À l'échelle planétaire, l'expansion du cyberespace et les progrès technologiques produisent de nouvelles réalités sociétales dans les ordres juridiques, qu'ils soient nationaux, communautaires ou internationaux. En appréhendant les nouveaux enjeux de la révolution numérique, les États du monde ont réformé plusieurs aspects institutionnels de leurs cadres légaux et réglementaires. Au gré de la dérégulation en Europe, en France, en Afrique et en RDC, la transition des normes juridiques est rythmée par la prise en compte des mutations technologiques. « Au-delà de ses multiples définitions, le droit est l'institution, l'instrument et l'expression de la civilisation ; [...] il est lié au temps, à l'histoire et à la patrie »[1744]. Ainsi, les législateurs adaptent les règles étatiques et les institutions juridiques afin de couvrir les artefacts du numérique, tout en encadrant les droits subjectifs menacés et/ou favorisés par de nouvelles pratiques du marché électronique.

La révolution numérique a favorisé l'« interdépendance sociale »[1745] et une « transformation économique formidable ».[1746] « Transposée à l'Internet, la métaphore de Mac Luhan sur le "village global" est à la figure parachevée dans les réseaux sociaux »[1747]. La réalité contemporaine est devenue celle du même Internet pour tous et partout. Le cyberespace est une concrétisation du « *village planétaire* ». [1748] « Qu'on le veuille ou non, tout nous paraît démontrer [...] que le système de droit sur lequel nos sociétés modernes avaient jusqu'à présent vécu, se disloque, et qu'un nouveau système s'édifie sur des conceptions tout à fait différentes ».[1749] La technologie numérique soulève des problématiques identiques dans tous les États connectés aux télécoms, mais les engage chacun dans des expériences juridiques

---

1744 PH. MALAURIE et P. MORVAN, *Introduction au droit,* LGDJ,6e éd., coll. Droit civil « Philippe Malaurie et Laurent Aynès », Paris,2016, p.13.

1745 L. DUGUIT, *Les transformations du droit public,* Lamémoire du droit/Librairie Armand Colin, Paris, 1999 (1913), p. XVII.

1746 *Ibidem*, p. XVI.

1747 N. MALLET-POUJOL, *op.cit.*, p. 12.

1748 MASRSHALL MCLUHAN, *The Medium is the Message,* 1967.

1749 L. DUGUIT, *op.cit,* p. X.

particulières. Les enjeux de l'économie numérique sont indifférents du territoire sur lequel se rattachent le droit ainsi que le pouvoir des États. Il en découle un mouvement des politiques législatives et de nouvelles trajectoires des réformes juridiques.

Au vu des transformations du Droit à l'ère numérique, « le phénomène est général. Il atteint toutes les institutions juridiques, celles de droit privé […] et aussi les institutions de droit public. Il se produit dans tous les pays parvenus à un même degré de civilisation. ».[1750] L'architecture actuelle du droit de l'économie numérique découle du processus de dérégulation et de l'évolution du droit international du commerce, face à la mondialisation de l'économie de marché, au recul de la notion classique de service public et de la popularisation des usages applicatifs du Web dans la vie sociale.

Le renouveau du droit s'avère nécessaire pour la mise à jour de la règle étatique, devant jalonner les perspectives technologiques et/ou encadrer les tendances du marché. Les pouvoirs publics se disposent à un travail de réexamen des lois, étant donné que les innovations de la technique et de l'économie restent dynamiques. Depuis le télégraphe du XVIIIe siècle jusqu'à l'ère numérique actuelle, notre ouvrage a appréhendé l'essentiel des transformations du droit au regard des facteurs économiques et technologiques de législation, en clarifiant les problématiques, en structurant la comparaison des solutions juridiques et en énonçant des prescriptions tirées des expériences européennes, françaises, africaines et RD Congolaises. Pour autant, elle a retenu, à l'analyse, les enjeux juridiques des services de la société de l'information : les communications et le commerce électroniques.

Notre étude s'est fondée sur les droits européen et français sans limiter l'économie numérique le commerce électronique, en vue de construire des paradigmes juridiques comparables et/ou applicables à l'Afrique et à la RDCongo. Sur la base des riches acquis avant-gardistes européens, nous avons évalué la transition des normes dans les systèmes juridiques africains et congolais. La trame en a été dérégulation mondiale des télécoms jusqu'à l'avènement de l'économie numérique. La méthode comparatiste doit tracer les schèmes d'institutions juridiques réformées, afin d'en préciser, pour la RDCongo, les forces, les faiblesses, les correspondances et les décalages avec l'Europe et la France et de proposer ici et plus loin[1751] des pistes d'amélioration. Notre approche comparée a retenu ci-dessous quatre axes de structuration du droit de l'économie numérique, procédant de l'historicité des modèles européens et français, de leurs transformations, de leurs liens avec les réformes internationales et des ajustements des systèmes africains et congolais.

Au centre des mutations, l'expansion des télécoms et la numérisation sont à la base de la révolution numérique, leurs artefacts sociétaux constituent de véritables sources matérielles du droit. « Mais l'art du compromis entre le

---

[1750] *Ibid.*

[1751] *Cf.* Tome 2.

fait et le droit est, on le sait, toujours délicat ».[1752] Les phénomènes économiques sont corrélatifs aux réseaux ; ils deviennent sources d'enjeux juridiques de la nouvelle forme de commerce en ligne et de l'économie informationnelle.

Le premier axe a permis de construire le modèle d'encadrement juridique réalisé à travers le temps pour le commerce en ligne européen et français. Les bases de la réglementation ont suivi l'évolution des techniques de communication à distance pour le téléachat (en 1989), pour les contrats à distance (en 1997) ou pour la fourniture des services financiers à distance (en 2002). Mais, la voie électronique a particulièrement révolutionné l'offre des services de la société de l'information, dont les aspects sont réglementés en Europe dès 2000 par la directive 2000/31/CE sur le commerce électronique.

Le deuxième axe a permis d'appréhender l'évolution des politiques législatives se rapportant aux télécoms de base et aux communications électroniques dans le système européen et français. Le droit international du commerce a transplanté en Afrique et en RDCongo les standards juridiques européens des télécoms, sous la poussée de la mondialisation des marchés, de la diffusion technologique, de l'internationalisation des réseaux et de la multinationalisation des opérateurs européens en RDCongo.

Sur les deux principaux axes, le recours aux expériences internationales, européennes et françaises sont indispensables, au regard des deux grandes phases de mondialisation du réseau électronique et de globalisation de l'économie numérique. Deux axes complémentaires ont donné lieu au marché numérique mondial. Ce sont des étapes d'économie de marché qui correspondent : 1° aux mouvements de modernisation de l'État et 2° aux mutations technologiques liées à l'Internet. Les directions prises, en conséquence, par les transformations de l'économie et du droit – droit public économique – sont la dérégulation des services publics monopolistiques et la régulation ou la gouvernance de l'Internet.[1753]

En premier lieu, le point de départ de la transformation des services public a porté sur l'ouverture du marché des télécoms. Le droit de l'accès est compris comme la transition du monopole vers une concurrence effective, sous la régulation d'une autorité administrative indépendante. Cette phase de transition a d'abord consisté à lever progressivement toutes les barrières – politiques, économiques ou réglementaires – d'accès au marché et à l'interconnexion, à la faveur de nouveaux entrants sur le marché. Elle a ensuite permis de supprimer toute forme de droits exclusifs ou de préférence technologique dans les offres des services de télécoms aux consommateurs, anciens usagers des services monopolistiques. Il est dès lors normal que l'accès corresponde « à la mise à disposition de ressources et/ou de services

---

[1752] M. QUÉMÉNER et Y. CHAPRENEL, *Cybercriminalité, droit appliqué,* Economica, coll. Pratique du droit, Paris, 2010, p. 2.

[1753] J.-PCOLSON et P. IDOUX, *Droit public économique, op.cit.*, pp. 1 et s.

pour la fourniture de communications électroniques. Cela concerne l'accès à des éléments de réseaux, des bâtiments, des pylônes et des systèmes de logiciels. ».[1754]

L'adoption des règles technologiquement neutres a permis d'assurer la pleine concurrence, en accompagnant l'ouverture de tous les secteurs du marché de télécoms qui ne l'étaient pas. Toutes ces mesures ont apporté la convergence entre les secteurs des télécommunications, de la radiodiffusion et des technologies de l'information. Au lieu des « télécommunications », la nouvelle terminologie « communications électroniques » traduit le passage à l'ère numérique, caractérisée par la part toujours grandissante prise par l'Internet dans la société et dans l'économie.[1755]

En Europe, en France, en Afrique et en RDC, est né un droit de la régulation sectorielle des télécoms de base. Le « droit public de la régulation de l'économie »[1756] prend souvent « l'allure hétéroclite de ses instruments et l'apparence d'autonomie de ses diverses facettes ».[1757] Le droit public valorise l'aspect de l'instrument au détriment du rôle « cadre » qui est aussi celui du droit de l'action publique.[1758] Il ne s'agit pas de réserver cette notion à l'encadrement concurrentiel de certains secteurs économiques.[1759] La régulation est largement entendue comme « la démarche pragmatique et globale consistant à poursuivre un objectif déterminé par l'utilisation, généralement combinée, de méthodes choisies parmi une palette d'instruments variés, en fonction d'un calcul d'efficacité optimale ».[1760] Le terme a pu susciter des malentendus,[1761] mais il fédère par son caractère malléable, des objectifs assez contradictoires dans leur principe.[1762] En effet, l'idée de service public côtoie désormais celle de l'économie (néo)libérale.

1754 D. BOULAUD, *Le nouveau cadre européen des communications électroniques, quelle régulation pour quels équilibres,* Assemblée nationale, Rapport d'information, n°3048, 11e législature, délégation pour l'UE, Paris, 2001, pp. 13-15.

1755 *Ibidem*, p. 13-15. J. CATTAN, *op.cit.*, p. 25 et s. WAEL EL ZEIN, *op.cit.*, pp. 3 et s.

1756 B. DU MARAIS, *Droit public de la régulation économique*, Presses de Sciences Po et Dalloz, 2004.

1757 J.-PCOLSON et P. IDOUX, *Droit public économique, op.cit.*, p. 33 et s.

1758 J. CHEVALLIER, « Droit et action publique », in *Le droit figure du politique, Mélanges en l'honneur de Michel Miaille,* Faculté de droit de Montpellier, 2008, vol. 2, p. 421.

1759 M.-A. FRISON-ROCHE, « Le droit de la Régulation », *Rec. Dalloz,* 2001, n°7, p. 610.

1760 J.-PCOLSON et P. IDOUX, *op.cit.*, p. 33 et s.

1761 G. MARCOU et F. MODERNE (dir.) : *Droit de la régulation, service public et intégration régionale,* l'Harmattan, 2005, vol. 1, p. 11 s ; « la notion de régulation » AJDA 2006, p. 347 s. et « L'ordre économique aujourd'hui. Un essai de redéfinition », in *La notion de régulation en droit administratif français*, LGDJ, Bibl. de droit public, t. 259, 2009 ; M. BAZEX, G. ECKERT, R. LANNEAU, C. LE BERRE, B ; DU MARAIS et A. SEE (dir), *Dictionnaire des régulations,* LexisNexis, 2016. Cf. aussi : J.-B. AUBY, « Régulations et droit administratif », in Études G. Timsit, Bruylant, 2004 ; et d'autres travaux de G. MARCOU, « Régulation et services publics. Les enseignements du droit comparé », in G. *MARCOU* et F. MODERNE, *Droit de la régulation, service public et intégration régionale*, vol. 1, coll. comparaisons et commentaires, Paris, L'Harmattan, Paris, 2005.

1762 J.-PCOLSON et P. IDOUX, *op.cit.*, p. 38.

Il est acquis que la raison d'être de l'administration est d'organiser la fonction centrale de satisfaction de l'intérêt général, à travers deux types d'actions : la police et le service public, présentant une finalité supérieure à la somme des volontés individuelles. La raison d'être de l'administration réside dans la fonction centrale qui lui est impartie.[1763] Les unes ont pour objet en quelque sorte de « matérialiser », de « concrétiser » l'intérêt général par la réalisation de prestations portant sur des biens et des services, ce sont les activités de service public. Les autres se traduisent par un travail de réglementation, d'encadrement juridique de multiples activités sociales dans le but précis d'assurer le respect de l'ordre public, il s'agit des activités de police administrative.

Ces deux fonctions n'apparaissent pas au même moment, mais convergent finalement, car n'étant pas désolidarisées, elles s'entrecroisent souvent.[1764] En 1926, la doctrine française situait ladite notion à la frontière du droit constitutionnel et du droit administratif, comme un des fondamentaux du droit public moderne. « La volonté du gouvernant [...] n'avait de valeur et de force que dans la mesure où elle poursuit l'organisation et le fonctionnement d'un service public. » (Léon Duguit).[1765] Elle faisait également le constat que « le service public apparaît d'abord comme une intervention politique avant de devenir une notion juridique » (Rainaud).[1766] De ce fait, il est sujet aux fluctuations d'ordre politique, en faisant déborder la notion des stricts schèmes du droit.[1767]

Cependant, le XXe siècle a permis d'observer l'essor et le recul du service public : d'une part, l'extension du champ d'intervention des personnes publiques et, d'autre part, la mobilisation des personnes privées en vue de l'exécution des missions d'intérêt général.[1768] Ces éléments marquent le

---

1763 M. DeVilliers et T. de Berranger (sous la dir.), *Droit public général, institutions politiques, administratives et européennes, droit administratif, finances publiques et droit fiscal,* Lexis/Nexis, Coll. Manuel, Paris, 2015, p. 513.

1764 *Ibidem*, pp. 514 et s.

1765 *Ibid.* Pour Rolland, le Service public est « une entreprise ou une institution d'intérêt général destinée à satisfaire des besoins collectifs du public [...] par une organisation publique, sous la haute direction des gouvernants ».

1766 *Cf.* J-M. Rainaud, *La crise du service public français,* PUF, coll. Que sais-je ?, Doir et science politique, 1999.

1767 M. DeVilliers et T. de Berranger (sous la dir.), *op.cit*, p. 522.

1768 [www.conseil-État.fr/Decisions-Avis-publications/Decisions/Les-decisions-les-plus-importantes-du-Conseil-d-État] (consulté le 4 avril 2017) Les grands arrêts de la jurisprudence administrative (GAJA), ayant validé l'ouverture des services publics aux personnes privées, avant et pendant la seconde guerre mondiale, en marquant par cette mobilisation du secteur privé le recul de l'État-entrepreneur : Conseil d'État, Arrêt, Caisse primaire Aide et Protection, 13 mai 1938 ; Arrêt Monpeurt, 31 juillet 1942 ; Bouguen, 2 avril 1943 ; Arrêt *Etablissement Vezia,* 20 décembre 1935. Il s'installe l'idée selon laquelle il y a peut-être entre les personnes privées et le service public une catégorie intermédiaire de personnes privées investies d'intérêts publics. Ensuite, l'Arrêt du Conseil d'État du 13 mai 1938, *Caisse primaire Aide et Protection* (GAJA), juge que ce n'est pas parce qu'une personne privée qui prend en charge un service public que ce n'est plus un service public. D'autres grands arrêts

recul de l'État-entrepreneur, vers un État-postmoderne : l'État concurrencé, l'État-régulateur de Jacques Chevalier.[1769] La recherche de l'efficacité de gestion a coïncidé avec la limitation des extensions du secteur public, soit par souci d'économie financière soit pour des raisons idéologiques ou politiques. [1770]

Ainsi, le service public a connu plusieurs causes de transformation de nature politique, économique et technologique, auxquelles précisément le marché électronique contribue. Si le XXe siècle est celui de la mutation profonde de l'État, c'est aussi le passage d'un État libéral et neutraliste (XIXe siècle) à un État néolibéral et interventionniste. Ce siècle marque effectivement la remise en question de la notion classique de service public.[1771] L'Internet y contribue, en prônant la régulation par le marché et par le « code informatique », plutôt que par l'État.[1772]

En effet, le développement du marché numérique « oblige depuis plus de vingt ans à repenser tous les fondamentaux de la société comme du droit [...] même si le droit et la nouvelle technologie n'évoluent pas à la même vitesse, le droit résiste bien aux bouleversements technologiques ». [1773] Dans ce contexte, les États repositionnent leur architecture juridique pour faire face aux mêmes défis de globalisation du cyberespace mondial.[1774] « Chaque État dispose de ses propres lois pour son propre territoire. Les lois restent l'expression de la souveraineté des États, car l'État est lié à l'apparition d'un ordre juridique, selon la formule "*ubi societas, ibi lex*".[1775]

Parfois, certains États se regroupent pour harmoniser leurs droits locaux selon différents mécanismes. Dans l'Union européenne, il s'agit des directives pour harmoniser les droits nationaux. Le parlement de chaque État transpose ensuite la directive dans son droit local ». [1776] La construction juridique de l'Europe des télécoms a fait l'objet d'études spécifiques dans la

---

du Conseil d'État confirment cette ouverture à la veille de la guerre, notamment : Cons. d'État, Arrêt Monpeurt, 31 juillet 1942 et Arrêt Bouguen, 2 avril 1943 (GAJA).

1769 J. CHEVALLIER, *L'État post-moderne, op.cit*, pp. 63 et s.

1770 *Ibid.*, p. 523.

1771 *Ibid.*, p. 528. Les « lois de Rolland », dans leur formulation classique et initiale, sont au nombre de trois, elles s'expriment sous forme de principes « d'égalité » de « continuité » et d'« adaptation ou de mutabilité ». Sur la continuité Maurice Hauriou insiste ainsi précisément sur l'idée de continuité, de stabilité dans le temps de ce qu'il appelait lui-même « l'entreprise de la chose publique ». Gaston Jèze ajouta un troisième élément de définition en faisant du service public : une activité d'intérêt général, *exercée par une personne publique et soumise au droit public*. Il porte sur une matière spécifique, exercée par des organes spécifiques, pour satisfaire l'intérêt général en s'inscrivant dans une logique d'intérêt général.

1772 O. ITEANU, *Quand le digital défie l'État de droit, op.cit*, pp. 17 et s.

1773 M. QUÉMÉNER et Y. CHAPRENEL, *Cybercriminalité, droit appliqué, op.cit*, p. 2.

1774 GROUPE DE LA BANQUE MONDIALE, *Les dividendes du numérique..., op.cit*, p. 29. « La technologie influe sur les règles (le cadre réglementaire et les normes) pour engendrer de nouvelles idées – par exemple, nouvelles méthodes de production des biens et des services. Si la plupart des règles sont établies localement, la technologie fait l'objet d'échanges entre les marchés et à travers les frontières ».

1775 R. CARRÉ DE MALBERG, *Contribution générale à la théorie de l'État*, Sirey, 1962.

1776 O. ITEANU, *op.cit*, p. 12.

première partie de cette étude, aux chapitres relatifs aux acquis communautaires du droit européen et leur transposition législative en France avec ses originalités.[1777]

Sous le sceau des mutations technologiques, les directives ONP des années 1990 opéraient déjà en Europe une rupture sans « provoquer le passage instantané du monopole à la concurrence ».Le processus était « en effet appelé à accompagner une situation transitoire [...] de longue durée ».[1778]

Ensuite, la directive « cadre » du paquet télécoms de 2002 a assoupli la régulation du secteur des communications électroniques, afin de mieux s'adapter au degré de concurrence existant sur chacun des marchés pertinents définis par la Commission européenne. Elle « favorisait la libéralisation des télécommunications par une adaptation des règles juridiques aux évolutions, à la fois rapide et permanente, d'un secteur aux frontières incertaines. ».[1779]

Enfin, le troisième « paquet télécom », adopté le 25 novembre 2009 et en cours de réexamen, poursuit l'objectif d'allègement progressif du dispositif général de régulation, en contrepartie d'un renforcement des mesures spécifiques, susceptibles d'être prises le cas échéant, pour garantir la pleine concurrence, le bon fonctionnement du marché. Aujourd'hui en France, la compétence de la régulation est plus vaste encore en ce qu'elle concerne les activités postales et favorise l'exercice d'une « concurrence effective et loyale au bénéfice des utilisateurs », en se rapprochant d'une régulation de la concurrence.[1780]

En plus de la régulation sectorielle exercée par l'ARCEP, la LME du 4 août 2008 a en effet institué l'« Autorité de la concurrence »,[1781] ayant mission de contrôle des pratiques anticoncurrentielles[1782] et des concentrations.[1783] Si les

---

1777 *Cf.* Titre I, Chapitre 2 du présent ouvrage.

1778 D. BOULAUD, *op.cit,* p. 11.

1779 *Ibidem.*

1780 M.-A. FRISON-ROCHE, *Les 100 mots de la régulation*, préc., p. 14-15.

1781 Article 1er, al. 2, a), b) et al. 3, a) b) c) d), Règlement (CE) n°139/2004 du Conseil du 20 janvier 2004 relatif au contrôle des concentrations entre entreprises (« le règlement CE sur les concentrations), JOUE L 24/1, 29 janvier 2004, pp. 1-22. Pour être de dimension communautaire, la « concentration » est question de chiffre d'affaires total réalisé (sur le plan mondial : plus de 5 milliards d'euros) ou sur le plan du marché de l'UE (plus de 250 millions d'euros), sous réserve d'autres cas prévus au même article.

1782 Il s'agit des pratiques antitrust et des abus de position dominante, couvertes notamment par les textes communautaires européens de droit matériel, appliquant le TFUE. Il s'agit des règles spéciales applicables aux accords verticaux (Blocs d'exemption, article 81 § 3 du traité CE, devenu l'article 101 § 3 TFUE), notamment : Règlement (UE) n°330/210 de la Commission du 20 avril 2010 concernant l'application de l'article 101, paragraphe 3, du TFUE à des catégories d'accords verticaux et de pratiques concertées et Règlement (CE) n°772/2004 de la Commission du 27 avril 2004 concernant l'application de l'article 81, paragraphe 3, du TFUE à des catégories d'accord de transfert de technologie. D'autres règles sont spécifiques à des secteurs comme l'automobile [Règlement (UE) n°461/2010 du 27 mai de la Commission du 20 avril 2017] ou encore font l'objet des lignes directrices sur les restrictions verticales, sur l'applicabilité de l'article 101 du TFUE.

règles du droit de la concurrence interviennent pour sanctionner les abus de position dominante, l'évolution des besoins de la régulation étatique est néanmoins toujours à considérer au regard des pratiques innovantes du marché.

Avant leur déréglementation, les télécoms ont été longtemps un secteur économique caractérisé par un monopole naturel et réglementaire. Lorsque le droit commun de la concurrence est appliqué dans le secteur des communications électroniques, cela démontre qu'il existe également des spécificités d'expansion dynamique de ce secteur. La convergence des technologies a une influence sur l'analyse des autorités compétentes.

Le droit de la régulation sectorielle prévoit une imposition des obligations réglementaires *ex ante* aux entreprises disposant d'une puissance significative sur le marché. En revanche, le droit de la concurrence prévoit la possibilité d'une double intervention : l'*ex post* sanctionnant un comportement abusif de manière rétroactive, et l'*ex ante* répondant à des problèmes de concurrence potentiels.[1784]En France, l'ARCEP a succédé en 2005 à l'ART, laquelle fut créée en 1996, première autorité de régulation du genre en ce qu'elle inaugurait la vague de libéralisation des secteurs naguère monopolistiques sous l'impulsion du droit communautaire.

Mais, dans leur fondement, comment les expériences européennes et françaises sont-elles parvenues en RDCongo ? Dans les années 1980-1990, la mondialisation des réseaux a confronté non seulement les marchés africains et européens, mais aussi leurs systèmes juridiques. L'effet naturel du commerce est de porter à la paix. « Deux nations qui négocient ensemble se rendent réciproquement dépendantes : si l'une a intérêt d'acheter, l'autre a intérêt de vendre ; et toutes les unions sont fondées sur des besoins mutuels ». [1785] L'approche du droit international permet d'évaluer la pertinence des réformes congolaises, à la lumière des expériences comparées, européennes et françaises[1786] et en fonction des standards de l'OMC.[1787]

[1783] Articles 85, 96 et 97, Loi de modernisation de l'économie n°2008-776 du 4 août 2008, JORF, 5 août 2008. Cette loi transforme le Conseil de la concurrence en Autorité de la concurrence, pour rapprocher le système français de la régulation de la concurrence du standard européen. En ce sens, elle a rassemblé les attributions et les moyens au sein d'une autorité indépendante unique. *Cf.* aussi [http://www.autoritedelaconcurrence.fr] (consulté le 16 mars 2017).

[1784] D. POPOVIC, *op.cit*, p. 8.

[1785] MONTESQUIEU, *De l'esprit des lois, de l'esprit du commerce* (1748), in *dicocitations.lemonde.fr*.

[1786] *Cf.* Titre I, Chapitre 2 du présent ouvrage. En France, la dissociation des services postaux de ceux des télécoms est réalisée. Des entités différentes ont été instituées avec un statut d'indépendance clairement affirmé pour la régulation, face à l'administration et au marché. L'approfondissement de la démonopolisation a été axé sur la privatisation de l'exploitant public (France télécom) par association des capitaux publics et privés, nationaux et internationaux. Comparativement, il convient d'analyser, en droit congolais, l'état d'« implémentation » de ce modèle depuis son adoption en 2002.

[1787] *Cf. supra,* Titre II, Chapitre 1 du présent ouvrage.

Avec pertinence, la directive 2000/31CE, régissant les aspects juridiques des services de la société de l'information, entend ne « pas s'appliquer aux services fournis par des prestataires établis dans un pays tiers. Compte tenu de la dimension mondiale du service électronique, il convient *toutefois* d'assurer la cohérence des règles communautaires, *avec les règles internationales* [...] *sans préjudice des résultats des discussions en cours sur les aspects juridiques dans les organisations internationales* ».[1788]

En effet, les organisations internationales, OMC, UIT, BM, FMI, ont été les agents d'attelage de l'Afrique au mouvement de démonopolisation des services publics, comme une harmonisation multilatérale des réformes institutionnelles liées à l'occidentalisation des marchés des services dans le monde. C'est ainsi que les standards européens, tels que véhiculés par l'économie de marché, sont parvenus jusqu'en RDCongo.[1789]

Dans le monde entier, le passage à l'économie des marchés a concerné au premier chef le décloisonnement des services publics des télécoms dans la mondialisation, avant de concerner l'économie numérique. En RDC, depuis 2002, deux lois sectorielles des télécoms ont adopté en droit positif congolais le même schéma d'organisation des marchés post-monopolistiques. [1790] Le droit de l'accès aux télécoms s'en est trouvé transformé ainsi que les modes d'intervention de l'État dans les services publics. Deux titres d'analyse détaillée, dans notre étude, attestent de la refondation du droit congolais dans la dérégulation mondiale des télécoms d'abord et ensuite de la perspective de son renouveau dans l'économie numérique mondialisée.[1791] Les réformes législatives de 2002 ont fondé le droit de la régulation sectorielle du marché, en transformant partiellement les services publics monopolistiques congolais.

À cet effet, des mesures politiques et législatives ont réaménagé le monopole public des télécoms pour répondre au jeu de la concurrence internationale, en permettant officiellement l'entrée d'opérateurs privés multinationaux dans un marché dual. Les équipements et les services des télécoms sont libéralisés, tandis que le segment des infrastructures reste exclusif pour l'exploitant public national. Principalement, le législateur a séparé l'exploitation des activités électroniques d'avec le rôle de puissance publique.

Pour autant, il a instauré une autorité de régulation des télécoms (ARPTC), chargée de veiller à l'équilibre du système de marché (dé)régulé entre les acteurs publics et privés, entre les intérêts économiques et l'intérêt

1788 Considérant n°58, Directive 2000/31/CE, préc.

1789 *Cf.* Titre 2, Chapitre 2 du présent ouvrage.

1790 Loi-cadre n°013/2002 du 16 octobre 2002 sur les télécommunications en RDC. Loi n°014/2002 portant organisation et fonctionnement de l'Autorité de régulation des postes et des télécommunications en RDC, ARPTC en sigle.

1791 *Cf.* Titres 1 et 2 du présent ouvrage.

général.[1792] Analyser la *ratio legis* de ces lois a permis d'appréhender les aspects des changements de même que leurs valeurs en droit positif congolais.[1793] Ce dernier présente d'importantes carences de qualification et de régime face aux activités numériques. Les défis législatifs sont importants dans le sens des services de la société de l'information. La régulation *ex ante* agit avec pragmatisme, en appelant la collaboration d'autres autorités sectorielles en dehors du domaine des télécoms. Ces innovations des pratiques locales tendent à adopter des mécanismes d'interrégulation, notamment à travers des règlements de police afin de garantir un minimum d'ordre public numérique sur des axes stratégiques de l'économie numérique.

En RDCongo, la législation des télécoms date de 2002 et n'a plus été renouvelée depuis lors. Faute de mise à jour, le cadre légal des télécoms est aujourd'hui dépassé par la diffusion des techniques numériques dans le marché mondialisé et globalisé, dans lequel le pays se trouve. Le constat est que les réformes congolaises ont suivi le même schéma de dérégulation qu'en Europe et en France, mais avec de grandes démarcations et inachèvement. Le droit congolais des télécoms ne s'inscrit pas dans un cadre communautaire africain d'harmonisation des règles, comme la France. L'Europe a mis en place des législations allant des directives « ONP » (1990) au « paquet télécom » (2002, 2009) périodiquement réexaminés encore à ce jour.

Cependant, le cadre légal congolais n'évolue pas non plus tout autant. Par exemple, les droits exclusifs sont maintenus dans la loi-cadre sur les télécoms de 2002 en RDC, en faveur des exploitants publics, alors que la France depuis 1996 a supprimé dans ses lois des « idées de "nationalisations rampantes", phénomène par lequel l'État, sous couvert de ses entreprises publiques et au nom d'un impérialisme technocratique très fort, ne cesse de continuer à intervenir dans l'économie et à accentuer son intervention ».[1794] Le recul de l'État-puissance publique marque aussi celui de l'incompatibilité

[1792] Article 8, loi-cadre sur les télécoms (RDC), préc. *Cf.* aussi : article 3, loi n°014/2002 sur l'ARPTC, préc.

[1793] L'orientation de notre ouvrage de droit ne s'est pas désaxée sur une étude économique du marché dérégulé. Le choix d'analyse ne détaille pas les effets bénéfiques des réformes effectuées, notamment : augmentation du parc téléphonique, amélioration de la qualité des services, participation du secteur à la croissance du PIB et des conditions de vie, numérisation de l'administration, avantages des services alternatifs (convergence), disponibilité de l'offre des services de base, commerce électronique, diversité de l'offre des services à valeur ajoutée et des services de base, etc. L'orientation n'est pas axée sur une étude économique du marché dérégulé.

[1794] D'autres séries de facteurs essentiels avaient contribué au préalable à la mutation de l'État-interventionniste, et surtout à accentuer l'intervention publique dans la société sous forme de services publics. Il s'agit notamment de : (i) la conjoncture des guerres et reconstructions, qui replace l'État comme un prestataire des services face au libéralisme économique ne pouvant désormais pas être pensé comme une fin en soi ; (ii) le fondement idéologique qui favorisait l'interventionnisme étatique, suite à la méfiance traditionnelle des mouvements politiques de gauche à l'égard des conséquences des lois de marché.

de principe initiale entre les personnes privées et l'exécution de missions de service public.

À la suite de la réglementation des télécoms de base, la seconde étape technologique concerne l'avènement de l'Internet et les transformations qu'il induit. Le Sommet mondial sur la société de l'information (SMSI, tenu à Genève en 2003, puis à Tunis en 2005) marque le point de départ officiel pour le renouveau des aspects du droit partout dans le monde.[1795] Il est vrai que l'avènement de l'économie numérique doit ponctuer la transition des normes juridiques en RDCongo comme cela est la norme en Europe.

L'économie inhérente aux réseaux numériques est un tournant décisif pour les législations, car le phénomène Internet est planétaire. Il place tous les États face aux mêmes enjeux juridiques de la révolution numérique. À l'ère numérique, la globalisation ignore les frontières administratives : le marché numérique est transfrontière, déterritorialisé, présentant une ubiquité de l'information, une « dilatation de l'instant » (Olivier Cachard)[1796] des réseaux, moyennant une « lecture spatiale éclatée » (Judith Rochfeld)[1797] des contenus en ligne.

Aussi, l'architecture actuelle du nouveau droit de l'économie numérique découle-t-il d'une triple évolution de la technique, du marché et du droit lui-même. Au départ, le droit de l'accès aux communications électroniques était seulement compris comme la transition du monopole vers une concurrence effective, sous la régulation d'une autorité administrative indépendante (AAI). Il a été dit que l'adoption des règles technologiquement neutres a permis d'assurer la pleine concurrence, en accompagnant l'ouverture de tous les secteurs du marché de télécoms qui ne l'étaient pas. Internet sert de passerelle de diffusion, de circulation et d'échanges de contenus, à l'aide des protocoles de navigation et autres procédés numériques. La convergence est acquise entre les secteurs des télécommunications, de la radiodiffusion et des technologies de l'information. Les télécoms sont muées en « communications électroniques » en considération des apports de l'Internet

1795 [http://www.itu.int/net/wsis/index-fr.html] (Consulté le 15 octobre 2017) Le Sommet mondial sur la société de l'information (SMSI) s'est déroulé en deux phases. La première phase, accueillie par le Gouvernement suisse, a eu lieu à Genève du 10 au 12 décembre 2003 et la seconde phase, accueillie par le Gouvernement tunisien, a eu lieu à Tunis du 16 au 18 novembre 2005 Le SMSI a été approuvé par l'Assemblée générale de l'ONU aux termes de sa Résolution 56/183 (21 décembre 2001). L'objectif de la première phase était le suivant : formuler de façon parfaitement claire une volonté politique et prendre des mesures concrètes pour poser les bases d'une société de l'information accessible à tous, tout en tenant pleinement compte des différents intérêts en jeu. L'objectif de la deuxième phase était le suivant : mettre en œuvre le Plan d'action de Genève et aboutir à des solutions et parvenir à des accords sur la gouvernance de l'Internet, les mécanismes de financement, et le suivi et la mise en œuvre des documents de Genève et Tunis.

1796 O. CACHARD, *La régulation mondiale du marché électronique, op.cit*, p. 17 et s.

1797 J. ROCHFELD, *Les nouveaux défis du commerce électronique, op.cit*, pp. 6-8.

dans la société et dans l'économie.[1798] Toutefois, en RDC, la réforme des lois a retenu les termes associés : « télécoms et TIC ».

Selon l'OCDE[1799], le secteur des TIC concerne les domaines de la production[1800], de la distribution[1801] et des services[1802]. « Après la terre, la mer, l'espace aérien et l'espace extra-atmosphérique, l'homme investit aujourd'hui le cyberespace[1803]. [...] Les autres espaces préexistent et imposent leurs contraintes [...] le cyberespace, interconnexion mondiale des réseaux qui transmettent, traitent ou stockent des données numériques, est quant à lui, bâti sans véritable plan, sans limite spatio-temporelle ».[1804] L'écosystème numérique a des incidences dans la vie réelle. L'exemple typique est celui de la télécommande de télévision ou le drone armé, dont les actions et les effets se situent à la fois dans le monde cybernétique et dans le monde cinétique.

Par conséquent, les enjeux de « souveraineté numérique » émergent face aux implications de l'Internet dans l'ordre étatique. Il y a convergence totale : le numérique est le centre des flux d'activités de la société moderne. Toutes ces propriétés des communications électroniques constituent à la fois l'enjeu et l'objet de législation, mais aussi de l'ordre public du cyberespace et du monde physique. « Classiquement, la souveraineté s'entend de l'existence d'un monopole étatique sur l'énonciation et l'application du droit. La souveraineté s'entend notamment du pouvoir de dire le droit, de commander par la norme. "Dire la loi est le premier fondement de la souveraineté[1805]" ».[1806]

La gouvernance numérique est devenue une contingence nécessaire pour maintenir la souveraineté face à l'effectivité du pouvoir des géants de l'Internet et face au foisonnement polycentrique des normes, techniques, privées et extra-législatives, régulant indispensablement l'Internet. La gouvernance de l'Internet et le droit l'accès aux communications électroniques, devrait désormais associer « un pouvoir doux (*soft power*)

1798 *Ibidem*. J. CATTAN, *op.cit.*, p. 25 et s. WAELEL ZEIN, *op. cit.*, p. 3 et s.

1799 N. COUTINET, *op.cit.*, p. 21. *Cf.* aussi [http://www.eventsrdc.com/rdc-une-loi-sur-les-tic-en-elaboration/] (consulté le 28 août 2016).

1800 Secteurs producteurs de TIC : fabrication d'ordinateurs et de matériel informatique, de TV, radios, téléphones, ...

1801 Secteurs distributeurs de TIC : commerce de gros de matériel informatique...

1802 Secteur des services de TIC : télécommunications, services informatiques, services audiovisuels...

1803 Le terme « cyberespace » apparaît pour la première fois dans l'ouvrage William Gibson, *Neuromancer*, Ace Books, New-York, 1er juillet 1984. L'auteur le définit comme une « hallucination consensuelle vécue quotidiennement par des dizaines de millions d'opérateurs dans tous les pays ».

1804 M. WATIN-AUGOUARD, « Préface : une "cyber-guerre mondiale" ? : la vision stratégique », in X. RAUFER, *La première cyber-guerre mondiale*, MA éditions, Paris, 2015, pp. 9-10.

1805 K. BENYEKHLEF, *Une possible histoire de la norme*, Montréal, éd. Thémis, 2008, p. 55 et 56.

1806 P. TRUDEL, *op.cit.*, p.10.

agissant par l'incitation et la persuasion » et « un pouvoir dur (*hard power*), imposé par la force [...] pour tenir le système, dans un intérêt commun très fort : que ce système fonctionne ! » [1807]

Au-delà des aspects simplement économiques, l'État doit concilier de nombreux défis portant sur la « valeur du clic » face aux valeurs juridiques à protéger. [1808] Le marché numérique appelle des mécanismes « aconcurrentiels »[1809] en vue d'assurer la préservation des droits humains, la démonopolisation de l'accès aux technologies, l'accès universel, la protection des consommateurs et la sécurisation de la société de l'information.

Aussi, les causes de « déplacement du centre de gravité de la régulation sectorielle » sont-elles fonction de plusieurs influences : la prise de conscience occasionnée par les diverses crises du système de régulation, la prise en compte de la régulation transversale ou la prise en compte des évolutions technologiques. [1810] Les travaux récents dépassent le stade d'accompagnement momentané de l'ouverture à la concurrence de secteurs d'activités anciennement monopolistiques. Selon M.-A Frison-Roche, « les contours de la régulation sont en train de changer parce que l'objet de la régulation est en train de changer ».[1811]

En France, l'ARCEP « a annoncé de nouvelles orientations stratégiques, davantage tournées vers la promotion et la surveillance de la neutralité du net que vers l'instauration de la concurrence entre les opérateurs, désormais largement réalisée ». [1812] Ces influences concernent particulièrement les enjeux juridiques de la deuxième étape technologique se rapportant à l'ère numérique, caractérisée par des activités économiques et commerciales sur l'Internet. Il n'en demeure pas moins qu'en formant l'architecture de l'Internet, les télécoms participent d'un modèle économique spécifique à des transformations tout aussi spécifiques pour le droit.

En France, l'ARCEP a succédé en 2005 à l'ART, créée en 1996 comme la première des AAI à inaugurer (et à achever) la vague communautaire des

---

[1807] P. MOREAU DEFARGES, *La Gouvernance, une gestion idéale ?* 5ème éd., « Que sais-je ? » n°3676, Coll. Droit-Politique, PUF, Paris, 2015, p.51, 53.

[1808] V-L. BENABOU et J. ROCHFELD, *À qui profite la valeur du clic à l'ère numérique*, préc.

[1809] Malgré sa non hiérarchisation dans les normes par la jurisprudence, deux traces nettes de l'existence et de l'effectivité du principe de mutabilité : 1) l'administration peut décider de la modification ou de la suppression des services fournis aux usagers, donc pas des droits reconnus aux usagers pour le maintien des prestations fournies par le service public (CE, 27 janv. 1961, *Vannier : Rec. CE 1961*, p. 60, 2) droit de modification unilatérale du contrat administratif signé avec un cocontractant privé dès lors que celui-ci s'avère incapable de s'adapter aux nouveaux besoins, notamment aux nouvelles techniques, dont la mise en œuvre apparaît nécessaire à l'optimisation de la mission de service public en cause (CE, 10 juin 1902, *Cie Nouvelle du gaz de Déville-lès-Rouen* : GAJA) Des principes supplétifs autour du noyau dur : gratuité, neutralité, transparence et participation

[1810] J.-PH. COLSON et P. IDOUX, *op.cit.*, p. 459, 474.

[1811] M-A. FRISON-ROCHE, « Les nouveaux champs de la régulation », in *La régulation, RFAP* 2004-1, n°109, p. 53 et s, cité par J.-PH. COLSON et P. IDOUX, *op.cit.*, p. 474.

[1812] *Ibidem*, p. 458.

libéralisations des secteurs autrefois monopolistiques, tandis qu'un ministère (secrétariat d'État) de l'économie numérique assure les politiques publiques. Faute de mieux, les actes réglementaires du ministre des PTT ne sont guère de portée multisectorielle qui soit à l'aune des enjeux sociétaux du Net. La collaboration ministérielle devrait renforcer les attributions strictement sectorielles de l'autorité de régulation (ARPTC), en vue d'étendre la portée de leurs actes au-delà du marché des télécoms vu la transversalité des TIC (interrégulation). Il y a un avantage dans le pragmatisme juridique. Involontaire au départ, il a pu produire néanmoins une réglementation proche des lois du marché (régulation réflexive), tout en préservant les intérêts du public et de l'État dans l'accession du pays à l'économie numérique. Les autorités nationales de réglementation gèrent ainsi de nombreux défis législatifs, en attendant l'adoption de nouvelles lois plus adaptées et répondant à la convergence numérique des médias, des industries des télécoms et de l'audiovisuel (régulation convergente).[1813]

Certes l'Europe et la France disposent d'une expérience politique et juridique avancée, mais l'ouverture de l'Afrique et de la RDCongo au monde numérique oblige d'amorcer et de maintenir le cap des transitions nécessaires du droit des télécoms ou des communications électroniques, vers le droit de l'économie numérique. La neutralité technologique place tous les États dans une perspective globale d'échange des flux de réseaux, justifiant le repositionnement de tous les cadres juridiques face aux défis de notre ère numérique.

Le droit de l'économie numérique est appelé à encadrer l'œuvre des « bâtisseurs d'un nouveau monde », construit autour d'« une succession des avancées technologiques mises au point de façon souvent empirique par ces pionniers sans se douter de "la forme que prendrait leur "cathédrale sans plan" ».[1814] Le Droit demeure le procédé par excellence de mise en ordre social procédant d'un double mouvement, d'une part, d'affirmation de valeurs et de disqualification de l'envers ou de la transgression, d'autre part.

À juste titre, « S'agissant de l'apport du droit aux NTIC, il faut souligner que le droit n'est pas que contrainte ; il est aussi un instrument essentiel de la sécurité des hommes, de protection de leurs droits, valeurs ou cultures et de promotion de leurs activités ; il peut ainsi favoriser la démocratie, la gouvernance et le développement économique et social. La législation est donc nécessaire. Mais comment légiférer dans un domaine aussi délicat, et tout particulièrement en matière de commerce électronique ? ».[1815] Autant les techniques numériques renforcent les avantages de l'économie, autant elles

---

[1813] Pour définition des régulations : M-A. FRISON-ROCHE (sous la dir.), *Internet, espace d'intérrégualtion, préc,* pp. 3-5.

[1814] WATIN-AUGOUARD, « Préface », in F. LORVO, *op.cit.*, p.7.

[1815] M. SAWADOGO FILIGA, « Approche nationale et régionale de la mise en place d'une réglementation du commerce électronique : le cas du Burkina-Faso et de l'Afrique de l'Ouest », Conférence régionale africaine de haut niveau, Tunis, 19-21 juin 2003.

en synthétisent les risques, en brouillant les frontières du droit. Elles « portent à la fois le masque de la liberté et de la criminalité »...[1816]

À l'ère numérique, la personne humaine doit bénéficier des garanties de protection renforcées. Il importe de répondre aux enjeux législatifs et régulateurs de l'Internet sur un double volet : la sécurisation juridique et la protection pénale des activités (économiques) du cyberespace. Face à la cybercriminalité, il convient de protéger tout autant les données personnelles que l'environnement numérique lui-même. « La communication est réglementée dans un état libéral car elle est collective. Si la communication privée relève de la liberté individuelle de chaque personne, justifiant ainsi que les correspondances privées sont inviolables, la communication publique, quant à elle, utilise plusieurs canaux : l'écrit, le son et l'image ».[1817] Un dispositif pénal de cybersécurité assure la lutte contre les attaques criminelles sur le réseau et sur son contenu.

Aussi, la Charte européenne des droits fondamentaux a-t-elle fondé le droit inaliénable à l'autodétermination informationnelle (article 8), en lui conférant une valeur constitutionnelle. [1818] En France, la loi pour la République numérique a renforcé « la protection de la vie privée en ligne » en consacrant à cet effet le principe de l'énonciation de la « mort numérique ».[1819]Dans le cadre de l'autodétermination informationnelle, c'est pour chacun le « droit à la libre disposition de ses données personnelles ».[1820] Ce droit protecteur est entouré de la « confidentialité des correspondances électroniques privées », prises au même titre qu'une lettre postale. Le secret de correspondance ne connait de dérogation qu'en cas de consentement dûment exprimé et régulièrement renouvelé pour des traitements automatisés statistiques ou visant à améliorer le service rendu. La protection pénale est aussi de mise de manière renforcée (notamment en cas de revanche pornographique).[1821]

1816 W. GILLES, « Cyberespace, cybercriminalité & liberté », in I. BOUHADANA et W. GILLES, *Cybercriminalité, cybermenaces & cyberfraudes*, Les éditions IMODEV, Paris 2012, p. 4.

1817 L. DELPRAT et C. HALPERN, *Communication et Internet : pouvoirs et droits*, éd. Vuiber, coll. lire agir, Paris, 2007, pp. 9-266.

1818 Parlement européen, Charte des droits fondamentaux de l'Union Européenne, JOCE C 364, 8 décembre 2000, pp. 1-22. « Article 8 : Protection des données à caractère personnel 1. Toute personne a droit à la protection des données à caractère personnel la concernant. 2. Ces données doivent être traitées loyalement, à des fins déterminées et sur la base du consentement de la personne concernée ou en vertu d'un autre fondement légitime prévu par la loi. Toute personne a le droit d'accéder aux données collectées la concernant et d'en obtenir la rectification. 3. Le respect de ces règles est soumis au contrôle d'une autorité indépendante. »

1819 [http://www.economie.gouv.fr/republique-numerique/15-points-cles]

1820 *Ibidem.* Mort numérique : « Comme pour un testament, une personne aura le droit de faire respecter sa volonté sur le devenir de ses informations personnelles publiées en ligne après son décès, auprès des fournisseurs de service en ligne ou d'un tiers de confiance. »

1821 *Ibidem.* « La pénalisation des revanches pornographiques, pratique qui consiste à publier contre son consentement des images érotiques ou pornographiques d'une personne a été durcie à deux ans de prison et 60 000 euros d'amende. » *Cf.* aussi S. NAWAF SHATHIL,

Malgré toutes les avancées enregistrées, un préalable technique s'impose à toute activité numérique : l'accès aux télécoms est un aspect essentiel, autour desquels l'État doit entreprendre des politiques de lutte contre la fracture numérique. [1822] La fracture numérique reste donc l'enjeu fondamental de l'économie numérique, appelant l'implication du droit et de la politique. Autour des objectifs d'ordre politique, le législateur européen considère en effet que « le développement du commerce électronique dans la société de l'information offre des opportunités [...] facilitera la croissance économique des entreprises [...] peut renforcer la compétitivité [...] *pour autant que toute le monde puisse accéder à l'Internet* ».[1823]

Ainsi se dégage l'idée d'un préalable de l'accès dont le régulateur est l'organisateur *ex ante* et le gardien *ex post.*[1824] Dans l'économie de marché, l'accès doit être ouvert pour les nouveaux entrants, sauf les barrières construites par un comportement anticoncurrentiel, dont la sanction est réservée à une autorité de concurrence intervenant *ex post.* L'« *impératif d'accès* » est une conséquence de la dérégulation parce qu'il y a une volonté politique à organiser l'accès en construisant la concurrence face à la puissance des opérateurs au regard de nouveaux entrants.[1825]

En Europe, la notion française de service public a influencé le droit communautaire des télécoms en retenant la notion de « service universel ». En ce sens, le *Livre vert* de 2003 sur l'intérêt général[1826] avait envisagé le « service universel » comme un ensemble d'exigences aux opérateurs privés, dans l'objectif de mettre à la disposition de tous les utilisateurs certains services « indépendamment de leur position géographique, au niveau de qualité spécifié et, compte tenu des circonstances nationales particulières, à un prix abordable ».[1827] Dans le même ordre d'idées, la loi-cadre n°013/2002

« L'insertion de l'infraction de vengeance pornographique dans le code pénal », *e-juristes.org*, posté le 10 juillet 2016, [http://www.e-juristes.org/linsertion-de-linfraction-de-vengeance-pornographique-dans-le-code-penal/] (consulté le 10 mars 2017).

[1822] J-J. LAVENUE, « Smart-cities ; sécurité et principe d'égalité », IMODEV, *Academic days, open gouvernance issues*, Panel : « Fracture numérique, Participation citoyenne & Gouv. ouverts », Université Paris 1 Panthéon Sorbonne, 5 décembre 2016 [http://cms.imodev.org/nos-activites/europe/france/academic-days-on-open-government-issues-december-5-6th-2016-paris-france/conference-planning-internal-5th-december-2016/conference-planning-internal-5th-december-2016-fracture-numerique-participation-citoyenne-open-gov/] (consulté le 21 mai 2017).

[1823] Considérant n°2, directive 2000/31/CE, préc.

[1824] M.-A. FRISON-ROCHE, *Les 100 mots de la régulation,op.cit,* p. 7.

[1825] D. BOULAUD, *op.cit*, p. 11 et s.

[1826] COMMISSION EUROPÉENNE, *Livre vert sur les services d'intérêt général du 21 mai 2003*, JOCE, C 76, 25 mars 2004, COM(2003) 270 final. « Ce livre vert vise à organiser un débat ouvert sur le rôle de l'Union européenne dans la promotion de la fourniture de services d'intérêt général, dans la définition des objectifs d'intérêt général poursuivis par ces services et sur la manière dont ils sont organisés, financés et évalués. »

[1827] P. CHAMPSAUR, *L'interconnexion et le financement du service universel dans le secteur des télécommunications*, La documentation française, Paris, avril 1996, p. 13, cité par J. CATTAN, *op.cit*, p. 190.

sur les télécoms a défini en RDC, le droit de chaque congolais, habitant les zones rurales, urbaines ou isolées à bénéficier du service de la téléphonie vocale, du télex, des cabines publiques, à un coût raisonnable. Pour le financement du service universel, la loi-cadre a préconisé la création d'un « Fonds de développement des télécoms ». En application de son article 39, ce fonds devait être constitué à partir des taxes à prélever sur des recettes de prestataires des services sur le marché, Mais, 15 ans après, l'arrêté ministériel d'application n'a jamais été édicté à cet effet.[1828]

En résumé, toute la trame des développements précédents a fini d'exposer l'appréhension évolutive des enjeux des mutations technologiques en droit européen, ensuite en droit français et enfin dans le système juridique africain. Il a été distingué des âges de développements technologiques ainsi que des axes d'enjeux correspondant aux transformations qu'ils impulsent sur les droits en Afrique et en Europe. Le socle analogique des télécoms de base, l'ère de la convergence des communications électroniques et enfin la société de l'information (ère numérique) sont la trame de ces transformations d'institutions juridiques. Les chiffres et statistiques présentent l'ordre des enjeux techniques et économiques pour le droit face aux services de la société de l'information et des communications électroniques, tant en Europe, en France, qu'en Afrique.

Des échecs répétés des politiques publiques sont notables en RDCongo : inachèvement du processus de dérégulation, vides législatifs sur la preuve et la signature électroniques, conflits des compétences entre le ministre des PTT et l'ARPTC. À la suite des démonopolisations des années 1980, l'approche libérale a suscité des enjeux juridiques sur les marchés émergents en RDC : croissance des forces oligopolistiques, là où le monopole public concentrait les offres de services. Le droit de l'accès aux télécoms est encore restreint par des droits exclusifs sur les infrastructures de l'exploitant public. La restructuration des formes d'intervention de puissance publique se confronte à l'autorégulation du marché. Cela est constaté, par exemple, à la suite de l'accaparement des organes de régulation, des privatisations mal conçues, de la gestion inefficace du spectre des fréquences, de la taxation excessive du secteur ou du monopole exercé sur les lignes internationales.[1829] Mais d'autres défis sont apparus avec la convergence numérique des technologies de l'information et de la communication, dans le cyberespace.

Ainsi, notre étude a permis de prescrire les solutions aux défis législatifs du numérique. D'abord, la formulation des enjeux constitue en lui seul un défi car l'ère numérique est un creuset des évolutions et un amas des technologies. Il a fallu dégager les aspects factuels à confronter dans tous les systèmes juridiques en présence comme dénominateur commun, codifié de

---

1828 Exposé des motifs et article 39, Loi-cadre n°013/2002 du 16 octobre 2002 sur les télécommunications en RDC, préc., p. 23 et 40.

1829 *Cf.* M.-A. FRISON-ROCHE, *op.cit,* pp. 7 et s. J.-PCOLSON et P. IDOUX, *Droit public économique, op.cit.*, pp. 1 et s.

manière uniforme. Ce produit des facteurs était nécessaire car la comparaison ne peut confronter ou rapprocher que des enjeux uniformisés, au vu de leurs éléments récurrents (aspects factuels communs). Ensuite, l'étude des systèmes juridiques européens et français ont été privilégiées au départ, dans le triple objectif : 1° d'en parcourir les sources, 3° d'en étudier les solutions juridiques et 3° d'en modéliser les paradigmes, face aux enjeux susdits (aspects juridiques de référence).

Des facteurs particuliers de difficulté méritent d'être relevés après avoir achevé notre analyse à travers trois ordres juridiques sur une période de plus d'un demi-siècle de temps législatif. Le millefeuille législatif européen et français présente une dispersion des sources, en plus de l'objet de notre recherche qui est éparpillé dans plusieurs branches du droit et charrie de nombreux aspects des technologies électroniques. « Le droit des médias et de la communication touche à l'ensemble des branches du droit, aussi bien au droit public qu'au droit privé, au droit interne, qu'au droit européen et international. Dans ce contexte, les techniques et les supports d'information et de communication sont multiples et se développent de plus en plus ». [1830] Vu la relative nouveauté des phénomènes de l'économie numérique, des paradigmes de solutions sont encore en cours de construction par rapport au cyberespace. « Chaque innovation affecte ses fondations, modifie son architecture, bouleverse ses équilibres avec une vitesse qui dépasse toujours plus celle de la compréhension humaine. ».[1831]

Les résultats de nos recherches sont originaux, du fait que ni les régimes juridiques, ni la doctrine, ne se présentent dans une classification traditionnelle, ni dans un corps de règles uniques, encore moins dans un seul domaine. Les disparités des sources formelles, entre l'Europe et l'Afrique, la France et la RDCongo, ont nécessité un effort de référencement des temps des réformes, de leurs objectifs processuels et de leur contexte situationnel. Il ne peut être comparé que ce qui est comparable.

Enfin, notre étude a conservé un regard précis sur les droits européens et français tout autant qu'elle a inséré l'étude sur la RDCongo dans le cadre général africain. L'étude en particulier du système juridique congolais démontre son triple niveau de comparaison par rapport aux droits en Europe et en France, à savoir : 1° le retard des transformations du droit positif en RDC face aux enjeux du numérique ; 2° la situation objective des succès, des carences et des erreurs des transformations déjà opérées et celles de *lege ferenda ;* 3° la prescription des solutions comparatives sur la base des paradigmes dûment modélisés et adaptés en fonction des besoins réels de la société congolaise (aspect situationnel et d'expérimentation).

Notre étude affiche la nette ambition de disposer d'un « droit de l'économie numérique » pour la RDC. Cette ambition justifiée se précise

---

[1830] L. DELPRAT et C. HALPERN, *Communication et Internet : pouvoirs et droits*, éd. Vuiber, Paris, 2007, pp. 9 et s.

[1831] *Ibidem.*

autour de trois ébauches de textes, en cours d'examen actuellement depuis avril 2017 au Parlement congolais. Au regard du marché numérique mondial, du droit international et des expériences comparées en Europe et en France, le principal texte de loi concerne les télécoms et les TIC, tandis que deux autres textes sont spécifiques, d'une part, pour les échanges et le commerce électroniques, et d'autre part, pour la réforme de l'ARPTC. À l'ère des TIC, le projet envisage d'étendre les compétences du régulateur sectoriel en une Agence de promotion et de régulation des nouvelles technologiques de l'information et de la communication.

Nous affirmons, au sens de Jean Carbonnier : « Parce que le temps de la régulation et de la loi est en général beaucoup trop long par rapport à la réactivité des marchés. Parce que chaque règlement peut susciter son propre contournement par le biais des novations technologiques »[1832], de nouvelles perspectives s'ouvrent et prendront du temps à se préciser alors que notre étude en a profilé les contours et en a anticipé les directions dans le cadre d'une prospective législative. Les perspectives du droit congolais de l'économie numérique sont tout autant ancrées dans l'« africanologie »[1833] qu'insérées dans la culture de l'universel, en se référant aux schèmes européens.

Le présent ouvrage est le socle logique du Tome 2 qui étudie les Droits des télécoms et du numérique. Le droit de l'économie numérique appréhende les télécoms de base, leur dérégulation, l'accès au marché régulé des communications électroniques, Internet y compris, ainsi que les transactions en ligne dans la société de l'information. Cet objet du Droit continue de s'étendre au regard du florilège de nouveaux phénomènes de l'Internet portés par les intelligences numériques. La Cybersociété est une réalité mondiale. Elle nécessite de (re)profiler le droit congolais et de placer son corps des règles dans l'ordre des transformations générales des droits en Europe et en France. La prospective comparée présente des atouts pour bonifier nos systèmes tant en fonction des enjeux communs que de leurs écarts respectifs. Cette réflexion est approfondie dans le Tome suivant...

[1832] J. CARBONNIER, *Droit et passion du droit sous la Vè République*, éd. Flamarion, coll. champs essais, n°819, 1996, p. 7.

[1833] J. SHAMUANA MABENGA, *Africanologie, ébauche d'une discipline scientifique*, L'Harmattan-RDCongo, Paris, 2017, p. 83. « Que comporte, exactement, ce terme "africanologie" qui, né de l'intuition de Cheikh Anta Diop, n'a pas pu être développé par les autres penseurs et écrivains de l'Afrique contemporaine ? ». Selon l'auteur, en évoquant l'« esprit africain », voisin de l'idée d'une « africitude », « il pourrait également s'agir, dans un proche avenir, d'une discipline reconnue par l'épistémologie qui, utilisant sa spécifique approche méthodologique, s'occupe de l'étude des phénomènes et des problèmes propres aux nations, aux sociétés, aux individus et à l'univers continental de l'Afrique ». Finalement, il définit « l'africanalogie comme une science qui étudie spécialement l'Afrique et les Africains, selon les différentes branches du savoir ».

MES REMERCIEMENTS

- *à M. William Gilles, co-directeur du Master II sur l'administration et les données numériques et directeur de la Chaire des Amériques de la Sorbonne, pour sa direction de ma thèse durant ses quatre dernières années ;*
- *à M. David Capitant, directeur de l'école doctorale de droit comparé de la Sorbonne, M. Jean-Jacques Lavenue, professeur émérite de l'Université de Lille 2, M. Pablo Gallegos Fedriani, professeur à l'Université de Buenos Aires, M. Shamuana Mabenga, professeur des Universités, pour avoir accepté de composer notre jury de soutenance de thèse ;*
- *à Mme Judith Rochfled, professeure à l'Université Paris 1 Panthéon Sorbonne, pour son encadrement de nos premières années de recherche ;*
- *à Mme Irène Bouhadana et Mme Marie-Odile Raynaud pour leur accompagnement ;*
- *à M. Sougoumar Mayoura et Goraya Ranjit Singh, deux inestimables rencontres ;*
- *à M. Evariste Boshab, professeur de droit constitutionnel et chef de département de droit public de l'UNIKIN, pour l'initiation à l'initial ;*
- *à Mme Kwadeba N'Gahowaly, mon épouse, pour sa présence ;*
- *à Mme Bernadette et M. Bony, deux êtres providentiels, pour leurs soutiens ;*
- *à Mme Annie Kithima, M. Antoine Ghonda, Mme Muduka Inyanza (RIP) et au Général Denis Kalume, les mentors professionnels de nos débuts ;*
- *à M. Patty Kalayi pour la passion partagée des études scolaires et doctorales sans compter maintenant celle, commune, de l'enseignement universitaire ;*
- *à M. Kaumba Lufunda pour l'aiguillage aux ateliers francophones et américains de haut niveau sur la lutte contre la cybercriminalité ;*
- *à Mme Josiane Riga, Mme Claire Flavigny et M. Hakim Bouchiker, pour leur travail administratif au « sésame » du secrétariat de thèse et de l'école de droit de la Sorbonne ;*
- *à toutes les aides précieuses de ces dernières années : M. Néhémie Mwilanya, M. et Mme Gauthier et la grande famille Unzola, M et Mme. Nsiatiti, M. Antoine et Mme Nadine Sueur, Mlle Lio et mes neveux*

"Sueur", M. Patrick Shabani, M. Jean Tambu, M. Stéphane et son père de Dacty Copies / Paris Ve, Mlle Dethy Longandjo, Me Christian Nduaya, M. Jordy Panza, le jeune avocat Emmanuel Luzolo, M. Mechak Kasangana Ngoy, Yodan Ngoy Mwimbi Funakoshi, Mme Omba L., M. Kudela, Morgane, André Julien Mbem ...

- *à l'équipe du Master 2 Pro (ex-DESS) en droit du cyberespace africain de l'université Gaston Berger de Saint-Louis (Sénégal) et au Professeur Abdoullah Cissé pour l'éveil de nos jeunes intelligences ;*
- *à l'Université Protestante au Congo, son Recteur Mgr Ngoy Boliya et au Collège Boboto, en mémoire du Père Recteur Bokamba Bo-I-Kali s.j. (RIP) et des préceptes du Père Recteur Carlos Meija s.j. pour leurs solides bases de formation et d'humanisme ;*
- *à l'Ambassade de la RDCongo en France pour le regard et à l'Ambassade de France en RDCongo pour le sésame ;*
- *à l'Assemblée nationale, au Journal officiel de la RDC et au Ministère des Postes, Télécoms et Nouvelles Technologies de l'Information et de la Communication de la RDC pour leurs archives ;*
- *au Groupe Whatsapp « Le Panier » (Jessy K. et Serge Tshibambe) pour le délassement dans les âpres heures de lecture et d'écriture ;*
- *à M. Kalev Mutond,*
- *à tous et à chacun pour sa contribution à cette quête de l'insaisissable.*

BIBLIOGRAPHIE

I. LÉGISLATION INTERNATIONALE

- Accord de création de l'OMC du 24 avril 1996.
- Acte constitutif de l'UA, signé à Lomé (Togo) le 11 juillet 2000
- Convention de Vienne sur les relations diplomatiques.
- Résolution 51/162 de l'Assemblée générale du 16 décembre 1996 portant sur la Loi type de la CNUDCI sur le commerce électronique, Guide pour l'incorporation de la loi type de la CNUDCI, Nations Unies, New York, 1997.
- 4e Protocole de l'Accord général sur le Commerce et les Services, AGCS/OMC du 17 février 1997.

II. LÉGISLATION EUROPÉENNE

1) Traités, conventions et accords

- Convention de Bruxelles du 27 septembre 1968, signée entre les États membres de la Communauté économique européenne, concernant la compétence judiciaire et l'exécution des décisions en matière civile et commerciale, modifiée et complétée (JO CE du 11 avril 1983, n° C97, Nouvelle version : JO CE 1989, l. 258, RC 1991. 437, RC 1997. 874).
- Traité sur le fonctionnement de l'Union européenne, version (FR) consolidée, JO UE, C 83/47, 30 mars 2001.
- CONSEIL DE L'EUROPE, *Convention sur la cybercriminalité*, Budapest, 23 novembre 2001, STE n°185.

2) Règlements européens

- Règlement (CE) n°2887/2000 du Parlement et du Conseil du 18 décembre 2000 relatif au dégroupage de l'accès à la boucle locale, JO CE, L 336, 30 décembre 2000.
- Règlement CE n°44/2001 du Conseil du 22 décembre 2000 concernant la compétence judiciaire, la reconnaissance et l'exécution des décisions en matière civile et commerciale.
- Règlement n°593/2008 du P.E.et du Conseil du 17 juin 2008 sur la loi applicable aux obligations contractuelles, dit Rome I
- Règlement 544/2009/CE du 18 juin 2009 modifiant le règlement 717/2007/CE concernant l'itinérance sur les réseaux publics de téléphonie mobile à l'intérieur de la communauté et la directive 2002/21/CE relative à un cadre réglementaire

commun pour les réseaux et services de communications électroniques, JOCE, L 167, 29 juin 2009.

- Règlement (CE) n°1211/2009 instituant l'Organe des régulateurs européens des communications électroniques (ORECE) ainsi que l'Office (BEREC), JO CE, L 337, 18 décembre 2009.
- Règlement (UE) 531/2012 du Parlement européen et du Conseil du 13 juin 2012 concernant l'itinérance sur les réseaux publics de communications mobiles à l'intérieur de l'Union (refonte), JO UE L 172/10, 30 juin 2012.
- Règlement 910/2014 du Parlement européen et du Conseil du 23 juillet 2014 sur l'identification électronique et les services de confiance pour les transactions électroniques au sein du marché intérieur et abrogeant la directive 1999/93/CE, JO UE, L 257, 28 août 2014.
- Règlement (UE) 2015/2120 du Parlement européen et du Conseil du 25 novembre 2015 établissant des mesures relatives à l'accès à un Internet ouvert et modifiant la directive 2002/22/CE concernant le service universel et les droits des utilisateurs au regard des réseaux et services de communications électroniques et le Règlement (UE) n°531/2012 concernant l'itinérance sur les réseaux publics de communications mobiles à l'intérieur de l'Union, JO UE, L 310, 26 novembre 2015.
- Règlement (UE) n° 2016/679 du 27 avril 2016, dit RGPD, règlement général sur la protection des données personnelles.
- Règlement Rome II relatif à la loi applicable à la responsabilité délictuelle, même dans les litiges internationaux.

3) Directives

- Directive 88/301/CEE de la Commission du 16 mai 1988 relative à la concurrence dans les marchés de terminaux de télécommunications, dite directive « terminaux de télécommunications », JO CE, L113, 27 mai 1988.
- Directive 89/552/CEE du Conseil du 3 octobre 1989 visant à la coordination de certaines dispositions législatives, réglementaires et administratives des États membres relatives à l'exercice de l'activité de radiodiffusion, JO CE, L 298, 17 octobre 1989.
- Directive 90/387/CEE du Conseil, du 28 juin 1990, relative à l'établissement du marché intérieur des services de télécommunications par la mise en œuvre de la fourniture d'un réseau ouvert de télécommunication, JO CE, n° L 192 du 24.07.1990.
- Directive 90/388/CEE de la Commission du 28 juin 1990 relative à la concurrence dans les marchés des services de télécommunications, dite directive « services de télécommunications », JO CE, L192, 24 juin 1990.
- Directive 92/44/CEE du Conseil du 5 juin 1992 relative à l'application de la fourniture d'un réseau ouvert aux lignes louées, JO CE L 165, 19 juin 1992,
- Directive 94/46/CE de la Commission du 13 octobre 1994 modifiant les directives 88/301/CEE et 90/388/CEE en ce qui concerne en particuliers les communications par satellite, JO CE L 268, 19 octobre 1994.
- Directive 95/46/CE du Parlement européen et du Conseil du 24 octobre 1995 relative à la protection des personnes physiques à l'égard du traitement des données à caractère personnel et à la libre circulation de ces données, JO UE, 23 novembre 1995.

- Directive 95/51/CE de la Commission du 18 octobre 1995 modifiant les directives 98/388/CEE et 90/388/CEE en ce qui concerne la suppression des restrictions à l'utilisation des réseaux câblés de télévisions pour la fourniture de services de télécommunications déjà libéralisés, JO CE, L 256, 26 octobre 1995.
- Directive 96/2/CE de la Commission du 16 janvier 1996 modifiant la directive 90/388/CEE en ce qui concerne les communications mobiles et personnelles, JO CE, L 20, 26 janvier 1996.
- Directive 96/19/CE de la Commission du 13 mars 1996 modifiant la directive 90/388/CEE en ce qui concerne la réalisation de la pleine concurrence sur le marché des services de télécommunications, JO CE, L 74, 22 mars 1996.
- Directive 97/13/CEE du Conseil du 10 avril 1997 relative à un cadre commun pour les autorisations générales et les licences individuelles dans les secteurs des télécommunications, JO CE L 117.
- Directive 97/33/CE du Parlement européen et du Conseil du 30 juin 1997, relative à l'interconnexion dans le secteur des télécommunications en vue d'assurer un service universel et l'interopérabilité par l'application des principes de fourniture d'un réseau ouvert (ONP), JO CE, L199/32, 26 juillet 1997.
- Directive 97/36/CEE du Parlement européen et du Conseil du 30 juin 1997 modifiant la directive 89/552/CEE, JO CE, L 202, 30 juillet 1997.
- Directive 97/51/CE du Parlement européen et du Conseil du 26 février 1998 concernant l'application de la fourniture d'un réseau ouvert (ONP) à la téléphonie vocale et l'établissement d'un service universel des télécommunications dans un environnement concurrentiel, JO CE, L295, 29 octobre 1997.
- Directive 97/55/CE du Parlement européen et du Conseil modifiant la directive 84/450/CEE du Conseil, JO CE L 290 du 23 octobre 1997.
- Directive 97/66/CE du Parlement européen et du Conseil du 15 décembre 1997 concernant le traitement des données à caractère personnel et la protection de la vie privée dans le secteur des télécommunications, JO CE, L 024, 30 janvier 1998.
- Directive 97/7/CE du Parlement européen et du Conseil du 20 mai 1997 concernant la protection des consommateurs en matière des contrats à distance, JO CE, L 144, 4 juin 1997.
- Directive 98/10/CE du Parlement européen et du Conseil du 26 février 1998 concernant l'application de la fourniture d'un réseau ouvert (ONP) à la téléphonie vocale et l'établissement d'un service universel des télécommunications dans un environnement concurrentiel, JO CE, L 101, 1er avril 1998.
- Directive 98/34/CE du Parlement européen et du Conseil du 22 juin 1998 prévoyant une procédure d'information dans le domaine des normes et réglementations techniques, JO CE n° L 204, 21.7.1998.
- Directive 98/48/CE du Parlement européen et du conseil du 20 juillet 1998 portant modification de la directive 98/34/CE du 22 juin 1998 prévoyant une procédure d'information dans le domaine des normes et réglementations techniques (JO CE, L 204, 21 juillet 1998, p. 37), JO CE, L 217, 5 août 1998.
- Directive 1999/64/CE de la Commission du 23 juin 1999 modifiant la directive 90/388/CEE en vue de garantir que les réseaux de télécommunications et les réseaux câblés de télévision appartenant à un seul et même opérateur constituent des entités juridiques distinctes, JO CE L 175, 10 juillet 1999.

- Directive 1999/93/CE du Parlement européen et du Conseil du 13 décembre 1999 sur un cadre communautaire pour les signatures électroniques, JO CE L 13, 19 janvier 2000.
- Directive 2000/31/CE du Parlement européen et du Conseil du 8 juin 2000, relative à certains aspects juridiques des services de la société de l'information, et notamment du commerce électronique, dans le marché intérieur (« *directive sur le commerce électronique* »), JO CE n°178, 17 juillet 2000.
- Directive 2002/19/CE du 7 mars 2002 (directive « accès »), JO CE, L 108, 24 avril 2002.
- Directive 2002/20/CE du 7 mars 2002 (directive « autorisation »), JO CE, L 108, 24 avril 2002.
- Directive 2002/21/CE du P.E et du Conseil du 7 mars 2002 relative à un cadre réglementaire commun pour les réseaux et les services de communications électroniques (directive « cadre »), JO CE, L108/33, 24 avril 2002,
- Directive 2002/22/CE du 7 mars 2002 (directive « service universel »), JO CE, L 108, 24 avril 2002.
- Directive 2002/58/CE du Conseil de l'Europe, n° 2002/58/CE du 12 juillet 2002 concernant le traitement des données à caractère personnel et la protection de la vie privée dans le secteur des communications électroniques (directive vie privée et communications électroniques), JO CE, n° L202, 31 juillet 2002.
- Directive 2002/65/CE du Parlement européen et du Conseil du 23 septembre 2002 concernant la commercialisation à distance de services financiers auprès des consommateurs, et modifiant les directives 90/619/CEE du Conseil, 97/7/CE et 98/27/CE, JO CE, L 271, 09 octobre 2002.
- Directive 2002/77/CE de la Commission du 16 septembre 2002 relative à la concurrence dans le marché de réseaux et des services de communications électroniques, JO CE L 249, 17 septembre 2002.
- Directive 2005/29/CE du Parlement européen et du Conseil du 11 mai 2005 relative aux pratiques commerciales déloyales des entreprises vis-à-vis des consommateurs dans le marché intérieur, JO UE, L 149, 11 juin 2005.
- Directive 2009/136/CE du Parlement européen et du Conseil modifiant la directive 2002/22/CE concernant le service universel et les droits des utilisateurs au regard des réseaux et services de communications électroniques, la directive 2002/58/CE concernant le traitement des données à caractère personnel et la protection et de la vie privée dans le secteur des communications électroniques et le Règlement (CE) n°2006/2004 relatif à la coopération entre les autorités nationales chargées de veiller à l'application de la législation en matière de protection des consommateurs, JO CE, L 337 du 18 décembre 2009.
- Directive 2009/24/CE du 23 avril 2009 concernant la protection juridique des programmes d'ordinateur, JO CE, L 111, 5 mai 2009.
- Directive 2009/140/CE du Parlement européen et du Conseil du 25 novembre 2009 modifiant les directives 2002/21/CE relative à un cadre réglementaire commun pour les réseaux et services de communications électroniques, 2002/19/CE relative à l'accès aux réseaux de communications électroniques et aux ressources associées, ainsi qu'à leur interconnexion, et 2002/20/CE relative à l'autorisation des réseaux et services de communications électroniques, JO UE, L 337/37, 18 décembre 2009.
- Directive 2011/83/UE du Parlement européen et du Conseil du 25 octobre 2011 relative aux droits des consommateurs, modifiant la directive 93/13/CEE du

Conseil et la directive 1999/44/CE du Parlement européen et du Conseil et abrogeant la directive 85/577/CEE du Conseil et la directive 97/7/CE du Parlement européen et du Conseil, JO UE, L 304, 22 novembre 2005.
- Directive 2014/61/UE du Parlement européen et du Conseil du 15 mai 2014 relative à des mesures visant à réduire le coût du déploiement de réseaux de communications électroniques à haut débit, JO UE, L 155, 23 mai 2014.

4) Décisions et résolutions du Parlement européen

- Décision 676/2002/CE du 7 mars 2002 relative à un cadre réglementaire pour la politique en matière du spectre radio électrique dans la Communauté européenne, J.O. L 108 du 24 avril 2002.
- Décision n°676/2002/CE du Conseil du 7 mars 2002 relative à un cadre réglementaire pour la politique, en matière de spectre radioélectrique dans la communauté européenne, JO CE, L108, 24 avril 2002.
- Résolution du Parlement européen du 5 février 2009 sur les échanges commerciaux internationaux et l'internet (2008/2204(INI)), JO UE n[c] C67, 18 mars 2010.
- Résolution du Parlement européen sur *les jeux d'argent et de hasard en ligne dans le marché intérieur*, 10 septembre 2013, [http://www.europarl.europa.eu/sides/getDoc.do?pubRef=-//EP//TEXT+TA+P7-TA-2013-0348+0+DOC+XML+V0//FR] (consulté le 21 novembre 2013) :

5) Projets, communications, lignes directrices

- Lignes directrices concernant l'application des règles de concurrence de la Communauté au secteur des télécommunications, JO CE n° C233, 6 septembre 1991.
- Commission de la Communauté européenne, *Programme d'action : vers un marché communautaire compétitif en matière des télécommunications en 1992 – Mise en application du livre vert sur le développement du marché commun des services et équipements des télécommunications* (état des discussions et propositions faites à la Commission, tel qu'approuvé), Communication de la Commission, 9 février 1998, COM/88/48/FINAL.
- Commission de l'Union européenne, *Vers un cadre européen global pour les jeux de hasard en ligne*, Communication de la Commission au Parlement européen, au Conseil, au Comité économique et social et au Comité des régions, 23 octobre 2012, Doc. 596 final.
- Lignes directrices de la Commission sur l'analyse du marché et l'évaluation de la puissance sur le marché en application du cadre réglementaire communautaire pour les réseaux et les services de communications électroniques, JO CE, 11 juillet 2002, C 165.

6) Textes officiels

- Commission de la Communauté européenne, *Livre vert sur le développement du marché commun des services et équipements des télécommunications,* Bruxelles, COM (87) 290, 30 juin 1987.

- Commission de la Communauté européenne, *Vers une économie européenne dynamique, Livre vert sur le développement du marché commun des services et équipements de télécommunications*, COM (87) 290 final, 30 juin 1987.
- Commission européenne, *Livre vert sur la libéralisation des infrastructures de télécommunications et des réseaux de télévision par câble*, octobre 1994.
- Commission européenne, *Livre vert sur la libéralisation des infrastructures de télécommunications et des réseaux de télévision par câble – Partie II – Une approche commune de la fourniture d'infrastructures de télécommunications au sein de l'Union européenne*, COM (94), octobre 1994 et janvier 1995.
- Commission européenne, *Livre vert sur les communications commerciales dans le marché intérieur*, 8 mai 1996, COM (1996)192 final.
- Commission européenne, *Livre vert sur la convergence des secteurs des télécommunications, des médias et des technologies de l'information, et les implications pour la réglementation,* COM(97) 623 final, 3 décembre 1997.
- Commission européenne, *Livre vert sur les services d'intérêt général,* COM (2003) 270, 21 mai 2003.
- Commission européenne, *Accord de partenariat ACP-CE*, signé à Cotonou le 23 juin 2000, révisé à Luxembourg le 25 juin 2005, Coll. développement, Office des publications officielles des CE, Luxembourg, 2006.
- Commission européenne, *Livre vert sur la révision de l'acquis communautaire en matière de protection des consommateurs*, COM (2006) 744 final, Bruxelles, 8 février 2007.
- Commission de l'UE, *Livre vert sur les jeux d'argent et de hasard en ligne dans le marché intérieur,* 24 mars 2011, COM (2011) 128 final, SEC (2011) 321 final.
- Comité des ministres, *Gouvernance de l'Internet – Stratégie du Conseil de l'Europe 2012-2015,* 15 mars 2012, CM(2011)175 final 2.
- Commission européenne, *Livre vert « se préparer à un monde audiovisuel totalement convergent : croissance, création et valeurs »*, COM (2013) 231, 24 avril 2013.
- Commission européenne, *Livre vert sur les relations entre l'Union européenne et les pays d'Afrique, des caraïbes et du Pacifique (ACP) à l'aube du 21e siècle – Défis et options pour un nouveau partenariat*, 21 novembre 2016, COM(96)0570 – C4-0639/96, [Courrier (Bruxelles), 1997-03/04, n°162].
- *Eurobaromètre*, n°186, enquête menée en octobre 2006 ; Commission européenne, *Livre vert,* COM (2006) 744.
- *Eurobaromètre*, octobre 2008.
- JO CE, L74/13, 22 mars 1996.
- JO CE, L199/32, 26 juillet 1997.
- JO CE, L 204, 21 juillet 1998.
- JO CE, L 217, 05 août 1998.
- JO CE, L 178, 23 janvier 1999.
- JO CE, L 249, 17 septembre 2002.
- JO CE, L 337, 18 décembre 2009.
- JO UE, L 119, 4 mai 2016.
- Recommandation 84/550/CEE du 12 novembre 1984 concernant la première phase d'ouverture des marchés des télécommunications, Doc. 3198H0550, JO CE, 16 nov. 1984.
- Recommandation de la Commission concernant l'interconnexion dans un marché des télécommunications libéralisé : - partie 1 : « Tarification de l'intercon-

nexion », le 8 janvier 1998, JO CE L73, 12 mars 1998 ; - partie 2 : « Séparation comptable et comptabilisation des coûts », le 8 avril 1998, JO CE L141, 13 mai 1998.

- Recommandation 2003/311/CE de la Commission du 11 février 2003 concernant les marchés pertinents de produits et de services dans le secteur des communications électroniques, susceptibles d'être soumis à une réglementation *ex ante* conformément à la directive 2002/21/CE du Parlement européen et du Conseil relative à un cadre réglementaire commun pour les réseaux et services de communications électroniques, JO. CE du 8 mai 2003, L 114.

III. LÉGISLATION FRANÇAISE

1) Constitution

- *Constitution de la République française*, 4 août 1958, version du 7 août 1958, telle que modifiée à ce jour.

2) Codes des lois et textes législatifs

- Code civil, tel que modifié par l'article 2 de l'ordonnance n°2016-131 du 10 février 2016 portant réforme du droit des contrats, du régime général et de la preuve des obligations, JO RF, n°0035, 11 février 2016, texte n°26.
- Code du commerce.
- Code des procédures civiles d'exécution.
- Code pénal.
- Code de la poste et des communications électroniques.
- Code de la santé publique.
- Code de la consommation.
- Code de la sécurité intérieure, créé par la loi n°2013-1168 du 18 décembre 2013 relative à la programmation militaire pour les années 2014 à 2019 et portant diverses dispositions concernant la défense et la sécurité nationale.
- Loi n°78-17 du 6 janvier 1978 relative à l'informatique, aux fichiers et aux libertés, JO RF, 7 janv.1978.
- Loi n°81-994 du 9 novembre 1981 portant dérogation au monopole d'Etat de la radiodiffusion, JO RF, 10 novembre 1981.
- Loi n° 82-652 du 29 juillet 1981 sur la communication audiovisuelle, JO RF, 30 juillet 1982.
- Loi n°82-652 du 29 juillet 1982 *sur la communication audiovisuelle*, version initiale, JO RF du 30 septembre 1982 [version consolidée].
- Loi n°86-1067 du 30 septembre 1986 relative à la liberté de communication [audiovisuelle], JO RF, 1er octobre 1986 [Loi Léotard].
- Loi n°90-58 du 2 juillet 1990 relative à l'organisation du service public des postes et des télécommunications, JO RF, n°174, 08 juillet 1990.
- Loi n°90-1170 du 29 décembre 1990 sur la réglementation des télécommunications, JO RF, n°303, 30 décembre 1990.
- Loi n°96-659 du 26 juillet 1996 de réglementation des télécommunications, JO RF, n°174, 27 juillet 1996.
- Loi n°96-660 du 26 juillet 1996 relative à l'entreprise nationale France Télécom, JO RF, n°174, 27 juillet 1996.

- Loi n°2003-1365 du 31 décembre 2003 relative aux obligations de service public des télécommunications et à France Télécom, JO RF, n°1, 1er janvier 2004.
- Loi n°2004-575 du 21 juin 2004 pour la confiance dans l'économie numérique [dite « LCEN »], JO RF, n°143, 22 juin 2004.
- Loi n°2004-669 du 9 juillet 2004 relative aux communications électroniques et aux services de communication audiovisuelle, JO RF, 10 juillet 2004.
- Loi n°2004-801 du 6 août 2004 relative à la protection des personnes physiques à l'égard des traitements de données à caractère personnel et modifiant la loi n°78-17 du 6 janvier 1978 relative à l'informatique, aux fichiers et aux libertés, JO RF, n°182, 7 août 2004.
- Loi de 1905 sur les fraudes et les falsifications, assurant sa protection de ses règles de protection à toute personne.
- Loi de 1972 sur le démarchage. Loi de 1978 sur les clauses abusives.
- Loi n°2005-516 du 20 mai 2005 relative à la régulation des activités postales, JO RF, n°117, du 21 mai 2005.
- Loi n°2008-3 du 3 janvier 2008 pour le développement de la concurrence au service des consommateurs, JO RF, n°3, 4 janvier 2008.
- Loi n°2008-776 du 4 août 2008 de modernisation de l'économie [dite « LME »], JO RF, n°181, 5 août 2008.
- Loi n°2009-1572 du 17 décembre 2009 relative à la lutte contre la fracture numérique, JO RF, n°0293, 18 décembre 2009.
- Loi n°2010-476 du 12 mai 2010 relative à l'ouverture à la concurrence et à la régulation du secteur des jeux d'argent et de hasard en ligne, JO RF n°0110, 13 mai 2010.
- Loi n° 2014-344 du 17 mars 2014 relative à la consommation [« loi Hamon »], JO RF, n°0065, 18 mars 2014.
- Loi n° 2016-1321 du 7 octobre 2016 pour une République numérique [« loi Axelle Lemaire »], JO RF, 8 octobre 2016.
- Ordonnance n°2001-741 du 23 août 2001 portant transposition de directives communautaires et adaptation au droit communautaire en matière de droit de la consommation, JO RF25 août 2001.
- Ordonnance n°2005-648 du 6 juin 2005 relative à la commercialisation à distance des services financiers auprès des consommateurs, transposant la directive 2002/65/CE.
- Ordonnance 2005-674 du 16 juin 2005 relative à l'accomplissement de certaines formalités contractuelles par voie électronique, JO RF, n°140, 17 juin 2005.
- Ordonnance n°2011-1012 du 24 août 2011 relative aux communications électroniques, JO RF, 26 août 2011.
- Ordonnance n°2014-948 du 20 août 2014 relative à la gouvernance et aux opérations sur le capital des sociétés à participation publique, JO RF, n°0194, 23 août 2014.

3) Textes réglementaires

- Arrêté du 25 février 2016 portant désignation de l'organisme chargé de gérer la liste d'opposition au démarchage téléphonique, JO RF, n°0050, texte n°36, 28 février 2016.

- Circulaire du 16 mars 1988 prise en application du décret n°87-775 du 24 septembre 1987 relatif au régime général des liaisons spécialisées et au régime des réseaux télématiques ouverts à la des tiers utilisant des liaisons spécialisées.
- Arrêté du 3 décembre 1987 relatif à l'information du consommateur sur les prix, JO RF, 4 août 1988.
- Décret n°87-775 du 24 septembre 1987 relatif aux liaisons spécialisées et aux réseaux téléphoniques ouverts à des tiers.
- Décret n° 90-1213 du 29 décembre 1990 relatif au cahier des charges de France Télécom et au code des postes et télécommunications, articles 15 à 22, JO RF, 30 décembre 1990.
- Décret n°92-280 du 27 mars 1992 pris pour l'application des articles 27 et 33 de la loi n° 86-1067 du 30 septembre 1986 fixant les principes généraux définissant les obligations des éditeurs de services en matière de publicité, de parrainage et de télé-achat.
- Décret n°92-280 du 27 mars 1992 pris pour l'application des articles 27 et 33 de la loi n°86-1067 du 30 novembre 1986 et fixant les principes généraux définissant les obligations des éditeurs de services en matière de publicité, de parrainage et de télé-achat, JORF, n°75, 28 mars 1992.
- Décret n°2001-1331 du 28 décembre 2001, modifiant le décret n°92-280 du 27 mars 1992 pris pour l'application du 1° de l'article 27 de la loi n° 86-1067 du 30 septembre 1986 relative à la liberté de communication et fixant les principes généraux concernant le régime applicable à la publicité et au parrainage.
- Décret n°2011-219 du 25 février 2011 relatif à la conservation et à la communication des données permettant d'identifier toute personne ayant contribué à la création d'un contenu mis en ligne.

4) Textes officiels et rapports institutionnels

- JO RF, 1er janvier 2004.
- JO RF, 22 juin 2004.
- JO RF, 10 juillet 2004.
- JO RF, n°0110, 13 mai 2010.
- JO RF, n°0065, 18 mars 2014, texte n°1.
- JO RF, n°0064, 16 mars 2016, texte n°29.

IV. LÉGISLATION CONGOLAISE

1) Texte constitutionnel

- Constitution de la République Démocratique du Congo du 18 février 2006, telle que modifiée par la loi n°11/002 du 20 janvier 2011 portant révision de certains articles de la Constitution du 18 février 2006 (Textes coordonnés), JO RDC, numéro spécial, 5 février 2011.

2) Textes législatifs

- Arrêté du Gouverneur général du 19 janvier 1901, Jeux de hasard, R.M., 1901.
- Décret [du Roi de belges] du 2 août 1913, des commerçants et de la preuve des engagements commerciaux, B.O., 1913.

- Décret sur les loteries du 17 août 1927, *Bulletin officiel*, Congo-Belge, 1927.
- Décret du 30 janvier 1940 portant code pénal congolais tel que modifié et complété à ce jour, mise à jour au 5 octobre 2006, JO RDC, 47e année, n° spécial, Kinshasa, 05 octobre 2006.
- Décret du 7 mars 1960 portant Code de procédure civile, *Moniteur congolais*, 1960.
- Décret-loi sur le prix du 20 mars 1961, tel que modifié par l'Ordonnance-loi n°83-026 le 12 septembre 1983, in *Les codes Larcier de la République démocratique du Congo*, t.III, vol. 2, éd. De Boeck & Larcier (Afrique éditions), Bruxelles (Kinshasa), 2003.
- Décret du 20 mars 1961 sur la réglementation des prix, *Moniteur congolais*, 1961.
- Décret-loi n°101 du 3 juillet 2000 portant fixation de la nomenclature des actes générateurs des recettes administratives, judiciaires, domaniales et de participations et de leurs modalités de perception [inédit].
- Loi-cadre n°013/2002 du 16 octobre 2002 sur les télécommunications en RDC [LCT], JO RDC, n° spécial, 44e année, 25 janvier 2003.
- Loi n°014/2002 du 16 octobre 2002 portant création de l'Autorité de régulation des postes et des télécommunications, JO RDC, 44ème année, numéro spécial, Kinshasa, 25 janvier 2003.
- Loi n°004-2003 du 14 mars 2003 portant réforme des procédures fiscales, JO RDC, n° spécial, Kinshasa, 31 mars 2003.
- Loi n°04/015 du 16 juillet 2004 fixant la nomenclature des actes générateurs des Recettes Administratives, Judiciaires, Domaniales et des Participations ainsi que leurs modalités de perception, JO RDC, 45e année, n° spécial, Kinshasa, 22 juillet 2004, (Autre publication : JO RDC, 47e année, n° spécial, 18 aout 2006,).
- Loi n°05/008 du 31 mars 2005 modifiant et complétant la Loi n°04/015 du 16 juillet 2004 fixant la nomenclature des actes générateurs des Recettes Administratives, Judiciaires, Domaniales et des Participation ainsi que leurs modalités de perception, JO RDC [http://leganet.cd/Legislation/Dfiscal/L05.008.31.03.2005.nomenclature.htm] (consulté le 18 juillet 2016).
- Loi n°06/003 du 27 février 2006 modifiant et complétant certaines dispositions de la loi n°004/2003 du 13 mars 2003 portant réforme des procédures fiscales, JO RDC, 47e année, n° spécial, 15 mars 2006.
- Loi n°08/007 du 07 juillet 2008 portant dispositions générales relatives à la transformation des entreprises publiques JO RDC, 49è année, n° spécial, 12 juillet 2008.
- Loi n°08/009 du 7 juillet 2008 portant dispositions générales applicables aux établissements publics, JO RDC, 49e année, n° spécial, 12 juillet 2008.
- Loi 08-010 du 7 juillet 2008 fixant les règles relatives à l'organisation et à la gestion du portefeuille de l'État, JO RDC, 49e année, n° spécial, 12 juillet 2008.
- Loi organique n° 16/027 du 15 octobre 2016 portant organisation, compétence et fonctionnement des juridictions de l'ordre administratif, JO RDC, n° spécial, Kinshasa, 18 octobre 2016.

3) Textes réglementaires

- Arrêté interdépartemental DENI/CAB06/005/87 portant mesures d'exécution de l'ordonnance n°83-178 portant création de la commission de la police du commerce, *Législation et réglementation économiques et commerciales*. 2e éd., 1998.
- Arrêté interministériel n°001/CAB/VPM/MIN/PTT/2011 et n°045/CAB/MIN/FINANCES/2011 modifiant et complétant l'Arrêté n°005/CAB/MIN/PTT/2009 et n°071/CAB/MIN/FINANCES/2009 du 26 février 2009 portant fixation de taux de la taxe de numérotation à percevoir à l'initiative de l'ARPTC pour l'utilisation des ressources en numérotation, JO RDC, 52è année, n°4, 15 fév.2011, col. 6
- Arrêté interministériel n°002/TNT/CAB/M-CM/LMO/2015 et n° CAB/VPM/PTNTIC/TLL/0002/2015 du 25 avril 2015 du Vice-premier Ministre, Ministre des PTT et du Ministre de l'information et média portant définition des acteurs du nouveau paysage audiovisuel congolais, récupération par l'État congolais des fréquences analogiques octroyées aux chaines de télévision et interdiction d'importation en République Démocratique du Congo des récepteurs analogiques, JO RDC, n°11, 1er juin 2016, col. 24.
- Arrêté interministériel n°004/CAB/MIN/PTT/2005 et n°015/CAB/MIN/FINANCES/2005 du 28 juillet 2005 portant taux de la taxe de régulation à percevoir à l'initiative du Ministère des PTT et de l'ARPTC [inédit].
- Arrêté interministériel n°005/CAB/MIN/PTT/2005 et n°110/CAB/MIN/FINANCES/2005 du 29 juillet 2005 portant fixation des taux des droits, taxes et redevances à percevoir à l'initiative du Ministère des PTT, JO RDC, n° spécial, 46e année, Kinshasa, 1er novembre 2005, col. 57-60.
- Arrêté interministériel n°006/CAB/MIN/FIN&BUD/2003 et n°001/CAB/MIN/PTT/2003 du 25 janvier 2003 portant fixation de la taxe terminale sur les communications internationales entrantes, JO RDC, n° spécial, 44e année, 25 janvier 2003.
- Arrêté interministériel n°068/CAB/MIN/INTERSEC/2009, n°212/CAB/MIN/J/2009, n° CAB/MIN/PTT/011/2009 du 21 décembre 2009 modifiant et complétant l'Arrêté interministériel n°25/CAB/MINÉTAT/INTERDESEC/010/2008 et n°003 CAB/MIN/PTT/2008 du 8 mars 2008 du Ministre d'État en charge de l'intérieur et du Ministre des PTT fixant les conditions de souscription à l'abonnement téléphonique en République Démocratique du Congo.
- Arrêté interministériel n°25/CAB/MINÉTAT/INTERDESEC/010/2008 et n°003/CAB/MIN/PTT/2008 du 8 mars 2008 fixant les conditions de souscription à l'abonnement téléphonique [inédit].
- Arrêté interministériel n°25/CAB/VPM/MIN/INTERSEC/024/2015, n°03/CAB/VPM/PTNTIC/2015, n°008/CAB/MIN/CM/LMO/2015 du 19 mai 2015 modifiant et complétant l'Arrêté n°068/CAB/MIN/INTERSEC/2009,n°212/CAB/MIN/J/2009,n°CAB/MIN/PTT/011/2009fixant les conditions de souscription à l'abonnement téléphonique en République Démocratique du Congo, JO RDC, n°11, 56èmeannée, Kinshasa, 1er juin 2015, col.7.
- Arrêté interministériel n°CAB/MIN/PT&TIC/059/2014 et n°CAB/MIN/FINANCES/2014/109 du 5 juillet 2014 portant fixation des taux des droits, taxes et redevances à percevoir à l'initiative du ministère des Postes,

télécommunications et nouvelles technologiques de l'information et de la communication [inédit].

- Arrêté ministériel n° CAB/M-CM/LMO/006/2015du 25 avril 2015 du Ministre *de la Communication et Médias p*ortant procédure d'obtention d'autorisation d'exploitation de la TNT, in JO RDC, col. 27.
- Arrêté ministériel n°008/MINPF/LMM/2016 du 01 novembre 2016 portant suspension d'un mandataire public au sein de la société congolaise des postes et télécommunications, en sigle "SCPT SA" [inédit]. « Le directeur général de la SCPT, Didier Musete suspendu, 3 nov. 2016, MCNTEAM, *Mediacongo* [http://www.mediacongo.net/article-21757.htmlactualité] (consulté au 17 novembre 2017)
- Arrêté ministériel n°026/CAB/VPM/MIN/PNTC/LKNG/OPS/2012 du 30 mars 2012 portant mesures d'application du décret 012/15 du 20 février 2012 fixant les modalités de calcul et les taux des revenus des prestations de l'ARPTC [inédit].
- Arrêté ministériel n°CAB/MIN/PT&NTIC/0011/09/2012 du 10 septembre 2012 portant attribution de la licence d'établissement et d'exploitation de réseau public de télécommunications de troisième génération « 3G » en République démocratique du Congo [inédit].
- Arrêté ministériel n°CAB/MIN/PTT/0027/31/93 du 18 novembre 1993 fixant les conditions d'exercice des activités du secteur de télécoms, JO RDC, n° spécial, 44e année, Kinshasa, 25 janvier 2003.
- Arrêté n°003 /CAB/MIN/PTT/2009 du 26 février 2009 portant création du Plan National de Numérotation et Arrêté n° 004/CAB/MIN/PTT/2009 du 26 février 2009 portant fixation des modalités de gestion du Plan National de Numérotation, JO RDC, 50e année, n°5, 1er mars 2005, col. 1-10.
- Décret n°03/027 du 16 septembre 2003 fixant les attributions des ministères du gouvernement de transition, JO RDC, n° spécial, 44e année, 23 septembre 2003.
- Décret 09/12 du 24 avril 2009 établissant la liste des entreprises publiques transformées en sociétés commerciales, établissements publics et services publics, JO RDC, 50e année, n° spécial, 30 avril 2009,
- Décret n°012/15 du 20 février 2012 fixant les modalités de calcul et les taux des revenus des prestations de l'Autorité de Régulations de la Poste et des Télécommunications, « ARPTC » en sigle, JO RDC, n°6, 15 mars 2012, col.9-10.
- Ordonnance n°17/025 du 10 juillet 2017 fixant les attributions des ministères, JO RDC, n° spécial, 58e année, Kinshasa, 19 juillet 2017.
- Ordonnance législative n°254/Télec. du 23 août 1940, Moniteur congolais, JO RDC, n° spécial, 25 janvier 2005, Kinshasa.
- Ordonnance-loi n°41-63 du 24 février 1950 sur la concurrence déloyale et sa répression, Bulletin Administratif [Congo-Belge], 1950.
- Ordonnance-loi n°11-41 du 16 mai 1951, Interdiction des concours et pronostics sportifs ou autres, *Bulletin officiel,* 1951.
- Ordonnance-loi n°68-475 du 13 décembre 1968 portant création de l'OCPT, Moniteur congolais, n°3, 1er février 1969.
- Ordonnance-loi n°71-015 du 15 mars 1971 sur les installations radioélectriques privées, Moniteur congolais, n°8, 15 avril 1971.
- Ordonnance n°78-222 du 5 mai 1978 portant statut de l'ONPTZ, JOZ., n°12, du 15 juin 1978.

- Ordonnance n°83-178 du 28 septembre 1983 portant création de la commission de la police du commerce, JOZ, n°19, 1er octobre 1983.
- Ordonnance n°87-243 du 22 juillet 1987 portant réglementation de l'activité informatique en République du Zaïre, JOZ, n°15, 1er août 1987.
- Ordonnance n°12/008 du 11 juin 2012 fixant les attributions des Ministères, JO RDC, 53e année, n° spécial, 14 juin 2012.
- Ordonnance [du Président de la RDC] n°14/073 du 5 décembre 2014 portant approbation de l'Accord de don H81-ZR conclu entre la RDC et la Banque mondiale, au titre de la 5e phase du programme régional de réseaux de télécommunication haut débit en Afrique centrale (CAB5), JO RDC, 56e année, n° spécial, 10 janv. 2015, col.2.
- Ordonnance n°15/015 du 21 mars 2015 fixant les attributions des ministères, JO RDC, 53e année, n° spécial, 14 juin 2012, JO RDC, n° spécial, 56e année, 27 mars 2015, col. 23 et s.
- Ordonnance n°15/017 du 25 mars 2015 portant nomination des mandataires publics au sein de la Société commerciale des postes et télécommunications, en sigle SCPT, JO RDC, 56e année, 1er avril 2015, col. 9-10.

4) Décisions du collège de l'Autorité des postes et télécommunications

- Décision n°001/ARPTC/2005 du 25 avril 2005 relative au désaccord entre l'Office congolais des postes et télécommunications (OCPT) et les sociétés de télécommunications (inédite). [Source : archivage de la notification de la décision faite à la société Vodacom Congo, l'une des parties litigantes].
- Décision n°002bis/ARPTC/CCG/2006 du Collège de l'ARPTC du 27 janvier 2006 autorisant la société Celtel Congo à fournir les services Internet.
- Décision n°003/CLG/ARPTC/2006 fixant les règles de procédure applicables en cas de manquements par les opérateurs de postes ou de télécommunications à leurs obligations légales.
- Décision n°004/CLG/ARPTC/2006 fixant la procédure de règlement des différends en matière de poste ou de télécommunications.
- Décision n°016/ARPTC/CLG/2006 du 23 juin 2006 portant définition des principes d'interconnexion, JO RDC, n°15, 47e année, Kinshasa, 1er août 2006, col. 13 et s.
- Décision n°005/ARPTC/CLG/2007 du 29 juin 2007 du Collège de l'ARPTC portant identification des abonnés du service de la téléphonie mobile JO RDC, 48e année, n° 10, Kinshasa, 15 octobre 2007, col. 1 et 2.
- Décision n°001/ARPTC/CLG/2009 du 14 janvier 2009 et n°005/ARPTC/CLG du 24 février 2009.
- Décision n°008/ARPTC/CLG/2011 du 28 février 2011 du Collège de l'ARPTC modifiant la Décision n°044/CLG/ARPTC/2008 du 25 août 2008 portant conditions et modalités de promotion des services de télécommunications en République Démocratique du Congo, JO RDC, n°8, 52e année, 15 avril 2011, col. 27.
- Décision n°036/ARPTC/CLG/2011 du 14 juin 2011 du collège de l'ARPTC portant attribution d'un canal de fréquences de service de radiodiffusion télévisuelle à la chaîne de télévision Broad Casting Network « BNTV/Barala » à Kinshasa, JO RDC, 1er déc.2011, n°23, col. 23.

- Décision n°037/ARPTC/CLG/2011 du collège de l'ARPTC du 27 avril 2011 attribuant les fréquences à l'Ambassades des États-Unis à Kinshasa, JO RDC, n°23, 52è année, 1er déc. 2011, col.24.
- Décision n°038/ARPTC/CLG/2011 du collège de l'ARPTC du 27 avril 2011 autorisant la Banque First International Bank (FIBANK) à installer et exploiter un réseau indépendant constitué de quatre stations VSAT, JO RDC, n°23, 52è année, 1er déc. 2011, col. 25.
- Décision n°062/ARPTC/CLG/2011 du collège de l'ARPTC du 02 septembre 2011 attribuant les fréquences à l'Ambassades d'Afrique du Sud à Kinshasa, JO RDC, n°52, 52è année, 1er déc. 2011, col. 52.
- Décision n°26/ARPTC/CLG/2011 du Collège de l'ARPTC attribuant les fréquences faisceaux hertziens dans les bandes de 8 GHz et de 11 GHz à la société CIELUX, JO RDC, 52è année, n°23,1er déc.2011, col. 11.
- Décision n°29/ARPTC/CLG/2011 du Collège de l'ARPTC portant sélection de la société CYBERNET comme attributaire d'une licence d'établissement et d'exploitation d'un réseau de Télécommunications par satellite de type VSAT, JO RDC, 52è année, n°23, 1er déc.2011, col. 15.
- Décision n°003/ARPTC/CLG/2012 du Collège de l'ARPTC autorisant la société Oasis Sprl à fournir le service Internet au public, JO RDC, 53è année, n°23, 1er décembre 2012, col. 11.
- Décision n°009 ARPTC/2012 du Collège de l'ARPTC modifiant la décision n°028/ARPTC/CL/2011 portant définition des principes de tarification du service de détail voix applicables par les exploitants des réseaux et services de télécommunications ouverts au public en RDC, JO RDC, 53e année, n°23, 1er décembre 2012, col. 20.
- Décision n°021/ARPTC/CLG/2012 du 03 mars 2012 du Collège de l'ARPTC portant suspension des promotions des services de télécommunications en RDC [inédit]
- Décision n°028/ARPTC/CLG/2012 du Collège de l'ARPTC attribuant les fréquences additionnelles dans la bande GSM 900 à la société Oasis Sprl, JO RDC, 53e année, 1er décembre 2012, col. 53.
- Décision n°33/ARPTC/CLG/2012 du Collège de l'ARPTC attribuant les fréquences additionnelles dans la bande GSM 900 à la société CCT Sarl, JO RDC, 53è année, 1er décembre 2012, col. 54.
- Décision n°001/ARPTC/CLG/2015 du 02 février 2015 portant encadrement des tarifs voix applicables par les exploitants des réseaux et services des télécommunications ouverts au public en RDC. [Inédit]

5) Textes officiels et rapports institutionnels

- AGENCE NATIONALE POUR LA PROMOTION DES INVESTISSEMENTS, « Nouvelles technologies de l'information et de la communication », *Cahier sectoriel*, ANAPI, Kinshasa, mai 2017.
- ASSEMBLÉE NATIONALE, *Règlement intérieur*, JO RDC, 48e année, Kinshasa, numéro spécial, 20 février 2007.
- COPIREP, *Rapport annuel 2013*, Établissement public, Kinshasa.
- GOUVERNEMENT DE LA RDC, *Programme économique et social, vision, défis, stratégies et politiques et sectorielles*, PEG en sigle, septembre 2011, Kinshasa.

- INSTITUT NATIONAL DE LA STATISTIQUE, *Annuaire statistique 2014*, Ministère du plan et révolution de la modernité & PNUD, Kinshasa, juillet 2015.
- MINISTÈRE DES PTT, *Document de Politique sectorielle, stratégie de développement du secteur des télécommunications et des technologies de l'information et de la communication de la RDC*, Kinshasa, juillet 2009.
- *Recueil de textes sur l'amélioration du climat des affaires,* n° spécial, JO RDC, 51ème année, Kinshasa, 3 mars 2010.
- JO RDC, n° spécial, 44e année, Kinshasa, 25 janvier 2003.
- JO RDC, n° spécial, 46e année, Kinshasa, 25 janvier 2005.
- JO RDC, 46e année, Kinshasa, 1er septembre 2005.
- JO RDC, n°15, 47e année, Kinshasa, 1er août 2006, col. 21 et s.
- JO RDC, n° spécial, 47e année, Kinshasa, 18 août 2006.
- JO RDC, n° spécial, 49e année, Kinshasa, 12 juillet 2008.
- JO RDC, n°23, 53è année, Kinshasa, 1er décembre 2012.
- JO RDC, 1er déc.2011, n°23.
- JO RDC, n°8, 15 avril 2009, 1re partie, Avis et annonces, col. 74.

V. JURISPRUDENCES

1) Jurisprudence américaine

- Cour d'appel fédérale du 9e circuit, 23 août 2004 et 12 janvier 2006 et 12 janvier 2006, *LICRA and UEJF v. Yahoo !,* n° 01-17424.

2) Jurisprudence européenne

- Arrêt du 16 octobre 2008, *Bundesverband der Verbraucherzentralen und Verbraucherverbände*, C-298/07, Rec. p. I-7841,
- CJCE, affaire *Factort,* arrêt du 25 juillet 1991, *C-221/89, Rec.,* 1991.
- CJCE, 17 novembre 1992, *Royaume d'Espagne, Royaume de Belgique et République indienne c/ Commission,* aff. Jointes C-271/90, C-281/90 et C-281/90, *Recueil* 1992.
- CJCE, affaire C-69/91, 27 octobre 1993, *Procédure pénale contre Francine Decoster, épouse Gillon, Rec.* 1993.
- CJCE, *Compagnie Maritime belge c/ Commission,* C-395/96 C-396/5 P, TPI, *Gencor Ltd/ Commission*, aff. T-102/96.
- CJCE : affaires Francesco Benicasas / Dentalkit Srl, 3 juillet 1997, activités CJCE, 1997, n°20.
- CJCE, 23 nov.1999, Portugal c/ Conseil, C-149/96.
- CJCE, 23 avril 2009, *VTB-VAB* c/ *Total Belgium NV*, Aff. C-261/07, *D.* 2009, AJ.
- CJCE, Arrêt du 23 mars 2010, Google France et Google, C-236/08 à C-238/08.
- CJCE, Arrêt du 25 mars 2010, *BergSpechte*, C-278/08.
- CJUE, *Affaire Peter Pammer* et *Hôtel Alpenhof GesmhH,* C-585/08 (jointe à C-144/09), 7 décembre 2010, RJ, 2010, I-12527.
- CJUE, Arrêt du 12.07.2011, L'Oréal SA, Lancôme parfums et beauté & Cie, Laboratoire Garnier & Cie, L'Oréal (UK) Limited contre eBay International AG, eBay Europe SARL, eBay (UK) Limited, *Affaire C-324/09,* Recueil de la jurisprudence 2011 I-06011.

- CJUE, France c/ Commission, C-559/12P, 3 avril 2014.
- CJUE, Gde ch, aff. C-293/12, 8 avril 2014, *Digital Rights Ireland Ltd.*
- CJUE, *Affaire Google Spain SL et Google Inc. c/ Agencia Española de protección de Datos et Mario Costeja González*, C-131/12, Arrêt (grande chambre), 13 mai 2014.
- CJCE, *Compagnie Maritime belge (transport SA) et Dafra-Lines A/S c/ Commission,* aff. Jtes C-395/96 C-396/6 P, 16 mars 2000, Recueil de la jurisprudence, 200, I, pp. 1365
- CJCE, *République française c/ Commission*, C-202/88, 19 mars 1991, concurrence dans les marchés des terminaux de télécoms.
- CJUE, *France vs. Commission*, affaire C-559/12P, avril 2014, Communiqué de presse n°48/14, Luxembourg, 3 avril 2014.
- TPI, *Gencor Ltd/ Commission*, arrêt 25 mars 1999, aff. T-102/96, Recueil, 199, II.

3) Jurisprudence française

- Conseil constitutionnel, Décision relative à la loi transférant à la juridiction judiciaire le contentieux des décisions du Conseil de la concurrence, 23 janvier 1987.
- Conseil d'État, Arrêt du Bac d'Eloka, Société commerciale de l'Ouest africain, 22 janvier 1921.
- TGI, Troyes, Aff. Hernès International c/ SA eBay France et eBay International AG, 4 juin 2008, *RLDI,* n° 39, 2008, n°1296.
- TGI, Paris, *Max Mosley* c. *Google Inc.* et *Google France,* RG 11/07970.
- Conseil d'État, Arrêt *Etablissement Vezia,* 20 décembre 1935 (GAJA).
- Conseil d'État, Arrêt Monpeurt, 31 juillet 1942 (GAJA)
- Conseil d'État, Arrêt Bouguen, 2 avril 1943 (GAJA).
- Cass. Com., 9 novembre 1970, Bull. IV, n° 298, in CAMPANA M.-J., *Code de commerce*, 20e éd., Litec, Paris, 2008.
- Cass. Com., 18 février 1975 : Bull. civ. IV, n°48.
- Conseil d'État français, 10 juillet 1981, n°05310, recueil Lebon. En cause : Conseil d'État, commissaire aux comptes de société *vs* décision du médiateur, statuant au contentieux sur requête pour excès de pouvoir, à propos de la nature juridique du médiateur. [http://www.legifrance.gou.fr/affichJuriAdmin.do?idTexte=CÉTATEXT000007664894] (consulté le 16 mars 2017)
- Cass. Crim. 12 novembre 1986, Bull. Crim., n°861.
- Cass. Civ. 28 avril 1987 RTD civ. 1987-537.
- Cass. Civ. 1ère, 25 mai 1992, *D.* 1993.
- Cass. Civ., 1ère, 24 nov. 1993, JCP, éd. G. 1994, n°22334.
- Cass. Civ. 1re, 30 janvier 1996, n°93-18684, Bulletin 1996, n°55, p. 35
- Cass. Crim., 14 octobre 1998, D. 1999.
- Cass. Civ. 1re, 4 mai 1999, *D.* 1999. IR 170.
- TGI, Paris, Ordonnance, Juge des référés, 22 mai 2000.
- Cass. Civ. 1re, 10 juillet 2001, *D.* 2002, Somm. 932.
- Cass. Civ., 1re Ch., 15 mars 2005, n°02-13285.

- TGI Paris, 8 juillet 2005, Real de Madrid Football club c/ Zinedine Zidane, David Beckham, Raul G. et al. c/ Hilton Group PLC, *sporting Exchange TD*, William H., *sportingbet* PLC et al.
- TGI, Mulhouse, Jugement correctionnel n°122/2006, 12 janv. 2006. [www.davidtate.fr]
- Tri.com., Paris, 1re ch. B, 30 juin 2008, *Parfums Christian Dior et a. c/ eBay Inc., eBay International AG.* – 1re ch. B, 30 juin 2008, décisions, [www.legalis.net.net]
- Cour Cass. Crim, 9 septembre 2008, Giuliano, n°07-87281.
- Cour d'appel de Pau, 23 mars 2012, n° 11/03921 [www.legalis.net].
- France *vs* Commission, affaire C-559/12P, avril 2014, CJUE, Communiqué de presse n°48/14, Luxembourg, 3 avril 2014 [www.curia.europa.eu].
- Cass. Civ. 1re, 2 juillet 2014, *D.* 2014, 1492.
- Conseil d'État, Arrêt, Caisse primaire Aide et Protection, 13 mai 1938 ; Arrêt Monpeurt, 31 juillet 1942 (GAJA).
- Conseil d'État, Arrêt, *Caisse primaire Aide et Protection,* 13 mai 1938 (GAJA),
- Cour d'appel de Paris, Facebook Inc. c/ Monsieur X, 12 février 2016, n°15/08624.

VI. OUVRAGES

1) Ouvrages généraux

- AMIDOU KANE CH., *L'Aventure ambigüe,* Paris, Julliard, 1971.
- ARISTOTE, *Politique,* Livre II, trad. par J. Aubonnet et M.-L. Desclos. éd. Les belles lettres, Paris, 1998.
- AUBY J.-B., *La Globalisation, le Droit et l'État,* LGDJ, coll. « systèmes », 2e éd., Paris 2010.
- AUDIT B., *Droit international, privé,* Economica, n°43, Paris, 2000.
- AVRIL P. et GICQUEL J., *Lexique de Droit constitutionnel, Vocabulaire citoyen,* PUF, coll. Que sais-je ?, 4e éd., Paris, 2014 (2003).
- AZEMA J., BESNARD GOUDET R., ROLLAND B. et VIENNOIS J.-P., *Dictionnaire de Droit des Affaires,* Ellipses, coll. dirigée par SCARANO J.-P., Paris, 2007.
- BAKANDEJA WA MPUNGU G., *Le Droit du Commerce international. Les peurs justifiées de l'Afrique face à la mondialisation des marchés,* De Boeck université, Coll. Droit/Économie, Bruxelles, 2001.
- BARANGER D., *Le Droit constitutionnel, à la recherche de l'ordre politique idéal,* 6e éd., PUF, coll. « Que sais-je ? », n°3634, Paris, 2013 (2002).
- BENTHAM M., *De l'influence des temps et des lieux en matière de législation,* Œuvres, éd. E. Dumont, Bruxelles, Coster, 1829.
- BERGÉ J. et ROBIN-OLIVIER S., *Droit européen, Union européenne, Conseil de l'Europe*, 2e éd. mise à jour, Coll. Thémis droit, PUF, Paris, 2008.
- BERGEL J.-L., BRUSCHI M. et CIMAMONTI S., *Traité de droit civil. Les biens*, 2e éd., Coll. Jacques Ghestin, LGDJ, Lextenso édition, Paris, 2010.
- BERRAMDANE A. et ROSSETTO J., *Droit de l'Union européenne, Institutions et ordre juridique*, Coll. Cours, LMD, éd. LGDJ, 2013.
- BIHL L., *Consommateur défends toi* !, Denoël, 1976.
- BLUM F. et LOGUE A., *State monopolies under EC law,* Chichester, Jchn Wiley & Sons Ltd, 1998.

- BONNET J. et GAHDOUN P.-Y., *La question prioritaire de constitutionnalité*, PUF, 1re éd., coll. « Que sais-je ? », Paris, 2014.
- BOSHAB É., *Entre la Révision de Constitution et l'Inanition de la Nation,* Larcier, Bruxelles, 2013.
- BOSSIS G. et ROMI R., *Droit du cinéma,* LGDJ, coll. Systèmes, Paris, 2004.
- BOURGOIGNIE, *Elément pour une théorie du droit de la consommation*, Story Scientia, Bruxelles, n°28, 1988.
- BOUVIER P. (avec la collab. de BOMBOKO F.), *Le Dialogue inter congolais, Anatomie d'une négociation à la lisière du chaos, contribution à la théorie générale de la négociation,* L'Harmattan, coll. Cahiers africains, n°63-64, Paris, 2004.
- BURBAN J.- L., *Les institutions européennes,* Vuibert, 3e éd., coll. gestion internationale, Paris, 2002.
- CALAIS-AULOY J. et TEMPLE H., *Droit de la consommation*, Dalloz, 9e éd., Coll. Précis Droit privé, Paris, 2015.
- CARBONNIER J., *Droit civil, introduction,* 8e éd., PUF, 1969.
- CARBONNIER J., *Droit et Passion du Droit sous la Ve République,* Flammarion, coll. champs essais, n°819, Paris, 1996.
- CARBONNIER J., *Flexible Droit pour une sociologie du droit sans rigueur*, 10e éd., LGDJ, Paris, 2001.
- CARRÉ DE MALBERG R., *Contribution générale à la théorie de l'État,* Sirey, 1962.
- CAS G., *La défense du consommateur,* PUF, coll. « Que sais-je ? », Paris, 1975.
- CHEVALLIER J., *L'État post-moderne,* 4e éd., LGDJ, Lextenso éditions, coll. droit et société, n°35, Paris, 2014.
- CHEVALLIER J., *Le service public, une administration citoyenne ?* 10e éd., PUF, coll. Que sais-je ? Droit-Politique, Paris (1987) 2015.
- COLLARD DUTILLEUEL F. et DELEBECQUE P., *Contrats civils et commerciaux,* 9e éd., Dalloz, Paris, 2011, n° 627.
- COLSON J.-P. et PH. IDOUX, *Droit public économique*, 8e éd., LGDJ, coll. « Manuel », Paris 2016.
- CORNU G., *Vocabulaire juridique*, 11e éd., PUF, coll. Quadrige, Paris, 2016 (1987).
- CORNU G., *Vocabulaire juridique*, 9è éd., PUF, coll. Quadrige, Paris, 2011 (1987).
- DALLOZ, *Lexique des termes juridiques*, 17e éd., Dalloz, Paris, 2009.
- DELMAS-MARTY M., *Le Flou du droit,* PUF, coll. Quadrige Essais Débats, Paris, 2004.
- DENIS-JUDICIS X. et PETIT J.-P., *Les Privatisations*, Montchrestien, coll. Clefs-Economie, 1998.
- DENOIX DE SAINT MARC R., *L'État,* PUF, 3e éd., coll. « Que sais-je ? », Paris, 2016 (2004).
- *Dictionnaire de poche* 2012, Larousse, Paris, 2011.
- *Dictionnaire Larousse illustré,* 2017.
- DONY M., *Droit de l'Union européenne,* 6e éd., Université de Bruxelles, 2015.
- DOYERE J., *Le Combat des consommateurs*, éd. du Cerf, 1975.
- DUGUIT L., *Le pragmatisme juridique, conférences prononcées à Madrid, Lisbonne & Coïmbre en 1923*, éd. La Mémoire du Droit, Coll. inédit, trad. Simon Gilbert, Paris, 2008.

- DUGUIT L., *Les Transformations du Droit public,* La Mémoire du Droit/Librairie Armand Colin, Paris, 1999 (1913).
- DUGUIT L., *Les Transformations générales du Droit privé depuis le Code Napoléon,* 2e éd. revue, La Mémoire du Droit, Paris, 2008.
- FAVOREU L., GAÏA P., GHEVONTIAN R., MESTRE J.-L., PFESMANN O., ROUX A. et SCOFFONI G., *Droit constitutionnel,* 7e éd., Dalloz, Coll. Droit public-science politique, Paris, 2004.
- FAVOREU L., GAÏA P., GHEVONTIAN R., MESTRE J.-L., PFESMANN O., ROUX A. et SCOFFONI G., *Droit constitutionnel,* 18è éd., Dalloz, Coll. Précis, Paris, 2015.
- FLICHY P., *Les industries de l'imaginaire,* Presses Universitaires de Grenoble, Paris, 1980.
- GAVALDA C. et PARLEAMI G., *Droit des Affaires de l'Union européenne,* Litec, LexisNexis, 6e édition à jour du Traité de Lisbonne, Paris, 2010.
- GIDE C., *Cours d'économie politique,* Sirey, 1909.
- GONOR A., *Le Temps,* éd. GF, coll. Corpus, Paris, 2001.
- HILAIRE J., *Adages et Maximes du droit français,* Dalloz, Paris, 2013.
- HUET J., DECOCQ G., GRIMALDI C., LECUYER H. et MOREL-MAROGER J., *Traité de Droit civil. Les principaux contrats spéciaux,* 3e éd., LGDJ, Lextenso éditions, Coll. Jacques Ghestin, Paris, 2012.
- HUXLEY A., *Le meilleur des mondes,* Plon, Paris, 2013.
- J. SHAMUANA MABENGA, *Africanologie, Ébauche d'une Discipline scientifique,* L'Harmattan-RD Congo, Paris, 2017.
- JALBY CH., *La Police technique et scientifique,* PUF, 3e éd., coll. « Que sais-je ? », Paris, 2014.
- JÈZE G., *Les Principes généraux du Droit administratif, La notion de Service public, les Individus au Service public, le Statut des Agents publics,* Dalloz, 3e éd., Paris, 2004.
- KABANGE NTABALA C., *Droit administratif,* t.1, Publications des Facultés de Droit des Universités du Congo, Kinshasa, 2005.
- LANGELLIER J.-P., *Mobutu,* éd. Perrin, coll. Biographie, Paris, 2017.
- LAPAY G., *Comprendre la Mondialisation,* Economica, 1996.
- LAUBADERE (de) A., *Manuel de Droit Administratif,* 12è éd., L.G.D.J, Paris.
- *Le petit Larousse Illustré 2017,* Dictionnaire de langue française.
- LEGRAND P., *Le droit comparé,* PUF, 5e éd., coll. « Que sais-je ? », Paris, 2015 (1999).
- *Les Codes Larcier (RDC), Droit administratif,* t.VI, B, éd. De Boeck et Larcier (Afrique édition), Bruxelles (Kinshasa), 2010.
- *Les Codes Larcier de la République Démocratique du Congo, A- Droit commercial,* 2010, t. III, De Boeck & Larcier (Afrique éditions), Bruxelles, 2010.
- LINOTTE D. et GRABOY-GROBESCO A., *Droit public économique,* Dalloz, coll. Mémentos, Paris, 2001.
- MALAURIE P., AYNES L. et STOFFEL-MUNCK P., *Droit civil. Les Obligations,* éd. Défrénois, Lextenso éditions, Paris, 2011.
- MARAIS (du) B., *Droit public de la Régulation économique,* Presses de Sciences Po et Dalloz, 2004.
- MARCOU G., *Droit de la Régulation, Service public et Intégration régionale,* 2 tomes, L'Harmattan, coll. Logiques juridiques, 2005.
- MCLUHAN M., *The Medium is the Message,* 1967.

- Mestre J., Pancrazi M.-E., Arnaud-Grossi I., Merland L. et Tagliarino-Vignal N., *Droit commercial, Droit interne et aspects de droit International*, 29e éd., LGDJ, Lextenso éditions, Paris, 2012.
- Michalet C.-A., *Qu'est-ce que la Mondialisation ?*, La Découverte, Paris, 2002.
- Mohamed Ghadhi A., *La longue marche de l'Afrique vers l'intégration, le développement et la modernité politique*, L'Harmattan, Paris, 2009.
- Montesquieu, *De l'Esprit des lois,* t. I, Garnier, Paris, 1956.
- Moreau Defarges Ph., *La Gouvernance, une gestion idéale?,* 5e éd., PUF, coll. Que sais-je ? Droit-Politique, Paris, (2003) 2015.
- Moreau Defarges Ph., *La Mondialisation, un Monde globalisé,* 9e éd., PUF, Coll. « Que sais-je ? », n°1687, Droit-Politique, Paris, 2012 (1997).
- Moréteau O. et Vaderlinden J., *La Structure des Systèmes juridiques*, Bruylant, Académie internationale de Droit comparé, XVIe Congrès de l'Académie internationale de droit comparé, Brisbane 2002, Bruxelles, 2003.
- Muller M., *Les Politiques publiques,* PUF, coll. « Que sais-je ? », n° 2354, Paris, 2015.
- Musgrave R. A., *The Theory of public finance*, McGraw-Hill, New York, 1959.
- Nguyen-Thanh D., *Techniques juridiques de Protection des Consommateurs*, INC, 1970.
- Ost F. et Van De Kerchove M., *De la Pyramide au Réseau ? Pour une Théorie dialectique du droit,* Presses des facultés universitaires, Saint-Louis, 2002.
- Ost F., *Le Temps du Droit,* éd. Odile, Jacob, Paris, 1999.
- Pétel P. (dir.), Benilsi S., Cabrillac S. et al, *Code de commerce annoté,* 28è éd., LexisNexis, Paris, 2016.
- Picard P., *Eléments de Microéconomie. Théorie et applications*, Montchrestien, 2è éd., 1990.
- Pigou A., *The Economics of Welfare,* Macmillan, Londres, 4e éd., 1932.
- Plaisant G. V., *Essai sur la Notion du Consommateur en Droit positif,* JCP, éd. G. 1993, I, n°3655.
- Reed Ch., *Internet Law, Text and Materials,* Cambridge, 2nd éd, 2004.
- Ripert G., Roblot R., et Voguel L., *Traité de Droit commercial,* tome I, vol. 1, LGDJ, 18e éd., 2001.
- Romano S., *L'Ordre juridique,* traduction par François L. et Gothot P., Paris, Dalloz, 1975.
- Serres M., *Petites Poucettes*, éd. Le Pommier, Paris, 2012.
- Sevely-Fournier C., *Essai sur l'acte juridique extinctif en droit privé. Contribution à l'étude de l'acte juridique,* t. 100, 2010.
- Sharkey W.W., *The Theory of natural Monopoly,* Cambridge University Press, 1982.
- Sinay-Cytermann A., *Protection ou surprotection du consommateur ?,* JCP, éd. G, Doctr. n°3804, 1994.
- Stricler Y., *Les Biens*, éd. Thémis droit, PUF, 1e éd. Paris, 2006.
- Supiot A., *La Gouvernance par le Nombre*, Fayard, Paris, 2015, cité par Iteanu O., *Quand le Digital défie l'État de droit*, Eyrolles, 2016, Paris.
- Terré F. et Fenouillet G., *Droit civil : Les Personnes,* 8eéd., coll. Précis de Droit privé, Dalloz, Paris, 2012.
- Terré F., *Introduction générale au Droit,* 9e éd., Dalloz, Paris, 2012.
- Tort P., *L'effet Darwin*, éd. du Seuil, Paris, 2008.

- TOUZEIL-DIVINA M., *Dictionnaire de Droit public interne,* LexisNexis, Paris, 2017.
- TRUCHET D., *Droit administratif,* 5e éd., PUF, coll. Thémis, 2013.
- TRUCHET D., *Le Droit public,* 2e éd., PUF, coll. « Que sais-je ? », Paris, 2010 (2003).
- TRUCHET D., *Le Droit public, Le Droit de l'État,* 3e éd., PUF, coll. « Que sais-je ? », n°1327, Paris, 2014 (2003).
- TRUCHY, *Economie politique*, t. I.
- VILLIER M., *Le Droit romain*, PUF, Coll. Quadrige, Paris, 2002. (1945)
- VON HAYEK F., *Droit, Législation et Liberté,* PUF, coll. « Quadrige », Paris, 1995.
- VON HAYEK F., *Droit, Législation, Liberté*, t. I, PUF, Paris, 1979.
- VUNDUAWE TE PEMAKO, *Traité de Droit administratif,* Larcier, Bruxelles, 2007.
- ZOLA É., *Au Bonheur des Dames*, Livre de poche, Paris, 1883.
- ZOLLER E., *Introduction au Droit public*, 2e éd., Dalloz, coll. Droit public, Science politique, précis, Paris, 2013.

2) Ouvrages spécifiques

- ANDERSON C., *La longue traine, quand vendre moins c'est vendre plus,* Flammarion, Champs-Essais, n°1050, Paris.
- ARPAGIAN N., *La Cybersécurité, mesurer les risques et organiser la défense,* 2e éd., PUF, coll. « Que sais-je ? », Paris, 2016 (2010).
- JOBERT B. (dir.), *Le Tournant néo-libéral en Europe,* L'Harmattan, 1994.
- BALLE F., *Les Médias,* PUF, coll. « Que sais-je ? », Paris, 8e éd. 2014 (2004).
- BAMDÉ A., *L'Architecture normative du Réseau Internet, Esquisse d'une Théorie*, L'Harmattan, coll. Le droit aujourd'hui, Paris, 2016.
- BANCEL-CHARENSOL L., *La Déréglementation des Télécommunications dans les grands pays industriels,* ENSTPTT-Economica, Paris, 1996.
- BÉHAR-TOUCHAIS M. (sous la dir.), *L'effectivité du droit face à la puissance des géants de l'Internet,* Actes des journées du 20, 21 et 22 octobre 2015, IRJS éditions, t. 74, vol. 2, Paris, 2016.
- BÉHAR-TOUCHAIS M., ROCHFELD J., DE GUILLENCHMIDT-GUIGNOT A. et (avec collab.) FOURNIER A., *Les Jeux en ligne en France et en Europe : quelles réformes trois ans après l'ouverture du marché ?,* Société de Législation comparée, vol.7, coll. Trans Europe experts, Paris, 2013.
- BELLANGER P., *La Souveraineté numérique,* Stock, Paris, 2014.
- BELLI L., *De la Gouvernance à la Régulation de l'Internet,* éd. Berger Levrault, coll. « Au fil des études, les thèmes », Paris, 2016.
- BENABOU V.-L. et ROCHFELD J., *À qui profite le clic ? Le partage de la valeur à l'ère numérique*, Coll. Corpus, éd. Odile Jacob, Paris, 2015.
- BENSOUSSAN A. et BENSOUSSAN J., *Droits des robots*, Larcier, Minilex, coll. Lexing Technologies avancées, Bruxelles, 2015.
- BENSOUSSAN A., FORGERON J.-F et A.B.-AVOCATS, *Les Arrêts-Tendances de l'Informatique*, éd. Lavoisier, Paris, 2003.
- BENSOUSSAN A., *Informatique, Télécoms, Internet, Réglementation, Contrats, Fiscalité, Assurance, Santé, Fraude, Communications électroniques,* 5e éd., éd. Francis Lefebvre, Levallois, 2017.

- Bensoussan-Brulé V., Coquer A., Entraygues D., Grateau M., Lapraye B., Legras H., Legris L., Marc A., Tirel V. et Torres Ch., *Le Data Protection Officer, une Fonction nouvelle dans l'Entreprise,* Bruylant, coll. Minilex, Bruxelles, 2017.
- Benyekhlef K., *Une possible Histoire de la Norme*, Montréal, éd. Thémis, 2008.
- Blandin-Obernesser A. (sous la dir.), *Droits et souveraineté numérique en Europe,* 1re éd., Bruylant, Bruxelles, 2016.
- Bochurberg L., *Internet et Commerce électronique, Site web, Contrats, Responsabilité, Contentieux,* 2e éd., encyclopédie Delmas, Dalloz, Paris, 2001.
- Bouhadana I. et Gilles W. (sous la dir.), *Cybercriminalité, Cybermenaces et Cyberfraudes*, IMODEV, Paris, 2012.
- Brunaux O., *Le Contrat à distance au XXIe siècle*, LGDJ., t. 524, coll. Bibliothèque de droit privé, Paris, 2010.
- Cachard O., *La Régulation internationale du Marché électronique*, LGDJ, Paris, 2002.
- Cachard O., *Le Droit face aux Ondes électromagnétiques*, Lexis/Nexis, coll. actualité, Paris, 2016.
- Cahiers français, *La société numérique,* n°372, *Paris,* 2013.
- Caprioli É. A., *Droit international de l'Économie numérique, les problèmes juridiques liés à l'internationalisation de l'économie numérique*, 2è éd., LexisNexis, Litec, coll. Pratique pro, 2007.
- Carpentier M., *Télécommunications en Europe,* Bruxelles, CEE, 1998.
- Castets-Renard C., *Droit de l'Internet*, Montchrestien / Lextenso éd., coll. cours LMD, Paris, 2010.
- Catala P., *Des transformations du droit par l'informatique. Émergence du droit de l'informatique,* éd. de Parques, 1983.
- Cattan J., *Le Droit de l'Accès aux Communications électroniques,* PUAM, coll. Droit de l'information et de la communication, Univ. d'Aix-Marseille, Aix-en-Provence, 2015.
- Chomarat L., *La Publicité*, PUF, 1re éd., coll. « Que sais-je ? », Paris, 2013.
- Cohen E., *Le Colbertisme « high-tech ». Économie des Télécoms et du Grand Projet,* Hachette, coll. Pluriel, 1992.
- Conseil d'État, *La France dans la transformation numérique : quelle protection des droits fondamentaux ?,* un colloque organisé par le Conseil d'État le 6 février 2015, La documentation française, n°16, Paris, 2016.
- Conseil d'État, *Le Numérique et les droits fondamentaux,* La documentation française, Étude du Conseil, Paris, 2014.
- Coser (de) T., Demoulin M., Jacquemin H., Montéro É., Vandercammen M. et Verbiest T., *Les pratiques du Commerce électronique*, n°30, Cahiers du Centre de Recherches, Coll. Informatique et Droit, Bruylant, Bruxelles, 2007.
- Crocq I., *Régulation et réglementation dans les télécommunications,* Economica, coll. Nouvelles technologies de l'information et de la communication, Paris, 2004.
- Curien N. et Maxwell W., *La Neutralité d'Internet,* La découverte, repères, 2011.
- Debet A., Massot J. et Metallinos N., *Informatique et Libertés, la Protection des Données à caractère personnel en Droit français et européen*, éd. Lextenso, coll. les intégrales, n°10, Issy-les-Moulineaux, 2015.

- DECHAMPS F. et LAMBILOT C., *Cybercriminalité, État des lieux*, Anthemis, Belgique, 2016.
- DELPRAT L. et HALPERN C., *Communication et Internet : pouvoirs et droits*, éd. Vuibert, coll. lire agir, Paris, 2007.
- DÉRIEUX E. et A. GRANCHET, *Droit de la Communication, Lois et Règlements,* Hors-série 2014, 35e année, Legipresse, Coll. L'actualité du droit des médias et de la communication, Paris, 2014.
- DÉRIEUX E., *Le Droit des Médias*, Dalloz, coll. Connaissance du droit, 5e éd., Paris, 2013.
- DOCQUIR P.-F.et HANOT M., *Nouveaux écrans, nouvelles régulations*, Larcier, Coll. Droit des technologies, Bruxelles, 2013.
- DONDERO B., *Droit 2.0, Apprendre et Pratiquer le Droit au XXIe siècle,* LGDJ., Lextenso-édition, Paris, 2015.
- EL ZEIN W., *Les Aspects juridiques de la Libéralisation des Télécommunications (étude comparée)*, LDGJ / éd. Alpha, Paris, 2012.
- EYNARD J., *Les Données personnelles, Quelle définition pour un régime de protection efficace ?* Michalon, Paris, 2013.
- FAUCHOUX V., P. DEPREZ et J.-L. BRUGUIÈRE, *Le Droit de l'Internet : Lois, Contrats et Usages*, 2e éd., LexisNexis, coll. Communications et commerce électronique, Paris, 2013.
- FELCOURT (DE) G., *L'Usurpation d'identité ou l'art de la fraude sur les données personnelles,* CNRS éd., Paris, 2011.
- FÉRAL-SCHUHL C., *Cyberdroit, le droit à l'épreuve de l'Internet*, 6è éd., Dalloz, Paris, 2011-2012.
- FILIOL E. et RICHARD P., *Cyber criminalité, Enquêtes sur les mafias qui envahissent le web,* DUNOD, Paris, 2006.
- FRISON-ROCHE M.-A. (sous dir.), *Internet, Espace d'Interrégulation*, coll. « the journal of regulation », Dalloz, 2016.
- FRISON-ROCHE M.-A. (sous la dir.), *Les régulations économiques, légitimité et efficacité,* Vol. n°1, Dalloz, coll. Thèmes et commentaires, Droit et économie de la régulation, Paris.
- FRISON-ROCHE M.-A., *Les 100 Mots de la Régulation,* 1re éd., PUF, coll. « Que sais-je ? », Paris, 2011.
- GABAS J.-J., *La société numérique et le développement en Afrique, usages et politiques publiques,* éd. Karthala, Paris, 2004.
- GAUTRAIS V., *L'Encadrement juridique du Contrat électronique* international, Montréal, 1998.
- GELIN R. et GUILHEM O., *Le Robot est-il l'avenir de l'Homme ?*La documentation française, coll. « doc' en poche place au débat », Paris, 2016.
- GILLE L. (sous la dir.), *Les dilemmes de l'économie numérique, la transformation des économies sous l'influence de l'innovation,* éd.fyp, coll. Innovation, Paris, 2009.
- GREFFE X. et SONAC N., *Culture Web*, Dalloz, Paris.
- GRYNBAUM L., LE GOFFIC C. et MONET-HAIDARA L., *Droits des Activités numériques*, Dalloz, coll. précis, Paris, 2014.
- GUALINO J., *Dictionnaire pratique, Informatique, Internet et nouvelles Technologies de l'Information et de la Communication*, Gualino éditeur, Paris, 2006.

- HALLOUIN J.-C. et CAUSSE H., *Le Contrat électronique au cœur du Commerce électronique – Le Droit de la Distribution, Droit commun ou Droit spécial ?* LGDJ, coll. Faculté de Droit et de sciences sociales, Poitiers, France, 2005.
- HOLLANDE A. et LINANT DE BELLEFONDS X., *Pratique du Droit de l'Informatique et de l'Internet*, 6è éd., Delmas, Paris, 2008, n°1302- 1319.
- HUET J. et DREYER E., *Droit de la Communication numérique*, LGDJ, Paris 2011.
- ITEANU O., *L'identité numérique en question,* Eyrolles, Paris, 2008.
- ITEANU O., *Quand le Digital défie l'État de droit*, Eyrolles, 2016, Paris.
- IVAN DU ROY, *Orange stressé, le Management par le stress,* Le nouvel observateur, Paris, 2009.
- KEMPF O., *Introduction à la Cyberstratégie*, 2è éd., coll. « Cyberstratégie », Economica, Paris, 2015.
- KLOETZER H., *Introduction à l'Économie numérique,* éd. Hermès/Lavoisier, coll. Management et informatique, Paris, 2012.
- LAFFAIRE M.-L., *Protection des Données à caractère personnel, Tout sur la nouvelle Loi « Informatique et Libertés »,* éd. d'organisation, coll. Guide pratique, Paris, 2005.
- LAFFONT J.J. et TIROLE, *A theory of incentives in procurement and regulation,* Cambridge, MIT Press, 1993.
- LE MÉTAYER D. (éd), *Les Technologies de l'Information au service des droits : Opportunités, Défis, Limites,* éd. Bruylant, Cahiers du Centre de Recherches, Informatique et Droit, n°32, Bruxelles, 2010.
- LE TOURNEAU PH., *Contrats informatiques et électroniques*, 6è édition, Dalloz, Paris, 2011-2012.
- LEONETTI X., *Guide de Cybersécurité, Droit, Méthodes et bonnes Pratiques,* L'Harmattan, Paris, 2015.
- LINANT DE BELLEFONDS X., *Le Droit du Commerce électronique*, 1re éd., « Que sais-je ? », PUF, Paris, 2005.
- LORVO F., *Numérique : de la Révolution au naufrage ?* éd. Fauves, Paris, 2016.
- LUCAS A., *Droit d'auteur et numérique,* Droit@Litec, 1998, n°5.
- MANARA C., *Droit du commerce électronique,* LGDJ, Lextenso éditions, coll. systèmes Droit, Paris, 2013.
- MAS F., *La conclusion des contrats du commerce électronique*, LGDJ, Bibliothèque de droit privé, t.437, Paris, 2005.
- MATTHIEU, *Les services bancaires et financiers en ligne,* Revue Banque Edition, coll. « Droit Fiscalité », 2005, cité par C. FÉRAL-SCHUHL, *Cyberdroit, Le droit à l'épreuve de l'Internet*, 6è éd. (2011-2012), Dalloz, Paris, 2010.
- MBAUNEWA NKIERI A., *Droit congolais des télécommunications, État des lieux, Analyse critique et comparative,* Juricongo, Kinshasa, 2012.
- MONTÉRO E., « La publicité sur Internet », in COSTER (de) T., DEMOULIN M., JACQUEMIN H., MONTÉRO E., VANDERCAMMEN M. et VERBIEST T., *Les pratiques du commerce électronique,* Cahiers du Centre de Recherche Informatique et Droit, Bruylant, Bruxelles, 2007.
- MUSSO P., *Les Télécommunications*, éd. La Découverte, Coll. Repères Économie, Paris, 2008.
- NDUKUMA ADJAYI K., *Cyberdroit Télécom, Internet, Contrats de e-commerce, une contribution au Droit congolais,* Presses Universitaires du Congo (PUC), Kinshasa, 2009.

- Nihoul V. P., *Droit européen des télécommunications. L'organisation des marchés,* Bruxelles, Larcier, 1999, p. 31.
- Ouattara A., *La Preuve électronique. Etude de Droit comparé Afrique, Europe, Canada,* préface Jacques Mestre, vol. II, coll. Horizons juridiques africains, Univ. Paul Cézanne Aix-Marseille III, Faculté de droit et de sc. Po., PUAM, Aix en Provence, 2011.
- Paillier L., *Les Réseaux sociaux sur Internet et le Droit au respect de la Vie privée,* Larcier, coll. "droit des technologies", Bruxelles, 2012.
- Perriault J., *Mémoires de l'Ombre et du Son, Une Archéologie de l'audiovisuel,* Paris, Flammarion, 1981.
- Piette-Coudol Th., *Les Objets connectés, Sécurité juridique et technique,* Lexis/Nexis, Coll. Actualités, Paris, 2015.
- Popovic D., *Le Droit communautaire de la Concurrence et des Communications électroniques*, LGDJ, Paris, 2009.
- Quéméner M. et Y. Charpenel, *Cybercriminalité-Droit pénal appliqué,* Economica, coll. pratique du droit, Paris, 2010.
- Quéméner M., *Criminalité économique et financière à l'ère numérique,* Economica, coll. pratique du droit, Paris, 2015.
- Quéméner M., *Cybercriminalité, Défi mondial,* Economica, Paris, 2009.
- Quéméner M., *Cybersociété entre espoirs et risques*, L'Harmattan, Coll. Justice et démocratie, Paris, 2013.
- Rabagny-Lagoa A., *Droit du Commerce électronique*, Ellipses, Paris, 2011.
- Rieffel R., *Révolution numérique, Révolution culturelle ?,* Gallimard, Paris, 2014.
- Rifkin J., *La nouvelle Société du coût marginal zéro : l'Internet des objets, l'émergence des communaux collaboratifs et l'éclipse du capitalisme*, éd. Les liens qui libèrent (LLL), 2014.
- Rifkin J., *La troisième Révolution industrielle, Comment le pouvoir latéral va transformer l'énergie, l'économie et le monde*, éd. Les liens qui libèrent (LLL), 2012.
- Rochfeld J. (sous la dir.), *L'acquis communautaire, le Contrat électronique,* Economica, coll. Études juridiques, n°34, Paris, 2010.
- Rochfeld J. (sous la dir.), *Les nouveaux défis du commerce électronique,* Economica, coll. Études juridiques, n°34, Paris, 2010.
- Roques-Bonnet M., *Le Droit peut-il ignorer la Révolution numérique ?,* éd. Michalon, Paris, 2010.
- Schaefer V. et Crosner H. (dir.), *La Neutralité de l'Internet un enjeu de communication,* CNRS éditions, coll. Les essentiels d'Hermès, Paris, 2011.
- Scherer E., *La Révolution numérique, glossaire*, Paris, Dalloz, 2009.
- Storrer P., *Droit de la Monnaie électronique,* RB édition, Paris, 2014.
- Tardieu Ch., *Internet et Libertés*, CNRS éd., Paris, 2010.
- Verbiest T., *Le nouveau Droit du Commerce électronique : la Loi pour la confiance dans l'économie numérique et la protection du cyberconsommateur*, LGDJ / Larcier, coll. droit des technologies, Bruxelles 2005.
- Vivant M., Le stanc C. et al., *Droit de l'information et des réseaux, informatique, multimédia, réseaux, Internet*, éd. 2002, Lamy, Paris, 2002, n°2951.

- VIVANT M., *Les Contrats du Commerce électronique : Conception, Construction, Rédaction,* Litec, coll. Approfondir-Droit@Litec, Préface de Francis Lorentz, Paris, 1999.
- WU T., *The Master Switch, The Rise and Fall of Information Empires,* New York, Knopf Publishing Group, 2010.

3) Ouvrages collectifs ou mélanges (à partir des intitulés d'articles spécifiques pour certains)

- BUSSEUIL G., « La phase précontractuelle – La formation du contrat électronique », in ROCHFELD J. (sous la dir.), *L'acquis communautaire, le contrat électronique,* Economica, coll. Études juridiques, n°34, Paris, 2010.
- CABRILLAC R. (sous la dir.), *Dictionnaire du vocabulaire juridique 2015,* LexisNexis, Paris.
- CHAPPEZ J., LAIDIE Y., SIMON G., « Mondialisation et services juridiques », in LOQUIN E. et KASSEDJAN C. (sous la dir.), *La Mondialisation du droit,* éd. Litec, Paris, 2000.
- CHATRY S., « La perspective d'une régulation participative », in M.-A. FRISON ROCHE (sous la dir.), *Internet, Espace d'interrégulation*, Dalloz, Paris, 2016.
- CHATRY S. (sous la dir.), *La régulation d'Internet, regards croisés de droit de la concurrence et de droit de la propriété intellectuelle, (Actes de colloque),* coll. droit privé & sciences criminelles, éd. Mare& martin, Nantes, 2015.
- CHEVALLIER J., « Droit et action publique », in *Le Droit figure du politique, Mélanges en l'honneur de Michel Miaille*, Faculté de droit de Montpellier, 2008, vol. 2.
- CHEVALLIER J., « La politique française de modernisation administrative », *L'État de droit, Mél. G. Braibant*, 1996.
- CLÉMENT-FONTAINE M., « De la contrainte à la coopération : l'évolution du régime de la responsabilité des intermédiaires techniques », in BÉHAR-TOUCHAIS M. (sous la dir.), *L'effectivité du droit face à la puissance des géants de l'Internet*, Actes des journées du 14, 15 et 16 octobre 2014, vol.1, IRJS éd., Paris, 2015.
- CONTIS N., « Présentation critique de la loi du 12 mai 2010 ouvrant à la concurrence le secteur des jeux et paris sportifs en ligne », in JULIA G. (sous dir.), *Jeu, Argent et Droit,* coll. Actes, IRDA, Dalloz, Paris, 2013.
- CULOT M., « Télévision connectée : un débat enrichi par l'approche des usages », in P.-F. DOCQUIR et M. HANOT, *Nouveaux écrans, nouvelles régulations*, Larcier, Coll. « droit des technologies », Bruxelles, 2013.
- CURIEN N., « La régulation réflexive à travers le miroir de la transition numérique », in FRISON ROCHE M.-A. (sous la dir.), *Internet, Espace d'interrégulation*, Dalloz, Paris, 2016.
- DALLE M., « Réflexions sur l'éducation des internautes au respect du droit d'auteur », *in* NETTER E. et CHAIGNEAU A. (sous la dir.), CASTETS-RENARD C., CATTAN J. *et al, Les Biens numériques,* Ceprisca, Coll. Colloques, diffusion PUF, Amiens, 2014.
- DEHOUSSE F. et HAVELANGE F., « Aspects audiovisuels des accords du GATT : exception ou spécificité culturelle », in DOUTRELEPONT C. (dir.), *L'Europe et les enjeux du GATT dans le domaine de l'audiovisuel,* Bruylant, 1994.

- DOCQUIR P.-F. et HANOT M. (sous la dir.), *Nouveaux écrans, nouvelles régulations ?*, Larcier, Coll. « droit des technologies », Bruxelles, 2013.
- DO-NASCIMENTO J., « La déréglementation du marché africain des télécommunications », in GABAS J.-J. (sous la dir.), *Société numérique et développement de l'Afrique, usage et politiques publiques,* éd. Karthala, Paris, 2004.
- DOUZET F., « Chine, États-Unis : la course aux cyberarmes a commencé », in RAUFER X. (sous la coord.), *La première cyber-guerre mondiale ?*éd. MA, Paris, 2015.
- DUREZ C., « Les mille visages du jeu », in JULIA G. (sous dir.), *Jeu, Argent et Droit,* Coll. Actes, IRDA, Dalloz, Paris, 2013.
- EKAMBO J.-C. (sous la dir.), *L'internet et la RDC – Technologies – Appropriations – Société,* Université Catholique au Congo, CEDESURK, Doc.048/09, Kinshasa, 2009.
- FALLON M., « Variations sur le principe d'origine entre le droit communautaire et droit international privé », *Nouveaux itinéraires du droit, Mélanges en l'honneur de François Rigaux,* Bruxelles, Bruylant, 1993, p.189.
- FERRIER, « Le droit de la consommation, élément d'un droit civil professionnel », *Mélanges Calais-Auloy,* Dalloz, Paris, 2004.
- FILIGA-MICHEL SAWADOGO, POUGOUÉ P.-G. et ISSA-SAYEGH J. (Sous la coord.), *OHADA Traités et Actes uniformes commentés et annotés*, Juriscope, Futuroscope Cedex (France), 2008.
- FRISON ROCHE M.-A., « L'hypothèse de l'interrégulation », in *Les risques de la régulation*, t. III, Paris, Dalloz / Presse de Science po, coll. Droit et Économie de la régulation, 2005.
- FRISON ROCHE M.-A., « Les besoins d'interrégulation engendrés par Internet. Propos introductifs », in M.-A. FRISON ROCHE (sous la dir.), *Internet Espace d'interrégulation*, Dalloz, Paris, 2016.
- GARNIER Y. et VINCIGUERRA M. (sous la dir.), *Le petit Larousse illustré,* éd. Larousse, Paris, 2004.
- GILLES W. et BOUHADANA I., « Cyberespace, cybercriminalité et libertés », in GILLES W. et BOUHADANA I. (sous la dir), *Cybercriminalité, cybermenaces et cyberfraudes,* éd. IMODEV, Paris, 2012.
- GILLES W., « Démocratie et données publiques : à l'ère des gouvernements ouverts pour un nouveau contrat de société ? », in BOUHADANA I. et GILLES W. (sous la dir.), *Droit et gouvernance des données publiques et privées à l'ère numérique*, éd. IMODEV, Paris 2015.
- GRYNBAUM L., « Les services financiers à distance par voie électronique », in ROCHFELD J. (sous la dir.), *L'acquis communautaire, le contrat électronique,* Economica, coll. Études juridiques, n°34, Paris, 2010.
- GRZEGORCZYK C., « Trois modèles de l'homme juridique », *L'image de l'homme en droit,* Mélanges publiés à l'occasion du centenaire de l'Université de Fribourg, éd. Univ. De Fribourg, Suisse.
- GUILLAUME M., *Où vont les autoroutes de l'information ?*cité par CAPITANT H. (Travaux de l'Association), *Droit privé. Le contrat électronique,* éd. Panthéon Assas, Journées nationales, T.V, Toulouse, 2000.
- GUILLIEN R. et VINCENT J. (*sous la dir.*), *Lexique des termes juridiques*, 17e éd., Dalloz, Paris, 2010.

- HANOT M., PAÏMAN S. et STRAETMANS V., « La compétence matérielle à l'épreuve juridique de la réalité des modèles audiovisuels et des pratiques régulatoires », in *Auteurs et Médias*, n°6 : *Les nouvelles frontières de la radiodiffusion*, 2007.
- HUYGHE F.-B., KEMPF O. et MAZZUCCHI N., *Gagner les cyberconflits au-delà du technique*, Economica, Paris, 2015. X. RAUFER (sous la coord.), *La première Cyber-guerre mondiales ?*éd. MA, Paris, 2015.
- JAFFRE B., « Bilan des privatisations des télécoms africains », in GABAS J.-J. (sous la dir.), *Société numérique et développement de l'Afrique, usage et politiques publiques,* éd. Karthala, Paris, 2004.
- JEUGE-MAYNART I. (sous la dir.), *Le Petit Larousse illustré 2017*, Larousse, Paris, 2016.
- JEUNEHOMME M., « L'industrie innovante dans le secteur de l'e-santé face aux défis des régulations », in M.-A. FRISON ROCHE (sous la dir.), *Internet, Espace d'interrégulation*, Dalloz, Paris, 2016.
- JOST F., « Où va la TV, De l'influence de la TV numérique sur les programmes et la programmation », in DELAVAUD G. (sous la dir.), *Permanence de la TV,* Paris, édition Apogée, 2011, cité par DOCQUIR P.-F. et HANOT M., *Nouveaux écrans, nouvelles régulations*, Larcier, Coll. « droit des technologies », Bruxelles, 2013.
- JUILIA G. (sous la dir.), *Jeu, Argent et Droit,* Coll. Actes, IRDA, Dalloz, Paris, 2013.
- KITUMU B.-B., « Grandes dates de l'Internet », in EKAMBO J.-C. D. et LINO PUNGI J., *L'Internet et la R.D.C. Technologies – Appropriations – Société,* Cedesurk, UCC/Fac.des Com. Sociales, Kin, 2009.
- LAMBERTINE (DE) (sous la dir.), *La Vente par voie télématique. Rapport intérimaire,* CNRS, Ivry, 1988.
- LAROUCHE P., « Telecommunications », in GERADIN D. (dir.), *The liberalization of state monopolies in the European Union and beyond,* La Haye, Kluwer Law International, 2000.
- LIMNÉLL J., « Le cyber change-t-il l'art de la guerre », in RAUFER X. (sous la coord.), La première cyber-guerre mondiale?, MA éditions, Paris, 2015.
- MANARA C. (sous la dir.), *Réseaux sociaux : 100 questions juridiques à l'initiative de l'ADIJ*, 2e éd, diateino, coll. « questions », Paris, 2013.
- MARINO L. et PERRAY R., « Les nouveaux défis du droit des personnes : la marchandisation des données personnelles », in ROCHFELD J. *(dir.)*, *Les nouveaux défis du commerce électronique*, LGDJ, Lextenso éd., 2010.
- MARINO L., « La protection des données personnelles et le contrat électronique », in ROCHFELD J. (sous la dir.), *L'acquis communautaire, le contrat électronique,* Economica, coll. Études juridiques, n°34, Paris, 2010.
- MATHIEU-IZORCHE, « Un Code de consommation écrit à quatre mains, rencontre onirique entre deux amis », *Mélanges Calais-Auloy*, Dalloz, 2004.
- *Mélanges Calais-Auloy,* Dalloz, Paris, 2004.
- MOULIN J.-M., « Rapport introductif », in CHATRY S. (sous la dir.), *La régulation d'Internet, Regards croisés de Droit de la concurrence et de Droit de la propriété intellectuelle*, Actes de colloque, éd. Mare& martin, coll. droit privé et criminel, Paris, 2015.
- MÜLLER S., « Chapitre 7 Convergence of Regulation: Audiovisual Media Services, Internet and Regulation », in P-F. DOCQUIR et M. HANOT (sous dir.),

Nouveaux écrans, nouvelle régulation ?, Larcier, coll. Droit des technologies, Bruxelles, 2013.

- PAPIN D. (sous.la coord.), « Géopolitique du cyberespace », *50 fiches pour comprendre la géopolitique,* Boréale, Paris.
- PARACHKEVOVA I. et TELLER M., « L'ubérisation du droit », in DALLOZ M. (sous dir.), *Variations juridiques et sociologiques regards experts sur des grandes mutations du droit*, L'Harmattan, Paris, 2016.
- PELLET A., « Le bon droit et l'ivraie – Plaidoyer pour l'ivraie (Remarques sur quelques problèmes de méthode en droit international du développement) », in *Le droit des peuples à disposer d'eux-mêmes : méthodes d'analyse du droit international. Mélanges offerts à Charles Chaumont*, Paris, A. Péroné, 1984.
- PÉNARD T. et THIRON N., « La régulation dans les télécommunications : une approche croisée de l'économie et du droit », in THIRON N. (sous la dir.), *Libéralisations, privatisations, régulations, aspects juridiques et économiques des régulations sectorielles,* Larcier, Bruxelles, 2007.
- PÉNARD T. et THIRON N., « La régulation dans les télécommunications : une approche croisée de l'économie et du droit », in THIRON N. (sous la dir.), C. CHAMPA ÛD, et AL., *Libéralisations, privatisations, régulations, aspects juridiques et économiques des régulations sectorielles,* Larcier, Bruxelles, 2007.
- PENNEAU A., « La forme et la preuve du contrat électronique », in ROCHFELD J. (sous la dir.), *L'acquis communautaire, le contrat électronique,* Economica, coll. Études juridiques, n°34, Paris, 2010.
- PHILIPPE D.-M., « Le contrat de prestations de services : tentatives de définition, perspectives de réglementation », in L'AFFINEUR J. (éd.), *Les prestations de services et le consommateur*, Bruxelles, E. Story Scient, 1990.
- PICCIO C. et MOURON PH. (sous la dir.), *L'ordre public numérique, Libertés, Propriété, Identités,* PUAM, coll. Inter-normes, Aix-en-Provence, 2015.
- PIRONON V., « Les nouveaux défis du droit international privé : site actif, site passif, activité dirigée », in ROCHFELD J. (sous la dir.), *Les nouveaux défis du commerce électronique,* LGDJ, Lextenso éd., 2010.
- POILLOT E., « L'exécution du contrat électronique », in ROCHFELD J. (sous la dir.), *L'acquis communautaire, le contrat électronique,* Economica, coll. Études juridiques, n°34, Paris, 2010.
- POILLOT PERUZZETTO S., « La loi applicable au contrat électronique », in CAPITANT H. (Travaux de l'Association), *Droit privé. Le contrat électronique,* éd. Panthéon Assas, Journées nationales, T.V, Toulouse, 2000.
- QUÉMÉNER M., « Le magistrat, régulateur ponctuel, régulateur final », *in* FRISON ROCHE M.-A. (sous la dir.), *Internet, Espace d'interrégulation*, Dalloz, Paris, 2016.
- RAYNARD J. *(sous la dir.)*, *Les premières journées internationales du droit du commerce électronique, Actes du colloque de Nice des 23,24 et 25 octobre 2000 organisé par le Département Sciences Juridiques de l'EDHEC et école du Droit de l'Entreprise de la Faculté de Droit de l'Université de Montpellier sous la responsabilité scientifique de* CAPRIOLI *E. A.*, Litec, Paris, 2002.
- RAYNOUARD A., « La formation du contrat électronique », in CAPITANT H. (travaux de l'Association), *Droit privé. Le contrat électronique,* éd. Panthéon Assas, Journées nationales, T.V, Toulouse, 2000.
- REY A. et *al, Le Petit Robert de la langue française,* 2017.

- ROCHFELD J., « La définition du contrat électronique », in ROCHFELD J. (sous la dir.), *L'acquis communautaire, le contrat électronique,* Economica, coll. Études juridiques, n°34, Paris, 2010.
- ROCHFELD J., « Les géants d'internet et l'exploitation des données personnelles : l'activation du droit « à l'oubli » numérique à l'égard des moteurs de recherche », in BÉHAR-TOUCHAIS M., *L'effectivité du droit face à la puissance des géants de l'Internet*, Actes des journées du 14, 15 et 16 octobre 2014, vol.1, IRJS éd., Paris, 2015.
- ROCHFELD J., « les nouveaux défis du droit des contrats : l'efficacité de la lutte contre les pratiques commerciales déloyales de l'Internet », in ROCHFELDJ., *L'acquis communautaire, le contrat électronique,* Economica, coll. Études juridiques, n°34, Paris, 2010.
- SAINT PULGENT (DE) M., « Les besoins d'interrégulation engendrés par Internet. Propos introductifs », in FRISON ROCHE M.-A. (sous la dir.), *Internet, Espace d'interrégulation,* Dalloz, Paris, 2016.
- SALGUES B., « Premier bilan et impasses procédurales du SMSI, vers de nouvelles pistes d'usage des TIC », chap.2, in MATHIEN M. (sous la dir.), *Le Sommet mondial sur la société de l'information et « après » ? Perspectives sur la cité globale*, Bruylant, Coll. Médias, Sociétés et Relations Internationales, Bruxelles, 2007.
- SONNAC N., « Marchés convergents, intérêts économiques divergents ? Le secteur audiovisuel », in P-F DOCQUIR et M. HANOT, *Nouveaux écrans, nouvelles régulations ?* Larcier, Coll. « droit des technologies », Bruxelles, 2013.
- SOUZA (de) L. et LATREILLE A., « Les nouveaux défis du droit de la propriété intellectuelle : l'usage des signes distinctifs et les communications électroniques », in ROCHFELD J., *(dir.), Les nouveaux défis du commerce électronique*, LGDJ, Lextenso éd., 2010.
- STORSUL T. et STUEDAHL D. (sous la dir.), *Ambivalence towards convergence. Digitalization and Media Change,* Göteborg, Nordicom, 2007.
- SURUN I. (sous la dir.), *Les sociétés coloniales à l'âge des empires (1850-1960),* Neuilly-sur-Seine, Atlande, 2012.
- THIRION N. (sous la dir.), CHAMPAUD C., DANET D., LE FLOCH P., LE GALL P., MARTIN F., MONTELS B., PENARD T. et STEPHANTA P., *Libéralisations, privatisations, régulations, aspects juridiques et économiques des régulations sectorielles,* Larcier, Bruxelles, 2007.
- THONON M., « Libération des contenus. La carte postale, le téléphone, la télévision », in DELAVAUD G. (sous la dir.), *Nouveaux médias, nouveaux contenus,* Paris, éditions Apogée, 2009.
- TRUDEL P., « La *lex electronica », in* MORAND A. CH. (dir.), *Le Droit saisi par la mondialisation,* Bruylant, Bruxelles, 2001.
- TURGIS S. « Les valeurs de l'Europe appliquées à Internet », in BLANDIN-OBERNESSER A. (sous la dir.), *Droits et souveraineté numérique en Europe,* 1re éd., Bruylant, Bruxelles, 2016.
- UNIVERSITÉ PROTESTANTE AU CONGO, *Le Droit aux prises aux réalités socioculturelles, Actes des Journées scientifiques organisées par la Faculté de Droit du 25 au 26 février 1997,* éd. UPC/CEDI, Kinshasa (RDC).
- USUNIER L., « La loi applicable au contrat électronique », in ROCHFELD J. (sous la dir.), *L'acquis communautaire, le contrat électronique,* Economica, coll. Études juridiques, n°34, Paris, 2010.

- VILLIERS (de) M. et BERRANGER (de) T. (sous la dir.), *Droit public général, institutions politiques, administratives et européennes, droit administratif, finances publiques et droit fiscal,* LexisNexis, Coll. Manuel, Paris, 2015.
- VILOTTE J.-F., « Les régulations sectorielles de l'Internent ne doivent se distinguer de la régulation des réseaux physiques de distribution que si et seulement si la continuité de l'application du Droit le justifie » in M.-A. FRISON-ROCHE, *Internet, espace d'interrégulation,* coll. « the journal of regulation », Dalloz, 2016.
- VIVANT M. (sous la dir.), « À propos du droit des télécommunications », *RLDIR*, 2004, p. 849.
- WAELBROECK P., « Le commerce électronique de produits culturels : enjeux informationnels » [in GREFFE X. et SONAC N.]
- WEISS M., « Les biens virtuels dans les mondes numériques », in MOURON P. et RICCIO C. (sous la dir.), *L'ordre public numérique : Libertés, Propriétés, Identités,* coll. Inter-normes, PUAM, Aix-en-Provence, 2015.

4) Thèses, cours et mémoires

a) Thèses de doctorat d'universités

- BERTHOU R., *L'évolution de la création du droit engendrée par Internet : vers un rôle de guide structurel pour l'ordre juridique européen,* Thèse, Rennes I, 2004.
- HONDE J. T., *Service public et efficacité ; la Réforme des Télécommunications en France*, Thèse de doctorat en droit public sous la dir. du Prof Roland Drago, Université Panthéon Assas, Paris, soutenue en mai 1993.
- KABRÉ W. D., *La conclusion des contrats électroniques,* Th. Doct. en Droit privé, Univ. de Namur, Belgique, 2012.
- MAÏGA S. A., *Le contrat conclu par Internet et la protection des consommateurs*, Thèse de doctorat en Droit présentée et soutenue publiquement devant le jury le 19 décembre 2008, Université Paris II Panthéon-Assas, sous la dir. Prof. Denis Mazeaud, Paris, 2008.
- NDUKUMA ADJAYI K., *Le Droit de l'économie numérique en République démocratique du Congo à la lumière des expériences européennes, françaises*, Th. Doct droit comparé, sous dir. M. William Gilles, Univ. Paris I Panthéon Sorbonne, 17 novembre 2017 (2016-2017).
- SHUTOVA N., *Monopole naturel, Marchés bifaces, différenciation tarifaire : trois essais sur la régulation de télécommunications*, th. Doct., sous la dir. M. Laurent Benzoni, Université Panthéon-Assas, Paris, 24 septembre 2013.

b) Cours d'enseignement universitaire

- CISSÉ A., *Objet du Droit du cyberespace,* Cours de Master 2 Pro, Université Gaston Berger, Saint-Louis/Sénégal, 2005-2006 [inédit]
- KALONGO MBIKAYI, *Droit civil des obligations*, cours, UNIKIN/UPC, Kin, Juin, 2003, p. 45.
- MUSSA T., *Transactions et commerce électroniques, Preuve (par écrit) et signature électronique,* Première partie, Cours, Master en Droit du cyberespace africain, 2006-2007.
- SAKHO A., *Régulation des Télécoms*, M4a1 : notes polycopiées de cours de droit du cyberespace africain, Université Gaston Berger, Saint-Louis (Sénégal), 13 juillet 2006.

c) Mémoires de recherche et de professionnalisation

- BUSHABU WOTO L., *De la mise en œuvre de la régulation des télécommunications en droit congolais (RDC),* Mémoire pour obtention de BADGE, Promo 2005, Télécom Paris Ecole nationale supérieure des télécoms (ENST)/Arcep Burkina-Faso/Institut de la Banque mondiale/ESMT Dakar, Ouagadougou, 2005.
- CARPENTIER M., *Télécommunications en Europe,* Bruxelles, CEE, 1998, cité par GILARDIN R., *La « libéralisation » des télécommunications en France (1981-1996),* Mémoire 4e année, Séminaire : Histoire de la France XXe siècle sous la dir. Gilles Richard, Science Pô, Rennes, 2009-2010.
- GASCOIN G., *Les casinos sur l'Internet,* Mémoire/DEA, sous dir. Prof. Jérôme Huet, Univ. Paris II, 2002-2003.
- GILARDIN R., *La « Libéralisation » des Télécommunications en France (1981-1996),* Mémoire 4e année, Séminaire : Histoire de la France XXe siècle sous la dir. Gilles Richard, Science Pô, Rennes, 2009-2010.
- MANIKUNDA MUSATA O., *La dynamique de la régulation des télécommunications en République Démocratique du Congo : de la synergie intra-sectorielle à l'interrégulation,* Badge régulation des télécoms promo 2005, Paris/ARTEL/ARCEP/FRATEL/ESMT/Word Bank Institute, mars 2006.
- MATOT C.-E., *Jeux, Service public et Puissance publique,* Mémoire de DEA, Droit public de l'économie, Univ. Paris II Panthéon-Assas, 1999-2000, cité par GASCOIN G., *Les casinos sur l'Internet,* Mémoire/DEA, sous dir. Prof. Jérôme Huet, Univ. Paris II, 2002-2003.
- ROCH GNAHOUI D., *Transactions et commerce électronique,* Cours de Master, 2e partie, Université Gaston Berger, 2006.
- SGARD Q., *Les nouveaux enjeux de la neutralité : du flux à la donnée,* Mémoire présenté dans le cadre du Master 2 Droit du numérique, Administration-Entreprises, sous la direction de M. Antonin Agier et M. William Gilles, Université Paris 1 - Panthéon Sorbonne, Juin 2016.

VII. ARTICLES

1) Articles généraux

- ALEMAGNA L., « Axelle Lemaire : "Pourquoi je quitte le gouvernement" », *Libération,* 27 février 2017.
- BAYONNA BA-MEYA, « La terminologie juridique à l'épreuve de la pratique légale, judiciaire et sociale au Zaïre », in Université Protestante au Congo, *le droit aux prises aux réalités socioculturelles, Actes des journées scientifiques organisées par la faculté de Droit du 25 au 26 février 1997,* éd. UPC/CEDI, Kinshasa (RDC).
- BÉHAR-TOUCHAIS M., « Abus de puissance économique et droit international privé », *RIDE,* Paris, 2010.
- BIOLAY J., « La nouvelle directive européenne relative aux pratiques déloyales : défense prioritaire du consommateur et pragmatisme », *Gazette du Palais*, 9 novembre 2005
- BLAISE J. B., « Influences croisées entre droits nationaux et droit communautaire de la concurrence : France », in *Droits nationaux, droit communautaire :*

influences croisées, en hommage à Louis Dubois, La documentation française, coll. Monde européen et international, 2000.

- BOY L., « Réflexion sur le « droit de la régulation », in *R.I.D.E.*, n°37, 2001.
- CAFAGGI F., « Le rôle des acteurs privés dans les processus de régulation : participation, autorégulation et régulation privée », *RF adm. publ.*, n°109, janvier 2004.
- CASSADA D. et SADIN E., « Big Brother n'existe pas, il est partout », *Multitudes*, 2010/1/.
- CHABOT, *Revue Lamy Droit des affaires,* Paris, mars 2009.
- CHAMPAUD, « régulation et droit économique », *R.I.D.E.*, 2002.
- CHÉROT J.-J., « L'imprégnation du droit de la régulation par le droit communautaire », *Rencontres Petites affiches*, Paris, 6 fév.2002.
- CHEVALLIER J., « Le pouvoir du monopole et le droit administratif français », *RDP,* 1974.
- CHEVALLIER J., « Réflexion sur l'institution des autorités administratives indépendantes », *JCP,* 1996, n°3254.
- CHOURAQUI GH., « Les privatisations en Grande-Bretagne : les leçons d'une expérience », *Revue française d'économie,* vol. 4, n°2, Paris, 1989.
- DELMAS-MARTY M., « À l'heure de la mondialisation, nous avons besoin d'un droit flou », *Libération*, Interview par Robert Maggiori et Anastasia Vécrin, 23 septembre 2016.
- DÉNORD F., « "Néo-libéralisme" et "économie sociale de marché" : les origines intellectuelles de la politique européenne de la concurrence (1930-1950) », in *Histoire, économie et société*, n°1, 2008.
- DÉNORD F., KNAEBEL R., RIMBERT P., « L'ordolibéralisme allemand, cage de fer pour le vieux continent », *Le Monde diplomatique*, août 2015.
- ERHEL C., « Souveraineté et innovation : trouver l'équilibre », in BLANDIN-OBERNESSER A. (sous dir.), *Droits et souverainetés numériques en Europe,* Bruylant, Bruxelles.
- ÉPICURE, « Maximes », in GOLDSHMIDT V., *La Doctrine d'Épicure et le Droit,* éd. Vrin, 1977.
- FOYER J., « Le droit communautaire, Droit de professeur français ? », in *Rev.Hist. Fac. Drt.*, 1992, n°13.
- FREGOSI R., « Transition démocratique », version française de l'article en espagnol pour le *Diccionario de Ciencia Politica,* éd. Universidad de Concepción, Chili, 2012.
- GARDE A. et HARAVON M., « Pratiques commerciales déloyales », *LPA,* n°153, 2 août 2006.
- GHESTIN J. et MARKOVITS Y., « L'adaptation à la responsabilité des prestataires de services de la directive de la Communauté économique européenne du 25 juillet 1985 sur la responsabilité des produits défectueux », *R.E.D.C.*, 1989.
- GIRAUD A., « Les prémisses de la déréglementation », *Les cahiers de l'AHTI,* n°9, janvier 2008.
- GLAIS M., « Analyse économique de la définition du marché pertinent : son apport au droit de la concurrence », *Économie rurale*, 2003, n°27.
- GOLDMAN B., « Frontières du droit et *lex mercatoria* », *Arch. Philo. Dr*, 1964, vol. IX.
- GORE A., « Remarks as delivered to the superhighway Summit, Royce Hall », UCLA Los Angeles, California, 11 janvier 1994.

- HUET P., « Allocation et gestion des ressources rares », *L'actualité juridique, Droit administratif,* n°3, 20 mars 1997.
- IZRAELEWICZ E., « La grande entreprise face à l'État-nation », *Le monde*, 9 avril 1996.
- KAREL VON MIERT, « un entretien avec le Commissaire européen à la concurrence », *Le Monde, 20 décembre 1994.*
- LAGARDE P., « Le principe de proximité dans le droit international privé contemporain », *Recueil des cours de l'académie de droit international*, Tome 196 (1986-I).
- MANIN A., « Organisations internationales », *Répertoire international*, Dalloz, 1998.
- MARCOU G., « La notion juridique de la régulation », *AJDA*, 2006.
- MEKKI M.et GRIMALDI C., « Les clauses portant sur une obligation essentielle », *RDC*, 2008, n° 21.
- MONFRORT C., « Loyauté des pratiques commerciales : concurrents, agissez en cessation ! », *RLDA*, janv. 2008, n°23, Repères, n°1418.
- MONTANE DE LA ROQUE P., « Propositions pour un nouveau régime », *Écrits politiques et constitutionnels,* Toulouse, Presses de l'IEP de Toulouse, 1982.
- MUIR WATT H. et BUREAU D., « L'impérativité désactivée ? », *Revue critique 2009.*
- NÖLKENSMEIER H., « Influences croisés entre droits nationaux et droit communautaire de la concurrence : Allemagne », in *Droits nationaux, droit communautaire : influences croisées*, en hommage à Louis Dubois, La documentation française, coll. Monde européen et international, 2000.
- QUADRI R., « Le Droit international cosmique », *R.C.A.D.I.*, 1959/III, vol. 98.
- PAISANT, « Essai sur la notion de consommateur en droit positif », *JCP,* 1993. I. 3655.
- PLUCHART J.-J., « Vers un capitalisme post-moderne », in Magazine Panthéon Sorbonne, *L'Art et le temps,* n°20, Université Paris 1, janv.-mars 2017.
- POMPEY J., « Discussion avec Jane Ginsburg » [Interview], in PANTHÉON-SORBONNE, *Les défis scientifiques du tourisme*, Magazine de l'Université Paris 1, n°21, avril-juin 2017.
- PONTHOREAU M.-C., « Trois interprétations de la globalisation juridique. Approche critique des mutations du droit public », *AJDA*, 2006.
- RÉMY-CORLAY P., « La directive 2005/29/CE sur les pratiques déloyales, directive d'harmonisation maximale », *RTD civ.* 2005.
- REY F., « Livre vert, livre blanc, ça sert à quoi ? », *www.metiseurope.eu,* 1er mai 2007.
- SAMUELSON P.A., « The pure theory of public expenditures », *Review of Economics and Statistics,* vol.36, 1954.
- SANJUAN T., « En changeant la Chine nous change aussi », *Quand la Chine change le monde,* Panthéon Sorbonne magazine, n°17, Paris, mars-mai 2016.
- TIMSIT G., « La régulation, la notion et le phénomène. », *RF adm. publ.,* n°109, janvier 2004,
- WEIL P., « Vers une normativité relative en droit international ? », *RGDIP*, 1982, n°1.

2) Articles spécifiques

- AFP-JA, « Infographies : les derniers chiffres de Facebook pour l'Afrique subsaharienne », *Jeune Afrique*, 10-11 septembre 2015.
- AFTEL, *Internet, les enjeux pour la France,* cité par HUET J., *in* « Aspects juridiques du commerce électronique : approche internationale », *Les petites affiches,* 26 septembre 1997, n°116.
- AHOUTY C., « Le cadre juridique de prévention et de lutte contre la cybercriminalité en Afrique », *Conférence internationale sur le renforcement de la cybersécurité et de la cyberdéfense,* OIF, Grand Bassam (Côte d'Ivoire), 8-10 février 2016.
- ALINDAOU (Consulting international), *La révolution numérique en Afrique : le saut qualitatif pour fournir les biens et services*, Étude présentée au Forum Forbes Afrique, Brazzaville, juillet 2015.
- ALLEAUME C., « Chapitre IV : Les biens numériques (une notion au service du Droit)», in LE MÉTAYER D. (éd), *Les technologies de l'information au service des droits : opportunités, défis, limites,* Cahiers du Centre de Recherches, Informatique et Droit, n°32, éd. Bruylant, Bruxelles, 2010.
- ALLEN T. et WIDDISON R., « Can computers make contracts? », *Harvard Journal of Law and Technology,* 9-1, 1996.
- ANTOINE M., A. CRUCQUENAIRE, P. DE LOCHT, M. DEMOULIN, D. GOBERT, C. LAZARO, O. LEROUX et E. MONTÉRO, *Le commerce électronique européen sur les rails ? Analyse et propositions de mise en œuvre de la directive sur le commerce électronique*, Cahiers du Centre de Recherches Informatique et Droit, n°19, Bruylant, Bruxelles, 2001.
- BACON L., « France Télécom devient Orange, "une rupture avec l'histoire" », *Libération,* Reportage, 28 mai 2013.
- BAKER-CHISS C., « Le droit de rétractation du contrat électronique », in ROCHFELD J. (sous la dir.), *L'acquis communautaire, le contrat électronique,* Economica, coll. Études juridiques, n°34, Paris, 2010.
- BÉHAR-TOUCHAIS M., « Le droit de la responsabilité à l'épreuve des géants de l'Internet. Aspects de droit international privé », in BÉHAR-TOUCHAIS M. (sous la dir.), *L'effectivité du droit face à la puissance des géants de l'Internet,* Actes des journées du 14, 15 et 16 octobre 2014, vol.1, IRJS éd., Paris, 2015.
- BENHAMOU F., « L'irrésistible ascension de l'Internet », in Cahier français, *La société numérique,* n°372, La documentation française, Paris, janvier-février 2013.
- BENZONI L. et DUTRU P., « De l'accès aux infrastructures à l'accès aux moyens numériques : Nouvelles frontières pour la régulation des communications électroniques », in FRISON ROCHE M.-A. (sous la dir.), *Internet, Espace d'interrégulation,* Dalloz, Paris, 2016.
- BIHL L., « Vers un droit de la consommation », *Gaz. Pal.* 13-14 septembre 1974.
- BISMUTH R., « L'intervention régulatrice de l'État sur les flux transfrontaliers *via* Internet : un système de contrainte », in FRISON ROCHE M.-A. (sous la dir.), *Internet, Espace d'interrégulation,* Dalloz, Paris, 2016.
- BLANCHARD M., « La phase précontractuelle – La communication commerciale électronique », in ROCHFELD J. (sous la dir.), *L'acquis communautaire, le contrat électronique,* Economica, coll. Études juridiques, n°34, Paris, 2010

- BLOUD-REY C., « La régulation du secteur des jeux d'argent et de hasard sous le prisme des régulateurs belge et français » in JUILIA G. (sous la dir.), *Jeu, Argent et Droit,* Coll. Actes, IRDA, Dalloz, Paris, 2013.
- BOISNEAULT F. et KELLER J., « le "paquet télécoms" adopté par le parlement européen » [archives], *Juriscom*, 21 décembre 2009.
- BOUNIE D. et BOURREAU M., « Les marchés à deux versants dans les médias », in GREFFE X. et SONAC N., *Culture Web*, Dalloz, Paris.
- BOUVIER Y., « Construire l'Europe industrielle par les entreprises. La politique de concurrence et les fusions industrielles dans les télécommunications européennes dans les années 1980 », *Histoire, Économie et Société*, n°1, 2008.
- BOYLAUD O. et NICOLETTI G., « Le secteur des télécommunications : réglementation, structure du marché et pertinence », *Revue économique*, OCDE, 2001.
- BRENNAC E., « De l'État producteur à l'État régulateur, des cheminements nationaux différenciés. L'exemple des télécommunications », in B. JOBERT (dir.), *Le tournant néo-libéral en Europe,* L'Harmattan, 1994.
- BRENER S. W., « Cybercrime Metrics: Old Wine, New Bottles ? », *Virginia Journal of Law and Technology*, 2004,vol.9, n°1.
- CAPRIOLI É. A. et SORIEUL R., « Le commerce international électronique : vers l'émergence de règles juridiques transnationales », *JDI*, n°2, 1997.
- CAPRIOLI É., « Aperçu sur le droit du commerce électronique (international) », in *Souveraineté étatique et marchés internationaux à la fin du 20ème Siècle,* Travaux du CREDIMI, Dijon, 2000.
- CARLOS GAMBOA A., RON LAPORTE et SAUER F., « Réduire la fracture numérique », in PNUD, *Coopération Sud – Tous « Branchés » : les technologies de l'information et de la communication pour le développement, numéro un,* PNUD, New York, 2001.
- CARON F., « Internet, c'est la troisième révolution industrielle », *L'Express,* 27 avril 2000.
- CAUSSE H., « Le contrat électronique, technique du commerce électronique », in HALLOUIN J.-C. et CAUSSE H., *Le Contrat électronique au cœur du commerce électronique – Le droit de la distribution, droit commun ou droit spécial ?* LGDJ, Coll. Faculté de Droit et de sciences sociales, Poitiers, France, 2005.
- CHARBON P., « Genèse du vote de la loi de 1837, origine du monopole des télécommunications », in BERTHO-LAVENIRC. (sous la dir.), *L'État et les Télécommunications enFrance et à l'étranger 1837-1987, actes du colloque organisé à Paris les 3 et 4 nov. 1987 par l'École Pratique des Hautes Études et l'Université Paris V*, Librairie Droz, Genève, 1991.
- COUTINET N., « Les technologies numériques et leur impact sur l'économie », in Cahier Français, *La société numérique,* n°372, La documentation française, Paris, janvier-février 2013.
- « Dossier : Les objets connectés, nouvelle passion française », *Le Monde* 25 nov. 2014.
- « Droit de la preuve et signature électroniques », *JCP,* 2000, éd. G, n°11 (15 mars 2000), *Actualité*, p. 451.
- DARRIGRAND A., « La modernisation du service public : l'exemple des PTT 1990 – leçons d'une réforme », *Politiques et management public*, vol. 20, n°4, décembre 2002.

- DELMAS-MARTY M., « Le pluralisme ordonné et les interactions entre ensembles juridiques », conférence présentée le 26 janvier 2006, Université Bordeaux IV, sur l'invitation de Ponthoreau M.-C., en référence à DELMAS-MARTY M., *Les forces imaginantes du droit (II), Le pluralisme ordonné*, Seuil, 2006.
- *Droit de l'informatique et des télécoms, Computer & Telecoms law review,* Revue trimestrielle, avec la collab. de « EDIT », 16e année, Paris, 1999/1.
- FALQUE-PIERROTIN I., Présidente de la CNIL, « L'éducation au numérique, un défi majeur que nous devrons relever tous ensemble », *CCE,* n°3, Entretien, 2014.
- FÉRAL-SCHUHL C., « Préface », in QUÉMÉNER M., *Cybersociété entre espoirs et risques*, L'Harmattan, Coll. Justice et démocratie, Paris, 2013.
- FISCHER J., « Computers as agents: A proposal approach to revised U.C.C. article 2 », *Indiana Law Journal,* n°72, 1997.
- FRISON-ROCHE M.-A., « Le droit de la Régulation », *Recueil Dalloz,* 2001, n°7.
- FUENTES-CAMACHO T., « Introduction : l'UNESCO et le droit du cyberepace », *Les dimensions internationales du droit du cyberespace,* Economica / éd. UNESCO, Coll. droit du cyberespace.
- GHERNAOUTI S., « Les enjeux de la cybersécurité et de la cyberdéfense », *Conférence internationale sur le renforcement de la cybersécurité et de la cyberdéfense,* OIF, Grand Bassam (Côte d'Ivoire), 8-10 février 2016.
- GOBERT D. et MONTÉRO E., « La signature dans les contrats et les paiements électroniques : l'approche fonctionnelle », DA/OR, avril 2000, n°53.
- GOBERT, D. « La publicité sur Internet en pleine (r)évolution », *Ubiquité*, n°7, décembre 2000.
- GOMEZ J.-J., « Avant-propos », in ROZENFELD S. (sous dir.), *Les 50 décisions clés du droit de l'Internet,* éd. Celog, coll. Legalis, Paris, 2005.
- GORE A., « Informations superhighways speech », Sommet de l'Union internationale des télécommunications, Buenos Aires, 21 mars 1994.
- GRYNBAUM L., « LCEN : Une immunité relative des prestataires de services Internet », *CCE*, septembre 2004.
- GUERRIER C., « Droit et accords OMC dans le domaine des télécommunications : la problématique », *Droit de l'informatique et des télécoms,* revue trimestrielle, 16e année, 1991.
- GUILLAUME E., « Le service universel des communications électroniques », *Lamy, Droit des médias et de la communication,* Etudes 435, juin 2009, cité par CATTAN J., *Le droit de l'accès aux communications électroniques,* Coll. Droit de l'information et de la communication, Univ.d'Aix-Marseille, PUAM, Aix-en-Provence, 2015.
- HANOT M., « Introduction, Nouveaux écrans, nouvelles régulations ? Prendre le tempo et le temps de la mutation », in P-F DOCQUIR et M. HANOT, *Nouveaux écrans, nouvelles régulations*, Larcier, Coll. « droit des technologies », Bruxelles, 2013.
- HANOT M., « Nouveaux écrans, nouvelle régulation ? Prendre le tempo et le temps de la mutation », in DOCQUIR P.-F.et HANOT M., *Nouveaux écrans, nouvelles régulations,* Larcier, Coll. « droit des technologies », Bruxelles, 2013.
- HANOT M., « Prendre le temps et le temps de la mutation », Introduction et Chapitre 1, in DOCQUIR P-F. et HANOT M., *Nouveaux écrans, nouvelles régulations*, Larcier, Coll. « droit des technologies », Bruxelles, 2013.

- HARIVEL J., « Le Minitel, une exception française », *Revue de l'Institut du Monde et du Développement*, n°4, Les éditions IMODEV, Hiver, 2013, Paris.
- HEROLDE A., « Les aides publiques européennes au cinéma dans le cadre de l'OMC », IRIS Plus, *Observations de l'observatoire européen de l'audiovisuel,* éd. 2003-6.
- HOLSENDOLPH E., « U.S. settles phone suit, drop I.B.M. case ; A.T. &T. to split up », *New York Times,* 8-9 janvier 1982.
- HUET J., « Aspects juridiques du commerce électronique », *Les petites affiches,* n°16, Paris, 1997.
- HUET J., « La problématique juridique du commerce électronique », *RJC* 2001, n°1.
- INTVEN H., JEREMY O. et SEPULVEDA E., « Octroi des licences pour les services de télécommunications », in *Manuel de la réglementation des télécommunications,* Module 2, Infodev, Banque Mondiale.
- JAYAKARA K. P. et SAWHNEY H., *« Universal service : beyond established practice to possibility space », Telecommunication policy,* Vol. 28, 2004.
- KABEYATSHIKUKU A., « Résilience économique : qu'attendre des TIC ?*Revue économique de politique économique* : *Vulnérabilité économique et résilience,* vol. 1, n° 1, Kinshasa, Mars 2015.
- KONGO J., « Vol et diffusion des données numériques sur les réseaux sociaux, Me Kodjo : "la cybersécurité est la réponse à la cybercriminalité », *Le Pouvoir,* 8e année, n°295, 27-31 mars 2017, Kinshasa.
- LAFFAIRE M.-L., *Protection des données à caractère personnel, tout sur la nouvelle loi « informatique et libertés »,* éditions d'organisation, coll. « guide pratique », Paris, 2005.
- LARRIEU J., « L'internationalité de l'internet », *Revue Lamy Droit des affaires,* supplément, février 2002, n°46.
- LATTY F., « La diversité des sources du droit de l'internet », in Société française pour le droit international, *Internet et le droit international,* colloque de Rouen, Actes du 47e colloque du 30 mai au 1er juin 2013, éd. A. Pedone, Paris, 2014.
- LE CŒUR P., « Le gouvernement veut changer le statut de France Télécom dès cette année », *Le Monde,* 21 nov. 1996.
- LE GALL P., « Concurrence et régulation sur les marchés financiers », in N. THIRION (sous la dir.), C. CHAMPAUD, et AL., *Libéralisations, privatisations, régulations, aspects juridiques et économiques des régulations sectorielles,* Larcier, Bruxelles, 2007.
- LEMAIRE A. [Secrétaire d'État chargée du Numérique et de l'Innovation], « ce que la loi va changer », Dossier de presse, Loi pour une République numérique, Paris, 10 octobre 2016.
- LEROUX V., « Les foncements économiques de la monopolisation du réseau téléphonique », *L'État et les télécommunications en France et à l'étranger 1837-1987,* Droz, 1991.
- LOLIVIER M., « Préface », in VERBIEST T., *Le nouveau droit du commerce électronique, La loi pour la confiance dans l'économie numérique et la protection des consommateurs,* LGDJ / Larcier, Bruxelles, 2005.
- LONGWORTH E., « Opportunité d'un cadre juridique applicable au cyberespace – y compris dans une perspective néo-zélandaise », *Les dimensions internationales du droit du cyberespace*, Economica / éd. UNESCO, coll. droit du cyberespace, Paris, 2000.

- MALLET-POUJOL N., « Le droit de l'Internet à l'épreuve de la mondialisation », Cahier français, *La société numérique*, n°372, La documentation française, Paris, 2013.
- MAS F., « L'esquisse d'un régime spécifique du courtage aux enchères par voie électronique », *RLDI,* Janvier 2006.
- MONTÉRO E., « Le régime juridique des sites de vente aux enchères sur Internet », n°55.
- N'KULI G., « Discours DGA : Contribution de Vodacom Congo à la construction de la RDC », *Vodanews,* n°15, dépôt légal n°MPI/021/2004, juillet-septembre 2006.
- N'KULI G., Exposé du DGA à l'occasion du lancement officiel du GPRS sur le réseau Vodacom, Kinshasa, 19 janvier 2006, *Vodanews*, n°13.
- NDUKUMA ADJAYI K., « La problématique de l'application de la nouvelle loi 04/015 du 16 juillet 2004 fixant la nomenclature des actes générateurs des recettes administratives, judiciaires, domaniales et de participations ainsi que leurs modalités de perception », *Vodanews*, n°8, Kinshasa, sept.-oct. 2004.
- NDUKUMA ADJAYI K., « Le phénomène de la prospection et de la contractualisation sur Internet : entre déphasage du droit congolais des télécoms et défis de confiance du e-commerce », *Vodanews,* n°16, Dépôt légal n°MPI/021/2004, Kinshasa, oct. nov.déc. 2006.
- NORODOM A.-T., « Propos introductifs – Internet et le droit international : défi ou opportunité ? », Société française pour le droit international, *Internet et le droit international,* colloque de Rouen, Actes du 47e colloque du 30 mai au 1er juin 2013, éd. A. Pedone, Paris, 2014
- NORODOM A.-T., « Propos introductifs – Internet et le droit international : défi ou opportunité ? », Société française pour le droit international, *Internet et le droit international,* colloque de Rouen, Actes du 47e colloque du 30 mai au 1er juin 2013, éd. A. Pedone, Paris, 2014.
- NUNU NTSHINGILA, Communiqué de *Facebook,* Directrice division Afrique, Johannesburg.AFP-JA, « Infographies : les derniers chiffres de *Facebook* pour l'Afrique subsaharienne », *Jeune Afrique*, 10-11 septembre 2015.
- OBERDORFF H., « L'espace numérique et la protection des données personnelles au regard des droits fondamentaux » in *Revue de droit public et de la science politique en France et à l'étranger*, R.D.P., 2016, n°1, Lextenso, Issy-les-Moulineaux, janvier 2016.
- OUÉDRAOGO P., « L'organisation de l'écosystème numérique Internet, un enjeu majeur pour la cybersécurité dans les pays en développement », *Conférence internationale sur le renforcement de la cybersécurité et de la cyberdéfense,* OIF, Grand Bassam (Côte d'Ivoire), 8-10 février 2016.
- PENARD T., « L'accès au marché dans les industries du réseau : enjeux concurrentiels et réglementaires », *RIDE*, n°2/2, Paris, 2002.
- PERRIAULT J., « Effet diligence, effet serendip et autres défis pour les sciences de l'information », Paris X Nanterre, CRIS/SERIES, octobre 2012, [http://archives.limsi.fr/WkG/PCD2000/textes/perriault.htlm].
- PERRIAULT J., « Le numérique : une question politique », Hermès, n°38, 2004.
- QUÉMÉNER M., « La criminalité économique et financière à l'ère numérique », *Conférence internationale sur le renforcement de la cybersécurité et de la cyberdéfense,* OIF, Grand Bassam (Côte d'Ivoire), 8-10 février 2016.

- QUÉMÉNER M., *Cybercriminalité & Gouv. Ouverts*, 1res journées académiques/Academic days 2016, IMODEV/ Université Panthéon-Sorbonne, texte d'exposé, 5 décembre 2016.
- RALLET A., « Une économie de la communication ? », Hermès, n°44, 2006.
- RIVAUD PH., « Leadership et gouvernance communautaire : la Commission européenne et l'idée de service universel des télécommunications (1987-1998) », *European issue,* n°11, juillet 2001, Fondation Robert Schuman.
- RUTILYA. et SPITZ B., « Les nouveaux enjeux de la révolution numérique », *Hermès*, n°44, 2006.
- SAUVÉ J.-M., « Séance d'ouverture », in Conseil d'État, *La France dans la transformation numérique : quelle protection des droits fondamentaux ?,* Un colloque organisé par le Conseil d'État le 6 février 2015, La documentation française, Coll. Droit et débat, DILA/Conseil d'état, Paris, 2016.
- SAVATIER R., « La vente à distance », *Dalloz*, Chronique 45, Paris, 1971.
- SAWADOGO FILIGA M., « Approche nationale et régionale de la mise en place d'une réglementation du commerce électronique : le cas du Burkina-Faso et de l'Afrique de l'Ouest », Conférence régionale africaine de haut niveau, Tunis, 19-21 juin 2003.
- STREEL (de) A., QUECK R., « Un nouveau cadre réglementaire pour les communications électroniques en Europe », *JTDE*, n°101, septembre 2003.
- STROWEL A., « Introduction », *Google et les nouveaux services en ligne. Impact sur l'économie du contenu et questions de propriété intellectuelle,* Larcier, 2008.
- TANGKITVANICH S., « Vues du sud, les politiques du commerce électronique planétaire », in PNUD, *Coopération Sud – Tous « Branchés » : les technologies de l'information et de la communication pour le développement, numéro un,* PNUD, New York, 2001.
- TRONQUOY P., « La société numérique, La révolution numérique », *Cahiers français*, n°372, La documentation française, Paris, janvier-février 2013.
- TROYE-WALKER A., « Le cadre juridique du commerce électronique en Europe », première session : « le cadre juridique international du commerce électronique », in RAYNARD J. (sous la dir.), *Les premières journées internationales du droit du commerce électronique, Actes du colloque de Nice des 23,24 et 25 octobre 2000,* Litec, n°20, Coll. actualité de droit de l'entreprise, Cahors (France), 2002.
- TRUDEL P., « Le cyberespace, réseaux constituants et réseau des réseaux », *Les autoroutes de l'information : enjeux et défis,* Actes du colloque du Centre Jacques Cartier organisé du 5 au 8 décembre 1995, Université de Montréal, Centre de Recherche en droit Public, 1996.
- VALLÉE A., « Les États pourront-ils faire l'Europe de Télécommunications ? », in *Réseaux,* vol.8, n°40, 1990.
- VALLÉE O., « La dette publique est-elle privée ? », *Politique africaine*, n°73, mars, 1999.
- VAN DER ESCH V.-B., « Dérégulation, autorégulation et le régime de concurrence non faussée dans la CEE », *Cahier de droit européen,* n°5-6, 1990, cité par POPOVIC D., *Le droit communautaire de la concurrence et les communications électroniques*, LGDJ, Paris, 2009.
- VOLLE M., « Géopolitique du cyberespace », in Cahier français, *La société numérique*, La documentation française, n°372, Paris, 2013.

- WATIN-AUGOUARD M., « Préface », in LORVO F., *Numérique : de la révolution au naufrage ?,* éd. Fauves, Paris, 2016.
- WATIN-AUGOUARD M., « Une "cyber-guerre mondiale" ? La vision stratégique », in RAUFER X., *La première Cyber-guerre mondiale*, MA éditions, Paris, 2015.

VIII. RAPPORTS PUBLICS

1) Organisations internationales

- BANQUE MONDIALE, *Les Dividendes du Numérique, Rapport sur le développement dans le monde 2016*, Washington, avril 2016.
- CNUDCI, *Loi-type sur les signatures électroniques et son Guide d'incorporation*, Résolution adoptée par l'Assemblée générale sur le rapport de la 6e Commission (A/56/588), Doc. A/RES/56/80 [http://www.uncitral.org/pdf/french/texts/electcom/ml-elecsign-f.pdf].
- CNUDCI, Doc. A/C.N.9/WG.IV/W.P.84du 8 décembre 1999 ; Groupe de travailCNUDCI sur le commerce électronique, Doc. A/CN.9/465.
- OCDE, « Défis actuels et futurs de la gouvernance publique », in *Le Panorama des administrations publiques 2009*, éd. OCDE.
- OCDE, *Rapport de réunion ministérielle sur le futur de l'économie de l'internet, Orientations de l'OCDE pour les politiques pour la prise en compte des questions de protection et d'autonomisation des consommateurs dans le commerce mobile*, Séoul, 17-18 juin 2008, [http://www.oecd.org/dataoecd/51/60/40883688.pdf] (consulté le 25 novembre 2013).
- OCDE, *La définition et la mesure du commerce électronique : Rapport sur l'état de la question,* Groupe de travail sur les indicateurs pour la société de l'information, Document DSTI/ICCP/IIS(99)4/FINAL, OCDE, Forum sur le Commerce électronique, Paris, octobre 1999. [http://www.oecd.org/dataoecd/12/56/2092492.pdf] (consulté le 19 août 2016).
- OCDE, *Rapport de réunion ministérielle sur le futur de l'économie de l'internet, Orientations de l'OCDE pour les politiques pour la prise en compte des questions de protection et d'autonomisation des consommateurs dans le commerce mobile*, Séoul, 17-18 juin 2008, [http://www.oecd.org/dataoecd/51/60/40883688.pdf] (consulté le 25 novembre 2013).
- SMSI, *Agenda de Tunis pour la société de l'information,* 18 novembre 2005, WSIS-05/TUNIS/DOC/6(Rév.1).
- ONU, « Application des connaissances au Développement », *Projet millénaire ONU, Innovation,* Commission sur les sciences, la technologie et l'innovation, 2005.
- UIT, *Tendances des réformes dans les Télécommunications, 2002, Une régulation efficace*, Rapport, Genève, 2002.
- UIT, *Principes généraux et méthodes de partage des fréquences entre services de radiocommunication ou entre stations radio électriques*, Recommandation UIT-R SM 1132-2, Genève, 1995-2000-2001.

2) Entités européennes

- LAMOULINE C. et POULLET Y., *Des autoroutes de l'information à la « démocratie électronique » : de l'impact des technologies de l'information et de la communication sur nos libertés,* Rapport présenté au Conseil de l'Europe, Bruylant, Bruxelles, 1997.
- LEVY P., *Cyberculture, Rapport au Conseil de l'Europe dans le cadre du projet « Nouvelles technologies : coopération culturelle et communication »*, Paris, Odile Jacob, 1997.
- Rapport de Criminologie virtuelle de McAfee, Etude paneuropéenne au sujet du cybercrime organisé, Février 2005.
- Rapport intermédiaire de la Commission européenne concernant la vente de billets d'avion sur Internet. MÉMO 09/379, *EU-Investigation into websites selling consumer electronic goods.*
- Stratégie du Conseil de l'Europe sur la gouvernance de l'Internet 2012-2015, Rapport à mi-parcours du Secrétaire général du Conseil de l'Europe, SG/Inf (2014)7, 1er février 2014.
- CJCE, *« L'influence du droit national et de la juridiction des États membres sur l'interprétation du droit communautaire »*, Acte du colloque organisé par le CJCE, le 26 mars 2007 pour le cinquantième anniversaire des Traités de Rome.

3) Entités françaises

- BERGOUGNOUX J., *Services publics en réseaux : perspectives de concurrence et nouvelles régulations,* Rapport du groupe présidé par Jean Bergougnoux, Commissariat général du Plan, *La documentation française*, 2000.
- CONSEIL D'ÉTAT, « L'intérêt général », *Rapport public 1999, EDCE*, n°50, La Documentation française.
- BOULAUD D., *Le nouveau cadre européen des communications électroniques pour quels équilibres ?* Assemblée nationale, Rapport d'information, n°3048, 11e législature, 2001, Paris.
- OBSERVATOIRE NATIONAL DE LA DÉLINQUANCE (OND), *La Criminalité en France,* Rapport annuel 2008.
- CONSEIL D'ÉTAT, Section du Rapport et des études, étude générale adoptée par l'Assemblée générale du Conseil d'État, 2 juillet 1998, Paris, *La documentation française*, 1998.
- *Rapport à Monsieur le garde des Sceaux*, Ministre de la Justice, 22 septembre 2005, La documentation française, 2006.

4) Entités congolaises

- ASSEMBLÉE NATIONALE, *Rapport de mission de la commission d'enquête parlementaire sur le backbone national en fibre optique*, Commission d'enquête sur la non-connexion à la fibre optique (sigle : A.N/C.E/FIB.OPT), Kinshasa, mai 2014.
- AUTORITÉ DE RÉGULATION DE LA POSTE ET DES TÉLÉCOMMUNICATIONS, *Rapport public d'activités2003*, Kinshasa, 2003.
- AUTORITÉ DE RÉGULATION DE LA POSTE ET DES TÉLÉCOMMUNICATIONS, *Observatoire du marché de la téléphonie mobile, Rapport du 2e trimestre 2015*, Direction économie et prospective, Kinshasa, 2015.

- AUTORITÉ DE RÉGULATION DE LA POSTE ET DES TÉLÉCOMMUNICATIONS, *Observatoire du Marché de la téléphonie mobile,* Rapport du 3e trimestre 2016, Direction économie et prospective, Kinshasa / RDC.
- AUTORITÉ DE RÉGULATION DE LA POSTE ET DES TÉLÉCOMMUNICATIONS, *Observatoire du marché de la téléphonie mobile, Rapport du 2è trimestre 2017*, Direction Économie et Prospective, Kinshasa, avril-juin 2017.
- MUTINGA MUTUISHAYIM. et *al*(Sénateurs), *Rapport de la Commission d'enquête sur le secteur des télécommunications en RDC*, Sénat, RDC, mai 2008.

IX. AUTRES SOURCES DOCUMENTAIRES

1) Autres documents officiels

- ANSIP A. [vice-président de la Commission européenne, chargé du marché unique numérique] et OETTINGERG. [Commissaire européen à l'économie et à la Société numériques], *Présentation de la stratégie européenne pour un marché unique*, (#DigitaSingleMarket), Bruxelles, 6 mai 2015.
- ARCEP, Communiqué de Presse, « L'Arcep contribue à la consultation publique de la Commission européenne sur la révision du cadre réglementaire des télécoms », 28 janvier 2016.
- ARPTC, « L'accès aux réseaux large bande mobile en République Démocratique du Congo », in UIT, 11th World Telecommunication/ICT, *Indicators symposium (WTIS-13)*, Mexico, 4-6 december 2013, Document INF/3-F21, nov.2013.
- *Baromètre e-commerce de l'ASCEL*, Bilan annuel, 2007.
- CEEAC, *Vision stratégique de la CEEAC à l'horizon 2025,* Secrétariat général, adopté par la 13e conférence des Chefs d'États et de gouvernement, Brazza, 30 octobre 2007.
- COPIREP, *Présentation du Projet CAB5 au VPM, Ministre des PTNTIC*, Hôtel Kempinski, Kinshasa, 9 janvier 2015.
- ITU, *Measuring the information society 2013,* Geneva.
- JOURNAUX OFFICIELS, *Communications électroniques et services de communication audiovisuelle*, les éd. Journaux officiels, coll. « aux sources de la loi », Paris.
- Règlement n°15/2002/CM/UEMOA relatif aux systèmes de paiement dans les États membres de l'UEMOA.
- ROMIEU, Conclusions sous Conseil d'État, 22 mai 1903, Caisse des Écoles, Rec.
- UIT, Atelier pour la création de nouveau plan de numérotage national en Afrique, Cotonou (Bénin), 30 juin-04 juillet 2003.
- UIT, *Le mobile dépasse le fixe : Conséquences en matière de politique et de régulation*, 2003.

2) Textes inédits

- Accord de don H81-ZR conclu entre la RDC et la Banque mondiale, au titre de la 5e phase du programme régional de réseaux de télécommunication haut débit en Afrique centrale (CAB5) [Inédit].
- AFRICELL S.A. (DG), AIRTEL S.A (DG A.I. & LEGAL & REGULATORY), ORANGE SA (DG & S.G), TIGO (D.G & REGULATORY), VODACOM CONGO S.A (D.G & LEGAL) et YOZMA S.A (D.G & P.R), Compte-rendu de la réunion tenue par les

opérateurs télécoms sur la régulation des prix le 19 décembre 2014 au siège de Tigo [inédit].

- Archives de la Vice-primature, Ministère des PTNTIC (RDC), décembre 2014 à février 2016.
- Archives de la Vice-primature, Ministère des PTNTIC (RDC), Compte-rendu d'entretien, février 2015.
- BAUDRIER A., *Administration et droit de la régulation*, Cours ENST-Paris, Ouagadougou, 13 juin 2005 [inédit].
- Déclaration d'indépendance du cyberespace de John Perry BARLOW Davos, 1996, publié en Français par le webzine *Cybersphere*, aujourd'hui disparu.
- Groupe de haut niveau sur la société de l'information, *L'Europe et la société de l'Information planétaire,* 26 mai 1994.
- Lettre n°CAB/VPM/MIN.PTNTIC/TLL/NAK/ktc/0114/2015 du 7 janvier 2015 du VPM, Ministre des PTNTIC en réponse à la lettre n° CAB/PM/CJFAD/SML/2014/00016801 du 26 décembre 2014 du Premier Ministre de la RDC.
- Lettre n° 1029/04/2015 du 20 avril 2015 du Directeur de Cabinet du Chef de l'État sur la création de la société de patrimoine (SPN, CAB5).
- Lettre n°753/BM/RDC/RR/EPM/JN/2015 du 20 octobre 2015 du Représentant résident de la Banque mondiale en RDC (Emmanuel Pinto Moreira), en réaction la lettre n° Vodacom-Cgo/LR&I/CL/AB/DB/0189/09/15 du 25 sept. 2015 relative au « projet de loi sur les télécommunications en RDC ».
- Lettre n°CAB/PM/CNTIC/PCK/2015/8005 du 17 décembre 2015 du Premier Ministre de la RDC, Matata Ponyo Mapon, ayant pour Objet: Relance de programmation en commission des lois des textes sur les télécoms et TIC.
- Lettre collective n°DPE/LYK/BL/F.0516/2014 du 12 mai 2016 de la Fédération des entreprises du Congo (FEC) adressée au VPM, Ministre des PTT, concernant : « Transmissions [...] commentaires des opérateurs [privés] de Téléphonie et des ISP réunis au sein de la FEC ».
- Lettre n°CAB/PTNTIC/TLL/KNZ/hle/0889/2016 du 31 mai 2016 du Vice-Premier Ministre, Ministre des PTNTIC, Thomas Luhaka, adressée au Président de l'ARPTC, concernant la « Hausse des prix de services des télécommunications ».
- Projet de loi sur le commerce électronique en RDC, Gouvernement/Assemblée nationale, Assemblée nationale [inédit].
- Projet de loi sur les télécoms et les TIC, Assemblée nationale, version gouvernementale du 14 juin 2016, Assemblée nationale, 4 avril 2017[inédit].
- Projet de loi modifiant et complétant la loi n°014/2002 du 16 octobre 2002 portant organisation et fonctionnement de l'ARPTC en signe, 4 avril 2017, Assemblée nationale [inédit].
- TIDJANE DEME, Demande de licence d'opérateur d'infrastructure en RDC, Google Sénégal, Dakar, 19 mars 2015.
- Vodacom, Tigo, Orange et Airtel, Requête en inconstitutionnalité de l'Arrêté interministériel (...) fixant les conditions de souscription à l'abonnement téléphonique en République Démocratique du Congo, sous R.Const. n°177, 16 novembre 2015. [Source : Greffe de la Cour Constitutionnelle, le Greffier principal, Lucie Baluti Mondo, Directeur]

X. RESSOURCES EN LIGNE

1) Liens html factuels

- « Histoire de SFR » [www.sfr.com/nous-connaître/sfr-en-bref/01272016-1700-lhistoire-du-groupe-sfr]
- « Le partage des connaissances en toute liberté » [www.weblibre.org] (consulté en 2007)
- « Les contrats chinois en République Démocratique du Congo : un nouvel ordre économique pour l'Afrique ? », 28 mai 2008, [http://www.ananzie.net/Les-contrats-chinois-en-RDC-un] (consulté le 18 juillet 2016).
- « Pourquoi la hausse des tarifs de l'internet mobile ? », *RFI,* 11 juin 2016.http://www.rfi.fr/afrique/20160611-rdc-pourquoi-hausse-tarifs-internet-mobile] (consulté le 19 juin 2016).
- « RDC Congo : Didier Musete, l'ADG de la SCPT, suspendu de ses fonctions pour 3 mois », *Agence écofin, TIC & Telecom,* 4 novembre 2016 [www.agenceecofin.com](consulté le 22.11.2016).
- « White House. Red Chair. Obama Meets Swisher », by KARA SWISHER, *Recode.net,* 15 février 2015, [www.recode.net/2015/02/15/white-house-red-chair-obama-meets-swhisher/] (consulté le 23 décembre 2016).

2) Articles accessibles sur Internet

- ABDOUL KARIM S., BENARD Y., JAFFAR H., MOUNGALLA T. et ASU E., « Décollage digital du continent : le défi des infrastructures » (panel 1), *Forum Forbes Afrique*, 21 juil. 2015, [http://formuforbesafrique.com/blog/sessions/décollage-digital-du-continent-le-defi-des-infrastructures/] (consulté le 13 juillet 2016).
- ABDOULAYE BIO TCHANE, « Révolution mobile et numérique en Afrique : le saut qualitatif pour fournir les biens et services », *Forum Forbes Afrique*, 21 juil. 2015, [http://formuforbesafrique.com/blog/sessions/presentations-de-letude programme/](consulté le 12 juillet 2016).
- AGENCE ECOFIN, « RD Congo : Liquid Telecom étend sa fibre optique jusqu'à Lubumbashi », Kinshasa, 14 nov. 2012, [http://www.agenceecofin.com/equipement/1411-7569-rd-congo-liquid-telecom-etend-sa-fibre-optique-jusqu-a-lubumbashi] (consulté le 12 juin 2017).
- ARTEL (Burkina-Faso), « Quelle gestion des ressources rares pour favoriser l'arrivée de nouveaux entrants : cas du Burkina Faso », *FRATEL, Table ronde n°2,* 6e réunion annuelle, Tunis, 16 octobre 2008, [www.fratel.org] (consulté le 24 novembre 2016).
- BARLOW J. P., « *A declaration of the independence of Cyberspace* », 8 février 1996, [https://www.eff.org/fr/cyberspace-independance] (consulté le 12 février 2017).
- BAZI-DUMONT D., « Le processus de libéralisation des télécommunications en France », posté le 4 fév. 2004 [www.e-juristes.org/le-processus_de_liberalisation-des167] (consulté le 14 juin 2016).
- BAZI-DUMONT D., « Le processus de libéralisation des télécommunications en France », *e-juristes.org*, posté le 4 avril 2004, [http://www.e-juristes.org/le-processus-de-liberalisation-des167] (consulté le 11 novembre 2016).

- Beattie [http://www.investopedia.com/ask/answers/09/att-breakup-spinoff.as] (consulté le 05 avril 2017).
- Belouin O.et Degez S., « Quelques petites particularités du contrat électronique… », 7 mars 2016, in [www.degez-kerjean.fr] (consulté le 17 mars 2017).
- Bensoussan[https://www.alainbensoussan.com/communsinformationnels-numérique/2015/12/23/]
- Berner X., « La loi Numérique : le décret sur la loyauté des plateformes prend forme », 26 janvier 2017, in [www.nextimpact.com] (consulté le 1er juin 2017).
- Bouhadana I. et Gilles W., « Rapport introductif », *Academic days on Open Government issues,* 5 et 6 décembre 2016, IMODEV/ Univ. Paris 1 Panthéon-Sorbonne, Paris, 2016 (Texte lu le 5/12/2016). [http://academicdays.imodev.org].
- Broussard M.-A., « Les Casinos virtuels, une zone de non droit ? » http://www.droit-tic.com/pdf/casinos_virtuels.pdf (consulté le 13 novembre 2013).
- Brunshwig H., *Le partage de l'Afrique noire,* Paris, Flammarion, 2009 (1971), cité par De gemaux C., « La Conférence de Berlin, 1885 », *Herodote.net, Toute l'histoire en un clic.*www.herodote.net/Text/berlin-1885.pdf (consulté le 12 juillet 2016).
- BVert 65, 1 – Volkszählung, 15 décembre 1983, cité par Sauvé J.-M., « Les autorités administratives indépendantes », intervention au Comité d'évaluation et de contrôle des politiques publiques (CEC) sur les AAI, jeudi 11 février 2010, [http://www.conseil-État.fr/Actualites/Discours-Interventions/Les-autorites-administratives-independantes] (consulté le 16 mars 2017).
- Cariou C. et Gaulon-Brian M., « Du Minitel à l'internet », *La revue des Industries créatives et des médias,* publié le 29 mars 2012 [http://www.inaglobal.fr/telecoms/article/du-minitel-linternet] (consulté le 3 décembre 2013).
- Cert-Lexsi, *Cybercriminalité des jeux en ligne*, livre blanc du Laboratoire d'expertise en sécurité informatique, juillet 2006, [http://www.lexsi.com/telecharger/gambling_cybercrime_2006.pdf] (consulté le 13 nov. 2013).
- CissÉ, A., *M1 a) Objet du droit duDroit du cyberespace,* Notes de Cours de Master 2 Pro, Univ. Gaston Berger, Saint-Louis/Sénégal, 2011 [http://foad.refer.org/IMG/pdf/cours_objet_droit_du_cyberespace.pdf] (consulté le 22 nov. 2012).
- CNC, « Les nouvelles formes de consommation des images: TNT, TVIP, VOD, sites de partage, piraterie… », *Analyse qualitative*, novembre 2007, [www.cnc.fr,doc.pdf] (consulté le 23 décembre 2013).
- Cochet-Cordey F., *Vulnérabilité et droit. Le développement de la vulnérabilité et ses enjeux en droit,* Grenoble, Presses Univ.de Grenoble, 2000, 13, [www.pug.fr/telech_ouvrage:vulnerabilité.pdf] (consulté le 28 décembre 2013).
- Cohen D., Gordon D., Zhang S., GalziO. et Bhattacharya K., « Le numérique, vecteur de croissance inclusive pour l'Afrique », 21 juil. 2015, panel 2, *Forum Forbes Afrique,* Brazzaville 2015, [http://formuforbesafrique.com/blog/sessions/le-numérique-vecteur-de-croissance-inclusive-pour-lAfrique/] (consulté le 3 juillet 2016).

- COLOMA T. « Quand le fleuve Congo illuminera l'Afrique, Le "Contrat du siècle", *Le Monde diplomatique*, février 2011, [https://www.monde-diplomatique.fr/2011/02/COLOMA/20108].
- CONSEILS DES PRÉLÈVEMENTS OBLIGATOIRES, *Fraude aux prélèvements obligatoires et son contrôle*, 1er Rapport 2007, La Documentation Française, Paris, mars 2017, [http://www.ladocumentationfrancaise.fr/var/storage/rapports-publics/074000186.pdf] (consulté le 8 octobre 2016).
- Constitution de la Transition en RDC du 4 avril 2003 [http://mjp.univ-perp.fr/constit/cd2003.htm] (consulté le 23 novembre 2016).
- DARMON L., « Livre vert, livre blanc », *europeplusnet.com*, 2005.
- Déclaration de presse du DG d'Africell, Mbayo : « Tarification des services des télécommunications : l'ARPTC se conforme à l'avis de la CSJ », février 2015, [www.forumdesas.org/spip.php?article3387] (consulté le 9 juillet 2016).
- DECOCQ G., « L'influence des droits nationaux sur le droit communautaire de la concurrence », Ordre des avocats au conseil d'État et à la cour de Cassation Paris, 7 novembre 2008, [http://www.ordre-avocats-cassation.fr/upload/revues/georges-decocq_28.pdf] (consulté le 11 mai 2012).

- DECOCQ G., « L'influence des droits nationaux sur le droit communautaire de la concurrence », Ordre des avocats au conseil d'État et à la cour de Cassation Paris, 7 novembre 2008, [http://www.ordre-avocats-cassation.fr/upload/revues/georges-decocq_28.pdf] (consulté le 11 mai 2012).

- DEVILLE,*Glossaire*, http://alpestat.com/lexique/html/_subventions_croisees.html](consulté le 16 déc. 2013).
- Dictionnaire Larousse, [http://www.larousse.fr] (consulté le 25 novembre 2013).
- *Dictionnaire Larousse*, [www.larousse.fr] (consulté le 26 novembre 2013).
- Discours-bilan du Premier Ministre (sortant) de la RDC du 22 novembre 2016 [http://7sur7.cd/new/primature-augustin-matata-ponyo-sort-par-la-grande-porte-discours-bilan] (consulté le 24 novembre 2016).
- DO-NASCIMENTO J., « Le développement du téléphone portable en Afrique », p.1 [www.iut-orsay.u-psud.fr] (consulté le 21 novembre 2016).
- Dossier :[https://www.legifrance.gouv.fr/affichLoiPubliee.do?idDocument=JORFDOLE000031589829&type=general&legislature=14] (consulté le 26 décembre 2016).
- Dossier: « Articles de presse de la catégorie "SMS" », « RDC: l'envoi et la réception des SMS rétablis après 17 jours d'interruption », 07 février 2015 ; « RDC : les entreprises des télécommunications annoncent la reprise des SMS dimanche 8 février [2015]», 06 février 2015 ; « SMSet Internet coupés en RDC », 20.01.2015 » ; « Le phare : « Internet et textos : la censure continue », 03 février 2015[www.radiookapi.net/mot-cle/sms] (consultés le 10 juillet 2016).
- ESSOLOMWA L., « Téléphonie mobile : la RDC entre consolider les groupes et ouvrir le marché », 24 juin 2016, Adiac-Congo/MCN, *MediaCongoNet*, [www.mediacongo.net/article-actualité-18636.html] (consulté le 8 juillet 2016).
- *Eurobaromètre* sur la protection des consommateurs dans le marché intérieur, enquête menée de février à mars 2006 et publiée en

septembre,http://ec.europa.eu/consumers/topics/eurobarometer_09-2006_en.pdf] (consulté le 1er janvier 2017).

- FENEYROL M., « Déréglementation et télécommunications, des premiers mouvements aux lois de 1990 », [http://www.ahti.fr/index.php/index.php/articles/11-cahier/23-cahier-9.html] (consulté le 10 novembre 2016).
- FERNANDEZ P., « Notion de consommateur : une précision très intéressante », 14 octobre 2005. http://aufildudroit.over-blog.com/article-1014418.html (consulté le 31 juillet 2017).
- FINGERHUT J., « Des particuliers très professionnels... Internet ou vide-greniers, les vendeurs flirtent parfois avec l'activité commerciale. Un négoce à risques. », *La Gazette Drout – L'hebdo des ventes aux enchères*, [www.gazette-drouot.com] (consulté le 3 décembre 2013).
- Forbes Afrique, « La révolution numérique : Accélérateur de la croissance africaine », 4è éd., *Forum économique*, 21 juillet 2015, Brazzaville, Congo [http://forumforbesafrique.com] (consulté à nouveau le 1er juillet 2016).
- FRATEL, « Les effets de la régulation sur le développement de la concurrence », *Sixième réunion annuelle de FRATEL*, Tunis, 16 et 17 octobre 2008, www.fratel.org (consulté le 24 novembre 2016).
- GAGNON C., « L'échange de consentement et le commerce électronique : de l'autorité de la volonté à "la volonté " de la machine », 1998
- GAZZANE H., « Suicides à France Télécom : le rappel des faits », *Le Figaro,* 7 juillet 2016 [www.lefigaro.fr] (consulté le 11 novembre 2016).
- GERADIN D., « Regulatory issues raised by network convergence: the case of multi-utilities », *J Network* Industries, n°2, 2001,[http://papers.ssrn.com/sol3/papers.cfm?abstract_id=49007] (consulté le 4 avril 2017).
- *Glossaire des services publics*, le site officiel de l'administration française, [www.service-public.fr] (consulté le 18 novembre 2013).
- GSMA, *Régulation et fracture numérique*, rapport, 2005. [www.gsmworld.com] (consulté le 12 aout 2011).
- JEREMY HODARA, MBWANA ALLIY et NINO NJOPKOU, « Le e-commerce en Afrique : comment dépasser les contraintes ? », 21 juil. 2015, (panel 3) *Forum Forbes Afrique*, Brazzaville 2015, [http://formuforbesafrique.com/blog/sessions/le-e-commerce-en-Afrique-comment-depasser-les-contraintes/] (consulté le 3 juillet 2016).
- *Le dico du commerce international*, [http://www.glossaire-international.com/pages/tous-les-termes/ohada.html] (consulté le 13 septembre 2016).
- MAITLAND D., « Connecter ceux qui ne le sont pas », in GSMA, Régulation et fracture numérique, comment les meilleures pratiques de régulation en matière de téléphonie mobile peuvent accroître lesinvestissements et la pénétration des marchés émergents?, 2005, [www.gsmworld.com] (consulté le 12 août 2011).
- MANIKUNDA MUSATA O., « Communiqué de Presse », Président de l'ARPTC, Kinshasa, 19 juin 2016, in C. MOANDA, « Internet : L'ARPTC ordonne aux télécoms de revenir aux anciennes tarifications », 20 juin 2016, *Politico.cd* [http://www.politico.cd/actualite/la-une/2016/06/19/internet-larptc-ordonne-aux-telecoms-de-revenir-aux-anciennes-tarifications.html] (consulté le 25 juin 2016).

- MASINI O., « PTNTIC : La RDC passe de la licence 2G à www.congoopportunities.net:?p=5018](consulté le 11 juillet 2016).
- MASSE D. G., [http://www.masse.org] (consulté le 26 novembre 2013).
- MONTESQUIEU, *Esprit des lois par Montesquieu : avec les notes de l'auteur et un choix des observations de Dupin, Cervier, Voltaire, Mably, la harpe, Servan,*http://dicocitations.lemonde.fr/citations-auteur-montesquieu-4.php] (consulté le 14 mars 2017).
- N'DOUBA A., « Loi Hamon : le nouveau régime des contrats conclus à distance et hors établissements », in *Village de la justice, La communauté des métiers du Droit,* étude d'avocat, 10 juin 2014 [http://www.village-justice.com/articles/loi-hamon-nouveau-regime-des,17093.html] (consulté le 11 janvier 2017).
- NAWAF SHATHIL S., « L'insertion de l'infraction de vengeance pornographique dans le code pénal », *e-juristes.org*, posté le 10 juillet 2016, [http://www.e-juristes.org/linsertion-de-linfraction-de-vengeance-pornographique-dans-le-code-penal/]
- NDUKUMA ADJAYI K. « Les enjeux législatifs de la transition post-conflit dans la société numérique congolaise », *Academic days on Open Government issues,* IMODEV/ Univ. Paris 1 Panthéon-Sorbonne, Paris, 5 et 6 décembre 2016. http://cms.imodev.org/nos-activites/europe/france/academic-days-on-open-government-issues-december-5-6th-2016-paris-France/conference-planning-internal-5th-december-2016-fracture-numerique-participation-citoyenne-open-gov/] (consulté le 16 décembre 2016).
- OCDE, « Le commerce électronique opportunités et défis pour les gouvernements », cité par THOUMYRE L., *RDTI*, 1997-2001, http://www.juriscom.net/uni/mem/03/introduction.html#footnote23] (consulté le 11 janvier 2011).
- OCPT/CRDI, « Etude de faisabilité pour une dorsale ouverte Internet en République Démocratique du Congo », in *Alternative*, juin 2003, [http://web.idrc.ca/uploads/user-S/12095032471FINAL-RDC-TIC.pdf] (consulté le 12 juin 2013).
- *Office of Communications Act 2003,* in [www.legislation.gov.uk.]et [www.ofcom.org.uk/about/sdrp/] (consultés le 3 avril 2017).
- PATTINSON B., « e-commerce – vers une définition internationale et des indicateurs statistiques comparables au niveau international », Div. pol, de l'info, de l'informatique et de la communication », [http://www.insee.fr/fr/ppp/sommaire/imet97o.pdf] (consulté le 18 août 2016).
- PENARD et THIRION« La régulation dans les télécommunications : une approche croisée de l'économie et du Droit » [https://scholar.googleusercontent.com/scholar?q=cache:49RX7tVNRdMJ:scholar.google.com/&hl=fr&as_sdt=0,5] (consulté le 14 juin 2016).
- PENARDT.et N. THIRION, « La régulation dans les télécommunications : une approche croisée de l'économie et du Droit », [https//perso.uni-rennes1.fr] (consulté le 14 juin 2016).
- PILLOU J.-F. (sous la dir.), « L'analogique et le numérique », sept. 2015 [www.commentcamarche.net:#ID=471&module=contents](consulté le 3 juillet 2016).
- PLICHON O., « suicides à France Télécom : le procès se profile », *Le Parisien,* 8 juillet 2016 [www.leparisien.fr] (consulté le 17 juillet 2016).

- PNUD, *Etude Sur la faisabilité socio-économique des TIC*, mars 2005, [http://www.undporg/business/gsb/tanzania.html] (consulté le 13 août 2016).
- POIDEVIN B., « La vente entre consommateurs "C to C" : le cadre juridique », *Jurisexpert*, Cabinet d'avocats, Lille, 26 juillet 2011 [https://www.jurisexpert.net/la-vente-entre-consomateurs-c-to-cle-cadre-juridique/] (consulté le 3 décembre 2013).
- POIDEVIN B., « Le C to C ou ventes entre particuliers, quel cadre juridique ? », *Jurisexpert*, Cabinet d'avocats, Lille, 22 juin 2009 [https://www.jurisexpert.net/le-c-to-c-ou-ventes-entre-particuliers-quel-cadre-juridique/] (consulté le 3 déc.2013).
- POLLE B., « Téléphonie mobile : le nombre d'abonnés africains en hausse de 70% depuis 2010 », *Jeune Afrique*, rubrique www.jeuneafrique.com/345544/economie/État-de-leconomie-mobile-afrique-rapport-gsma-2016] (consulté le 21 novembre 2016).
- Président de l'ARPTC, Communiqué de presse, 19 juin 2016, *Politico.cd*, www.politico.cd/actualite/la-une/2016/06/19/Internet-larptc-ordonne-aux-telecoms-de-revenir-aux-anciennes-tarifications.html] (consulté le20 juin 2016).
- PROULX S., « Penser les usages des TIC aujourd'hui : enjeux, modèles, tendances », in VIEIRA L. et PINÈDE N., (sous la dir.), *Enjeux et usages des TIC : aspects sociaux et culturels »*, t. 1, Bordeaux, Presses Universitaires de Bordeaux, 2005. [http://sergeproulx.uqam.ca/wp-content/uploads/2010/12,2005proulx-penser-les-usa-43.pdf] (consulté le 26 décembre 2016).
- RACHIDI MABANDU, « Hausse de prix des cartes prépayées, internet […] », *Forum des As / La prospérité,* Journal (quotidien), Kinshasa, 08 juin 2016 [http://mediacongo.net/article-actualite-18262.html] (consulté le 25 octobre 2016).
- RADIO OKAPI, « la RDC officiellement connectée au câble à fibre optique », Monusco, Fondation Hirondelle, le 08 juillet 2013, [www. radiookapi.net/actualité/2013/07/08/la-rdc-officiellement-connectée-au-cable-fibre-optique] (consulté le 18 août 2016).
- RADIO OKAPI, « Me Kodjo Ndukuma s'exprime l'assainissement du secteur des télécommunications », Kinshasa, 1er juin 2015, in [http://www.radiookapi.net/emissions-2/linvite-du-jour/2015/06/01/kodjo-ndukuma-sexprime-lassainissement-du-secteur-des-telecommunications#sthash.94iJ7kQw.dpuf] (consulté le 1er juin 2016).
- RADIO OKAPI, « RDC : Africell dénonce la coupure de son interconnexion avec Vodacom, Tigo et Airtel », 12 novembre 2012,[www.radiookapi.net/economie/2012/11/12/rdc-africell-denonce-la-coupure-de-son-interconnexion-avec-vodacom-tigo-airtel] (consulté le 12 juillet 2012).
- RADIO OKAPI, « RDC : Africell dénonce la coupure de son interconnexion avec Vodacom, Tigo et Airtel », 12 nov. 2012, [www.radiookapi.net/economie/2012/11/12/rdc-africell-denonce-la-coupure-de-son-interconnexion-avec-vodacom-tigo-airtel] (consulté le 12 juillet 2012).
- RADIO TOP CONGO FM, « Interview du Vice-Premier Ministre, Ministre des PTNTIC, Thomas Luhaka », 1er avril 2016 [www.topcongo.fm] (consulté le 17 avril 2016).

- Recommandation 84/549/CEE du 12 novembre 1984 concernant la mise en œuvre d'une approche commune dans le domaine des télécommunications, Doc.384X0549, JOCE, L298, 16 nov. 1984, p.0049-0050. [http://admin.net/eur/loi/leg-euro/fr_384X0549.html], consulté le 13 juillet 2016.
- REPORTERS SANS FRONTIÈRES, « Levée de la suspension du service SMS », 28 décembre 2011 [https://rsf.org/fr/actualites/levee-de-la-suspension-du-service-de-sms] (consulté le 1er juillet 2006).
- REVERT A., « RDC : envolée des prix de l'Internet », *TV5 Monde,* 14 juin 2016 [http://information.tv5monde.com/afrique/rdc-envolee-des-prix-de-l-Internet-112843] (consulté le 8 juillet 2016).
- RICHARD J., « Le droit souple : quelle efficacité, quelle légitimité, quelle normativité ? », *Dalloz-actualité, Le quotidien du droit, interview* [http://www.dalloz-actualite.fr/interview/droit-souple-quelle-efficacite-quelle-legitimite-quelle-normativite#.VFe0KnbplzU] (consulté le 3 novembre 2014).
- RUIZ.P.https://www.developpez.com/actu/130017/Afrinic-pourrait-ne-plus-allouer-d-adresses-IP-aux-pays-africains-qui-suspendent-l-acces-a-Internet-a-leur-population/ (consulté le 8 août 2017).
- SORIANO S., « New Challenges in Europe », Intervention du Président de l'ARCEP, 4e Stakeholder Forum du BEREC, Bruxelles, 17 octobre 2016.http://www.arcep.fr (consulté le 7 avril 2017).
- Source diplomatique : [http://www.diplomatie.gouv.fr/fr/dossiers-pays/republique-democratique-du-congo/presentation-de-la-republique-democratique-du-congo/article/geographie-et-histoire-80709] (consulté le 9 août 2017).
- SUTTON E., « La Commission européenne dévoile sa stratégie numérique en 3 axes », 7 mai 2015, in [www.idboox.com.] (consulté le 14 décembre 2017).
- SWISHER K., « White House. Red Chair. Obama Meets Swisher », *Recode.net*, 15 février 2015.[www.recode.net/2015/02/15/white-house-red-chair-obama-meets-swisher/] (consulté le 3 août 2017).
- TAILLET A., VOORWINDEN A. et YAMAKAWA H., « Le numérique a besoin de valeurs » - http://www.touteleurope.eu/actualité/le-numerique-a-besoin-de-valeurs-entretien-avec-maitre-bensoussan-specialiste-du-droit-de-l-inf.html] (consulté le 26 décembre 2016).
- TÉ-LESSIA J., « Orange finalise le rachat de Tigo RDC », *Jeune Afrique*, 21 avril 2016 [www.jeuneafrique.com/319909/economie/orange-finalise-rachat-de-tigo-rdc] (consulté le 8 juillet 2016.)
- THIBAULT P. et MABI C., « Le politique face au numérique : une fascination à hauts risques », https://socio.revues.org/1344?lang=fr (consulté le 12 juin 2017).
- THOUMYRE L., « L'échange des consentements dans le commerce électronique », 1999 [http://www.juriscom.net] (consulté le 11 septembre 2011).
- TIC MAG, 12 février 2016 in [https://www.ticmag.net/viber-whatsapp-skype-comment-reguler-les-ott-qui-penalisent-les-operateurs-mobiles/] (consulté le 8 octobre 2016).
- TORDJMAN H., SINAÏ A., MAMÈRE N., KEMPF H., JARRIGE F., HÉROUARD J.-F., GRAS A., DECARSIN J. et BOURG D., « "La Troisième Révolution" de Rifkin n'aura pas lieu », *Libération*, Tribune, 21 octobre 2014, [www.liberation.fr] (consulté le 25 décembre 2016).
- TORDJMAN H., SINAÏ A., MAMÈRE N., KEMPF H., JARRIGE F., HÉROUARD J.-F., GRAS A., DECARSIN J. et BOURG D., « "La Troisième Révolution" de Rifkin

n'aura pas lieu », *Libération,* Tribune, 21 octobre 2014. http://www.liberation.fr/terre/2014/10/21/la-troisième-revolution-de-rifkin-n-aura-pas-lieu-1126521 (consulté le 25 décembre 2016).

- TSHISHIKU M., « Assemblée Nationale : Les députés refusent au ministre Ambatobe le droit de défendre trois projets de loi », in *La tempête des Tropiques,* [http://7sur7.cd/new/2017/04/assemblee-nationale-les-deputes-refusent-au-ministre-ambatobe-le-droit-de-defendre-trois-projets-de-loi/] (consulté le 21 avril 2017)
- VPM, Ministre de l'Intérieur et Sécurité et VPM, Ministre des PTNTIC, « Communiqué du Gouvernement relatif à l'opération de contrôle d'identification des abonnés des services de télécommunications en République Démocratique du Congo », Kinshasa, 26 décembre 2015, [http://www.7sur7.cd/new/sur-decision-du-gouvernement-telecommunications-desormais-tout-abonne-doit-etre-identifie-par-son-operateur/] (consulté le 15 septembre 2016).
- WÉRY É., « Le Rapport du Conseil d'État français sur l'internet et les réseaux numériques : la bible ! », *Actualité,* 1er octobre 1998 [www.droit-technologie.org] (consulté le 23 novembre 2014).

3) Pages web, liens html

- [http://citations.webscence.com/citations/anonyme/est-gratuit-est-que-vous-etes-produit-2633] (consulté le 19 mai 2014).
- [http://curia.europa.eu/juris/liste.jsf ?num=C-395/96&language=fr] (consulté le 11 juin 2017).
- [http://ec.europa.eu/internal_market/services/gambling_en.htm] (consulté le 23 décembre 2013).
- [http://edaboard.com/thread555115.html] (consulté le 24 novembre 2016).
- [http://eur-lex.europa/legal-content/FR/TXT/?uri=CELEX%3A61988CJ0202] (consulté le 4 juillet 2016).
- [http://legimobile.fr/fr/jp/j/c/civ/1ere/1996/1/30/93-18684/](consulté le 29 octobre 2014).
- [http://lexpansion.lexpress.fr/high-tech/orange-l-operateur-telecom-historique_1753139.html] (consulté le 17 juillet 2017).
- [http://m.huffpost.com/mg/entry/8122780] (consulté le 10 juillet 2016).
- [http://maf.fr/fr/article/decision-du-23-janvier61987-Conseil-de-la-concurre/] (consulté le 16 mars 2017)
- [http://museedutelephone.narbonne.pagesperso-orange.fr/telegraphe.htm] (consulté le 16 juin 2016).
- [http://news.netcraft.com/],
- [http://www.arcep.fr/uploads/tx_gspublication/revue-stratégique-conclusions-priorités-janv2016.pdf] (consulté le 30 juin 2016).
- [http://www.berenboom.be/pdf/NoteReal.pdf] (consulté le 21 octobre 2014.)
- [http://www.conformementvotre.fr/un-millefeuille-legislatif-reglementaire/] (consulté le 13 octobre 2013).
- [http://www.conso.net/content/la-portabilite-de-votre-numero-de-telephone-fixe-en-10-points]
- [http://www.csa.fr/Services-interctifs/Services-de-medias-audiovisuels-a-la-demande-SMAD] (consulté le 8 juillet 2017).

- [http://www.droit.umontreal.ca/~gagnonc/travaux/consentement.html] (consulté le 11 septembre 2011).
- [http://www.economie.gou.fr/cedef/loi-de-modernisation-economie-lme] (consulté le 7 avril 2017).
- [http://www.economie.gouv.fr/republique-numerique/15-points-cles] (consulté le 1er mars 2017).
- [http://www.eventsrdc.com/rdc-une-loi-sur-les-tic-en-elaboration/] (consulté le 28 août 2016).
- [http://www.jeuneafrique.com/mag/298324/economie/whatsapp-skype-viber-casse-tete-operateurs/] (consulté à nouveau le 8 octobre 2016).
- [http://www.legalnet.cd/legislation/Droit%2àeconomique:telecommunication/AIM.19.05.2015.html] (Consulté le 21 septembre 2015).
- [http://www.maghrebarabe.org/fr/] (consulté le 13 juillet 2016)
- [http://www.pcinpact.com/news/66793-ordinateurs-foyers-francais-equipement-netbooks-tablettes.html] (consulté le 30 juin 2016).
- [http://www.radiookapi.net/2016/06/20/actualite/economie/hausse-du-prix-dinternet-larptc-ordonne-aux-operateurs-de-revenir] (consulté le 20 juin 2016).
- [http://www.sadc.int/themes/infrastructure/ict-telecommunications/] (consulté le 13 juillet 2016).
- [http://www.vie-publique.fr/actualite/panorama/texte-discussion/projet-loi-pour-republique-numerique.html] (consulté le 8 octobre 2016).
- [http://www.zdnet.fr/actualites/l-art-devient-officellement-l-arcep-39227791.htm] (consulté le 8 octobre 2016).
- [https://en.wikipedia.org/wiki/WACS_(cable_system)] (Consulté le 18 juillet 2016).
- [https://fr.m.wikipedia.org/wiki/3rd_Generation_Partership_Project] (Consulté le 17 juillet 2016).
- [https://fr.m.wikipedia.org/wiki/LTE_(reseaux_mobiles)] (consulté le 17 juillet 2016).
- [https://www.cnsea.fr/surendettement/la-loi-et-le-surendettement-neiertz-borloo-lagarde-hamon#neiertz] (consulté le 2 juillet 2017).
- [www.achpr.org/fr/instruments/au-constitutive-act] (consulté le 12 juillet 2016).
- [www.droitcongolais.info/files/avis-Ministere-des-Postes,-perte-certifica:—JO-n-8,-annee-50,-15-avril-2009-.pdf](consulté le 9 juillet 2016).
- [www.idboox.com/economie-du-livre/la-commission-europeenne-devoile-sa-strategie-numerique-en-3-axes] (lu le 4 déc. 2017).
- [www.idboox.com/economie-du-livre/la-commission-europeenne-devoile-sa-strategie-numerique-en-3-axes] (lu le 4 déc. 2017).
- [www.jeuneafrique.com/339107societe/technologie-whatsapp-a-conquis-lafrique/]
- [www.journalofficiel.cd/jordc/resthesau.php?id_terme_initial=3204&lettre=P] (consulté le 1er juillet 2016).
- [www.leganet.cd/Doctrine.textes/decon/Dcontrats%20sino_congolais.pdf]

4) Sites Web

- [http://ecowas.int/]
- [http://www.amazone.fr]

- [http://www.au.int/fr]
- [http://www.cellular-news.com/coverage]
- [http://www.ibctelecoms.com.gsmafrica]
- [http://www.leganet.cd]
- [https://m.blablacar.fr]
- [www.afrinic.net]
- [www.arcep.fr]
- [www.assemblée-nationale-cd]
- [www.ceeac-eccas.org]
- [www.cellular.co.za]
- [www.cemac.int]
- [www.cnc.fr]
- [www.cnil.fr]
- [www.comesa.int]
- [www.conseil-État.fr]
- [www.csa.fr]
- [www.curia.europa.eu]
- [www.davidtate.fr]
- [www.eac.int]
- [www.europa.eu]
- [www.europarl.europa.eu]
- [www.europedia.org]
- [www.francophonie.org]
- [www.fratel.org]
- [www.glossaire-international.com]
- [www.imf.org]
- [www.itu.int]
- [www.le-dictionnaire.com]
- [www.legalis.net]
- [www.legalnet.cd]
- [www.legifrance.gouv.fr]
- [www.nepad.org]
- [www.ofcom.org.uk]
- [www.rascom.org]
- [www.rura.rw]
- [www.sadc.int]
- [www.traite-de-lisbonne.fr]
- [www.uemoa.int]
- [www.vodacom.cd]
- [www.wto.org].

TABLE DES MATIÈRES

SCIENCES DE L'INFORMATION ET DE LA COMMUNICATION AUX ÉDITIONS L'HARMATTAN

Dernières parutions

LA PRESSE CONGOLAISE DE FRANCE 1995-1997

Jerry Mpereng

Cet ouvrage est une étude monographique de la presse congolaise parue en France entre 1995 et 1997 dans la diaspora. Cette production journalistique est particulièrement riche en informations sur cette communauté en exil, mais elle révèle aussi un fonctionnement spécifique, du fait qu'elle évolue en dehors des circuits de fabrication et de distribution de la presse française. L'intérêt de ce livre réside donc dans l'analyse méthodique d'une source d'information.

(Coll. Études africaines, 108 p., 13 euros)

ISBN : 978-2-343-15285-1, EAN EBOOK : 9782140114557

INTELLIGENCE ARTIFICIELLE
Pratiques et enjeux pour le développement

Alain Kiyindou

Quand on parle d'intelligence artificielle (I.A.), on aborde généralement le sujet sous un angle purement technique, ou sur une comparaison de l'intelligence des machines avec celle de l'homme. Cet ouvrage offre une perspective différente, parce que communicationnelle. En effet, l'intelligence artificielle génère un être à vivre ensemble tout comme elle est un appui remarquable aux techniques et systèmes de communication. L'ouvrage est divisé en trois parties. La première revient sur les fondements et les spécificités de l'intelligence artificielle, la deuxième met en lumière la façon dont l'intelligence artificielle a été et est abordée en Sciences humaines et sociales avec une nette focalisation sur les Sciences de l'information et de la communication et, la troisième, relève les enjeux et pratiques de l'intelligence artificielle dans le cadre du développement. Plusieurs aspects sont ainsi analysés : la sécurité, la santé, l'éducation, l'économie, l'environnement.

(Coll. Communication et Civilisation, 212 p., 21,5 euros)

ISBN : 978-2-343-16366-6, EAN EBOOK : 9782140112034

PRATIQUE DU JOURNALISME
Le guide du débutant

Mamady Wasco Keita

L'écriture journalistique est une écriture efficace, qui sait aller à l'essentiel tout en éveillant l'intérêt du lecteur ou de l'auditeur. Elle est aussi l'art de choisir le bon angle pour présenter de façon attractive une information signifiante ou utile. C'est ce à quoi ce guide entend initier le futur journaliste. De la grammaire traditionnelle, enseignée à l'école élémentaire, aux techniques et savoir-faire des journalistes, il aborde tous les genres (interview, reportage, éditorial, billet, etc.) au moyen d'exemples concrets, sans négliger la présentation de l'information (titraille et illustrations notamment).

(Coll. Harmattan Guinée, 144 p., 16 euros)

ISBN : 978-2-343-16594-3, EAN EBOOK : 9782140109942

DÉSINFORMATION 2.0
Comment défendre la démocratie ?

Boris Barraud

La désinformation est, depuis l'invention du langage, un moyen de faire l'histoire en influençant les opinions et les sentiments populaires. Avec internet ce phénomène change de dimension et pose des questions inédites. Les nouvelles technologies permettent aux diverses formes de manipulation de l'information de toucher de vastes publics. Chaque citoyen-internaute devient un acteur des manoeuvres de désinformation, en particulier en les relayant sur les réseaux sociaux. Internet constitue ainsi une révolution de l'information, mais aussi une révolution de la désinformation. Or la mécanique démocratique est mise en danger par les fausses informations, par les « fake news ». La désinformation 2.0 est à la fois un symptôme de la crise de la démocratie et un appel à reconstruire la démocratie.

(Coll. Questions contemporaines, 260 p., 26 euros)

ISBN : 978-2-343-16322-2, EAN EBOOK : 9782140107160

ETAT DES LIEUX DE LA PRESSE AUX CONGOS

Joseph Okania

Joseph Okania fait ici l'autopsie de ce mal récurrent qu'est l'amateurisme des journalistes congolais, lequel, bien que décrié par tous, gangrène le corps de la presse congolaise, rives droite et gauche confondues. Une immersion complète et une investigation de l'intérieur des médias l'ont conduit à cerner les inepties qui essaiment l'espace médiatique des deux Congos. Il appelle les journalistes au ressaisissement, en vue de redorer le blason terni de cette corporation et ainsi de redonner à la presse congolaise ses lettres de noblesse.

(Coll. Harmattan Congo-Brazzaville, 160 p., 17,5 euros)

ISBN : 978-2-343-15977-5, EAN EBOOK : 9782140103223

MÉDIAS PIONNIERS AU CONGO

Se kukianga (1891) et Minsamu Miayenge (1892)

Jean-Chrétien D. Ekambo

Préface de Bertrand Cabedoche

"La méticulosité et la pugnacité de l'auteur l'ont poussé à croiser les références documentaires. Mais ce n'est pas seulement un récit de l'aventure médiatique de deux magazines et de deux missions protestantes européennes dans le Congo de la fi n du XIXe siècle. On ne peut qu'admirer la puissance de distanciation du chercheur : Jean-Chrétien Ekambo ne relativise rien, ni l'exploitation éhontée et brutale ; il ne légitime rien, ni la violence symbolique et physique ; il n'atténue rien, ni les responsabilités directes des acteurs ; il n'élude rien, ni la dimension marchande des expéditions coloniales. L'auteur travaille à l'écart du romantisme et de l'antiracisme". Bertrand Cabedoche

(Coll. Medias d'hier, 206 p., 22 euros)

ISBN : 978-2-343-14775-8, EAN EBOOK : 9782140101816

LES MÉDIAS EN AFRIQUE DEPUIS LES INDÉPENDANCES : BILAN, ENJEUX ET PERSPECTIVES

Ndiaga Loum, Ibrahima Sarr

Préface de Marc-François Bernier

La place et le rôle des médias en Afrique sont à la fois liés au poids de l'histoire et aux contraintes du présent. Nés pendant la période coloniale, les médias dits modernes sont les témoins privilégiés de la trajectoire politique, économique, sociale et culturelle de l'Afrique avec les différentes séquences liées à la colonisation, à la décolonisation, au règne du parti unique, à l'avènement du "printemps politique africain", à la fin du monopole de l'Etat sur les médias. Il semble nécessaire, au regard du poids de l'histoire et des évolutions actuelles, de comprendre où se situent aujourd'hui les médias en Afrique.

(Coll. Études africaines, 276 p., 27 euros)

ISBN : 978-2-343-15559-3, EAN EBOOK : 9782140099342

SOTELGUI

De la coopération Sud-Sud au portefeuille de l'Etat (1993-2013)

Mamadou Pathé Barry

Cet ouvrage s'interroge sur l'échec financier de la Sotelgui, opérateur historique des télécommunications de Guinée, qui a été l'un des premiers de la sous-région à réussir sa restructuration et sa privatisation et à introduire la téléphonie cellulaire GSM, Areeba, Orange, Cellcom et Intercel. Il a ensuite vu naître, l'un après l'autre, d'autres opérateurs GSM, qui, eux, évoluent actuellement dans le pays. L'auteur montre comment cette société, qui regorgeait d'atouts économiques, disposait d'un taux d'équipement des plus élevés et d'un vivier de cadres fort compétents, s'est retrouvée, vingt ans après sa création, face à une situation de « cessation de paiement ».

(Coll. Harmattan Guinée, 152 p., 18 euros)

ISBN : 978-2-343-15181-6, EAN EBOOK : 9782140099670

LA PAROLE PUBLIQUE DANS LES MÉDIAS AU SÉNÉGAL

Les discours médiés du politique et du religieux

Birahim Thioune

Ce livre a pour vocation de montrer les ressorts de la médiation par presse interposée et les mécanismes des discours mobilisés, à l'occasion des rapports publics entre acteurs politiques ou médiateurs religieux. Il aborde sous un angle nouveau et différent du traitement journalistique la complexité des échanges langagiers entre acteurs de la scène publique sénégalaise.

(Coll. Harmattan Sénégal, 90 p., 11,5 euros)

ISBN : 978-2-343-15548-7, EAN EBOOK : 9782140097881

LES TÉLÉCOMMUNICATIONS AU BURKINA FASO ENTRE 1958 ET 2018

Enjeux et défis

Jacques Philippe Nacoulma

Cet ouvrage propose une approche sociologique critique des acteurs qui ont été en lien avec les télécommunications au Burkina Faso de 1958 à 2018: les enseignants-chercheurs, les journalistes, les ingénieurs télécoms, les informaticiens, les commerçants du secteur informel, les agents commerciaux du secteur formel, les étudiants, mais aussi les réparateurs et les bricoleurs de téléphones et d'ordinateurs. Les résultats des recherches menées dans plusieurs villes présentent les enjeux et les défis stratégiques, monétaires et économiques des technologies de l'information et de la communication.

(Coll. Harmattan Burkina Faso, 114 p., 13,5 euros)

ISBN : 978-2-343-15487-9, EAN EBOOK : 9782140097034

MEDIA IN THIRD-WAVE DEMOCRACIES

Southern and Central/Eastern Europe in a Comparative Perspective

Edited by Péter Bajomi-Lázár

The media and political systems of former communist countries in Central/Eastern Europe share a number of similarities with those in Southern Europe. According to Karol Jakubowicz, these similarities also include late democratisation, a weak middle class, marked social and economic differences, a strong catholicism, etc. Where are the third-wave democracies to date, particularly as regards their media systems? And where are they heading for? This volume with his differents talks of a joint conference in 2016 attempts to answer these questions and many more.

(240 p., 15 euros)

ISBN : 978-2-343-13011-8, EAN EBOOK : 9782140089305

COMMUNIQUER POUR ÊTRE ET PARAÎTRE DANS LA SOCIÉTÉ DE CONSOMMATION

Kacou Goa

Cet ouvrage invite chaque personne à comprendre les différentes formes de communication-marketing et les idéologies de la société de consommation dans laquelle elle évolue. Il intègre les moyens d'une communication-marketing et corporate appropriée, les approches de planification et contrôle marketing, les enjeux de la planification. La communication, c'est la vie : savoir communiquer pour être et paraître dans la société.

(Coll. Harmattan Côte-d'Ivoire, 230 p., 23,5 euros)

ISBN : 978-2-343-14625-6, EAN EBOOK : 9782140091780

ART, MÉDIAS ET ENGAGEMENT

Actions citoyennes et soulèvements arabes

Sous la direction de Fathallah Daghmi

L'ouvrage éclaire le cadre de productions artistiques représentées par le film, le documentaire, la peinture ou encore le street art, et les modalités d'usages médiatiques comme outils de médiations et de mobilisation sociale, comme forme d'interaction entre la réalité vécue et sa dimension symbolique avant, pendant et après les soulèvements arabes.

(Coll. Communication et Civilisation, 260 p., 27 euros)

ISBN : 978-2-343-13973-9, EAN EBOOK : 9782140089237

LE SCHÉMA DIRECTEUR INTELLIGENT

Rufin Ndinga

Le Schéma directeur intelligent (SDI) a tout d'une réponse idoine aux problèmes complexes du monde moderne. C'est une méthode rationnelle et universelle d'analyse globale, au demeurant ouverte et vivante, susceptible d'apprentissage, y compris sur soi, et d'adaptation dans l'environnement, voire dans l'organisation. De la gestion tous azimuts au développement, le Schéma directeur intelligent a été bien éprouvé dans les programmes de l'ONU et de la stratégie nationale de développement durable (SNDD) dont celui de la Société nationale des pétroles du Congo.

(896 p., 60 euros)

ISBN : 978-2-343-09793-0, EAN EBOOK : 9782140084874

LA RÉCIT MÉDIATIQUE ET LE TEMPS

Accélérations, formes, ruptures

Jean-François Tetu

La vitesse de transmission de l'information, et de sa circulation, fortement accélérée à l'ère numérique, invite à réexaminer le rapport entre les médias et notre perception du temps. Suivant la théorie de Ricoeur, pour qui c'est le récit qui construit notre expérience temporelle et le rend proprement humain, ce livre entreprend une synthèse des changements contemporains de notre perception du temps. Il place en son centre les modalités narratives des médias, et l'opposition forte à cet egard de l'information en continu et de celle des médias plus traditionnels.

(Coll. Communication et Civilisation, 180 p., 19 euros)

ISBN : 978-2-343-13829-9, EAN EBOOK : 9782140077128

MÉDIAS, MONDIALISATION ET DIVERSITÉ CULTURELLE

Le cas de l'Afrique subsaharienne

Caroline Pachecus

Les médias ne font pas que transmettre de l'information. Ils sont aussi des véhicules de culture. Dans notre monde globalisé, les médias n'assurent-ils pas l'uniformisation des cultures vers les cultures économiques les plus puissantes ? Ce travail interroge l'interdépendance en Afrique subsaharienne entre médias, globalisation, mondialisation des cultures, résistance des identités culturelles.

(Coll. Études africaines, 268 p., 28 euros)

ISBN : 978-2-343-14120-6, EAN EBOOK : 9782140078484

RIVALITÉS FRANCO-BELGES AU RWANDA ET POLÉMIQUES JOURNALISTIQUES

Emmanuel Murhula A. Nashi

Ce livre traite de la complaisance des grands médias francophones européens à l'égard des rivalités franco-belges en Afrique en général, et plus spécifiquement du degré de réflexivité des africanistes occidentaux - journalistes, écrivains, chercheurs - par rapport à la politique rwandaise des gouvernements Mitterrand-Balladur en France, et Dehaene en Belgique, lors de la guerre au Rwanda. C'est au vu des divergences entre africanistes que s'est imposé la nécessité d'analyser les récits et discours des médias dominants occidentaux et leurs effets à propos de la guerre du Rwanda de 1994.

(Coll. Comptes Rendus, 336 p., 34 euros)

ISBN : 978-2-343-14309-5, EAN EBOOK : 9782140077661

TECHNIQUES DE PROGRAMMATION D'ANTENNE POUR LA RADIO ET LA TÉLÉVISION AFRICAINES À L'ÂGE DU NUMÉRIQUE

Emmanuel Mbédé, Gervais Mbarga

Préface de Hervé Bourges

Cet ouvrage sur la programmation radio et télévision à l'âge numérique est conçu pour appuyer les professionnels de l'audiovisuel en Afrique. Cette industrie connaît une explosion formidable. Ce livre présente les stratégies et les techniques de ces métiers avec pour objectif de fournir des attitudes, des outils, des instruments et des méthodes pour construire une grille d'antenne attractive et performante, susceptible en temps de très forte concurrence d'attirer, de capturer et de captiver des audiences.

(Coll. Harmattan Cameroun, 300 p., 31 euros)

ISBN : 978-2-343-13769-8, EAN EBOOK : 9782140074110

Structures éditoriales du groupe L'Harmattan

L'Harmattan Italie
Via degli Artisti, 15
10124 Torino
harmattan.italia@gmail.com

L'Harmattan Hongrie
Kossuth l. u. 14-16.
1053 Budapest
harmattan@harmattan.hu

L'Harmattan Sénégal
10 VDN en face Mermoz
BP 45034 Dakar-Fann
senharmattan@gmail.com

L'Harmattan Cameroun
TSINGA/FECAFOOT
BP 11486 Yaoundé
inkoukam@gmail.com

L'Harmattan Burkina Faso
Achille Somé – tengnule@hotmail.fr

L'Harmattan Guinée
Almamya, rue KA 028 OKB Agency
BP 3470 Conakry
harmattanguinee@yahoo.fr

L'Harmattan RDC
185, avenue Nyangwe
Commune de Lingwala – Kinshasa
matangilamusadila@yahoo.fr

L'Harmattan Congo
67, boulevard Denis-Sassou-N'Guesso
BP 2874 Brazzaville
harmattan.congo@yahoo.fr

L'Harmattan Mali
Sirakoro-Meguetana V31
Bamako
syllaka@yahoo.fr

L'Harmattan Togo
Djidjole – Lomé
Maison Amela
face EPP BATOME
ddamela@aol.com

L'Harmattan Côte d'Ivoire
Résidence Karl – Cité des Arts
Abidjan-Cocody
03 BP 1588 Abidjan
espace_harmattan.ci@hotmail.fr

L'Harmattan Algérie
22, rue Moulay-Mohamed
31000 Oran
info2@harmattan-algerie.com

L'Harmattan Maroc
5, rue Ferrane-Kouicha, Talaâ-Elkbira
Chrableyine, Fès-Médine
30000 Fès
harmattan.maroc@gmail.com

Nos librairies en France

Librairie internationale
16, rue des Écoles – 75005 Paris
librairie.internationale@harmattan.fr
01 40 46 79 11
www.librairieharmattan.com

Librairie l'Espace Harmattan
21 bis, rue des Écoles – 75005 Paris
librairie.espace@harmattan.fr
01 43 29 49 42

Lib. sciences humaines & histoire
21, rue des Écoles – 75005 Paris
librairie.sh@harmattan.fr
01 46 34 13 71
www.librairieharmattansh.com

Lib. Méditerranée & Moyen-Orient
7, rue des Carmes – 75005 Paris
librairie.mediterranee@harmattan.fr
01 43 29 71 15

Librairie Le Lucernaire
53, rue Notre-Dame-des-Champs – 75006 Paris
librairie@lucernaire.fr
01 42 22 67 13

www.ingramcontent.com/pod-product-compliance
Lightning Source LLC
LaVergne TN
LVHW021145061026
849535LV00002B/358